조선 통치의 회고와 비판

◑ 원 출전: 朝野諸名士(쇼와 11년, 1936), 《朝鮮統治の回顧と批判》, 朝鮮新聞社.
　– 본문 310쪽, 부록(저자 약력) 16쪽.
　*〈朝鮮新聞〉(조선신문)은 1888년(메이지 21년) 4월 3일에 일본인이 창간한 신문이다.
　*영인본: 한국병합사 연구자료 1권 復刻版(복각판)으로 1995년에 龍溪書舍(용계서사) 주식회사에서 간행

※ 이 책 인세 일부는 〈시민모임 독립〉에 기부합니다. 〈시민모임 독립〉(이사장: 이만열 전 국사편찬위원장)은 일제 강점기 독립운동의 최종 목표, 평화통일에 기여하려는 비영리민간단체입니다. 2021년 2월에 창립되었습니다. 독립정신을 계승하여 독립운동의 의의를 선양하고, 그 현재적 실천을 모색하고 구현합니다. **후원계좌는 우리은행 1005-204-216901 (예금주: 시민모임 독립)입니다.**

復刻版
韓国併合史研究資料①

朝鮮統治の回顧と批判

龍溪書舍

원판은 조선신문사입니다.

政成化自行

丙子春

皋水題

사이토 전 내대신(내각총리대신) 각하 제자
2.26 사건 흉난 수일 전 휘호와 관련하여

2·26 사건은 1936년 2월 26일 일본 육군의 황도파 청년장교들이 1483명의 병력을 이끌고 일으킨 반란사건이다. 구 일본군 보수 파벌인 황도파의 영향을 받은 일부 장교가 원로 중신들을 죽이고 천황 친정을 실현하면 정·재계의 부정부패나 농촌의 곤궁을 해결할 수 있다고 생각했다. 1936년 2월 26일 새벽에 궐기하였다.

이들은 총리, 대장, 의원 등등을 살해하려고 했고, 실제로 그들의 목표 대부분을 살해했다. 반란군은 천황 친정을 쿠데타의 명분으로 삼았는데, 천황이 복귀 명령을 내리자 반란의 근거를 잃은 이들은 부사관과 병을 원대복귀하게 하고 일부 자결, 일부는 투항하여 사건은 일단락되었다. 그리고 반란 가담자들은 처형되었다.

治化普及

丙子春

一乐

宇垣朝鮮總督閣下題字

治化普及

丙子春

一乐

우가키 조선총독 각하 제자
"치화보급" 병자년 봄 / 우가키 가즈시게

녹천정   박문사

녹천정(綠泉亭)

녹천정은 조선 철종 때 영의정을 지낸 박영원(朴永元, 1791~1854)이 1851년(철종2) 남산 기슭에 지은 정자였다. 정자는 1884년 갑신정변 때 일본공사관이 불타자, 이곳에 새롭게 일본공사관을 건축하면서 철거된 것으로 추정된다. 1906년 통감부가 설치되면서 일본공사관은 폐지되었지만, 일본공사관 건물은 통감관저로 계속 사용되었고, 1910년 이후에는 조선총독 관저로 사용되었다. 1940~1945년에는 역대 통감과 총독의 업적을 기리는 시정기념관으로 사용되었으며, 1945년 해방 이후 국립민족박물관, 국립박물관 남산분관, 연합참모본부 청사 등으로 사용되다가 철거되었다.

한국학중앙연구원 디지털인문학연구소

박문사(博文寺)

장충단은 본래 을미사변 때 피살된 시위연대장 홍계훈과 궁내부대신 이경직 등을 기리기 위해 대한제국 고종이 쌓은 제단이었다. 이 곳은 명성황후를 살해한 일본에 대한 항일 감정을 상징하는 장소였기에 1919년 조선총독부는 장충단 자리를 공원으로 바꾸었다. 그리고 1932년에는 공원 동쪽에 이토 히로부미를 추모하기 위한 사찰을 짓고 사찰이 자리 잡은 언덕을 춘무산(春畝山)이라고 불렀다. 박문사라는 이름은 이토의 이름 이등박문(伊藤博文)에서 따왔고, 춘무는 이토의 호이다. 박문사는 이토의 23주기 기일인 1932년 10월 26일에 완공되었다. 낙성식에는 조선총독 우가키 가즈시게와 이광수, 최린, 윤덕영 등의 친일부역자와 그외 천여명이 참석하였다.

朝　鮮　神　宮

조선신궁

朝鮮總督府廳舍

韓國統監府廳舍

조선총독부 청사

조선통감부 청사

日韓合邦記念塔 (東京明治神宮表參道)

조선합방기념탑
(도쿄 메이지 신궁 전면 참배로)

歷 代 統 監

故伊藤博文公　　　　故曾禰荒助子
（寺内統監及歷代副統監略）

역대통감
(고) 이토 히로부미 공작, (고) 소네 아라스케 자작
(데라우치 통감 및 역대 부통감은 생략)

역대총독
좌상 야마나시 한조 씨, 좌하 우가키 가즈시게 씨, 중앙 (고) 데라우치 마사타케 백작,
우상 (고) 하세가와 요시미치 자작, 우하 (고) 사이토 마코토 자작

역대정무총감
상단 우 부터, (고) 야마가타 이사부로, 씨미즈노 렌타로 씨, 아리요시 주이치 씨, (고) 시모오카 주지 씨,
하단 우 부터, 유아사 구라헤이 씨, (고) 이케가미 시로 씨, 고다마 히데오 씨, 이마이다 기요노리 씨,
*상단 우측부터 1대 총감이다.

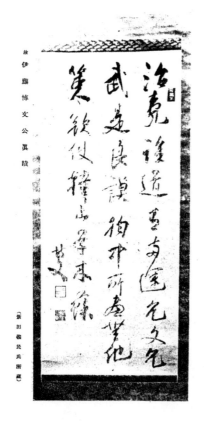

고 이토 히로부미 공작의 친필
- 닛타 요시타미 씨 소장

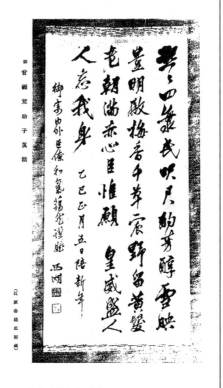

고 소네아라스케 진적
- 에하라 젠츠이* 씨 소장
* 조선총독부시정 25주년 기념표창자

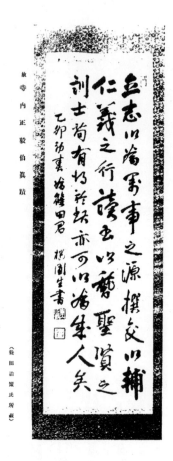

(고) 데라우치 마사타케 백작 진적
- 시노다 지사쿠 씨 소장

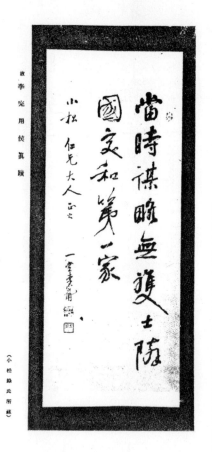

고 이완용 후작의 친필
- 고마츠 미도리 씨 소장

일본인이 쓴 '역逆 정비록'

조선 통치의 회고와 비판

이노우에 등 90인 지음
신한준·김슬옹 옮김

도서
출판 가온누리

고통스러운 번역, 꼭 알아야 하는 역사

이 책은 조선총독부가 조선(한국) 통치 25주년을 맞이하여 1934년 무렵 조선 신문에 90명이 쓴 90편의 글을 모아 1936년에 출판한 책이다.

짤막한 글모음이지만 90편이나 되므로 분량이 적지 않다. 학술적이지 않은 에세이 형식이라 편찬 의도도 분명하다. 두루두루 많이 읽게 하려고 만든 책이 다. 그런 목적을 위해 글꼴 크기와 책값까지 세밀하게 고려한 책이다. 책 일러두 기에서 "이 책을 6호 활자체(8pt)로 인쇄한 이유는, 수록된 자료가 조선통치에 관 한 문헌으로서 귀중하므로 풍부한 내용을, 될 수 있는 대로 가격을 높이지 않고 보편적으로 소개하려 고심한 끝에 준비한 때문이다."라고 스스로 그런 점을 밝 히고 있다. 풍부한 내용을 싼값에 많은 대중들이 보게 하겠다는 것이다. '조선 통치 25주년'의 의미를 강조하고 홍보하려는 의도가 역력하다.

피지배 한국으로서는 피가 솟는 얘기들이지만 저들의 글에는 일본 우월주의 에 의한 자부심과 자긍심이 넘쳐난다. 회고만 있고 당연히 식민 지배에 대한 비 판과 반성은 없다. 비판이 있다면 통치 방식과 결과에 대한 일본 내부에서의 비 판일 뿐이다. 가타야마 시게오의 회고에서 확인할 수 있듯, 결국 비판이 아니라 또 다른 방식의 통치 찬양이요 자화자찬의 연장이다.

"일한합병 때에 특히 통감한 것은 데라우치 백작의 치적이다. 백작은 총독 재직 당시는 무단정치라 하여 조선 사람들은 두려워하고 일본인 측에서는 이를 압박하는 것처럼 이해되고 비판받아, 독단으로 멋대로 압제정치를 행하였다는 생각을 받았으나, 사실은 전적으로 이와는 달랐다."

_ 77. 금 생산 사업의 발전을 바란다

_ 가타야마 시게오(片山繁雄) / 전 조선은행 이사, 전 조선 경남철도회사 사장

마치 별책 부록 같은 저자들 소개 글은 '저자들이 저명한 분들'이라서 따로 모아 소개했다고 했고, 내용은 한결같이 영웅 일대기 같다. 조선 통치에 관여한 핵심 인물들이라는 의미다. 한국 입장에서는 악랄한 침략자들이지만 저들에게는 이런 영웅이 따로 없다.

글마다 주제와 회고 방식은 조금씩 차이가 나도 한결같은 논조는 조선총독부 경무국장이었던 아사리 사부로(淺利三朗)의 다음과 같은 논조이다.

"나는 조선 통치에 대해 불평을 품거나, 불만을 토로하는 사람들에게 "우리가 조선을 통치하는 참뜻은 무차별주의에 따라 조선을 개발하고, 문화를 향상해 민중의 복지를 증진하며, 치안을 유지함에 있다. 따라서 일본인과 조선인의 차별을 없애고 서로 협력해 크게 향상과 발전을 추진해야 한다. 우리 일본 제국이 오늘날과 같

이 놀라운 발전을 이루어 국력을 충실하게 만들어 세계적으로도 부강한 나라가 된 이유는 단 하나 우리 국민이 노력한 산물이기 때문이다."

_ 17. 조선의 사상 문제

_ 아사리 사부로(淺利三朗) / 전 조선총독부 경무국장

꿈같은 자기 최면, 자기기만, 자아도취

일본과 조선 또는 일본인과 조선인을 함께 가리키는 '내선(內鮮)'이란 말이 거의 모든 글에서 수없이 반복된다.(번역문에서는 일본과 조선, 일본인과 조선인 등으로 번역) 그냥 반복되지 않는다. "동화, 융화, 차별 없음"이란 말과 함께 반복된다. 더욱이, 천황이 똑같이 사랑한다는 '일시동인'이란 말과 함께 반복된다. 실제 차별받고 탄압받고 때로는 제암리 사건처럼 학살당한 숱한 피지배 국가의 고통은 아랑곳하지 않는다.

'내선'이란 말 자체가 이미 평등과 거리가 멀다. 일본이 안(內)이고 주인이고, 조선이 복속됨으로 하나가 되고 동화가 되는, 자유를 박탈하는 거짓 평등이다. 집에서 기르는 개를 차별하지 않는다고 해서 주인과 평등하게 되는 것은 아닌데, 지나가는 개도 어이없어할 법한 뻔한 거짓말 같은 말들을 천연덕스럽게 쏟

아낸다. 마치 자기최면에 걸린 사람들 같다. 침략당한 조선은 영원히 지울 수 없는 더 큰 피해를 받았다. 그것이 침략자 일본의 불행이었고, 결국 원자폭탄이 떨어지고 나서야 멈추게 되는 자기기만과 자기도취이다. 침략자들에게는 그것이 환상 같은 꿈이었고 실제 그랬는지도 모른다.

돌아보면 조선에서 보낸 20여 년은 마치 꿈과 같다. 그동안 오로지 문서를 관리하는 관리로서, 사무에 몰두하며 별로 말할 만한 업적이 없다는 것은 부끄러운 일이다. 그 후 만주사변의 결과 만주 제국이 출현함에 따라, 우리 조선의 변경은 지난날처럼 불안과 참혹한 정치에서 벗어났다. 이것이 조선 내의 치안에 미치는 영향은 무척 큰 것일 것이다. 현 우가키(宇垣) 총독이 이 시대의 세력의 파도를 타고 그 포부를 크게 행하고 경륜을 베풀 수 있는 처지인 것은 또한 시대의 총아(寵兒)라 불릴 만할 것이다.

_ 55. 꿈과 같은 조선에서의 25여 년

_ 스도 스나오(須藤素) / 전 경상남도지사

그냥 꿈이 아니라 한국이 억압받고 미개함을 벗어나게 한 해방군과 같은 꿈이다.

결국 일본인들이 직접 쓴 일제강점기 조선(한국) 이야기는 읽을수록 섬세하고 섭뜩하다. 비판과 성찰도 조금 나오지만 대부분 자화자찬식 회고이다. 일본 때문에 근대화되었으니 일본에 고마워해야 한다고 주장하는 극우 역사가들의 근거가 되기도 한다.

그러나 그 속에 담긴 역사의 진실을 알기 위해, 더욱 읽어야만 한다. 똑같은 역사를 반복할 수는 없기에. 그래서 이 책을 번역했다.

이 책을 처음으로 접한 것은 1997년 무렵에 일제강점기의 국한문 혼용 문체를 연구하다가 단국대 허재영 교수 소개로 이노우에 가쿠고로(井上角五郎)가 쓴 "협력하고 융합하여 복지를 도모하자"라는 글을 보고 나서였다. 이 글의 요지는 일본이 자신들의 조선 지배를 쉽게 하려면 조선이 한글 전용이 아닌 국한문 혼용체를 주된 문체로 해야 하는데 자신의 노력으로 실제 그렇게 되었다는 것이다.

물론 이노우에의 주장이 다 맞는 것은 아니지만, 유길준의 서유견문식과 최남선 기초 기미독립선언문식 국한문 혼용체에 일본의 영향이 반영된 것은 분명하다.

> 大概開化라 ᄒᆞᄂᆞᆫ者ᄂᆞᆫ 人間의千事萬物이至善極美ᄒᆞᆫ 境或에抵홈을胃홈이니然ᄒᆞᆫ故로 開化ᄒᆞᄂᆞᆫ境或은限定ᄒᆞ기不能ᄒᆞᆫ者라人民才力의分數로其等級의高低가有ᄒᆞ나然ᄒᆞ나 人間의習尙과邦國의規模를隨ᄒᆞ야其差異홈도亦生ᄒᆞᄂᆞ니此ᄂᆞᆫ開化ᄒᆞᄂᆞᆫ軌程의不一ᄒᆞᆫ 綠由어니와大頭腦ᄂᆞᆫ人의爲不爲에在홀ᄯᆞ롬이라
>
> – 유길준, 〈西遊見聞〉의 '開化의 等級' 중에서

‘이노우에’는 우리 나라 초기의 신문 발행에 깊숙이 관여한 인물이다. 남한 사회 국한문 혼용이 일본의 영향이라는 것을 여러 사람이 입증하였는데(려증동: 1977, 허재영: 1994, 조규태: 1992, 김종택: 1992), 일본인으로서 주된 구실을 한 사람이 이노우에 가쿠고로이고 이 글은 그의 행적을 스스로 고백한 글이다.

이노우에는 그 당시 일본 수구 보수 세력의 논조를 그대로 따르는 전형적인 언론인이다. 이 글에서도 그러한 점이 잘 드러나 있고 식민사관에 철두철미한 점을 보여 주지만 그의 비판의 대상은 우리의 부끄러운 현실이었음을 부인할 수는 없다.

일본 근대화론의 비판

이 책의 주된 논조 가운데 조선 말기의 폭정과 가렴주구(苛斂誅求)[1]가 자주 언급된다. 언급하는 이유와 의도는 분명하다. 조선 민중을 그런 폭정으로부터 해방시킨 것이 일본이라는 것이다.

어불성설이다. 조선 말의 폭정과 가렴주구는 사실이다. 그래서 민중 스스로

---

1 세금을 가혹하게 거두어들이고, 무리하게 재물을 빼앗음.

이 문제를 해결하고자 갑오농민전쟁이 일어났다. 그런데 일본은 남의 땅에서 조선 민중을 동학당이라는 폭도의 이름으로 무참하게 총질을 해댔다. 그런 사실은 아예 언급조차 하지 않는다. 진정한 회고가 아니다. 자신들의 입맛에 맞는 과거만이 존재할 뿐이다.

일본의 양심 지식인의 눈으로 본, 이 책 번역의 필요성

이 책 번역이 끝나갈 무렵에 이 책이 1995년에 복간판이라는 이름으로 영인본이 출판된 것을 알았다. 한일병합사 총서 1권이다. 이 역시 순간 섬찟했다. 설마 한일병합의 역사에 대한 자긍심의 재현을 위해 첫번째로 낸 것일까, 자화자찬식 꿈과 과거에 대한 그리움인가?

다행히 복간본 책임자인 히사 겐타로(久 源太郎)의 후기는 그런 우려를 벗어나게 했다. 그 후기를 그대로 옮기면 우리가 왜 괴롭고 아픈 역사를 알기 위해 번역의 고통을 감수해야 하는지 알 수 있다. 그 논조를 그대로 따라가 보자.

> "한일병합(일명 '통치')이 일본 근대사 연구상 불법 수탈과 침략으로 가득 찬 정책이었음은 일찍부터 지적되어 왔다. 그것은 메이지 44년부터 다이쇼 원년에 걸쳐 당시

조선총독부 재직자들의 입에서도, 그 죄악성(일부에 한정되어 있기는 하나)을 이야기한 것에서도 알 수 있다. 야마베 겐타로의 일련의 논문, 발굴된 자료(⟨조선/보호 및 병합⟩, ⟨독립운동 종식 후의 민족운동/대략⟩) 등을 통해서도 그것은 선명하게 전해진다.(日韓併合(一名「統治」)が、日本近代史研究の上から、不法・収奪・侵略に満ちた政策であったことは早くから指摘されてきたところである.それは、明治四十四年から大正初年にかけて当時の朝鮮総督府在職者の口からも、その罪悪性(一部に限定されてはいるが)が語られていたことからも分る. 山辺健太郎の一連の論文、発掘した資料(《朝鮮/保護及併合》,《独立運動終息後ニ於ケル民族運動/梗概》)などからも、それは鮮明に伝わる.)"

'한일병합'은 불법 수탈과 침략의 역사임을 지적한 일본의 양심 지식인들의 논조[2]를 지지하고 있다. 곧 조선총독은 절대적인 권한을 가지고 있어 '소천황'이라 불리기까지 하는 존재였다. 또 경찰기구를 근간으로 하는 무단정치는 결코 '선의의 나쁜 정치'라고 할 수 있는 것이 아니라, 수탈과 전횡의 정치라고 해야 한다는 것이다.

또한 수록된 글들이 "직책의 쟁쟁한 직함으로 글을 쓰고 있으나, 그 대부분의 내용은 반성과 참회가 부족하다고 해야 한다.(さらに本篇に及んで役職の錚々たる肩書で

---

2 山辺健太郎《日本統治下の朝鮮》(岩波新書)、朝鮮史研究会編《朝鮮の歴史》(三省堂)

文章を書いているが、その殆どの内容は反省と懺悔に欠けるものといわなければならない。)"라고 했다.

여기서 양심 일본인의 한계가 드러난다. '부족한 것'이 아니라 반성과 참회는 거의 없다.

그러나 히사 겐타로는 이 책의 역사적 가치만은 정확히 짚고 있다.

그러나 이 책 전체가 근대사의 반면교사로서의 의미를 지니며 후세에 대한 자료로 버려서는 안 되는 것도 사실이다. 집필자의 전부라고 해도 좋은 사람이 당시 정계, 경제계, 관계 혹은 재야의 요직을 맡고 있었다는 점에서 증언력의 중요성은 상상된다. 즉, 야마베 겐타로의 일련의 연구와 표리를 이루는, 수탈하는 측의 논리가 정리되어 있는 것이 본서의 특질이다. 특히 메이지 다이쇼 시대의 전형적 관료인 사카타니 요시로, '만코 내각'의 기요우라 게이고, 외교관 하야시 곤스케 등의 회고는 소위 통치하는 측의 논리로 가득 차 있고, 경찰 문제에 지면을 할애한 총독부 경무국장 마츠이 시게루의 글에는 3·1 독립 사건에 대해 한마디도 언급되지 않는 등 이해하기 힘든 논조가 너무 많다. 그중 권두의 우익 우치다 료헤이(흑룡회 회장)의 글에 600여 개를 할애하여 한일의 '합방' 전후와 25년 후의 정치적 정황을 세밀하게 기록하고 있어, 오늘날의 조선사 연구에도 충분히 참고가 된다.(然るに本書全体が近代史の反面教師としての意味を持ち、後世への資料として捨て去るべきではないことも事実である。執筆者のすべてといってよい者が、当時の政界・経済界・

官界あるいは在野の要職に就いていたことからも証言力の重要性は想像される。すなわち、山辺健太郎の一連の研究と表裏をなす、収奪する側の論理が纏められているのが本書の特質である。とりわけ明治・大正の典型的官僚・阪谷芳郎、"鰻香内閣" の清浦奎吾、外交官・林権助などの回顧は、所謂統治する側の論理で満ちており、警察問題に費した総督府警務局長松井茂の文章には、三・一独立事件に一言も触れられていないなど不可解な論調が多過ぎる。その中で、巻頭の右翼内田良平(黒龍会会長)の一文は六百余を割いて、日韓の「合邦」前後と二十五年後の政治情況を細く記しており、今日の朝鮮史研究にも充分参考になるものである)

바로 반면교사와 미시사(micro history)로서의 가치다. '반면교사'의 의미는 명확하다. 일본은 이런 잘못을 다시 저지르지 않기 위해, 한국은 그런 피해를 더 입지 않기 위한, 우리에게는 또 다른 징비록인 셈이다.

조선의 심장부인 경복궁에 있던 조선총독부 건물을 김영삼 전 대통령이 경복궁에서 없앤 것은 잘한 일이지만, 그 건물을 다른 곳에 이전, 설치했어야 했다. 그보다 더한 반면교사의 역사가 어디 있겠는가?

미시사로서의 가치는 매우 섬세하고 자세한 이야기나 역사적 사실이 풍부하게 실려 있다는 점이다. 한국 역사 교과서는 상당 부분 거시사(macro history) 위주로 가르치는 경우가 많다. 이를테면 1909년 12월 22일에 이재명 의사와 그 동지들이 이완용을 습격하여 "이완용은 겨우 목숨을 건졌다."라고만 배운다. 그런데 이때 이완용의 목숨을 구한 일본의 명의의 회고담이 자세히 나온다. 열여덟 번째 글인 '위생 사상의 보급'이라는 모리야스 렌키치(森安連吉)의 회고담이다. 그는 전 조선총독부 의원, 내과부장, 의학박사였다.

> "내가 부임한 다음 해의 1월쯤에 이완용 수상이 메이지 거리에 있는 프랑스 교회
> 앞에서 자객의 기습을 받았다. 이완용 씨 피습 사건이다.[3] 이 씨는 곧 대한의원 외
> 과에 입원하였다. 당시 외과 부장은 군의 총감 키쿠치 원장이 겸임하고 있었다. 따
> 라서 외과에서는 가능한 치료를 모두 동원하였다. 고열이 계속되고 좀처럼 내리지
> 않았다. 이러한 상태가 계속되어 내과 진단이 필요한 것이 아닌가 생각하였다.
> 그러나 이 씨의 부상은 앞에서 껴안고 흉기로 등을 찔렀기 때문에 상처가 가슴막
> (늑막)까지 도달하였다. 내가 진찰한 결과 가슴막에 많은 피와 물이 고여 있어 이것

---

3 역주: 여기서 말하는 프랑스 교회는 지금의 명동 성당을 말한다. 1909년 12월 22일에 이재명 의사와 그 동
지들이 이완용을 습격한 사건이다. 이완용은 을사늑약 체결에 앞장 선 인물이다. 그는 매국의 대가로 이토
히로부미 추천으로 총리대신까지 올랐으니 더더욱 이완용은 한국인들에게는 분노의 대상이었다. 이완용
은 이때 치명상을 입었지만 모리야스 렌키치와 같은 일본 의사들의 도움으로 살아남았다. 이재명 의사는
1910년 9월 13일 처형당했고, 이완용은 1926년까지 살아 남았으나 이때 사건이 죽음의 원인이 되었다고
한다.

때문에 높은 열이 계속되고 있었다. 당시 이완용 씨의 진찰에는 이윤용, 조중응, 송병준 씨 등이 입회하였다. 결국, 고인 피와 물을 어떻게 하느냐가 문제였다. 나는 가슴막에 있는 물을 빼내려면 침을 놓아 빼지 않으면 방법이 없다고 설명하였다. 아플 것이라 말하는 사람도 있었으나, 일시적 고통은 참고 이 방법으로 치료할 수밖에 없다고 다시 설명하였다. 마침내 침을 놓았다. 혈액성의 물이 나왔고, 치료를 마치자 열도 내렸으며, 점차 경과가 좋아져 퇴원하게 되었다. 내가 한국 정부로부터 2등 훈장을 받은 것은 아마도 그런 관계(이완용 씨 때문)가 아니었나 상상했다.”

그가 말한 자객은 우리에게는 독립투사였다. 결국 이 사건으로 이재명 독립투사는 사형당했지만, 이완용은 악착같이 살아 무려 16년을 더 살다가 1926년에 죽었다. 의사에게 아군과 적군의 구별은 필요 없지만, 그의 의사로서의 책무와 실력이 매국노를 살려 한국민에게는 또 다른 고통을 주었으니 그는 결국 일본인 의사였을 뿐인가? 이런 회고담이 주는 역사적 의미는 독자 각자에게 맡길 수밖에 없을 듯도 싶다.

이 책의 내용 구성에 대하여

이 책 지은이 90명을 한글 표기 가나다 순으로 배열하되 당시 직책과 글 내용은 다음과 같다.

나가노 미키(長野 幹) / 전 조선총독부 학무국장, 전 아키다현(秋田縣) 지사 / 61. 경성대학의 설립 경위

나카노 다사부로(中野太三郎) / 전 함경남도지사, 전 동양척식주식회사 이사 / 53. 조선 재임 중의 추억

나카라이 기요시(半井清) / 내무성 사회국장관(社會局長官) / 54. 의기와 열정의 3년 반

니나가와 아라타(蜷川新) / 법학박사 / 51. 조선과 나의 감상

니시무라 야스키치(西村保吉) / 전 조선총독부 식산국장(植産局長) / 71. 산업개발은 일본과 조선의 협력

마츠무라 마츠모리(松村松盛) / 전 조선총독부 식산국장(殖産局長) / 56. 변해 가는 조선의 모습

마츠야마 츠네지로(松山常次郎) / 중의원 의원 / 46. 합리적 관계를 확립하라

마츠오 고자부로(松尾小三郎) / 코베상사 감사역(神戸商事監査役) / 82. 일본과 조선의 생활 경제의 생명선

마츠이 시게루(松井茂) / 전 통감부 경무국장, 귀족원 의원, 법학박사 / 30. 눈을 떠가는 조선 민중에게

모리야 히데오(守屋榮夫) / 농림정무차관, 중의원 의원 / 20. 남대문역 앞 폭탄 사건과 미즈노 씨

모리야스 렌키치(森安連吉) / 전 조선총독부 의원, 내과 부장 의학박사 / 18. 위생 사상의 보급

모리오카 지로(森岡二郎) / 전 조선총독부 경무국장, 전 토치기현(栃木縣) 지사 / 37. 만주국 개발과 조선의

　　　　　　　사명

무라타 도시히코(村田俊彦) / 척식대학 교수 / 48. 반도 재계의 추억

미노베 슌키치(美濃部俊吉) / 전 조선은행 총재 / 32. 조선 청년은 실업계로 진출하라

31

주제별로 분류해 보면 다음과 같다.

분류	번호	제목	이름	직책
병합	1	합방의 회고와 한국 문제	우치다 료헤이(内田良平)	흑룡회 회장
병합	2	내가 품었던 한국 반쪽 내기 계획	아다치 겐조(安達鎌藏)	국민동맹총재
병합	3	어쩔 수 없이 이루어진 일한병합	하야시 곤스케(林權助)	남작
병합	4	병합에 직면하여	고마츠 미도리(小松綠)	전 통감부 외사국장
교육	5	병합 직후의 학제 개혁	세키야 데자부로(關屋貞三郎)	전 궁내차관 귀족원 의원
교육	6	교육제도의 혁신	다와라 마고이치(俵孫一)	전 상공 대신
인물	7	점진을 추구한 이토 공작의 치적	오카 기시치로(岡喜七郎)	중의원 의원
인물	8	일세의 위인 이토 공작을 생각하며	이시즈카 에이조(石塚英藏)	추밀고문관
행정	9	독단과 전행으로 이루어진 경제 공적	바바 에이이치(馬場鍈一)	일본권업은행 총재, 귀족원 의원
제도	10	지극히 어려운 화폐제도의 정리	후지카와 도시사부로(藤川利三郎)	전 경상북도지사 조선 경남 철도 중역
인물	11	메가타 남작을 생각한다	미야오 슌지(宮尾舜治)	전 홋카이도 청장관, 전 동양척식주식회사 총재
인물	12	뛰어난 위인인 송병준 백작에 대하여	사마다 우시마로(澤田牛麿)	전 홋카이도 장관
법률	13	조선 사법제도의 확립	고쿠부 산가이(國分三亥)	전 조선총독부 고등법원 검사장
통신	14	통신 행정이 통일된 경위	이케다 쥬자부로(池田十三郎)	전 조선총독부 체신국 장관
철도	15	사설 철도의 보호와 장려	후루카와 한지로(古川阪次郎)	금강산전기철도 회사 중역, 공학박사
지방	16	지방 진흥회의 창설	오하라 신조(小原新三)	전 조선총독부 농상공부장관, 애국부인회 사무총장
사상	17	조선의 사상 문제	아사리 사부로(淺利三朗)	전 조선총독부 경무국장
사상	18	위생 사상의 보급	모리야스 렌키치(森安連吉)	전 조선총독부의원, 내과부장 의학박사
종합	19	감격에 충만했던 그때	아카이케 아츠시(赤池濃)	전 조선총독부 경무국장, 귀족원 의원
인물	20	남대문역 앞 폭탄사건 미즈노 씨	모리야 히데오(守屋榮夫)	농림정무차관 중의원 의원

분류	번호	제목	이름	직책
종합	21	추억 그대로	아리요시 츄이치(有吉忠一)	전 조선총독부 정무총감, 귀족원 의원
정책	22	그 당시의 남면 정책에 관한 회고담	구도 에이이치(工藤英一)	전 경기도지사
농업	23	인삼 정책의 개혁	간바야시 게이지로(上林敬次郎)	전 조선총독부 함경북도 지사, 전 이왕직 차관
사상	24	획일주의의 배격과 차별적인 '일시동인'	도고 미노루(東鄕實)	중의원 의원, 농학박사
융화	25	조선의 옛날과 지금	사카타니 요시로(阪谷芳郎)	중앙조선협회 회장, 귀족원 의원, 남작
사상	26	조선 반도의 발전에 힘쓰자	기요우라 게이고(清浦奎吾)	백작
행정	27	조선 거주 26년의 회고	시노다 지사쿠(條田治策)	이왕직 차관, 법학박사
언론	28	협력하고 융합하여 복지를 도모하자	이노우에 가쿠고로(井上角五郎)	경응의숙(慶應義塾) 국민공학원 이사장
정책	29	이상향의 건설	구와하라 야츠시(桑原八司)	전 조선총독부, 함경북도지사
개화	30	눈을 떠가는 조선 민중에게	마츠이 시게루(松井茂)	전 통감부 경무국장, 귀족원 의원 법학박사
국제	31	국제 관계에서 보는 조선 통치	이노우에 마사지(井上雅二)	전 조선궁내부 서기관, 해외 흥업회사 사장
직업	32	조선 청년은 실업계로 진출하라	미노베 슌키치(美濃部俊吉)	전 조선은행 총재
인물	33	본국의 인재를 배치하라	기무라 유지(木村雄次)	동양생명보험회사 사장, 후지흥업회사 중역회장
정책	34	관민이 하나되는 협력의 효과	스미이 다츠오(住井辰男)	미츠이물산(三井物産) 참사(參事), 작업과장
정책	35	궤도에 오를 때까지	우사미 가츠오(宇佐美勝夫)	전 조선총독부 내무부장관, 전 만주국 고문
만주	36	만주국의 성립과 조선	미츠야 미야마츠(三矢宮松)	제실임야국장관(帝室林野局官), 전 조선총독부 경무국장
만주	37	만주국 개발과 조선의 사명	모리오카 지로(森岡二郎)	전 조선총독부 경무국장, 전 토치기현 지사
정책	38	우리 제국의 대륙 정책의 기초	가토 구메시로(加藤久米四郎)	중의원 의원
국제	39	동아시아에 방향을 보여주는 조선 문제	이쿠타 세자부로(生田清三郎)	전 조선총독부 내무국장, 다사도림강(多獅島臨江)철도 사장
만주	40	만주 경영의 기둥이 되어라	히토미 지로(人見次郎)	조선 무연탄회사 상무이사
경제	41	일본 만주를 대상으로 하는 조선 경제계의 진보	소노다 히로시(園田寬)	전 조선총독부 평안남도지사

분류	번호	제목	이름	직책
경제	42	경제적 발전을 원한다	사쿠라이 고이치(櫻井小一)	금강산전기철도 중역
경제	43	본국의 자본을 활용하라	다카기 리쿠로(高木陸郎)	츄니치 실업주식회사 부사장
정책	44	본국 관민의 이해를 바란다	와타나베 시노부(渡邊忍)	조선총독부 농림국장, 동양척식주식회사 이사
정책	45	외국 식민지와는 다른 우리의 조선 통치 정책	와다 슌(和田駿)	남양흥발주식회사 중역, 금복철도주식회사 중역
정책	46	합리적 관계를 확립하라	마츠야마 츠네지로(松山常 次郎)	중의원 의원
경제	47	수입 초과 결제의 고심	다카히사 도시오	전 조선은행 이사
경제	48	반도 재계의 추억	무라타 도시히코(村田俊彦)	척식대학 교수
인물	49	경모하는 데라우치 백작	하기와라 히코조(萩原彦三)	척무성(拓務省) 관리국장, 전 조선총독부 함경남도지사
인물	50	고(故) 시모오카 정무총감을 추모함	이케다 히데오(池田秀雄)	전 조선총독부 식산국장, 중의원 의원
종합	51	조선과 나의 감상	니나가와 아라타(蜷川新)	법학박사
지방	52	조선에 대한 회고	사와다 도요타케(澤田豊丈)	전 경상북도지사
종합	53	조선 재임 중의 추억	나카노 다사부로(中野太三 郎)	전 함경남도지사, 전 동양척식주식회사 이사
종합	54	의기와 열정의 3년 반	나카라이 기요시(半井清)	내무성사회국장관 (內務省社會局長官)
종합	55	꿈과 같은 조선에서의 25여 년	스도 스나오(須藤素)	전 경상남도지사
개화	56	변해 가는 조선의 모습	마츠무라 마츠모리(松村松 盛)	전 조선총독부 식산국장(殖産局長)
개화	57	올바른 길에 눈을 뜨는 조선	시가 기요시(志賀潔)	전 경성제국대학 총장, 의학박사
경찰	58	경찰제도의 확립	야마시타 겐이치(山下謙一)	전 구마모토현 지사
경찰	59	개혁 당시의 경찰관 훈련과 교육	후루하시 다쿠시로(古橋卓 四郎)	전 조선총독부 함경북도지사
교육	60	문화정치와 학제 개편	시바타 센자부로(柴田善三 郎)	전 조선총독부 학무국장, 귀족원 의원
교육	61	경성대학의 설립 경위	나가노 미키(長野 幹)	전 조선총독부 학무국장, 전 아키다현 지사
교육	62	최초의 조선 전문교육	시게타 간지로(重田勘次郎)	전 경성법학전문학교장, 조선교육회 장학부장
교육	63	조선 교육에 관한 관견	다케베 긴이치(武部欽一)	전 조선총독부 학무국장, 전 문교성(文敎省) 보통학무국장
정책	64	조선 지방제도 개정과 지방분권	와다 쥰(和田純)	전 경상남도지사

분류	번호	제목	이름	직책
정책	65	총독정치와 민의 드높이기 (창달)	하리마 겐시로(張間源四郎)	전 조선총독부 중추원 서기관장 (書記官長)
법률	66	사법관의 증원과 우대를 바란다	요코타 고로(橫田五郎)	전 조선총독부 고등법원장
경제	67	전매제도(專賣制度) 창설의 고심	이마무라 다케시(今村武志)	화태청장관(樺太廳長官)
정책	68	매우어려웠던 치산치수 사업	하라 시즈오(原靜雄)	전 조선총독부 토목부장
경제	69	조선 철도 이관(移管)의 공적	오가와 마사노리(小河正儀)	척무성(拓務省) 서기관
경제	70	조선의 전력 통제	야마우치 이헤이(山內伊平)	전 금강산전기철도회사 전무
경제	71	산업개발은 일본과 조선의 협력	니시무라 야스키치(西村保吉)	전 조선총독부 식산(植産) 국장
경제	72	조선의 사업이 빠르게 발전하기를 바란다	온다 고키치(恩田銅吉)	전 조선우선주식회사 사장
농업	73	조선 농사에 대한 견해	가토 시게모토(加藤茂苞)	도쿄제국대학 농과대학 교수, 농학박사
농업	74	쌀 정책의 전환은?	가와사키 마츠고로(川崎末五郎)	전 후쿠시마현 지사
농업	75	조선의 증산 계획을 부활시켜라	오오시마 마고시로(大志摩孫四郎)	동양척식주식회사 이사
경제	76	조선의 자원을 개발하라	가모 마사오(加茂正雄)	전 조선총독부 연료 채굴 연구소장, 도쿄제국대학 공과대학 교수, 공학박사
경제	77	금 생산 사업의 발전을 바란다	가타야마 시게오(片山繁雄)	전 조선은행 이사, 전 조선 경남철도회사 사장
행정	78	획일적 행정의 배제	아다치 후사지로(安達房治郎)	전 함경북도지사, 대만전력회사 중역
인재	79	조선인 인재의 배출을 바란다	야마구치 야스노리(山中安憲)	전 이시카와현 지사, 미츠이(三井) 보은회 전무이사
융화	80	일본과 조선 융합의 실현	후쿠지마 미치마사(副島道正)	백작
융화	81	일본과 조선의 융화는 통혼으로	이이오 도지로(飯尾藤次郎)	전 이와테현 지사
융화	82	일본과 조선 생활 경제의 생명선	마츠오 고자부로(松尾小三郎)	코베상사 감사역(神戶商事監査役)
경제	83	재계 공황(패닉) 당시의 회고	이노우치 이사무(井內勇)	전 조선은행 이사(朝鮮銀行理事)
경제	84	재계 공황 당시의 고충	스즈키 시마키치(鈴木島吉)	전 조선은행 총재(朝鮮銀行總裁)
행정	85	황폐가 극에 달했던 조선	아라카와 고로(荒川五郎)	중의원 의원
경제	86	재정 파탄 지경에 이른 한국 정부	사사키 후지타로(佐佐木藤太郎)	전 경상남도지사

분류	번호	제목	이름	직책
경제	87	부산 땅의 매립과 조선 철도의 창설	사토 미츠타카(佐藤潤象)	전 조선철도 중역, 전 중의원
경제	88	무인 들판을 개척한 목포 개항	히사미즈 사부로(久水三郎)	전 조선총독부 외사과장
경제	89	쌀 증산 계획을 수행하기 바란다	오카와 헤사부로(大川平三郎)	조선철도주식회사 사장
농업	90	조선 사과를 맛있게 먹으면서	야마가타 이소오(山縣五十雄)	전 서울프레스 사장

경제 분야가 18건으로 가장 많고, 다음으로 "정책 11, 인물 8, 교육 6, 종합 6, 농업 5, 병합 4, 사상 4, 융화 4, 행정 4, 개화 3, 만주 3, 경찰 2, 국제 2, 법률 2, 지방 2, 언론 1, 인재 1, 제도 1, 직업 1, 철도 1, 통신 1" 순이다.

식민 지배에 필요한 거의 모든 주제를 다뤘음을 알 수 있다. 현실적으로 더 절실한 경제, 정책 등의 주제가 많은 것은 당연하지만, 영구 지배, 정신적 지배를 위한 교육 등의 주제로 매우 비중 있게 다뤘음을 알 수 있다.

이 책의 회고는 복간본 해설의 히사 겐타로의 다음과 같은 말처럼 중요 사건의 진상을 제대로 모르고 쓰거나 알았다 하더라도 애써 조선 쪽의 진실을 피하고 쓴 글들이 대부분이다.

"다이쇼 8년(1919년) 3월 1일을 기해 일어난 근대 조선 사상 최대의 반일 독립운동으로 일본 내에서는 일의 진상을 감추는 다양한 보도관제가 깔려 총독정치의 개혁 문제에 시각이 어긋나 일본의 이른바 문화인들의 사고도 식민 지배 자체를 반성하기에 이르지 못했으며, 이로써 이 책과 같은 '회고'나 '비판'이 만연한 토양이 만들어졌다고 해야 할 것이다. これは、大正八年(一九一九) 三月一日を期して起きた近代朝鮮史上最大の反日独立運動で、日本国内ではことの真相を隠すさまざまな報道管制が敷かれ、総督政治の改革問題に視点がそらされ、日本のいわゆ

る文化人等の思考も植民地支配そのものを反省するまでに至らず、これをもっ
て本書のような「回顧」や「批判」が蔓延(はびこ)る土壌が造られたというべき
である。”

　필자들은 일제강점기의 사실과 진실을 위해 오히려 사실과 진실을 외면했던
기록들을 애써 드러내고자 하였다. 거짓과 왜곡의 역사도 역사이기 때문이다.
더욱 준엄한 역사 묻기를 위해 우리는 우리 나름대로 성찰의 시간을 가져야만
한다.

김슬옹

옮긴이의 글 2

옛 중국의 고사성어에 "이이제이(以夷制夷)", 즉 오랑캐로 오랑캐를 무찌른다는 말이 있다. 외세들이 제대로 결집하지 못하는 것을 이용하여 조그만 미끼를 던져주는 것으로 이민족들끼리 이간하고 서로 싸워, 외교력이나 언변으로 직접 몰려드는 화를 피하고 자신이 강해지는 시간을 만드는 데 쓸모 있는 책략이 되기도 하였다. 그러나 이것은 언제나 득책이 될 수는 없다. 눈앞의 위기를 잠깐 피하려고 자기보다 강한 외세를 끌어들였다가, 감당이 안 되어 오히려 자기 목으로 날아드는 비수가 되는 꼴을 보게 되기 때문이다.

이 책 내용의 맥락을 이해하기 위해 조선 말의 역사를 짚어보기로 한다.

1

"서양 오랑캐가 침범하였는데 싸우지 않으면 화친을 할 수밖에 없고, 화친을 주장하면 나라를 파는 것이 된다."(충남 홍성군의 척화비문 내용)

'구한말~대한제국'의 시기에 등장하는 나라는 청, 러시아, 일본, 영국, 미국, 프랑스이다. 흥선대원군의 때, 제정 러시아의 남하정책(통상 요구)을 막기 위하여 프랑스를 끌어들이려 하다 국내 지배층의 여론에 밀려 자신의 입지에 위협이 되자 천주교를 박해하였고, 되려 프랑스 함대가 강화도를 침입하는 병인양요를 겪었다(1866). 또한 미국과는 제너럴셔면호(1866) 사건과 신미양요(1871)가 일어났다. 이 사건으로 조선은 척화비를 세우고 쇄국정책을 강화하며 천주교도들을 박해하는 등의 배외 감정만 높였다.

병미양요 때 미 해군은 광성보 전투에서 승리하였다. 그러나, 해군사관학교에서는 전력상으로 매우 약한 조선을 상대로 전투를 벌인 것을 수치스러운 일이라 생각하고 있다. 조선군 344(그 중 자살 100) : 미군 3(전사, 아군 오사 및 실족사)의 전사자를 내며, 장군기를 빼앗기는 수모를 당하고도 조선의 위정자들은 변하지 않았다.

청과 일본은 서양에 위의 내용과 비슷한 같은 꼴을 당했어도, 그들이 가진 화포와 함선은 필요하다고 여겨, 문물을 수입하기 위해 개항하였으나, 내치에 치중한 조선의 위정척사파들은 그렇게 버티다가, 서양과 수많은 외교 분쟁으로 정신없는 청이 도와줄 수 없음을 알게 되어, 결국 1876년 2월 일본과 강화도조약을 맺고 쇄국정책을 버리게 되었다. '자주국'인 조선이 처음 맺은 조약은 조선의 무지를 이용하여 맺은 불평등 조약이었고, 일본이 제국주의 국가로 나가는 첫걸음이 되었다.

2

1882년 7월 19일(고종 19) 임오군란* 때, 무장한 군인들과 하층민들은 4대로 나뉘어 행동하였다.

1대는 종로에 산재한 포도청, 의금부, 민씨 세도가, 악덕 시전 상가를 차례로 습격하고, 주동자 4인을 풀어주었다. 시전 상가와 상인들이 습격당한 것은 이들이 강력한 상권을 유지하면서 생활필수품을 독점하다시피 하여 하층민의 생활고를 조장했기 때문이다.

2대는 동대문 근처의 남병영 하도감을 습격하여 별기군 교관인 호리모토 레이조를 살해하였다.

3대는 서대문 밖 경기감영으로 몰려가 동별영의 무기고를 탈취하고, 이어 일본 공사관을 포위, 습격하였다. 이때 일본 공사 하나부사 요시모토와 공사관 직원은 스스로 공사관 건물을 불태우고 서울에서 철수하였고, 인천에 도착해서도 주민들의 습격을 받자 일본 공사 일행은 일본으로 철수하였다.

4대는 왕후 민씨가 치성을 드리는 곳인 서울 근교의 절과 당집을 부수고 불을 질렀다. 6월 10일, 군중은 대원군의 형인 이최응을 죽인 후, 창덕궁 돈화문으로 몰려와 궁궐에 들어가 피신한 이 사건의 원인 제공자인 민겸호와 김보현을 찾아서 죽이고 중전 민씨를 찾았다. 이때 민씨는 궁을 탈출하여 광주와 여주를 거쳐 자신의 근거지인 장호원으로 몸을 피하였다.(우리역사넷 〈임오군란〉 편 재구성)

강화도조약으로 생긴 개항장을 통해 일본으로 쌀이 수출되어 쌀값이 폭등하여 서울 하층민의 경제적 압박이 가중되었다. 임오군란이 일어난 해인 1882년에는 큰 흉년으로 쌀값이 크게 올라, 쌀값은 개항 당시인 1876년에 비해 2~3배 상승했을 정도였다. 구식 군인들은 13개월 치 녹봉이 밀려 있었는데, 이에 비해 일본인 군사고문이 훈련을 시키는 고종의 신식 군대 '별기군'에 대한 대우는 남달라서 불만이 하늘을 찌르고 있었다. 이 사건은 녹봉 문제에서 터졌고, 위와 같이 진행되어 8년 만에 권좌에 복귀한 흥선대원군은 중국으로 끌려갔으며, '누군가가 부른' 청군과 자국 공사관을 지키기 위한 조선 땅에 일본군이 주둔하는 계기를 만들었다.

사소한 해프닝으로 끝낼 수 있었던 임오군란은 고종과 민씨 일가의 부정부패가 일을 키워 정권이 뒤집히는 내란이 되었고, 국내 문제에서 끝나지 않고 국외 문제로 발전하여, 2년 후인 1884년에 있을 갑신정변의 바탕이 된다. 이 사건 이후로 조선의 허약함을 알게 된 세계열강들의 이권 침탈을 위한 개항 요구가 빗발치게 되었다. 또한 세계열강들은 조러수호통상조약(러시아)은 물론, 조청상민수륙무역장정(청나라), 제물포조약(일) 등 조선을 차지하기 위한 포석을 본격적으로 두기 시작하게 된다. 또한, 청과 일본 상인이 조선에 진출한 결과로 조선 상인들이 몰락하게 되었다. 이 시기를 즈음하여 거류지가 형성되어, 1891년 당시 기준 청의 거류민은 2천 명, 일본 거류민은 8,600여 명에 육박하였다.

3

1882년 임오군란이 발생하자 청은 수사제독(水師提督) 오장경(吳長慶)이 이끄는 3천 명의 병력을 파견했고, 위안스카이(袁世凱)는 오장경(吳長慶)의 막하로 조선에 왔다. 이때 그의 나이 23세에 불과했으나 민비의 정적 대원군을 청으로 납치해 연금하고 반군 진압을 주도했으며 청 별기군의 창설을 주도해 1883년 1월에는 2천여 병사의 총수로 군림하게 된다.

위안스카이는 갑신정변에서 더욱 결정적 역할을 맡는다. 청프전쟁으로 청의 주둔군이 반으로 줄어들고 청 해군이 프랑스에 패하자, 이때가 호기라 여긴 급진 개화파는 1884년 우정국 낙성식을 계기로 거사해 중신들을 살해하고 신정부를 수립하였다. 위안스카이는 상관인 오장경(吳長慶)과 이홍장(李鴻章)을 건너뛰어 독자적 판단으로 개화파와 이를 지원하는 일본군을 철수시키고 김옥균 일당을 끌어내렸다. 그뿐 아니라 1884년 11월 일시 귀국했다가 다음 해 8월 1885년에 조러밀약에 대항하여 조선의 거문도를 영국이 점령하자, 이홍장의 명령으로 식민지 총독과 비슷한 '감국대신(監國大臣)'으로 오게 된다.

그는 '주차조선총리교섭통상사의(駐紮朝鮮總理交涉通商事宜)'라는 직책으로 조선에 주재하는 동안 조선의 내정과 외교를 감시할 뿐 아니라 조선 세관을 청 해관에 종속하게 하고 조선의 차관도 청에서만 얻도록 했으며, 전신통신 분야의 시설(전신선)도 청이 독점하게 함과 동시에 청의 선박에 독점적 운항권을 부여하는 등 정치와 경제 침탈에 열을 올렸다. 원세개의 비호를 받은 청국 상인들은 버젓이 밀무역을 일삼았고, 이를 단속하는 조선 관청을 습격하는 횡포를 부리기도 했다. 조선은 청일전쟁이 일어나는 1894년까지 개혁과 근대화에서 멀어졌으며, 청에 수탈당하는 식민지로 있을 수밖에 없었다.

갑신정변에서 급진 개화파에게 조선 침략의 선발 주자였던 일본이 금전이나 병력으로 든든한 뒷배가 되지 못했다. 그들의 실패로 지금까지 세력 확장을 꾀했을 때 협력했던 기존 친일파들이 제거되어 일본은 우회적인 방법을 택하게 되었다. 이후 일본의 계획은 조정과 고종에게 대단한 경계를 받을 수밖에 없었고, 정변을 후원한 일본 정부에 혐오감과 적대감을 가지게 되었다. 조선에서 일본 세력이 철저하게 축출당하고 청의 영향력이 확대되는 결과가 나타나며, 이 상황은 청일전쟁까지 이어진다.

"그러므로 1882년부터 1894년까지 중국의 이 내정간섭의 시기는 날로 격화되는 세계적 제국주의 상황에서 조선에는 짧지만 자주 개혁을 위한 마지막 기회라고 할 수 있는 기간이었다. 이 황금 같은 시기가 원세개의 기막힌 간섭과 책동으로 유실되고 말았으니 대한제국 망국의 책임이 청국과 원세개에 있다는 사실을 간과할 수 없다."(이양자(2019) 《감국대신 위안스카이》, 한울아카데미, 2019, 150-151쪽)

4

청일전쟁은 1894년 7월 25일부터 1895년 4월 17일까지 동안 조선과 중국에서 벌어진 청과 일본의 전쟁이다. 제1차 동학농민봉기의 기세가 드세어 전주성이 함락되자, 조선군만으로는 막지 못할 것으로 오판한 조선은 청에 지원을 요청하여, 6월 6일 청은 아산만으로 2,800명의 병사를 파병하고 1885년의 '톈진 조약'에 따라 일본에게 파병 사실을 알렸다. 때마침 중의원에서 내각 탄핵상주안이 가결되어 정치적으로 궁지에 몰린 내각총리대신 이토 히로부미는 이를 천재일우의 기회라 여겨, 보고받는 즉시 각의를 열어 중의원을 해산하고, 거류민과 공사관을 보호하기 위해 일정 정도의 병력을 주둔시킬 수 있다는 '제물포조약'의 조항에 따라 6월 9일부터 하순까지 8,000명의 병력을 인천만으로 파병했다.

동학군은 청군과 일본군이 진주했다는 소식을 듣게 되자, 외세가 개입할 명분이 될 뿐이라고 생각한 홍계훈의 제의를 받아들여, 6월 11일 '전주 화약'을 맺어 전주성에서 해산하였다. 한편, 조선 정부는 일본 정부가 조선의 요청 없이 파병한 데에 대해 항의하면서 즉각 철병할 것을 요구하였다. 청과 개전할 구실을 찾고 있던 일본 정부는 7월 3일 청에 대하여 공동철병안 대신 조선의 내정을 공동으로 개혁하자는 안을 내놓았다.

일본이 예상한 대로 이미 기득권을 가지고 있던 청이 제안을 거절함에 따라 일본은 청국에 대하여 '제1차 절교서'를 보내는 동시에 조선의 내정개혁을 단독으로 강행하기로 하였다. 이때 이홍장이 조정을 의뢰함에 따라 러시아와 미국이 일본군의 철수를 요구하였지만, 7월 중순 일본 정부는 청국에 '제2차 절교서'를 보내는 한편으로 영국과 '영일신조약'을 체결함으로써 영국의 간접적인 지원을 확보하고 개전을 서둘렀다.

본국 정부로부터 개전 결의를 전달받은 오오토리 공사는 23일 새벽에 고종이 거주하는 경복궁을 습격하여 불법 점령을 감행하였다. 양측에 교전이 일어났고, 조선군은 대항하였으나, 고종이 직접 조선군에게 무기를 버리라는 지시를 내려 해산한다. 쿠데타는 성공하여 흥선대원군을 내세워 군국기무처를 설치하고 김홍집 등을 앞세운 친일 정권을 수립하여 1차 갑오개혁을 실시하였다.

한편, 일본과 국교가 단절된 청은 조선의 새 정부를 인정하지 않았고, 7월 25일부터 일본 해군이 청국 해군을 공격하면서 육지, 바다에서 양국 간 일련의 전투가 벌어졌다. 이듬해 3월 중순까지 일본 육군은 요동반도를 완전히 장악하였다. 그러나 러시아가 주도하여 독일, 프랑스가 동조한 〈삼국간섭(요동반도를 일본이 소유하는 것은 청의 수도에 대한 항구적인 위협일 뿐만 아니라 조선의 독립을 유명무실하게 만드는 것이라 주장하면서 요동의 반환을 요구하였다.)〉으로 군사력에 대한 열세를 인정한 일본은 요동반도를 차지하지 못하고 청으로부터 배상금 3천만 냥을 받는 것으로 끝내야 했으나, 대신

대만을 식민지로 확보하였다. 이후 일본은 배상금을 바탕으로 자국의 경제발전
과 장래의 러일전쟁에 대비한 군비확장에 착수하게 된다.

> "결과적으로 모든 것은 국력의 문제로 귀착된다. 국력이 다른 나라의 간섭을 물리칠
> 수 있다면 어떠한 굴종도 감수할 필요가 없다. 이제부터 우리는 와신상담하여 속히
> 국력을 배양해야 한다."(미야케 세츠레이 / 한상일 역,《아시아 연대와 일본제국주의》, 오름, 2006, 93쪽)

5

> "나는 결코 왕후의 집권이 좋은 것이었다고 생각하는 사람은 아니다. 나는 오히려
> 그녀의 음모와 사악한 총신들을 포기하도록 어떤 방식으로든 조처할 수 없다면 그
> 녀를 폐위해야 한다고 주장할 터이다. 그러나 일본인 암살자가 그녀를 잔혹하게
> 살해한 행위는 결코 용인할 수 없다. 한 사람의 예외도 없이 외국인들은 암살을 자
> 행한 그 무리, 조선인이든 일본인이든, 그들을 혐오한다."(윤치호 일기 1895년 10월 8일, 한
> 국사료총서에서 발췌)

1895년 8월 24일부터 1896년 2월 11일까지 김홍집 내각이 3차 갑오개혁을
추진하였다. 이 내각에서는 일본 세력의 퇴조에 따라 박정양(朴定陽)을 위시한 친

미·친러파가 득세하였다. 그러나 이노우에의 후임으로 부임한 미우라 공사는 일본 세력의 퇴조를 만회하기 위해 을미사변을 일으켰다. 이후 그의 의도대로 내각의 친일적 성격은 강화되었으나, 왕비 시해와 폐위 사실이 세상에 알려지자 민심은 극도로 나빠졌으며, 재야에서는 황후의 복위를 요청하는 상소를 올리고, 복수를 외치는 의병운동(을미의병)이 전국에서 일어났다. 특히 서울 주재 러시아 대리공사 카를 베베르는 을미사변 사건 직후 서울 주재 외교 대표단의 회합을 주선하고, 일본 공사 미우라 고로에게 항의하고 일본 공사가 조선의 국모(國母) 시해 사건의 주모자였음을 밝혀내는 데 중요한 역할을 하였다.

그러나 왕비 시해 이후 일본으로 쏠렸던 국외의 비난 여론은 잠시일 뿐, 일본은 단발령의 강행을 지시하여 조선의 내정을 더욱더 위기로 몰았다.

> "11월 15일(양력 1895년 12월 30일) … 10월 중 왜사(일본인 관리)가 임금을 협박하여 머리를 자르라고 하자 임금은 인산 이후로 미루었다. 이때에 이르러 길준, 희연 등이 왜를 이끌어 궁성을 포위하고 대포를 설치하여 머리를 자르지 않는 자는 죽인다고 하자, 임금이 길게 탄식하면서 병하를 돌아보며 "네가 내 머리를 자르라."고 하였다. 병하가 가위를 들고 손으로 상의 머리를 자르고, 길준이 태자의 머리를 잘랐다."(황현, 《매천야록》, 국사편찬위원회, 1955, 191쪽)

일본군이 대궐을 포위한 살벌한 분위기 속에서 내각 인사를 앞세운 일본의 핍박하에 단발이 강제되고 있었다. 관직을 버리거나 낙향하는 전직, 현직 관리들이 속출하였고, 단발령을 반대하는 상소가 쇄도하였다. 을미사변의 사후 처리에 있어 김홍집 내각이 보여준 친일적 성격과 단발령의 무리한 실시는 보수적인 유생들과 일반 국민들의 반발을 불러일으켰고, 급기야 국왕이 러시아 공관으로 망명함으로 김홍집 내각은 붕괴되었다.

"러시아인들이 대원군과 임금의 유혹적인 제안에도 불구하고 조선 문제에 감히 개입하지 못하는 이유는 무엇보다도 일본군을 두려워하기 때문이다. 러시아는 군사적 저항에 대응할 준비가, 그것도 성공적으로 대응할 준비가 충분히 되어있지 않는 한 현 상황 아래서는 일본이나 친일파에 대항해 직접적으로 어떤 조치를 취할 수가 없다."(윤치호의 일기, 1895년 12월 31일, 한국사료총서에서 발췌)

6

1895년의 을미사변으로 전국이 소란해지자 러시아는 공사관 보호라는 명목으로 수병(水兵) 백명을 서울로 배치하였고, 친러파인 이범진 등이 공사 베베르와 공모하여 의병 봉기로 수도 경비가 허술해진 틈을 타 1896년 2월에 국왕의 거

처를 궁궐로부터 피난하여 서울 정동의 러시아 공사관으로 망명하였다. 고종은 기존 내각의 인원들을 면직한 후, 이범진·이완용 등의 친러, 친미파 인물들을 기용하여 내각을 조직하였다.

일본은 이 사건으로 큰 타격을 입었으나, 러시아를 무력으로 상대하는 것은 시기상조임을 깨달아 협상 정책을 추진하였다. 1896년 5월 니콜라이 2세의 황제 대관식에 야마가타를 파견하고, 외상 로바노프와 비밀리에 타협하였다. 이에 따라 조선 문제에 대한 공동 간섭을 내용으로 하는 야마가타-로바노프 협정을 맺고, 2년 후에는 로젠-니시 협정으로 조선의 독립국 인정과 내정에 대한 불간섭을 합의하게 된다.

한편, 러시아는 조선의 요청으로 재정 군사고문단을 파견하고 은행을 개설하며, 채굴권과 채벌권의 각종 이권을 챙겨 갔다. 1년이 지난 1897년 2월 고종은 덕수궁으로 환궁하게 되었으나, 타국 공관에 피신하는 동안 조선의 자주권은 심하게 훼손되었으며, 그 이후 러시아의 간섭이 심해지게 된다. 모든 정치는 러시아의 수중에 있었으며, 당시 탁지부 고문 알렉세예프(Alexeev)는 사실상 재무장관이나 마찬가지였고, 많은 이권이 여러 열강의 손으로 넘어갔다.

환궁 후에 고종은 1897년 10월 12일 황제 즉위식을 원구단에서 열고 '대한제국' 이라는 이름으로 재출발하였다. 황제는 '광무' 라는 연호를 사용하고 근대화 사업을 적극적으로 추진해 나갔다.

7

1904년 2월 8일에 일어난 러일전쟁이 끝나고 한 달이 지난 1905년 11월 17일, 제2차 한일협약, 을사조약, 1905년 한일협약, 또는 '을사늑약'이라 불리는 대한제국과 일본 제국 사이에 체결된 조약은 고종의 동의 없이 외부대신 박제순과 일본 공사 하야시 곤스케가 서명한 것이었다. 체결 과정은 단발령 시행 과정 때 있었던 그 모습과 전혀 다를 바 없었다. 이로 인하여 대한제국은 일본의 보호국으로 전락하고 만다.

1905년 11월 10일, 추밀원장 이토 히로부미는 고종을 알현하여 천황의 친서를 전달하지만 고종은 거절한다.

15일 오후, 이토는 다시 고종을 알현하여 협약안을 보여주며 조약을 체결하라고 강요하지만 역시 거절당하였다.

16일, 이토는 자신이 머물던 손탁호텔로 내각 대신들을 불러들여 조약을 체결하도록 회유하나, 대신들은 거부하고 돌아갔다. 같은 시각 일본 공사 하야시 곤스케는 외부대신 박제순을 일본 공사관으로 불러 체결을 강요하였으나 역시 거부당하였다.

17일 아침, 서울에 주둔하던 일본군 기병 800명, 포병 5,000명, 보병

20,000명을 동원해 덕수궁 주변에 배치하여 강압적인 분위기로 대한제국을 압박하고 조약 체결을 강요하였다. 학부대신 이완용이 "일본의 요구는 대세상 부득이하다. 국력이 약한 우리가 일본의 요구를 거절할 수 없으며, 더 이상 감정이 충돌하기 전에 원만히 타협하는 한편, 한국의 지위를 보전하는 것이 좋을 듯하다."라고 찬성하자 날을 넘겨 18일이 되고 5명의 과반수가 찬성한다. 조약 날인은 18일 새벽 1시에서 2시 사이에 이루어졌다.

1904년부터 1905년의 지금에 이르기까지, 러시아와 전쟁을 하는 동안에도 일본은 한일의정서(04년 2월)와 재정과 외교 고문을 설치하는 제1차 한일협약(1904년 8월)을 조인했다. 해외 열강과 손을 잡아 미국(가쓰라-태프트 협정, 1905년 7월)과 영국(제2차 영일동맹, 1905년 8월)과 협정을 맺어 일본이 한국을 보호국으로 한다는 것에 대해 미리 승인을 얻어 둔 상태였다. 청은 이미 망국의 길을 걷고 있었고, 러시아 역시 미국이 주선한 포츠머스조약으로 "러시아 제국은 대한 제국에 대한 일본 제국의 지도, 보호, 감독권을 승인한다."라는 내용으로 영향력을 완전히 상실했다. 러일전쟁의 승리는 '동양인이 서양인을 이긴 전쟁'이라는 강한 인상을 남기게 되며 아시아주의가 확장되었다. 일본은 러시아에 대한 승리로 다른 열강들과 동등하다는 평가를 받게 되었고, 한반도에 대한 실질적인 종주권을 공식적으로, 암묵적으로도 인정받은 셈이다.

"이것은 일조일석(一朝一夕)의 일이 아니라 저들이 오랜 세월을 경영해서 이룩한 것

이니, 그 형세가 이 정도에서 그치지 않을 것입니다. 저들이 마관조약(馬關條約: 시모

노세키 조약) 및 일본과 러시아 간의 선전포고서를 낸 이래로 대체 우리나라의 독립과

자주 및 영토를 보전한다고 말한 것이 몇 차례이며, 우리 나라의 이익을 약탈하고

도 걸핏하면 한국과 일본 양국이 서로의 우의를 더욱 친밀하게 한다고 말한 것이

또한 몇 차례입니까? 그 사기와 모욕을 헤아릴 수 없음이 이와 같은데 지금 저들

이 이른바 황실을 보전한다고 하는 것을 폐하께서는 과연 깊이 믿으십니까?"

- 최익현의 상소문,《고종실록》고종 42년(1905년)

8

"이 당시에 만약 한, 청 양국의 인민이 모두 상하 일치하여 전날의 원수를 갚기 위

해 일본을 배척하고 러시아를 도왔다면 일본의 승리는 없었을 것이니 어찌 대업을

이루었겠는가. 그러나 한, 청 양국의 인민은 이처럼 행동하지 않았을 뿐 아니라 오

히려 일본 군대를 환영하였으며, 길을 닦고 짐을 나르며 정보를 알아내는 등 수고

로움을 잊고 전력을 다했다. 이것은 무엇 때문인가?

여기에는 두 가지 큰 이유가 있다. 일본과 러시아가 개전할 때, 일본의 천황은 선

전포고문에서 이 전쟁이 동양 평화를 유지하고 대한의 독립을 튼튼히 하기 위한 것이라고 했다. 이와 같은 대의가 맑게 갠 하늘에서 밝게 비치는 해의 광선보다 밝았기에 한청 양국의 사람들은 지혜롭고 어리석은 이를 막론하고 같은 마음으로 일본을 도왔던 것이 첫 번째 이유이다. (중략)

슬프도다. 천만 뜻밖에도 일본이 승리한 이후에 가장 가깝고 친하며 어질고 약한 같은 인종인 한국을 억눌러 강제로 조약을 맺고, 만주의 창춘[長春] 이남을 남의 땅을 빌린다는 핑계로 차지해 버리니, 세계 여러 나라 사람들의 의심이 홀연히 일어났다. 일본의 위대한 명성과 공로는 하루아침에 땅에 떨어져서 만행을 일삼던 러시아보다 더 나쁜 나라로 생각하게 되었다. 슬프다. 용과 범 같은 위엄 있는 기세로 어찌 뱀과 고양이 같은 짓을 한단 말인가. 이와 같이 좋은 기회를 어찌 만날 수 있단 말인가. 애석하고 통탄스러운 일이다."

- 안중근, 동양평화론,《사료로 본 한국사》에서 발췌

일본은 조선이 일본과 순치(脣齒)의 관계가 있음을 자각함이라 칭하고 1894년 청일전쟁의 결과로 한국의 독립을 솔선 승인하였고, 미국 · 영국 · 프랑스 · 독일 · 러시아 등 모든 국가도 독립을 승인할뿐더러 이를 보전하기를 약속하였도다. 한국은 그 은의를 감(感)하여 예의 모든 개혁과 국력의 충실을 도(圖)하였도다.

- 2.8 독립선언서(1919년 2월 8일)에서 발췌

아아 일본인은 기억하라. 청일전쟁 후의 마관조약과 노일전쟁 후의 포오츠머드 조약 가운데서 조선독립을 보장한 것은 무슨 의협이며, 그 두 조약의 먹물이 마르기도 전에 곧 절개를 바꾸고 지조를 꺾어 궤변과 폭력으로 조선의 독립을 유린함은 또 그 무슨 배신인가.

- 만해 한용운의 조선독립에 대한 감상의 대요(大要), 《獨立新聞》 1919.11.4(현대말 옮김)

※ 1919년 이광수가 중국 상해에서 창간한 국한문 혼용 독립신문

'아시아주의'는 한·중·일 3국에서 인기 있었던 사상이었다. 서구 열강의 동양 침략이 본격화되자 세 나라는 위기감을 느꼈다. 페리 제독이 흑선으로 불평등조약을 체결한 뒤에 일본은 시대의 변화에 눈을 떴다. 그리하여 천황을 받들고 서양의 외세를 배격하자는 존황양이론이 기존의 중앙정권(막부) 대신 메이지 정부의 신체제를 정당화하기 위한 명분을 만들고 전쟁을 일으키는 데에 중요한 역할을 했다. 존황론은 보신(무진)전쟁으로 막부파를 타도하는 데에 쓰였고, 양이론으로 침략만을 일삼는 서양 오랑캐를 아시아에서 물리치자는 사상의 토대가 되었다.

문제는 일본 정부가 아시아주의, 또는 동양의 평화를 조선 식민 지배를 위한 허울 좋은 명분으로 쓴 것이다. 당시 조선의 개화파 지식인들은 아시아주의에 크게 동의했다. 안중근 역시 한·중·일 3국이 함께 서구 열강에 대항한다는 면에서는 동의하였지만, 3국은 독립을 보장받아야 하고, 연합은 대등한 관계에서

이루어져야 한다고 못 박았다.(이토 히로부미의 죄는 이런 대의를 등지고 굴욕적인 조약을 강요하여 조선의 존엄과 주권을 박탈하고 수많은 조선 사람들을 죽인 것에 있다고 주장한다.)

많은 개화파 지식인들은 이상적인 차원에서 아시아주의에 동의하였고, 대한제국이 연방의 형태로 일본과 함께한다는 막연한 생각을 가졌지만, 러일전쟁의 승리로 모든 속박에서 풀린 일본은 태도를 바꾸어 대한제국을 흡수, 합병하고 식민지로 만들 때까지, 그리고 1945년 패망할 때까지도 정치적인 감언이설에 순진하게 속아 지냈다.

9

이 책에 나오는 90인의 글은 아주 오래전으로 거슬러 올라가면 임오군란 시절부터 초대 통감인 이토 히로부미, 한일병합으로부터 조선총독부의 3대 총독인 사이토 마코토까지의 시절을 담아 1934년에 회고의 형태로 작성한 글을 담은 것이다. 그중에는 을사늑약을 강요했던 하야시 곤스케 공사의 글이나 일진회 고문이었던 쿠로다 료헤이라는 인물도 있는가 하면, 각계각층의 인사들의 회고가 들어 있다. 이들의 언사를 이해하는 데에는 흥선대원군이 쇄국을 논하던 시대에서 시작하여 병합이 이루어지기까지의 흐름을 한국사, 일본사, 세계사 등의 통사(通史)의 관점에서 자세히 보고 이해하는 것이 중요하다.

그들의 한마디 한마디가 실제로 조선을 위한 선의였는지, 자화자찬을 위한 미사여구에 불과한 것인지, 확인하고 음미하면서 볼 필요가 있다. 예를 들면 우치다 료헤이는 조선에서 "민간 각파의 유지들을 규합하여 동광회를 조직하고, 누차 도쿄 조선 간을 왕래하며 조선 통치의 개혁 운동에 진력하였으나, 힘의 부족으로 그 목적을 달성할 수 없었다."라는 논조로 글을 썼으나, 자세히 뒤를 캐보면 실상은 그렇지도 않다.

특히, 만보산 사건의 영향으로 평양에서 일어난 학살 사건이나, 만주사변이 일어난 경위에 대해서는 일련의 사건들을 잘 확인하여 일본 측이 어떻게 조작하고 선동하였는지도 확인했으면 한다. 아니라면 그 당시의 정치, 문화 등의 여러 상황을 그들은 어떻게 인식했는지 확인하는 것도 좋다.

승자의 역사는 아름다울 뿐, 자신을 깎아내릴 더러운 것에는 관여하지 않는다. 이 책의 내용은 구한말에서 대한제국의 패망, 조선총독부의 전성기까지 '일방당사자'의 말들을 기록하고 있다. 그렇다 해서 그 발언들이 철저히 무시받아야 할 것은 아니다. 1934년 당시의 생생한 증언들이므로.

10

역사 수업에서 배운 것 중에, 조선의 정치 중에서 폐단이 무엇이냐고 하면,

"붕당정치와 외척이나 세도가에 의한 부패"라는 말이 떠오른다. 해설을 쓰기 위해 지금까지의 조선의 역사를 정리하다 보면, 흥선대원군과 고종, 그리고 황후 민씨, 이 세 사람의 이름이 떠오른다. 이 사람들에게는 각각 긍정적인 평가와 부정적인 평가가 있으나, 결정적일 때 서로 반목하여 일을 그르치므로 망할 길을 선택하고 말았다. 일본은 우리에게 45년이라는 아픔의 세월을 주었고, 청이었건 러시아였건 간에 어느 쪽에 협력하였어도 '남의 힘'에 주권과 이권을 뜯기다가 국력은 점점 쇠약해 갔으며, 경술국치에 이르러서는 화낼 힘도 내지 못하고 쓰러진 것을 본다. '만약에'라는 생각이 머릿속에서 하나하나 끓어오르는 이유는 무엇일까?

이 책은 1934년 무렵의 기록이니 제2차 세계대전으로부터 쇼와 20년(1945) 일본의 항복, 조선 통치 종식의 실상이 나오지 않아 아쉽다. 다만, 식민 통치에 대한 자찬과 오만함이 가득한 이 책에서 그들의 생각과 계획, 그리고 당시 식민지였던 '조선'의 상황을 일본인의 관점에서 엿볼 수 있는 계기가 되었다. 모든 것이 옳은 것은 아니지만 일고의 가치가 없는 글들은 아니다. 그 당시의 상황들을 좀 더 넓게, 좀 더 입체적으로 판단하는 계기가 되었으면 좋겠다.

신한준

해설/역주 참고문헌

◑ 단행본

김슬옹(2012/2015).《조선시대의 훈민정음 발달사》. 역락.

김종택(1992).《국어어휘론》. 탑출판사.

김흥수(2013). 임오군란시기 일본의 조선정책과 여론.《군사연구》136집. 육군군사연구소. 35-64쪽.

데 마사이치(井手正一)/신동규 옮김(2020).《1910년 일본인이 본 한국병합: 조선사정과 조선사진첩》. 경인문화사.

이태진(2016).《일본의 한국병합 강제 연구》. 지식산업사.

한성민(2021).《일본의 한국병합 과정 연구》. 경인문화사.

和田春樹(와다 하루키)(2019).《韓國倂合110年後の眞實 條約による倂合という欺瞞》. 岩波書店. 남상구·조윤수 번역(2020).《한국병합 110년만의 진실-조약에 의한 병합이라는 기만》. 지식산업사.

森万佑子(2022).《韓國倂合 大韓帝國の成立から崩壊まで》. 中央公論新社.

片山慶隆(2015). ハーグ密使事件と日本の新聞報道.《マス·コミュニケーション研究》86. 日本マス·コミュニケーション学会. 161-180쪽.

오가와라 히로유키/최덕수·박한민 번역(2012).《이토 히로부미의 한국 병합 구상과 조선 사회》. 열린책들.

◑ 학위논문

유영조(2004). 일제의 조선 식민통치에 대한 평가 연구. 대전대학교교육대학원 석사학위 논문.

정의창(1992). 일본 제국주의 식민통치 초기 한국인 관료의 사회적 배경에 관한 연구 : 1910년에서 1912년까지를 중심으로. 연세대학교 대학원 석사학위 논문.

주상훈(2010). 조선총독부의 근대시설 건립과 건축계획의 특징 : 사법, 행형, 교육시설 건축도면의 분석을 중심으로. 서울대학교 대학원 박사학위 논문.

최규진(2014). 종두정책을 통해 본 일제의 식민 통치 : 조선과 대만을 중심으로. 서울대학교 대학원 박사학위 논문.

강정민(2005). 자치론과 식민지 자유주의.《한국철학논집》16집. 한국철학사연구회. 9-39쪽.

金基正(2005). 가쓰라-태프트 밀약의 진실 : 미국, 日 한국 지배 적극 승인… 협정이냐 각서냐, 형식 논란만 남아.《新東亞》48권 11호 554호. 東亞日報社. 322-327쪽.

김동열(2021). 농촌수탈과 농촌보건의 기억이 공존하는 화호리.《문화재窓》46호. 국립문화재연구소. 39쪽.

김민철(1994). 식민지통치와 경찰.《역사비평》24호 · 26호. 역사문제연구소. 208-222쪽.

김삼웅(2004). 조선통감부 설치와 국권농단.《殉國》156호. 殉國先烈遺族會. 24-31쪽.

김삼웅(2010). 바람직한 한 · 일관계를 수립하려면.《독립정신》54호. 대한민국임시정부기념사업회. 6-11쪽.

金勝一(2011). 일본제국주의 식민통치지역 재판소제도의 비교 연구.《역사문화연구》38집. 韓國外國語大學校歷史文化研究所. 95-114쪽.

金雲泰(1989). 日本帝國主義의 韓國統治.《國史館論叢》1집. 國史編纂委員會. 153-178쪽.

김인덕(2010). 조선총독부박물관 본관 상설 전시와 식민지 조선 문화 : 전시 유물을 중심으로.《鄕土서울》76호. 서울特別市史編纂委員會. 211-249쪽.

김인덕(2011). 한일 양국 근현대사의 간극 : 일본의 원호 · 선양정책과 야스쿠니(靖國)신사.《한국민족운동사연구》68집. 한국민족운동사학회. 289-321쪽.

김종준(2013). 식민사학의 '한국근대사' 서술과 '한국병합' 인식.《歷史學報》217집. 歷史學會. 245-274쪽.

金靑均(2011). 일본어잡지《조선공론》(1913-1920)의 에세이와 한국인식.《翰林日本學》18집. 翰林大學校日本學研究所. 101-119쪽.

김태완(2019). 옛 친구와 지낸 날은 기억조차 스러졌는가!.《月刊朝鮮》476호. 조선뉴스프레스. 432-439쪽.

魯淳圭(2013). 일제식민지의 고통과 교훈.《時事金融》29권 12호 346호. 시사금융사. 56-58쪽.

다까오,스즈끼(1990). 비법적 실정법-조선 식민지 통치의 성질.《僑胞政策資料》34. 海外僑胞問題研究所. 75-78쪽.

동아시아전략연구센터(2005). 日 역사 교과서 검정 발표 : 식민통치 은폐 · 독도 영유권 개악.《동북아포럼》11호. 동북아포럼미디어센터. 133-135쪽.

李炫熙(1987). 日本 植民統治가 韓國에 미친 영향.《民族知性》20. 民族知性社. 216-222쪽.

文明基(2009). 대만 · 조선총독부의 초기 재정 비교연구 : '식민제국' 일본의 식민지 통치역량과 관련하여.《中國近現代史研究》44집. 韓國中國近現代史學會. 91-113쪽.

박경민(2015). 일본 외무성의 경제재건구상과 조선연고자의 교차 : 일본경제의 '특수성'에서 식민통치의 '특수성'으로.《韓日關係史研究》50집. 경인문화사. 330-356쪽.

박경수(2018). 조선총독부 편찬 昭和期〈曆書〉연구 : 식민통치 전략과 일상통제시스템 관점에서.《日本語文學》80집. 日本語文學會. 463-484쪽.

박명규 ; 김백영(2009). 식민 지배와 헤게모니 경쟁 : 조선총독부와 미국 개신교 선교세력 간의 관계를 중심으로.《사회와역사》82호. 한국사회사학회. 5-39쪽.

박순영(2004). 일제 식민통치하의 조선 체질인류학이 남긴 학문적 과제와 서구 체질인류학사로부터의 교훈.《비교문화연구》10집 1호. 서울대학교 사회과학연구원 비교문화연구소. 191-220쪽.

박한용(2009). 일제시대 남산, 1 : 통감부 · 헌병대사령부 등 탄압기구와 조선신궁 · 신사 입주한 식민지배 상징으로 탈바꿈 : 제국주의 통치 타운이 되다.《한겨레21》780호. 한겨레신문사. 74-77쪽.

변은진(2000). 일제의 식민통치논리 및 정책에 대한 조선민중의 인식, 1937-1945.《한국독립운동사연구》14집. 독립기념관 한국독립운동사연구소. 309-346쪽.

成周鉉(2010).《개벽》과 조선문화론.《新人間》717호. 新人間社. 47-55쪽.

손준식, 이승찬(2017).《每日申報》(1910-1945) 기사를 통해 본 식민지 조선의 臺灣 인식.《역사문화연구》63집. 韓國外國語大學校歷史文化硏究所. 137-170쪽.

송병권(2014). 스즈키 타케오의 조선통치론, 전전과 전후적 맥락.《大丘史學》115집. 大丘史學會. 287-310쪽.

신명호(2014). 근대 明治政府의 동아시아 통치체제와 李王職 : 琉球 · 臺灣 · 關東州 · 大韓帝國의 사례를 중심으로.《藏書閣》31집. 한국학중앙연구원 출판부. 11-33쪽.

신혜영(2017). 일제식민통치 치욕의 역사, 영원히 사라지다 : 일제 잔재 철거와 민족 정기 회복이라는 명분 아래 철거된 구 총독부 건물.《시사매거진》232호. 시사매거진미디어. 116-121쪽.

안종묵(2006). 일제하 민족언론에 대한 비판적 고찰 : 문화정치 시기의《조선일보》·《동아일보》.《東西言路》20호. 한국외국어대학교 언론정보연구소. 33-61쪽.

양승윤(1998). 대동아공영권 구도하 일본의 인도네시아 식민통치.《東南亞硏究》7. 한국외국어대학교 동남아연구소. 67-98쪽.

염복규(2018). 조선박람회 전시관 양식에 보이는 제국과 식민지, 수도와 지방.《人文論叢》75권 4호. 서울대학교 인문학연구원. 129-162쪽.

유재진(2015). 植民地朝鮮における在朝日本人の探偵小?. 1, 探偵の登場しない探偵小?.《日本學報》104집. 한국일본학회. 171-181쪽.

윤기엽(2020). 일제강점기 조선총독부의 정신계몽운동을 통한 식민통치 : 1930년대 심전개발운동(心田開發運動)을 중심으로.《원불교사상과 종교문화》86집. 원광대학교 원불교사상연구원. 407-439쪽.

윤대원(2015). 일제의 한국병합 방법과 식민 통치 방침.《한국문화》70집. 서울大學校 奎章閣韓國學研究院. 299-329쪽.

윤휘탁(2020). '개척' · '근대' · '식민'의 중첩적 表象 : 근대 시기 營口의 개항, 도시 형성, 식민체계, 삶 (1858~1930).《인문사회과학연구》21권 4호. 부경대학교 인문사회과학연구소. 25-66쪽.

이기완(2009). 1945년 이후 일본의 대한인식과 대한정책 : 지속의 동학.《국제관계연구》14권 1호 26호. 고려대학교─民국제관계연구원. 113-141쪽.

이노우에 가꾸고로오(井上角五郞)/김슬옹 옮김(1998). 협력하고 융합하여 복지를 도모하자.《한글새소식》(원전: '朝鮮統治の回顧と批判(朝鮮新聞社), 쇼와 11년/1936년).《한글새소식》308호 (4월호). 한글학회

이상진(2011). 朝鮮美術展覽会の実相に関する一考察 : 新聞報道を手がかりにして.《日本文化研究》40집. 동아시아일본학회. 431-453쪽.

이선우(2004). 역사를 망각하는 잘못된 배움 : 순국선열 정신의 교훈.《殉國》166호. 대한민국순국선열유족회. 28-32쪽.

이승일(2007). 조선총독부의 기록수집 활동과 식민통치.《기록학연구》15호. 한국기록학회. 3-37쪽.

이준영(2019). 조선총독부 재무국장 하야시 시게조의 궁민구제 사업과 부산대교 건설.《한국민족운동사연구》101집. 한국민족운동사학회. 313-353쪽.

임성모(1995). 일본 : 만주국.《역사비평》30호. 역사문제연구소. 177-188쪽.

장동진(2005). 식민지에서의 '개인', '사회', '민족'의 관념과 자유주의 : 안창호의 정치적 민족주의와 이광수의 문화적 민족주의.《한국철학논집》16집. 한국철학사연구회. 41-70쪽.

정준영(2015). 조선동포에 대한 내지인반성자록 朝鮮同胞に對する, 内地人反省資録 : 일제의 식민통치, 그 일상적 차별의 실상.《오늘의 도서관》24권 8호 236호. 국립중앙도서관. 12-15쪽.

조규태(1992), 일제시대의 국한문혼용문 연구,《배달말》17집, 배달말학회.

趙錫坤 評(2002). '수탈론'을 넘어선, 그러나 '무시된' 첫걸음 : E. 그래거트,《식민통치하의 토지소유제도: 일제하 조선의 경험 1900~1935》.《해외한국학평론》3호. 연세대학교 현대한국학연구소. 7-39쪽.

조은경(2007). 일제침략기 고문체험전 ; 〈조선천지가 감옥으로〉 특별기획전을 기획하며.《독립기념
　　관》230호. 독립기념관. 11-12쪽.

조정육(2022). 나라 잃은 지성인이 선택한 과거의 기억법.《주간조선》2720호. 조선뉴스프레스.
　　72-74쪽.

주상훈(2019). 1916년 〈조선총독부건축표준〉의 제정 배경과 계획적 적용.《건축역사연구》(한국건축
　　역사학회논문집) 127호. 한국건축역사학회. 67-76쪽.

최우석(2020). 도리이 류조(鳥居龍蔵)의 식민지 조선 조사와 일선동조론.《Question》Vol.33. 인터뷰
　　코리아. 121-128쪽.

최현우(2020). 朝鮮總督府 歐美 出張 制度의 特徵과 官僚의 派遣 推移.《한국문화》90집. 서울대학
　　교 규장각한국학연구원. 303-351쪽.

한동민(2011). 일제강점기 화성행궁의 파괴와 식민통치 기구의 설치.《水原學研究》8호. 수원문화원
　　부설 수원학연구소. 35-59쪽.

허영란(2006). 조선총독부의 오일장에 대한 통제 및 활용과 그 한계 : 일제 식민통치에 대한 사회적 제
　　약의 구체적 검토.《史學研究》82호. 韓國史學會. 121-157쪽.

허영섭(2013). 침략의 역사를 증언했던 조선총독부 청사.《독립기념관》305호. 독립기념관. 18-19쪽.

려증동(1977). 한자 - 한글 섞어쓰기 줄글에 관한 연구.《한국언어문학》15집.

허재영(1994). 일제 강점기의 한글운동.《국어교육과 말글운동》. 서광학술자료사.

丸山鶴吉(1922). 朝鮮에 在한 治安의 現狀.《朝鮮: 朝鮮文》54호. 조선총독부. 45-57쪽.

　1910년의 일한병합[4]은 실로 근세의 위업이요, 그해에 양국의 원수가 내린 영단은 언급하기에 황공한 것이고, 관계된 여러 선각자의 공적 또한 눈부시게 빛나는 동양 역사의 광채 중의 하나이다. 그리고 제국의 국세 발전이나 최근의 만주 건국 및 몽골, 중국 등의 현재 상황에 비추어 볼 때, 날이 갈수록 일한병합이 탁월한 식견임이 명백히 입증되었다.

　병합 결과로 설치된 조선총독부가 실시한 정치를 검토하는 것은 지금까지의 총독부가 오로지 해마다 국가 대계를 따르며, 모든 사람을 공손히 평등하게 보고 하나같이 어짊과 자비로움을 베풀라는 메이지 천황의 성스러운 방침을 받들어 행한 것이다. 따라서 그 동향과 생활 수준에 따라 조치하고 계획하며 애쓴 공이 헛되지 않아 그 실적은 괄목할 만하다. 변해 가는 사물 모습은 시간에 따라 흐르고 당국자가 바뀜에 따라 일하는 방식이 반드시 똑같은 것은 아니었다. 그러나 일관되게 어진 정치 보급에 노력하고 민생 복리 증진을 꾀하였으므로, 통치를 시작한 지 불과 25년밖에 되지 않았으나, 국내외에서 널리 인정할 만큼 성과를 거둘 수 있었다. 그러나 원래 조선 통치는 국가의 백년지대계이므로 앞으로

---

4 역주: '일한병합'은 한국식으로 하면 '경술 국치'라고 해야 하나, 이 책은 일본인 시각을 보여주는 저술이므로 원문의 생생함을 위해 일본식 용어를 그대로 살렸다. 이를테면 '閔氏, 韓日合邦'를 '명성 황후, 경술국치'로 옮기지 않고 그대로 '민 씨, 일한병합'이라 하였다. 단 일본식 용어를 그대로 쓰는 것은 역사 용어에 한정하고, 일반 용어는 '심로(心勞)→맘고생'과 같이 한국식으로 모두 바꾸었다. 다만 문맥상 병기가 필요한 일본식 용어는 괄호 병기나 주석으로 처리하였다.

한층 노력을 쏟고 병합의 큰 뜻을 받들고 그 이상을 실현하여야 한다.

우리 신문사는 앞서 총독부 통치 25주년 기념사업의 하나로, 유서 있고 흥미 깊은 조선 통치의 회고와 이에 대한 엄정한 비판에 대해, 이곳에 연고가 있는 정치계나 일반계 명사들에게 집필을 의뢰하였다. 각자 바쁘신 와중임에도 불구하고 매우 친절하게 귀한 원고를 주셔서, 지난겨울 이래 우리 신문사 지면에 연재하여, 문단에서 특별한 색깔을 드러낸 적이 있었다.

그 내용은 보통 때에 따라 즉흥적으로 거짓으로 꾸며대는 수준 낮은 것이 아니라 한결같이 실제 경험에 바탕을 둔 추억이 많은 회고담이다. 그뿐 아니라 학식과 식견이 있는 고급스러운 비판이라는 멋진 비판을 보여주는 것으로, 정말로 많은 사람이 조선을 사랑하는 호의에서 나온 결정이었다. 이에 따라 우리 신문사는 이렇게 견주기도 힘든 귀한 문헌이 묻혀 있어서는 안 된다는 애착심에서 다시 엮어 그 대부분을 싣기로 하였다.

이제 조선 통치가 25년을 지난 지 1년이 된 때에, 번영하는 모국(일본)의 현재 상황과 변화무쌍한 동아시아의 근황에 적응해야 하는 조선으로서는, 장래의 조치와 계획을 필요로 하는 것들이 절대로 적지 않겠지만 일한병합의 큰 뜻을 크게 떨치는 준비 작업은 사실 한두 가지에 지나지 않는다. 또한 우리 신문사가 제시하는 여러 문헌 역시 정치에 약간의 참고 자료가 되리라 확신한다. 국운의 융성과 성대함의 길에 참여하는 우리 신문사가 이 책을 간행하는 작은 취지는 위에서 자세히 밝힌 바와 같으니 여러분의 이해를 얻을 수 있으리라 본다.

쇼와 11년(1936년) 5월 조선신문사

차 례

1. | 합방의 회고와 한국[5] 문제

우치다 료헤이(內田良平) / 흑룡회 회장[6]

우리가 일한합방 운동을 기도하게 된 최초 동기는, 일청전쟁(청일전쟁)의 동기가 된 동학당(東學黨)이 난을 일으켰을 때, 동지 십여 명과 함께 천우협(天佑俠)을 조직하여 한국의 오지에 들어가 동학당의 전봉준과 만나 획책하면서였다.[7] 우연

---

5 **역주:** 일본 저자들은 경술국치 이후 우리 나라 이름을 '韓國(한국), 朝鮮(조선)' 모두를 사용하고 있다. 저자들마다 차이가 있으므로 저자 선택에 따른다.

6 **역주:** 원 책 부록으로 실려 있는 저자 소개는 다음과 같다.
우치다 료헤이(內田良平)는 메이지 7년(1874년) 후쿠오카(福岡) 절 마을에서 태어나, 메이지 25년(1892년) 동방(東方) 협회 러시아어 학교에 들어갔다. 메이지 27년(1894년)에 일단 귀향해서 한국으로 건너가, 천우협일단(天佑俠一團)을 조직하여 동학당에 가담하였다. 일청전쟁 후 러시아에 있다가, 메이지 33년(1900년) 쑨원(손일선, 孫逸仙)의 청나라 혁명에 가담, 다음 해에 창립한 흑룡회(黑龍會) 사업으로 흑룡어학교를 개설했다. 일러전쟁 후, 일로협회(日露協會)를 조직, 이토 한국 통감의 명령을 받고 통감부 임시직이 되었다. 또 일진회(一進會) 문제가 있었지만, 이토 총감의 일진회에 대한 태도가 변하자 자리를 물러나고 귀국, 동방정책에 전력을 다해 대중동맹회(對支同盟會) 중심인물이 되었다.

7 **역주:** 우치다 료헤이가 전봉준을 비밀리에 만나 획책하고자 한 것은 청의 배제였으나 청일전쟁의 발발로 흐지부지되었다고 한다. '천우협'은 1894년의 갑오농민전쟁(동학당의 난) 때 동학군을 청을 배제하는 데에 이용하려고 부산 외국인 거류지의 일본인들이 결성한 정치 단체이다. 천우협은 갑오농민전쟁이 일어나

히 그 당시의 동학농민운동이 일청전쟁의 발단이 된 것이어서, 그 이후로도 항상 동양 문제, 그중에도 한국 문제에 마음을 쏟고 있을 때, 한국의 독립을 원조하는 것만으로는 결코 동양의 평화가 유지될 수 없다는 사실을 깨닫게 되었다. 항상 외국 세력이 한국에 침입해 오기에, 전쟁 피해와 국란을 불러일으키고 일본도 한국도 한없는 불행을 거듭할 뿐이므로, 어떻게든 한국을 일본의 통치하에 두어 그 국민의 행복을 꾀하고 동양 평화의 기초를 확립해야만 한다는 결론에 이른 것이다.

그런데 마침 이토 공작(이토 히로부미, 伊藤博文)이 새로 통감이 되어 한국에 부임하게 되어, 나에게 한국행을 권하시기에 나는 평생의 목적을 이루는 데 좋은 기회라 믿고 공의 참모(막료)의 한 사람으로 한국으로 오게 되었다. 나는 경성에 와서 잠시 형세를 관망하였는데, 그때 우연히 일진회의 송병준이 어떤 사건 때문에 투옥되어 일진회가 큰 곤궁에 처하였음을 알았다. 그 사건을 간단히 말하면 송병준의 정적인 이일식(李逸植)이 범죄로 처벌받게 되었을 때, 송에게 도움을 청하여 왔고, 송은 의협심을 발휘하여 잠시 숨겨 주었으나, 그 일이 탄로가 나 죄인을 은폐한 죄로 투옥된 사건이었다. 정적의 함정에 빠진 것이다.

그때 일진회의 회장인 이용구가 나에게 그를 구명해 달라고 부탁해서 나는 먼저 이용구에게 "동양 문제에 대하여 우리의 의견과 맞는 점이 있다면 끝까지 돕겠다."라고 하였더니, 그는 어떤 주저함 없이 "나의 뜻은 탐보(丹芳) 씨가 말하

면서, 부산 거주 요시쿠라 쇼세이, 다케다 한시, 오사키 마사요시 등의 9명에 의해 결성되었고, 후에 '26신보'의 주필 스즈키 텐안, 겐요샤(일본의 첫 우익단체)의 우치다 료헤이, 오하라 요시타케 등 일본 국내 아시아주의자도 참여하여 6월 27일, 오사키(大崎)의 사무소에 모두 14명이 모여 '동학당' 합류를 목표로 부산에서 출발했다. 이들은 동학당의 전봉준과 전라북도 순창에서 회견하여 '청이 조선의 종주국으로 어울리지 않는다'며 설득하고, 한성을 점령하는 청군의 배제를 호소했다. 그 후 그들도 한성으로 향했지만 도중에 청일전쟁의 발발을 듣고 급히 일본군과의 합류를 결정하고, 그 후는 일본군을 위한 정찰 활동을 하거나 여러 사정으로 일본으로 귀국하여 이 단체는 없어졌다.

는 '대동합방'에 있다"라고 즉시 대답하였다. 탐보 씨란 일찍이 동양 문제에 대하여 큰 뜻을 품은 나라(奈良) 사람 타루이 토오키치(樽井遠吉)를 말하는데, 그는 동양 문제를 해결하려면 먼저 그 이상을 분명히 밝혀 둘 필요가 있다고 하여, 대동합방론[8]을 저술하고 일·한·중[9] 삼국이 합방하여 동양 문명의 기초를 만들어 백인종에 맞서야 한다는 의견을 발표하였다.

이용구는 도쿄에 있었던 때에 우연히 이 책을 구하여 그 주장에 깊이 공명하고, 일진회를 통솔하게 되었을 때도 계속 그러한 이상을 품고 있었다. 나는 예전부터 타루이와 서로 아는 사이이고 대동합방론의 취지를 알고 있었기에 이용구의 말을 즉시 이해하여 더욱 의견을 나누고, 장래 일의 대략을 이야기하며, 송병준의 구명에 힘을 다할 것을 약속했다. 이를 이토 공작(이토 히로부미, 伊藤博文)에게 아뢰어 송을 미워하는 일파의 반대 책동을 물리쳐 마침내 구명하는 목적을 달성하였다.

이 일이 있고 난 뒤에 나는 일진회의 고문이 되어 모든 일을 지도하였고, 이상을 실현하기 위하여 힘을 다하였다. 물론 여기에는 송병준도 찬성하였으므로 함께 수많은 장애와 박해, 곤란을 겪어도 이를 넘어서며 목적을 달성하려 매진

---

8 역주: 일본의 아시아주의자였던 타루이 토오키치가 1891년 잡지 《일본인(日本人)》에 연재한 글을 1893년 단행본으로 발행한 것이다. 그는 이 책에서 서양의 침략을 막기 위해서는 한국, 중국, 일본이 연대해야 한다고 주장하고 있다. 이를 실현하기 위해서 일본과 한국이 나라를 합해 대동국(大東國)을 세우고, 대동국이 중국과 동맹을 맺고, 다시 동아시아와 연대하여 일본을 맹주로 하는 대아시아 연방국을 실현해야 한다고 주장했다. 다루이 도키치는 유교의 윤리관이 서양보다 우월한 것이라고 주장하면서 당시 동아시아 유교 지식인들이 공감할 수 있는 유교적 언술을 사용하여 한문으로 작성했다. 또한 일본과 조선이 원래 같은 민족이었지만, 백제가 멸망한 이후 나라가 갈라져서 오랫동안 각자 살게 되었다며 일본과 조선의 '합방'은 역사적으로 볼 때 당연한 것이라고 강변했다. 출처: 우리역사넷

9 역주: 원문은 '日韓支'. 이때는 중국을 '支那(지나)'라고 불렀다. 최남선이 기초한 '기미독립선언서'에서도 중국을 '지나'라고 불렀다. 보통 '秦(진)'의 산스크리트어 발음에서 비롯된 것으로 본다. 때로는 중국에 대한 비칭으로 여겨 지금은 쓰지 않는다. 물론 이 책에서 비칭으로 쓰인 것은 아니다.

하였다.

당시 우리가 그 운동에 동참하는 점에서 가장 고심했던 것은 이토, 야마가타 2명의 원로 및 가쓰라, 고무라, 데라우치 등 당국의 동의를 받는 일이었다. 즉 나와 이용구, 송병준 등은 한국과 도쿄 사이를 왕래하고 도쿄에 있던 스기야마 시게마루(杉山茂丸)와 함께 그 방법을 모색하고 있었다. 그런데 이토 공작이 아무리 설득해도 동의하지 않아, 처음에 우리는 어쩔 수 없이 그를 사직하게 하고, 그 후임자에게 의지하여 목적을 달성하는 수밖에 없었다. 따라서 나와 송병준이 먼저 사직하여 공이 사직하는 것 외에 방법이 없도록 할 필요가 있었기에 - 당시 우리가 사직하면 이토 공작은 자연스럽게 유임할 수 없는 사정이 있었다 - 내가 먼저 사직을 신청하고 다음으로 송병준도 신청했다. 그런데 공은 좀처럼 허락하지 않았을 뿐 아니라, 오히려 송병준을 농상공부 대신에서 내부대신이라는 요직으로 영전시키는 등 백방으로 이를 억제하는 길을 취하였으나, 우리는 어디까지나 그 뜻을 굽히지 않았으므로 마침내 이를 허락하게 되었고, 공작 또한 이어서 그 직을 사임하고 부통감 소네 아라스케를 후임으로 삼았다.

그때는 야마가타 공작을 비롯하여 가쓰라 수상 등이 이미 우리 주장에 동의를 표하였으므로 우리는 이제 그 실행에 들어가려던 참이었다. 그런데 이토 공작은 통감을 사직함과 동시에 추밀원 의장이 되셨으므로 다시 공의 동의를 얻어야 함에 따라, 변함없이 이토 공작의 동의를 얻는 일에 애썼다. 이보다 앞서 이토 공작이 통감 사직을 앞두고, 어느 날 야마가타 공작은 이토 공작을 만나기 위하여 오오이소(大磯, 가나가와현 오다와라시)[10]를 방문하였다.

그때 이토 공작은 야마가타 공작에게 갑자기 "한국의 문제는 천하의 공적인

---

10 역주: 이곳에 이토 히로부미의 별장이 있었다.

일이며, 이토 개인의 일은 아니다. 자네에게 의견이 있다면 왜 직접 나한테 말하지 않는가?"라며 말씀하셨다. 그러나 이는 야마가타 공작이 측근에게 "한국의 일은 이토가 통감으로 있는 동안 나는 의견을 삼가겠다."라고 흘려 말한 것을 들었기 때문이었다. 야마가타 공작은 "그렇다면 말하겠는데, 어서 일본 천황께서 한국 황제를 겸하시는 것은 어떤가?"라며 답했더니, 이토 공작은 "시기상조다."라고 말하였고, 야마가타 공작은 "나는 이래서 한국 일에 대해서는 아무 말도 하지 않겠다고 하였다. 자네 뜻대로 하는 것이 좋다."라고 말하며 헤어졌는데, 이토 공작은 곧 사법권을 우리 통감 정치에 위임하는 것을 선물로 남기고 사임하신 것이다.

그런데 이토 공작은 본국으로 돌아가 큰 판국의 형세를 보자 한국에 있을 때와는 내가 생각하기에도 달라졌다. 때마침 정운복(鄭雲復)이 도쿄에 와서 이토 공작을 알현하고 경성으로 돌아간 뒤 보낸 서한에 "한국은 갑자기 확 바뀔 것인데, 나는 국회의원이 되어 도쿄에 가서 의회에 참석해야만 하는가?"라는 뜻을 보낸 것을 보았을 때, 더욱 그 마음을 움직였던 것 같았다.

나는 당시 오오이소의 창랑각(滄浪閣, 은사관/恩賜館[11])에서 공을 방문하고 격론을 벌였는데, 그때는(메이지 42년/1909년 9월) 말로는 이 일을 언급하기에 표면상으로는 여전히 동의하지 않는다고 말하였으나, 실제로는 이미 어쩔 수 없다는 것을 각오한 것처럼 보였을 것이고, 결국 스기야마 시게마루(杉山茂丸)의 방문(9월 17일)에 이르러 마침내 동의하게 된 것이다. 이토 공작이 곧 만주 순방길에 오르게 되어, 나는 인사를 하러 오오이소에서 공을 방문하고, 합방 운동에 관한 정세 등을 말하였다. 공은 의외로 "나도 조금 생각한 바가 있어서 최근 추밀원 회의 때에도

---

11 역주: 천황이 내려준 집이라 하여 '은사관(恩賜館)'이라 불렀다.

한국 병합의 시기가 왔다고 말하였네."라는 것으로 병합에 대한 동의로 마음을 확정했지만, 얼마 후에 하얼빈역 앞에서 흉변을 당하였다.

합방의 해결에 관하여 이토 공작과 기타 당국자들이 처음부터 동의하지 않고 난감해한 것은 일청전쟁 당시부터 여러 차례 일본은 한국 독립의 확대를 목적으로 한다는 뜻을 조칙(칙서) 또는 조약 등으로 표명했던 것에 얽매였기 때문이다. 우리가 주장한 것은 합방을 일본이 나서서 행하지 않고, 한국 측에서 청원하는 방법이었다. 고무라 외상 같은 분은 처음에 병합에 가장 난감해한 사람 중의 하나였으나 이 방법을 듣고서 비로소 안심하고 이에 찬성하여 결정을 보기에 이르렀다.

일진회는 합방을 임금에게 아뢰기에 앞서 그 수단으로서 서북학회, 대한협회의 두 파와 제휴하였다. 이 세 파는 총회까지 추진하였으나, 그 와중에 반론이 끼어들어 형세가 좋지 않게 되어 일진회의 백만 회원이 단독으로 제출하게 되었다. 이러한 상주 및 청원에 대하여 한국 황실이나 정부는 재차 이를 거부(각하)하였다.

그러자 이학재(李學宰)를 회장으로 하여 70만 단원을 거느린 보부상단이나 대한매일신보 주필인 정운복을 중심으로 하는 서북학회나 예수교 일파나 13도에 걸친 양반 유생 등의 여러 단체에서, 속속 찬성 청원서가 제출되었다. 한인 측에서 반대한 것은 소수의 이완용 사족에 관계된 일파와 대한협회 일파에 불과함에도 일본 측에서는 소네 통감을 주축으로 신문기자 등의 대부분이 극력 반대하고 방해하였다. 그러나 일진회는 이에 굴하지 않고 거부된(각하된) 청원 주문이나 청원서의 제출을 거듭했다. 세 번째 제출 때 통감부에 가쓰라 수상의 명령이 내려왔으므로 한국 정부도 마침내 이를 받아들이게 되었는데, 소네 통감은 끝까지 이를 반대하여 나에게 퇴한령을 내리려 해서 많은 책동이 벌어졌다. 이때는 가쓰라 수상의 명령이나 군부의 반대 등으로 이를 저지하였으나, 소네 통감을 사직하게 하는 것 외에는 방법이 없다는 것을 인정하고 결국 그 후임인 데라우치 마사다케로 마침내 목적을 달성할 수 있었다.

이리하여 그 운동은 메이지 39년(1906년)에 일어나, 메이지 42년(1909년) 12월에 합방 청원 제출을 거쳐, 메이지 43년(1910년) 8월 데라우치 새 총감의 손으로 이완용과의 일한병합조약이 조인되기까지 5년이 걸렸다.

일한병합이 원칙으로서 시대 흐름을 위해 필요한 것은 새삼 말할 것도 없는 일이나, 내가 실행을 서두른 이유가 있었다. 원래 나는 손일선, 황흥 등이 이끄는 중국 혁명당과 밀접한 관계를 맺고 있어 중국의 혁명이 이제 곧 발발할 상황에 있음을 알았다. 그래서 '청 동란의 기(機)'라는 제목의 의견서를 써서 각계 인사들에게 참고로 제공하고 당국의 고려를 촉구하였다. 그것은 이 혁명의 시기에 반드시 만몽(만주, 몽골)의 문제를 해결해야 하며, 그러려면 먼저 일한병합을 이루고 이를 기초로 만주·몽골 문제 해결에 나설 필요를 인식했기 때문이었다.

한편 이용구, 송병준 측에서는 한국의 앞날은 이 세계 경쟁이 격심한 가운데에 서서, 완전한 독립을 이루며 국민의 행복, 안녕을 도저히 구할 수 없다고 여겼다. 또 인구 증가 문제에 있어서도 종래의 국토에서는 번식의 여유가 도저히 없으므로 역사상, 그리고 지리상 밀접하여 떨어질 수 없는 일본에 의지하고 이를 힘으로 삼아 만주·몽골 방면으로 발전하지 않을 수 없다는 것을 통감했기 때문이다. 이는 바로 나와 그들이 합방에 매진하는 정신이 일치하는 점이다.

합방 형식에 대해서는 이용구는 가능하면 연방 형식으로 하기를 원하고 송병준은 순전한 일본의 일부로써 합방, 통치되어야 한다고 주장하여 양자 의견이 대립하였다. 당시 도쿄에 있던 송병준과 경성에 있는 이용구 사이에는 서로 열렬한 주장이 오갔는데, 결국 일본 천황 폐하의 뜻에 맡기는 수밖에 없다는 데 일치하였다.

그런데도 당시의 신문기자들은 이 합방에 대하여 처음에는 크게 반대했지만, 차차 합방의 성립이 피할 수 없는 대세임을 간파하자마자 즉시 본래 쓰던 것을 뒤집어 "합방은 동등한 권력의 처지에서 말해야 하니, 일한의 관계에서는 조선이 일본에 병합되는 것이 지당하다" 라고 논하였다. 당시의 당국자는 한국이 우리 황덕을 숭모하여 다가왔다는 사실상 중요한 정신의 존재를 이해하지 못하고, 단지 신문기자 등의 반대를 완화하는 데 중점을 두어 부주의하게 '병합'의 문자를 들어 그 명분을 세우고, 또 '조선'이라는 이름을 쓰게 된 것이다. 원래 조선이란 중국에서 붙여준 이름이고 한국이란 이름은 일본이 예로부터 쓰고 있었던 것이므로 일본의 통치에 귀속되는 이상, 당연히 한국이라는 이름을 써야 하나, 이 역시 생각 없이 그저 이름을 바꾸기만 하면 좋으니까 '조선'이라는 중국식 이름으로 바꾼 것은 잘못되어도 심히 잘못된 것이다. 그 어느 것도 모두 당시의 처지에 뒤바뀐 것이 심하였다는 것을 알게 하는 증거라 볼 수 있다.

그리고 이는 명분과 형식상의 것이기는 하나 그 내용에 대한 그들의 기대는, 합방이 완성되었을 때는 조선인의 정치에 대한 자유로운 수완을 동원할 수 있고, 그 지위를 평등한 입장에 두고 국제적으로도 국내적으로도 일본 국민으로서 행복을 누려가고자 하는 희망을 표현하였다.

또한 대동 합방의 이상에 대해서는, 합방이 실현되면 그와 동시에 일진회 백만 회원을 이끌어 간도로 이주하고 송병준은 서간도, 이용구는 북간도를 거점으로 하여 회원을 그 지방에 이주시켜 개척에 종사하면서 만주인과 일본인 사이의 다리가 되고 만주와 일본의 연방을 만들겠다는 것이다. 더 나아가 몽골, 중국 본토, 시베리아에 이를 파급하는 것으로, 이른바 대동 합방의 성과를 올린다는 계획이었다.[12] 당시 간도에 간도 문제로 출장을 가 있던 일본 육군의 사이토

---

12 역주: 이용구(1868~1912)는 본래 동학의 핵심 인물로 반외세 운동의 지도자였으나 변절한 뒤 동학당 계열 친일 조직인 진보회의 우두머리가 된다. 진보회는 곧 일진회와 합병하고 이용구는 일진회 회장이 되어

대령과 연락을 취하고 일진회원 최기남을 한국 궁내부 관리로 파견하여 병합 후에 이주할 밑 준비를 시키는 한편, 송병준이 상경할 때 가쓰라 공작과 교섭하여 300만 원 정도의 보조금 교부를 받는 것까지 약속되었다.

이제 병합이 실현되고 보니 의외로 데라우치 총독[13]의 통치 방침이 합방 운동자의 기대를 배반함 셈이 되었다. 우리처럼 처음부터 합방 운동에 종사해 온 자 전부가 조선에 들어가는 것을 반가워하지 않을 뿐 아니라, 한편으로는 완전히 위압 주의를 취하여 일일이 일본인의 손으로 처리하고 조선인은 정치 요로에 나서는 것을 일절 거부하는 식이었다. 그래서 조선의 전통적인 사상을 무시하는 정치가 이루어져, 이에 생각 있는 자들은 '선의의 악정'이라 험담을 하게 되었다.

송병준과 더불어 친일 매국 행위에 더 앞장섰다. 송병준을 싫어했던 이완용은 일진회를 조직적으로 방해하여 조직이 붕괴 위기에 놓이자 이용구는 조직을 만주로 옮겨 만주를 개척하면서 살 계획으로 가쓰라 다로(桂太郞) 수상을 도와 1909년 12월 "한민족의 행복과 복지를 위해 한일 양국은 합방되어야 한다."라는 내용의 '합방청원서'를 작성하여 순종을 비롯해 통감부와 내각에 올리고 '합방청원운동'을 벌였다. 그러나 1910년 합병 후에 조선총독부는 '일진회 해산 명령'을 내리고 이용구는 그 충격으로 합방이 된 후 1년도 못되어 지병인 결핵이 도져 쓰러져 1912년 5월 44살의 나이로 일본 스마에서 사망했다. 민족문제연구소(2016), <저항에서 친일로 – 일진회 회장 이용구> 참조.

13 역주: 역대 총독 명단은 다음과 같다. 이 글은 1935년 무렵의 회고록이니 우가키 가즈시게 총독까지만 나온다.
데라우치 마사타케(1910년~1916년)
하세가와 요시미치(1916년~1919년)
사이토 마코토(1919년~1927년)
우가키 가즈시게(1927년)
야마나시 한조(1927년~1929년)
사이토 마코토(1929년~1931년)
우가키 가즈시게(1931년~1936년)
미나미 지로(1936년~1942년)
고이소 구니아키(1942년~1944년)
아베 노부유키(1944년~1945년)

일진회의 존재에 대해서도 종래의 정치결사 존립을 일절 허락하지 않는다는 명분 아래 비참한 해산을 명하고, 게다가 일진회원이 전폭적으로 희망을 걸고 있는 대동 합방의 기초인 간도 이주 사업비도 전혀 나오지 않았으므로 끝내 그 계획을 수행할 수 없게 되었다. 이용구 같은 이는 합방 운동의 맘고생와 합방 후의 상상에 반하는 사태의 개관 때문에 병을 얻어 죽기에 이르고, 그 모든 것이 실망으로 끝나게 된 것이다.[14] 그러나 이 실망은 단순히 일진회의 실망에 그치지 않고 실로 조선인 전체의 실망이었기에, 끝내는 독립 소요나 공산당 소요가 일어나게 되고, 그때마다 통치에 반항하는 자가 속출하는 상태가 된 것은 참으로 이 실망에서 비롯된 것이다.

나에게 있어 합방은 처음부터 이상의 실현이고 이 합방은 일본인에게도 조선 민족에게도 결코 잘못된 것이 아니다. 합방을 영구적으로 계속하여 조선인에게 정말로 일본 황제의 덕에 녹아들게 해야 하는 것이나, 그 정신이 아직 실현되지 않고 있는 것은 실로 유감천만한 일이다. 나는 깊이 그 책임을 통감하므로 그 이래로 다만 적당한 기운이 무르익기를 기다리고 있었다. 다이쇼 3년(1914년) 무렵에 이르러 조선 내정이 점차 악화하였기 때문에 그냥 버려둘 수 없다고 생각하고 그해 4월 '조선 통치제도에 관한 개혁의견서'를 써서 이를 당시의 오오쿠마 수상 데라우치 총독을 비롯한 원로 중신에게 제출하여 그 실행을 촉구했다. "만약 현재 그대로 두면 조선 민심은 점차 악화하여 종종 일본의 어려움을 초래

---

14 역주: 1910년 일본이 원하는 한일병합이 이루어지자 일진회는 강제 해산당하고 이용구도 바로 토사구팽 당했다. 일본은 1910년 9월 일진회를 강제로 해산시키고 해산비 명목으로 15만 엔을 주었는데, 이용구 개인의 몫은 아니었다. 결국 이용구는 자신이 토사구팽당한 충격에 결핵까지 걸려 눕게 되었다. 1912년 죽기 직전에 찾아온 우치다 료헤이에게 "우리는 바보짓을 했습니다. 처음부터 속았던 건 아니었을까요?" 라는 말을 했다고 한다. 1911년 일본 스마(須磨) 지방으로 건너가 요양 생활을 하다가 1912년 병으로 죽었다. 사후에 일본 천황은 그에게 '훈(勳) 1등 서보장(瑞寶章)'을 주었다.

하고, 10년이 되지 않아 어떤 동기로 쉽지 않은 사태가 돌발하는 것을 피할 수 없다."라고 경고한 것이다. 당시 수상이나 원로들도 경청해 주는 듯하여 간절히 그 실행을 기대하고 있었으나, 끝내 그 뜻은 채용되지 않고 어떤 보람도 없는 결과로 끝났다.

그러나 세계대전 종반쯤이 되어 민족자결의 흐름이 끓어오르자, 조선인은 독립할 기회가 도래하였다고 생각하고, 국내 곳곳에서 반항 폭동을 일으켜 이른바 '만세 소요'가 발생하게 되었다.

당시 나는 이 소요는 일본의 위력으로 바로 진정되더라도 조선인 내부에 꿈틀거리는 불평은 도저히 없앨 수 없고, 이래서는 일본의 조선 통치 정신, 즉 메이지 천황께서 일본과 조선을 병합하신 정신에도 반한다고 생각하였다. 다이쇼 9년(1920년)에 시찰을 위해 조선에 와서 직접 조선인을 접촉하여 실정을 조사한 뒤, 의견서를 써서 정계와 일반에 배포하여 그 반성을 촉구하고, 나아가 다이쇼 10년 2월에는 민간 각파의 유지들을 규합하여 동광회[15]를 조직하고, 누차 도쿄 조선 간을 왕래하며 조선 통치의 개혁 운동에 진력하였으나, 힘의 부족으로 그 목적을 달성할 수 없었다.

그 이후로 조선의 민심은 털끝만큼도 개선되지 않았고 여전히 불평의 소리가 끊이지 않아 참으로 황국신민으로 녹아들지 못하는 꼴이었다. 우연히 쇼와 6년(1931년)에 만주사변이 일어나, 이어서 만주 건국의 실현을 보게 되었다. 이에 조선

---

15 역주: 동광회는 1922년 2월 일본 도쿄에서 조직되었던 친일 단체로, 다른 친일 단체와는 달리 총독부의 지시에 따라 결성된 것이 아니고, 총독정치를 비판할 자료를 수집해 금전을 얻어내려는 야심에서 만들어진 것이었다. 동광회 총지부는 각 도에 지부를 두고, 통감부 시대에 군수와 군서기를 지낸 친일파와 양반 유생의 낙오자들을 끌어모아 조직하였다. 도쿄의 동광회 본부는 1922년 동광회시찰단을 조선에 파견해 《동광회보고서》라는 것까지 만들어, 마치 총독 사이토(齋藤實)를 비판하는 것과 같은 놀음도 하였다. 그러므로 취지서나 운동에 마치 총독정치를 비판하며 독립을 요구하는 것처럼 보이는 말들이 보이나 그것은 모두가 기만적인 것이었다.(출처: 한국민족문화대백과사전)

인의 만주 이주도 스스로 그 지반을 굳혀지는 한편, 조선인이 일본의 위력에 대하여 쓸데없는 반항을 계속하는 것은 불리하다는 것을 깨달았으므로, 현재는 이전과 같은 불평과 망동을 표면에 드러나지는 않게 되었다. 그러나 이를 보고 정말로 조선인이 현재의 통치 양상에 감복한 것이라 해석할 수는 없다.

또 어떤 기회에 다시 여러 종류의 모습을 띠고 바람직하지 못한 상황을 드러낼 것은 분명하다. 조선 통치에 대하여 조선인이 아무리 소요를 일으켜도 일본의 실력으로 이를 진정시키는 것이 어려운 일이 아니라는 것은 말할 것도 없다. 그러나 병합의 정신이 철저히 되지 않음에 따라 참으로 일본에 동화되지 못하고, 또 즐거이 협력하여 이른바 대동 합방 운동을 향해 나아갈 기초가 쌓아지지 않으며 항상 불확실하고 불안한 상태에 있는 그들의 현재 상황에는 깊은 우려를 품지 않을 수 없는 것이다.

그러나 모든 일은 줄기차게 고찰해야 한다. 일진회의 이상인 대동 합방에 대해서 보아도, 우리는 훨씬 이전부터 만주-몽골 문제를 위해 모든 노력을 시도해왔다. 넓게 말하자면 일진회도 우리 운동의 한 희생이었으며 그들은 그 목적을 관철하지 못하였다. 오히려 그들을 희생시켜 만들어낸 것은 그 이상과 점점 멀어지게 되어가는 형세였으나 다시 기운이 도래하여 만보산 사건이 일어나고 이어서 유조구 사건[16]이 발발하여, 그것이 동기가 되어 만몽 문제는 곧 해결되고 이른바 대동 합방의 일보를 딛게 될 것이다. 이 점에서 말한다면 송병준, 이용구 외기타 일진회의 다수 회원은 이로 말미암아 편히 잠들기에 충분하리라 생각한다.

---

16 역주: 류탸오후(柳条湖) 사건: 1931년 9월 18일, 관동군의 급진파 이시와라 간지 등이 봉천성 인근 류탸오후에서 철로를 폭파하는 자작극을 행한 다음에 이를 중국의 소행으로 뒤집어 씌워 동북군이 주둔한 북대영을 공격한 사건으로, 만주사변의 발단이 된 사건이다. 오랫동안 류탸오거우(柳條溝, 유조구)에서 일어난 것으로 믿어 왔으나 재조사 결과, 류탸오후에서 일어난 것으로 밝혀졌다.

현재 조선 통치 상태가 뜻대로 되지 않는다고 해도 이는 역시 만몽 문제의 해결과 마찬가지로 머지 않은 장래에 메이지 천황의 영령에 의하여 이상이 실현될 것을 믿어 의심치 않는다. 그러나 다만 그 상태에 맡길 뿐만 아니라 사람의 일을 다 하여 그 기회가 오기를 촉구할 필요가 있음은 말할 것도 없다.

나는 이미 병합 25주년 기념에 즈음하여 메이지 신궁 참배로 일한병합 기념탑 건설을 발원하고 토오야마 미츠루(頭山滿), 스기야마 시게마루(杉山茂丸) 두 선배와 함께 발기인이 되어 정계와 일반 유력자의 찬성을 얻어 9년 초겨울에 제막식을 집행하였다. 내가 이 기념탑의 건설을 발원한 것은 말할 것도 없이 메이지 천황의 위업을 찬양하고 아울러 당시 합방에 진력한 선배 및 여러 동지의 이름과 업적을 불후의 것으로 만드는 데에 있다. 이와 동시에 합방의 유래와 그 정신을 밝히어, 합방은 그 본뜻에서 동아시아 경륜의 기초로 일한 두 나라의 역할로 볼 때 존립과 번영에 절대 불가결한 조치이다. 따라서 이는 세계 역사에 흔히 볼 수 있는 침략과 정복 등으로 이루어진 것이 아니라 실로 우리 황실의 존엄한 위세를 우러름에 따라 성립된 것이다. 따라서 조선인의 불평은 결코 합방에 대한 반항이 아니고, 이 불평은 단지 합방 당시의 정신을 철저히 수행할 때 비로소 소멸될 것임을 입증하고, 이로써 참으로 합방 목적을 달성하는 근거(자료)가 될 것임을 기대한다.

2. | 내가 품었던 한국 반쪽 내기 계획

아다치 겐조(安達鎌藏) / 국민동맹총재[17]

회고하자면 메이지 26년(1893년) 나는 서른살의 혈기왕성한 장년 시절에 선배인 사사토모 후사(佐々友房) 씨를 따라 처음 한국 땅을 밟았다. 그 당시를 바탕으로 하여 생각하면 지금의 조선은 문화 향상, 산업 발전, 치안 유지 등에서 격세

---

17 역주: 원 책의 저자 소개는 다음과 같다.
아다치 겐조는 구마모토현(態本縣) 사족(士族. 메이지(명치)유신 이후 무사 계급 출신자에게 줬던 명칭이었으나 현재는 폐지되었음) 아다치 진헤(安達二平) 씨의 장남으로 겐지원년(元治元年 : 1864년) 10월에 태어나, 후에 집안의 대를 이었다. 일찍이 구마모토 스미즈미(濟濟) 학당에서 학문을 배우고, 그 후 조선 시보사(時報社) 및 한성 신보사(新報社)를 창립했고, 사사 토모후사(佐佐友房) 씨의 뒤를 이어 국권당(國權黨) 중진이 된다. 또 규슈(九州) 이민회사 이사장, 이케다 금산(池田金山) 회사의 사장이 되고, 메이지 35년(1902년) 이후 중의원 의원에 당선, 외무 참사관으로 임명되었다. 다이쇼 14년(1925년) 8월 가토(加藤) 제2차 내각에 체상대신으로 임명되고, 다이쇼 15년(1926년) 1월 와카츠키(若槻) 제1차 내각에 중임되었으며, 쇼와 2년(1927년) 4월에 물러나, 민정당(民政黨) 최고 고문이 되었다. 쇼와 4년(1929년) 7월 2일 하마구치(濱口) 내각에 내무 대신으로 임명되고, 쇼와 6년(1931년) 4월 와카츠키 제2차 내각에 재임되며, 쇼와 6년(1931년) 12월 와카츠키 내각의 사임과 함께 물러나, 같은 해 12월 12일에 협력 내각 운동이 사실과 달라 민정당을 나와 쇼와 7년(1932년) 국민동맹을 조직하고 총재가 되어 쇼와 10년(1935년) 5월 10일 내각 심의회 위원으로 국정에 참가하는 일이 많아졌다.

지감의 정도가 아니라 그 근본부터 크게 변화하여 거의 말이 안 될 정도로 진보하였고, 조선에 있는 산천초목 모두가 변화하여 눈에 비치고 귀에 들어오는 것이 한결같이 진보하지 않은 것이 없다. 그저 무한한 감개를 느낄 뿐이다.

그 당시는 우리 일본의 외교가 가장 위축되고 부진한 때로, 위안스카이(遠世凱)가 한국 주재 중국 공사로서 절대적인 위력을 발휘하여, 중국 측의 위세는 실로 강하였다. 당시 우리 나라에서는 최근 타계하신 오오이시 마사미(大石正巳) 씨가 공사로서 경성에 계셨는데, 때마침 한국 정부의 방곡령 때문에 원산 등에서 일본 상인이 큰 손해를 입었기에 공사는 한국 정부에 대하여 수십만 원의 손해배상을 요구하고 그 절충을 위해 크게 애를 썼다.

그런데 오오이시 공사가 이 문제를 두고 한국 정부를 향해 아무리 교섭에 교섭을 거듭하여도 진전되는 바가 전혀 없었다. 담판에 이은 담판으로도 한국 정부는 우리의 요구에 응하려 하지 않았다. 그래서 오오이시 공사는 분개하여 중대한 결의를 굳혀, 왜성대(倭城臺)의 공사관에서 높게 펄럭이며 위용을 과시하던 국기를 내리고, 조국으로 물러갈 준비를 하게 되었다. 이 급박한 상황을 깨달은 한국 정부는 급거 사절을 파견하여 계속 교섭할 것을 요구하였으므로 오래간만에 그 담판이 시작되었다.

이 결과 한국 정부는 9만 원의 배상을 인정하게 되었다. 교섭 결렬, 국기를 내리기까지 하는 중대사를 불사한 담판, 수십만 원의 우리 요구가 불과 9만 원의 액수밖에 받아들여지지 않은 것을 보더라도 당시 우리 일본의 한국에서의 세력, 동양에서의 지위가 얼마나 미약했는지는 누구라도 알 수 있다.

당시, 경성에 재류하던 우리 나라 사람은 약 5백 명 정도였으나, 중국 측은 순경만 하더라도 2천 명이나 되는 상태여서, 중국의 전성시대요, 또한 위안스카이가 한국에서 가장 발호하던 때였다. 한편 러시아 공사 웨버 부인은 사교에 매우 능한 수완가로서 각 방면에서 그 수완을 크게 발휘하였으므로 우리 일본은 거의 잠복한 상태로 도무지 세력을 인정받지 못하였다. 그뿐 아니라 우리 나라 본토에서는 한국에서 일본의 지위를 고려하여 그 세력이 크게 되기 어려움을 고찰하고 이토 히로부미, 이노우에 카오루 등의 거물들 사이에는 한국 포기론까지 있었을 정도로 우리 외교의 부진함이 실로 분명했던 것이 일청전쟁의 전년인 메이지 26년(1893년)이었던 것은 새삼 감개무량한 바가 있다.

그러나 군부 방면에서는 상당한 신념을 갖고 일하였다. 나는 한국에 있는 수십 일 동안 각 방면의 조사 시찰을 마치고 귀경하는 길에 인천의 수진여관(水津旅館)에서 당시의 참모총장 카와카미 소로쿠(長川操六) 및 타무라 치요쿠라(村田治與藏), 시바 고로(紫五郎) 등의 군부 일행과 다시 만났다. 이 일행은 경성으로 가서 한국 국왕을 알현하고 톈진으로 가서 이홍장과 회견을 했다. 그리하여 군부에서는 만일의 경우를 예측하고 각 지역의 실정을 시찰하여 군 상황의 조사에 힘을 쏟고 은밀히 의도를 숨겨, 거대한 중국에 대하여 감히 두려워하는 바가 없었다.

나는 일청전쟁의 개전 이전의 풍운이 몰아치는 급한 때에 다시 한국에 왔고, 개전 후 종군기자로서 아산 전투 및 성환 전투를 보고, 바로 도쿄로 돌아가 카와카미 소로쿠 씨를 만났는데, 당시에 그는 자신이 가득 차 있었다. 이리하여 이야기는 인천 수진여관의 해후 당시로 돌아가 작년, 한국을 거쳐 톈진에 가서 이홍장을 만났는데, 그 당시 대화 중의 찰나에 '이렇다면 일청 사이에 전쟁이 시작되어도 충분히 승산이 있겠다'라는 생각이 번득 스쳤고, 그런 까닭에 충분히 승리할 확신으로 개전에 응하였다는 것이다.

한편 본국의 정치가 중에는 한국의 계몽과 발전이라는 것을 외면하고, 앞에서도 말한 대로 상당히 유력한 사람들 사이에서도 한국 포기론까지 있던 시대였다. 반면에 군부 방면에서는 그러한 의견에는 귀를 기울이지 않고 우리 국위의 신장을 도모하고자 착착 조사를 진행하여 그 준비를 게을리하지 않았음은, 국가를 위해서는 참으로 기뻐해야 할 일이다.

메이지 27년(1894년) 말부터 나는 경성에서 한성신보를 발행하여 한국 발전을 위해 크게 노력하며 신문 경영에 임하였는데, 이 한성신보는 경성일보의 전신이요, 일청전쟁 뒤 한국에서의 조고계[18]의 효시이다.

나는 처음 사사토모 후사 씨를 따라 한국에 왔던 때에 각 지방을 시찰하며 크게 적극적인 한국 경영책에 대하여 생각하고, 동양 전략을 그 실정에 따라 고려했던 것에 따르면, 한국을 이분하여 경상, 전라, 충청 및 강원도의 4도를 일본이 경영하고, 경기, 황해, 평안 및 함경의 4도를 청에 넘긴다는 것 정도가 대대적인 적극 정책이었을 만큼 한국에서 우리 나라의 지위 세력은 참으로 미약하였다.

당시 한국은 청과의 조약에서 분명히 그 속국임이 정해지고, 다만 한국 내의 치안 및 외교에 대해서는 한국의 자유에 맡긴다는 모순된 내용이 조약문 속에서 인정되었던 것으로 기억한다. 그 때문에 한국 내에서 중국인의 발호가 도를 넘어 공사인 위안스카이도 공사 이상의 대우를 받아 그 세력이 대단하였고, 우리 나라에 대해서도 심히 불손한 태도로 대하고 있었다.

수백 년 이래 폐정에 고통받고, 가렴주구로 학대당한 한국의 민중은 메이지 27년(1894년) 3월에 드디어 동학 민중 운동을 일으켰다. 청은 이 난의 진압을 명분으로 한국 내로 병력을 파견하고, 이를 진압한 뒤에도 철병에 응하지 않아, 우리 나라 역시 권익 옹호의 입장에서 병사를 보내어 이에 대항하고, 풍도 앞바다에서 해전을 벌여 아산을 점거한 청의 군대를 격퇴한 것이 바로 일청전쟁의 발단이다.

---

18 역주: '조고계'는 문필에 종사하는 사람들의 모임으로 신문과 잡지 기자, 편집자, 논평가 등으로 구성되었다. '저널리즘'이라는 뜻으로도 쓰인다.

당시 한국 정치는 대원군과 민 씨 일가 사이의 싸움이었다. 즉 민 씨가 세력을 얻으면 대원군을 견제하고, 반대로 대원군이 머리를 들면 민 씨를 눌러 반목하고 서로 싸워 정권의 쟁탈에 몰두하였다. 청은 둘 사이에 끼어들어 그 손을 깊이 뻗었고, 기어이 중국 군함 시찰을 미끼로 대원군을 함 내로 초빙하여 그대로 청으로 납치하고 억류한 일까지 일어났다.

일청전쟁이 시작된 뒤, 그 전투가 치열할 때 한국 주둔 공사 오오토리 게이스케(大鳥圭介) 씨를 대신하여 이노우에 카오루 자작은 스스로 한국 공사로 나서서 한국의 화근을 제거하기 위하여, 민 씨 대 대원군의 양자 구도를 제압하고, 한국을 본토처럼 다스리고자 하여 모든 법률과 규칙을 사려 없이 이것저것 비가 쏟아지듯 마구 제정하여 본토식 정치를 행하려 하였다. 그러나 그 사상이 다르고 국민 정서가 일본과 같지 않은 한국에서 그러한 형식주의 정치는 도저히 이루어질 수 없었다.

이 정세를 통찰한 이노우에 공사는 형세의 전환을 꾀하기 위하여 급히 본국으로 돌아가 큰 계획을 품고 다시 한국에 왔다. 이번에는 그 방침을 확 바꾸어 대원군을 누르고 궁중 정략을 시도하고자 민 씨의 뜻을 받아들이기로 하였다. 이노우에 공사가 궁중에 들어가 국왕에게 알현 회담을 할 때는 민비가 장지(종이) 창문 너머에서 국왕에게 조언하는 때가 있었다. 물론 각국의 공사가 입궁할 때에도 항상 그러하였다. 그러나 이노우에 공사는 민비의 마음을 얻는 데 힘을 쏟아, 민비로 하여금 장지 창문 너머가 아니라 이노우에 공사 앞에 불쑥 나타나 각종 협의에 나서도록 만들었다.

그러나 이노우에 자작은 한국 공사에서 파면당하고 본국으로 돌아가게 되어 메이지 28년(1895년) 9월에 미우라 고로(三浦梧楼) 씨가 후임으로 부임했다. 그런데 한국 정세는 급격하게 일변하여 이노우에 자작이 탄 배가 바칸[19]에 막 도착했을 때, 궁중에서 민비는 손바닥을 뒤집듯 이노우에 공사의 방침에 반하는 태도로 나왔다. 당시 순 일본식으로 훈련된 이른바 한국 정예였던 훈련대 2개 대대를 해산하고, 우리 나라의 힘을 업신여기고 다른 나라에 정성을 다하는 듯한 형세를 취하여 조용히 참고 있었던 우리 일본의 감정을 자극하여 메이지 28년(1895년) 10월, 마침내 한국 사건(을미사변)이 발생하기에 이르렀다.

---

19 역주: '바칸'은 야마구치현 시모노세키의 옛 명칭이다.

3. | 어쩔 수 없이 이루어진 일한병합

하야시 곤스케(林權助) / 남작[20]

일한병합이라는 것은, 내가 알고 있는 한에는 우리 나라의 야망을 위하여 이를 행한 것이 결코 아니다. 다양한 주위 사정이 이를 어쩔 수 없게 하였기에, 마침내 병합이라는 경로를 취하기에 이른 것이다. 만약 우리 나라가 처음부터 한국을 병합할 의사가 있었다면, 보호조약을 체결할 때 이미 일한병합이라는 것을 상당히 고려하였을 것이다.

---

20 역주: 원 책 부록으로 실려 있는 저자 소개는 다음과 같다.

  남작은 아이즈(會津) 번사(藩士) 하야시 곤스케(林權助) 씨(역주: 할아버지 이름을 그대로 씀)의 손자로 만엔(萬廷) 원년(1860년) 3월에 태어났다. 어린 나이에 고아가 되어 매우 고생했고, 메이지 20년(1887년)에 도쿄제국대학 법과대학 정치과를 졸업, 외교계에 입문한다. 그 후 공사관 일등 서기관, 통상국장, 주한(駐韓) 주청(駐淸) 특명 전권공사를 역임하고, 메이지 10년(1877년)에 귀족으로 남작(男爵)을 수여받았다. 그 후, 특명 전권대사를 지내고, 이탈리아에 머물렀다. 다이쇼 5년(1916년)에는 특명 전권 공사를 겸임하며 중국 주재원에 임명되고, 그 후 관동(關東) 장관이 된다. 전권대사로서 오랜만에 영국에 주재하라는 특명을 받고, 국가 의례 관청인 식부장관이 되었지만, 그 후 궁내성 근무의 명을 받고 천황 동생을 보좌하는 큰 임무를 끝낸 것은 이미 세상에 널리 알려져 있다.

돌아보면 일러전쟁이 끝나고, 한국의 보호조약[21]이 체결되어 이토 공작(이토 히로부미 伊藤博文)이 통감으로 한국으로 부임할 때, 나는 이토 공작에게 "지금 당신에게 말해 두고 싶은 것이 있다. 그것은 내가 메이지 32년(1899년) 이래로 7년 동안 한국 공사로 있던 때에, 한국의 정치 방면, 특히 외교 방면의 연구 결과를 말해 두고 싶다. 나는 한국의 민비는 아마도 황제(고종) 이상의 사람이라 느낀다. 그러나 외교정책에 관해서는 황제도, 민비도 같은 생각에 따라 외교를 하는데, 한마디로 말하자면 결국 타국의 간섭이 싫다는 것이다. 따라서 그 간섭에서 벗어나기 위해서 무엇을 할지 알 수 없으므로, 우리 나라와 보호조약이 성립되어도 나는 심히 불안하여 참기 어려운 점이 있다."라고 말한 적이 있다.

그런데 내가 우려하던 것은 기우로 끝나지 않고, 마침내 헤이그밀사사건 같은 문제가 발생해 참으로 유감이었다. 이미 일한 사이에 보호조약이 성립된 이상, 한국의 외교, 군사 또는 재정 등에 대해서는 그 보호조약에 기초하여 일체를 우리 나라에서 처리해야 하나, 어떠한 협의나 양해도 구하지 않고 은밀하게 단독 행동에 나서서 이에 따라 인심 동요의 징후가 나타나는 것은 한국에서 종래 누누이 거듭되어 온 상투적인 수단이었다.

일한 사이에 처음 조약이 체결된 것은 메이지 9년(1876년)의 일이었다. 그 조약 중에는 한국은 독립국이라는 문구가 있어 우리 나라는 이에 기초하여 한국에 공사를 두게 되었다. 그래서 영국도 미국도 우리 나라의 예를 따라 마찬가지로 공사를 보냈다. 이 정세에 놀란 중국은 위안스카이를 한국 주재관으로 파견하고 한국의 내정은 물론 외교 기타 전부에 걸쳐 심하게 간섭하기 시작하였다.

이처럼 중국의 간섭과 압박을 싫어하여 김옥균, 박영효 등의 신지식인을 우

---

21 역주: 한국 역사 용어는 '을사늑약'이다.

리 나라에 유학하게 한 것은 모두 민비의 의사에 따른 것으로 한국 내에 친일 파벌(원문은 일본당)을 만들어 중국의 간섭에 대항하기 위해서였다. 즉 타국의 간섭을 막기 위하여 또 다른 나라를 이용한다는 정책으로서, 이는 종래부터 한국의 전통적인 정책이다. 이리하여 이러한 수단과 방법이 때로는 중국에 대하여 이루어졌을 뿐 아니라, 또는 중국과 손잡고 우리 나라에 대항하여, 또는 러시아와 교감하여 일본과 중국을 배척하는 정책이 곧잘 이뤄져 왔다.

일청전쟁 때 우리 나라는 큰 병력을 보내어 청군을 격파하였는데, 이 전투의 시작에는 대의명분이 필요했다. 따라서 대원군에게 권하여 궁중에 들어가, 대한제국 황제가 우리 나라에 대하여 청병을 소탕해 달라고 말을 하게 되어, 이에 전투가 일어난 것이다. 그런 까닭에 일시적으로 한국은 우리 나라의 세력 아래 있었는데, 동시에 각종 비밀이 청 측으로 새어 나간 것은 황제가 친히 한 일이었다.

우리 나라는 한국의 개혁을 간절히 희망하여, 이에 대하여 상당한 노력을 하였으나, 일청전쟁 후 삼국 간섭[22]으로 거의 손을 쓸 수 없는 상태가 되었고, 더구나 이노우에 자작이 메이지 28년(1895년) 10월에 미우라 공사와 교대하여 귀국하게 된 후, 점차 우리 나라의 세력이 약해질 때, 호시탐탐 노리던 러시아 세력이 한국 안으로 눈에 띄게 침입해 왔다. 한국 정부 내에 여전히 우리 나라의 세력이 상당히 뿌리 깊이 있었기 때문에 이를 절멸하기 위하여 러시아와 제휴하여 크게 책동하고, 황제는 궁중을 떠나 러시아 공사관 안에서 지내게 되며(아관파천), 러시아인의 군사, 외교, 기타 고문이 설치되고, 한국의 행정령이 타국의 공사관에서 나오는 기이한 현상이 나타난 것이다.

그즈음 고무라 주타로(小村壽太郎) 씨가 한국 공사로 부임하였는데, 이미 삼국

---

22 역주: 러시아, 프랑스, 독일의 외교적 개입.

간섭이 있었던 뒤라서 우리 나라로서는 거의 손을 쓰지 못하고 방관하는 자세였다. 이리하여 한국은 러시아와 밀접한 관계를 맺고 우리 나라를 멀리 배척해야 하나, 한국에 대한 러시아의 간섭이 싫증 나서 한국 황제 스스로 러시아의 기밀을 우리 나라에 흘려 주기에 이른 것은 일관주의 정책에 기초한 외교도 아니고 또 정치도 아니었다는 것을 잘 보여준 것이다.

이처럼 종래 한국의 정책은 일단 어떤 나라의 세력하에 들어가면 이에 대하여 머지않아 이를 역으로 반대하는 것이 상례로 되어 있었다. 따라서 나는 일한 사이에 보호조약이 체결되어 크게 안심했지만 종래 각종 사례에 비추면, 황제의 태도가 참으로 불안하였다. 그런데 과연 그 시기가 도래하여 걱정하던 사태가 발생하였다. 이리하여 '일한병합'은 마침내 어쩔 수 없게 되기에 이르렀다.

생각하면 우리 나라가 한국을 보호국으로 하여 단시일 내에 이를 병합한다는 것은 보통 상태에서는 매우 힘든 일이었다. 거기에는 앞서 말한 어쩔 수 없는 사정에 기인하여 '일한병합'이 마침내 단행되어 양국이 마침내 병합을 단행할 때가 되고, 이에 대하여 여러 가지로 운동하는 자가 나타났다.

한국을 우리 나라의 보호국으로 한 것에 대해서 나는 당시 한국 공사로서 크게 관계를 맺은 자였다. 즉, 보호조약 체결 1년 정도 전인 일러전쟁 중에 우리 나라로부터 외교, 재정, 경찰 고문을 한국 정부에 두고 한국, 정치상 개혁을 힘써 도모하기 위하여 고문 정치를 시행하여, 이에 따라 한국도 뭔가 될 수 있으리라 생각하였으나, 예상하던 정도의 결과를 얻지 못하였다.

따라서 나는 도쿄에 돌아가 가쓰라 수상 및 고무라 외상을 만나 "한국에 대해서는 고문 정치에 의존하면 그 철저함을 기하기 힘들기에, 이(한국)를 보호국으로 만들 필요가 있다"라고 말하였더니 고무라 외상도 내 뜻에 동의했는데, 가쓰라 수상은 나에게 "그 일은 누구에게도 이야기하지 말아 달라. 그 일은 내가 뭔가를 할 때까지 모르는 척했으면 한다"라고 하였다.

그래서 나는 다시 한국으로 귀임하게 되었는데, 내 귀임을 기다리던 사람들이 보호국 문제의 향방을 물었을 때 심히 곤란했던 적이 있었다.

일러전쟁 강화 회의 때문에 고무라 후작이 포츠머스에 가서서 일-러 간의 평화조약도 모종의 결말이 날 정세가 되었으므로 나는 가쓰라 공에게 전보를 보내어 이때야말로 한국을 보호국으로 해야 하며, 단행할 좋은 기회라는 뜻을 진언하였다. 당시 각국은 한국에 공사를 둔 관계로 보호국으로 삼기 곤란한 다양한 사정이 있었으므로 고무라 후작이 조선에서 돌아온 뒤에 협의를 하기 위하여 나는 고무라 후작이 요코하마로 돌아오기 전날에 도쿄로 향했다.

한편 고무라 후작은 일·러 간의 강화 담판 뒤에 루스벨트 대통령에게 "조선을 이렇게 하고자 하는데, 동의해 주기 바란다."라고 제안하며 보호국 이야기를 하였다. 그런데 루스벨트 대통령은 "괜찮을 것이다."라며 회답하였다는 것이다. 이러한 관계로 고무라 후작이 돌아온 뒤에 곧 이 문제에 관한 각의가 열려 마침내 한국을 우리의 보호국으로 한다는 대방침이 결정된 것이다.

이 정부 방침에 기초하여 나는 보호조약 체결을 위해 한국 정부와 절충을 거듭하게 되었다. 당초에 한국 측에서도 상당히 다른 주장이 있었지만 결국 대세가 그렇고 또 어쩔 수 없다고 하는 정세로 기울자 그때까지 강경하게 반대하던 당시 한국 정부의 총리대신 송규설(宋奎卨, 한규설을 오인) 씨는 갑자기 회의석을 떠나 허둥지둥 엄비[23]의 방으로 뛰어들었기 때문에 엄청난 큰 소요를 일으켰고, 그 자신이 놀란 나머지 송 씨가 기절한 적이 있다. 그것은 뭔가를 아뢰기 위해 황제를 알현하기 위함이었지만 송 씨는 매우 당황하며 어쩔 줄 모르는 끝에 곤혹스러

---

23 역주: 순헌황귀비. 고종의 후궁.

워하기까지 이른 것이다. 또 당시 학부대신 이완용 씨는 우리 입장을 가장 잘 이해하고 있어서 한국 측의 다른 의견을 진정시키는 역할을 했는데, 그날 밤 조약에 조인할 때 이 씨의 저택은 소각되는 비운을 당하였다. 이런 두 가지 일을 보더라도 당시 상황을 짐작할 수 있을 것이다.

내가 메이지 32년(1899년) 비로소 한국 공사로 부임할 당시의 한국에서 우리 일본 세력은 부진의 맨 밑바닥에 있었다. 그러나 나의 재임 중에 점차 그 상황이 만회되어 마침내 일러전쟁을 거쳐 보호조약이 체결되어 통감 정치가 이루어지게 되고, 나아가 '일한병합'이 이루어져 오늘날과 같은 문화의 향상과 산업의 발전을 보게 되었는데, 그 경과와 변천을 지금에 회고하자니 참으로 감개무량하다.

병합에 직면하여

고마츠 미도리(小松綠) / 전 통감부 외사국장[24]

이완용 후작의 아름다운 변신(군자표변)[25]

조선 통치 25주년 기념으로 뭔가 이야기하라고 하지만 나 같은 늙은이로서는 결국 병합 당시의 내정이라도 이야기해야겠다. 일러전쟁 뒤 일한협약이 체결되고 통감부의 설치를 보게 되어, 나는 이토 공작(이토 히로부미, 伊藤博文)의 권유로 외무성에서 한국 통감부로 부임하여 이토 공 아래에서 약 4년 동안 근무하였다.

---

24 역주: 원 책 부록으로 실려 있는 저자 소개는 다음과 같다.

고마츠 미도리는 아이즈(會津) 와카마츠(若松) 사람으로, 외무 바닥에서 자라, 일찍부터 이토 히로부미(伊藤博文)에게 가르침을 받고 한국 통감 시절에 그의 측근으로 활약했다. 일한병합 후 데라우치(寺內) 총독부에서는 외사국장(外事局長)이 된다. 당시 문필가로 더 알려졌으며, 총독의 훈시 담화문 등은 모두 그가 작성한 것으로, 동서양을 두루 배워 문학이 풍부하였다. 퇴임 후에 도쿄로 돌아와 오오모리(大森)의 한적한 곳에서 사람들이 부러워하는 유유자적한 생활을 하는 한편으로 붓과 벼루를 가까이했다. 국내와 국외의 상업용으로 판매하는 잡지에 '하남(霞南)'과 그 밖의 필명으로 외교 비화와 그 외 유신(維新)의 걸작물을 제목으로 읽을거리를 연재하는 다재다능함을 보여주었다.

25 역주: '군자표변(君子豹變)'은 표범의 털이 가을이 되면 아름답게 변하듯, 군자는 허물을 고쳐 올바로 행함이 아주 빠르고 뚜렷함을 이른다.

그즈음의 이토 공작의 이상은 한국을 어디까지나 보호국으로서 존립시킬 작정이었다. 마치 벨기에가 여러 나라 사이에서 완충국가(buffer state)로 독립된 관계처럼 하고 싶었던 것 같다.

그러나 당시 조선 문화는 벨기에의 그것과는 너무나 동떨어져 있었다. 이를 그대로 방임해 두면 한국은 끝내는 러시아나 중국에 병합될 운명을 도저히 벗어나기 힘든 정세에 있었다. 그래서 이토 공작도 결국 한국을 망하게 하는 것은 한국인이라고 탄식하시고 결국 병합의 실행에 동의하시게 된 것이다.

오늘날 조선은 무산주의(마르크스·레닌주의)의 마수에도 걸리지 않고 또 군벌 투쟁의 재앙에서 벗어나 있는 것만 보더라도 여기에 병합의 효과는 볼 수 있지 않겠는가.

돌아보면 일한의 병합이 다른 나라들의 전례와 달리 병사 한 명 움직이지 않고 피 한 방울 흘리지 않고 실행된 것은, 사실 메이지 천황의 위대한 후광에 따른 것이기는 하지만, 또한 그 실행 당사자인 통감 데라우치 마사타케(寺内正毅) 백작, 한국 수상 이완용 후작 두 사람의 달견과 성의에 큰 힘을 얻었다고 하지 않을 수 없다.

나는 이 두 분의 인격과 성격과 행실을 알 기회가 있었다. 일러전쟁 종말에 내가 외무성에서 군정관으로 다롄 수비군으로 특파되어 러시아의 군수품, 영조물 등의 처분에 참여한 때에, 당시 육군 대신이었던 데라우치 백작과 자연스레 알고 지내게 되었다.

데라우치 백작은 그 이름이 보여주듯 엄정하고 강직한 무장이었으나, 다른 한 면에서 군사 이외의 행정 사무에도 정통하셨고, 특히 적절한 재능을 가진 사람을 적절한 곳에 쓰는 묘책을 알며, 부하를 신임하셨다. 또 누구에게나 친절을 다하는 온정과 미덕을 가지고 계셨다.

또 나는 이토 통감의 시절에 이완용 후작에게 여러 가지로 신세를 졌다. 사실 그것은 '한묵의 교'[26]라고 할 만한 것으로서 나는 후작에게 종종 시문이나 휘호 등을 부탁하였다.

생각해보면, 이완용 후작은 좋은 의미로 '군자표변의 미덕'을 갖추고 있었다. 한국에서 러시아 세력이 왕성한 시대, 즉 러시아가 세계 최대의 제국으로서 동양에서 패권을 주장하는 지위에 있던 시대에 이완용 후작은 친러파를 주도하여, 한때 한국 황제를 러시아 공사관으로 옮겨 거기에서 반대파를 억압하고 자신의 파벌을 엄호하여 일본에 적대한 적도 있었다. 그러나 시운이 급하게 뒤집혀, 일본이 극동의 맹주 지위를 차지할 것임이 명백해졌을 때는 종래의 모든 인연을 다 버리고 열렬한 친일파 수뇌가 되어 이해관계와 생사를 돌보지 않고 한마음으로 일본을 위하여 모든 힘을 다하는 태도를 보이게 되었다.

한 시대를 대표하는 뛰어난 위인[27]인 송병준이 갑자기 일한합방론을 주장했을 때, 이완용 후작은 단호하게 이를 반대하였다. 그것은 일본에 반감을 품어서가 아니라 당시 일한합방이 양국에 행복을 가져다주지 않는다고 생각했기 때문이다.

그러나 이토 공작이 끝내 보호제도가 가망이 없음을 알고 단념한 것처럼, 이완용 후작도 마침내 그것을 포기하고 병합에 찬성하게 되었다. 특히 이완용 후작이 처음 반대 태도를 취한 것은 병합 조건이 가혹하다고 생각했기 때문이기도 하다.

---

26 역주: '한묵'은 문한(文翰)과 필묵(筆墨)이라는 뜻으로, 글을 짓거나 쓰는 것을 이르는 말이다. '한묵의 교'는 시나 글로 교류함을 뜻한다.

27 역주: 일본식 표현 그대로는 '一世の 奇傑'(일세의 기걸)이다.

병합 준비 위원회 설치

데라우치 백작이 육군 대신 겸 한국 통감으로서 마침내 경성에 들어와 일한 병합의 조약안과 궁정대관 대우 및 시정 방침을 명시하기에 이르자, 이완용 후작은 매우 의외의 생각을 하였다. 일본 황제의 심려가 이렇게 관대하고 어질며, 큰 도량을 지니시니 오히려 양국 일체가 되어 참으로 형제의 연을 맺는 것이 양자의 복리를 기하는 것임을 깨달은 것이다.

이를 다른 예에서 보자면, 대부분의 국제 담판은 많은 우여곡절을 거쳐 힘겹게 기대하는 목적을 달성하는 것인데, 이 일한의 두 나라가 만나 한 덩이가 되는 대사건이 불과 2주를 넘지 않고 실현된 것은 관계 당사자인 데라우치 통감과 이완용 수상이 의기투합하고 서로 마음을 터놓고 사귄 결과였기 때문이다.

이리하여 일한병합이 참으로 순조롭게 진행된 것은 온전히 그 자리에 맞는 인물을 얻었기 때문임은 말할 것도 없지만, 이와 함께 병합 단행 뒤 약 7개년에 걸쳐 실제 시행에서, 조선 통치의 근본적인 방침을 확립한 데라우치 총독의 공적 또한 잊을 수 없는 것이다. 사실 조선 통치가 오늘날과 같은 대성공을 거두기에 이른 것은 물론 사이토 전 총독 및 우가키 총독의 능력과 명성에 기인한 바가 크다는 것은, 새로이 덧붙일 것이 없다.

그런데 일한병합 조약의 체결은 의외로 간단하게 끝났으나, 일이 여기에 이르기까지의 준비 공작에 대해서 데라우치 백작이 얼마나 세심한 주의를 기울이고 크게 노력했는지 아직 세상에 널리 알려지지 않고 있으므로 이하 이에 대하여 간략하게 이야기하기로 한다.

메이지 43년(1910년) 5월, 데라우치 육군 대신(陸相)이 한국 통감을 겸임하게 되고 드디어 병합을 실행할 목적을 띠고 부임하기 전에 데라우치 백작은 당시의 수상 가쓰라 후작에게 "일한병합조약은 일개 형식에 지나지 않는다. 그 후에 실행 사항에 대하여 일일이 본국 정부로부터 훈령을 받으려 하거나, 또는 시행 후에 이론이 제기된다면 한국에 나가 있는 당사자가 진퇴양난에 빠질 것이다. 따라서 미리 그 대강만은 정해 두어야 한다.

제1, 한국 황제의 대우
제2, 한국 원로 대신 이하의 조치
제3, 한국 인민의 통치의 방침
제4, 병합에 필요한 총 경비

이런 것들을 확정해 두어 한국의 정계가 안도할 수 있는 보장을 주는 것이 최우선으로 시급한 일이다. 우리는 그저 산만하게 한 조각의 조약문에 조인하고, 할 일을 다 했다는 식의 불친절한 행동을 취할 수 없다."라는 희망을 말하였다.

가쓰라 수상도 이는 매우 지당한 말이라 하여, 바로 일한병합 준비위원을 두었는데, 거기에는 단순히 자리나 채우는 대관은 모두 빼고 실무를 처리할 수 있는 젊고 혈기가 왕성한 사무가로만 임명하였다.

먼저, 외교 관계 방면은 외무차관인 쿠라치 테츠키치(倉知鐵吉) 군이 주임이 되고, 조선 관계 방면은 통감부 외사국장인 내가 주임이 되었으며, 통감부 회계과장 고다마 히데오(兒玉秀雄) 백작과 동 참사관 나카야마 세이타로(中山成太郎) 군 두 명이 위원이 되어 대체적인 원안을 기초(起草)하는 일을 맡고, 또 내각에서는 서기관장 시바타 카몬(柴田家門), 법제국에는 장관 야스히로 한이치로(安廣伴一郎) 군과 서기관 나카니시 세이이치(中西清一) 군, 척식국에서 서기관 에기 타스쿠(江木翼) 군(척식국 부총재 고토 신페이(後藤新平) 선생도 때때로 출석하였다) 대장성에서 차관 와카츠키 레이지로(若槻禮次郎) 남작, 그리고 법률고문으로 이치키 키토쿠로(一木喜德郎) 남작 등이 본국 쪽 위원으로서 원안을 심의할 조직이었다. 의장 역은 시바타 군이 맡았다. 이 사람은 데라우치 백작의 의동생인 데다, 만사에 주의 깊은 인물로서 특별히 열심히 일하였다.

병합의 조건과 공신의 우대

이 위원회에서 연구하여 결정한 것이 7개 조였다.

제1, 한국을 개칭하여 조선으로 할 것.(그 명칭을 남해도(南海道)로 하는 것은 어떨까 하는 이야기도 나왔지만, 대만의 옛 명칭을 존속시킨 선례에 따라 한국의 구칭을 이용하게 되었다)

제2, 한국 황제 이 씨를 대공으로 칭하고 그 자리 차례를 우리 황태자의 다음 자리, 여러 친왕의 위로 하고, 그 일가를 세습으로 하고 일 년의 세비 150만 원을 줄 것.(이것은 종래의 궁정비와 동액이므로 백만 원으로 삭감하자는 주장도 있었지만 데라우치 백작은 이에 동의하지 않았다)

제3, 이 씨의 친척은 황족으로 대우하고 그 등급에 따라 공작 / 후작 / 백작(조선 귀족)을 주고 세습 재산으로서 상당하는 공채증서를 하사할 것.

제4, 신구(新舊) 공신에게는 그 공에 따라 작위를 주고 또 세습 재산으로 공채증서를 하사할 것.

제5, 조선인은 법령 또는 조약으로 별단의 취급할 것을 정하는 때 외에는 완전히 일본인과 같은 지위를 가질 것.

제6, 한국의 대외조약은 병합과 함께 이를 전부 폐지하고 일본의 대외조약으로 이를 대신하며, 종래의 거류지의 사무를 각국 영사에서 일본 관청으로 이양할 것, 또한 땅영구사용권[28]은 그 소유자의 희망에 따라 소유권으로 대체하고, 그 희망을 표명하지 않는 때는 그대로 영대차지권을 인정할 것.(차지권자의 다수는 일본인이었으므로 그 희망으로 차지권을 소유권으로 고치기로 하였다)

그러나 유럽과 미국 거류민은 여전히 땅영구사용권을 주장했지만 그로부터 5년 뒤, 내가 외국 영사와 담판한 결과, 일본인과 마찬가지로 소유권으로 고치고 땅세는 물론 집세, 소득세 등, 모든 과세를 승인하기로 하였다. 본국에서는 지금도 영대차지권을 고수하고 토지 부과 조세[29] 이외의 모든 세금을 면제받는 옛 특권을 부당하게 주장하고 있다. 이 점은 조선 쪽이 한발 앞서 있다.

제7, 병합에 관한 경비로 3천만 원의 공채를 발행하고 그 절반을 왕족, 원로, 대관 등의 세습 재산으로 배당하고 나머지 절반을 교육, 소외 복지[30], 재난 대비 자금으로 하여 각 방면에 분배할 것.

오늘날 조선 지방에는 여전히 1천5백만 원의 공채에서 생기는 이자가 교육, 일자리 마련, 흉년 대비 기금으로 사용되고 있다. 본국 농촌에는 이러한 은택이 아예 없으므로, 조선 농민은 하늘이 내린 천황 은혜에 감읍하고 있을 것이다.

그와 함께 신구 공신 대우에 대한 영예로운 천황 뜻에 따라 한국의 이 수상(이완용)은 백작 15만 원, 평대신은 자작 10만 원, 기타는 남작 5만 원의 작위 및 세습 재산을 하사받은 것이다.

---

28 역주: 원어는 '영대차지권(永代借地權)'으로, 국내 거류 외국인에게 허용되는 일정한 지대를 지불하고 영구히 토지를 사용할 수 있는 권리를 말한다. 조선총독부제령 제17호, 1914. 5. 1제정)

29 역주: 원어는 '지조(地租)'로, 토지에 대해 부과되는 조세이다. 메이지 6년(1873년)의 지조 개정 이후 중요한 국세였으나 제2차 대전 후 부현(府縣)세가 되어 1945년(1950) 현재의 고정자산세에 편입되었다.

30 역주: 일본 용어로 '수산(授産)'이며, 실업자와 빈곤자 등에 일을 주어 생계를 유지시키는 것을 말한다.

이 일에 대해서는 재미있는 이야기가 있다. 당시 한국 국장급의 남작이 5만 원을 하사받았는데, 그 관보 발표는 다수의 공무원 계급과 이름이 나란히 기록된 가운데 '외사국장 한창수, 남작 5만 원'이라 실려 있었다. 이는 한국의 외사국장인 한창수를 말하는데, 나의 친척 친구가 외사국장과 한창수를 별개의 두 사람으로 보고 같은 직명의 외사국장인 나와 한창수 군이 남작이 되고 5만 원을 하사받은 것으로 오해하고 속속 축사를 보내왔다. 사실 나는 작위는커녕 은사금조차 받은 적도 없었다.

이 일한병합의 공으로 본국 측에서는 가쓰라 수상이 후작에서 공작이 되고 고무라 외상이 백작에서 후작으로, 데라우치 총독이 자작에서 백작으로(10만 원 은상) 각각 승진되어 전부를 대표하였다.

조선에서 특히 기뻐한 것은 각 왕족으로, 의화궁(義和宮) 이하 다수의 왕족은 세비가 적어 참으로 고생하고 있었던 차에 누구든 5할 이상 증액에 상당하는 세습 재산을 받았으므로 이분들이 병합의 은혜를 가장 많이 느꼈다고 한다. 어쨌건 간에 세계 역사를 통하여 대국이 약국을 병합할 때 학대는 있었어도 이전보다 더 나은 은택을 받은 예는 일한병합을 제외하고는 결코 없다.

5. 병합 직후의 학제 개혁

세키야 데자부로(關屋貞三郎) / 전 궁내차관 귀족원 의원[31]

나는 일한병합 직후에 내무장관 우사미 가츠오(宇佐美勝夫) 씨 아래 총독부 학무국장으로, 또한 지방국장으로 임명받은 오하라 신조(小原新三) 씨와 함께 부임한 이래로 약 9년 동안 그 자리에 있으면서 미진한 힘을 조선 교육의 향상에 바쳤다.

원래 나는 교육에 대해서는 아무런 경험도 없었다. 본국에서 지방 관직에 있었던 관계로 행정 분야에서는 다소의 경험이 있었지만, 교육 방면은 적임이 아니라고 생각하였다. 하지만 다행히도 데라우치 총독께서 교육에 대하여 매우 열심이셨고, 거리낌 없는 식견을 가지고 계셨으므로, 총독의 방침을 따르고 또한 우

---

31 역주: 이 책 저자 소개는 다음과 같다.
　세키야 데자부로는 도치기현(栃木縣) 세키야 요시즈미(關屋良純) 씨의 장남으로 메이지 8년(1875년) 5월에 태어났다. 메이지 32년(1899년) 도쿄제국대학 법과대학을 졸업하고, 문관고등시험에 합격, 대만 총독부 참사관과 비서관, 대장성(大藏省) 참사관 겸 내무 대신 비서관, 관동도독(關東都督) 사무관 겸 민정서장, 사가(佐賀) 및 가고시마현(鹿兒島縣) 내무부장, 조선총독부 학무국장, 중추원 서기관장, 시즈오카현(靜岡縣) 지사 등을 역임하고, 궁내 차관이 되었다. 현재 귀족원 직접 선출직 의원이다.

사미 장관의 지도와 원조 아래 큰 실수 없이 그 직책을 감당할 수 있었다.

애초에 일한병합과 동시에 조선 통치 준비를 하는 각 방면의 제도는 즉시 만들어졌지만, 유일하게 교육 관계 방면만큼은 데라우치 총독이 특히 고려하시는 점이 있어, 신중하게 연구한 뒤에 이에 착수해야 했으므로 다음 해까지 교육제도의 제정을 연기하였다. 따라서 나는 부임 후 조선의 사회적 상황 등을 연구하고, 또한 그 장래를 고려하여 조선의 교육제도를 입안하며, 총독의 결재를 거쳐 그 최후 결정을 하고, 이를 중앙정부에 제안하였다. 그러나 정부에서도 각종 의견이 있어 이에 관하여 다양한 교섭이 이루어져 이에 약 2개월간을 필요로 하였고, 가까스로 관계 각 방면의 양해를 얻어 조선교육령[32]이 생겨났다.

이 조선교육령은 제일 처음에 조선인을 교육칙어의 취지에 기초하여 충성스럽고 선량한 신민으로 만든다는 것을 내걸었고, 다음 조항에서 조선의 교육은 당시의 생활 수준에 적합할 것을 기해야 한다는 것을 규정하였다. 이것들은 다만 잠깐 생각하면 아무것도 아닌 것 같지만 법령의 조문으로서는 정말로 귀한 점이 있는 구절이다. 그러나 이것은 당시에 내가 총독에게 제출한 조선 교육에 관한 의견서에 기인하였다. 즉 그 의견서 속에 조선의 교육은 시대 및 생활 수준에 적합하게 해야 한다고 서술되어 있었다.

생각해 보면 교육을 시대에 뒤지지 않게 하는 것은 크게 주의해야 할 일이나, 그렇다고 한편으로 공연히 시류를 좇아 그 나라의 생활 수준과 동떨어지게 시행하는 것 역시 삼가야 할 것이다. 이렇게 교육을 통하여 그 생활 수준을 높이

---

32 역주: 그러나 한일병합(1910)이 이런 상황을 일변시키게 되었다. 병합의 다음 해 8월에 공포된 조선교육령이 조선인 아동·학생에게 '국어(일본어)'의 보급을 기본으로 삼아, 조선어는 일본어에 그 위치가 바뀌어 외국어와 동등한 취급을 받게 되고, 약간 남아 있던 조선어 시간도 중일전쟁 후 황민화 정책 아래 1938년의 제3차 교육령에 따라 '수의 과목'으로 지정되어, 마침내 완전하게 껍데기로 남았다. (출처 : 주식회사 헤이본샤(平凡社), 세계대백과 사전 제2판)

는 것은 매우 필요하기는 하나 민중의 생활 정도, 또는 부의 정도를 고찰하여 실행에 옮겨야 하는 것이어서 유별나게 시행하는 것은 외견상으로는 매우 좋게 보이나, 조선 동포에게는 참으로 친절치 못한 방법이다.

교육 시설의 향상 정비를 위해서는 상당한 경비를 필요로 하는 까닭에 조선인에게 많은 금액의 부담을 지우는 것은 심히 바람직하지 않다. 이에 더하여 그 교육이 외형만은 훌륭하지만 미풍양속을 파괴하거나 말이나 행실이 가벼운 풍조를 길들이려는 듯한 일은 크게 조심해야 한다. 조선에 시행해야 할 교육은 능히 조선의 생활 수준에 적합하지 않으면 불가하다는 의미로 위 문구를 받아들였다. 그런데 데라우치 총독은 이 문구들을 법령 속에 삽입하라는 의견이었다.

나는 이렇게 막연한 문구는 법령 속에 삽입하기 곤란하다고 주장하였으나 총독은 나를 향하여 "(당신이) 직접 써 놓고 그것을 넣을 수 없다고 하는 것은 아니지 않은가?"라고 강경하게 주장하여 마침내 이 구절을 조선교육령 속에 삽입하게 되었다. 이리하여 이 칙령안에 대해서는 정부에서도 상당한 이견이 있었지만 결국 원안 그대로 이 구절을 인정하였다. 이것이 데라우치 백작의 더없이 친절한 점이다.

이리하여 이 시대 및 생활 수준에 적합하도록 기하여야 한다는 말을 데라우치 백작은 매우 마음에 들어 하셨고, 그것은 다만 교육뿐만 아니라 조선의 시정 부녕통치(施政否寧統治)에 관해서는 전부 이 방침에 준거해야 한다는 의견으로 도장관 회의(道長官會議)나 또는 기타 회의에서도 누차 이 말을 강조하셨다.

그러나 실제 문제로 이는 상당히 곤란한 문제였는데, 예를 들면 각지에서 보통학교 같은 것은 가능한 한 기간을 짧게 하여 주로 농업을 비롯한 실과 과목을 가미하고 지방에 있는 농학교 같은 곳은 반드시 실습지를 가져야 한다는 것으로 했다. 그래서 양반 자제 등에게도 농업 실습을 시켰는데, 그 양반의 하인이 학습 상황을 참관하러 왔다가 "우리 젊은 도련님에게 농사일을 시키는 것은 심히 안쓰럽다."라며 그 학생을 데리고 돌아간 일도 있었다.

이리하여 각 지방으로 보급해야 할 학교 같은 것도 점차 증가시키려는 방침이었다. 일시에 이를 증설하는 것은, 그 지방의 부담을 가중하는 결과가 되므로 그 요망은 있어도 급격한 증설은 도저히 불가능하였다. 그러나 조선인 중의 유식자들 사이에서는 본국에서는 오늘날 의무교육을 시행하는 상황이므로 조선의 교육도 의무교육으로 하는 것이 필요하다는 희망도 있었다. 그것은 참으로 좋은 일이기는 하지만 여기에는 그에 적응하도록 생활 수준이 높아져야 한다. 이 의무교육을 시행하려면 상당한 경비가 필요하므로, 가능한 한 민중에게 그 부담의 고통을 주지 않도록 충분히 생활 수준이 높아진 후에 의무교육 제도를 시행해야 한다고 주장하였다.

조선인 중에 이를 이해하는 자도 있었으나, 대부분의 조선인은 학교를 많이 증설하면 인기가 좋아지고 또한 그 학교교육과정도 단지 화려한 것을 갖추어 두면 기쁘다는 상태였기 때문에 우리는 매우 괴로웠다. 그러나 앞서도 말했듯이 나는 생활 수준이 높아짐에 따라 학교의 수도 늘리고 나아가 고등학교도 설치한다는 방침을 채택하고 있었다. 즉 그것은 실제로 본국에서도 교육비 부담으로 고통을 받고 있는 것도 고려해야만 하는 문제였다.

그러나 우리는 조선 교육의 현재 상태에 안주하여 거기에 만족한 것은 아니기에, 민중이 비용 부담을 감당할 수 있는 한 그 시설을 개선하고 충실을 기하는 것은 말할 필요도 없었다. 그렇다고 해도 이들은 산업이나 교통 또는 일반 민중의 경제와 동반하여 이루어져야 한다. 하지만 어떤 경우에는 한발 앞서 교육의 힘으로 민중의 경제를 윤택하게 한다는 것도 고려하고 있었다.

이리하여 가능한 한 민중에 대해서는 친절하게 해야 한다는 것에 온 힘을 다했으나, 누가 뭐라 해도 너무나도 미력하여 그 효과를 전혀 보지 못하고 조선을 떠날 수밖에 없게 된 것은 심히 유감이다. 우리는 다이쇼 8년(1919년) 8월에 총독, 정무총감(政務總監) 등의 인사이동에 따라 선배 및 동료와 함께 조선을 떠났으나, 다행히 조선인 중에 많은 친구도 있고 조선인 청년 중에도 적게나마 지인들이 있기에, 향후 조선의 뭔가에 도움이 될 수 있다면 기꺼이 이를 감당하고 싶다는 생각이다. 지금 조선 중앙협회 등과 관계하는 것도, 위의 취지와 같은 것이다.

일반적으로 교육은 산업, 토목 같은 사업과는 달리 그 효과가 특별히 눈에 띄지 않는 것이며 일면에서 말하자면 매우 힘든 일이고, 더구나 자칫하면 무심하게 방치되기 쉬운 점이 있다. 하물며 우리 같은 미력한 자가 그 직에 있었으니 더욱 더하였으나, 데라우치 백작이 교육에 열심이셨던 것은 조선 교육의 향상에 있어 대단한 행운이었다.

당시 내가 조선에 가서 놀랐던 것은 외국의 선교사가 상당한 돈을 들여 학교를 만들어 이를 경영하고 조선에 오래 살면서, 배우기 곤란한 조선어를 배우며, 불편한 조선의 땅에 가족을 데리고 와 살면서까지 조선의 교육을 위하여 힘을 다하고 있는 것이었다. 우리는 조선 교육의 관계자로서 이에 심심한 감사를 표하였다. 그러나 그들은 본국의 제도를 조선에 가져와서 바로 적용하려는 경향이 없는 것도 아니었는데 그것이 총독부의 교육 방침과 딱 맞아떨어지지 않는 나쁜 면이 있었으나 그것도 무리는 아니고 각별한 악의로 했던 것은 아니고 아마도 부주의하게 했다고 생각한다.

그러나 데라우치 백작은 새로 교육령을 선포하고 그에 따라 조선에서 교육을 관리하려 하였다. 물론 조선의 교육은 본국의 그것과 그 취지가 같더라도 그 정도에서 다소의 차이가 있는 것은 분명히 어쩔 수 없는 점이고, 말할 필요도 없이 외국의 교육제도와 대단한 차이가 있는 것 또한 당연하다. 따라서, 우리는 실제

교육의 장에 있는 선교사를 만나 매우 친밀하게 조선 교육 방침에 대하여 충분히 의논하였다. 처음에 선교사 측에서 이에 관하여 다소의 오해도 있었으나, 차츰 우리의 성의를 이해해 주게 되고 이리하여 점차로 총독부 교육 방침과의 합치에 이르게 되었다.

그 외국 선교사 중에도 매우 유력한 사람이 있었다. 우리가 그들과 계속 대화를 거듭한 당시의 상황은 오늘이 되어도 내 기억에 역력히 되살아난다. 이리하여 에디슨 씨를 필두로 하여 지금도 여전히 조선에 남아 있는 분들이 변함없이 열심히 조선인을 위하여 노력하는 것에 대해서는 참으로 깊이 경의를 표한다. 또한 하세가와 총독의 뒤를 이어 부임하신 사이토 총독이 선교사에 대하여 채택하신 지극히 친밀한 태도는, 총독부 교육 방침은 물론 조선의 일반 행정 방침을 여러 선교사가 이해하는 데에 참으로 힘이 되었다. 이는 한편 사이토 자작이 가진 인격의 선물이라 생각된다.

조선 재직 중에 나는 다양한 문제에 관하여 또는 여러 사건에 대하여 성공하지 못한 것도 있고 실패도 적지 않았지만, 지금도 여전히 부끄럽기만 한 것은 내가 재임할 당시 조선어에 능통하지 못하였다는 것이다. 당시 내가 만약 이에 좀 더 능숙하였다면 총독의 정치 정신을 조선인에게 한층 더 이해시킬 수 있었으리라 생각한다. 물론 조선인과도 많은 이야기를 나누었으나, 그것은 통역을 두고 이루어진 이야기이므로 우리의 정신을 철저하게 전하는 것은 불가능하였다.

물론 여기에는 우리의 성의도 부족하였거니와 설령 성의가 있었다 하더라도 조선인이 우리의 마음을 충분히 이해해 주는 것은 참으로 곤란하였다. 이 점에 대해서는 본국에 있는 관리는 민중과 의사소통이 비교적 쉬운 것이지만 조선에서는 그리 간단하게 되지 않는다. 이것이 조선에서 우리의 가장 큰 고민이었다. 당시에 조선어를 충분히 알아듣고 나 자신이 직접 다양한 방면의 인사들과 접촉하여 그들의 의견을 듣고 희망을 물어 격의 없는 친밀한 대화가 가능하였다면 더욱 높은 효과를 거둘 수 있었을 것으로, 지금도 매우 유감으로 생각하는 것이다.

조선의 교육을 혁신하던 당초에 교육계 제1선에 있던 보통학교의 교장들은 매우 쓴 맛을 보아야 하였다. 조선에서 초등교육의 책임을 처음으로 맡기기 위하여, 총독부에서는 본국의 우수한 교원을 발탁하여 그들에게 1개월간 강습회를 열어 조선의 풍속, 습관 또는 인정(人情) 등에 관한 강연을 했다. 또 조선어 학습을 하여 장래를 위한 기초를 익히게 하고, 교육령의 취지를 철저히 이루기 위하여 조선인과 친하게 지내고 그 친구가 되어 조선 문화의 향상에 노력하고 조선의 개발을 향해 헌신적으로 매진할 것을 희망하였다.

당시는 오늘날과 달라 도로도 개통되지 않고, 교통기관도 발달하지 않아 매우 불편한 시대였으므로 멀리 벽지 땅에 간다는 것만으로도 매우 힘든 상태였다. 그러나 이 외진 땅에 분발하여 부임하고 다양한 불편과 부자유를 참으며 지극히 어려운 조선인 교육 사업에 종사한 사람들의 결의에는 분명 비장함이 있었다. 변경 지방에서는 산파도 없고 의사도 없고 병을 고칠 아무런 방법이 없어 어쩔 수 없이 압록강 오지에서 신의주까지 배를 타고 내려와 진료받은 자도 있었던 상황이었다.

그런 까닭에 도청은 총독부와도 연계하여 조선 교육의 진흥을 위하여 사사로운 일을 희생하여 헌신적으로 노력하고 있는 교육 관계자에 대하여 한 가족처럼 대우하고 그 위안에 크게 힘을 쏟았다. 당시는 그 관계자도 매우 적었기 때문에 한 가족처럼 협동하고 화목함을 모아 서로 돕고 격려하면서 조선인의 교육을 위해 분투하였다. 이 점에서도 데라우치 백작이 교육에 대해서는 가장 열심히 우리를 지도하신 것을 잊어서는 안 될 것이다.

6. | 교육제도의 혁신

다와라 마고이치(俵孫一) / 전 상공 대신[33]

나는 메이지 39년(1906년) 1월, 한국에 통감부가 개설될 당시에 그 서기관 중
의 한 명으로 부임하고, 43년(1910년) 일한병합에 따라 조선총독부가 설치된 뒤
에도 여전히 2년간 근무하다가 45년(1912년)에 조선을 떠나게 되었다. 그 뒤 근 십
년이 지난 다이쇼 10년(1921년)에 시찰 여행에 나선 것 말고는 얼마 동안 조선 땅
을 밟지 않았다. 따라서 추억이 많이 남은 조선을 시찰하고 당시를 그려보고픈

---

33 역주: 원 책의 저자 소개는 다음과 같다.
다와라 마고이치는 시마네현(島根縣) 사람으로 다와라 스케노부(俵祐信) 씨의 장남으로 메이지 2년
(1869년) 5월에 태어나, 메이지 29년(1896년) 가족을 이루었다. 메이지 28년(1895년) 제국대학 법과대
학 영법과를 졸업하고, 문관고등시험에 합격하여 오키나와(沖繩), 도쿄 각 부현(府縣) 참사관, 이시카와
(石川), 가고시마현(鹿兒島縣) 서기관, 총감부 서기관, 참사관, 한국학부(韓國學部) 차관, 미에현(三重
縣), 미야기현 지사, 홋카이도(北海道) 장관, 척식(拓植) 사무국장을 역임하고, 철도 차관, 내무 차관에 올
랐다. 다이쇼 13년(1924년) 이후 중의원(衆議院) 의원에 세차례 당선되었고, 입헌 민정당 소속으로 쇼와
4년(1929년) 7월 하마구치(濱口) 내각 설립과 함께 상공 대신으로 친히 임명되고, 쇼와 6년(1931년)에
퇴임하고 현재는 민정당 중진으로 일하고 있다.

생각은 늘 간절하였으나 이제껏 그 기회를 얻지 못하였으므로 최근 십수 년간의 조선 사정에 대하여는 전혀 알지 못한다.

다만 그 후의 조선이 문화 발달, 교육 보급, 산업 진흥 등으로 인하여 대단히 진보해 오고 있다는 것을 전해 듣고 내가 조선에 있던 당시를 되돌아보며 진심으로 격려하고 있다.

생각해 보면, 조선에서의 총독정치는 결코 어떠한 특이성이 있는 것은 아니다. 어느 때, 어느 장소를 불문하고 정치는 국민 생활의 안정을 목적으로 하고, 민중의 욕망에 따른 생활의 향상이, 요약하자면 정치의 목적이어야 한다. 이로써 조선에서 역대 총독이 조선 민중의 생활 향상과 그 안정을 위해 노력한 것은 새삼 말할 것도 없는 일이다. 특히 현 총독 우가키 각하가 이 점에 관하여 큰 노력을 기울인 결과, 최근의 조선은 교육이 점차 보급되고, 인문은 더욱 개발되었다. 특히 산업 방면에서 다양한 계획이 수립되고 또 계속 그 실적을 거두고 있다는 것은 일본과 조선을 위하여 매우 기쁜 일이다.

조선 통치 25년, 이를 '국가의 역사'라는 시점에서 본다면 지극히 짧은 기간이기는 하나, 이를 조선의 정치, 경제면에서 생각한다면 그 진보가 급속하고도 두드러진 것은 오로지 역대 통감 또는 총독 이하 관계된 분들의 치열한 노력에 힘입은 것이 크므로, 이에 대하여 나는 마음 깊은 경의를 표한다.

사실 내가 조선과 처음 관계한 것은 일한병합 이전인데, 이제 30년 전에 통감부를 설치하던 당시를 떠올리면 실로 감개무량함을 금할 수 없다. 이토 공작은 메이지 38년(1905년) 11월에 몸소 내한하셔서 이른바 '제1차 일한협약'을 체결하시고, 이어서 그 12월에는 통감부 관제가 공포되었다. 이리하여 이토 공작이 몸소 제1대 한국 통감으로서 실제 통치에 나서신 것이다. 이리하여 이토 공작의 통감부 부임은 메이지 39년(1906년) 3월이고, 공의 부임 뒤에 비로소 통감부의 개부(開) 기념회를 열었는데, 우리가 부임하기 이전의 일이었다. 당시 통감부원은 매우 소수였는데, 현재의 척무대신(拓務大臣) 고다마(兒玉) 백작 등도 역시 그 한 사람이었다.

당시 통감부는 한국 정부에 대하여 지도적 지위에 서서, 각종 사물에 관하여 지도와 개발에 나섰는데 그 모든 것이 초창기였다. 마치 백지에 처음 글을 쓰는 것과 같은 형세였다. 게다가 조선 내 각지의 상황을 보면 그 문화면에서나 그 생활 수준 면에서나 오늘날과 비교해 보자면 참으로 상상 밖이어서, 그 수도인 경성도 구조선 시가 그대로 더럽고 비좁은 도회였다. 아마 오늘날에는 일본인은 물론이고 조선인도 누구 하나 옛 모습을 떠올릴 수 없을 것으로 생각된다.

이리하여 정부 각 부의 시설도 당시 다소 받아들인 문화도 있었고, 또 법령에서 그 체계가 점차 정비되고 있었다고 해도 실제로는 구한국의 모습을 전혀 면하기 힘들었으며, 게다가 법령의 실행이 뒤따르지 않았다. 따라서 그 지도의 시정에 나선 통감 이토 공작의 고심은 예사로운 것이 아니었음은 말할 것도 없는 일이지만 그 지휘 아래 있던 통감부원들의 노력 또한 심상치 않은 것이었다.

나는 통감부의 권업 과장이었는데, 메이지 39년(1906년) 3월, 이토 공작이 한국에 부임한 뒤 곧 학부의 학제 개혁의 촉탁을 겸임하게 되었다. 당시는 도지부 즉, 재정 방면에는 메카타(目賀田) 고문, 사법제도에는 노자와(野澤) 참여관이 있고, 경찰제도의 고문에 마루야마 시게토시(丸山重俊) 씨, 학부에는 현재 대만대학 총장인 시데하라(幣原) 씨가 있었다. 이분들은 모두 통감부 시절의 이전, 즉 공사 시절의 한국 고용자였다. 그러나 학부에 있는 시데하라 씨가 행정 분야에 대한 경험이 없었던 탓에, 나에게 통감부 시대 최초로 통감부 서기관의 직무 외에 교육제도 개혁의 촉탁까지 겸하라는 명을 받았다.

이토 공작이 한국 통감으로서 제일 먼저 교육 쇄신에 주의를 기울인 것은 말할 것도 없이 그 나라의 개발은 먼저 교육의 진흥 보급에 있다는 점을 공께서 깊이 고려하신 결과이다. 이리하여 당시 소학교, 중학교, 사범학교에 관한 법령도, 학교도 점차 정비되고 형태만큼은 만들어져 나갔지만, 내용은 매우 빈약하여 실질을 전혀 갖추지 못하였다. 그렇게 정부 법령하에 개설된 학교는 몇 개 학교에 머물렀는데, 이들 관립학교 외에 경성, 평양을 비롯한 여러 도시에서는 사립학교가 4~5곳이 있어서 매우 성대하였다.

이들 사립학교의 대부분은 외국 선교사가 유지하고 지도함으로 설치되었는데, 교육 방침은 학과 학술의 교수에 힘쓰기보다는 대개 병식(兵式) 체조에 열중하는 경향이 있고, 체조는 병식, 노래(창가)는 군가라는 식으로, 학교 수업 대부분도 흡사 악대를 동반한 야외 조련 같은 모습이었다. 따라서 이러한 학교들은 학생들이 해야 할 학과는 문과에 편중하여 과학에 속하는 내용에는 그다지 중점을 두지 않았다. 이를 더욱 직언하자면 정치적·사상적인 학습이지, 실제 생활에 맞는 물리학과 화학 학습은 거의 돌보지 않는다고 말할 수 있는 상태였다.

이처럼 이 사립학교에서 학생에 대한 교육이 오로지 정치적이고 군대와 같은 '교련소' 같은 풍조에 빠져, 그 결과 학생의 사상은 피폐해지고 신경은 과민해져 첨예화되며, 공명정대하고 실용적인 기풍은 사라져 그 앞날이 참으로 염려되었다. 이리하여 이 학교는 말하자면 정치광 환자나 국민적인 올바른 길[34]을 일탈하는 자를 양성하는 듯한 경향에 있었으므로, 이래서는 교육의 본래 취지인 실질적이고 강건한 기풍 함양이라는 안목을 잃을 뿐 아니라 또한 수신제가(修身齊家), 이용후생(利用厚生)에 아무런 도움이 되지 않는다. 문화의 향상, 생활의 안정, 산업 경제의 발달에 대한 공헌 역시 기대하기 힘들고, 따라서 국운의 개발, 국리

---

34 역주: 원어는 '상궤(常軌)'라고 하며, '언제나 따라야 하는 떳떳하고 올바른 길'로 일정한 격식이나 형식. 일본에서는 '상식'을 의미한다.

민복의 증진은 도저히 바랄 수 없는 상태였다. 따라서 이러한 잘못된 교육의 변태를 뒤집어 정상화하는 것은 보통 힘든 일이 아니었다.

당시 조선에서는 앞서 말한 것 외의 교육기관으로, 예로부터 내려온 서당이 있었다. 이토 공작의 착안은 바로 여기에 있었다. 정치 개혁도 결국 그 기초는 교육에 있으며, 문화의 진보, 국민 생활의 안정, 민중 행복의 증진도 모두 교육에 기초하여야 한다. 이러한 이유에서 이토 공작이 먼저 교육 방면에 손을 댈 필요를 느끼셨을 것이다. 그래서 나는 소수의 부하와 함께 먼저 학제 개정에 전념하고 소학교를 4년제 보통학교로 하고, 그 위에 또 4년제 고등보통학교를 두거나, 또는 보통학교 교원 양성을 위해 설치되어 있던 사범학교로 개선하고, 이를 3년제 사범학교로 하였다.

이리하여 당면한 교육 시설로서 각 도에 하나씩 보통학교를 설치하기로 하고, 경성을 시작으로 하여 당시 관찰사 소재지에 이를 개설하였다. 또한 고등보통학교나 사범학교에는 수명의 일본인 교사를 초빙하여 교육에 종사하게 하고 기타 각도 보통학교에는 소학 교육에 경험이 있는 우수한 일본인을 각 1명씩 배치하여 그 지도를 담당하게 하였다. 이렇게 교육 시설을 충실하게 함과 동시에 아동에게 교수해야 할 교과서 편찬도 역시 서둘러야 할 중요한 일이었다. 종래 조선의 소학교에서는 교과서다운 교과서가 정해져 있지 않았다. 그래서 먼저 첫째로 교과서 편찬의 필요성을 인식하고 미츠치 츄조(三土 忠造) 씨를 한국 학무국에 초빙하여 보통학교 교과서 편찬을 담당하도록 하였다.

종전의 소학교 또는 기타 여러 학교가 완전히 사상적 또는 정치적 교양에만 치우쳐 있었으니, 참된 국민교육으로 되돌리기 위해서는 이에 이용될 교과서에 많은 주의를 기울여야 했다. 더욱 중대한 문제는 보통학교의 교과목 중에 일본어를 더하는 일이었다. 이 문제에 관해서 당시 학무 당국의 거의 모든 사람이 반대하였다. 그러나 일한 관계가 일한협약에 나타난 것처럼 떼어 놓을 수 없는 상태에 있고 장차 그 관계는 점점 빈번함과 긴밀함을 더하여 한층 중대하게 될 필연적인 추세에 있으므로, 가장 관계가 깊은 일본어를 숙련한다는 것은 단지 조선 문화의 향상을 위해 필요할 뿐만 아니라 그 경제적 발전을 위해서도 지극히 필요한 일이었다. 그래서 조선인이 일본어를 습득하는 것은 일본인을 위해서가 아니라 조선인 자신들의 이익을 위해서라 생각했기 때문에, 나는 보통학교 교과목 중에 일본어를 추가해 달라고 역설하였다. 그래서 당시 학부대신(學部大臣) 이완용 씨는 나의 말을 받아들여 마침내 일본어를 보통학교 정규 과목으로 삼는 데 동의하기에 이르렀다. 이는 이완용 씨의 영단이라 해야 할 것이다.

따라서 미츠치 씨는 국어 독본, 일어 독본, 이과, 도서 또는 창가 등의 교과서 편찬에 매우 힘을 기울였다. 그 편찬 방침은 특별히 새삼스레 말할 것도 없겠지만, 종래 조선에서 학교교육이 사상적, 정치적으로만 열중해 오던 동향을 교육의 늘 지켜야 할 도리로 다시 고쳐 놓기 위해서는 이에 이용할 교과서 내용에 대하여 충분히 신경을 써야 한다는 점에 대한 미츠치 씨의 고심은 컸다. 즉 보통학교에서는 아동에게 상식 있는 교육을 하고, 공연히 편협한 정치적 방향으로 기울기보다, 참으로 인문 발달을 조장하고 생활의 실제에 맞고 또한 교육의 본래 취지에 따르는 데에 많이 고심하고 노력을 기울였다.

그러나 당시 신교육 방침에 대하여 이해가 없던 조선인 사이에서 비난의 소리가 요란하게 올라왔다. 먼저 그 첫 번째는 아동의 등교 시간이 너무 짧다는 점이었다. 종래 조선에서 학교교육의 실정은, 이른 아침부터 늦은 밤까지 아동을 학교에 붙들어 두는 것이었다. 그러나 신교육에서는 하루 수업 시간이 불과 4, 5시간 정도여서 구습에 익숙해 있던 학부형들은 도저히 만족할 수 없었다. 더구나 종래 학교의 관습은 대부분 거의 놀이하듯 교습하는 상태였는데, 이를 확 바꾸어 갑자기 일정 시간을 계속 교육한다는 교육 방법에 대해서도 불만이었다는 것은 꼭 무리도 아니었다. 그러나 이보다 더한 반대는 교육의 근본적인 방침이 종래와 달라졌다는 점이었다.

한국 정치를 전반적으로 혁신하고 문화 향상을 철저하게 이루고 또한 일한 양국의 관계를 한층 더 긴밀하게 하도록 메이지 44년(1911년)에 이토 통감의 손에 의하여 제2차 일한협약이 체결되었다. 종래의 한국 각부의 고문을 폐지하고 각 부에 차관으로 일본인 관리를 임용한다는 협약이었다. 내부에 오카 기시치로(岡喜七郎), 도지부(度支部)에 아라이 겐타로(荒井賢太郎), 농상공부에 기우치 쥬시로(木内重四郎), 법부에 구라토미 유자부로(倉富勇三郎), 궁내부에 고미야 미요키치(小宮三代吉) 등의 여러 분이 각 통감부의 참여관으로서 각부 차관으로 임명되었을 때, 나도 마찬가지로 학부의 차관으로 임명되었다.

이리하여 미츠치 씨는 여전히 학부의 참여관으로서 교과서 편찬 일에 종사하고, 마침내 그 편찬을 대체로 끝내자 메이지 42년(1909년)에 학부를 그만두고 고향인 가가와현(香川縣)에서 중의원 의원으로 나오셨으므로 그 뒤 교과서 편찬은 그때까지 성대(城大) 교수였던 오다 쇼고 씨가 그 뒤를 계속하였다. 이리하여 메이지 43년(1910년) 일한병합 뒤에는 총독부 관제에서 학부를 폐지하였기 때문에 나는 이전부터 겸임하고 있던 조선 토지조사국 부총재로 부임하여 메이지 45년(1912년)에 조선을 떠날 때까지 그 사무에 종사하였다.

돌아보면 당시 조선에서 신교육 창설 상태는 교육의 기본 원칙과 크게 달랐으며, 비뚤어진 교육 방침을 개혁하고 이를 올바른 길의 교육 방향으로 고쳐 놓은 그 고심은 참으로 심상치 않았으리라 생각이 든다. 그렇게 초대 데라우치 총독을 비롯하여 역대 총독이 조선의 교육에 대단한 열의를 갖고서 임하였고, 덕분에 오늘날 대학을 비롯하여 제반 교육제도가 정비되고 조선 전토를 통하여 각종 교육이 보급되어 문화가 융성해지고 산업 경제를 밑받침하는 상태를 보면, 참으로 격세지감의 느낌을 감추지 않을 수 없다.

7. | 점진을 추구한 이토 공작의 치적

오카 기시치로(岡喜七郎) / 중의원 의원[35]

돌아보면 메이지 37년(1904년) 2월에 제국 정부의 대표는 한국 정부와 협상을
마쳐, 동양의 영원한 평화를 유지하며 일한 양국 간의 복리를 증진하기 위하여
한국의 지도 보호에 관한 중요한 의정서를 작성하였다. 이어서 8월에 다시 협상
을 맺어 재정, 외교의 양 고문의 초빙 및 기타에 관한 협정을 맺고, 다음 해 38년
(1905년)에 일러, 일영 간의 새로운 관계에 기초하여 한국에 대한 보호 정치의 철
저함을 기하기 위하여 일한 신협정을 체결하였다. 통감부 이사청 관제를 설치하

---

35 역주: 원 책의 저자 소개는 다음과 같다.
오카가(岡家)는 구 막부(幕部) 사람으로 하타모토(旗本)의 가문으로 본소외수(本所外手)에서 대를 이
어 살고 있다. 오카 기시치로는 오카야마현(岡山縣) 사람으로, 이타미 기사부로(伊丹喜三郎) 씨의 장남
으로 메이지 원년(1868년) 4월에 태어났다. 선대(先代) 아츠타카(敬孝) 씨의 양자가 되어, 메이지 31년
(1898년)에 집안 상속자가 되었다. 메이지 24년(1891년) 제국대학 법과대학 영법과를 졸업하고 일찍부
터 내무성 시보(試補), 돗토리현(島取縣) 참사관, 아오모리현(靑森縣) 내무성, 오사카(大阪府) 서기관,
아키타(秋田), 돗토리현(島取縣) 지사, 총감부 경무총장, 내무성 경보(警保)국장, 경시총감 등을 역임하
고 다이쇼 3년(1914년) 귀족원 의원에 선출되었다.

고 이토 공작이 통감이 되어 한국에서 제국 공사관 및 영사관을 철폐하였다.

그리하여 이토 통감은 일한 관계를 한층 더 밀접하게 하려고 40년(1907년) 7월에 제2차 일한협상을 하여, 행정 개선에 관하여 한국 정부는 통감의 지도를 받을 것, 법령의 제정 또는 중요한 행정상의 처분은 미리 통감의 승인을 받을 것, 보통 행정 사무와 사법 사무의 구별을 없앨 것, 고등 관리의 임명은 통감의 동의를 구할 것, 통감의 추천으로 일본인을 한국 관리로 임명할 것과 재정 고문의 폐지 등을 약정하게 되어, 종래의 일본인 관리는 간접 지도의 지위에 있었으나, 이제 직접 행정의 자리를 담당하게 되었다.

나는 이토 공작이 초대 한국 통감으로 취임할 때 한국 경찰제도 통일의 사명을 띠고 이토 공작 밑에 통감부 경무총장으로서 공과 함께 부임했다. 통감부가 설치되기 전에는 제국은 한국에서 영사 재판권을 갖고, 거류지의 제국 신민을 보호 단속할 필요에서 외무성에서 파견된 경찰관이 공사 또는 영사의 부하로서 거류민에 대한 경찰 사무를 집행하였다. 그러나 당시는 거류 생활자가 적고 경찰관 수도 역시 적었으나, 일러전쟁 뒤 제국의 발전에 따라 거류 생활자의 수가 증가하게 되자, 거류지 외에도 경찰의 확장을 도모하게 되었다.

이어서 통감부가 설치되자 일한협정에 기초하여 제정된 통감부 이사청 관제로 통감부에 경무총장을 두고, 경시, 경부 이하를 거느리고 영사경찰관을 봉직하던 자를 이사청 경찰관으로 채용하게 되었다. 이리하여 통감부 이사청 관제에 따라, 통감은 한국 정부가 초빙한 일본인 관리 및 제국 신민을 감독할 권한을 갖게 되고, 또한 초빙된 경무고문 및 그에 속한 인원은 모두 그 관적을 통감부 및 이사청으로 옮겨 통감의 감독권 아래 총괄되기에 이르렀다.

그러나 이사청 경찰과 고문 경찰은 그 직무를 달리하는 까닭에 양자가 서로 대립하여 연락이 끊기는 점이 있어 통감부는 한국 정부와 교섭을 거듭하여 양자의 상호 공조에 관한 것을 협정하여 이사청 경찰관은 고문 경찰관의 촉탁을 받고, 고문 경찰관은 이사청 경찰관의 직무를 겸하게 되었다. 이것이 곧 일한 경찰기관이 통일되기에 이른 경위이다.

앞서 말했듯이 메이지 40년(1907년) 7월의 일한 신협정 체결에 기초하여 시정 개선에 대한 통감부의 지도를 받게 되고 또한 통감의 추천에 따라 일본인을 한국 관리로 삼게 된 결과, 우리 일본인이 한국 정부에서 내부(內部), 도지부(度支部), 학부(學部), 농상공부, 사법부 등 각 대신 밑에서 차관으로 취임하게 되었다. 이리하여 이 차관 외에 약간의 국장도 설치되어, 각도에 도지사, 내무부장, 경찰부장이 설치되었는데, 이들 모두가 일본인은 아니고 그중에는 한국인도 있어서 지극히 소수의 인원을 요소요소에 배치하였다. 이 경찰부장의 설치로 한국에서 경찰제도가 마침내 통일을 보게 되었다.

이토 공작이 통감으로 재임하던 중에는 한국은 여전히 한 나라[36]를 이루고 있을 때였으므로 외교 방면에서도 세심한 주의를 기울여 그 절충에 나서시고, 또 한국의 통치에 대해서도 신중한 태도로 임하시어 제반 정책에서도 급하게 극적으로 이루기보다는 서서히 다양한 일을 해내신 것이다. 이리하여 어떤 일을 행할 때도 결코 강제적 또는 고압적으로 하였다는 비난을 없애기 위하여 자발적으로 한국 측의 대신들과 협의를 한 뒤에 실행하도록 하여 요로의 대관 중에서도 원망하는 소리가 들리지 않고, 또는 밑으로 민중에서도 아무런 공격이 없고 역시 일본에 의지해야만 한다며 깊이 신뢰하기에 이른 것이다. 이것 역시 이토 공작다운 위업으로서 오늘날에도 여전히 그를 추모하는 것은 참으로 당연한 일이다.

---

36 역주: '대한제국'을 가리킴.

아무튼, 이토 공작의 치적을 두루 돌아보면, 모든 일을 성급하게 착수하지 않고 신중한 태도로 점차 그 실현을 도모했음이 그 어떤 경우에서도 발견되는 것이다. 당시 한국의 실정은 산이라는 산은 전부 민둥산이요, 극단적으로 말하면 나무 한 그루 없고 풀 한 줌 없는 상태였고, 강은 망가져서 평지와 강이 구별되지 않는 상태였으며, 경지는 황폐하여 명색뿐이고, 한마디로 이를 표현하자면 조선은 완전한 폐허 그 자체였다. 그 비참한 상황을 접하고서 이토 공작은 어떻게 조선의 갱생을 도모하고 그 발전을 꾀할 것인가에 대하여 상당히 고려하신 것이다.

그래서 식림 계획을 세워 치산치수의 근본에 착수하고, 도로를 내어 교통을 도모하고, 철도 부설을 계획하여 여객 화물의 운반에 편리를 도모하고, 또는 학제 개혁에, 재정 정리에, 또는 산업개발에 점진적으로 그 계획의 실현을 기하였다. 이리하여 제반 정책을 향해 힘을 쏟는 한편, 해당자들에게 대신학(大臣學)을 가르치고 정치의 길을 가르쳐 국가는 이러한 것이며, 대신이란 이러한 것이고, 책임이란 이런 것이라 가르쳐 인도하시었다. 이리하여 '한국은 일본에 기대어야 한다'는 신념을 한국의 식자들 간에 심어, 통감 정치 5개년 뒤에 마침내 일한병합을 단행할 기초를 쌓게 되었다. 물론 일한병합은 데라우치 통감의 부임과 함께 단행되었지만, 이에 이르기까지 이토 공작이나 소네(曾禰荒助) 자작 등도 필설로 다 하지 못할 고심을 하시었다.

나는 메이지 39년(1906년)에 경무총장으로 취임한 뒤 송병준 씨가 농상공부대신으로 있을 당시 그 아래 차관이 되고, 송 씨가 나중에 내부대신으로 옮길 때 나 역시 그 차관으로 옮겼는데, 데라우치 백작이 총독이 되셨을 때 본국으로 돌아갔다. 이러한 관계로 송 씨와는 상당히 가깝게 지내며 송 씨에 관한 다양한 사정을 보고 듣고 있었는데, 송 씨가 일본을 이해하고 일진회를 이끌어 친일파의 두목이 되어 활약한 것은 너무나도 저명한 일이다. 이토 공작이 송병준 씨와 손을 잡고 한국에서 정세를 병합에 유리하도록 이끈 것도 역시 반론할 수 없는 사실이었다.

내가 내부차관에 재직할 당시에는 마츠이 시게루(松井茂) 씨가 경무국장이고, 사와다 우시마로(澤田牛麿) 씨가 사법국장이었다. 앞서 말했듯, 한국의 경찰은 우여곡절을 거쳐 가까스로 통일되어, 경무국장인 마츠이 씨가 직접 그 감독 통제를 맡았는데, 당시 가쓰라(桂) 공작이 총리대신이며, 데라우치 백작이 육군 대신이었던 관계로 한국의 경찰제도는 헌병경찰의 방침에 따라 치안 유지를 담당하게 되었고 육군 소장 아카시 겐지로(明石元二郎) 씨가 조선 주재 헌병사령관으로 부임하여 경무국장을 겸임하였다. 여기에서 헌병경찰제도의 가부에 대하여 논의를 활발하게 주고받았다.

당시의 경무국장 마츠이 시게루 씨는 헌병경찰제도에 크게 반대하여, 온갖 논리를 다 동원하여 이를 배격하였다. 그러한 관계로 이토 공작이 통감으로 재직할 시에 헌병경찰이 운영되지는 않았지만, 데라우치 백작이 조선 총독에 취임하자 일거에 이 현안을 해결하여 헌병사령관이 경찰권을 쥐게 되었다. 따라서 각도(各道)의 헌병분대장이 도 경찰부장의 일을 보게 하여 유감없이 헌병 중심의 경찰제도를 실현하였다. 다이쇼 8년(1919년) 사이토 총독의 취임과 동시에 그분이 표방하는 문화정책에 따라 헌병제도를 폐지하고 다시 보통경찰제도로 환원되었다.

8. | 일세의 위인 이토 공작을 생각하며

이시즈카 에이조(石塚英藏) / 추밀고문관[37]

　일한병합으로 조선 반도 천지에 새로운 정치가 펼쳐진 뒤로 이미 20년하고도 5년이 더 지났다. 그동안 조선에서는 산업, 경제, 교육, 교통에서 사회 정책적인 시설에 이르기까지 참으로 장족의 진보를 이루었다. 이렇게 물질적으로나 정신적으로나 민중의 복지를 증진하고, 그 생활을 안전하고 명랑하게 한 것은 모두 통치에 나서신 선배 제현, 그리고 그 통치 경영에 나섰던 우가키 가즈시게(宇垣一成) 총독 이하 각 분야의 쉽지 않은 고심과 노력의 결과였다는 것을 말하지 않을

---

37 역주: 원 책의 저자 소개는 다음과 같다.
　이시즈카 에이조는 대대로 아이즈(會津) 항에서 근무했다. 이시즈카 와사부로(石塚和三郎)의 장남으로 게이오(慶應) 2년(1866년) 7월에 태어나 메이지 40년(1907년)에 집안 상속자가 된다. 메이지 23년(1890년) 제국대학 법과대학 정치과를 졸업하고, 법제국 참사관 겸 서기관에 임명된다. 그 후 포획심검소(捕獲審檢所) 평정관(評定官), 한국 의정부 고문관, 대만 총독부 참사관, 관동주(關東州) 민정부관, 총감부 참사관, 동(同) 총무장관, 조선총독부 취조국 장관, 동(同) 농공상부(農工商部)장관 등을 역임하고, 다이쇼 5년(1916년) 동양척식주식회사 총재로 임명받는 동시에 귀족원 의원에 칙선되어 쇼와 4년(1929년) 대만 총독에 임명되고 쇼와 6년(1931년)에 사임, 현재는 추밀(樞密) 고문으로 중책을 맡고 있다.

수 없다.

일한병합의 유래를 생각할 때, 나 개인의 생각으로는 참으로 오래된 염원이었다. 즉 병합 그 자체가 실현된 시기는 메이지 43년(1910년), 데라우치 백작의 손으로 실현되었지만, 일본과 조선 양 민족이 생존상의 필요로 한 몸이 되어야 한다는 것은, 정말 먼 옛날부터 정해져 있던 숙명이라 해도 좋으리라. 예로부터 일한의 양 민족은 본래 그렇게 되어야 할 운명에 놓여 있었던 것이므로 그것이 시대의 추이에 따라 다양한 사정이나 이유에 따라 각 방면에서 귀납, 촉진되어 점차, 드디어 여기까지 다다르게 된 것이다.

우리 나라에서 한국으로 공사를 파견하던 시대는 잠시였고, 고 이토 히로부미 공이 초대 통감으로 그 땅(조선)에 부임한 뒤로 일한 사이에 병합의 기운은 급속히 촉진되었다. 세간에는 이토 공작(이토 히로부미 伊藤博文)이 일한병합에 반대 의견을 가지고 있었던 것처럼 전하는 자가 있지만, 이는 커다란 오해이다. 공이 이 문제에 대해서는 직접 말한 적은 없으나 내심으로는 결국 병합을 피할 수 없다는 것을 인식하고 있었다고 믿어야 할 근거가 있다.

이토 공작의 통감 재직 중에 지금의 동양척식주식회사가 조직되어 육군 중장 우사가와 가즈마사(宇佐川一正) 남작이 초대 총재가 되었다. 이 동양척식주식회사의 조직은 농업 개선과 우리 일본인의 이민을 정착시킨다는 목적 외에 우리의 정치적, 경제적 세력의 진출을 도모한다는 의미도 다분히 있었던 것처럼 해석된다. 이렇듯 이토 통감이 엄존하는 데다가 정치적 의의를 가미한 동양척식주식회사가 생겨난 경로로 보아 피상적으로도 이는 이토 공작의 한국에 대한 처사가 미온적이기 때문이라고 오해하는 사람도 있었던 것은 의심할 수 없는 사실이었다.

그러나 실제는 동양척식주식회사의 창립에 관한 이토 공작의 노력은 쉽지 않았다. 생각해보면, 공과 같은 위대한 정치가가 되면 항상 사물의 양면을 공평하게 보고 숙려를 거듭하여, 마침내 옳다고 믿는 방면에 대해서는 그 온 정신을 기울여 이것의 실현을 도모하기 마련이라 생각한다. 즉, 이를 사전에 관찰하면 당시 이 회사의 설립에 대해서는 그 필요/불요 양측에 걸쳐 논의가 있었다는 것을 쉽게 짐작할 수 있었다. 이토 공작은 그 양 측면에 관한 깊은 연구와 숙려하심의 결과, 마침내 그 필요를 인정하시고 그 설립을 향해 주저하거나 겁내지 않고 곧장 힘차게 나아가신 것이다.

이토 공작이 통감 사무 인계를 마치고 한국을 떠나실 때, 그 뒤를 이은 소네 제2대 통감은 위암에 걸려 있다는 것이 밝혀졌을 때였는데, 공은 출발 전날 밤에 특별히 나를 불러 후사에 대하여 일일이 간절하게 부탁하신 것은 지금도 여전히 내 귓가에 남아 있다. 공은 그때 나에게 참회하듯 밝힌 한 구절에,

"종래 우리가 한국을 독립국으로 획득하여 그 내정 개혁을 도모하고자 오늘날까지 노력해 온 것은 잘못이었다. 일러전쟁 직후에 단숨에 병합 실현을 도모하였다면 오히려 일한 양 민족을 위해 행복했을 것이다. 아쉬운 일이다."

라는 숙연한 말씀을 하셨다. 나는 이 의외의 말을 듣고 놀라, "국내적으로는 어떨지는 몰라도 아무튼 국제적으로 가능한 일이었을까요?"라고 반문하였다. 이에 대하여 공작은, "그것은 일본의 생각이 중요하지, 국제적으로는 어떻게든 가능했다."라고 밝히셨다. 공의 이 말을 듣고 일한병합이라는 것을 관찰하면 실로 아쉬운 점이 있다. 적어도 통감 재직의 말년에는 병합이 필요하다는 것, 아니 그 시기를 놓쳤다는 것을 통감하신 것만은 분명하다.

이토 공작이 병합에 대하여 반대 의견이었다고 하는 자도 있겠지만 공의 내심은 그 종국적인 목적이 병합에 있었다는 것은 조금도 의심할 나위가 없는 점

이다. 그리고 공이 몇 개월 뒤에 만주 시찰에 나섰다가 하얼빈역에서 불의의 흉변을 당하시자 병합의 기운은 이전과 다름없이 일본과 조선의 정계와 일반에서 촉진되었다. 이를 보면, 이토 공작이 이 숙명적인 일본과 조선 병합을 단행할 최후의 결의를 하였고, 그 흉변으로 인하여 일한병합이 졸지에 촉진된 것을 생각하면 이토 공작은 실로 병합의 희생물이 되었다고 해도 지나치지 않을 것이다.

나는 세인들이 곧잘 이토 공작이 일한병합에 동의하지 않았던 것처럼 이야기하는 것을 늘 심히 유감으로 생각하였기 때문에, 오늘날 일한병합 25주년을 맞이하여 이런 생각이 더욱 간절해지므로 여기에 세상에 알려지지 않은 공의 내심에 대하여 말 한마디 하는 것도 결코 공연한 일은 아니라고 믿는다. 물론 일한병합 단행의 중심은 데라우치 백작이다. 그러나 오랜 역사와 2천만 민중의 일국 병합에 병사 한 명 움직이지 않고 피 한 방울 흘리지 않고 이 전례 없는 대업을 수행할 수 있었던 것은 우선, 망극하신 메이지 대제의 위대한 성덕의 결과이다. 또 그 성지를 받들어 직접 병합 실행에 나선 데라우치 백작임은 새삼 말할 것도 없는 일이나, 이른바 하늘이 내려준 시기와 사람의 노력을 신중히 지켜 대세를 병합에 이르게 한 것은 이토 공작이 절대적으로 매우 고심하며 노력한 것의 결정체와 다름없다.

돌아보면 일한병합 이래로 역대 총독 이하 관계 직원은 한뜻으로 병합의 성지를 받들고 시종일관 있는 힘을 다하여 노력하여 여러 방면에서 쇄신하고, 과거의 나쁜 정치로 피폐해진 민생을 구하며, 거칠어진 인심을 융화시킬 각종 시책에 힘을 다하였다. 안으로는 치안 유지에 애쓰는 동시에 교육기관의 충실 진흥에 따른 문화 향상을 지향하는 것은 물론, 각종 산업의 발전을 꾀함으로 부의 증진을 도모하며, 또는 교통기관의 발달을 촉진하여 산업의 진흥을 돕는 동시에 더불어 여행의 편리를 도모하였다. 또한 위생 사상을 보급하여 민중 보건에 힘쓰고, 지방제도를 개정하여 민의의 창달을 도모하거나 각종 사회 정책적인 시책에 따라 진휼과 구제의 결실을 기하는 등, 널리 문화적, 경제 또는 사상의 각 방면에 걸쳐 반도의 천지에 넓고 깊게 성은의 혜택이 미치도록 노력하였다.

특히 현 우가키 총독은 취임 이래 통치의 실적을 올리기 위하여 갖은 노력을 하며, 행정의 쇄신, 민속 풍습의 고양을 강조했다. 특히 산업 진흥과 발전에 대해서는 가장 주의를 기울여 지방 진흥 또는 농촌 자력갱생을 고조하고, 또 이른바 남면북양(南綿北羊)[38] 정책의 실행에 착수하고, 타고난 천연자원을 이용하여 각종 공업 발달을 장려하는 등 산업개발에 힘을 쏟는 것은 참으로 주목할 만한 것이 있다.

또한 총독이 도지사 회의 자리에서, "항쟁과 배제라든가, 하극상이라든가, 질서의 이완 같은 기풍이 횡행하는 오늘날의 세계에서, 조선이 홀로 어지러운 세상 밖에서 더욱 질서정연하고, 관민이 협조하여 화기애애하며, 이 땅의 개발과 반도의 진전에 한눈을 팔지 않고 전념, 정진함"을 말하는 점에서 보더라도 현재 조선 통치의 참모습을 미루어 짐작할 수 있을 것이다. 바라건대 일시동인과 민중의 복지 증진을 위하여 더욱 분투하였으면 한다.

---

38 역주: 일제강점기 때 일제가 우리 나라 남쪽에서는 목화(木花) 가꾸기, 북쪽에서는 면양(緬羊·綿羊) 기르기를 장려하느라고 쓰던 말이다.

9. | 독단과 전행으로 이루어진 경제 공적

바바 에이이치(馬場鍈一) / 일본권업은행 총재 귀족원 의원[39]

　　동양 평화를 영원히 유지하고 일한 상호 복리를 증진할 목적으로 메이지 37년(1904년) 2월 양국의 대표자 간에 작성된 의정서에 기초하여, 마침내 8월경에 협상을 맺었다. 이에 따라 재정과 외교 고문을 초빙하고, 기타에 관한 협정을 맺은 결과 10월에는 메가타(目賀田種太郎) 씨를 한국 정부의 재정 고문으로 초빙하여 문란의 극에 달한 한국 재정 분야의 쇄신과 개선에 수완을 크게 발휘하여 한국의 경제적 진보와 발달에 위대한 공적을 남겼다.

---

39 역주: 원 책의 저자 소개는 다음과 같다.
　　바바 에이이치는 도쿄부(東京府) 야마모토 도키미츠(山本時光) 씨의 장남으로, 메이지 12년(1879년) 10월에 태어나 바바 가네루(馬場兼) 씨의 양자가 되고, 다이쇼 15년(1926년) 요테 히데오(養第榮夫) 씨와 갈라져 가족을 이룬다. 메이지 36년(1903년) 도쿄제국대학 법과대학 정치과를 졸업하고, 문관고등시험에 합격, 세무 감독국 사무관에 임명되었다. 세관 감시관 겸 사무관, 통감부 서기관, 재정 감사관, 법제국 참사관 등을 거쳐 법제국 장관이 되고, 귀족원 의원에 칙선된다. 쇼와 2년(1927년) 일본 근업(勤業) 은행 총재로 임명받고 현재 그 자리에 있는 한편 중앙(中央)대학 고문 겸 교수이며 다이쇼 9년(1920년) 법학박사 학위를 받았다.

나는 메이지 39년(1906년) 어느 달쯤에 요코하마 세관의 사무관으로 재직하다가 한국 정부의 재정 고문부의 한 부서를 맡으라는 발령을 받고 한국에 부임하게 되었다. 그 뒤 통감부 서기관이 되고, 나아가 통감부 재정 감사청(監査廳)이 설치되어 메가타 씨가 그 장관이 되자 나는 그 밑에서 재정감사관으로 일하였다.

이리하여 한국 재정의 전반적인 정리와 개선이 가까스로 시작되어 크게 향상 발전해 갈 때인 메이지 40년(1907년) 여름에 때마침 헤이그밀사사건이 일어나 인심이 크게 동요하는 조짐이 있자, 이토 통감은 일한 관계를 더욱 밀접하게 되도록 일한신협약을 체결하여 한국 정부의 정책 개선, 법령제도 또는 행정 처분, 관리의 임면, 기타 사항에 관하여 통감의 지도 또는 승인을 얻어야 한다는 것을 협정하였다.

그 결과 메이지 40년(1907년) 9월 20일에 통감부 재정감사가 폐지되자 나도 아울러 퇴임하게 되었다. 그러나 퇴임 뒤 하루가 지난 같은 달 22일부로 나는 법제국 참사관으로 임명되어 본국으로 돌아갔다. 내가 일단 퇴임하였다가 다시 법제국에 임관된 것은 퇴직금을 받아 본국 귀환에 필요한 여비를 염출하기 위함이었다.

그 전에 법제국에서는 나의 본국 귀임에 대한 교섭이 있었다. 나는 이 일을 메가타 씨에게 이야기하여 양해를 얻었는데, 내가 현직 신분으로 본국으로 부임하게 되면 그 부임 여비를 받아야만 한다. 그러나 법제국에는 그만한 돈이 없으므로 내각의 관리들이 머리를 짜낸 결과 일단 퇴임하여 퇴직금을 받아, 이를 부임 여비로 충당하기로 하였다.

나는 조선에 재임할 당시 꽤 다양하고 잡다한 사무에 종사하였다. 예를 들면 메가타 씨는 도회지의 발전을 촉진하려면 양질의 음용수를 얻어야 한다는 생각이 있어서 인천, 부산, 평양 등에 수도 부설 계획을 세웠는데, 나는 이 사업의 수행을 위하여 사무장 또는 경리부장이라는 지위에서 크게 일하였다. 이 수도의 부설은 장차의 발전에 대한 기초적 사업이었고, 당시의 시책이 이미 오늘의 바탕을 이룬 것이다.

그 밖에 관세 관계의 세관 시설로서 신의주에 세관 지서를, 경성, 평양 및 대구에 세관 출장소 또는 세관 화물 취급소를 설치하면서 그 계획 사무들을 담당하고, 또는 농공은행 및 보통은행의 감독 감사에 종사하고, 또는 어음 조합의 감독 사무를 관장하는 등 그 본관은 재정 감사청의 경리과장이기는 했지만 모든 방면과 관계하고 있었다.

이 밖에 메가타 씨는 쌀 매입을 위해 일본 상인에게 자금을 대출하여 상거래를 크게 장려했는데, 결국 회수가 곤란하게 되자 내가 한국 정부 대부금의 정리에 나서게 되었다. 이리하여 모든 방면의 사무에 나서서 크게 노력 분투하여 이를 차례차례 처리해 갔다.

메이지 40년(1907년) 3월에 원산 방면의 금융이 매우 힘들어졌을 때 나는 명을 받고 제일은행(第一銀行) 경성지점에서 정부의 예금 56만 원을 인출하고, 이 은행의 미시마(三島) 부지배인과 함께 이 현금을 배에 싣고 원산에 가서 경성(鏡城) 농공은행에 대출하여 원산 세관 구내에 경성 농공은행 지점을 설치하였다. 행원으로 세관리원이나 제일은행 원산지점 사람들을 고용하고, 부동산을 담보로 잡고 대출하고 이로써 금융계의 완화를 도모함과 함께 연설회를 크게 개최하여 민심의 안정에 노력하였다.

오늘날 조선이 비상한 발전을 하고, 산업의 개발과 문화의 보급 등으로 유쾌하고 즐거운 지역[40]으로 불리게 된 것은 역대 총독의 공적 덕분인 것은 물론이

---

40 역주: 일본식 표현으로는 '명랑(明朗)한 낙토(樂土)'이다.

지만, 돌이켜 보면 일한병합 전에 한국정부 고문부(顧問部)에서 실시한 제반 시책이 바탕이 되었다.

한국의 토지조사는 재산 정리를 위하여 실행을 착수할 필요성에 쫓겼던 관계로, 측량에 종사할 기술자를 양성하기 위하여 참모본부에서 그 방면에 정통한 자를 초빙하고 또 대만의 토지조사 경험자를 채용하여 오로지 측량 관계자 양성을 담당하도록 하였다.

이리하여 토지의 소유권 확인, 또는 경계 조사 등을 위하여 현장에 나가야 하고, 조선인 소유의 토지라면 그 저택 등에 들어가야 하므로 측량에 종사하는 자는 감정상 또는 기타 조사상의 관계로 보아도 조선인에게 맡기는 것이 상책이라 생각되어 메가타 고문은 조선인을 양성소에 입소시켜 토지 측량에 관한 지식을 얻게 하여 준비를 정리하였다.

그 뒤 토지조사국이 생겨 조선에서 토지제도를 확립하여 각 개인의 소유권을 확인하고, 그 경제적 기초를 만들기 위하여 마침내 조사를 개시하게 되자 미리 대비하여 양성해 두었던 사람들이 크게 도움이 되었다. 이것 역시 메가타 고문에게 선견지명이 있는 이유(所以)이다. 당시 정부 수입의 대부분은 지세였던 관계로, 이 토지조사 정리가 제대로 이뤄지지 못했다면 정확한 세입의 예상도 어려웠을 뿐 아니라 각 개인의 소유권이 너무나 불명료한 상태로 남았을 것이다. 따라서 개인 경제상으로도 중대한 관계를 갖는 이 토지조사의 완성은 일대 사업임과 동시에 공사 양면에서 막대한 이익을 가져왔다.

메가타 씨는 창조력이 매우 뛰어난 사람으로서 여러 가지 일을 잘 생각해 내어 척척 실행하였다. 당시 그만한 인물은 달리 없었을 것이다. 특히 화폐제도 정리에 관한 문제는 조선에 재류하는 일본인들조차 그 계획에 반대할 정도이고, 또는 본국에서도 이를 비난하는 사람도 있었는데, 메가타 씨는 대단한 용기와 노력으로 마침내 그 대사업을 수행하여 오늘날과 같이 정비된 제도를 쌓아 올렸다.

그즈음 한국의 화폐제도는 어지러움이 극에 달하여 재정 경제의 기초가 되기 힘들었다. 남쪽의 전라도 및 경상도 방면에서는 그 통용 화폐가 엽전뿐이고 백동화는 통용되지 않았다. 또 제일은행의 화폐도 유통되지 않았으므로 지방으로 물자를 매입하러 갈 때는 제일은행의 지폐를 엽전으로 환전하고 그 구멍 뚫린 동전을 말의 등에 지고 가야 했다.

경성 및 충청도 방면은 백동화도 유통되고 있었다. 이 백동화는 위조된 것이 상당히 많아서 진짜와 가짜가 섞인 어지러운 상태였다. 때문에, 백동화 및 엽전을 정부에서 거두어들이되, 백동화는 이를 2전 5리쯤으로 계산하고 신화폐를 내주는 것으로 점차 구화폐의 회수에 힘써서 메이지 42년(1909년)에 백동화의 통용을 금지한 것으로 기억하고 있다.

즉 새 화폐는 그 금의 비율과 무게를 본국과 같게 하여 통화의 신용을 높이고 그 유통을 보편적인 것으로 하기 위하여 근본적인 정리와 통일을 꾀하였다. 그리고 지폐의 발행은 준비금 관계로 한국 정부가 제일은행에 태환권 발행의 특권을 부여하여 제일은행이 이를 발행하게 하였다.

그 뒤 메이지 42년(1909년) 10월에 한국은행이 설립되어 한국의 중앙은행으로서의 업무를 제일은행으로부터 넘겨받고 동시에 이 태환권 발행권도 한국은행으로 옮겨진 것인데, 일한병합 뒤 조선은행이라 개칭하여 오늘에 이른 것이다.

한국에서 금융기관으로서는 메이지 17년(1884년)에 제일은행 부산지점이 설치된 것을 시발로 하여 내가 재임할 당시는 이 제일은행의 지점 외에 오사카 다이고쥬하치(大阪第五十八)은행 지점, 나가사키 다이쥬하치(長崎第十八)은행 지점 등이 인천, 부산 등지에 있었다. 이리하여 한국인 측이 경영하는 것은 천일(天一)은행, 한성(漢城)은행 및 대한(大漢)은행 등이 있었는데 이 은행들은 한결같이 자금이 부족하고 그 활동이 불충분하였으므로 정부는 이에 자금을 대출하여 그 기능을 크게 발휘할 수 있도록 노력하였다. 이리하여 천일은행은 현재 조선상업은행의 전신이다.

메이지 39년(1906년)에 메가타 씨는 지방 금융기관으로서 농공(農工)은행을 설립하여 지방 금융의 경색을 완화하고 식산흥업에 투자하도록 하였다. 또한 그 설립에서는 민간에서 응모하되 남은 잔주(殘株) 전부를 정부가 인수하고, 그 밖에 무이자로 자본을 대부하고, 또한 정부의 신주를 무배당으로 하여 이를 크게 장려하였다.

이 농공은행은 설립할 당시에는 각도에 설치되었으나, 뒤에 이를 6개 은행으로 줄이고 내용의 충실을 크게 도모하여 그 이후로 지방 산업의 개발에 상당히 공헌한 바가 있었다. 그러나 자본금이 총 260만 원의 소액이어서 예금 흡수도 곤란한 상태에 있었으므로 은행 본래의 사명을 완수하기 위해서는 먼저 그 조직을 혁신하고 이를 통일하여 시대의 요구에 응하는 것이 급선무였다.

그래서 다이쇼 7년(1918년) 10월에 한호(漢湖) 농공은행을 필두로 한 6개 은행의 강제 합병을 시행하여 조선식산은행(朝鮮殖産銀行)을 설립하고, 자본금을 3천만 원으로 증액하고, 최고 책임자 이하 중역을 전부 조선인으로 충당하고 오직 지배인만 일본인으로 기용하여 실제 업무를 담당케 하였다.

당시 상거래에 이용한 어음은 참으로 불완전했으며, 더구나 이것이 남발되어 어음 유통이 거의 정지된 실정이기에 정부는 20만 원 정도를 지출하여 어음 조합을 설립하게 하고, 상거래의 안전 및 신속함을 기하기 위하여 조합원이 발행하는 어음에 대하여 조합이 일정 보증료를 받고 보증을 서 주게 되었다. 이 덕분에 막혔던 금융계도 점차 타개되고 상거래도 원활하게 이루어지게 되어 진남포, 평양, 경성 기타 개항장 등의 상인이 이를 크게 이용하게 된 것은 구급 조치로서 참으로 시의적절하였다.

이토록 상공업자의 금융기관으로서 은행 또는 어음 조합 등의 설립이 있었다. 하층계급의 금융기관으로서 농민의 금융을 완화하고 그 경제의 발달을 도모하기 위하여 본국의 신용조합 같은 금융조합을 설립하기로 하고, 메이지 40년(1907년)에 이에 관한 법령을 발표했다. 따라서 한 조합에 대하여 정부는 1만 원의 자금을 대부하고 이를 기초로 그 발전에 크게 노력하였다.

이리하여 동양협회 전문학교 졸업생을 각 조합에 배치하여 이를 이사(理事)로 삼아 대부 및 예금 일을 맡게 한 것은 조합의 향상 발전에 커다란 효과가 있었다. 이 조합이 매년 각지에 보급됨에 따라 농촌 경제를 완화하고 산업 발달을 조장한 것은 적지 않은 공적으로서 일반이 인정할 것이다.

그러한 각종 시책 외에도 메가타 씨는 산업개발이라는 것에 대해서도 많은 주의를 기울였다. 특히 농사 개량은 그 최대 급선무가 되어 수원에 권업모범장(勸業模範場)을 설치하여 거의 원시 농업에 머물던 농업의 개량에 힘을 쓴 것은 오늘날의 농업 발전의 근원을 이룬 것이므로 참으로 위대한 공적이라 하지 않을 수 없다.

당시 신흥의 기운이 퍼지고 있던 한국 각지에 병원, 관아, 학교 및 기타 건조물을 축조하기 위하여 벽돌(연와)[41], 기와, 토관[42] 등의 수요가 많았다. 처음에는 이것을 멀리 본국에서 가져왔으므로 그 운임도 상당액에 달하여 참으로 값비싼 것이 되므로 마포에 벽돌 제조소를 건설하여 자급자족을 도모하는 계획을 세

---

41 역주: '벽돌'의 원어는 '연와(煉瓦)'이다. "진흙과 모래를 차지게 반죽하여 틀에 박아서 600~1,100℃에 구워 만들거나, 시멘트와 모래를 버무려 틀에 박아 낸 네모진 건축 재료를 말하며, 표준 크기는 길이 190mm, 너비 90mm, 두께 57mm이다."(표준국어대사전)

42 역주: "시멘트나 흙을 구워서 만든 둥글고 큰 관(표준국어대사전)"으로 일본식 표현으로는 '노꽝'이다.

왔고, 나는 그 설립 위원장으로 크게 활동하였다.

벽돌 제조소 건설의 경우, 토지 매수가 곤란하므로 목적지 주위에 범위를 정하여 토지 매매 금지령을 발하고 말뚝을 박은 다음에 관찰사, 군수 등의 알선을 통하여 그 토지를 공용 징수하여 22만 원 정도의 예산으로 건설하고 본국에서 기사를 초빙하여 왕성하게 제조에 종사하였다. 이 벽돌 제조 사업은 메가타 씨의 공적이 컸고, 이토 공작은 이를 메가타 씨의 공적 중에서 최고라고 치켜세울 정도였다.

당시 벽돌을 일본에서 가져올 경우, 인천의 딸림배[43]에 옮길 때 1장에 2전 2리, 경성에 와서 2전 7리 정도였는데, 이를 정부의 손으로 제조한다면 1장에 1전 5리였고, 더구나 언제 어느 정도나 만들 수 있는지를 정확히 알 수 있었다. 그리하여 오사카의 벽돌 제조소 23개소의 양해를 구하기 위하여, 당시의 한국 벽돌 제조소의 주임 사무관인 오쿠무라 에이이치(奧村英一) 씨를 본국으로 파견한 일이 있다.

메이지 39년(1906년) 당시는 본국에서도 벽돌의 수요가 많았기 때문에 간혹 계약 기간 내에 물품의 납품이 곤란한 경우에는 납기 경과로 인한 위약금을 징수당할 우려가 있다고 하여, 3백만 장 정도의 주문을 50만 장 정도로 줄인 것은 한국을 위해서는 이익이 된 것이다. 이리하여 종래 전국의 수요를 일본에 기대었으나, 제조소가 완성됨으로써 그럴 필요가 없게 된 것이다.

내가 한국에 있는 그 짧은 기간 동안 이렇게 다양한 일에 손을 댄 것은 당시의 조선이기에 가능한 것으로서, 어떤 일도 능히 처리하는 수완과 역량으로[44]

---

43 역주: '딸림배'는 '부선(艀船)'의 번역어로 동력 설비가 없어서 짐을 싣고 다른 배에 끌려다니는 배이다.

44 역주: 일본식 표현으로는 '팔면육비(八面六臂)'이며, 여덟 개의 얼굴과 여섯 개의 팔이라는 뜻으로, 언제 어디서 어떤 일에 부딪치더라도 능히 하여 내는 수완과 능력을 이르는 말이다.

밤낮이 없고 휴일도 없이 일하였다. 특히 28~29세의 젊은 시절이었으므로 대담무쌍하게 벌인 일이 많았다. 더구나 단신에다가 합숙소에서 연극을 구경할 일도 없었고, 활동사진(영화)을 구경할 곳도 없었으니 일에 몰두하는 것이 유일한 위안이 되어 업무 외의 일은 아무것도 생각하지 않았다. 그때 그 맛은 30년이 지난 오늘날에도 잊을 수 없을 정도이다.

또는 수도(水道) 용지의 매상을 담판하다 공용 징수 때문에 반대당한 일도 있고, 또는 일본인에 대한 정부 대부금의 회수 때문에 일본인의 원성을 산 일도 있었다. 당시 메가타 씨를 돕던 사람은 스즈키 아츠시(鈴木穆) 씨였으나, 모든 결의는 메가타 씨만으로 족했으므로 모든 일이 빨리 이루어진 것이다. 질서가 전혀 갖추어지지 않은 곳에서 행정에 나서고자 할 때는, 그런 식의 독단과 전횡이 옳다고 믿으면 그 어떠한 반대에도 개의치 않고 어디까지나 이를 관철해 가야 한다. 그렇지 않으면 그 능률이 오르지 않을 뿐 아니라 참된 치적을 남기기 힘들다는 것을 절절하게 통감하였다.

10. 지극히 어려운 화폐제도의 정리

후지카와 도시사부로(藤川利三郎) / 전 경상북도지사 조선 경남 철도 중역[45]

　메이지 37년(1904년) 8월에 성립된 일한 양국 간의 협약에 따라 메가타 남작이 한국 정부의 재정 고문으로 같은 해 말에 부임하셨다. 나는 남작의 추천으로 한국 고문부의 부원으로 외무성의 발령을 받고 한국으로 초빙되어, 센다이 세무감독국에서 한국으로 가 재정 방면의 일을 하게 된 것이다. 후에 통감부가 세워지고 총독부로 바뀌어도 줄곧 재무 관계에서 일하고, 다이쇼 5년(1916년)에 평안북도지사가 되었으며, 같은 해 8년에 경상북도지사로 부임하여 12년까지 근속하였다. 이리하여 나는 약 18~19년 동안 원기 왕성한 시절을 조선에서 보내며

45 역주: 원 책의 저자 소개는 다음과 같다.

　후지카와 도시사부로(藤川利三郎)는 에히메현(愛姬縣) 사람으로, 가타야마 한조(片山半三) 씨의 차남으로 메이지 12년(1879년) 2월에 태어나 선대(先代) 문조(文造) 씨의 양자가 되고, 다이쇼 7년(1918년) 집안 상속자가 된다. 메이지 36년(1903년) 도쿄제국대학 법과대학을 졸업하고 한국 총감부(總監部) 서기관, 도지부(度支部) 세무 과장, 평안북도 장관 등을 역임하고, 조선총독부 경상북도지사가 되었다. 그 후 관직을 사임하고 실업계(實業界)에 들어가, 현재 조선 경남철도 중역이 되어 반도 사정에 가장 밝은 사람이다.

미력이나마 반도의 개척을 위해 몸바친 것이다.

돌아보건대, 처음 내가 한국에 부임한 당시는 반도에 아직 일본의 권력이 충분히 서 있지 않던 시절이었다. 한인(韓人)들 속에 극소수의 일본인이 참여하여 사무에 종사하였으므로, 한인은 일종의 모멸하는 눈길로 혁신의 실행이 어렵다고 보고, 이제 곧 일본인들이 깃발을 내리고 돌아갈 것으로 여기고 있었다. 갑오의 변(갑오개혁) 뒤에 호시 토오루(星亨) 씨가 와서 법률을 만들고 제도를 정하였으나, 그것들이 전혀 실행되지 않았으니 이번에도 역시 그 전철을 밟을 것이라는 뒷소리들이 들렸다.

내가 부임한 즈음에 메가타 고문은 한국에서 문란하기 짝이 없던 화폐제도 정리에 착수하던 참이었다. 이 화폐제도 정리는 한국의 경제상 중대한 영향을 미치는 관계로 종래 몇 번인가 정리를 계획하였으나, 결국 실행에 이르지 못하였던 참으로 어려운 사업이었다. 그러나 메가타 남작은 고문으로 부임하자 특별한 준비도 없이 급히 이에 착수하였다.

이 화폐제도 정리로 가장 득을 본 것은 중국인이었다. 구화폐를 정부에서 거두어들이고 그 대신 신화폐를 내주기로 했는데, 한인은 종래 정부의 예를 보아 교환을 위해 거두어들인 화폐는 정부에서 몰수할 것이고, 이를 대신할 그 무엇도 받지 못할 거라는 생각에서 구화폐를 소지하지 않고 모두 물품과 교환하였다. 하지만 중국인은 그 반대로 이를 이용하여 큰 이익을 얻기 위하여 구화폐를 가능한 한 흡수하고 대대적으로 어음 인출에 나섰기 때문에, 여러 곳에서 지급이 정지되는 등 금융계의 혼란이 야기되었다. 이리하여 모아들인 화폐를 신구의 교환을 위해 가져갔더니, 한인이 의심하는 사태 없이 쉽게 교환할 수 있었으므로, 오로지 중국인들만 커다란 이익을 얻었다.

이 금융계의 어려운 상태를 타파할 필요가 있어서, 종래의 어음이 그 형식이 매우 불완전하므로 새로 일본과 같은 형식을 갖춘 어음의 유통을 도모하고, 장차 거래상의 원활을 기한다는 관점에서 어음 조합을 두어 조합원이 발행하는 어음에 대하여 조합이 지급 보증을 서기로 하고 조합은 상인의 신용 상태를 조사하여, 어느 한도 내에서 보증하여 궁지에 빠진 금융계의 타개에 힘을 썼다.

이 지급 보증이라는 것은 외관상 매우 위험시되었고 실제로 지불 보증액이 몇백만 원에 달했지만 결국 최후의 청산에서 조합은 아무런 결손 없이 모든 것을 해결할 수 있었다. 요컨대 이 어음 조합 설립의 취지는 경색된 금융계를 일시적으로 타개할 편법이며 아울러 상인에게 신어음의 발행에 대하여 익숙하게 할 목적이 있었다.

화폐제도의 공통은 일한 간의 경제적 공통의 기초를 위한 시책이기 때문에 가장 중대성을 갖는 것임에도 불구하고 메가타 고문은 이에 대하여 미리 아무런 준비도 없이 곧바로 한국에서 화폐제도 개혁에 착수하여 일한 공통의 제도를 펴려 했다. 즉 그 앞길에 대단한 곤란이 따르는 것은 물론이고, 이를 단행하기 위해서는 상당한 용기와 굳은 결의로 임하지 않으면 실현할 수 없는 어려운 사업이었다.

이리하여 이 화폐제도 개혁의 단행에 대한 파생적 사업으로서 앞에서도 말한 대로 금융 경색을 막기 위하여 창고 조합을 두어 자금을 대출하고, 또는 어음 조합을 설립하여 금융상의 보증을 기함으로써 금융의 원활을 기하는 등 각종 시책을 실행하였다. 그 경제적 발달을 도모하기 위해서는 금융기관에 따라야 한다는 것은 물론인데, 당시 한국에는 전당포라 칭하는 것 외에는 아무런 금융상의 기관이 없었다. 다만 일본인의 기관으로서 각 개항장에 다이이치(第一)은행 지점 등이 있었을 뿐이었다.

따라서 메가타 고문은 국내 13도에 농공은행을 두고, 금융조합제도를 만들어 금융상의 기능을 발휘하게 하기로 했는데, 각 도에 농공은행이 분립된 상태에서는 내용의 충실을 제대로 기하기가 어렵기 때문에 이를 여섯군데로 합병하여 내용의 견고를 기하고 한국의 개발을 위해 힘을 쓴 것이다. 이리하여 이 농공은행이 지방의 발전에 많은 공헌을 한 것인데, 분립 상태에서는 예금 흡수가 충분하지 않을 뿐만 아니라 일본 자본의 유입이 곤란하므로 후일에 이르러 이 여섯 개 은행을 합병하여 식산은행을 설립하게 되었다.

당시 한국에서는 천일, 한성 두 은행이 있었는데, 천일은행은 자금이 고정되어 금융이 뜻대로 되지 않았고, 한편 한성은행은 자본금이 적어 충분한 활동을 못 하였기 때문에 이 은행들에 대하여 정부가 자금을 대부하여 이를 원조, 활약하게 함으로 그 목적의 달성을 기하였다. 이 천일은행이 오늘날 조선상업은행의 전신이다. 이리하여 이 은행은 조선상업회의소와 같은 건물 안에서 정치적으로도 중대한 관계가 있었다.

이렇게 정치적으로 다양한 관계를 갖는 것은 천일은행만이 아니었다. 종로 상인들 가운데 유력자는 정치적 세력에 들러붙는, 이른바 어용 상인과 같은 것이었다. 즉 그들의 거래는 늘 당대의 정치적 세력을 따르고 이와 결탁하고 이용하고 이용당하며 이익을 도모하였기 때문에 정치적으로 유력한 배경을 갖는 상인은 모든 방면에서 편익을 얻고 그 영업도 매우 발전하였다.

이렇게 상인이 정치적 배경에 기대어 이익을 얻는 것은 당시에 결코 특별한 일이 아니었고, 또한 지방에서 군수가 인민에게 조세를 징수하여도 이를 곧바로 중앙정부에 내지 않았다. '차인꾼'이라 칭하는 상인이 이 군수에게 징수한 세금을 빌려서 그 지방의 산물 - 특히 쌀류를 매입해서는 팔고, 팔아서는 되사고 하여 몇 번인가 이를 운용한 뒤에 차인꾼의 손을 거쳐 이를 경성의 정부에 세금을 냈다.

그러므로 만약 이 차인꾼이 거래에서 실패하면 군수가 융통해 준 돈의 회수는 물론 불가능하다. 또는 횡령이나 기타 사정으로 내지 않는 경우가 있었다. 이 차인꾼의 사정에 따라 내야 할 것을 내지 못한 것이 몇 년인가 누적되어 상당액에 이르렀고, 결국에는 전국에 걸쳐서 이것이 수백만 원에 달하게 되었다. 이 불납금을 미감금(未勘金)이라 하여 정부의 예산 속에도 명백하게 이 미감금의 회수액이 편성되어 있었다.

따라서 이 미감금의 내용을 조사하기 위해 미감금 처리 위원을 두고 법률을 정하여 조사에 착수했더니 요직의 대관들이 모두 이 돈을 횡령하고 있었기에, 이를 파헤치게 되면 인심이 불안하게 될 터이므로 일한병합 당시 이러한 채무를 전부 면제하였다. 이러한 점을 보더라도 한국의 재정이 얼마나 문란했는지를 추측하는 데 족할 것이다.

지금 그 당시의 재정 경제 방면만을 회고해 보더라도 거의 꿈같은 이야기다. 질서도 서지 않고, 제도도 갖추어지지 않아 완전히 문란하기 짝이 없는, 극단적으로 말하면 손을 댈 수조차 없는 혼란한 상태였다. 현재와 같이 사회질서가 정연하게 유지되고, 각 분야에 걸쳐 제도도 구별이 명확하게 정해지고, 금융기관이 발달하여 예전의 모습이 사라졌다. 화폐제도 역시 일본과 조선의 통일을 보아 아무런 위험이 따르지 않고, 재정상 예산 결산의 제도가 분명하고 명확해 부정을 허락하지 않고, 세법 또한 엄정하여 차인꾼이 발호할 여지가 없어서, 이를 예전과 비교하면 참으로 하늘과 땅의 차이가 있음을 느낀다.

더구나 오늘날과 달리 한국 재류 일본인의 수가 매우 적었고, 또한 한국의 상황이 매우 어지러웠던 당시, 종래에 한국에서도 아주 어려운 일로 여겨지던 화폐제도의 개혁을 위하여 이향(異鄕)에 건너와 전혀 준비도 없이 이에 착수하였다. 국내는 말할 것도 없고 일본에서도 이에 반대가 있었음에도 단호하게 이 대사업을 완성한 것은 메가타 고문의 커다란 공적이다. 그러나 이 일은 비교적 세간에 알려지지 않은 모양이다. 하지만 그렇게 하여 점차 병합을 위한 지반 다지기가 이루어졌다.

그 뒤 일한의 병합이 이루어져 한국은 조선이 되고, 나는 바로 총독부에 근무하였다. 지사로서 평안북도에 부임하여 3년 동안 있었는데, 이 도는 면적은 상당히 넓으나 지방비는 지극히 빈약하였다. 나는 이 빈약한 경비에서 도로 수축, 교육 향상, 산업개발, 교통기관의 충실 등에 필요한 비용을 만들어 내었는데, 시책에 필요한 사업은 너무나도 많은데 이에 필요한 경비는 참으로 적은 상황이었으므로 나는 헌신적으로 노력을 계속하여 착착 이 사업에 손을 대었다.

내가 이 평안북도에서 근무하던 중에 예의 '만세 소동(소요)'을 겪었다. 더구나 평안남북도는 전 조선에서도 그 소요가 심했던 곳으로 이 주변에서 비롯된 소요가 점차 남쪽으로 파급되었다. 당시 유언비어가 성행하고 장관의 목이 어떻다느니 또는 경찰부장의 목이 어떻다느니 하는 말이 들려온 것들은 그다지 유쾌한 이야기는 아니었다.

그 뒤 경상북도로 옮긴 것은 다이쇼 8년(1919년)인데, 여기도 지방비가 풍족하지 못하여 특별히 두드러진 시책은 펼 수 없었다. 그러나 가능한 방책을 모색하여 상주에 농학교를 설치하고, 대구에 상업학교를 설치하였으며, 대구농학교의 이전을 단행하여 내용 충실을 도모하고, 또한 김천에 도립의원을 세워 의료 시설을 보급하고자 하였다. 즉 이 지방에서는 의료기관이 모자라서 병원 설치를 요구하는 목소리가 높아 지방 유지가 부지로 쓸 토지를 기부하여 설립에 착수하였다. 조선에서는 의료 구제 기관을 충실하게 하여 민중 구료에 나서고 질병을 치료하는 것이 제1의 선정이었다.

경상북도 가운데 동해에 접한 지방, 즉 조선의 동해안에는 적당한 선박 피난

소를 갖지 못하여 갑자기 풍랑이 심할 때는 많은 어선이나 발동기선 등이 좋은 항만(양항, 良港)으로 난을 피할 수 없었기 때문에 그 피해가 참으로 컸다. 따라서 지방 민중은 선박 피난소로 삼을 어항 건설에 관한 희망이 절실하였고, 한편 수산 어업의 발달을 장려하는 의미에서 보더라도 지나칠 수 없는 것이었다. 그래서 모든 방책을 모색하여 지방 유력자의 응원을 얻어 감포(甘浦), 구룡포(九龍浦) 두 군데에 어항을 건설한 것은 조선 동해안 어업에 대해 조금이나마 공헌을 하였다고 믿는다.

내가 경북에 재임하던 중에 경주 읍내의 배후에 있는 무덤 속에서 신라 왕의 고분을 발견한 일이 있었다. 처음에는 이 무덤이 신라 왕의 분묘라는 것을 알 도리가 없어 그 반을 파내어 그 흙을 여러 곳으로 날라서 도로를 만들고 기타 여러 가지 방면의 용도에 썼는데, 어느 날 여기에서 쇳조각 같은 물건을 발견하였다. 그래서 이상하게 생각하고 더 파고들어 갔더니 금관이 나오고 팔찌가 나오고, 허리띠의 금, 허리에서 늘어뜨리는 장식용 금 등이 속속 발굴되어 그곳이 1,500년 전의 신라 왕의 고분임을 알았다. 즉 유명한 금관총이다.

이리하여 경성에서 발굴을 위해 출장을 온 사람들이 이 발굴물들을 일단 경성으로 가지고 돌아가 정리하기로 하였는데, 이에 경주 주민들이 결단코 반대하여 심지어 철로를 베고 누워 그 반출을 받아들이지 않았다. 그래서 이 분규를 해결하기 위해 나는 경주로 가서, 귀중품을 보존할 수 있는 창고를 만들면 경성에서 다시 경주로 가져온다는 것을 조건으로 하여 이 문제가 낙착되었는데, 이것이 씨가 되어 훗날 경주에 박물관 분관이 설립되기에 이르렀다.

내가 재직하는 중에 이 일과 관련하여 경주 고분 보존회를 설치하고 각 방면의 기부를 모아 그 경비를 충당하고 이로써 귀중한 고분의 보존에 힘을 썼는데, 이에 대해서는 궁내성에서도 약간의 내탕금(內帑金)이 하사되었다.

최근 나는 조선으로 건너와 경부선의 주변 지역을 보았는데, 조선의 풍물이 해가 갈수록 생기를 띠어 이를 일한병합 당시와 비교하면 그 변천의 두드러짐은 실로 놀랄 만하였다. 여러 해의 폭정에 울고 가렴주구에 고통받았던 조선 민중이 오늘날 그들의 생명과 재산의 안전을 얻고 모든 문화적 시설을 누릴 수 있게 된 일한병합에 따른 은택이다. 병합이 있기 전부터 이 땅에서 민중의 참상을 눈으로 직접 목격한 나는 지금의 조선 동포의 행복을 생각하면 그간의 차이가 얼마나 큰가에 놀라지 않을 수 없다. 바라건대 조선의 개발을 위해 관민이 협력하고, 나아가 한층 더 노력하기를 바라는 바이다.

11. | 메가타 남작을 생각한다

미야오 슌지(宮尾舜治) / 전 홋카이도 청장관, 전 동양척식주식회사 총재[46]

나는 조선을 생각할 때마다 그 통치상의 공로자로서 이토 공작(이토 히로부미, 伊藤博文)은 물론, 그에 이어 데라우치 백작 및 메가타 남작을 늘 생각하고 있다. 이토 공작, 데라우치 백작의 공로 기록과 큰 공로는 세상에 널리 알려져 있으나, 메가타 남작에 이르러서는 조선에 대한 위대한 초석을 두고 그 근본을 쌓아 올린 중요성에도 불구하고, 세간에 이를 아는 자가 비교적 많지 않아 참으로 유감스럽다.

메가타 남작은 일찍이 대장성에서 세제의 정리 또는 세무 행정의 개선을 위

---

46 역주: 원 책의 저자 소개는 다음과 같다.
미야오 슌지는 니가타현(新潟縣) 사람으로, 미야오 간쿠로(宮尾權九郎) 씨의 장남으로 메이지 원년(元年:1868년) 1월에 태어나 다이쇼 8년(1919년) 집안 상속자가 된다. 메이지 29년(1896년) 도쿄제국대학 법과대학을 졸업하고 문관고등시험에 합격, 메이지 30년(1897년) 세무 감독국 겸 임시 담배 취급소 건영 사무관이 되고, 승진해서 홋카이도(北海道) 장관에 임명 되며, 제조(帝都) 부흥국(復興局) 부총재가 되고 후에 사임한다. 그동안 대만 총독부 전매 국장, 식산 국장, 척식국(拓植局) 부척식국(副拓植局) 부장 총재, 관동도(關東都) 총부(總部) 민정부관(民政部官), 아이치현(愛知縣) 지사를 역임하였다. 다이쇼 13년(1924년) 동양척식주식회사 총재에 올라 쇼와 5년(1930년)에 사임한다.

하여 진력하고, 특히 세무 행정의 과학화에 힘을 쏟았을 뿐만 아니라 또한 오늘날 세무 행정 조직을 정한 분이다. 남작은 본래 경제 방면에서 취미와 열의를 갖고 있던 분으로, 나아가 세무 행정을 통하여 우리 일본의 경제적 개량 발전, 해외 진출을 생각하고, 또 그 부하에 대해서도 그러한 생각으로 독려하였다.

메가타 남작이 대장성(大藏省)에 재직하는 중에는 아직 우리 나라의 경제적 비약도 없었고, 이 방면은 아직 부진한 상태에 있었으나, 남작은 대단한 선각자로서 모든 노력을 계속하셨다. 특히 우리 나라의 동양 무역에 관하여 각별한 열심과 열의를 갖고 있어 끊임없이 세관을 통하여 한국, 중국, 인도 또는 남양(남중국) 방면의 경제 상태를 조사하고 그 무역 증산을 기획하였다.

그러나 당시에 우리 나라의 무역은 전혀 발전하지 못하고 잠시 중국 및 한국에 약간의 관계를 갖는 데 지나지 않았다. 더구나 중국 무역은 주로 제국에 재류하는 중국 상인의 손을 거쳐 이루어지는 실정이어서 우리 상인으로서는 그저 한국에 진출하고 있는 정도였다. 더구나 한국에서도 역시 중국 상인이 대세를 지배하고 있는 형세여서 우리 일본의 권익이라는 것은 아직 인정하기 힘든 상태에 있었다.

이렇기에 메가타 남작은 일찍이 생각해 왔던 한국 개발이라는 것에 대하여 매우 깊이 유의하고 있었다.

우리 나라의 정세는 이렇게 미미하였어도, 한편 러시아는 메이지 31년(1898년) 경부터 점차 남하했고, 세력을 더하여 마침내 남만주 철도의 부설권을 얻은 이래로 그 남하한 세력은 점차 커졌으며, 마침내 그 여파가 한국에 미치게 되었다. 한편, 만주에서 한국에 걸쳐, 다른 한편으로 해양 방면에서도 또한 크게 침략의 손길을 뻗고, 또는 절영도 또는 마양도를 차지하고 마산포에서 토지 매입 등을 꾀하는 것으로 우리의 권리와 이익을 침해하려 한다는 정보가 빈번히 도착하여 당시 우리 유식자의 신경을 자극하는 일이 많았다.

이처럼 러시아가 활약함으로 동아시아에서 신국면의 전개를 보일 기운이 점차 커지고 있었기 때문에 우리 나라로서도 자위상 또 그 대책을 깊이 모색하고 있었다. 이러한 관계 아래 나는 한국경제 조사의 명을 받고 메이지 22년(1889년)에 한국에 파견되었다.

내가 명을 받은 경제 조사의 주된 항목은 화폐제도, 금융 상태, 일본 상업, 외국 무역, 광업 또는 어업 기타 분야에 걸친 매우 광범위한 용무여서 한국 사정이 그다지 알려지지 않았던 당시에는 참으로 쉽지 않은 임무였다. 당시 대장성 주세국장(主稅局長)이셨던 메가타 남작이 친히 이 조사에 대하여 나를 지도해 주신 일은 참으로 고마웠다. 게다가 남작은 한국에 관하여 깊은 관심이 있으셔서 국가를 위하여 이 방면으로 크게 노력하신 것은 오늘날 이를 돌이켜 생각하면 그 사리에 밝은 안목은 참으로 경탄할 만하다.

나는 남쪽의 부산에서 북쪽의 의주에 걸쳐, 서쪽의 목포에서 동쪽의 경원에 이르기까지 이른바 계림 팔도를 횡단하여 답파하고, 민정을 세세하게 살피며, 풍속을 보는 경제 사정의 조사를 수행하였다. 이리하여 이 시찰 여행은 주로 말을 타고 하였다. 당시의 조선은 지금과 크게 달라서 도로 교통도 아직 발달하지 않은 시대여서 그 여행에는 커다란 곤란을 느꼈다.

이 여행 중에서 특히 불편을 느낀 것은 당시 조선의 주된 통화인 엽전을 구하여 말 등에 신고 일일이 갖고 돌아다녀야 하는 것이었다. 더구나 침구는 물론이고 식료품, 성냥, 밀촉에 이르기까지 일용 필수품 일체를 휴대하고 이것들 모두 말에 신기 위해서는 승마용 외에 항상 적어도 4마리 정도가 필요하였다. 또한 통역으로는 인천에서 일본인 상인의 하인이던 조선의 젊은이에게 맡겼다.

그 당시의 시가지에는 주막이 있는 곳도 있었는데, 나는 주로 민가의 안방을 빌려 묵기로 하였다. 현재와 달리 아직 문화가 보급되지 못했던 시절이었고, 오지 깊이 들어가면 들어갈수록 설탕 같은 것은 물론이고 성냥도, 석유도 없는 시절이었다. 특히 함경북도 같은 곳은 쌀조차 없는 곳이 있었기에, 이런 일상생활의 필수품들은 늘 휴대하였다.

이 여행은 약 십여 개월 정도가 걸렸으며, 반도 전체의 거의 전부에 발자취를 남기고 갖은 고통을 맛보면서 세세한 조사를 마쳤다. 당시 일본인의 거류가 허용된 경성, 인천, 부산 또는 원산 등에서 일본인이 경영하는 여관에 묵을 때 말고는 늘 한국 민가에 숙박했기 때문에 그 불편함은 말할 것도 없었지만 한편으로는 이 여행처럼 유쾌하고 기념할 만한 일은 아직 느껴보지 못하였다. 나는 아시아, 유럽, 아프리카 및 남북 아메리카의 5대 주를 여행한 경험보다도 이 여행이 훨씬 흥미로웠다.

다만 이 여행 중에 크게 곤란을 느낀 한 가지는 한국의 어느 관아를 찾아가도 아무런 자료도 얻을 수 없던 것이었다. 따라서 그 지방 사람들 또는 유식자를 만나 여러 가지 담화를 나누어 조사 자료를 정리하는 수밖에 없었다. 이리하여 외국 무역에 관해서는 총 세무사 브라운 씨를 만나 그 자료를 얻을 수 있었고, 또 은행에 대해서는 제일은행, 고쥬하치은행 및 쥬하치은행 등의 지점이 한국에 개설되어 있었던 관계로 그 은행의 영업 상태 정도는 알 수 있었다. 이러한 것 말고는 전부 나의 직접 조사에 의지해야만 할 상태에 있었기 때문에 대단한 곤란을 느꼈다.

나의 이 시찰 여행의 결과가 되는 경제 조사 복명서(復命書)의 내용은 상당히 광범위하였다. 이 가운데 비밀에 관한 것 외에는 공개적으로 간행되어 일반에게 배포되었다. 나는 이 여행을 마치고 일본으로 돌아간 뒤 메가타 남작을 만나 여러 가지 한국 사정을 이야기하고 또한 한국에 대한 그 대책도 진언하자 남작은 크게 기뻐하였다.

　메가타 남작에 대한 나의 많은 진언 중에서 나는 국경 특별 조약 체결을 주장하여 당시 특별히 허가된 거류지 외에는 거주 여행을 허락하지 않았던 상태를 완화하여 연안 3리 이내의 자유 거주를 상호 인정할 필요를 주장하였는데, 이것은 당시 쉽게 이루어질 수 있는 문제가 아니었다. 더불어 나의 이 주장은 메가타 남작의 주의를 크게 환기하였다.

　또 화폐제도, 금융, 관세 등의 문제나 무역에 대한 문제 등은 남작은 가장 주의하여 다양한 질문을 하였으므로 나는 이에 대하여 일일이 설명하고 응답하였다. 또 그 여행 도중에 나는 직산의 금광을 가지고 돌아와 이를 남작에게 보여주었더니 크게 기뻐했고, 이를 남작과 의논할 때 당시 우리 나라의 경제적인 대표자였던 시부사와 자작에게 증여하기로 하였다.

　일러전쟁 중인 메이지 37년(1904년) 10월, 한국 정부는 우리 나라와의 협상에 기초하여 재정 외교의 양 고문을 우리 나라에서 초빙하게 되어 메가타 남작이 재정 고문으로 내한하였다. 남작의 내한 뒤에 각종 시정을 경영하는 데서 나의 조사가 크게 참고되었다고 그 후에 남작이 나에게 누누이 말했는데, 그것이 훗날에 얼마간의 도움이 될 수 있어서 기뻤다.

　메가타 남작은 도지부 고문으로서 부임하였는데 이토 통감을 도와 한국 정치상의 중심이 되어 한국의 각 대신을 보좌하는 것은 물론이고, 각부에서 일본인 고문을 통솔하여 그의 웅대한 기백과 풍부한 체험, 세심한 주의에 따라 한국의 정계에서 안팎으로 명망을 모아 그 혁신을 위하여 크게 분투하고 노력하셨다.

　특히 메가타 남작이 대장성에 있었을 당시에는 부하로 매우 우수한 인재가 모여 있어 그의 와카츠키(若槻) 남작을 비롯하여 아라이 겐타로(荒井賢太郞) 씨 외 기타부속기관에 이르기까지 실로 훌륭한 사람들이 있었다. 그 가운데 경험 있고 준수한 자를 이끌고 한국에 가서 먼저 주로 재정 정리의 쇄신, 또는 세제 개혁에 나서고 이어서 화폐제도 및 금융 방면의 정리 혁신에 이르러 마침내는 일반 경제에까지 미쳐서 옹골차게 적폐의 개혁을 도모하였다.

생각해보면, 오늘날 조선의 재정 및 경제에 관한 제반 사항에 대한 기초는 그 대부분이 메가타 남작의 시책에 기초하였다. 예를 들면 오늘날의 은행, 금융 조합, 창고 사업 같은 것, 또는 각 항만의 축항 계획 같은 것도 모두 메가타 남작의 시책에 의지한 바가 많은 것이다. 또한 한국에서 생활필수품인 소금의 자급 자족을 도모하여 중국 소금의 수입을 방지하기 위하여 천일제염 기사를 대만에서 불러들여 염전을 만들고 제염을 대대적으로 장려하여 오늘에 이른 것이다.

메가타 남작은 매우 주의 깊고 동시에 창조력이 풍부한 사람이며, 또한 지각력이 있어서 태만함 없이 모든 연구를 하여 전부 실험하며 늘 부하를 훈계하였다. 얼핏 대담하고 도량이 넓은 듯하나, 지극히 치밀하고 날카로운 두뇌를 갖고 있어 이를 착착 실행에 옮긴 근래 드물게 보는 위대한 재목인 것은 남작을 아는 자라면 모두 인정한다.

메가타 남작은 통감이니 총독이니 하는 요직에 취임하지는 않았으나, 오늘날의 조선을 발달시키고 번영의 지위로 이끈 것은 남작이 남긴 공적이 매우 크다고 말하는 것도 불가하지 않으리라. 아무튼 한국 정부 시대에서는 재정 문란이 거의 그 극에 달하여 피폐하고 곤란하고 비루한 사정을 바로잡을 방책이 없었던 난국을 담당하여 민첩함으로 아주 어려운 상황을 없애고 현명하고 과감한 결단으로 혁신의 성과를 거둘 수 있었던 것은 조선을 위해서는 잊을 수 없는 위대한 공적이다. 이를 극언하자면 그 시절 그러한 경우에 처하여 이러한 결실을 거둔 것은 아마도 메가타 남작의 수완에 의지하지 않았다면 불가능했을 것이라고 상상되기도 한다.

물론 조선 통치에 대해서는 이토 통감 및 데라우치 총독의 공적은 분명한 것이지만 그렇다고 메가타 남작의 공적을 묻어버리면 안 된다. 메가타 남작은 이토 공작을 도와 실제적인 일에 나서고, 데라우치 총독은 메가타 남작의 위업을 이어 조선의 통치에 임하였다.

조선의 개발 발전에 대해서는 역대 통치의 국에 나선 총독 정무총감 이하의 진력에 기댄 것은 말할 것도 없는 일이지만 돌아보면 이토 공작, 데라우치 백작, 메가타 남작과 같은, 조선의 정치와 경영에 대하여 매우 열심인 사람들이 그 개발과 향상에 대한 초석을 쌓고 더불어 오늘날의 번영을 보기에 이르렀다. 또한 이토 공작에 대한 박문사(博文寺)가 건립되고, 이번에 데라우치 백작의 동상 건설을 보게 된 것은 이런 의미에서 매우 흔쾌한 일이다. 조선 통치에 관한 메가타 남작의 두드러진 공적에 대하여 이미 앞의 두 분에 앞서 그 공적을 영원히 전할 동상 건설의 사업은 실로 당연한 조치라고 본다.

현재의 조선은 통감부 설치 이후로 역대 통치 업무를 담당한 사람들이 노력한 결정으로 문화는 두드러지게 보급, 향상되었다. 치안 유지에 아무런 불안도 없고 더구나 시대의 진전에 따라 각종 산업이 대단한 기세로 개발 발전되고 있는 것은, 돌아보건대 참으로 감개무량한 일이다. 또한 한 단계 더 그 발전을 이루어내고, 그 개발을 도모하여 조선의 앞날 또한 다사다단하다. 즉 국에 통치를 담당한 사람들은 물론 널리 일본인과 조선인 누구를 막론하고 우리 조선의 사명과 그 책임을 깊이 새기고 일시동인의 성지를 받들며, 아울러 이토 공작, 데라우치 백작 및 메가타 남작 등 고인의 유지를 계승하여 융합 제휴, 반도의 동포에게 문명의 놀라운 혜택을 입게 하고, 그 향상과 발전을 기하기 위해서 크게 분투하고 노력할 것을 간절히 바란다.

12

뛰어난 위인인 송병준 백작에 대하여

사마다 우시마로(澤田牛麿) / 전 홋카이도 장관[47]

　일한병합 25주년을 맞이하여 지난날을 돌아보건대 만감이 가슴을 뚫고 일어나 참으로 감개무량하다. 이 기회에 나는 송병준(宋秉畯) 백작에 관한 추억 한 토막을 말함으로써 글을 써달라는 의뢰에 대한 책임을 다하기로 하겠다.

　한국 정부 시절에 송병준 백작이 농상공부 대신일 적에 나는 그 밑에서 상공국장 대리로 일하고, 송 백작이 내무대신이 되었을 때, 나는 그를 따라 지방국장이 되어 역시 그분 밑에서 일했을 뿐만 아니라 내가 처음 한국에 부임할 당시 송 백작이 소유한 가옥을 숙사로 이용하였고, 훗날 송 백작은 이곳을 자신의

---

47 역주: 원 책의 저자 소개는 다음과 같다.
　사와다는 고치현(高知縣) 사족(士族)인 사와다 세이치(澤田誠一) 씨의 장남으로 메이지 7년(1874년) 2월 태어났다. 메이지 32년(1899년) 도쿄제국대학 법과대학을 졸업하고 육군성 참사관, 도쿄부 사무관을 거쳐 한국 사무관, 동(同) 서기관을 지냈으며, 본국으로 옮겨 가고시마현(鹿兒島縣) 내무부장, 사가현(佐賀縣) 지사, 이시카와현(石川縣) 지사 등을 거쳐 홋카이도(北海道) 장관을 지내고 목민관으로 이름을 남겼다.

주택으로 삼게 되었다. 이렇게 나와 송 백작은 매우 깊은 관계를 맺고 있었다.

그러나 송병준 백작에 관한 상세한 일은 내가 일일이 알지 못하고 또 과거의 일에 대해서도 많은 것을 듣지 못하였으나, 어쨌거나 송 백작은 조금 다른 뛰어난 인재, 또는 극단적으로 평하자면 사납고 용맹스러운 영웅이라고나 할까, 어지간히 색다른 구석이 있는 걸물임이 틀림없다. 일찍이 중국의 위안스카이(袁世凱)가 한국 공사일 때 나는 어떤 이에게 송 백작과 위안스카이의 인물 비평을 물었는데, "위안스카이 씨보다 송 백작이 더 뛰어나다."라고 하였다. 이를 보더라도 그가 얼마나 위대한 인물이었는지를 짐작할 수 있다. 다만 동정하지 않을 수 없는 것은, 송 백작이 태어난 무대가 말하자면 그 지리를 얻지 못하였기 때문에 웅대한 계획은 품었으되 그 뜻을 펼칠 수 없었다는 점이다. 그러나 공이 중국에서 태어났다면 어쩌면 중국 황제로서 패업을 성취하지 않았을까 생각될 정도로 그는 뛰어난 인재였다.

대체로 두뇌가 뛰어난 사람은 대개 담력이 떨어지고 담력이 강한 사람은 대개 조잡한 머리의 소유자다. 예민한 머리와 강한 담력을 아울러 가지고 있는 인물은 쉽게 볼 수 없는데 송병준 백작은 이 양자를 높은 수준으로 겸비하고 있었다. 즉 현재 이왕(李王) 전하의 도쿄 유학이나 기타 일한의 화친에 대해 이토 공작은 십중팔구까지 송 백작의 의견을 채용하였기에, 어떤 의미에서는 송 백작이 이토 공작의 지도자였다고도 할 수 있겠다. 이에 관해서는 당시의 일을 알고 있는 많은 사람이 여러 가지 실제 보기를 떠올릴 수 있을 것이다. 다만, 앞서 말한 것처럼 백작 자신이 자유로이 수완을 크게 발휘하여 화려하게 활약할 만한 무대가 없었던 것은 백작에게 참으로 동정의 눈물을 금할 수 없다.

송 백작은 존경할 만한 성품을 많이 갖고 있었던 분이었지만, 다만 늘 재산을 아까운 줄 모르고 뿌린 결과, 송가(宋家)의 재정은 여러 사람에게 이용되고 관계되어 점차 비운으로 기울었고, 그 만년에 이르러서는 백작의 호방한 생활상을 계속할 수 없는 참으로 딱한 경우에 빠졌다. 송 백작은 말하자면 알뜰하게 재산을 지키는 데 무감각했기 때문에 백작에게 접근한 사람이 그 재산을 대부분 남용하고 낭비해 이러한 결과가 된 것은 본인에게는 참으로 딱한 일이었다.

고 하라 다카시(原敬, 19대 총리대신) 씨는 송 백작을 잘 이해하여 백작의 의견도 듣고 그의 처지에도 동정을 표하고 있던 것 같고, 송 백작 역시 하라 씨에 대해서는 말이 통한다고 하여 경의를 품고 있었다. 거의 모든 사람에 대하여 막무가내 태도로 업신여기는 뜻을 갖고 있던 송 백작도 하라 씨만큼은 경의로 대한 것 같다. 이 두 사람이 정치를 비롯한 화려한 무대의 전면에 나선 일은 없지만, 아마 두 사람이 대좌하고 담화를 나누고 있을 때는 쌍방 모두 '천하의 영웅은 그대와 나뿐'이라는 감상을 서로 품고서 대면하였을 것이라 상상이 된다.

송 백작은 하라 씨와의 사이에 어떤 약속을 하고 있었으므로 그것을 기대하며 말년에 도쿄에 머물러 있었다. 그 약속의 내용은 대략 알려졌지만, 물론 그것은 송 백작의 일신상에 관한 사적인 약속은 아니므로, 하라 씨가 1921년 11월에 암살당하는 흉변을 당하자 매우 낙담하였던 것 같다.

"아무래도 하라 씨 외에는 내 이야기를 참으로 이해하고 실행할 만한 머리와 힘을 가진이가 없다."라는 의미의 말을 탄식하며 백작이 나에게 말한 적이 있다.

송 백작이 마지막으로 조선으로 돌아갈 때는 무슨 예감이 들었는지 우리 부부와 아이들을 어떤 요리점으로 안내하여 결별의 연회를 치러주었을 뿐 아니라, 시간을 청하므로 세 번 정도 우리 집에 오셨는데, 이것이 곧 영원한 이별이 되었다.

송 백작이 도쿄에 머물 때 늘 백작을 수행하던 도고(東郷)라는 사내가 있었는데, 그는 집사나 서생 같은 자였다. 그가 늘 백작을 모시고 다니므로, 나는 그를 단순히 충복이려니 생각하고 있었다. 또 사실 도고는 백작을 위하여 힘을 다하고, 백작 역시 그를 마치 자식처럼 돌보아 주고 있었다. 그런데 놀랍게도 그는 서생도 그 무엇도 아닌, 총독부에서 송 백작에게 붙여 백작의 행동을 탐정하기 위한 경부였다.

나는 백작이 죽은 뒤에 도고 자기 입으로 말하는 이 사실을 들었다. 그런데도 송 백작은 그가 보는 앞에서 무엇이든 태연하게 이야기하였다. 당시 어느 사건에 대하여 백작이 상담하려는 듯한 태도로 수차 나에게 온 일이 있었다. 그런데 후일 일찍이 나의 부하였고 총독부의 상당한 지위에 있던 사람이 나에게, "송 백작이 여러 차례 당신에게 갔다는 것을 알고 있었습니다."라고 말한 적이 있다. 만년에 재산을 탕진하여 하숙집 같은 곳에 있었을 때도 도고는 함께 따르고 있었다. 도고는 백작을 정말 진심으로 따르고 있었다. 그런 점을 보더라도 송 백작이 심상치 않은 인물이었다는 것을 알 수 있다.

송 백작은 원래 양반 가문 출신인데, 매우 대담하고 도량이 넓으므로 주위에 접근해 오는 사람들에게 그 재산을 쓰거나 사기를 당하여 모두 써 버렸다. 일찍이 하라 게이 씨가 그 상황을 알고 이를 동정하여 송 백작에게 모종의 재산상의 이익을 주게 되었다. 그러나 송 백작에게는 이것 역시 대단한 것은 아니었던 것 같다. 만년의 이러한 실의가 어느 정도 정신적인 타격이 되어 죽음을 재촉했으리라 생각한다. 또한 백작은 여러 가지 관계로 상당히 많은 사람과 접촉하고 관계하였으나, 그들 중에 백작의 진의를 알거나 백작을 진실로 인식하고 있던 자는 일본인 중에 거의 없었던 것 같다.

다이쇼 13년(1924년) 경 시모오카 츄지(下岡忠治) 씨가 아리요시 다다카즈(有吉忠一) 씨의 뒤를 이어 정무총감이 되어 조선에 부임할 때에, 송 백작에게 회견을 청한 적이 있다. 조선에 부임하는 사람들은 설령 백작이 실의의 처지에 있어도, 그의 실력을 알고 있었기 때문에 훗날을 위하여 그에게 경의를 표하였다. 당시 시모오카 씨는 가토 고메이(加藤高明) 선생이 존경하되 멀리하여 대신이 되지 못하고 조선총독부의 정무총감이 되었을 때였다. 그런데 시모오카 씨가 조선행에 대하여 아직 어떤 이야기도 꺼내기 전에, 송 백작이 먼저 본국 정계의 이런저런 정세를 상세하게 이야기하고, 시모오카 씨의 신상을 언급하며 충언까지 하자 깜짝 놀랐다. 이런 식이었기에 시모오카 씨는 회견 한 번으로 완전히 송 백작에게 심복하여 행동하였다.

그 뒤 구단(九段)의 노라쿠도(能樂堂)에서 고 송 백작의 추도회가 열렸을 때 마침 도쿄에 와 있던 시모오카 씨와 내가 만났다. 그때 시모오카 씨는 송 백작의 죽음을 애도하면서 참으로 애석하고 아까운 인걸이었다며 유족에게도 상응하는 대접을 해야 한다고 내게 이야기했었다. 아마도 여러 가지로 애를 쓴 것으로 생각한다.

츠루하라 사다키치(鶴原定吉) 씨가 총감부의 총무장관일 때, 어느 날 저녁에 이토 공작이 츠루하라 씨의 관사에 불쑥 찾아오신 적이 있었다. 나는 츠루하라 씨 밑에서 문서과장을 하던 관계로 나를 부르러 오셨으므로 이토 공작과 츠루하라 씨와 즈모토 모토사다(頭本元貞) 군과 나 등 넷이서 여러 가지 잡담을 나눈 적이 있었다. 그때 이토 공작은 내게 "송 백작은 어째서 무슨 일이든 다 알고 있는 거요?" 하고 참으로 꾸밈없는 표정으로 말한 적이 있었다. 일본 탐정들의 최고봉인 이토 공작조차 송 백작이 모든 분야에 대하여 재료(이야깃거리)가 많고 박식한 데에는 놀랄 수밖에 없었다.

사실 송 백작은 야마가타 공, 가쓰라 공과 같은 상당한 거두에서부터 정계 사정, 정당 관계에 관한 것은 물론이고, 공적 사적인 에피소드나 그 사람들의 별난 이야기들까지 세세하게 알고 있었다. 이토 공작이 또 놀란 것은 당시 경성에 있던 사람들에 관한 일을 거의 빠짐없이 세세하게 알고 있었다는 것이다. 예를 들면 모 사진사가 경성에 있다고 할 때, 이야기하다가 마침 그 사진사가 언급되면 어느 현(縣) 어느 군(郡) 누구의 핏줄로서, 몇 살까지 어디서 무엇을 하다가 언제 그곳으로 갔는지, 또는 어느 집의 하녀는 어디에 있던 자인지, 또는 가게츠(花月)의 하녀 누구는 어디에 어떤 남자를 두고 있다는 따위까지도 모두 꿰고 있었다. 이토 공작이 다양한 일에 정통해 있고, 또 개인적인 일까지 잘 알고 있었으나 송 백작은 아마도 그보다 한 수 위였던 것 같다.

송 백작이 이렇게 모든 것에 걸쳐서 여러 사정을 꿰고 있는 것은 다양한 일에 관한 정보 수집이 발넓게 이루어지고 있었고, 또한 기억력이 매우 강했기 때문이다. 이른바 첩보 기관이 각 방면에 대하여 대비하고 있었기 때문인지 송 백작은 한 번도 자객에게 습격당한 일이 없다. 가장 위험한 사태가 전해진 때에도 경성 시내를 태연하게 산책하였으므로, 우리는 백작의 대담함에는 참으로 놀라지 않을 수 없었다. 아마도 여러모로 배치가 끝나 있어 흉변에 응할 수 있는 준비가 다 되어 있었던 것을 생각했을 것이다.

어느 날 송 백작이 이왕(李王)을 모시고 도쿄에 들러 몇 개월인가 있었던 적이 있다. 그는 술을 매우 좋아하여 도쿄 긴자에 있는 자주 코비키쵸(木挽町)의 요리집 같은 곳에서 술을 마셨다. 그때 어느 늙은 기생이 백작의 단정한 풍채와 입은 옷과 가진 물건 등의 외양이 예사 사람을 훨씬 뛰어넘는 데 감탄하여 나에게 "송 선생님의 차림새가 참으로 고상하시군요, 저 차림새는 어느 분이 지도해 주신 건가요?"라고 종종 묻곤 하였다. 또한 백작은 매년 연말 같은 때면 내 아내에게 옷감 따위를 보내곤 하였는데, 그 무늬가 한결같이 매우 뛰어난 것이었다. 그래서 내 아내가 당시 미츠코시(三越)의 경성(京城) 주임에게 "누가 송 선생님 곁에서 의류를 골라 주시나요?" 하고 물었더니 "그건 모두 선생님께서 스스로 하십니다"라는 대답에 죽은 나의 아내도 크게 놀라워하였다. 이래저래 생각해 보아도 백작의 머리가 얼마나 뛰어났는지를 살펴볼 수 있다.

송 백작은 마르고 키가 큰 미남이어서, 양복을 입으나 일본 옷(和服)을 입으나 늘 말쑥한 차림이었으며, 구두 같은 것도 프랑스제를 신고 그 풍모가 빼어나서 촌스러운 구석이라고는 티끌만큼도 없었다. 그러한 차림은 보통 사람은 좀처럼 할 수 없는 것이다.

어느 날 인사 문제에 대하여 이토 통감과 송 백작 사이에 원만하지 못한 일이 있어서 백작이 이토 공작을 여러 번 찾아갔던 모양이다. 그 문제로 백작이 이토 공작과 회견하고 통감 저택으로 돌아오는 길에, 오전 2시경에 내가 사는 관사의 문을 두드렸다. 백작은 내게 이토 공작에 대해 이야기하기 위해 들렀다. 그날 밤 왜성대(倭城臺)의 달은 밝았고 사위가 적막한 가운데 서 있는 송 백작의 푸르스름한 얼굴에 맑은 달빛이 쏟아지는데, 그 서늘한 정경은 아무리 시간이 지나도 잊을 수 없다고 내 아내는 이야기하곤 하였다.

송 백작이 가진 서늘함의 위력은 대단하였다. 관찰사도 기생도 백작의 눈길 하나에 위축될 정도였다. 나는 육십몇 년의 생애 중에 그만한 사람을 만난 적이 없다. 그러나 애석하게도 참으로 만족스럽지 못한 상황 속에서 이 세상을 떠난 것이다. 하지만 만약 공이 중국에서 태어나 활약하였다면 아마도 중국의 거물이 되었을 것이다. 백작은 매우 총명하고 호기롭게 말하며, 독창성이 풍부하고, 그 위력은 거친 것이 아니라 지극히 정교한 세밀화와 같은 위력이어서, 이 점에서 송 백작과 하라 다카시 씨는 일본과 조선의 양대 산맥처럼 생각된다.

송 백작은 앞에서도 말한 대로 이토 공작에게 한국에 관한 지도자로서 종종 방책을 제안하고 있었다. 그러한 관계로 관찰사 회의를 열어 의견을 말하게 한 결과, 그 위엄 스스로 내부대신으로 옮긴 것이다. 일한병합 이후에도 무슨 일에

든 송 백작이 불평하기 시작하면 역대 총독이 실은 애를 먹었다. 그 논평이 예리하여 거의 맞설 만한 자가 없었다. 그리고 겉으로 드러난 위용에 이르러서는 참으로 감히 올려다볼 수 없다는 느낌이 있었다.

메이지 39년(1906년)에 한국 통감부의 관제가 갖추어져 그 직원으로 가나야마 쇼오시(金山尙志) 씨가 당시의 귀족원 서기관에서 통감부 서기관, 회계 과장이 되어 개청(開廳) 준비를 마치고, 이어서 츠루하라 사다키치(鶴原定吉), 기노우치 쥬지로(木內重四郞), 오카키 시치로(岡喜七郞) 씨 등의 간부와 함께 나도 부임하였다. 그것이 1월 9일이었던 것으로 기억한다. 이어서 이토 공작이 후루야 히사즈나(古谷久綱) 씨를 비서관으로 하고, 통감부 무관 해군 소장 미야오카 나오키(宮岡直記) 씨 및 러시아 통인 육군 소장 무라다 준(村田淳) 씨 등을 데리고 한국으로 넘어오셨다. 그 뒤 가와라 마고이치(俵孫一) 씨가 통감부 서기관이 되고, 나베시마 게이지로(鍋島桂次郞) 씨가 외무성에서 부임해 왔다. 또한 오늘날의 히로다(廣田) 외상이 당시는 외무부의 시보로 통감부에 있었던 것으로 기억하고 있다.

이 당시는 한국의 각 방면에서 폭도가 출몰하여 치안 유지가 매우 곤란하고, 일본 경찰관이 각처에서 피해를 입거나, 살해당하는 등의 일이 번번이 일어났다. 개중에는 만주에서 일어난 폭도처럼 그 세력이 상당히 맹렬하여 일본 경찰관이 포위되어 소나무 숲 속에서 1주일이나 버티는 실로 위험천만한 상태였다. 그렇게 소란하고 제도도 갖추지 못하고 생활 수준도 낮은 시대를 지나, 지금처럼 문화가 발달한 조선을 생각하면 실로 감개무량하였다.

데라우치 백작이 일찍이 육군 대신이었을 때 나는 육군성의 참사관으로 있었던 관계로 백작의 알선으로 한국으로 부임하였다. 그런데 어느 날 내가 도쿄에 들러 데라우치 저택으로 인사를 하러 갔더니 백작이 내게, "지금 아카시 모토지로(明石元二郎)[48]가 돌아왔길래 내가 크게 꾸짖었다. 이토 공작에게 말하여 한국의 경찰은 헌병에게 맡기게 되어 있는데 지금 이것이 운용되지 않는 것은, 듣자 하니 자네가 나쁘기 때문이라 한다. 내가 통감이 된다면, 통감의 명을 듣지 않는 자는 즉시 파면하겠다."라고 하셔서, 나는 "결코 통감의 명령에 거스르는 것은 아니나, 의견을 물으신다면 드릴 말씀은 있습니다."라고 말한 적이 있었다. 아마도 내가 마츠이 시게루(松井茂)[49] 씨를 압박하여 조선의 경찰제도를 헌병제도로 변경하는 데 반대하고 있는 것으로, 아카시 씨가 데라우치 백작에게 보고한 것으로 생각된다. 결국, 이것이 원인이 되어 데라우치 백작이 통감으로 부임하자마자, 나는 가고시마현의 내무부장으로 부임하게 되었다.

---

48 역주: 메이지 43년(1910년) 7월, 데라우치 마사다케 조선통감 아래 헌병사령관과 경무총장을 겸무하여 조선 병합 과정에서 무단정치를 추진했다. 7대 대만 총독이다.

49 역주: 일본의 내무 관료이며 대표적인 경찰 관료, 정치가. 법학박사. 1907년에 한국 내부 경무국장으로 식민지 경찰 기구의 정비를 도모해 대한정책에 힘을 다하였다. 마루야마 시게토시 등과 협의해 대한제국 경시청 신설 등, 한국 경찰 기구의 입안을 담당하였다.

13

조선 사법제도의 확립

고쿠부 산가이(國分三亥) / 전 조선총독부 고등법원 검사장[50]

이제 한국의 사법제도가 확립에 다다른 길을 돌아본다. 메이지 40년(1907년)에 이토 통감에 의하여 일한 양국 사이에 이른바 '제2 협약'이 체결되었는데, 이 협약 제3조에 한국의 사법 사무는 일반 행정 사무와 구별한다는 규정이, 제5조에 한국 정부는 통감이 추천하는 일본인을 한국의 관리로 임용한다고 규정되어 있었다. 이 협약의 취지에 따라 한국의 사법제도에도 우리 나라의 재판소 구

---

50 역주: 원 책의 저자 소개는 다음과 같다.

고쿠부 산가이 씨는 도쿄시 가문인 고쿠부 다네유키(國分胤之) 씨의 장남으로 분큐(文久) 3년(1863년) 12월에 태어나, 메이지 16년(1883년)에 가장 권한을 받았다. 같은 해 사법성(司法省) 법률 학교에 들어가 메이지 18년(1885년) 졸업과 함께 검사보가 되고, 이어 판검사 시험에 합격하여 검사가 된다. 오카야마(岡山), 요코하마 지방 재판소 검사, 고후(甲府) 고치(高知) 오사카(大阪) 각 지방 재판소 검사정(檢事正), 오사카(大阪) 공소원(控訴院) 검사가 되고, 드디어 한국 검사 총장, 총감부 고등법원 검사장, 조선독부 고등법원 검사장 겸 사법부 장관의 보좌관을 하고, 다이쇼 9년(1920년)에 퇴임한다. 금계간기후(錦鷄間祇候)에 임명받고, 다이쇼 11년(1922년) 쿠미노미아 사무 감독이 되어 궁중 고문관으로 임명되고, 그 후 그 일을 그만두고 실업계에 들어간다. 그는 조선 사법제도 확립에 가장 많은 공헌을 하였다.

성법을 따라 3심제가 확립되어 대심원, 공소원, 지방 재판소, 구재판소 및 이에 부속하는 동 검사국을 설치하기로 하고, 또한 그 재판소와 검사국의 사법관은 그 감독관은 물론, 그 주요 자리는 모두 본국의 사법관을 초빙하여 충당하게 되었다.

그 결과, 나는 메이지 41년(1908년) 2월에 오사카 지방재판소의 검사정(檢事正)에 재관 중인 상태로 한국 검사총장에 임명되어 부임하여, 입법이나 행정에 참여하고 재판소 개청 준비에 종사하였다. 같은 해 8월 1일부터는 구재판소(區裁判所)의 약간을 제외하고 예정했던 재판소를 개청하게 되었다. 이리하여 이토 공작께서 본국에서 초빙한 사법관들을 각자의 임지로 부임하기 전에 경성에 모아, 한바탕 훈시하셨다. 그 훈시의 요점은, "내가 통감으로 취임한 이래로 한국 정치의 개선에 대하여 고심하고 연구를 거듭한 결과, 이 개선의 단서는 우선 첫 번째, 사법권을 행정관의 손에서 떼어 놓는 데에 있다고 믿는다. 중앙과 지방을 불문하고 사법권이 독립되어 있지 못하면 시정의 개혁을 기한다는 것은 도저히 불가능하다. 요는, 사법권의 독립은 제반 혁신 개선 가운데 가장 무게를 두어야 할 것이며, 이것이 없다면 그 모든 개량도 효과가 없는 것이다. 또 한편에서 애초에 한인은 재판이라는 것이 국민의 권리·이익의 보호 수단이 된다는 것을 모른다. 이러한 국민을 상대로, 불완전한 법률로 사법 사무에 종사하게 되는 제군들은 보통 재판관의 자세로 임해야 하는 것 외에도 이들 민중에게 재판이란 어떠한 것인지 주지시켜야 한다는 방침에 따라 공평무사한 재판을 하고, 이를 통하여 한인의 마음을 감복시키고, 이로써 온갖 정치 개혁의 기초를 만드는 방도를 조사하여 구하기를 매우 희망하는 바이다."라고 하였다. 이렇게 이토 공작은 한국에서 쇄신과 개선이 필요한 제반 사항 중에서도 이 사법 사무의 혁신에 가장 무게를 두셨다.

이리하여 새로 설치되는 대심원장(大審院長)[51], 검사총장을 친임관(親任官)[52]으로 하는 제도를 마련하였다. 그 당시 우리 나라에서 대심원장은 칙임관(勅任官)[53]이면서도 친임관의 대우를 받는 데 지나지 않았으므로 검사총장은 말할 것도 없이 칙임관이었다. 그 밖에 한국에서 사법관의 지위는 일본과 비교하여 대단한 우위에 서게 되었다. 이렇게 우대받은 사법관은 용감하고도 날래게 각자 임지로 가서 이토 공작의 훈시를 받들어 모두 분투하고 노력하였다.

종래 조선에서 사법관은 전임이건 행정관을 겸임하건 간을 불문하고, 그 직무를 집행할 때 뇌물의 많고 적음이나 권력이 있고 없는 것에 따라 사리의 옳고 그름을 판별하고 판정하였는데, 심한 경우 무고한 양민을 잡아다가 재산을 강탈하거나, 뇌물을 탐하여 죄가 있는 죄수를 풀어 주는 일이 절대로 적지 않았다. 따라서 재판관이란 것이, 관리가 부정을 저지르는 수단에 지나지 않는 것으로 느껴지기도 하며, 그 부패 문란은 거의 필설로 다 할 수 없었다. 우리 나라의 영사 재판에서도 일본인을 피고로 하는 민사 사건에서는 걸핏하면 일본인에게 득이 되도록 재판하는 경향이 있었기에 한인도 신임 일본인 재판관에게 다소 의혹을 품었다. 그러나 그 재판 결과가 한인 간의 재판은 물론이고 일본인과 한인 간의 소송에서도 지극히 공평한 판결이 내려지므로, 이 사실로 그들이 재판소를 믿는 경향은 점차 커지게 되었다.

---

51 **역주:** 대심원은 메이지 헌법으로 일본에 설치된 사법재판소 중 최상급 심의 재판소로 현재 한국의 대법원과 비슷하다. 1875년(메이지 8년)에 태정관 포고 59호에 의해 설치되어, 1890년(메이지 23년)의 재판소구성법에서 최상급 심의 재판소로 규정되었다. 1947년(쇼와 22년), 재판소법(쇼와 22년 법률 59호)의 시행에 따라 폐지되었다.

52 **역주:** 구 헌법에서 천황이 친히 서명하거나 옥새를 찍어 사령을 교부받은 관리. 친임식을 통해 서임된다. 내각총리대신, 각 성(省) 대신, 육해군 대장 등이 여기에 해당한다.

53 **역주:** 구 헌법에서 칙명으로 서임되는 관리. 고등관의 1, 2등이 여기에 해당한다.

또한 메이지 42년(1909년)에는 한국에서 사법 및 감옥 사무를 우리 일본 정부에 위탁하는 협약이 일한 사이에 성립하여 그해 11월부터 이것이 실시되기에 이르러 통감부에 고등법원, 복심(覆審)법원, 지방법원 및 구(區) 재판소를 두고 한인과 일본인을 통일하여 재판하는 제도가 확립되었다. 그리고 그 이듬해인 43년에는 일한병합이 이루어져 조선총독부 재판소가 되었다. 일한병합이 지극히 원만하고도 평온하게 이루어지게 된 데에는 통감부의 사법 사무가 엄정하고 공평하여 재판소가 그들에게 크게 신뢰받았고, 이에 따라 민중이 일본인에게 심복한 것이 또한 큰 힘을 발휘하였다고 해야 한다.

이상과 같이 조선에서 사법제도의 혁신은 메이지 41년(1908년)에 일본 사법관을 초빙하여 신 재판소를 창설한 것에 우선 그 단서를 두었고, 이어서 사법재판 위임 시대를 거쳐 마침내 오늘날의 총독부 재판소가 되어 완성에 이르렀다. 그러나 다만 아쉬운 것은 조선 사법관의 지위가 본국 사법관에 비하여 매우 낮은 지위에 있다는 것 한 가지다. 그 가장 두드러진 예로서는 본국의 지방재판소장 및 검사정 전부가 칙임이나, 조선에서는 불과 12개의 칙임관이 있을 뿐이라는 점이다. 이 점에 관해서는 특히 외지 사법관의 임무가 얼마나 중요한가를 고려하여 그 대우가 크게 개선되기를 갈망한다.

회고하자면, 나는 메이지 41년(1908년)에 검사총장으로 한국 정부에 초빙되어 통감부 고등법원, 고등법원 검사장 등을 역임하고, 나아가 다이쇼 2년(1913년) 구라토미(倉富) 사법부 장관의 뒤를 이어 사법부 장관을 겸임하여 9년(1920년)에 퇴임하기까지 전후 13년 동안의 자리를 사법의 중직에 있었고, 특히 사법 행정에 대한 관여가 10년에 이르렀다. 하지만 그 일이 뜻한 것과 다른 바가 많았고 이토 공작의 부탁에 어긋난 죄가 작지 않음을 느끼니, 정말 부끄러웠다.

마지막으로 한마디 하고픈 것은 재판소 구성법을 조선에서 시행하는 것에 관한 문제다. 이 재판소 구성법을 조선에서 시행할지는 여러해 동안의 현안이었으며 일본과 조선의 사법부 내부 및 변호사가 한결같이 갈망하는 바인데, 이 재판소 구성법을 조선에서 시행하려면 반드시 조선의 감옥도 역시 사법부의 소관이 되어야 하는 것이므로, 과연 이것이 제대로 실현될 수 있을지는 깊이 연구하여 결정해야 할 문제일 것이다. 이리하여, 만약 이를 실행할 수 있다면 사법의 위신과 신용을 높일 뿐 아니라, 사법관 역시 일본과 조선의 공통이 되므로 인재를 널리 구할 수 있고, 사법관의 지위도 향상되게 되며, 그 밖에도 다양한 편익을 도모할 수 있음은 의심할 나위가 없는 것이다.

그러나 그 재판소 구성법을 조선에서 시행한다고 하면, 봉착하게 될 난관 중에서 두드러진 것으로 다음 두 가지가 있다.

첫째, 조선에서 사법 및 감옥에 관한 경비는, 그 재판소 구성법을 조선에서 시행하게 되면 조선총독부를 떠나 사법성 소관의 경비로 편입이 되어, 금액이 많이 늘어나게 될 것이다. 여기에 중대한 난관이 있어 보인다.

둘째, '검사의 감독 계통을 어떻게 할 것인가?' 라는 점이다. 이를 재판 사무라는 관점이라면 별다른 지장이 없으리라 생각하나, 다른 한편 검찰 사무는 상명하복으로 일관된 계통이 있어, 위로는 사법 대신, 검사총장에서 아래로는 구 재판소 검사에 이르기까지 상명하복 제도일 뿐만 아니라 검사는 사법경찰관을 지휘할 권한이 있다. 그러나 재판소 구성법을 시행한다면 검사와 조선 총독 사이의 감독 관계는 완전히 단절되고 검사는 사법 대신의 감독 아래로 옮겨지며, 조선 총독은 검사를 지휘 감독할 권한을 잃게 될 것이다. 생각해 보면, 총독이 이 권한을 갖지 않는다는 것은 조선 통치상 매우 감당하기 어려운 일이 아니겠는가. 이 결함의 구제책으로서는 사법 대신, 검사총장 및 조선 총독 사이에 그 권한에 관한 모종의 조화 규정을 둘 필요가 있다고 생각하나, 이를 조화시키는 방법으로 과연 적당한 방책이 있는지 아직 알 수 없다.

이러한 까닭으로 재판소 구성법의 조선 시행은 당분간은 이루어질 전망이 없다. 결국, 조선의 현행 행정제도를 고쳐 본국과 같은 조직으로 만들지 않는다면 도저히 그 실현은 기대하기 힘들 것이다.

이러한 실정에 직면하면서 조선 사법계에 있는 사람들이 만약 공연히 실시 가능성도 없는 공상을 주고, 현재에서 조선 사법계의 지위 향상 쇄신, 일본과 조선 인사의 융통 등을 고려하지 않는다면 실로 훌륭한 계책이라 할 수 없다고 믿는다.

그렇기 때문에, 나는 조선 사법부의 사람들이 이 문제의 해결에 대해서 서서히 시기가 무르익기를 기다리며 앞서 말한 지위 향상 등에 관하여 좀 더 노력을 쏟기를 바라며, 또한 본국의 사법 관계자도 조선 사법계의 현상을 고민하고 일본과 조선 공영의 취지를 실현하기 위해 절대적인 원조를 아끼지 말아야 할 것을 갈망한다.

14. | 통신 행정이 통일된 경위

이케다 쥬자부로(池田十三郎) / 전 조선총독부 체신국 장관[54]

나는 메이지 37, 38년(1904, 1905년)의 전쟁 전부터 체신성 외신 과장 자리에 있던 관계로 전쟁이 시작되자 외국 우편을 감독하게 되었다. 도쿄 우편 전신국이 대본영 소속 우편 전신국으로 지정되고 내가 그곳의 국장이 되었다. 아울러 본성의 우편 전신을 감독하는 일도 겸하고 있었다. 그래서 인천에서 있었던 바랴그 함[55] 사건 같은 것도 가장 빨리 들을 수 있었다. 이처럼 전시에는 외국 우편

---

54 역주: 원 책의 저자 소개는 다음과 같다.

이케다 주자부로 씨는 나가사키현(長崎縣)의 사족(士族) 이케다 요운(池田陽雲) 씨의 사남(四男)으로, 메이지 3년(1870년) 8월에 태어나, 숙부 겐타이(玄泰) 씨의 양자로 들어가, 다이쇼 7년(1918년) 집안의 가장을 이어받는다. 메이지 25년(1892년) 도쿄제국대학 법과대학 독법과를 졸업하고 관계(官界)에 들어와 통감부 통신국 장관, 조선총독부 통신관리국 장관, 동(同) 체신국 장관 등을 역임하고 다이쇼 6년(1917년)에 퇴관(退官), 다이쇼 12년(1923년) 일본 염료회사 이사장에 취임한다. 다이쇼 14년(1925년)에 관직을 떠나 지금은 조용히 지내고 있다.

55 역주: 러시아 제국의 방호순양함, 러일전쟁 당시인 1904년 2월 인천 앞바다에서 일본 함대와 전투를 벌이다 자폭했다.

전신을 검열하는 것이 참으로 중요한 일이다. 각지에서 암약하는 스파이의 손을 통하여 각종 정보가 새어 나가므로, 수상한 자들에 대한 검열을 엄중히 하지 않으면, 수습할 수 없는 위험이 배양되는 것이다.

나는 이 대본영 소속의 우편 국장 겸 본성의 외신 과장이라는 현직을 유지한 상태로 한국에 출장하여 일한 사이에 대러 조약을 맺고, 우선 우편 전신을 우리 나라가 장악할 목적으로 한국의 제도 등을 조사하고 그에 대해 안을 작성하게 되었다. 즉 한국에서 우편 전신에 관한 모든 운용은 우리 나라에 맡긴다는 통신 행정의 위임에 관한 안을 만들어 이를 본성에 보내고, 본성이 외무성과 교섭하여 일한 통신 조약을 맺게 되었다.

나는 먼저 배를 타고 압록강을 내려가 안동(安東)현에 갔다. 그리고 다시 다롄(大連)으로 갔고, 요양(遼陽)에서는 일러 대전을 살피고, 영구(營口)에서 기차를 타고 천진, 북경에 이르고, 그 뒤에 천진에서 영국 기선을 타고 청도(靑島)를 보았다. 당시 청도에는 러시아 함 츠레자레비치가 파손된 채 드러누워 있어서 구경하러 갔더니, 나를 해군 사관으로 오해하고 첩자로 취급하려 하므로 나는 그렇지 않다는 것을 보여주기 위해서 모자를 벗고 얼굴을 보여주자 그들도 차츰 안도하였다.

그래서 나는 일단 도쿄로 돌아왔고, 다시 메이지 38년(1905년) 4월에는 마침내 한국에서 통신 기관 인계를 담당할 목적으로 많은 부하와 함께 다시 경성에 갔다. 당시 한국 공사는 하야시 겐조(林權助) 씨였고, 전 주미 대사 이데부치 가츠지(出淵勝次) 씨, 현 중화민국 대사 아리키치 아키라(有吉明) 씨는 그즈음 외교관보나 영사관보로 그쪽에 있었던 것이 기억난다.

그런데 이윽고 한국 통신 기관의 접수에 대하여 교섭을 개시하였으나, 한국 정부는 말을 이리저리 바꾸며 좀처럼 그 인계 교섭에 응하지 않았다. 그 속사정은 이른바 국제적 기회주의여서, 당시 때마침 러시아의 발트 함대가 동양을 향해 항해 중이었고, 이 함대가 도착한 뒤에는 일러의 전황에 어떤 변화가 올지 모른다는 것에 실낱같은 희망을 품은 채, 우리 나라의 교섭에 대하여 명확한 답변을 주지 않고 그저 연기를 획책하고 있었다.

특히 당시의 수상 심상훈(沈相勳) 씨는 매우 완고하여 보통 수단 방법으로는 도저히 우리 요구에 응하지 않으므로 나는 상당한 결심을 하고, 통역 한 사람을 데리고 그 산장으로 찾아가, 심 수상과 무릎을 맞대고 담판을 시작하였다. 그런데 아무리 설득하고 이야기해도 그는 종잡을 수 없었고 쉽게 분명한 태도로 나오려고 하지 않았다. 급기야 어쩔 수 없이 "설사 귀하가 정식으로 통신 기관의 인도를 승인하지 않더라도 이미 이에 관한 조약이 성립된 이상 우리 쪽에서는 인계를 단행하겠다."라고 고하고 돌아왔다.

이미 사태가 이렇게 된 이상, 이제는 주저할 일이 아니므로, 한국의 체신 대신 급에 해당하는, 통신 총감독을 맡은 장관의 명의로 일본의 인계 위원에게 즉각 통신 기관을 인계하라는 훈령을 관계 관청에 내리기로 하였다. 그러나 통신 사무는 사업의 성질상 하루라도 정지할 수 없는 것이므로, 이 점을 크게 우려하여 만일 있을지 모를 휴업이나 기타 사태에 대응하기 위하여 상당한 준비를 하고 이에 임명되었다.

그러나 아무래도 교통이 불편한 곳이어서 일일이 출장하여 인계받아야 했기 때문에 이 인계가 끝나는 데는 약 한 달이 걸렸고, 다행히 아무런 사고도 없었으며, 곧 한국의 통신 기관은 가까스로 우리 나라의 손으로 관리되기에 이르렀다. 또한 이보다 먼저 경성, 부산, 인천, 원산 및 목포 등의 거류지에는 우리 나라의 해외 우편국이 설치되어 있었는데, 이들도 함께 경영하게 되었다. 특히, 독립된 관아를 둘 수 없었기 때문에 나는 한국 체신 기관의 인계 위원장으로서 그 실권을 쥐고 있었다.

앞에서도 말한 대로 한국 정부 당국은 통신 사무의 인계에 대하여, 발트 함대가 동양에 오면서 전개될 일러 간 승패의 운명을 결정할 대해전의 결과를 보고 그 태도를 정한다는 기색이었던 만큼, 나는 그 인계를 단행하였으나, 일러 해전(츠시마 해전)에 대해서는 그런 의미에서도 매우 우려하고 있었다. 때는 마침 5월 27일 밤, 나는 독일인이 경영하는 어느 호텔의 연회에 출석하고 있었는데, 연회가 중반에 접어들 때, 동해 대해전의 승보를 접하고 기쁨에 가슴이 터질 듯하였던 일이 있었다.

이리하여 메이지 38년(1905년) 가을, 나는 잠시 본국으로 돌아왔다. 당시 나는 한국의 통신 사무를 체신성의 직속 기관에 두기 위하여 그 관제안을 만들어 당시의 내각에 제출하였다. 이토 공작이 한국과 일한 신협약을 체결하셨기 때문에 이를 본성의 직속 기관으로 할 것인지, 또는 통감부에 부속시킬 것인지를 두고 논의가 있었는데, 결국 통감부에서 통신 시설을 장악하기로 하여, 나는 다시 관제를 만들고 같은 해 12월부터 이것이 실시되었다. 이렇게 비로소 통감부 통신관리국이 설치되었고, 나는 국장으로 임명되어 체신성을 떠나 통감부로 옮기게 되었다.

당시 한국 통감부는 통감 이토 공작을 수뇌로 하여 총무장관 츠루하라 마사요시(鶴原定吉) 씨나 기우치 쥬사부로(木內重四郎), 오카 기시치로(岡喜七郎) 등이 수뇌부였고, 나는 본부의 외국인 통신관리국장이었다. 이를 예산 면에서 보면 막대하였다. 그 행정상의 감독은 통감부에서 하였으나, 그 예산에는 체신성이 관계되는 까닭에 제국 의회에는 나와 츠루하라 씨가 정부 위원으로 출석하고 있었다.

이렇게 제도는 갖추어졌으나, 그전에 실로 곤란했던 일은, 평양 이북으로 가는 전신선은 군사상의 필요로 이를 군용 전선으로 다루었고, 그 통신도 육군의 감독 아래 있었다는 것이다. 그 뒤에 통감부가 인계받아 한국의 통신 기관은 전부 통일되기에 이른다. 그러나 당시 한국의 통신제도는 단순히 우편물만 배달하는 것이며, 우편 저금이나 환 업무, 서류, 소포, 기타 특수 취급은 전혀 없었으니 그저 심부름꾼에 지나지 않아, 그 후에 서서히 환 업무도 시작하고 저금을 비롯한 기타 취급도 하게 되었다.

아무래도 아직 국내에 치안이 유지되지 않던 시대의 일이므로 우편배달부가 도처에서 흉한에게 습격을 받고 살상의 위험을 당하는 일도 속속 일어났다. 그뿐 아니라 국내에서 빈발하는 폭동으로 양민들이 큰 고통을 당하고 적지 않은 재난을 당했기 때문에 폭도의 진압과 경비를 위해서 경찰 전신망을 전국에 보급하는 것은 매우 위급한 일이 되었으므로 상당히 많은 시설비를 들여 그 실현을 도모하였다. 한국에서 비교적 빠르게 전신망이 확충, 보급된 것은 바로 이런 이유에 기인한다.

통감부 시대에는 국고의 세입이 해마다 불확실하여 매우 고생하고 있었다. 지방관인 군수가 조세를 징수하는 경우 그 수입 예산이 세워져 있지 않았기 때문이다. 왜냐면 세금 납부 명령서의 발령자도 군수이며, 그 수납도 군수가 하기에, 발령과 수납 사이에 다양한 사정이 잠재하여 있을 뿐 아니라, 인민에게 얼마를 거두고 중앙정부로 얼마를 보낼 것인지가 분명하지 않았던 탓에, 당시 도지부 장관 아라이 겐타로(荒井賢太郎) 씨는 이를 통일하고자 적지 않은 고려를 하였다. 이에 나는 징세액을 중앙정부에서 지방청으로 할당하고, 이에 기초하여 군수가 징세 명령서를 발부하며, 납세의무자가 내는 현금은 각 우편국에서 취급하도록 하자고 제의하여 그것이 실행되기에 이르렀다. 그 결과 징세상의 의혹이 일소되었다. 이것이 한국의 재정에 미친 효과는 매우 커다란 것이었다. 이같이 국고금을 우편국에 위탁하여 취급하게 하는 것은 한국에서 이미 그 실적을 거두었으므로 나중에는 본국에서도 역시 이 제도를 채용하기에 이르렀다.

일찍이 내가 통감부 통신관리국장으로 부임하는 것과 관련하여 이토 공작이 나를 불러서 정식으로 승낙을 요구하셨다. 그때 공은 한국의 통신 관계의 수지 예산에 대하여 나에게 질문을 던지셨다. 매년 한없이 보조하기는 곤란한데, 과연 우편국 관계의 수지는 시간이 얼마나 지나야 균형을 유지할 수 있겠느냐는 것이었다. 공의 이 질문에 나는 내심 크게 당황하였다. 왜냐면 한국의 통신 관계 수지 예산이 과연 언제, 어떻게 될지 전혀 어림이 되지 않았기 때문이다. 그러나 어떻게든 대답해야 했으므로 나는 어쩔 수 없이 공에게, 한국의 통신 사무는 창업기에 있으므로 상당한 지원을 해주어야 하며, 나의 복안을 말한다면 약 8년이 지나 10년의 세월이 흐르면 자연히 수지 균형을 맞출 수 있게 될 거라고 대답하였다. 나는 이에 대하여 아무런 근거도 없었고 확신도 없었으나, 그 세월 동안 무슨 일이 있어도 통신 관계만은 경제적 독립을 이루어낼 수 있도록 노력하겠다는 각오로 공에게 이렇게 대답하였는데, 관계자 모두의 노력과 분투의 결과로, 창업해서 만 8년 만에 수지를 얻게 된 것은 그저 우연일 따름이었다.

이렇게 나는 창업기의 한국 통신 사업을 가꾸어 가며, 십여 년 동안 여기에 온 힘을 다 쏟았다. 돌아보면 그동안에 일한의 병합이 이루어져 통감부는 총독부가 되고, 관제도 개편되어 체신성과 같은 것이 되고, 통신관리국은 총독부의 외국(外局)인 체신국이 되었다. 나 역시 체신국 장관을 역임하였고, 데라우치 백작이 총독 자리에서 물러나시고 하세가와 총독이 뒤를 이었다. 하세가와 총독은 나의 유임을 강력히 희망하셨지만 나는 몸에 병이 있는 만큼 공연히 실권 없는 자리나 지키게 되지 않을까 두려워 다이쇼 6년(1917년) 6월에 마침내 그 자리를 물러났다.

일한병합 25주년을 맞이한 지금, 옛일을 추억하고 현재를 생각하면 참으로 감개무량하기 그지없다. 조선에 대한 우리 나라의 정책은 크게 네 시기로 구분해서 보아야 한다. 즉 제1기는 하야시 공사의 시대이며, 제2기는 이토 통감의 시대, 제3기는 데라우치 총독의 시대, 제4기는 사이토 총독의 시대다. 이상 네 시기를 통하여 가장 난국을 겪어낸 것은 이토 공작이다. 한국에 대한 보호 정치를 철저히 하고자 일한 신협약을 체결하고, 통감부를 두고, 공이 초대 통감으로 부임하신 뒤, 한국에 주재하는 각 나라의 공사는 영사가 상대하지만, 가장 번거롭고 곤란하기 짝이 없던 것은 각 나라가 외국 선교사를 조종하는 문제였다.

한편 또 한국 측의 신료들 사이에 있었던 각종 책동은 그 외각에 분쟁의 소용돌이를 일으켰고, 또는 헤이그밀사사건이 여러 외국의 주목을 끌어들이는 동시에 안으로 국내에서 인심을 뒤흔들어, 참으로 쉽지 않은 사태를 불러일으킬 염려가 있었다. 이에 이토 공작을 비롯한 일한 관계 당사자의 극심한 고통과 근심은 참으로 심상치 않았다. 게다가 본국에서 이토 공작에 대한 견제의 마수가 뻗어와 공은 내우외환에 겹겹이 둘러싸였으나, 그 뿌리깊은 난제를 능히 쳐 내고 지반을 더욱 견고하게 다졌다. 즉, 이토 공작의 통치 정치는 말하자면 한국에서의 개척 시대라 보아야 할 것이다.

그리고 제3기는 데라우치 총독의 시대다. 즉 일한병합을 단행하고 각지에서 봉기하는 폭도의 진압에 힘을 쏟고 헌병을 경찰로 바꾸어 치안 유지를 맡기는 등, 대부분이 힘의 과시였다. 그런 관계로 데라우치 백작은 무단정치가이며, 근엄하기만 하고 인정미가 없는 사람처럼 세상에 곡해되었는데, 백작을 생각하면 이는 참으로 안타까운 일이다.

나는 10년간이나 백작의 옆에 있었는데, 백작은 총독으로서 지방을 순시할 때면 들에서 일하는 농부도 만나 민의를 듣고 실정을 살피는 매우 친절한 태도로 한국 통치에 임하셨다. 겉으로는 경직되고 근엄했던 백작이었으나, 그 안에는 인정(人情)과 변함없는 곧은 절개를 품고 있고, 친절하며, 동정심도 깊었다. 다만 당시 조선의 실정으로 보아 인심을 누를 필요가 있는 시기였던 관계로 백작이 그 측면만 드러낸 탓에 '무단정치'라는 험담을 듣기에 이르렀다.

이에 반하여 제4기 사이토 총독의 시대는 문화정치를 높이고, 인정과 덕을 표면에 내세우고 힘은 안으로 감춤으로써 정책의 실현에 노력하였다. 사이토 총독이 표방한 이른바 '문화정치'는 데라우치 백작, 하세가와 백작의 무단적 통치의 뒤에 나타난 만큼 한때는 상하의 신뢰를 얻고 상당한 인기를 얻었다. 그러나 시간이 지나면 금방 싫증을 내는 것이 사회의 통폐(通弊)인지라, 제도상의 개혁, 제반 시설의 개선이라는 두드러진 공적이라도 이에 익숙해지면 결국 평범한 선정이란 느낌을 품는 자가 있음은 어쩔 수 없는 자연적 추세일 것이다. 우가키 현 총독도 각종 산업의 진흥을 위해 크게 힘을 쏟고, 기타 제반 정책의 실현에 노력하고 있다고 들었다. 참으로 기쁜 일이다. 이렇게 조선인의 복리 증진을 도모하는 것이 어찌 단순히 조선 동포만의 기쁨일까. 나아가 일본 제국을 위함이며, 또한 인류 공영이라는 의미에서도 참으로 감격할 만한 일이다.

15

사설 철도의 보호와 장려

후루카와 한지로(古川阪次郎) / 금강산전기철도회사 중역, 공학박사[56]

내가 처음 한국에 건너간 것은 메이지 27년(1894년) 말이었다. 당시는 마침 일청 사이에 전쟁이 시작된 것에 자극받아, 조선 반도에 철도를 부설할 계획을 세웠다. 이를 위하여 노선의 선정이나 측량을 목적으로 센고쿠 미츠기(仙石貢) 씨가 책임자가 되고, 내가 그 부책임자가 되어 많은 기술자와 측량공과 함께 인천을 통해 경성으로 갔다. 당시 한국 공부대신 김가진(金嘉鎭) 씨를 만나 그의 알선으로 많은 편익을 얻었고, 그 부하를 연도(沿道) 안내자로 삼아 우리에게 부속되도록 하였다. 또한 그 당시는 국내도 매우 소란한 탓에 한 소대의 호위병을 데리고

---

56 역주: 원 책의 저자 소개는 다음과 같다.

종삼위훈일등(從三位勳一等) 공학박사 금계간기후(錦鷄間祇候) 금강산전기철도주식회사 이사인 후루카와 한지로는 에히메현(愛姬縣) 사람이다. 야마구치 기치쥬로(山口吉十郎)의 차남으로 안세이(安政) 5년(1858년) 11월에 태어나 선대(先代) 쇼하쓰(庄八) 씨의 양자가 되고, 메이지 25년(1892년)에 집안 가장을 받는다. 메이지 17년(1884년)에 공부(工部) 대학교를 졸업하고 철도국에 들어가 기수(技手) 기사(技師)를 거쳐 기감(技監)이 되고, 운수국장, 부총재에 오른다. 다이쇼 6년(1917년)에 사임한 그는 우리나라 철도계의 중진으로 일컬어진다.

각지의 측량에 종사하게 되었다.

우선 경성과 인천 간의 측량을 시작하여 츠지 타로(辻太郎) 씨가 주임이 되어 바로 부설 공사에 착수할 수 있을 만큼 측량을 완성하게 되었는데, 매우 곤란했던 것은 폭항(幅杭)을 박아 고저를 측량하는 단계였다. 하룻밤 사이에 그 말뚝들이 다 뽑혀 없어지고, 박고 또 박아도 계속 없어져서 참으로 한심한 노릇이었다. 당시 한국에 땔나무가 적었던 탓에 한인이 이를 장작으로 쓰려고 뽑아간 것이었다.

그래서 한국 정부의 공부성(工部省)과 교섭하여 공부 대신의 이름으로 인민에게 명하여 철도 측량에 필요한 말뚝을 뽑아 가는 자는 사형에 처한다는 엄명이 내려졌다. 그래서 그제야 말뚝 피해도 적어지고 측량상의 불편도 완화되게 되었다. 이리하여 경부선 측량은 경성에서 충주를 거쳐 밀양을 지나 낙동강을 따라 내려가 부산의 뒤편에 이르고, 그곳에서 터널을 통해서 일본인 마을로 통하게 된다는 계획이었다.

우리는 이 측량을 마침과 함께 모든 도면을 작성하여 이를 정부에 제출해 두었다. 일청전쟁이 얼마 안 되어 끝나 철도 부설 공사가 시작되는 것은 보지는 못했지만, 측량이 있었기 때문에 일러전쟁이 시작된 후 경부선을 부설하는 데 큰 참고가 되었다.

우리는 이 측량에 종사하는 가운데 충주에서 동학당의 폭동을 만나, 잠시 작업을 지연할 수밖에 없었다. 이리하여 대구에서는 이 동학당의 잔당을 사형에 처한다고 하므로 그 형의 집행을 구경하였다. 현장에서 검사하는 관리가 높은 자리에 앉으면, 집행자는 길이 6~7척의 몽둥이를 들고, 묶여서 바닥에 엎드러진 죄인을 발치 쪽부터 때리기 시작하여 점차 몸통이 쪽으로 올라가 일정 수만큼 때린 후에 총살에 처하였다. 이리하여 관리는 자리에 앉아 바로 철수하지만 또는 뇌물에 따라 형의 집행이 좌우되어, 살아 있는 자도 죽은 자로 꾸며 자리를 비우는 때도 있다는 것이었다.

나는 약 한 달 동안 각지를 돌면서 민중의 풍속을 보고 감옥 등도 시찰하였는데, 죄인에게는 먹고 마실 것을 주지 않는 곳이 많았다. 음식은 각자 자기 집에서 가져오게 하는데, 먼저 배달된 자에게 시식하게 하여, 독물의 유무를 시험한 뒤에 관리가 먹어 버리고, 죄인에게는 전혀 주지 않는다는 것이었다.

그 당시 한국은 오늘날 우리가 상상하는 것 이상이어서, 경성에 호랑이가 나온다고 했을 정도였으므로 지방은 더 말할 것도 없었다. 물론 토지가 개간되지 않은 것은 말할 것도 없지만, 민중의 생활 수준이 낮은 것은 참으로 딱한 정도를 넘어 참담하였다. 요즘의 조선 청년은 그 당시의 참상을 몰라 이상론만 외치고 있는 자도 있지만, 아무튼 그 당시의 한국과 지금을 비교하면 거의 격세지감이 있을 뿐 아니라, 그 진보 발전의 상황에는 그저 놀랄 수밖에 없다.

우리의 안내자인 공부성의 관리와 우리가 여행에서 힘들었던 것은 화폐를 들고 다니는 일이었다. 당시 화폐는 엽전, 즉 비타센[57]이어서, 금액에 비해 무게가 많이 나갔다. 이를 소에 싣고 나섰는데, 밤에 소를 충분히 쉬게 해 주지 않으면 쓰러져 버리므로 나중에 말로 바꾸게 되었다. 그리고 안내하는 관리는 여행권을 들고 다니며 곳곳의 관청에서 화폐와 교환해 왔다. 이 여행권은 지방청에서 세금을 중앙에 낼 때 차감 계산으로 처리하게 된다고 하니, 이 경우에는 매우 편리한 제도라고 생각되었다.

---

57 역주: 표면의 문자가 마멸되거나 깨진 돈. 무로마치 시대에는 중국에서 들어온 영락전에 대해 종래 사용하고 있던 조악한 동전을 "비타센"이라 불렀고, 제값을 받지 못해 모두가 싫어한다고 하여 "악전"이라 불렀다. 여기서는 "구멍 뚫린 돈"의 모양에 착안하여 부른 것이다.

그 뒤 일러전쟁 당시에 나는 철도 제리부부(提理部付)[58]로서 다롄(大連)에 갔다가 39년 말에 한국을 거쳐 돌아왔고, 이듬해인 40년에는 포츠머스조약을 결말 짓기 위하여 일러 간의 철도 분기점인 관성자(寬城子, 현재의 창춘시) 시찰에 나섰다가 5월 말에 한국을 거쳐 귀국하였다. 그 뒤 다이쇼 8년(1919년)에는 조선에서 금강산전기철도의 설립을 위한 발기인을 수락하게 되어 이를 위해 노력하였다.

조선에서는 철도 경영이 과연 어떤 성적을 올릴 수 있을지 알 수 없지만, 부속 사업으로 전력 경영이 있으므로 상당히 발전할 가능성이 있다고 보고 나는 이 회사의 창설 이래로 힘을 쏟았다. 그리하여 철도 건설에서 궤도의 폭을 2피트 6인치, 즉 2척 5촌으로 하라는 감독 당국의 지휘가 있었지만 나는 그 폭으로는 도저히 될 수 없다고 주장하였다. 그러자 오오야 겐페이(大屋權平) 씨가 마침내 3피트 6인치, 즉 3척 5촌으로 하라고 하므로, 이에 따라 3피트 6촌 반으로 허가 받았다. 당시 조선 철도의 간선은 그 폭이 4피트 8인치, 즉 4척 7촌이었으므로 나는 금강산전기철도의 부설에서도 역시 4피트 8인치로 공사에 착수하여 총독부 당국의 동의를 구하여 승인을 얻었다.

나는 이 철도를 부설할 당시 금강산으로 가 보았다. 내가 처음 갔을 때로부터 벌써 30년이 지났지만, 그 당시와 비교하면 이 방면은 지방의 발전이라는 것을 그다지 볼 수 없다. 조선왕조 5백 년 동안 온갖 방법으로 민중을 학대하고, 관리는 자기 배를 살찌우는 데만 급급하여 그들의 머릿속에 국익과 국민의 행복 따위는 털끝만치도 없었던 것을 그 역사는 보여준다.

부지런하고 검소하게 힘써서 산업을 이루고, 재산을 쌓으면 포학한 관리의

---

58 역주: 제리부(提理部)는 러일전쟁 때 만주에서 철도를 운영하던 임시 조직으로, 대일본제국 육군의 한 부서이다. 1904년에 설치하여 러시아로부터 빼앗은 동청철도를 고쳐 야전철도로 전용하여 군사수송에 종사했다. 1907년 만주 철도에 사업을 이관할 때까지 4년간 존재했다.

손에 탈취당하는 실정이었으므로, 지칠 줄 모르는 가렴주구는 민중에게 근검함과 저축의 정신을 소모하게 하고, 죽이나 된장을 먹을 수도 없고, 또한 산업에 힘쓰고 재산을 얻는 일에 힘쓸 수도 없을 만큼 참담하였다. 오래도록 폐단이 많은 정치 아래서 민중의 생활은 향상되지 못하고, 경지와 산야는 그저 황폐하게 내버려지고, 상업 역시 발달하지 못하여, 황량하고 퇴폐한 모습이 마침내 한국의 민족성을 이루는 데 이르렀다.

일한병합 전의 총독 시대부터 우리 나라는 한국 민족의 보호 지도에 노력하고 그 개발에 힘을 다하였다. 그리하여 병합과 함께 우리 정부 당국은 한층 힘을 쏟아 민중의 강녕함을 유지하고, 복리의 증진을 꾀하며, 일시동인의 성지를 받들어 그들의 생활에 최대한 문화 혜택을 반영하고자 노력하였다. 그러나 애초부터 과거의 나쁜 정치에 익숙한 조선 민중은 오랜 인습에 젖어 안타깝게도 우리 총독정치의 참된 정신을 철저히 이해하지 못하였다.

하지만 곧 우리 성의와 성실한 지도와 교화에 각성함에 따라 점차 우리의 통치의 방침에 신뢰를 높여간 것은 참으로 반가운 현상이다. 물론 통치의 실제에 나선 총독 이하 관계자 직원의 노력은 그리 쉬운 것이 아니었다. 이들의 열의의 결정이 일본과 조선의 융합과 통일에서 마침내 구현되는 것에 크게 감사하지 않을 수 없는 일이다.

그리하여 우리 조선 관계 당국의 성심성의와 노력에 대한 조선 민중의 진정한 이해가 드러나게 된다면, 조선 통치의 교화는 마침내 유감없이 발휘되어 열매를 맺기에 이를 것이다. 지금의 세계적 대세를 보더라도 일본과 조선이 일체가 되어 양 민족의 영원하고 불변한 견고한 결합으로 대일본 제국을 결성하는 데에 어떤 불합리, 어떤 모순을 발견할 수 없는 것은 말할 것도 없는 점이다. 이런 의미에서 나는 일본과 조선이 한층 더 융합하기를 간절히 바라는 것이다.

그런데 이른바 '조선 철도 정책'을 살펴보면, 처음에 경성-부산 간 철도의 부설은 일러전쟁에 직면하여 속성으로 마련된 것이었고, 이는 어쩔 수 없는 일이었으나, 그 노선의 경사가 40분의 1로 만들어져 있었다. 그러나 그 뒤 내가 있을 즈음에 노선을 개량하여 이를 60분의 1의 경사로 변경하였고, 또 그 뒤에 1백분의 1로 개량하여 오늘에 이르렀다.

나는 전에 40분의 1 경사에서 60분의 1로 변경될 때도 그런 시설을 하는 것은 긴급한 문제가 아니라고 주장하며 상당한 비판을 하였고, 거기서 더 나아가 1백분의 1로 개량할 때 나는 이미 설치된 조선 철도의 선로에 이렇게 완급이 잘못되게 시공할 필요가 없다고 극언하였다.

이 문제에 대하여 더욱 구체적으로 논한다면, 이미 그 경사를 40분의 1로 하건 60분의 1로 하건 당시 조선의 물자 운송 또는 여객 수송의 상태로 보아 시기상조였다. 게다가 이에 필요한 개량비로 약 3천만 원 이상의 거액을 투자한다는 것은 일의 완급이 그릇된 것이고 조선 개발의 본말을 전도한 어리석은 방법이었다.

왜냐면, 본국의 도카이도(東海道) 선 중, 하코네 부근을 개량하는 공사는 메이지 15, 16년(1882, 1883년)에 착수하였는데, 당시의 경사는 40분의 1에 지나지 않았다. 이런 시설이라도 열차에 기관차를 두 대 달아서 일시적으로 보완할 수 있으므로 과감하고 철저하게 개량하지 않더라도 본국 간선의 수송력에 상당한 능률을 발휘할 수 있기 때문이었다.

하물며 조선의 수송력은 본국과 비교되지 못하는데, 한편으로 경비난으로 고생하면서도 특별히 시급을 다투지 않는 시설에 거액의 비용을 투자하여 개량 공사를 할 필요가 어디에 있느냐고 말할 수밖에 없다. 이에 투자할 비용의 여유가 있다면 차라리 기존의 부설 선로를 연장하거나 미개발 선의 개설에 착수하여 조선에서 철도의 보급을 꾀함으로, 교통 운수를 편리하게 하고 아울러 산업 개발에 투자해야 할 것이다.

현재 조선에서는 사설 철도로서는 조선철도, 경남철도, 금강산전기철도, 신흥철도, 도쿄철도, 남조선철도들처럼 주식회사 체제로 경영되는 것이 총연장 1,249km에 달하는데, 현재의 조선 실정으로 보아, 이로서는 도저히 만족할 수 없다. 이를 총독부 직영의 국유 철도의 연장 3,777m와 비교할 때, 그 3분의 1 이상의 구간이 사설 철도의 운전으로 여객 수송 또는 화물 운수 등에 많은 편익을 기하고 있다.

또한 기획을 예정한 미개선이 미착수인 채로 남아 있는데, 나는 특히 긴급을 필요로 하는 것으로서 부산-원산 간을 잇는 조선 동해안선 및 동조선해와 서조선해를 잇는 선이 완성되기를 갈망하는 바이다. 물론 그 밖에도 개발해야 할 것은 많지만, 관선이라면 또 몰라도 사설 철도의 보급을 꾀하는 것은 매우 곤란한 사정이 따르기 마련이다.

그러나 국유 철도는 예산 관계로 그 실현 또한 지극히 어려워, 이 점에서는 사설 철도의 부설을 장려하여 이를 조장하고 발휘하게 하는 방책을 모색할 필요가 가장 긴급하고 간절하다. 철도는 그 성질상 이른바 공공사업이기는 하나, 한편으로 또한 영리사업이기도 하기에 거액의 경비를 투자하여 부설하고 그 경영상 적지 않은 비용이 요구되나, 그 수지가 균형을 얻지 못한다면 도저히 영업을 지속할 수 없다.

특히 조선에서 사설 철도는 산업의 개발, 생활 수준의 향상에 공헌한다는 막대한 임무를 갖고 있음은 말할 것도 없다. 이러한 견지에서 사설 철도의 보호와 조장에 특히 중요성을 두어야 한다. 하지만 그 부설하는데 15년 동안 지불한 자본금에 대하여 연 8%의 국고 보조를 주기로 하여 이를 크게 장려했음에도 불구하고, 이 기간이 만료되는 동시에 그 영업 상태도 고려하지 않고 보조액을 즉시 연 5%로 감액하는 것은 사설 철도에 커다란 타격이다.

물론 15년간 영업 상태를 개선하고 수입을 늘려 독립 자영을 기하도록 유도한다는 의미가 있음은 말할 것도 없는 일이지만, 조선의 현실에서는 철도 영업으로는 도저히 수지 균형을 얻기 힘들다는 것도 분명한 사실이기에, 15개년 기간이 만료되는 동시에 그 보조액을 급격하게 5%로 감액하지 말고, 체감의 방법을 취하여 이를 7%로 하고 또는 6%로 하는 계획으로 나가는 것은 사설철도 보호를 위하여 가장 필요한 일이다.

그뿐 아니라 회사의 영업 상태에 따라서는 어쩌면 이 보조 햇수를 더욱 연장하여 철도 본래의 목적을 달성하도록 노력하거나, 기타 적당한 방도를 모색하고 조선에서 사설 철도를 장려하는 취지를 철저하게 관철하는 것은 조선의 개발을 위하여 당국이 고려해야 할 특히 중요한 문제이다.

16

지방 진흥회의 창설

오하라 신조(小原新三) / 전 조선총독부 농상공부장관, 애국부인회 사무총장[59]

　　오래된 이야기이지만 일한병합 직후에 조선총독부 설치와 함께 나는 총독부 지방 국장으로 임명되었다. 학무국장으로 임명된 세키야 데이사부로(關屋 貞三郎) 씨와 같은 배와 기차로 부임 길에 올랐다. 이는 25년 전의 일이다.

　　조선에 부임한 후, 피폐한 산하, 가난한 촌락의 참상을 목격한 나는 지방국장으로 부임을 했어도 어떤 시책을 먼저 해야 하는지 생각에 잠기지 않을 수 없었다. 당시 조선총독부 간부는 데라우치 총독 아래 정무총감 야마가타 이사부로

---

59 역주: 원 책의 저자 소개는 다음과 같다.
　오하라 신조는 도쿄 사람으로 메이지 6년(1873년) 3월에 태어나, 메이지 10년(1877년) 도쿄제국대학 법과대학을 졸업하였다. 메이지 31년(1898년) 귀족원 서기관에 임명되고, 메이지 32년(1899년) 내무성 참사관을 겸임했으며, 일찍부터 아오모리(青森), 나라현(奈良縣) 사무관을 역임하였다. 메이지 43년(1910년) 10월 조선총독부 지방 국장으로 부임했고, 다이쇼 4년(1915년) 충청남도 장관으로 자리를 옮겨, 다이쇼 5년(1916년) 1월 농상공부(農商工部)장관이 되고, 그 후 본국으로 자리를 옮겨 니가타현(新潟縣) 지사가 되었으며, 현재는 애국부인회 사무총장으로 늘그막의 나이에도 사업에 정진하고 있음은 세상에 널리 알려져 있다.

(山縣伊三郎), 내무부장관 우사미 가츠오(宇佐美勝夫), 탁지부장관 아라이 겐타로(荒井健太郎), 농상공부장관 이시즈카 에이조(石塚英蔵), 사법부장관 구라토미 유사부로(倉富勇三郎) 씨 등이었다.

이들이 지혜를 모아 조선 통치의 열매를 거두기 위해 노력하고 있었다. 나와 세키야 씨는 우사미 장관의 부하로 일하게 되었다. 내가 조선에 부임할 당시, 조선은 모든 것이 원시적인 수준이어서, 지방행정 역시 유치한 수준이었다. 그런 까닭에 오랫동안 조선에는 징세와 재판 이외에 행정이라고 말할 수 있는 것이 없었다.

부임 직후, 나는 지방행정 건설에 옹골차게 노력하여, 불완전해도 모양을 차리고, 민단을 폐지하고 행정, 학교제도를 만들고 군을 통폐합하였다. 도(道) 행정상으로도 조직을 개선하고 제도 정비와 운영에 완벽을 도모하였다. 그 후 5년 정도 지나 총독부 관제가 폐지되었다. 지방 국장이 없어졌기 때문에 박중양(朴重陽) 씨의 후임으로 충청남도 장관이 되었다.

그 후 이시즈카 씨가 조선을 떠나게 되자, 그의 후임으로 농상공부장관이 되었다. 총독이 데라우치 백작에서 하세가와(長谷川) 백작으로 바뀐 뒤에도 약 3년 정도 재직하였다. 만세 소요의 책임을 지고 하세가와 총독 이하 부장관, 국장 중 1~2명만 남고 총독부의 간부 대부분이 조선을 떠나게 되었다.

우리가 처음 조선에 부임할 당시 우리는 모두 조선의 흙이 되겠다는 각오로, 굳은 결심 하에 현해탄(대한해협)을 건넜으나, 어쩔 수 없는 사정으로 조선에서의 10년은 불행한 결말을 보았다. 당시를 회고하면 금석지감(今昔之感)이란 말이 실감난다. 부임 후 얼마 안 되어 지방행정 현황과 민정을 시찰하기 위해 말을 타고 남부지방을 여행하였다. 지금이라면 일주일이나 10일이면 충분할 것을 1개월이나 소비해가며 순시하였다.

당시 철도는 신의주-부산과 경성-인천 간의 선로뿐이었다. 지방 순시에 자동차는 없었고, 주로 가마와 말을 빌리는 것이 고작이었다. 이렇게 하여 일단 도청, 군청, 면 기타 지방 시설을 시찰하였다. 시찰 결과는 오늘날과 비교하면 유치할 수준이기는 하였으나 내가 처음 예상한 것보다는 비교적 좋은 성적을 거두고 있다는 사실을 발견하였다. 지역에 따라 기강이 잘 선 곳도 있었고, 그렇지 못한 곳도 있었다.

군의 통치에 대한 군수의 의견을 물어도 대부분은 명령대로 하겠다고 대답하였는데, 상당한 방침을 세워 각종 사업을 펼치고 있는 곳도 있어서 놀랐다. 관리로 새롭게 조선에 가는 사람 중에는 전임자의 치적을 무시하는 사람이 많다. 이것은 반드시 생각해 보아야 할 문제이다. 총독정치가 시작된 이래로 우리는 열심히 노력해 조선 통치의 기초를 구축하는 데 어느 정도 공헌하였다.

그러나 우리 이전의 일본인 관리-통감 시절 선배들의 공적을 잊어서는 안 된다. 이토 통감을 비롯해 소네 아라스케(曽根荒助), 기우치 쥬시로(木内重四郎), 오카 기시치로(岡喜七郎), 마츠이 시게루(松井茂), 와카바야시 라이조(若林賚蔵), 사와다 우시마로(沢田牛磨) 씨 등이 노력한 흔적은 지방을 순시하며 충분히 확인할 수 있었다. 통감 시대는 모든 것을 새롭게 시작한 시기였다. 조선 동포에게 우리 황실의 은혜를 느끼게 하려 피땀을 흘려 노력한 시기였다. 자신을 버리고 조선에 뼈를 묻겠다는 각오였다고 생각한다.

본국의 지방관리와는 비교의 대상이 될 수 없을 정도로 바쁜 생활이었다. 당시 조선의 상류계급이나 중류계급은 총독정치를 환영하였다. 옛날의 폭정이 개선되고 가렴주구가 없어져 각자의 재산을 안전하게 보장받았기 때문이다. 하층계급은 누가 정치를 해도 자신들과는 상관없다는 태도였다. 가장 경계해야 할 대상은 양반과 유생이었다. 조선왕조가 베푼 은혜를 가슴속에 품고 단식으로 죽어간 사람들이 많았다. 그중에 충청남도 등에 이런 사람들이 가장 많았다. 충청남도에 부임하고 나서 관내를 순시할 때는 조선인을 모아 놓고 연설하였다. 천황 폐하의 자비로우신 사랑과 총독정치의 방침을 설명하였다. 양반의 집을 방문해 이해를 구하기도 하였다.

때로는 도의 통치의 방침을 제문으로 만들어 공자묘에 붙여 양반과 유생의 이해를 얻으려 노력하였다. 양반들의 이해를 얻기까지는 많은 어려움을 겪어야 하였다. 조선의 면(面) 행정은 특히 혼란했다. 본국의 지방행정 그대로 옮겨놓아서는 도저히 불가능한 점이 많았다. 원시시대와 비슷한 곳에는 옛 명군의 방침을 갖고 접근할 필요가 있었다.

충청남도에 진흥회를 만든 것은 이 같은 생각을 실현하기 위해서였다. 이것은 옛날 조선에 있었던 여씨향약을 모델로 하였다. 노인을 공경하고 효자, 절개 있는 부인을 표창하며 근면, 선행을 장려하기 위한 조직이었다. 말하자면 우리나라의 5인조 제도를 확대하였다. 형태를 현대식으로 바꾸어 상호조화, 풍속개선, 산업장려, 정신개조, 위생사상의 보급에 힘을 기울였다.

민중이 자치적으로 그들의 지위를 높여 지방행정을 개선하려는 조직이 바로 진흥회였다. 도는 군에 진흥회 규칙을 설명하고 설립을 종용하였다. 각 군은 서로 경쟁하듯 면을 독려했기 때문에 각 면은 조직에 착수하였다. 이것은 민중의 기대에 부응하는 면이 있어 큰 환영을 받았다. 조직이 확대되어 진흥회는 오늘날에도 상당한 성적을 올리고 있다.

각 지역에 확대 시행한다는 소식도 들린다. 돌아보면 감개무량하다. 나는 작년에 조선을 방문했을 때 놀랄 만한 사실을 발견하였다. 근래 조선인의 얼굴이 일본인과 닮아가고 있는 것인데, 의심할 여지가 없는 사실이다. 이는 교육과 문화 보급의 결과라 생각한다.

당시 나는 여자 보통학교와 고등보통학교를 참관하였다. 생도의 얼굴 모습으로 일본인과 조선인의 구별은 거의 불가능할 정도인 것에 주목하였다. 교육의 보급과 문화적 자극이 많아진 결과 얼굴이 인텔리처럼 되어버린 것이다.

이와 함께 내가 더욱 놀란 것은 산업 분야의 발달이다. 폐하께서 각 도의 제품전시관 및 기타 장소를 관람하러 오신 적이 있었는데, 그때 폐하께 나는 "조선이 이만큼 발달하고 생산량이 매우 증가한 것은 결코 우연이 아니고, 이 뒤에는 수백, 수천 명의 지도자의 피와 땀이 스며들어 있습니다. 많은 관리, 기술자들이 노력한 결정이므로 한 톨의 쌀, 한 줌의 실이라도 그냥 간과하시면 아니 됩니다."라고 아뢰었다. 나 역시 그와 같은 감정을 억누르기 어려웠다.

예로부터 조선인은 역사적으로 사대사상이 강한 것이 사실이어서 중국이 강하면 중국의 눈치를 보고 러시아 세력이 왕성하면 러시아 편에 붙었다. 일본이 세력을 펴면 일본에 복종하는 것은 과거의 역사가 증명한다.

당시 조선인은 데라우치 총독의 통치 방침에 반기를 든 것은 아니고, 한때 세계를 휩쓴 민족자결주의를 잘못 받아들여 만세 소요가 일어난 것에 불과하다. 그러나 만주사변 이래 우리 제국은 확고한 신념 아래 국제연맹을 탈퇴하였다. 세계열강과 당당히 맞서 확고한 국제적 지위를 확보하였다.

이와 같은 과정 속에 조선인 역시 새로운 각오 아래 종래의 태도를 바꾸고 있다. 조선 통치상 참으로 기쁜 일이다. 조선의 앞날이 밝다는 것은 의심할 여지가 없다. 조선의 쌀 생산 3천만 석 계획은, 제1차 사이토 총독의 때에 시모오카 정무총감이 기초를 닦았다고 전해지나, 이것은 오해이다. 쌀 생산 늘리기 계획은 내가 재임할 당시에 이미 방침이 정해져 있었다.

당시 일본 정부는 일본 경제조사회를 만들어 각종 조사 연구를 하고 있었다. 나는 임시위원으로 명을 받아, 조사회의 말석에서 조선 쌀 3천만 석론을 크게 주장하였다. 곧, 쌀 생산 늘리기를 추진하려면 정부는 조선에 상당한 보조금을 주어야 한다. 배수 관개를 정비하면 조선의 쌀 생산을 3천만 석까지 늘리는 것은 절대로 어렵지 않다고 회의 석상에서 발표하고, 이를 관철하기 위해 노력하였다.

그리하여 이 계획은 당시 총독부 기사였던 미츠이 에이나가(三井栄長) 씨와 아야다 유타카(綾田豊) 씨 등이 나를 도와 조사 연구를 해 근본 방침을 세웠다. 내가 조선에 있을 때 나를 도와 함께 일한 사람에는 히토미 지로(人見次郎), 아오키 게이조(青木戒三), 오오츠카 츠네자부로(大塚常三郎), 이쿠타 기요사부로(生田清三郎), 사와다 도요타케(澤田豊丈), 다나카 우조(田中卯三), 다니타 요시마로(谷多善麿), 무라타 소이타로(村田素一郎) 씨 등이 있다. 또 선배와 동료로 아카시 겐지로(明石元次郎), 다치바나 고이치로(立花小一郎), 스즈키 시즈카(鈴木穆), 고마츠 미도리(小松緑), 고다마 히데오(兒玉秀), 세키야 데이사부로(關谷貞三郎), 모치지 로쿠사부로(持地六三郎) 씨 등이 있다. 돌아보면 이들 중에 이미 고인이 된 사람도 적지 않다.

우리를 지도해 주었던 데라우치 백작, 하세가와 백작, 야마가타 공작 등 당시의 수뇌들도 모두 고인이 되었다. 조선 재직 당시를 생각하면 깊은 감회에 젖는다. 그 후 사이토 자작, 우가키 씨 등 역대 총독 또는 그 외의 사람들이 노력함으로 조선 통치의 실적이 나날이 현실로 나타나는 것이 매우 기쁘고 즐겁다. 그리하여 일본과 조선의 융화를 통해, 더욱 두 민족을 결합하고, 조선 내에 있는 각종 자원을 개발하여 공동 번영을 추구하는 일이 오늘날의 조선에서 가장 중요한 문제라 생각한다.

17. 조선의 사상 문제

아사리 사부로(淺利三朗) / 전 조선총독부 경무국장[60]

1925년 9월에 총독부 경무국장인 미츠야(三矢) 씨가 임야국장으로 영전하였다. 나는 당시 가가와현 지사에서 미츠야 씨의 후임으로 조선에 부임하였다. 당시 경무국의 관할 사항은 매우 다양하였다. 중대한 사건이 연이어 일어났고 사상(思想) 측면의 단속에 많은 어려움을 겪고 있었다. 곧 내가 부임한 해 말에는 다이쇼 천황의 붕어로 나라 전체가 슬픔으로 가득 찼다.

이듬해인 1927년 봄에는 천황의 장례식이 예정되어 있었다. 그 후 4월에는

사이토 총독이 군축 회담으로 제네바에 갔고 우가키 육군 대신이 총독 임시대리가 되었다. 같은 해 12월에는 사이토 총독이 사임함에 따라 야마나시 총독이 부임하였다. 1928년 11월에는 폐하의 즉위식이 있었고, 1929년 10월에는 조선 박람회가 개최되는 등 국가적 또는 조선과 깊은 관계가 있는 행사가 이어졌다. 조선 내 치안 유지의 책임이 있는 경무당국으로서는 큰 긴장과 노력에 따라, 아무 사건 없이 이러한 행사가 치러져 정말 기쁠 뿐이었다.

　내가 조선에 부임할 당시 국경 지방인 평안북도 및 함경남북도 지방에는 비적이 자주 출몰하였다. 조선 내외의 선량한 사람들이 비적의 위협을 받고 있었다. 그러나 비적의 근거지가 만주에 있었기에 국경의 방비를 철저히 해도, 간도 지방과는 강 하나 사이에 불과하였다. 더욱이 겨울이 되면 강물이 얼어 쉽게 조선에 침입할 수 있었다. 비적의 경계에는 많은 어려움이 있었다. 물론 전해에 전 경무국장인 미츠야 씨가 중국 당국과 맺은, 이른바 '미츠야협정'(불령선인 단속에 관한 조선, 봉천성 간 협약)이라는 것이 있기는 하였다. 이 협정은 만주의 비적은 중국 측이 단속하게 되어 있었으나, 중국 측의 힘이 도저히 미치지 못하여 협정의 결과, 선량한 사람들만 고통을 받게 되었다. 당시 키타바야시 중위 납치사건이 일어나, 경무국은 군부와 함께 국경을 넘어 토벌대를 파견하기도 하였다.

　한편 조선에서도 공산당의 활약이 활발해진 사실 또한 주목할 가치가 있다. 내가 부임할 당시는 조선 내의 공산당 제1회 검거가 진행되고 있을 때였다. 더욱이 공산당 역시 비적과 같이 간도 지방에 근거지가 있었다. 그들은 조선 내의 공산당과 연락을 취하고 있어서 단속에 큰 어려움이 있었다. 쇼와 3년(1928년)에는 민족주의 단체인 신간회가 점차 좌경적인 색채를 띠기 시작하였다. 당초에 신간회 간부의 방침은 속으로 불평이 많은 사람을 이 단체 밑에 두고 통제하여 선도한다는 것이었다. 내게 승인을 요구하며 왔을 때 그들이 말한 취지 역시 이와 같았다.

그러나 점차 이와 같은 뜻은 없어지고 각 지부의 세력이 나날이 강해졌다. 중앙 간부의 통제에 굴복하지 않고 간부 역시 통솔할 힘이 없었다. 마침내 신간회는 어떤 긍정적인 일을 맡을 수 없는 단체로 전락하였다. 이때 신간회의 색채도 급변하였다. 민족주의에서 좌경공산주의 경향으로 바뀐 것이다. 결성될 당시의 주의나 방침과는 전혀 다른 흐름이었다. 듣기에 좋은 말일지는 모르나 일한병합 후 우리 나라가 조선 동포를 위해 얼마나 애써 왔는가? 행복의 증진을 위해 밤을 낮 삼아 일해온 우리의 참뜻을 조선 동포는 이해하지 못한다. 그런데도 이런 사상이 등장하고 있는 사실은 자기 행복을 포기하는 일이다. 유감스러운 일이다. 총독정치의 참뜻은 조선인들이 보는 그대로이다. 어려움 속에서도 조선인을 위해 피땀을 흘리고 있지 않은가?

당시 한글 신문들은 민족주의를 고취하였다. 조선 통치상 좋지 않은 영향을 끼쳐 몇 차례 판매와 배포를 금지한 적이 있다. 그러나 경영자와 이야기해 보면 온건하고 이해심도 있는 사람임에도 불구하고 신문지상에는 반대 결과가 나타났다. 단속하는 우리도 머리가 아플 지경이다.

나는 조선 통치에 대해 불평을 품거나, 불만을 토로하는 사람들에게 "우리가 조선을 통치하는 참뜻은 무차별주의에 따라 조선을 개발하고, 문화를 향상해 민중의 복지를 증진하며, 치안을 유지함에 있다. 따라서 일본인과 조선인의 차별을 없애고 서로 협력해 크게 향상과 발전을 추진해야 한다. 우리 일본 제국이 오늘날과 같이 놀라운 발전을 이루어 국력을 충실하게 만들어 세계적으로도 부강한 나라가 된 이유는 단 하나 우리 국민이 노력한 산물이기 때문이다. 따라서 조선인들도 본국 동포의 엄연한 정신적인 기백과 백번 부러져도 휘지 않는 노력과 건투하는 자세를 찾아 모범으로 삼아, 크게 배우고, 또한 이에 따라오다 보면 조선의 건설적인 노력이 효과를 냄과 동시에 우선 정신적으로 갱생할 긴요함이 있다."라고 설득했다.

아마도 스즈키 씨가 내무대신이었을 때의 일이라고 기억한다. 당시 본국에서도 공산당의 발호가 심해, 검거하던 때였다. 나는 우연히 내무성에서 고등경찰을 확장하여 사상 문제 단속을 전담하게 한다는 계획을 들었고, 정보를 얻자마자 조선에도 본국과 같은 시설을 실현하고 싶다고 생각해 예산을 얻어 계획을 세웠다. 총독의 결재를 의회에 제안하는 절차를 마치고 내외지 모두 의회의 찬성을 얻었다.

이 결과, 40만 원의 예산으로 고등경찰을 확장하기 위해 경시(警視, 대한제국 때, 경찰관의 고등관)를 증원하였다. 사상의 단속을 현장에서 담당하는 경부, 순사를 두고 각 도에 고등 주임을 임명하였다. 외지파견원(外地派遣員)으로 종래 봉천, 길림, 북평, 상해 4개소에 통역관을 상주시키고 있었는데, 2개소를 늘려 하얼빈과 상해에도 통역관을 파견함으로 그 지역과 조선은 항상 연락을 유지할 수 있게 되었다. 점차 불온사상에 대한 단속기구가 충실해지고 경계망이 확장되었다. 엄중한 단속과 본국에서 자주 검거한 결과, 조선 내의 공산주의 운동도 진정되었다. 사상단속기관의 확장 문제는 당연히 법무 방면에도 영향을 끼쳤다.

조선에서도 본국에서와 마찬가지로 사법관이 증원되었다. 형무소계원 역시 증원되었으나 당시 내무성의 입안 계획을 들을 기회가 없었다. 기회를 놓치거나 때를 맞추지 못해 나중에 알게 되면 본국과 같은 시설을 갖기는 어려웠다. 신속하게 기회를 잡아 정보를 입수해 다행이었다. 당시 본국과 같이 조선에서도 소작 문제가 일어났다. 동양척식주식회사 소유지인 궁삼면(宮三面) 사건[61] 같은 것은 미

---

61 역주: 전라남도 나주 궁삼면 '토지 탈환 운동'은 1888년 가뭄을 계기로 지방을 관리하는 경저리(京邸吏)로 악덕 관리였던 전성창(全聖暢)이 궁삼면의 민간인 땅을 강제로 빼앗으면서 시작되었다. 땅을 빼앗긴

츠야 전 국장 시절부터 일어난 소작쟁의였다. 이곳은 점차 진정되는 추세였다.

그러나 전국 각지에서 소작쟁의가 빈발해 갖은 분규가 일어났다. 더욱이 이러한 쟁의에 좌익사상이 개입한 흔적이 발견되었다. 이를 예방하고 분쟁을 근본적으로 해결하려면 조선의 소작제도를 조사, 연구하여 폐습을 교정하고 제도의 합리화를 도모하여야 하였다. 제도가 갖는 타당성을 지주와 소작인에게 설명해 합리적인 방향으로 유도할 필요가 있었다. 유아사(湯淺) 정무총감 당시에 나는 이를 제안하였으나, 곧이어 총감이 경질되어 실행할 수 없어, 후임자인 이케가미(池上) 총감에게 조선 소작쟁의의 근본적 해결을 위해 소작제도의 확립이 급하다고 다시 제안하였다. 총감도 공감하고 준비기관으로 우선 소작제도 조사회를 설립하여 곧 조사에 착수하였다. 많은 연구 조사를 통해 조선의 소작제도를 확립하기에 이르렀다. 또한 당시 위생상의 단속으로 애를 먹은 일은 모르핀 중독환자가 아주 많이 늘어난 것으로, 이들이 모르핀을 얻기 위한 자금이 궁하여, 그 결과 수단과 방법을 가리지 않고 절도, 사기 등의 범죄가 빈발하였다.

농민들은 일제강점기를 거쳐 해방 후 1970년 농지개혁이 끝나서야 땅을 되찾을 수 있었으니 무려 약 80여 년 동안이나 전개된 토지소유권 분쟁이다.

전성창은 일제강점기에 이 땅을 경선궁(영친왕 이은의 어머니, 순헌황귀비 엄씨) 소유로 위장하였고, 1909~1910년에 일제가 세운 동양척식주식회사(이하 동척)에 매입됨으로써 동척의 소작지로 전환되었다. 1910년대 농민들은 동척을 상대로 소작료 불납운동과 법정투쟁(광주지방법원→대구복심법원→경성고등법원)을 전개하였다. 그러나 법정투쟁이 실패로 돌아가면서 궁삼면 토지소유권 탈환 투쟁은 잠시 진정 국면에 접어든다.

그러나 1919년 3·1운동과 함께, 궁삼면 농민들은 토지소유권 탈환을 위해 농민집회를 여는 등 새로운 국면을 맞게 된다. 1920년대 초·중반 일제 당국을 상대로 대외교섭 활동과 농민집회 등을 통해 토지소유권 탈환을 위한 노력을 계속하였다. 그리고 1925년 궁삼면 농민들은 농민회와 토지 회수 운동 동맹을 조직하여 동척에 조직적으로 저항하였다. 그 결과 1926년 조선총독부는 '家垈'와 '墓田' 등 일부 토지만을 무상으로 반환하였으며, 궁삼면 토지 소유권 분쟁은 일단락되었다. 농민들의 온전한 탈환은 해방 이후에나 이루어진 것이다.

자세한 내용은 '국내 독립운동·국가수호 사적지 배움터(sjeok.nisus.kr)'의 "궁삼면 농민운동지(농민들, 끊임없는 투쟁으로 땅을 되찾다.)" 참조.

한편 환자들에게 마약을 파는 밀매자들이 많았다. 그들은 폭리를 취하고 왕성하게 새로운 환자에게 마약의 사용을 권유하는 등, 방치할 수 없는 행위를 저지르고 있었으므로 단속은 주로 중독환자의 명부를 두어 여기에 등록시키는 방법을 택하였다. 치료소를 두어 독점 판매[專賣(전매)]로 모르핀을 싼값으로 판매하여 그들을 구제하는 계획을 세웠으나, 여러 가지 관계로 전매국을 주관으로 이를 실시하였다. 조선에서는 옛날부터 관청의 착취가 심해 민심이 위축되어 있었고, 근면, 노력이나 기업을 일으켜 재물을 쌓는다는 적극적인 정신이 사라져 추위와 배고픔의 괴로움을 견디는 생활을 받아들여야 하는 상태에 있었다. 따라서 여러 해의 풍습이 이미 민족성이 되어 진취적 기상이 부족하고 적극적이고 건설적인 기백을 보이는 것이 적었다. 극도의 궁핍에 빠져들어, 농민들은 긴박함에서 빠져나오기 위하여 높은 이자의 채무를 지게 되었다.

따라서 농산물은 수확하면 전년도의 부채를 갚는 데 전부 쓰는 상태여서 끊임없는 채무 때문에 고뇌에 차 있었다. 그래서 나는 그들을 구제하는 방법을 상사에게 진언하였다. 은사금으로 급한 불을 끄기로 하였다. 그러나 회수는 단시일 내에는 불가능하였다. 농촌의 자력갱생에 따라 회수가 가능할 것으로 생각한다. 나는 총독이 군축 전권으로 제네바로 출발하기 전 조선의 자치 문제에 관해 총독에게 내 의견을 말하였다. "본 문제의 해결은 조선 통치를 위해 오랜 체험을 한 사이토 총독이 해주었으면 한다."라고 말하자 사이토 총독은 "이 문제에 관해서는 와카츠키(若槻) 수상에게까지 나의 복안을 제출하였다."라고 말하였다. 이것을 생각해 보아도 사이토 총독이 조선의 자치 문제에 많은 관심을 두고 준비해 왔음을 알 수 있다. 그리하여 지방제도의 개혁으로 자치 문제는 상당한 진전을 보기까지 이르렀으나, 조선에도 지금 이상의 폭넓은 자치권을 주어, 책임을 분담시키는 일은 분명히 조선 통치상의 중요 안건일 것이다. 단, 그것은 시대의 추이와 생활 수준의 향상에 비추어 보아 언젠가 행해야 할 문제이기는 하나, 민중의 명예욕을 충족시키고 그 책임감을 더욱 크게 하기 위해서라도 하루라도 빨리 그 시기가 서둘러 오기를 간절히 바란다.

18. | 위생 사상의 보급

모리야스 렌키치(森安連吉) / 전 조선총독부의원, 내과 부장 의학박사[62]

나는 대학을 졸업하고 도쿄대학 아오야마 내과의 조수로 근무하였다. 1907년 해외 유학길에 올라 1909년 봄에 귀국하였다. 그 후, 은사인 아오야마 박사가 "대한의원장인 키쿠치(菊池) 군이 누군가 학위를 가진 사람을 한국에 보내 달라고 하는데, 가보지 않겠나."라고 내게 제의하였다. 그러나 직분상 총독부가 견제하면, 기능을 발휘할 수 없기에 관계자를 만나 여러 가지를 질문하였다. 그런 일은 절대로 없다는 대답이었다. 따라서 나는 결심을 하고 1909년 11월 대한의원 내과 부장으로 한국에 부임하였다.

---

62 역주: 원 책의 저자 소개는 다음과 같다.
　　모리야스 렌키치 씨는 시즈오카현(静岡縣) 사람으로, 다케무라 신지(竹村眞次) 씨의 동생이다. 메이지 5년(1872년) 12월 29일에 태어나 메이지 28년(1895년) 오카야마현(岡山縣) 모리야스 신페(森安信平) 씨의 대를 이어, 메이지 33년(1900년) 제국대학 의과대학을 졸업하고 연구를 쌓다가 의사로서 대성하게 되고 의학박사 학위를 받아, 대한병원에서 일을 하였다. 그 후 조선총독부 의료관이 되고, 총독부 병원 부원장으로 발전 중에 있는 조선 의료계 향상 발전에 뜻을 두고 중요한 인사로 이름을 남긴 사람이다.

당시는 이토 공작이 통감을 사직하고 소네 부통감이 그 후임으로 취임한 직후였다. 나는 한국 정부가 경영하는 병원에 취임했기 때문에 총리대신 이완용 씨에게서 임명장을 받았다. 당시 이 병원에서 학위를 소지한 사람은 키쿠치 원장과 나뿐이었다. 당시 조선의 의료 업무와 위생 상태를 회고하면 감개무량하다. 따라서 나는 당시 내가 체험한 두세 가지 단편적인 사건을 되돌아보기로 한다.

내가 부임한 다음 해의 1월쯤에 이완용 수상이 메이지 거리에 있는 프랑스 교회 앞에서 자객의 기습을 받았다. 이완용 씨 피습 사건이다.[63] 이 씨는 곧 대한의원 외과에 입원하였다. 당시 외과 부장은 군의 총감 키쿠치 원장이 겸임하고 있었다. 따라서 외과에서는 가능한 치료를 모두 동원하였다. 그러나 고열이 계속되고 좀처럼 내리지 않았다. 이러한 상태가 계속되어 내과 진단이 필요한 것이 아닌가 생각하였다.

그러나 이 씨의 부상은 앞에서 껴안고 흉기로 등을 찔렀기 때문에 상처가 가슴막(늑막)까지 도달하였다. 내가 진찰한 결과 가슴막에 많은 피와 물이 고여 있어 이것 때문에 높은 열이 계속되고 있었다. 당시 이완용 씨의 진찰에는 이윤용, 조중응, 송병준 씨 등이 입회하였다. 결국, 고인 피와 물을 어떻게 하느냐가 문제였다. 나는 가슴막에 있는 물을 빼내려면 침을 놓아 빼지 않으면 방법이 없다고 설명하였다. 아플 것이라 말하는 사람도 있었으나, 일시적 고통은 참고 이 방법으로 치료할 수밖에 없다고 다시 설명하였다. 마침내 침을 놓았다. 혈액성의 물

---

63 역주: 여기서 말하는 프랑스 교회는 지금의 명동성당을 말한다. 1909년 12월 22일에 이재명 의사와 그 동지들이 이완용을 습격한 사건이다. 이완용은 일본이 한국의 주권을 빼앗은 것이나 다름없는 을사늑약 체결에 앞장선 인물이다. 그는 매국의 대가로 이토 히로부미 추천으로 총리대신까지 올랐으니 더더욱 이완용은 한국인들에게는 분노의 대상이었다. 이완용은 이때 치명상을 입었지만 모리야스 렌키치와 같은 일본 의사들의 도움으로 살아남았다. 이재명 의사는 1910년 9월 13일 처형당했고, 이완용은 1926년까지 살아 남았으나 이때 사건이 죽음의 원인이 되었다고 한다.

이 나왔고, 치료를 마치자 열도 내렸으며, 점차 경과가 좋아져 퇴원하게 되었다. 내가 한국 정부로부터 2등 훈장을 받은 것은 아마도 그런 관계(이완용 씨 때문)가 아니었나 상상했다.

당시 한국에서는 외과 방면은 전통적인 한국의 의술이 따라갈 수 없을 정도로 외국 의사의 치료를 환영하였다. 그러나 내과는 대부분 한국 고유의 진단과 투약으로 끝내버리는 실정이었다. 이완용 씨 치료 이후 내과 진료도 우리의 의술을 신뢰하게 된 것은 바람직한 현상이었다. 그 후 이윤용 씨가 병원으로 나를 찾아와, 자신의 부인이 자주 기침을 하고 가래가 나와 어려움을 겪고 있으니 좋은 약을 달라고 요청하였다. 나는 병상 진찰도 하지 않고 투약할 수는 없다고 말하고 거절하였다. 다음 날 피가 섞인 가래를 지참하고 이것을 보고 약을 달라고 하였다. 피가래인 것은 분명하였으나 원인 불명이었다. 진단도 하지 않고 투약할 수 없다고 거절하였지만, 다음 날 다시 병원에 와서 그렇다면 방법이 없으니 약은 나중에라도 괜찮으니 집에 와서 진찰해 달라고 요청하기에 나는 이윤용 씨의 집에 가서 부인을 진찰하게 되었다.

당시 안방에 남자 출입은 허용되지 않았다. 이러한 관계로 이 씨의 부인을 만나 보니 말을 잘하고 경력담, 고생한 이야기를 마구 쏟아, 할 말을 잃을 정도였다. 정작 진찰하려고 하니 옷을 입은 채로 하라고 말을 듣지 않아, 사정하여 옷을 벗긴 했지만 얇은 옷을 입은 채로 진찰해 달라고 고집을 부렸으나, 마침내 이를 벗고 진찰하였다.

진찰한 결과 간디스토마였다. 간디스토마는 한국의 지방병으로 환자가 많았다. 전염 경로는 환자가 물속에 가래를 뱉었을 경우 가래 속에 있는 병원충의 알이 물속에서 부화해 애벌레가 된다. 조개가 애벌레를 잡아먹으면 애벌레는 조개 속에서 발육하여 물속으로 퍼져 나온다. 그리고 이것을 게가 먹어 게 속에 있는 주머니에서 벌레가 되어 생존한다. 한국인은 날로 게를 먹는 습관이 있어 간디스토마에 감염되기 쉽다.

한국에서 환자를 진찰할 때 가장 곤란했던 것은 부인 환자의 진료였다. 일본과는 달리 한국의 부녀자는 오랜 습관상 절대로 속살을 드러내기 싫어하였다. 복부 진찰 역시 응하지 않았다. 그러나 옷을 입은 채로 진찰하기는 사실 불가능하였다. 몇 차례 신경전을 벌여야만 옷을 벗었다.

지금은 일본인과 같은 방법으로 진찰할 수 있게 되었다. 놀라운 변화이다. 당시 조선의 왕이 중풍에 걸려 관절 통증 때문에 서 있지도 못한다고 해서 진찰한 적이 있다. 궁중에는 한방 의사가 힘이 있었다. 내가 드리는 약을 한방 의사들이 한약으로 바꿔치기하여 왕에게 권하고 있었다. 나는 친히 왕께 이런 현상이 계속되면 약을 드리지 않겠다고 말씀드렸다. 왕은 나의 뜻을 이해하셨고, 내 승낙 없이는 한약을 드시지 않겠다는 말씀까지 하셨다. 이리하여 진보된 근대 의학이 한국 궁정에서도 이용되기에 이르렀다. 그러나 당시 일반인들의 경향은 조선 인삼이 효능이 두드러진 약품이라고 생각하고 있었다. 죽음을 눈앞에 둔 사람은 유일한 수단으로서 인삼을 복용한다. 따라서 인삼의 가격은 매우 비쌌다.

당시 나는 권세 있는 가문의 노파를 진찰한 적이 있다. 회복할 수 없다는 뜻을 밝히자, 장백산(백두산)에서 채취한 사람 형태의 인삼을 복용한다고 해서 값을 물으니 300원이라 하였다. 권세 있는 가문의 병자들은 비싼 인삼을 먹고 죽어간다. 내부대신 박제순 씨가 간이 좋지 않아 오랫동안 대한병원에 출입하고 있었으나, 나날이 쇠약해져 병원에 왕래하기도 어려울 정도였다. 나는 귀가할 때 왕진하기로 하였다. 그런데 어느 날 박 씨는 내게 신문지로 싼 것을 꺼내어 받아 달라고 하였다. 박 씨의 유품이었다. 내가 왕진하겠다고 말했을 때부터 박 씨는 이미 자신의 병이 회복할 수 없어, 의사가 포기해 버렸다고 생각하였다. 남은 목숨이 길지 않아 각 방면으로 유품을 나누어 준 것이다.

당시 한국의 주요 관리인 조중응, 송병준, 박영효 씨 등이 내게 진찰받았다. 상류계급도 감기에 걸리면 갈근탕이 좋다고 믿었다. 또는 인삼에 소나무 열매를 넣어 끓여 먹었다. 하층계급은 이와 같은 상태가 더욱 심하였다. 내가 부임한 후 일본인 의사가 한국인을 진찰하는 것이 일반화되었다.

특히 부인에 대한 진료는 매우 곤란하였다. 당시 부인들은 두꺼운 겉옷을 덮어쓰고 있어 길을 가는 중에 마주치면 옷 속으로 숨어버리던 시대였다. 이런 사람들을 진료받을 수 있게 만드는 일은 곤란하였다.

그러나 외국인 선교사 등은 상당한 요령이 있었다. 의사가 없는 지역에 포교를 목적으로 환약을 가지고 가서 병을 치료하기도 하고 포교 활동을 적극적으로 전개하기도 하였다. 이 방법은 상당한 효과를 거두었다고 생각한다. 나는 대한병원 내과 부장이자, 경성 시내의 전염병 환자를 수용하는 순화원 원장을 겸임하였다.

어느 해에 콜레라가 유행하여 환자가 계속 발생하였다. 한때 순화원에 수용된 환자의 수가 백몇십 명에 달하기도 하였다. 이들이 토해내는 오물의 위험을 막기 위해 장화를 신고 진료하기도 하였다. 전염의 매개가 되는 파리가 많아 어려움을 겪었다. 그 후에 발진 티푸스가 유행하였다. 한 번에 60만 명의 환자를 수용했기 때문에 병실이 부족했고, 도저히 수용할 수 없어 병원 뒤에 있는 공원에 환자를 수용해야 할 정도였다.

대한의원에서 총독부 의원이 되고 난 후에도 150~160명의 환자가 있었다. 진찰할 수 없을 정도로 바쁜 생활이 계속되었다. 부임 후 진찰할 때 증상을 물어보는 일에도 말이 통하지 않아 약 반년 동안 통역이 필요하여 참으로 불편하였다. 그러나 진찰을 계속하자 언어 소통 문제도 해소되었다.

당시 내가 맡고 있던 경성 의학 전문학교의 진단학 강의도 처음에는 통역을 통해 강의하였다. 반년 정도가 지나자 일본어로 강의해도 될 정도로 학생들이 일본어에 숙달되었다. 일한병합과 함께 대한의원은 총독부의원이 되었다. 자혜병원이 각 도에 설치되었으며 그 원장은 군의관으로 충당하였다. 총독부 병원에서는 무료 환자와 입원료를 내는 환자를 구분하였으나 주로 무료 환자를 수용해 이들에게 의학의 가치를 입증하고 복지 향상을 꾀하였다. 무료 환자 중에는 매일 약병을 가지러 오는 사람들이 있었는데, 조사해 보니 그들은 병원에서 가져간 병을 팔아버리고 새것을 요구하였다는 거짓말 같은 이야기도 들린다. 무엇보다도 의사라 하면 한의사밖에 모르고, 그 외의 문명적인 의술은 아무것도 모르는 상대를 대상으로 진찰에 종사하는 것은 여러 가지 사안의 곤란한 일에 맞닥뜨릴 수밖에 없었다.

예를 들면, 한의학의 습관에 길들어져 차갑게 하는 것을 싫어하는 경향이 있었다. 곧 차가워지면 병에 걸린다고 생각하였다. 부인들을 진료하는 어려움은 앞에서 언급한 바와 같으나 이 점도 점차 이해하게 되어 마침내 개복수술까지 가능해졌다. 이는 조선의 의학이나 위생상 바람직하다. 1910년 중국에서 페스트가 유행할 때 나는 다롄, 장춘, 봉천까지 시찰, 견학한 적이 있다.

당시 여기저기서 환자가 속출하였는데 그 비참한 상황은 말로 표현하기도 힘들다. 내가 장춘에 있는 병원을 시찰하고 돌아올 때 소독용 석탄산을 뿌려주었는데 아무런 냄새도 나지 않아, 이상하게 생각하였다. 그도 그럴 것이 석탄산을 구매하는 돈으로 먹을 것을 사버리고 위험천만하게도 소독에 아무런 도움이 되지 않는 보통 물을 뿌렸다는 농담 같은 이야기였다. 페스트 예방 회의가 총독부에서 열렸을 때, 중국에서 오는 배(정크, junk)가 조선에 페스트 병균을 전파하고 있다고 결론지었다. 아카시 씨는 이러한 위험을 없애기 위해 중국의 배를 총독부가 전부 사들이면 방역상 안전하리라는 의견을 냈던 적이 있다. 야마가타 씨는 이는 불가능하다고 주장하였다. 아카시 씨의 주장은 채택되지 않았으나, 이를 보아도 그가 어떤 사람이었는가를 알 수 있다.

나는 일한병합 전인 1909년 대한의원에 부임한 이래 약 11년간 내과 부장으로 조선의 위생 문제에 미력을 바쳐 일하다가 1920년 11월 퇴직하였다. 내가 재임할 때와 비교하면 문화의 향상과 함께 현재 조선에 위생 사상의 보급, 의료기관이 충실하게 되는 큰 변화가 있었다. 앞으로 조선이 더욱 발전해 한층 진보해가길 간절히 원한다.

19

감격에 충만했던 그때

아카이케 아츠시(赤池濃) / 전 조선총독부 경무국장, 귀족원 의원[64]

지금 내가 조선에서 3년간 재직했을 때를 돌아보면 확실하지 않아 마치 꿈처럼 생각되며, 아주 먼 옛날의 기분이 들어 까마득하게 모호한 운산(雲山)을 바라보는 듯한 느낌이 든다. 당시 감상을 말한다 해도 이거다 할 정리된 것은 아무것도 없으나, 사이토 총독 아래의 미즈노 정무총감이 그만한 인재들을 잘 모으고, 많은 사람의 생각을 망라하여 발랄한 사고로 조선의 통치에 임했다는 사실은

---

64 역주: 원 책의 저자 소개는 다음과 같다.

종사훈이등(從四勳二等) 아카이케 아츠시(赤池濃) 씨는 나가노현(長野縣) 사람이다. 아카이케 시치에몬(赤池七右衛門)의 장남으로 메이지 12년(1879년) 1월 태어났다. 메이지 35년(1902년) 도쿄제국대학 법과대학을 졸업하고 문관 고등시험에 합격, 후쿠시마현(福島縣) 사무관, 동(同) 참사관, 효고(兵庫) 시가(滋賀) 아이치현(愛知縣) 사무관, 내무 서기관, 내무 감시관 겸 내무성 참사관, 시즈오카현(靜岡縣) 지사를 거쳐 조선총독부 내무국장 겸 토목부장, 동(同) 경무국장을 지냈다. 또 본국으로 자리를 옮겨 척식국 장관, 경시총감(간도 대지진이 일어났을 때 내무대신 미즈노 렌타로(水野錬太郎)와 함께 한국인 학살의 빌미가 되었던 한국인에 대한 유언비어의 유포를 지시하였다.) 등을 역임하고 귀족원 의원에 피선되어 현재 의전을 위한 단상에서 웅장한 기를 내뿜음으로써 모든 적국의 표적이 되고 있다.

주목할 가치가 있다. 돌아보면, 종래의 관계에서 그 정도로 사람들을 모을 수 있었던 것은 거의 있을 수 없는 일이다. 게다가 이러한 사람들이 지성(至誠)으로 나라를 사랑하고, 몸으로 천황의 나라를 섬기며, 전신의 힘을 다해서 일했던 것은 조선 통치 실적을 거둘 수 있는 원인이었다. 말하자면 치적을 거둘 수 있느냐 없느냐의 문제는 결국 이와 관련된 사람의 문제여서 그 사람을 얻지 못하면 정치 실적을 거둘 수 없고, 운 좋게 그 사람을 얻으면 어려운 국면을 극복하고 충분한 공적을 거둘 수 있는 것을, 역사는 이를 실증해 주고 있고, 이 점은 내가 특히 통감한 것이다.

물론 부임할 당시에 우리는 조선의 사정을 알지 못했고 경험도 없었으나, 당시의 조선 사정에 밝은지 아닌지는 자질구레한 일이었으며, 그 같은 일은 안중에도 없었다. 우리는 중대한 책임감을 느끼고 힘껏 일하였다. 잠자거나 휴식을 취하지 않고 강한 결의 아래 몸 바쳐 일하였다. 어떻게 하면 천황 폐하의 뜻을 받들 수 있을까? 어떻게 하면 현재의 조선을 더욱 발전시켜 그들의 생활을 안정시켜 개선할 수 있을까? 이런 생각을 하며 열정과 성의로 매진하였다. 예로부터 "마음가짐이 최선이다. 마음으로 간절히 원하고 노력하면 비록 적중하지는 못해도 크게 벗어나지는 않는다."(心誠求之雖不中不遠矣, 대학)라는 말이 있다. 요즘에 나는 이 말의 의미를 음미할 수 있게 되었다. 즉 우리처럼 조선에 대한 지식과 경험이 없고 조선을 알지 못하는 사람이라도 성의를 갖고 일하면 하늘도 우리를 돕는다는 뜻을 알 수 있었다. "아이를 키우는 방법을 알고 결혼하는 여자는 없다."라는 속담도 있다. 부부 사이에 아기가 태어나면 처음에는 육아에 관한 지식이 없다. 사랑을 가지고 아기를 키우는 경험을 쌓아가는 것이다. 조선에 관한 지식이 없던 우리도 열심의 연구와 조선을 키워나가야 한다는 친애의 정이, 자연스럽게 조선 사정과 통할 수 있게 된 것이다.

당시 분위기와 실제 사건을 직면해 보지 못한 사람은 아무리 이야기해도 그 진상을 이해할 수 없다. 당시 통치를 담당한 사람들의 진지함과 긴장도는 말이나 문장으로 표현할 수 없을 정도이다. 목숨을 걸고 자기 직분에 최선을 다했고, 삶과 죽음 사이를 왕래하며 맡은 일에 몸을 던졌다. 책임감과 활발한 활동을 통해 당시 퇴폐한 분위기가 전국을 휩쓸어 국가의 장래를 걱정하던 지식인들에게 신념을 주는 계기가 되었다. 하라 수상도 이 점을 매우 기뻐하였다.

세계대전 이후 우리 나라의 사상계는 외국의 영향으로 혼란한 상태였다. 데모크라시에 빠져 자유주의를 제창하여, 기강이 이완되었다. 강건한 기풍이 약해져 국가의 장래를 걱정하는 소리가 높아졌다. 이러한 국내 정세 아래에 정부 당국자조차도 조선 문제의 해결이 가능할지 의문을 가질 정도였다. 이 위기의 때에, 조선에 부임한 사람들은 나라에 몸을 바치고, 자신의 생사 문제를 돌아보지 않으며, 강한 결의로 배수진을 치고 조선 통치에 임하였다. 이때 한 발자국이라도 잘못되면 조선의 앞날은 어떻게 될지 알 수 없는 것을 생각하면, 주저하고 우물쭈물하는 것으로 일신의 안전을 도모할 시기가 아니라는 결연한 신념하에 조선 통치에 부딪혀 나갔다. 용기, 불같은 정열, 하늘을 찌르는 의기에 일본은 아직 미래가 있다고 외친 적도 있었다. 나는 조선의 현황과 부하들의 피나는 노력에 대한 감상을 스승께 적어 보낸 일이 있다. 얼마 안 되어, 스승께서는 긴 답장을 보냈다. "러시아 대학에서 공산주의자들을 내는 오늘, 우리 황국 대학의 졸업생들은 목숨을 바쳐 피나는 노력을 통해 나라를 위해 일하고 있다. 고마운 일이다." 은사의 감격스러워하는 문장으로 가득 차 있는 편지였다.

그와 같은 간단한 이야기를 적어 보내도 이 정도의 감동을 주었다. 당시 실정을 본 사람의 감상은 각별하여 글로써 나타낼 수 있는 내용이 아니어서, 나는 부하인 경찰부장이 보고할 때 눈물로 들어야 하였다. 나는 늘 감격하며 직책을 수행하였으나, 그런 장관을 접할 때마다 나는 일본에는 훌륭하고 위대한 사람이 많다고 생각하였다. 이때다 싶으면 몸을 던져 사태에 대처하고, 분골쇄신, 황국을 위해 희생하여 몸 바친 사람뿐이었다. 이렇다면 우리 나라의 앞날은 절대 걱정하지 않아도 되겠다고 생각했다. 그 당시의 총독부는 모두 생기 있는 긴장 상태에 있었으며 어디를 두드려도 반드시 확실한 반향이 왔다. 행정을 담당하고 있는 사람들은 신경을 이에 전부 쏟아부어 모든 책임을 질 각오로 일하고 있었다. 자신이 일본의 대표라는 확고한 신념을 갖고 있었다. 국장이나 사무관이라는 직책상의 계급을 잊고, 자신이 조선을 통치하고 있다는 자세로 매진하였다.

상관도 부하에게 양심이나 책임을 갖고 일하라는 잔소리는 하지 않았다. 따라서 자기의 능력을 충분히 발휘할 수 있었을 뿐 아니라 일 하는 보람도 있었다. 혼돈했던 조선 문제가 비교적 이른 시일 내에 안정을 되찾은 것도 마침내 피나는 노력의 결과였다.

그러나 총독부 통치 방침에 대해서는 여러 가지 중상모략, 비난과 참소와 무고(誣告)가 있었다. 처음부터 강한 신념으로 일정한 방침을 정해 통치를 시작했기 때문에 여론에 귀를 기울이지 않고, 앞만 보고 달려온 셈이었다. 온갖 잡음에 흔들렸다면 오늘날과 같은 조선의 안정은 있을 수 없다. 나는 통치상 아무런 공적도 세우지 못하였다. 조선이 안정을 되찾은 것은 사이토 총독을 비롯한 관계자들이 뛰어난 능력을 발휘했기 때문이다. 그들의 헌신적 노력의 결과이다. 당시 경찰제도의 개정은 적절하였다. 헌병제도를 폐지하고 백지부터 다시 시작해야만 하였다.

지금 생각해 보면 어느 정도 모양새를 갖추어 새로운 궤도를 만들었다고 자부한다. 어쩔 수 없이 각 도에 있는 순사 중 희망자를 뽑아 교육하여 실무에 투입하였다. 초창기 때이고 너무 급격하게 증원하다 보니 준비가 되어 있지 않았다. 순사가 입을 옷이 없었고 검이나 모자 역시 부족하였다. 따라서 복장도 제각각이었고 긴 검, 짧은 검을 찬 순사도 있었다. 헌병 복장을 한 자도 있었고 빵모자(플랫 캡)를 쓴 순사도 있어서 백인백양(百人百樣)의 상태였으나, 그들을 지휘하여 드디어 새로운 경찰제도를 확립하고 이로써 치안 유지에 힘을 기울였다. 극단적으로 말하자면 이러한 상태로는 경성의 치안을 유지하기도 곤란하였다. 큰 폭풍우의 내습, 기근, 전염병의 유행 등 계속되는 재난에 대처하는 악전고투의 상황은 상상 이상의 일이었다.

당시 조선 통치 담당자인 사이토 총독, 미즈노 정무총감도 어떻게 하면 조선을 살릴 수 있을까, 조선을 위해, 조선인을 위하여, 어떻게 하면 제일 나은 방법을 짜낼 수 있을까에 대하여 매우 고민하셨다.

특히 당시의 국제 정세 역시 조선에 민감한 영향을 끼치고 있었다. 통치에 영향을 미치고 있었으며 총독부의 입장을 더욱 곤란하게 하였다. 우선 조선의 치안을 유지하기 위해 은혜를 베푸는 것과 위력 과시를 병행하여야 한다고 생각하여, 그러한 방책을 채용하기로 하였다. 당시 때마침 조선에는 콜레라가 유행하였으며 매서운 기세로 퍼져나가고 있었다. 위생 설비를 정비하고 예방조치를 취하였고, 전염병의 박멸과 의료기관 정비에 힘을 기울였다.

한편 평안남북도, 황해도에서는 흉년이 들어 민중을 도탄에 빠트렸다. 총독부는 구급 조치로 만주에서 잡곡을 수입하였다. 식량을 공급하고 내각을 설득해 많은 경비를 염출하였으며 구호 대책에 온 힘을 다하였다. 사이토 총독, 미즈노 정무총감에 대한 정부의 신뢰가 두터워 이와 같은 조치가 가능하였다. 치안 유지상 어떤 책동도 허용할 수는 없으나 전염병의 유행, 기근 등의 흉변이 있을 시에는 따뜻한 구호의 손길을 보냈다.

이에 따라 민중의 생명을 되살리고, 사상적으로 고민하는 자는 성의 있게 설득하여 해결하려 노력하였다. 한편 총독부 관리 중 상당한 지위에 있는 사람을 뽑아 조선인 지식인과 대화를 통해 총독부의 참뜻을 전달하도록 조치하였다. 때로 기탄없는 의견 교환을 하는 등, 조선인을 선도하여 생활을 유복하게 만들고 교육을 보급하는 일에 큰 노력을 기울였다. 따라서 당시 총독정치를 비판하던 사람들조차 "총독부 관리들이 열의와 친절의식을 갖고 조선인을 대하는 것은 조선에 고마운 일이다. 참으로 감사하다."라는 말까지 할 정도였다.

결국 조선 통치의 문제는 매우 중요하여, 경거망동해서는 어떤 실적도 거둘 수 없다. 우리 나라 정치가도 아시아나 세계정세를 잘 살피고 인류공존의 사명을 완수하기 위해 깊이 생각할 필요가 있다. 조선인 역시 무차별이란 폐하의 뜻을 받들어 공존공영의 열매를 거두어들여야 한다. 종래와 같은 편견을 버리고 서로 제휴하고, 융화하여, 일본과 조선이 하나 됨을 형성함으로 인류의 복지, 문화 향상을 위해 노력하기를 간절히 바란다.

20

남대문역 앞 폭탄 사건과 미즈노 씨

모리야 히데오(守屋榮夫) / 농림정무차관, 중의원 의원[65]

조선 통치의 문제에 관해서는 이미 선배들을 비롯한 많은 사람의 여러 이야
기가 있을 것 같아, 나로서는 지금에 와서 각별하게 술회할 것이 없다. 그러나,
세상에 전해져 있는 사건의 전모 중에 사실과 다른 내용이 있는데, 내가 항상
유감스럽게 생각하는 것이 정무총감 미즈노 렌타로(水野錬太郎) 씨가 조선에 들어
올 때 일어난 사건이다. 당시 미즈노 정무총감이 서울의 남대문역 앞에서 폭탄
사건을 만나 어쩔 줄 몰라 크게 당황하였다는 신문 보도가 지금도 세인의 관심
을 끌고 있다. 그러나 이것은 사실이 아니며, 미즈노 씨 자신을 위해서 반드시 그

---

65 역주: 원 책의 저자 소개는 다음과 같다.
　　모리야 히데오 씨는 미야기현(宮城縣) 사람으로, 모리야 요쿠요시(守屋德良) 씨의 장남이다. 메이지 17
　　년(1884년) 11월에 태어나 메이지 43년(1910년) 집안 상속자가 된다. 메이지 43년(1910년) 도쿄제국대
　　학 법과대학 독법과를 졸업하고 문관고등시험에 합격, 지바(千葉) 아이치현(愛知縣) 이사관, 내무 감시
　　관, 내무성 참사관, 동(同) 부현(府縣) 과장, 조선총독부 비서과장, 동(同) 서무과장, 사회국 사회부장 등을
　　역임하였다. 쇼와 3년(1928년) 중의원 의원에 당선되고, 쇼와 5년(1930년) 재선되었다. 현재는 농림정(農
　　林政) 차관으로 일처리에 날쌘 솜씨가 많다고 이름이 높다.

진실이 밝혀져야 한다고 믿는다.

조선의 바로 그 소요 사건 이후로 조선 총독의 막중한 책임을 맡은 사이토 남작은 미즈노 정무총감과 함께 일시동인의 문명정치에 따라 반도 산하에 생기를 띠게 하려 다이쇼 8년(1919년) 9월 2일 오후 5시에 그 첫발을 경성 남대문역 앞에 내렸다. 사이토 총독은 영부인과 함께 이토 다케히코(伊藤武彦) 비서관과 동행하여 마차에 탑승하고 의장대를 따라 움직이려는 그 찰나에, 미즈노 정무총감은 자신이 탑승할 마차로 향하고 있었다. 미즈노 정무총감과 마차의 중간 지점에 폭탄이 떨어졌다. 사이토 총독의 마차에는 파편이 7개나 박혔는데, 그중 하나는 총독이 입고 있던 해군 대장 제복 바지의 밴드에 박혔다. 그야말로 위기일발로 목숨을 부지한 순간이었고 모든 것이 하늘의 도움으로 생명을 건졌다고 말할 수밖에 없는 것이었다.

이 흉변은 미즈노 총감과 영부인 등이 마차에 타려고 역의 현관을 나오기 시작한 순간에 일어났고 나도 그 뒤를 따라나서던 때였다. 범인이 던진 폭탄(영국식 예화 수류탄)은 마치 불꽃놀이용처럼 보여 처음에는 그 누구도 폭탄이란 사실을 알지 못하였다. 우리가 처음 폭탄이란 사실을 깨달았을 때, 군중 속에서 부상자가 생겨 신음이 들리고 사망자가 쓰러져 있는 것을 보았다. 미즈노 총감이 타려고 했던 쌍두마차의 말이 상처를 입었고, 그 옆에 있던 미즈노 총감과 영부인 및 나로부터 가까운 거리에 있던 군중 30여 명이 중경상을 입었다. 그 외에도 경기도청 직원 1명이 사망했고 오사카 마이니치 신문의 특파원이 상처를 입은 것으로 기억하고 있다.

이러한 혼란 중에도 사이토 총독은 당당하게 마차를 달려 총독 관저로 향했으며 미즈노 총감 역시 사태가 진정되기까지 기다렸다가 마차를 타고 사이토 총독의 뒤를 따랐다. 나도 미즈노 총감과 함께 탔다. 사이토 총독을 환영하는 예포가 울렸기 때문에 사이토 총독은 복장을 바르게 고쳐 입었다. 오사카에 머물렀을 때 호텔에서 소지품을 챙겨 오는 것을 잊어서 내가 예복이 없다는 사실을 부산에서 알게 되어, 행사 당일 흰옷을 입고 있었으므로 이토 비서가 총독의 마차에 타고, 나는 미즈노 총감의 마차에 탔다.

이리하여 피로 얼룩진 현장을 뒤로하고 미즈노 총감도 사이토 총독의 마차를 따라 이동하였으나 말이 심한 부상으로 총독 관저 앞에서 쓰러졌다. 따라서 이곳에서 마차를 내려 총독 관저에 들어서 위로의 말을 하였다. 이때, 사이토 총독은 신문기자에게 "나는 이곳에 올 때부터 이미 내 생명은 없다고 생각하고 있었다. 따라서 이러한 소란이 있어도 천황 폐하의 뜻을 받들어 애초 조선 통치를 계획했던 내용에는 어떤 변화도 있을 수 없다."라는 성명을 발표하였다. 이는 흉흉해하던 조선의 민심에 많은 감격을 주었다. 이 사건 직후인 3일에는 총독은 총독부 본청에 출근하여 본부 및 소속 관서에 대한 시정 방침을 훈시하였다. 9월 10일에는 문화정치의 기초 확립에 관한 담화(諭告)를 조선 민중에게 발표하였다. 곧 남대문역 앞 폭탄 사건으로 통치의 방침이 변경될지도 모른다는 조선 민중의 우려도 이때 처음으로 씻은 듯 사라졌다.

한편, 그 후의 일이지만, 폭탄 소요가 일어났을 때의 사이토 총독의 태도는 태연자약하여 미동도 하지 않아, 매우 멋진 모습이었다. 이와 반대로 미즈노 총감은 일단 마차에 타려고 하다가 폭탄에 놀라 다시 휴게실로 돌아갔다며 누군가가 말했고, 이것이 전국적으로 유포되었다. 세상 사람들은 마치 이것이 사실인 것처럼 믿게 되었으나, 미즈노 총감에게는 매우 불쾌한, 잘못된 와전이다.

또는 미즈노 총감이 키가 크지 않아 배포 역시 작다고 생각할 사람이 있겠으나, 미즈노 총감은 비록 키는 크지 않아도 배포는 큰 사람이다. 사건 당시 사이토 총독이 태연한 태도로 의연하게 대처한 사실은 물론이나, 미즈노 총감이 놀라서 도망쳤다는 것은 전혀 사실과 부합되지 않는다. 근거도 없는 이와 같은 이야기가 떠돌아다니는 현실이 극히 유감스럽다. 사이토 총독도 미즈노 총감도 모두 사건에 의연하게 대처하였다. 물론 일본을 떠날 때부터 국가를 위해 생명을 바치겠다는 각오는 두 사람 모두 같았다. 이미 자신의 생명을 바쳐 조선 통치에 임하겠다는 각오가 되어 있는 사람이 폭탄 한두 발에 어쩔 줄 몰라 몹시 당황할 리가 없다. 나는 동양협회가 주최한 일한병합 25년을 회고하는 좌담회에서 이러한 사실을 확실히 언급하였으나, 다시 한번 오해를 풀기 위해 이 기회를 빌려 해명하려 한다.

21

추억 그대로

아리요시 츄이치(有吉忠一) / 전 조선총독부 정무총감, 귀족원 의원[66]

성은으로 되살다

일한병합 때 데라우치 백작이 가장 우려했던 것은, 메이지 천황의 고맙고 어진 정치를 조선 민중에게 어떻게 하면 철저히 이해시킬 수 있는가 하는 점이었다. 돌아보면 일한병합과 함께 친애하신 우리 황실의 성스러운 뜻에 따라 한국 황실과 신구 공신들을 우대하고, 효자나 정절 있는 부녀자를 표창하며, 늙고 아

---

66 역주: 원 책의 저자 소개는 다음과 같다.

정삼위훈이등(正三位勳二等) 아리요시 츄이치 씨는 교토부(京都府) 사족(士族)인 아리요시 산시치(有吉三七) 씨의 장남으로, 메이지 6년(1873년) 6월에 태어나 다이쇼 6년(1917년)에 집안 가장을 이어받는다. 메이지 29년(1896년) 도쿄제국대학 법과대학 영법과를 졸업하고, 내무성에 들어가 문관고등시험에 합격한다. 메이지 30년(1897년) 시마네현(島根縣) 이사관에 임명되고, 일찍이 효고(兵庫縣) 참사관, 내무성 참사관을 역임하고 메이지 40년(1907년) 유럽 각국에 파견된다. 메이지 41년(1908년) 지바현(千葉縣) 지사로 부임하고, 메이지 43년(1910년) 통감부 총무부 장관에 임명되고, 드디어 조선총독부 증식과 함께 총무부 장관이 되었다. 메이지 44년(1911년) 미야자키현(宮崎縣) 지사로 옮기고, 가나가와(神奈川) 효고현(兵庫縣) 지사를 거쳐 조선총독부 정무총감이 되고 그 치적이 높았다. 다이쇼 14년(1925년) 요코하마 시장에 올라 쇼와 6년(1931년) 2월 퇴임하고, 쇼와 4년(1929년) 귀족원 의원에 피선되었다.

내가 없는 사람, 과부, 고아, 늙고 자식이 없는 사람 등을 자비로운 마음으로 돌봄에 이르렀다. 황실 뜻에 따라, 지방민의 교육 및 흉작 구제 기금으로 약 2천만 원의 임시 은사 공채를 전 조선의 지방에 하사하심으로, 반도에 사는 백성 모두 성은을 입고, 초목 또한 빛을 받아 처음으로 생기를 띠기에 이르렀다.

곧 13도의 모든 백성에게 천황의 성은이 생활에 깊게 영향을 끼쳐 여러 시설 개선이 있었다. 교육, 산업, 도로 교통에 착착 개발진흥계획이 수립되었다. 또 치안 유지에 힘을 쏟아 반도 민중의 복지 증진과 평안한 생활의 유지를 위한 노력을 많이 하였다. 그러나 1919년 사이토 총독이 부임하자마자 시대의 흐름에 적합한 문화정책을 표방하였다. 교육 대신, 지방제도의 개정, 경찰제도의 개혁을 단행하였다. 산업개발, 도로 교통기관의 충실을 기함과 동시에 일본인과 조선인의 차별을 철폐하였다. 또 형식주의를 쇄신하고 민중의 창달을 기하는 등 조선 문화의 향상으로 문화정치의 기초를 확립하도록 하였다.

사이토 총독의 이른바 문화정치를 시행함에 따라 조선은 각 방면에 걸쳐 급속한 진보를 이루었다. 다양한 개발정책이 시행되었으며 민중의 문화, 지식의 향상은 놀랄 만하였다. 나는 데라우치 백작이 한국에 통감으로 취임할 때, 통감부 총무부 장관으로 6월에 한국에 부임하였다. 일한병합 후 총독부 총무부장으로 재직하였으나 다음 해에 그만두었다.

일본과 조선 사이의 세관 철폐

내가 사이토 총독 아래서 정무총감으로 다이쇼 11년(1922년)에 다시 조선으로 건너갔을 때 사이토 총독은 이른바 문화정치 주의의 원칙상에서 착착 걸음을 나가고 있을 때였다. 내가 깊이 생각했던 것은, 이미 데라우치 총독이 조선 내의 민중이 광대한 성은에 감명받도록 여러 노력을 다하고, 사이토 총독 또한 조선인들이 문화의 혜택을 받게 할 방침으로 크게 그 정책의 실현에 노력해 나가는 점에서 가장 민첩하면서도 가장 깊이, 어진 정치에 빠지게 하는 것은 일본과 조선 간 관세의 철폐에 있다고 믿었기 때문이다. 즉, 일본과 조선은 경제적으로 각각 독립해 있었다. 바꿔 말하면, 조선과 본국은 같은 나라이지만 경제적으로 여러 곳에 세관이 있어 무역 면에서 보면 별개의 나라인 상태였다.

그러므로, 우선 나감과 들어옴(출입국)에 대한 경계를 없애고, 일본과 조선을 한 나라로 만드는 것이 일본과 조선 융화의 과제라 생각했다. 그러나 관세 철폐를 단행하면 약 250만 원에 달하는 관세 수입이 완전히 없어지게 되어, 총독부 재원 역시 그만큼 줄어드는 문제가 생겼다. 다른 방면에서 항구적인 재원을 확보하여 보전책을 모색할 필요가 있었다. 재정난 앞에서는 크게 주저하였으나, 수많은 희생을 참아내고 일본과 조선 융화라는 큰 목적을 달성하기 위해 단호하게 관세 철폐에 매진하게 되어, 다이쇼 12년(1923년)에 제국 의회의 협찬을 얻어 철폐를 단행하였다. 수입의 감소분은 행정 정리로 세출을 줄여 보완하였다. 이후 10여 년간의 관세 철폐는 일본과 조선의 융화에 매우 큰 공헌을 하였다고 믿어 의심치 않는다.

철도 합병 문제

산업개발을 꾀하고 토지 발전을 위해서 철도의 정비, 교통기관의 충실을 준비하여 갖추어야 함은 물론이다. 그런 까닭에 조선과 같은 미개하고 불편한 땅에서 교통기관의 보급은 토지 개발을 위한 제일의 조건이다. 그러므로 이러한 지역에 교통기관을 발달시켜, 이로써 개발을 진척시키는 것은 당연한 조치였다. 지방철도 보조법의 입법 취지도 또한 이와 같은 이유이다.

당시 조선에는 작은 회사가 각지에 분립하고 있어서 사업의 확장이나 새로운 철도를 연장해 부설을 계획하여도, 쉽게 자금을 흡수하기가 어려워, 민중의 기대에 부응한 새로운 노선의 연장 등은 불가능한 상태였다. 그래서, 남선중앙철도주식회사, 서선식산철도주식회사, 남조선철도주식회사, 제국탄업철도주식회사 이외의 1개 철도회사 등 사설 철도회사에 합병을 종용하였다. 이들을 하나의 큰 회사로 합병해 보조율을 늘리고 보조 연한을 연장하여 이로써 조선 개발을 위한 사업의 발전책을 도모하여 이미 부설된 선로의 개량, 새로운 선로의 연장을 꾀하게 하기 위한 것이었다.

그러나 주주 중에는 현행대로 유지되면 그 이상의 주금(株金, 주식출자금)을 내지 않고도 매년 상당한 이윤을 배당받을 수 있는 사람도 있었다. 합병해 큰 회사로 만들면 사업 확장 때문에 자신이 소유한 주식만큼 돈을 내야 하였다. 특히 대주주에게는 매우 큰 부담이 되었다. 이들은 각 회사의 합병으로 큰 회사로 만드는 것을 원하지 않았다. 그런 까닭에 이들이 회사의 실권을 잡게 하는 것은 조선의 철도정책으로서는 심히 바람직하지 않았다. 따라서 총독부의 의지를 따르는 사람을 회사 대표로 만들기 위하여 크게 싸웠다. 그러나 주주들의 여러 가지 책동으로 주주 명의를 고쳐 적는 것이 불능으로 되었고, 주주들은 권리의 행사가 불능이 된 결과 주주 총수(總數) 41만 주 중 20만 주 대 21만 주의 대립 상태가 되어, 총독부의 주장이 패하였다. 당시 오가와 헤이사부로(小川平三郎) 씨 등은 총독부 측을 지원해 크게 활약하였다. 그렇게 주주 측의 계획대로 결정되었다 해도 총독부는 사설 철도회사의 감독권을 가지고 있어서 어떤 수단과 방법이 동원되었을 것이나, 이러한 움직임은 내가 총독부를 떠난 후의 일이고 나와 직접적인 관계는 없다.

내가 부임할 당시 철도는 그다지 보급되어 있지 않았다. 원산-청진 사이도 원산에서 함흥까지만 연결되어 있을 뿐, 청진까지는 원산에서 배를 타야 하는 형편이었다. 게다가 조선 안에 있는 철도는 철도부에서 감독하거나 새로운 선로의 인가에 관한 권한 등은 철도부가 갖고 있었음에도 국유에 속하는 조선 철도는 그 경영권을 만주 철도에 위임하고 있었다. 총독부의 손으로 새로운 노선을 부설하여 이를 만주 철도에 넘기면서 경영해 나가고 있었다. 원산-청진 간 철도 부설은 총독부가 예산이 없었기 때문에 편법에 따라 일단 만주 철도의 자금으로 부설하고, 몇 년 후에 총독부가 완공된 철도를 매수하는 계약을 맺고 시작되었다. 비교적 빠른 시기에 완공된 것은 이와 같은 과정을 거쳤기 때문이다. 현재 조선 철도의 경영은 이를 만주 철도에서 끌어내어 철도국이 직접 담당하고 있다.

경성대학(현 서울대학교) 설치 경위

사이토 총독의 문화시책의 하나인, 조선에 대학을 설치하려고 했던 문제에 대해서는 다양한 논쟁이 있었다. 시기상조 설도 있었고 대학 설치는 조선 통치를 사상적으로 어렵게 할지도 모른다는 견해도 있었다. 또 생활 수준이 낮은 조선인을 대학에 입학시켜 비싼 학비를 낭비하고 거기에 졸업 후 취직난으로 고생하게 되어서 조선 통치 그 자체에 대해서도 불평과 불만을 품게 되는 결과에 이른다면, 국가의 책략을 세우는(爲策) 데에 도움이 안 된다며 비난하는 자도 있었고, 당시 법제국 내에서도 조선에 대학을 설치하는 문제에 상당히 난색을 보이는 경향이 강하였다.

그럼에도 1,700만 인구가 있는 조선에 문화시설로서 대학 하나 정도는 당연한 일이어서 만일 조선에 대학을 세우지 않으면 다수의 조선인들은 일본이나 외국 대학에서 공부해야 하여, 그 부담은 많게 될 것이다. 또 당시 정세는 관립대학이 불가능할 경우, 민립(사립)대학 설치 운동이 일어날 듯한 분위기였다. 정부 당국과 절충을 거듭한 결과 마침내 경성대학 설치를 합의하게 되었다.

그리고 또한 학부에 대해서도 법문학부와 같은 이론적 학문보다는 농학부, 이학부, 공학부 등 산업 또는 자연과학과 관련 있는 학부가 조선의 실정에 비추어 가장 적합하다는 설도 있었다. 그러나, 이미 종합제의 대학으로 설치된 이상, 적당한 시기에 이러한 학부를 증설해야만 함은 당연한 일이었으나 개설과 동시에 대규모로 하기에는 각종의 사정으로 곤란하였다.

재만 영사 회의 개최

만주는 지금 만주국이 건설되어 평화로운 땅이 되었으나 장쮜린(張作霖) 시대에는 조선인에 대한 압제가 심하였기 때문에 만주 거주 조선인의 권리는 거의 보호받지 못하였다. 일례를 들면 상조권(商租權)[67]은 조약상으로는 인정받고 있었으나, 실제로는 아무런 보장도 받지 못하고 있었다. 조선인이 중국인에게 토지를 빌려, 2~3년 경과한 시점에서 토지가 개간되어 수입이 증가하면 지주인 중국인에게 바로 토지를 몰수당하였다.

그런 식으로 수십만 명의 조선인이 만주에서 이루 말할 수 없는 고생을 하고 있었으나, 이익은 항상 중국인이 차지하였다. 상조권(商租權)이 없어 외교상 교섭을 시도하여도 이에 대하여 어떠한 보호책을 펴기 어려웠다. 이 문제에 관해 많은 조선인이 그 참상을 호소하며 해결을 촉구하여 조선 내에서도 악영향을 끼쳤다.

그런 까닭에 어떻게든 이러한 문제점을 해결하기 위해 우선 재만 조선인의 실정을 알 목적을 가지고 만주에 주재하는 제국 영사를 경성에 초청하여 여러모로 재만 조선인의 실정을 청취하였다.

---

67 역주: '상조권'은 강대국이 경제적 침략으로 약소국의 일부 지역을 빼앗아 통치하던 권리이다.

그러나 들으면 들을수록 조선인들의 여러 비참한 실상이 회고되어 참으로 안타까운 마음이 들었지만, 어쩔 수 없었다. 그리하여, 이러한 사실들을 외무성에 이첩해 해결을 촉구하였지만, 장쮀린 시대부터 장쒜량(張學良) 집권 때까지는 이런 면에서 어떤 노력도 없었다. 그러나 만주국의 출현에 따라 이런 일들은 자연적으로 해결되어 왕도 낙토에서 많은 조선인이 생업에 바쁘게 되었으니 되돌아보면 정말로 감개무량하다.

개선이 필요한 조선의 폐습

통감부 시대 데라우치 통감 밑에서 총무 장관으로 부임했을 당시 한국 내 정세는 불온함이 드러나, 인심은 흉흉했고 이러한 소란스러운 땅에 부임하는 것은 우리의 신변에도 커다란 위험이 있었다.

언제, 어떤 재난과 만날지 알 수 없는 상태였다. 그래서 나는 가족들에게 굳센 결의를 표하고 훗일을 부탁한 후 본국을 떠났다. 부임 후, 한국 내 정세를 분석해 보니 각종 유언비어가 난무하고 있었다. 일한병합이 결국에는 이루어질까? 만일 합병된다면 일본에서 돈이 들어올까? 이 돈을 어떻게 분배하면 좋을까? 등의 허무맹랑한 이야기가 대부분이었다. 헌병대의 보고를 통해 이러한 사실을 알게 된 나는, 사태를 심각하게 만들 내용이 없음에 안도하였다. 우리 신변도 안전하리라는 확신이 들었다. 지금 당시를 회상하면 감개무량하다.

사이토 총독 시대에 두 번째로 정무총감으로 부임했을 때는 첫 번째와 비교해 큰 차이가 있었다. 조선의 발전의 속도가 지극히 빨라 놀랄 정도였다. 극언하면 상갓집의 개와 같던 조선인이 희망에 가득 차 있어 보였다. 극락에 온 느낌이었다. 당시 조선의 상황은 일반 민중의 힘이 크게 증대되고 있었다. 양반이 아니면 사람도 아니었던 조선의 민중들이 역사의 주인공으로 등장하고 있었다. 그러나 귀족 대부분은 아직도 옛날 습관을 유지하고 있었다. 부친이 사망하면 그 자식들은 부친의 노력은 생각지도 않고 낭비만 일삼아 쇠락의 운명을 맞고 있었다. 특히 조선은 대가족주의여서 가장이 경제력이 있으면 식객이 끊이지 않는다. 그들은 단순히 먹어 치우는 일에만 전념한다. 좋은 예로 내가 정무총감으로 있을 때, 조동윤(趙東潤) 자작이라는 육군 중장이 있었다. 이 사람이 죽어 재산 정리를 하는데, 그곳에는 식객이 120명이나 있었다. 그들은 동성 또는 친척들로 전국 각지에서 모여든 사람이었다. 이런 많은 식객을 부양하는 것은 재정상 도저히 불가능하였다. 조가네는 채무정리위원회를 만들어 그들을 쫓아낼 방법을 궁리하였다. 이러한 방법이 아니면 여러 가지 사정이 있는 사람들이어서 쫓아내기가 어렵다. 이완용 백작 때와 같이 엄격하게 식객을 거절하는 방법으로 조가네는 식객을 모두 쫓아낼 수 있었다. 그러나 조선인 사이에서는 조가네를 비난하는 소리가 들렸다고 한다.

오늘날에도 그와 같은 습관 때문에 성공한 사람의 집에는 식객이 끊이지 않는다. 가족 중 한 사람이 성공하면 그에 의지해 살아가려는 가족들이 많이 생겨 결국에는 함께 망하는 나쁜 습관은 버려야 한다. 어떤 면에서 가족 간의 두터운 정은 도덕상 매우 바람직한 면도 있다. 그러나 이것은 의존심만을 조장해 결국은 모두가 서로 곤경에 빠질 수 있다. 하루빨리 이를 개선해야만 한다.

또한 조선에서 반드시 없어져야 할 폐습은 조혼이다. 어째서 조선에서 조혼 풍습이 행해졌는가 하면, 옛날 왕족 중 남자가 있는 경우, 비(妃)를 얻으려 각 도에 명령해 후보자를 추천하도록 하였다. 이런 과정을 거쳐 비가 선택될 때까지 전국적으로 처녀의 결혼을 금지하여, 우선 군수가 후보자를 고르고 모으면, 관찰사가 또 골라서 경성에 모은 후, 후궁내부(後宮內府, 내명부)에서 최후 결정을 하였다.

이 문제와 관련해 군수나 관찰사가 자기 욕망을 채우기 위해 많은 비행을 저

질러, 꽤 사람들의 원성을 샀다. 따라서, 어떻게든 딸아이를 빨리 결혼시키면 희생을 모면할 수 있었으므로 이리하여 자연스럽게 조혼의 풍습이 익숙하게 되기에 이르렀다. 그리고 일단 이런 풍습이 생겨나면 이를 고치기는 매우 어렵다. 취임한 후 나는 중추원의 자문을 얻어 조혼 금지령을 제정하였다. 남자는 17세, 여자는 14세 이하면 혼인할 수 없다는 규정을 마련하였으나, 오랜 세월에 걸쳐 행해진 폐습을 교정하기는 매우 어렵다는 사실을 뼈저리게 느꼈다.

22. | 그 당시의 남면 정책에 관한 회고담

구도 에이이치(工藤英一) / 전 경기도지사[68]

나는 농상무성 광산국에서 일한 관계로 1909년 7월 한국 정부 농상공부 광산국장으로 부임하였다. 당시 농상공부장관은 조중응(趙重應) 씨였고, 차관은 키우치 시게사부로(木內重三郞) 씨였다. 부임할 때 부산에서 처음으로 흰옷을 입은 조선인의 모습을 보았다. 이때는 특별히 신기하다는 생각은 하지 않았으나, 다이쇼 12년(1923년)에 조선을 떠나 본국으로 올 때, 시노모세키의 플랫폼에서 본 흰옷을 입은 조선인은 내게 큰 충격이었다.

나는 처음으로 많은 조선인이 본국으로 도항하고 있다는 사실을 보고 매우

---

68 **역주**: 원 책의 저자 소개는 다음과 같다.
   구도 에이이치 씨는 아오모리현(靑森縣) 사족(士族)인 구도 키나이(工藤喜內) 씨의 장남으로, 메이지 3년(1870년) 10월에 태어나 메이지 29년(1896년) 도쿄제국대학 법과대학을 졸업하고 같은 해 문관고등시험에 합격, 농상무성 광산 감독관, 농상무 서기관, 후쿠오카(福岡) 광산 감독국장, 특허국 사무관 겸 농상무성 참사관 등을 역임하였다. 메이지 42년(1909년) 6월 한국 농상공부 광무국장으로 자리를 옮겨 조선총독부 상공국장, 전라남도 및 평안남도 장관을 거쳐 다이쇼 8년(1919년) 9월 경기도지사로 큰 공적이 있었기에, 다이쇼 12년(1923년) 1월에 퇴임하고 지금은 야인으로 있다.

큰 감명을 받았다. 이들이 본국에서 각각 여러 방면의 근로에 종사하며 안주의 땅을 얻을 수 있었던 것은 메이지 천황의 크나큰 성덕의 선물이며, 우리 황실의 일본과 조선의 하나 되기, 추호의 차별도 없이 평등하고 차별 없이 그 백성을 사랑하는 어진 정치가 두드러지게 나타난 것이다.

조선인은 본국의 사람들과 비교하여 이주성이 꽤 있다 하더라도, 약 50만의 사람들, 특히 나태한 사람들이 본국으로 건너와 각각 어떤 종류의 생업에 종사하여 이로써 문화 혜택을 보고 행복한 생활을 누릴 수 있다는 사실은 오로지 일한병합의 결과이며, 오늘날 조선 동포가 받는 은혜가 얼마나 큰 것인지는 말할 필요도 없이 그들 스스로 체험을 통해 인식하는 중이다.

즉, 조선 통치에 관해서는 이토 통감을 비롯해 역대 통감 또는 총독 이하 관계 당국자가 각 방면에 걸쳐 여러 가지 개선책을 시행하고 제도상의 혁신을 단행하여 이로써 교육을 보급하거나, 또는 산업을 진흥시키거나, 또는 도로 교통기관 정비에 힘을 쏟았다. 치안 유지에 대해서는 고난과 희생의 대가를 치러, 그 밖에 민중의 생활 수준을 높였고 복리 증진을 꾀하였으며, 또 그 안녕을 유지할 시설 등에 힘써 오늘에 이르렀다.

그러한 노력의 결과 오늘날 조선은 정치, 생활 수준, 정신적 문화, 물질적 문명 분야에서 두드러진 발전을 이루어 이를 20년 전과 비교하면 놀랄 정도로 변화했다. 행정 분야는 별도로 하더라도 단지 경성 시가만 보아도 당시 경성 시내는 몹시 불결하여, 오물이 많아 밤에는 도저히 통행할 수 없을 정도였다.

그뿐 아니라, 위생 설비 역시 불완전하였다. 여름에는 전염병이 발생하는 곳도 있어 우물물의 사용은 지극히 위험하였다. 당시 상수도는 그다지 보급되어 있지 않았다. 대부분 우물물을 사용하던 시절이었다. 이 수도는 나중에 총독부 시대 때 영국사람한테 권리를 매수한 것이었는데 이것이 오늘날 경성 수도의 효시였다.

내가 부임한 해에는 이토 공작의 암살 사건이 일어났으며 이완용 씨가 자객에게 습격당하는 등, 조선 내의 분위기는 좋지 않았다. 나쁜 기운이 조선의 하늘을 덮고 있는 듯하였다. 1910년에는 소네 통감이 병으로 퇴임하고 데라우치 백작이 대신 통감의 중책을 맡았다. 같은 해 8월 29일 일한의 두 민족이 하나로 결합하였다. 내가 한국 정부에 부임할 당시에는 이미 쿠로이와 린타로(黑岩 林太郎) 씨와 가와나베 테츠마(川鍋 鐵馬) 씨 등에 의해 한국 광업법이 완성되었다. 그러나 광산국의 사무는 초창기여서 한국의 광업을 발전시키기 위해서는 상당한 노력이 필요하였다.

당시 금광 중에서 큰 곳은 미국인 제임스 모스(James R. Morse) 씨가 운영하는 운산금광이었다. 또 최초로 일본인이 운영권을 쥔 후 내외인이 공동 경영을 하게 된 직산금광과 같은 곳도 있었다. 그 밖에 창성, 후창, 수안, 갑산 등에 광산이 있었으나 1915년 조선광업령 발표로 광업권을 취득하자 운영권을 포기하게 된다.

당시 가장 중요한 광산물은 평양에서 생산되고 있는 무연탄이었다. 이곳은 처음에 한국 정부가 경영하고 있었으나 우리 나라가 채굴권을 인수하였다. 해군소장 다케다 히데오 씨가 농상공부 고문 자격으로 파견되어 채굴과 감독 역할을 하였다. 당시에는 아직 중유의 사용법을 몰랐기 때문에, 무연탄을 중유에 섞어 해군에서 사용하고 있었다.

본국에서도 쵸슈(長州)에서 무연탄을 생산하고 있었으나, 질이나 양에서 평양의 무연탄과는 도저히 비교되지 못하였다. 처음에는 평양광업소를 세워 석탄을 채굴하였다. 1922년 시설 모두와 탄광 일부를 해군성에 이관하여 해군연료청 평양광업부를 설치해 작업을 계속하였다. 채굴한 석탄은 가루 상태로 평남선을 통해 진남포에서 덕산에 있는 해군연료청으로 보내 연탄을 만들었다.

철은 황해도 겸이포(兼二浦, 송림의 일제 강점기 이름) 부근에서 많이 산출되었다. 그 밖에 구한국 정보가 경영권을 쥐고 있던 재령, 은율 철산도 산출량이 많았다. 당시 제철소 장관은 나카무라 씨였다. 그는 철광을 찾아 전국 각지를 돌아다녔는데 이런 광산에서 나는 철광은 제철소와 철광 공급 계약을 체결해 납품하였다. 후에 재령과 은율 철산은 정부에서 사들여 농상무성 소관이 되었다.

나는 만 2년 동안 광산국장으로 재직하였다. 1911년 7월 처음으로 지방관으로서 전라남도에 부임하였다. 당시는 지금과는 달리 철도, 자동차와 같은 교통기관이 정비되지 못한 시대였다. 지방행에는 상당한 시간이 필요하였다. 또 우회하는 경우도 많았다.

먼저 경성에서 기차로 인천까지 간 다음 인천에서 배를 타고 군산에 기항한 후 목포에 도착하였다. 나룻배로 바꾸어 타고 영산포로 향하였으나 만조가 아니면 배가 떠날 수 없어 밤중에 승선하였다. 새벽에 영산포에 도착해 여기서 7리 떨어진 광주까지 가마를 타고 갔다. 그러나 목포와 영산포 사이의 나룻배 시간이 정확하지 않아 광주에서 마중 나온 사람들과 엇갈린 경우가 있었다. 오늘날에는 철도나 그 밖의 교통편이 열려 그와 같은 불편이 없어졌다. 문화의 은혜를 다시 한번 느낄 수 있었다.

현 총독인 우가키 씨는 남쪽에서는 목화 가꾸기, 북쪽에서는 면양 기르기 정책을 강조하고 있으나 그 당시에도 남쪽 목화가꾸기 정책을 장려하였다. 곧 전라남도에는 조선 재래목화가 재배되고 있었다. 수확량이 적어 미국에서 가져온 개량종자를 보급해 품종향상과 산출량을 증가시키려고 노력하였다.

즉, 곧 목포에 있던 시험장에서 재래면 개량을 위해 미국에서 구한 우량종자를 재배하였다. 이 개량종자를 전국에 배포해 품종개량을 하려고 하였다. 당시

시험장 기사로 전라남도 기사를 겸하고 있던 미하라 씨 등은 개량 면화 보급에 자신을 바친 사람의 하나였다.

전라남도 지방은 예로부터 면화 재배 경험이 있어 개량종 재배에 적합하였다. 그러나 개량종을 보급해 재배를 권장하는 데에는 상당한 어려움을 겪었다. 재래면은 씨를 곧바로 뺄 수 있어, 이를 고집하는 경향이 강했을 뿐 아니라 다른 농작물을 재배하고 있던 곳에 개량 목화를 재배하도록 강요하기 위해서는 다른 농작물보다 면화를 재배하면 유리한 이유를 농민에게 설명해야 했다.

따라서 일반 농민에게 개량 면화의 우수성을 설득할 방책을 준비해야만 하였다. 곧 이것을 사실적으로 설명하기 위해 관내 각지에 채종장(採種場)을 설치해 재배를 장려하였다. 당시 면화 생산량은 조선 전국을 통틀어 전라남도가 1위였고 경상북도가 2위였다. 그러나 지금은 조선 내 각지의 생산량은 거의 같으며 매년 증가하는 경향이다.

재래 면화와 비교해 개량종은 수확량도 많고 솜이 되는 비율도 높다. 또 방적 원료로도 적합해 가격 역시 높으나, 그 방면에 지식이 없는 농민은 개량종에 대한 나쁜 인식을 가질 수 있었다. 나는 도청에서 면화의 표준가격을 발표하고 등급을 정해 생산품의 공동판매에 나섰다.

표준가격은 총독부 수뇌부의 도움을 받아 조선은행에 의뢰하였다. 조선은행 오사카 지점에서 미국 면화의 가격을 조사해 운임 등을 공제하고 가격을 설정하였다. 일주일마다 오사카에서 가격을 통보받아 공정한 가격을 각 군에 통고하였다. 이리하여 생산자인 농민의 이익을 보호하였는데, 이 방법은 큰 효과가 있었다.

면화를 농민들로부터 사들이는 상인은 대개 목화로 솜 만들기 공장을 경영하는 사람이었고, 사들인 면화를 자기 소유의 공장에서 정제하였다. 목포, 광주,

여수 등에는 이런 공장들이 많았다. 면화 재배가 본격화되자 이런 종류의 제조공업도 날로 발전하였다. 바람직한 현상이었다.

이 조면 공장에는 많은 조선인이 일하고 있었다. 월급날에는 이들의 가족, 친척들이 몰려와 노동의 대가로 받은 임금을 착취하려는 경우가 많았다. 따라서 목포의 조면 공장에서는 임금의 일정액을 직공을 위해 저금하는 곳이 생겼다. 좋은 의도에서 강제로 저축하도록 하였으나 직공들은 이를 이해하지 못하고 항의해 없던 일로 한 적이 있다. 조선의 나쁜 풍습이 유감없이 발휘된 사건이었다. 가족이나 친척과 두터운 정을 나누는 것은 바람직하나 이에 얽매여 자신이 힘써 일한 노동의 대가가 전부 없어지는 것은 동정해야 할 일이다.

면화 재배를 장려해 수확량이 나날이 증가하였다. 조선 전국 각지에 방적 회사가 설립되는 추세는 참으로 바람직한 현상이다. 곧 남면 정책으로 적당한 땅에 적합한 작물을 재배하는 것이 산업의 진흥이란 면에서 얼마나 중요한 일인가를 깨달았다. 원료 수급 차원에서 방직 회사 설립은 필연적이었다. 조선 면화 산업의 앞날은 밝다. 또 산업계에 미치는 영향 또한 클 것으로 의심치 않는다.

전라남도 면화 재배와 함께 간과하기 어려운 것이 김의 생산이다. 이곳에서 생산되고 있는 김은 맛이 그다지 나쁘지 않았다. 그러나 제조법이 엉망이었다. 두껍기도 하고 얇기도 했고 구멍투성이로, 어떤 때는 모래가 섞여 있을 때도 있었다. 재래의 방법으로는 도저히 발전을 기대할 수 없었다.

따라서 일한병합 때 천황이 내려주신 은사금으로 김의 제조법을 개량하는 일에 착수하였다. 하야시, 니시하라 기사 등이 노력을 많이 하였고, 본국의 김 생산업자를 초빙해 제조법을 전수하였다. 그 결과 본국의 제품보다 광택이 있는 우량품을 만들 수 있었다. 생산액은 놀라울 정도로 늘어났다. 실업자 구제사업으로는 대단한 성공이었다.

전라남도의 김은 완도로부터 고흥, 장흥, 순천 방면에서 많이 생산되었다. 김도 면화와 같이 등급을 정해 판매하였는데, 당시에는 주로 부산 상인들이 김을 취급하였다. 그러나 지금은 놀라운 발전을 거듭해 오사카는 물론 도쿄까지 진출하고 있다고 한다.

전라남도의 어업 역시 실업자 구제산업의 하나로 전라남도 지역에서 장려되었다. 여수, 제주도, 그 밖의 도서지방에서도 이제 나날이 발전하고 있다. 어획량은 아직 경상남도에 미치지 못해도 매년 꾸준히 늘어나고 있다. 전라남도에서 약 5년간 재직한 후 다이쇼 5년(1916년) 3월, 마츠나가 다케요시(松永武吉) 씨의 후임으로 평안남도지사로 부임하였다. 이곳에서 나는 만세 사건을 만났다. 당시 전국 각지에서 많은 소요 사건이 일어났는데, 평안남도는 예로부터 통치하기 어려운 지방이었다. 인기 없는 황량한 곳으로 여러 가지 사건이 일어나긴 하였으나 다른 지역보다 소요가 일찍 일어나 빨리 진정된 편이었다.

이 지방은 풍토상의 관계로 사탕무 재배가 적합해, 후지야마 라이타(藤山雷太) 씨가 경영하는 대일본 제당 회사가 평양에 사탕무를 원료로 하는 제당 공장을 건설하고 있었는데, 공장의 완성을 볼 수도 없었다. 또한 대동강 다리가 완공되는 것을 보지도 못하고 1919년 8월 경기도지사로 평안남도를 떠났다.

내가 경기도지사로 부임할 당시는 사이토 총독이 이른바 문화정치를 표방하여 조선 동포에게 문화 혜택을 주기 위해 제반 시설과 제도 개혁을 단행하였다. 신 교육령 아래, 교육의 보급을 추진하려 학교를 증설하고, 산업 발전을 위해 각종 시설을 증설 확충하였다. 또 헌병경찰제도를 보통경찰제도로 바꾸었다. 비상시에 이와 같은 정치체제를 정비하는 것은 상당한 노력이 필요하였다.

사이토 총독의 문화정치는 조선에 새로운 기운을 불어넣었다. 음울한 기운이 사라지고 조선의 미래는 밝아졌다. 우가키 총독 부임 후, 산업 진흥에 모든 힘을 기울였다. 농촌에서는 자력갱생을 구호로 활발한 운동이 일어났으며, 남쪽 면화 키우기와 북쪽 면양 기르기 정책 등도 활발히 추진되었다. 북조선에서는 금광 채굴이 장려되는 등 자원 개발에 노력을 집중시키고 있다. 오늘날 조선은 모든 면에서 25년 전과 비교해 놀랄 만한 발전이 있었다. 또 조선 동포의 복지가 증진되고 있는 사실 역시 바람직하다.

내가 처음 조선에 부임했을 때를 돌아보면, 일한병합 후 짧은 시일 내에 이 정도로 비약적인 발전을 이룬 것을 상상할 수도 없는, 정말로 경탄할 일이었다. 나는 다이쇼 12년(1923년) 2월에 15년간 재직하고 퇴직하였다. 지금도 항상 조선의 발전을 위해 기도하고 있다.

23

인삼 정책의 개혁

간바야시 게이지로(上林敬次郎) / 전 조선총독부 함경북도지사, 전 이왕직 차관[69]

조선에서 홍삼 제조는 한국 궁내부 경리원(經理院)이 담당하였다. 그러나 1907년 12월 탁지부(度支部, 오늘날의 기획재정부) 소관이 되었고, 다음 해 7월에 홍삼 전매법이 발포되었다. 탁지부 사세국[70]에 삼정과(蔘政課)를 설치하고 개성에 사무실을 열었다. 홍삼의 원료인 인삼을 수납하는 특별 경작 구역을 설정해 사업 경

---

69 역주: 원 책의 저자 소개는 다음과 같다.
　간바야시 게이지로 씨는 교토(京都)부(府) 간바야시 쇼쥬(上林松壽) 씨의 차남으로, 게이오(慶應) 3년 (1867년) 9월에 태어나 선대(先代) 쓰나가(繫) 씨의 양자가 되고, 메이지 42년(1909년)에 집안 가장을 이어받는다. 메이지 19년(1886년) 화불(和佛) 법률학교(현재의 호세이(法政)대학)를 졸업하고, 메이지 27(1894년) 문과 고등시험에 합격, 법제국 시보(試補)가 되고, 일찍이 대장성 시보(試補), 동(同) 사세관(司稅官) 아키타(秋田) 마츠에(松江) 가네자와(金澤) 세무 관리국장, 주조 시험소 사무관, 대장성 임시 건영부 사무관을 역임하였다. 메이지 41년(1908년) 한국 정부의 부름을 받아 메이지 43년(1910년) 조선총독부 전매국장 및 서기관과 충청남도 장관, 함경북도지사 등을 거쳐 이왕직 차관이 되어 치적이 많았다. 현재는 한가로이 지내고 있다.

70 역주: 토지제도나 조세·세무·세관·수출·수입·지방세를 담당했고, 집세과와 관세과, 잡세과를 두어 각각 담당하였다.

영에 들어갔다.

당시 탁지부 고문인 메가타(目賀田種太郎) 씨로부터 조선 특산품인 인삼을 그대로 방치하면, 수년 내에 사라질 것이라는 이야기를 들었다. 지금 대책을 마련해 조선에 가서 열심히 해보는 것도 의미가 있는 일이라는 이야기였다. 당시 나는 어떤 사업에 착수한 때여서 조선행을 주저하고 있었다. 메가타 씨는 이미 내 후임자를 물색해 조선행을 종용했기 때문에 굳은 결심을 하고 사세국 삼정과장으로 개성에 부임하였다. 1908년 9월의 일이었다.

나는 취임 후, 인삼 경작 현황을 조사해 보았다. 그 결과 명성 높았던 조선 인삼은 이미 쇠퇴의 기미가 뚜렷했고 거의 명맥만 유지하고 있었다. 생산액이 격감한 사실은 놀랄 만한 정도였다. 쇠퇴원인은 주로 뿌리가 썩는 병충해 때문이었다. 두 번째 이유는 한국 정부 관리의 지나친 세금 징수를 들 수 있다.

쇠퇴 기미인 인삼 생산량을 어떤 방법으로 회복시킬 수 있을까? 병충해 예방에 관한 연구 조사와 함께 재배 방법을 개선하려 큰 노력을 하였다. 그 밖에 공동으로 이익을 늘리기 위하여 인삼 특별경작지역 내에 사는 인삼 경작자를 모아 조합을 만들었다. 내가 직접 입안하여 개성삼업조합(開城蔘業組合)을 만들게 된 것이다. 인삼 재배 사업의 경영은 큰돈이 필요해도, 자금 회수에 6년이라는 세월이 필요하다. 따라서 경작자는 자금 융통에 곤란을 겪고 있었고, 사업 자금의 마련에 큰 어려움이 있었다. 따라서 당시 사세국장(司稅局長)인 스즈키 시즈카(鈴木穆) 씨에게 보고하여 지도받은 후, 자금 조달에 힘껏 노력하였다.

나는 어떻게든 이 문제를 해결해 보려고 개성 삼업 조합과 자문하여 메이지 42년(1909년)의 봄에 파종 자금을 한호농공은행(韓湖農工銀行)에서 연리 7%로 빌렸다. 이 자금을 각지에 융통하여 인삼 경작을 장려하였는데, 이렇게 낮은 금리로 돈을 빌릴 수 있다면 너도나도 착수하자는 듯, 사업자들은 본격적으로 인삼 재배에 종사하게 되었다.

한편 인삼 생산액이 줄어든 주된 원인인 병충해 연구는 가장 긴급한 문제였기에 전문가에게 부탁해 조사에 착수하였는데, 정말로 우연한 기회에 뜻밖의 발견으로 예방법이 발견되었다. 이 예방법은 당시 삼정과에 근무하고 있던 미에현 출신의 오오무라 신이치(大村眞一)라는 기사(技手)가 발견하였다. 이 오오무라 기사는 잘 나서지 않는 인물이라 세상에는 그다지 알려지지 않아, 그의 공로는 미야케(三宅) 박사의 업적이 되어 버렸다. 오오무라 기사가 병충해 예방에 큰 공을 세웠다는 사실을 아는 사람은 나뿐이다. 방법에 관하여 당시 내게 상담을 해왔는데 나는 그의 생각이 쓸모가 없다고 생각하였으나, 그것이 의외의 효과를 나타냈다. 오오무라 씨는 이미 고인이 되었지만, 그가 고안해 낸 방법은 표창받아 마땅한 가치가 있었다.

나는 나의 재직 중에 설립을 알선했던 개성 삼업조합의 명의로 표창해 볼까 생각한 적이 있었으나, 그 당시의 나는 총독부 산림과장으로 전근하여 개성을 떠났기에 표창할 방법이 없어 지금도 유감이다. 그의 공적을 기록하면 미야케 박사의 업적이 줄어들 것 같아 지금까지 침묵하였으나, 이 기회에 오오무라 기사의 공적을 되새겨 보겠다.

내가 삼정과장(蔘政課長)으로 개성에 부임한 후에 조선인에게 이상하게 여겨진 것은 종래의 조선 관리와는 달리 일본인은 뇌물을 전혀 탐하지 않는다는 점이었다. 지금까지 조선 관리에게 뇌물을 강요받았는데, 일본인 관리가 그런 것을 하지 않는다고, 처음에는 뇌물을 받는 수완이 없다며 나를 경멸하기도 하였다. 일본인 관리들은 모두 청렴을 밀어붙이고, 특히 낮은 이자로 은행에서 돈을 빌려서는, 어떤 수수료도 받지 않고 그대로 민중에게 빌려주는 청렴결백함에 차츰 이해하고 안심하게 되어, 우리에 대하여 매우 신뢰를 품게 되었다.

이런 과정을 거쳐 일한병합이 되었던 해에는 쇠퇴의 길을 걷고 있던 홍삼 생산액도 많이 회복되었다. 관계자들의 성의 있는 노력, 생산자들의 피땀이 회복의 주원인이다. 기쁜 일이었다. 일한병합과 함께 삼정과는 탁지부 외국(外局)인 홍삼전매국이 되었다. 나는 국장으로 부임해 인삼과 소금의 전매를 담당하였다. 이것이 사세국 전매과가 되었고 나는 과장에 취임하였다. 1915년 4월 1일 부임 후 6년간 인삼 재배에 관한 결과를 보고서도 총독에게 제출하고 식산국 산림과장으로 옮겼다.

당시 홍삼은 입찰 방식으로 미츠이물산이 거의 독점하고 있었다. 품질이 좋고 나쁨에 관계없이, 평균 1척당 86원이었다. 총액 2만 척, 160만 원 정도가 정부 수입이 되었다. 따라서 나는 이와 같은 현실을 개선하려고 노력하였다. 4만 척, 3백만 원까지 수입을 늘릴 계획이었다. 그러나 결국 2만 척을 수납하는 수준에 그쳤다.

인삼 가격은 파종부터 채취하는 5년간은 일정한 가격을 유지할 필요가 있었다. 인삼은 캐낸 상태인 수삼 3척으로 홍삼 1척을 만들 수 있었다. 수삼 1척이 평균 5원이고 3척 15원인 수삼에 가공비를 합해 20원 정도인 제품을 86원에 판매하였다. 가격이 높아서 예전에는 도난이나 밀조 행위가 있었다.

한국 궁내부 경리원 시절에는 인삼 도둑이 극성을 부려 피해가 컸다. 인삼 도둑의 대부분은 일본인이었다. 개성에 온 일본인 대부분은 인삼 밀매를 목적으로 건너온 사람들이었다. 표면상으로 그들은 도둑이 아니었다. 그럴듯한 말로 경작자와 협상한 다음, 상대가 안심하면 순식간에 인삼을 훔쳐 달아나곤 하였다.

앞에서도 언급한 바와 같이 인삼 수입은 궁중의 최대 수입원이었다. 따라서 병사를 파견해 인삼을 지키는 정책을 취하게 된다. 이 병사들은 전국 각지에서 또 다른 도적의 역할을 하게 된다. 후에 개성상업조합장이 된 손봉상(孫鳳祥) 씨 역시 병사들에게 위협을 받아 큰 곤욕을 치렀다. 도적을 지켜주러 온 병사들이 도둑보다도 심한 짓을 하였다. 병사들은 그들이 하는 역할에 대한 대가라고 생각한 듯하다.

인삼 도둑은 내가 부임하고 난 뒤 흔적도 없이 사라졌다. 일본인이 인삼 정책을 펴고 있기에, 일본인이 같은 일본인을 괴롭히면 안 된다고 생각했기 때문인 듯하다. 또 인삼이 쇠퇴하여 밀매가 거의 불가능했고 생산이 회복된 후에는 엄중한 관리가 계속되어 도둑이 활개를 칠 여지가 없어졌기 때문이다.

1907년 군대 해산 후 폭도들이 전국을 뒤덮었다. 일본인들은 그들로 인하여 상당한 피해를 보았으나, 인삼 정책을 주관하는 공무원들만은 아무런 피해를 보지 않았다. 신기한 일이었다. 그러나 폭도들의 활동 자금은 인삼 경작자들이 제공한 사실을 염두에 두면 쉽게 이해할 수 있다.

개성의 인삼 경작자나 상인들은 우리가 그곳에 가서 질서 있게 사업을 추진하고 있다는 사실에 감사해야 하였으나, 그들의 오랜 경험상 처음에는 의혹의 눈길을 보내고 있었다. 시간이 흐름에 따라 그들도 우리의 진의를 이해하게 되었다. 인삼 생산이 회복되자 개성도 활기를 되찾았다.

개성은 고려 오백 년 도읍지로 조선의 태종에게 멸망하였다. 민심은 조선과는 거리가 있어 상인으로 커다란 활약을 하게 된다. 이후 개성 상인들은 명성을 얻었고 개성 상인이 없으면 상업 발전이 불가능하다는 말까지 나올 정도였다.

이러한 의미에서 나는 상업이 발달한 개성 사람들의 자식들을 교육하기 위해 사립 상업학교를 세울 계획을 마쳤다. 인심 경작자 중 34명과 협의해 1915~1916년경에 학교를 세웠다. 사실 당시 조선의 상업은 개성이 석권하고 있었다. 인삼재배로 얻은 자금이 풍부해 그들은 전국으로 위세를 떨쳤다.

일한병합에 대해서도 조선시대부터 학대를 받아온 개성 사람들은 불평도 없고 반대도 하지 않았다. 합방 직후인 9월 1일 내가 제안해 일한병합 축하회를 개최하였다. 아마 조선 전국에서 개성에만 있었던 일일 것이다. 헌병대에서는 조선의 형세가 좋지 않으니 중지하는 것도 좋다고 권고하였으나, 나는 마침내 이를 단행하여 우연히 평양에서 온 육군 소장의 제안으로 천황 폐하 만세를 삼창하고 많은 참가자가 기쁜 마음으로 흩어졌다. 대성공이었다.

어쨌거나 그 축하회가 8월 말 일한병합 발표로부터 불과 수일밖에 지나지 않은 시점에서 개최되었기 때문에 헌병대가 우려한 것은 무리도 아니다. 행사가 평온한 상태에서 끝난 것은 개성 사람들이 조선에 깊은 관심을 두지 않고 있음을 나타내 주었다.

나는 다이쇼 5년(1916년) 11월 3일 농상공부 장관으로 자리를 옮긴 오하라 신조(小原新三) 씨의 후임으로 충청남도 장관으로 부임하였다. 오하라 씨와 나는 충청남도 식림 산업을 두고 인과관계에 있었다. 분명히 다이쇼 4년(1915년) 봄 도장관회의(道長官會議) 석상에서 오하라 씨는 다음과 같은 말을 하였다. "조선에는 민둥산이 많다고 하는데, 그중에서 가장 상태가 나쁜 곳은 경부선 천안에서 대전에 이르는 구간이다. 이런 상태로 계속 내버려 둠은 조선의 치욕이다. 당국의 고려를 희망한다."라는 말이 주된 내용이었다.

그러나 이 자리에서 특별한 내용은 아무것도 없었다. 나중에 데라우치 총독이 산림과장인 나를 불러 몹시 화를 냈다. "오하라는 수상한 말을 한다. 나라 체면 때문에 나무를 심는 것은 아니다. 자네는 어떻게 생각하는가?"라며 내게 물었다. 나는 산은 무엇보다도 물의 근원이기 때문이라 답하자, 데라우치 총독은 매우 평온해져 "그렇지. 물의 근원이지."라고 말씀하셨고, 이로써 무사히 오해가 풀려, 천안에서 대전까지 10년 계획으로 나무를 심기로 확정되었다.

충남의 식림 계획은 애초부터 오하라 씨가 내게 부탁해 나도 원조를 약속하고 있었다. 그런데 오하라 씨 뒤를 이어 내가 부임해 이번에는 농상공부장관인 오하라 씨의 원조를 받게 되었다. 그러나 이 식림 계획도 결국 다이쇼 8년(1919년) 독립 소요 사건으로 중단되었다.

충청남도에서는 전임자인 오하라 씨가 열심히 양잠을 장려한 뒤에 내가 부임하였기에, 사람들은 이번 장관은 아마도 양잠을 장려하지 않을 것이라는 소문에 사람들이 양잠을 돌보지 않는다는 것을 들었다. 그러나 나는 오히려 양잠을 크게 장려했기 때문에 조선인도 노력하였다. 그 밖에 오하라 씨가 충남에서 진흥회를 만들어 양잠산업의 취지를 철저히 설명했기 때문에 나 역시 이를 승계해 발전시켰다. 이리하여 전임자의 시설을 쓸데없이 부수는 것 없이, 장점을 받아들이되 단점은 보완하여 성과를 얻으려 노력하였다.

조선 경남철도는 최초 기점을 평택으로 결정하였으나 내가 다시 조사해 기점을 천안으로 정하였다. 이 철도는 사카우에 다이헤이(阪上大平)라는 사람이 계획을 세워 추진하였으나 자금 관계 등의 이유로 진척되지 못하고 있었다. 나는 철도국장 히토미 씨와 교섭해 이 철도가 충청남도 발전에 매우 중요하다고 설득해 허락받았고, 관계자를 불러 사업 착수에 들어가 나가시마 씨에 의해 완성되었다.

당시 나는 충청남도를 서해안의 관문으로 만들고 싶다는 계획으로, 보령군의 대천을 항구로 만들고 싶다는 생각이었다. 이곳은 어족이 많은 어장을 눈앞에 두고 있어, 오사카에서 맛볼 수 있는 정어리 등은 본선 인도 조건(Free overside, FO)으로 충남에서 보내지나, 무엇보다도 이 지역에는 적당한 항구가 없어 물자가 모이고 흩어지는 것을 군산, 인천에 빼앗기고 있었다. 충남지역을 번영시키기 위해서는 우선 서해안에 좋은 항구를 만드는 것이 이상적이다.

대천에 항구를 만드는 첫 단계로 우선 이곳에 염전을 만들 계획이었다. 나는 이 염전을 분산주의를 취할 예정으로 계획하였으나 스즈키 시즈카 씨는 조선의 염전을 한곳에 모으려는 통일주의를 추진하고 있어 실현되지 못하였다. 따라서 대천에 항구를 세우는 계획도 계획 단계에서 끝났다. 구체적으로 실현된 것이 없는 상태에서 1918년 함경북도로 옮기게 되어 유감이었다.

다이쇼 8년(1919년), 만세 소요를 그 전해 가을에 있었던 지방장관회의(地方長官會議) 석상에서 우연하게도 내가 이를 예언하였다. 충청남도에서 재직할 때 경찰부장 간다 쵸헤이(神田長平) 대령(대좌)이 천안에서 수상한 자를 체포하였는데, 그는 안동현에서 조선에 잠입해 운동자금을 모으기 위해 부자들을 협박한 자였다. 이는 그의 수첩에서 판명된 사실이었다. 그는 간다 경찰부장에게 "당신들은 군수를 신용하고 있으나 그들 역시 조선인이다. 따라서 우리가 손 하나를 들면 그들은 반드시 호응해 봉기할 것이다."라고 말하였다 한다. 이 말과 여러 상황을 종합해 보니 황당무계한 주장은 아니었다. 장관회의에 들어가기 전에 나는 그의 주장이 호언장담에 불과하나 주의할 필요가 있다는 내용을 보고하였다. 그러나 나의 보고는 보고 자체로 끝났으나 이듬해 우려했던 내용이 현실로 나타났다.

소요가 일어났을 때 나는 경성(京城, 수도)에서 배로 함경북도 경성(鏡城)으로 돌아가는 도중이었다. 배 안에 수상한 자가 타고 있다고 생각되어, 성진(城津), 청진(淸津)의 경찰부장에게 이 내용을 타전하여 상담하였다. 그리고 바로 회령(會寧)에 가서 헌병 분대장을 만나 치안 문제를 협의하였다. 소요는 성진에서 길주를 거쳐 회령까지 이어졌으나 그 밖의 지역에서는 아무 일도 없었다.

만세 소요가 한창일 때 주모자를 바로 포박하는 것은 위험한 일이다. 그래서 수상한 자들의 등에 빨간 잉크로 도장을 찍은 다음 사태가 진정된 후 이들을 잡아들이는 방법을 택하였는데 선교사 쪽에서 그런 음험한 일을 하면 곤란하다며 불만을 제기하였다. 말할 것도 없이 전국 각지에서 교회의 소재지가 근거로 되어 그 소요가 일어난 것이다. 이것저것 종합해 봐도 당시 소요의 중심은 충분히 상상할 수 있다.

함경북도에 부임할 때 청진으로 상륙하였다. 해변에 있는 산에는 적송이 많았다. "이 지역에서는 쌀이 많이 나겠네."라고 내가 말하자, 전 장관은 쌀을 경작할 수 없는 지역이라고 나에게 말해 주었는데, 어떤 관계(에서 그런 말이 나왔는지)인지 적송이 많은 지역은 반드시 쌀농사에 적합하다는 이야기를 들은 적이 있었던 나는 조사한 결과, 북해도에 기사(技師)를 파견해 함북의 기후 풍토에 맞는 쌀 품종을 가져와 다음 해부터 쌀농사를 적극적으로 장려하였다. 온성(穩城)에는 두만 강 물을 끌어들이는 물이용조합을 만들어 쌀농사를 권장하였다. 그 결과 1920년에는 수확이 5만 석에 이르렀다. 11만 인구에 5만 석은 도저히 만족할 만한 수준이 아니어서 증산에 노력하였다. 이후 10여 년이 지난 지금도 처음 가져온 볍씨가 좋은 종자여서 흉작은 없었다.

또한 조선 한우 이출을 되도록 제한한다는 전임자의 방침이 있었으나, 나는 오히려 이를 장려하여 츠루가(敦賀) 검역소와 교섭하고 성진, 청진에서 왕성하게 송출하였다. 당시 간도에서는 소의 전염병이 유행하였기에, 소의 출입을 차단하여 전염병 유행을 예방하는 일에 총력을 기울였다. 어떤 면에서 다소 비난이 있더라도 전염병을 예방하기 위해서는 어쩔 수 없었다.

교통 차단이라 하면, 나는 콜레라 예방을 위해 교통을 완전히 차단하는 것으로 콜레라를 예방한 경험이 있다. 환자에 관한 조선인의 처치 방법은 심히 매정했다. 가족 중에 토사(吐瀉, 위로는 토하고 아래로는 설사함. '상토하사'의 준말)를 시작하는 사람이 있으면 환자가 부모건 자식이건 내버리고 도망쳐서, 시체 처리 및 기타 모든 뒤처리가 경찰관이 해야 할 일이 되어 그들에게 이를 시키면서도 미안한 마음으로 견딜 수 없었던 적이 있다.

당시 웅기(雄基, 함경북도 경흥군)에 있던 미츠나가 키시치(光永喜七) 씨 등은 웅기의 발전을 위한 정책에 온 힘을 기울였다. 어느 날 나는 이들과 함께 관민 합동으로 10개년 계획을 세워 매년 하나씩 실행하는 계획을 세웠다. 우선 가장 긴급한 것은 금융기관이었다. 따라서 나는 아루가 미츠토요(有賀光豊) 씨에게 부탁해 식산은행 지점을 웅기에 유치하였다. 1919년의 일이었다.

두 번째 해는 웅기에 항구를 만드는 계획에 착수하였다. 만주와 조선을 연결하는 훈춘(琿春) 지역의 중요성을 생각하면 하루빨리 웅기를 개항하여, 웅기를 통해 각 지역 간의 무역을 열어, 상거래에 우선권을 두지 않으면, 러시아가 보세트만을 개항하는 경우 러시아에 훈춘 무역을 빼앗길 염려가 있었다. 따라서 이른 시일 안에 웅기를 개항할 필요가 있다고 총독부에 진정서를 제출하였고, 나의 의사가 받아들여져 다이쇼 9년(1920년) 10월 1일 웅기 개항이 이루어졌다. 생각건대 지형상으로도 아마도 웅기는 만주 개발의 기점이며 언젠가 큰 발전을 볼 것이다.

3년째는 웅기 개발정책으로 도로 보수 계획에 착수하였다. 웅기 읍내의 시·구 개정은 물론이고 중국의 마차가 쉽게 통행할 수 있도록, 산을 뚫거나 땅을 파서 훈춘까지 도로를 내 교통 편의를 꾀하고, 이로써 두 지역의 연결이 밀접하게 되도록 노력하였다. 이와 함께 간도 지방의 불령선인에 대한 대책은 군부와 밀접하게 협력하였다.

다이쇼 9년(1920년)의 일이었다고 기억하는데 사이토 총독이 관내 순시로 방문하셨다. 이 때 국경 방면은 아직 불온한 상황이었기 때문에, 나는 총독에게 온성까지만 가시는 것이 좋겠다는 뜻을 전하였으나 총독은 어느 곳이라도 가겠다고 말씀하셔서 하루 사이에 라남(羅南, 함경북도 청진의 남서쪽)에서 온성(穩城, 함경북도 최북단)까지 왕복하셨다. 총독 일행이 당당하게 자동차로 이동한 사실은 조선인에게는 치기로 보였던 듯하다. 아무 일 없이 순시가 끝나게 되어 다행이었다.

나는 간도 방면을 순찰하는 중에 국자가(局子街)로 가서 도윤(道尹)의 초대를 받아, 어느 날 밤 그들과 연회를 벌이는 행복한 시간을 가진 적이 있다. 당시 국자가는 불량배의 소굴이라 어떤 일이 일어날지 알 수 없는 상황이어서, 조선인 경시(警視) 한 명은 이런 위험한 지역으로 따라가기 싫다며, 사표를 내고 경성으로 돌아갈 정도였다. 그러나 이때도 별 탈 없이 귀임하였다.

나는 다이쇼 10년(1921년) 봄에 함경북도지사를 그만두고 본국으로 돌아갔다가, 이왕직(李王職)[71] 차관으로 다시 조선에 부임하였다. 당시 장관은 이재극(李載克)씨였지만, 실제로 모든 일은 차관이 처리해야 하는 꼴이었다. 거기에는 말하고 싶어도 말할 수 없는 여러 가지 사사로운 정에 이끌리는 폐단이 얽혀 있어 꽤 머리가 아팠다. 고종이 사망한 후에 비석을 세우는 문제가 논란을 빚었다. 비석의 면에 '대한국고황제지비(大韓國高皇帝之碑)'라는 문자가 들어 있어 오랫동안 허가받지 못하고 있었다. 그러나 참봉(홍릉참봉 고영근, 高永根)이란 어떤 사내가 자기 마음대로 비를 세운 다음 "내가 이태왕(李太王)의 비를 세웠으니 처분해 달라."라고 이왕직으로 출두하였다.

그리하여 나는 이미 세운 비는 쓰러뜨릴 수 없으니 덮개를 씌우고 바로 궁내성에 보고한 후, 그 조치 방법의 지휘를 여쭈었다. 그런데 궁내성은 이미 공사를 완료한 비라면 어쩔 수 없다는 방침에 따라 이를 허락하였다. 이미 세웠다고 괜찮다고 한다면, 아직 세우지 않은 중에, 세워도 좋은 것이 아닌가? 지금에 와서 좋다고 말한다면 이를 세우도록 하지 못한 우리가 무능한 사람이 되고 만 것이다. 따라서 나는 그 직에 있는 것이 떳떳하지 못하다고 판단하여, 장관과 함께 사표를 냈다. 다이쇼 12년(1923년) 2월의 일이었다.

---

71 역주: 일제강점기에 조선총독부에서 대한제국 황족의 의전 및 대한제국 황족과 관련된 사무를 담당하던 기구로, 대한제국 시기에 황실 업무를 담당하던 궁내부를 형식적으로 계승한 기구이다.

내가 조선을 떠나온 지도 상당한 세월이 흘렀기 때문에, 지금의 자세한 사정은 모르나, 나의 경험에서 보면, 이제 한 발 더 나아가 조선인에게 자치를 허용할 필요가 있다고 생각한다. 자존심 세고, 참을성 없고, 자신이 품위나 인격을 돌아보지 않는 자들이 많은 조선인에게 참정권을 주고 병역의무를 지도록 하는 것은, 참다운 일본인으로서 책임을 자각시키기 위해서도 필요할 것이다.

그리고 본국에서 강연회나 많은 흥행사업 등으로, 그렇게 교육받지 못한 사람들의 사상을 어느 정도 지배하고 있는 것처럼 생각한다. 그런 까닭에 이런 사회 교육상 도움이 되는 것을 조선에 보급하는 것이 필요하며, 이에 따라 그들의 사상을 지도하는 것이 필요하다고 본다. 오늘날에도 계속되고 있는 일본과 조선 융화의 모임이나 그 밖의 여러 행사는 성공하지 못했고, 그러한 방식으로는 어떤 효과도 거둘 수 없다.

내가 조선에 있을 때 조선인 소년 한 명을 우리 집에서 가족처럼 교육받도록 한 적이 있다. 따뜻한 정을 베풀고 학교에도 보내 주었다. 그는 매우 온순하고 근면하며 공부도 잘해 총독부에 근무하게 되었다. 산림기사로서 자기 직분에 충실했고 지금은 만주국 관리로 열심히 일하고 있다. 만세 소요 때에도 그는 총독부에 있었으나 태도를 전혀 바꾸지 않았다고 한다. 그를 포함해 많은 사람이 일본과 조선 융화의 열매를 거두어들이고 있다.

조선을 떠난 지 얼마 되지 않아 나는 아키야마 미야노스케(秋山雅之介) 박사와 상담해 호세이대학(法政大學) 당국과 연락을 취해 대학 안에 호세이료(法政寮, 기숙사)를 만들어, 이곳에 조선인을 수용해 이들을 지도한다는 계획을 세우고, 조선인 부모와 연락을 취해 사상이 건실한 학생을 수용할 예정이었다. 우연한 기회에 총독부 경무국에 있는 사람이 상경하여 있어서 그와 상담했는데, 자신들이 할 예정이니 손을 떼라는 쌀쌀맞은 인사여서 나는 아키야마 박사와 협의해 계획을 중지하였지만, 현재 총독부는 과연 어떤 방법으로 본국에 있는 조선 유학생들을 마음에서부터 돌보아 주고 있는가? 일본과 조선의 융화는 형식적인 방법으로는 어떤 효과도 얻기 힘들다. 융화 기관으로 내가 계획했던 호세이료 계획을 멈춘 것은 지금 생각해도 유감천만이다.

24

획일주의의 배격과 차별적인 '일시동인'

도고 미노루(東鄕實) / 중의원 의원, 농학박사[72]

나는 대만 총독부에 있었을 때 조선을 시찰한 적이 있다. 다이쇼 10년(1921년)이었다고 기억하는데 그 후 오늘까지 다시 조선에 간 적이 없다. 따라서 나는 조선 문제의 직접적인 관계자도 아니라서 그 과거를 말할 자격도 없고, 특별히 최근의 조선을 연구하지도 않아, 조선과 직접적인 관계가 있는 사람들처럼 적절한 이야기를 할 처지도 아니다.

그러나 나의 전문 분야인 식민정책 면에서 또 오랜 외국 생활을 체험한 면에서 생각해 보면 우리 나라의 식민지정책이 식민지를 본국의 연장으로 보아 같은

---

72 역주: 원 책의 저자 소개는 다음과 같다.
메이지 38년(1905년) 식민정책을 삿포로(札幌) 농학교에서 공부하고 졸업하였다. 메이지 39년(1906년) 대만 총독부에 들어가 재관 중 독일 유학을 명령받고 베를린대학에서 2년간 식민정책을 전공, 유럽과 미국을 순시하였다. 메이지 44년(1911년) 3월에 조선으로 돌아와 총독부 식산 국장이 되고 다이쇼 8년(1919년) 농학박사 학위를 받아 18년간 관직에 몸담고 있다가 물러났다. 다이쇼 13년(1924년) 중의원 의원으로 당선되고 4차례나 더 당선되었다. 이누카이(犬養) 내각의 체신 참사관, 사이토(齋藤) 내각의 문부 정무 차관을 지냈다.

법령과 정책을 시행하는 내지연장주의, 획일주의인 것은 부정할 수 없다. 이러한 정책상의 모순이 다양한 문제를 만들어내고 있다.

식민정책은 통치 민족이 가지는 민족정신의 반영임과 동시에 외지(外地, 식민지)에 살고 있는 민족의 민족정신을 기초로 결정되어야만 한다. 그런즉, 식민지 민족의 민족정신을 나타내는 언어, 미술, 문학, 종교, 그 밖의 제도 등은 그 지역의 독특성이다. 이를 무시하고 식민지 경영 목적을 달성할 수는 없다.

즉, 각국의 식민지 경영이 나라에 따라 달라, 같은 나라의 식민지라 할지라도 그 식민지가 다르면 통치도 같지 않다.

우리 나라도 조선과 대만과는 스스로 그 사정을 달리하고 있다. 그런 까닭에 이 둘의 사이에는 스스로 그 실정에 맞춰진 걸음걸이가 있어야 한다. 두말할 필요 없이, 일본의 부현(符縣)과 외지(식민지)라든가 그 사정을 달리하고 있는 것 또한 당연하다. 이 특수 관계를 가지는 외지에 대해서는 특수한 진행 방식을 가지는 것도 자연스러운 흐름이고, 외지에 대하여 본국과 같은 척도로 다스려야 하는 것이 아니다. 이런 까닭에 나는 내지연장주의나 획일주의를 배격한다.

우리 나라의 상황은 여러 가지 의미에서 막다른 길을 만들고 있다. 즉 경제적으로, 또는 사상적으로, 또는 정치적인 정체 상태에 빠져 있다고 말해도 좋다. 그리고 농촌의 정체, 교육의 정체 등 사회의 전 분야가 정체 상태에 빠진 원인은 여러 면에서 생각할 수 있다. 우선 우리 나라의 제반 문화시설이 지나치게 획일주의에 빠진 것에 근본 원인이 있다. 예를 들어, 교육에 대해 보아도 서양을 모방한 교육제도와 도쿄 중심으로 획일적으로 보급된 도회지 중심의 교육이 농촌, 산촌, 어촌 구석구석까지 이루어져 교육의 정체가 나타났으며, 이는 지방 농촌이 피폐해지는 원인이 되었다.

이상은 교육을 예로 들었을 뿐이나, 우리 나라는 모든 면에서 획일의 폐단에 빠져 있다. 이때 폐단을 완전히 없애는 방법 이 외에 정체 상태를 타개할 방법이 없다. 제반 국가적 시설은 본국 각 지역에서도 각각의 특수 사정에 맞추어 변화해야 한다. 더하여 본국과 모든 조건을 달리하는 식민지에 대하여 본국과 동등한 태도로 임해야 하는 것쯤은 말을 안 해도 당연하다. 정치가 중요한 것은 그때 그 당시의 지역 실정에 적합한 제도를 확립하는 데에 있다. 이 근본 관념이 식민지 경영의 출발점으로 되어야 한다.

우리가 자주 듣는 말이지만 '일시동인'은 식민지(와 본국과의) 통치의 목적이 되어야 한다. 그리고 차별 대우는 좋지 않다고 하는 말 역시 듣고 있으나, 이는 어느 쪽도 바른 주장이다. 그러나 평등이란 말은, 본국도 식민지도 일본인도 식민지인도 모두 폐하의 자식이며, 폐하의 마음에는 어떤 차별 의식도 없다는 말이다.

여기에 우리 나라 정치의 큰 정신이 있음은 말할 필요도 없다. 이를 형식적인 문제가 아닌, 실질적인 것으로 받아들여야 한다. 본국, 식민지를 따지지 않고, 일본 국민인 이상 어느 한 사람도 불행으로 우는 사람이 없게 하는 것이 정치의 목적이다.

그리고 이 목적을 달성하기 위해서는 획일주의를 따르는 것으로는 전혀 달성할 수 없다. 즉 본국은 본국의 사정에 알맞게, 조선, 대만, 사할린 등에서는 그 지역의 특수 사정에 알맞게 통치하는 방법을 취해야 비로소 그 목적을 달성할 수 있다. 예를 들면 같은 인간이라도 어른과 아이는 상대하는 방법에 차이가 있다. 남자, 여자도 마찬가지다.

나의 50년 전 과거를 되돌아보아도 소년과 청년, 장년 시절 그리고 현재와는 큰 차이가 있다. 우리가 일본 국민으로서 생명과 재산을 보호받고 있는 점에서는 어떤 변화도 없으나, 실생활의 면에서는 큰 차이가 있다. 그것이 인생이며 평등이다.

따라서 만약 평등의 개념을 잘못 적용할 때는 엉뚱한 결과를 불러오기도 한다. 본국, 조선 또는 대만이 서로 다른 사정에 근거하여, 적당하게 그것을 처리하여 나갈 때, 진정한 평등의 정치가 있다.

따라서 평등한 정치의 구현은 시대와 지역의 실정에 알맞게 일을 처리해 나가는 것이어서 획일적인 처지에서 생각하면 차별로 생각할 수도 있다. 그러나 이것을 차별 대우라 비난하는 것은 지나치다. 같은 일본인인 이상 아이건 어른이건 노인이건, 남자든 여자든 차별 대우를 하면 안 된다는 주장은 지나친 주장이다. 실제로 그들이 처한 상황이 어떤지를 우선 고려해야 한다.

이같이 본국이나 식민지, 일본인이나 외지인 등 특별한 상황에 있는 사람들에게, 특수한 상황을 무시하고 대우를 똑같이 하는 것은 형식상으로 무차별이나, 실제로는 불행을 불러와 슬픈 결과를 초래하는 것이다. 때와 장소에 따라 달리 대우하는 것이 바로 정치이다. 차별은 평등을 의미할 수 있으며 평등한 정치란 차별 속에서 평등을 발견함을 말한다.

최근 우리 나라에서 문제가 되는 쌀 문제의 처리에 관해 이 근본 원칙을 적용할 필요가 있다. 나는 오랜 세월을 대만에서 쌀 생산 개량 업무에 종사해 왔다. 우리 나라 식량문제에 관해 그동안 수동적인 입장이었기 때문에 나는 식민지 입장에서 이 문제를 생각해 볼 여유가 있다. 식민지 쪽에서 보면 본국의 농촌을 위해 식민지의 농촌을 희생해야 한다는 주장은 매우 잘못된 견해이다. 동시에 본국의 농촌이 식민지의 농촌을 위한 희생양이 되는 것도 나는 반대한다.

우리 나라의 식량문제는 본국 중심 또는 외지 중심의 어느 한 가지 방책으로는 도저히 해결할 수 없다. 양자가 하나 되어 국가적인 대책을 수립할 때, 처음으로 해결의 실마리가 나온다. 곧 우리 나라 식량문제의 해결은 획일주의를 버리고 각 지역의 특수 사정을 기초로 근본 방침을 확립하며 일본 제국이란 커다란 테두리에서 대책을 수립하여 협력한다면, 해결이 가능하다. 이상은 쌀 문제에 관한 예에 불과하나 어떤 문제든 서두르지 않고 먼 장래를 내다보고 열심히 노력하면 성과가 있을 것이다.

25. | 조선의 옛날과 지금

사카타니 요시로(阪谷芳郎) / 중앙조선협회 회장, 귀족원 의원, 남작[73]

내가 장년(壯年, 30~40대)이었던 1982~1983년의 조선은 절망적인 상태였다. 산이란 산은 모두 민둥산이었고, 강은 시도 때도 없이 범람하였다. 지방 교통에 필요한 도로는 거의 없었고, 농상공업은 유치한 수준이었다. 지하자원 채굴 수준은 금광 한두 개가 고작이며, 이렇다 할 산업은 아무것도 없었다. 백성은 아무런 의욕도 없이 가난한 현실을 있는 그대로 받아들이고 있었고 비위생적이었다. 정치는 분란을 거듭했으며, 국방 문제엔 아무런 준비도 되어 있지 않았다. 병사들 또한 전의를 상실한 겁쟁이에 불과하였다. 무엇 하나 긍정적인 구석이 없어 조선

---

[73] **역주**: 원 책의 저자 소개는 다음과 같다.
정삼위훈일등(正三位勳一等) 남작(男爵), 법학박사 사카타니 요시로 씨는 막부 말기에 사남(四男)으로 분큐(文久) 3년(1863년) 1월에 태어났다. 우리 나라 재정 경제학의 자숙(耆宿)으로 이름을 얻고, 일노(日露)전쟁 후 당시 대장 대신으로 공로가 두드러졌던 것은 말할 필요가 없을 정도였다. 현재 귀족원 공정회 중진으로 의정단상 최고의 명예를 가지고 있다. 특히 조선 문제에 대해서는 많은 관심을 가지고 있으며 중앙조선협회 회장을 지냈고, 조선의 개발 및 향상에 대해 알선과 노력을 아끼지 않았다.

250 조선 통치의 회고와 비판

에 있는 일본 사람들에게는 조선을 합방하는 것은 아무런 이익이 되지 않으니 반대한다고 공언하는 사람도 있었다.

오늘날 조선은 놀랄 만한 발전을 하였다. 기찻길 옆 도로에는 푸른 신록이 무성해 옛날 민둥산의 흔적을 찾기 어렵다. 하천이 잘 정비되어 여기저기에서 간척사업이 이뤄지고 있다. 도로는 사통팔달이 가능할 정도로 발전하였다. 기차, 버스 등의 현대 교통기관이 크나큰 발전을 하여, 마치 꿈을 꾸고 있는 듯하다. 공장의 굴뚝에서 연기가 쏟아져 나오고 있다. 교육이 행하여져 풍속이 개선되었으며 사람들은 활기차게 생업에 종사하고 있다. 생활은 놀랄 정도로 진보하였다. 주택 개량과 우편 저금 및 은행예금 증가 등은 일반 백성도 여유가 생겼다는 증거이다.

전국적으로 석탄, 철광, 그 밖의 각종 광물이 발견되어 지하자원이 사람들의 생활을 개선하고 있다. 수력 이용도 늘어 산업의 발전을 촉진하고 있다. 과학 연구가 보급됨에 따라 지금까지 세상에 알려지지 않았던 조선 고대 공예미술의 보고도 공개되고 있다. 유학, 종교 면에서 동양의 고대문화를 대표하는 문서가 속속 규명되고 있다. 특히 정치 분야에서는 일대 혁신이 있었고, 지방자치를 시행하고 있다. 조선의 인재는 점차 요직에 등용되고 있다. 이미 제국 의회에서 의석을 가지는 조선인까지 있다. 얼마 전에 불행히도 병을 얻어 세상일을 멀리하고 요양할 때, 조용히 조선 문제를 생각할 여유가 생겼다.

조선인의 입장이 되어 생각해 보면, 오늘날 이룩한 발전은 아직 부족한 수준이다. 또 과거 일을 다른 방식으로 처리하였다면 더 바람직하지 않았나 하는 일도 있다. 어쨌든 일본과 조선, 양자의 결합은 행복한 일이다. 대국적인 견지에서 보아 매우 적절한 일이었음은 누구도 부정할 수 없을 것이다. 앞으로도 양쪽 지식인들이 의견 교환 기회를 만들어 의사소통을 게을리하지 않고 경제적, 정신적 융합에 힘써야 함은 당연하다. 메이지 천황의 평등, 공존공영 정신을 받들어 혼연일체가 되어 동북아의 운명을 짊어져야 한다. 아울러 세계 인류의 행복에 공헌하려 노력하는 길이 우리가 나아가야 할 유일한 길이다.

26. 조선 반도의 발전에 힘쓰자

기요우라 게이고(清浦奎吾) / 백작[74]

조선의 역사, 발자취에 관하여 이제 와 새로이 말할 내용 없이, 역사적으로 조선의 입장은 유럽의 발칸반도와 흡사하였다. 곧 조선은 동양의 재앙과 난리의 근원이었다. 일러전쟁이 일어난 이유는 동양의 영원한 평화를 유지하려는 대국적 목적과 조선을 지켜주기 위한 우리의 현실적 목적 때문이었다.

---

[74] 역주: 원 책의 저자 소개는 다음과 같다.

구마모토현(態本縣) 구타미마치(來民町)에 있는 메이쇼지(明照寺)의 주지(住識) 오쿠보 료소쿠(大久保了息) 씨의 오남(五男)으로 가에이(嘉永) 3년(1850년) 2월에 태어나 환속하고 구(舊) 구마모토(態本) 번사(藩士)인 선대(先代) 히데타츠(秀達) 씨의 양자가 되었다. 메이지 11년(1878년) 집안 상속자가 된다. 일찍이 한학(漢學)을 배우고 메이지 6년(1873년) 사이타마현(埼玉縣) 십사등(十四等)에서 봉사하면서 이름을 날린다. 검사가 되어 일찍부터 내무 서기관, 경보국장 귀족원 의원, 사법 차관을 역임하고, 메이지 29년(1896년) 사법대신으로 친임(親任)되었다. 농상무대신 겸 내무대신을 지내고, 메이지 35년(1902년) 훈공으로 화족의 자작(子爵)을 수여받는다. 또 추밀 고문관을 지내고, 죽은 야마카타 공(公)의 뒤를 이어 의장에 부임했다. 다이쇼 13년(1924년) 1월 내각을 조직하고 총리대신에 부임한다. 같은 해 6월 총선거 결과 사임을 하고 쉬고 있다가, 다이쇼 15년(1926년)에 늙은 몸을 이끌고 중국 각지를 돌아다녔다. 쇼와 3년(1928년) 특지(特旨)를 내어 백작(伯爵)을 수여받고, 일본신문협회 회장을 사임한 후 여러 회(會)의 회장과 총재에 오른다.

그리고 조선을 철저하게 보호, 지도하기 위해 통감부를 설치하였다. 이토 공작이 초대 통감으로 부임하여 온 힘을 다하였다. 따라서 제반 시설은 착착 개선되었다. 그 후 상황이 바뀌어 양국 합방의 기운이 무르익었다. 일한병합조약이 체결되고 조선총독부가 설치되기에 이른 것이다. 새로이 합류한 조선 동포들에게 문명의 혜택을 제공하고 복지 증진을 위해 총독부 당국은 정치의 근본적 혁신을 단행하였다. 치안 유지에 힘을 쏟으면서 제반 시설을 개선하고 이로써 백성의 힘을 올리고 문화를 발전시키기 위해 총력을 기울였다. 그 후 몇 명의 총독이 경질되었으나 조선 통치의 방침은 25년간 일관성을 유지하였다.

총독부가 조선을 통치하기 시작한 이래 오늘에 이르기까지 시대의 추이와 사회 정세의 변화에 따라 여러 가지 문제가 발생하였다. 때로는 매우 어려운 상황에 봉착하기도 하였으나, 당국자들은 그때마다 천황 폐하의 뜻을 받들어 타오르는 듯한 열과 성의를 다해 노력하였다.

따라서 조선 내의 민심도 점점 평온해졌고, 교육의 보급, 각종 산업의 개발, 도로 교통 시설의 정비, 위생 설비의 개선, 지방제도의 획기적 개정을 통해 큰 민의 창달의 길에 이르게 되었다. 우리의 통치의 방침에 다소 불평을 가지던 사람들도 총독정치가 정신적, 물질적인 분야에서 조선 동포를 위해 얼마나 행복을 가져다주고 있는지 점차 이해하게 되었다.

특히 만주사변 이후 세계열강 앞에서 오히려 물러서지 않는 엄연한 우리의 국제적인 행보는 민심을 점점 안정시키고 동시에 만주제국과 제휴하는 것으로, 한때 만주에서 쫓겨났던 조선인들이, 지금은 다시 만주로 돌아가 생업에 종사하고 있다. 이와 같은 여러 가지 상황이 진정됨에 따라 조선인의 기풍(氣風, 기질)이 몰라볼 정도로 온건해졌다. 일본과 조선의 융화가 긴밀해지고 있음은 기쁜 일이다.

특히 우가키 총독은 취임한 이래로 몇 년이 지나, 차분하게 각 방면의 시책 경영이 가능하게 되어 특히 산업 생산을 늘리고 산업을 일으키는 일에 몸이 여위도록 마음과 힘을 다하여 애쓰셔서, 점점 눈에 띄는 성적을 거둔 것은 매우 기뻐해야 할 현상이다. 생활이 몹시 어려워 고달프고 힘이 없어 동양 평화를 해치는 근원이었던 조선이 오늘날 낙원이 된 사실은 동양 평화와 세계 평화 확립을 위해서도 기쁜 일이다.

얼마 전 총독부가 조선을 통치한 지 25주년을 기념하기 위해 글을 써 달라는 총독부의 부탁을 받아, 나는 시를 한 편 만들어 이를 총독부에 보냈다.

苦心經營廿五年(고심경영감오년) 마음과 힘을 다하여 경영하기 달콤한 오 년이 되었네.

恩露八道幾山川(은점팔도기산천) 팔도가 은혜를 입어 산천은 얼마나 변했던고.

沛然敎化如甘雨(패연교화여감우) 엄청난 교화가 되어 달콤한 비 같으니

可喜民風遂善遷(가희민풍수선천) 민간 풍속이 드디어 아름답게 바뀌어 참으로 기쁘도다.

생각하면 조선의 지금이 있게 된 것은 바로, 먼 옛날 통감부 시대가 잠시 조선을 빌리고, 일한병합 후 25년간, 역대 당국자의 고심에 찬 경영의 결과이다. 돌아보면 조선은 수백 년 동안 혼탁한 정치로 괴로움을 겪고, 관리들의 가렴주구로 수많은 어려움을 겪었던 과거와 맞바꾸어 우리의 새로운 동포로서 생명과 재산의 자유가 지켜지고 찬연한 문화의 혜택을 영위하기까지 이른 것은 자비로운 천황 폐하의 성은의 결과라 말해도, 참으로 격세지감이라 할 수밖에 없다.

그런 까닭에 앞으로도 일본과 조선의 관계를 한층 발전시켜 조선의 문화를 발전시키고 산업부흥, 자원개발에 전력을 다해야 한다. 이렇게 하는 것이 조선 동포를 행복하게 하는 것이며, 일본과 조선의 평등이라는 폐하의 뜻을 받드는

길일 것이다. 이토 공작을 비롯해 일한병합까지 많은 사람이 한국 통치에 노력해 왔다. 실로 형용하여 말할 수 없는 어려움 속에서 그들은 분투하였다. 따라서 앞으로 조선 통치의 문제에 잘못됨이 있으면 이는 천황 폐하의 뜻을 받들지 못하는 것이 될 뿐 아니라 일본과 조선의 공존공영을 위해 생명을 바친 선배들에게도 면목이 없는 일이다. 이러한 의미에서 조선 통치를 담당하건 그렇지 않건 우리는 모두 조선 동포에 대한 동정심을 품고 있어야 한다. 그들을 지도하고 제휴하여 참된 융화에 힘써야 한다. 시대 변천과 사회 변화에 적절하게 대응해 조선 반도의 문화를 향상하고 민중의 복지 증진에 힘쓰는 것이 매우 중요하다. 일한병합 25주년을 맞아 그간의 과정을 생각해 보니 감개무량하고 관민의 책임이 매우 중요함을 새삼 다시 느낀다.

27

조선 거주 26년의 회고

시노다 지사쿠(條田治策) / 이왕직 차관, 법학박사[75]

일러전쟁이 일어나기 전에 토미즈 히론도[76] 박사 등 7명의 박사가 중심이 되어 국제 법학회를 만들었는데, 나 역시 회원 중의 한 명이어서, 변호사 사무에 종사하는 한편으로, 이 학회에서 발행하는 국제법 외교 잡지의 편집을 담당하

---

75 역주: 원 책의 저자 소개는 다음과 같다.
　시노다 지사쿠 씨는 시즈오카현(靜岡縣) 사람으로, 메이지 32년(1899년) 도쿄대학교 법과대학을 졸업하고 일노(日露) 전쟁 후 제삼군(第三軍) 국제 법무관으로 종군했다. 통감부 임시 간토(間島) 파출소 사무관, 농상공부 비서관, 평안남도 내무부장 및 지사를 역임하였다. 다이쇼 12년(1923년) 이왕직(李王職) 차관에 임명되고, 조선사 편수회 위원으로 임명되었다. 다이쇼 12년(1923년) 이왕직(李王職) 장관에 올라 현재에도 그 자리에 있다. 쇼와 2년(1927년)에 이왕(李王)과 왕비 전하가 유럽에 갈 때 수행의 명을 받았다. 또 그 후에 법학박사 학위를 수여받았다. 모든 식견에 이름이 높은 그는 조선 사정통으로 각계에서 중진이 됨과 동시에 수많은 저서를 남겼다.

76 역주: 토미즈 히론도(戶水寬人, 1861~1935). 메이지-쇼와 시대 전기의 법학자이자 정치가. 도쿄제국대학 교수. 1901년에 동료인 오노츠카 키헤이지(小野塚喜平次) 등과 러일 개전을 주장하는 7박사의견서(七博士意見書)를 발표했다. 1903년 포츠머스 강화회의(講和會議)를 반대하여 휴직 처분을 받지만, 이듬해 복직(토미즈 사건)했다. 메이지 41년(1908년)에 중의원이 되어 5회 당선됐다.

고 있었다. 이런 관계로 일러전쟁이 일어난 후, 출정한 각 군단에 국제법 고문이 따라붙게 되어, 나 또한 위촉받아 우연히 노기 마레스케(乃木希典) 장군의 제3군에 배속되어 전쟁이 끝날 때까지 국제법상의 실제 문제를 취급하였고, 군대가 개선하자 나 역시 함께 귀국하였다.

일러전쟁 전후로 형세가 점점 험악해지던 간도 문제를 처리하기 위해 한국 주둔군 소속의 사이토 육군 대령이 주임으로 가게 되었다. 통감부에서도, 외무성에서도 이 위험천만한 간도 땅으로 그의 보좌 역으로서 자진하여 갈 사람이 없었으므로, 나는 뤼순공위군(旅順攻圍軍)을 종군했었던 관계로 끝내 사이토 대좌의 간곡한 부탁을 받아 메이지 40년(1907년) 일행과 함께 결연히 간도로 갔다. 이렇게 해서 내가 조선에 살게 되었다.

이 당시의 우리 임무는 표면적으로 청국 관련의 횡포, 마적이나 불량배들의 학대로 오랜 기간 고통받고 있는 한국의 민중을 보호함에 있었으나, 그 이면에는 분규 중인 간도 문제를 한국에 유리하게 해결하려는 목적도 있었다.

나는 사이토 대좌 밑에서 총무과장으로 사무를 총괄하였다. 오가와 다쿠지(小川琢治), 스즈키 신타로(鈴木信太郎), 야다 헤이키치(八田平吉), 쿠스노 도시나리(楠野俊成) 씨 등의 여러 현지 연구 관련 전문가와 한국인 위무와 회유 방면의 담당자로 최기남(崔其南), 김해룡(金海龍) 씨 등을 선발해 헌병대나 한국 경찰관 몇 명과 함께 갖은 고생 끝에 간도에 잠입하여, 메이지 40년(1907년) 8월 23일, 한국 통감부 파출소를 용정촌(龍井村)에 개설하였다.

간도가 청과 한국 어느 쪽에 속하는가를 두고 오랫동안 이어진 법적 다툼 문제로 몇 번이나 교섭이 있었으나, 그 근본적인 해결은 매우 어려웠다. 당시 한국 정부로부터 외교권을 위임받은 우리 정부는, 이때 오랜 현안을 해결하기 위해 간도의 정세를 구체적으로 살펴, 간도가 한국 땅이라는 주장을 외교 수단으로 실현하기 위한 전제로 우리를 파견하였다.

이러한 중대 사명을 띤 우리는, 청이 여러 가지 노골적으로 도발하는 태도와 압박과 공갈에 대해 충분히 마음속으로 참고 견디며 몸가짐을 조심하고, 게다가 우리의 수십 배에 달하는 청의 군경 앞에서 체면을 잃지 않고 2년 이상에 걸쳐 서로 대치하여 생사의 갈림길을 오가며 여러 가지 곤경을 버티며 위험에 몸을 던져 오로지 목적의 달성을 기대하고 있었다.

그러나 우리의 기대와는 달리, 한국인이 개척한 간도는 역사적, 장차 지리적으로도 한국의 영토임을 증명할 여러 사실이 존재한다. 그럼에도 북한의 보고인 간도를 만주의 각종 문제를 해결하기 위하여 희생하기로 하고 청 측의 주장을 받아들여 간도가 청의 영토임을 인정하고 만주 문제에 대한 우리의 요구를 인용하도록 하였다.

바로 메이지 42년(1909년) 9월 4일 간도에 대한 협약이 성립되어, 이로써 수십 년 동안 청-한 사이에 갈등을 일으켰던 현안도 해결되었다. 그러나 만주 안봉선(安奉線)의 개축 문제와 그 밖의 청-일간 분쟁의 해결상 간도에 관한 우리 주장을 포기하고, 일부러 쳐다보지도 않았던 연약한 조치를 따르게 되어 2년여의 우리의 목숨을 바친 노력이 물거품으로 돌아갔다. 이것이 조선 통치상의 화근을 후일에 남기게 되었다.

그리하여 나는 1909년 11월 간도에서 철수하여 경성으로 돌아왔는데, 당시 한국 정부 농상공부차관인 키우치 시게지로(木內茂次郎) 씨가 통감부에 들어올 것을 권유해 키우치 차관 밑에서 농상공부 서기관이 되었다. 아울러 소네 아라스케(曾禰荒助) 통감의 비서관을 겸임하였다. 그리고 메이지 43년(1910년) 일한병합과 함께 평안남도 내무부장으로 평양에 부임하였다.

당시 평안남도 장관은 마츠나가 다케요시(松永武吉) 씨였다. 조선 서북지방의 대도시인 평양도 내가 부임할 당시는 형편없는 도시였다. 인구 4만 명 정도로 지대가 낮아 비가 오기만 하면 큰 혼란이 있었다. 지금은 인구 16만의 대도시로, 각종 시설이 정비되어서 당시를 상상하기는 어렵다.

부임 후 1개월 동안 개천(价川), 덕천(德川), 영원(寧遠) 방면의 지방행정 시찰을 나섰는데, 당시 지방행정은 지극히 유치한 수준으로 군청 하나에 직원은 고작 2~3인에 불과했다. 그들은 흙바닥에 거적을 깔고 그 위에 앉아 사무를 보고 있었다. 각 면에는 면사무소가 따로 없고, 면장의 사택에서 면의 사무를 보고 관계된 서류는 아무것도 없으며, 단지 상급 관청에 내야 할 세금 명세서가 철해져 못으로 걸어둔 정도여서 사실상의 지방행정은 아무것도 실행되고 있지 못하였다.

개천에서 덕천으로 가는 도중에 사직(辭職) 고개라는 험한 곳이 있었다. 이곳은 말을 타고는 통행할 수 없는 험한 길이었다. 말에서 내려 내린 눈 속을 힘들게 걸어 올랐다. 옛날부터 지방에 부임하는 사람이 이곳까지 와서 험한 지세에 놀라고, 나아가 이를 돌파할 용기가 없어 벼슬을 버리고 사직하였다고 하여 그 이름을 얻은 유명한 고개이다.

거기서 나는 지방행정의 열매를 따려면 우선 각개 교련부터 시작하여 중대 교련으로 옮겨가야 한다고 생각하여 우선 지방행정의 기초인 면 행정을 정비, 쇄신할 필요가 있다고 보았다. 이 방면에 힘을 쏟기로 한 일한병합에 따라 한국 정부와 통감부가 하나로 되었기에 우두머리는 많아졌으나 명령받아 총을 쏠 군대가 없는 실정이어서 어떻게든 면 행정의 개선에 전력을 다할 수밖에 없었다.

바로 농촌 갱생 방안을 만들어 민심을 개선하고 동네(洞內)에 동리계(洞契)를 조직해 폐습을 없앴다. 또 근검 저축을 장려하고 근로를 장려하며 공공심을 길러 단위 행정에서부터 근본적인 개량에 착수하였다. 한편 지방행정 진흥에 힘을 쏟아부으면서 다른 한편으로 평양과 기타 도시의 공업화를 지향하여 그의 실현

을 위하여 노력하였다. 오늘날의 평양의 비약적인 발전 상황을 돌아보면 금석지
감을 느낀다.

평안남도는 조선에서도 옛날부터 통치하기 어려운 지역이어서 국민성이 난폭
하였다. 옛날 이괄(李适)이 난을 일으켜 멀리 경성까지 공격해 왕은 난을 피해 이
천(利川) 방면으로 도망친 적도 있었다. 또 홍경래(洪景來)의 반란과 기타의 사변이
일어났으므로, 이로써 세력을 주면 무엇을 일으킬지 알 수 없는 곳이었기도 하
다. 평안도 출신은 이름만 주고 실제로 관리로 등용된 예가 없었다.

역대 국왕이 평안도민을 배척했기 때문에 점점 민중의 반항심을 모으는 결과
를 초래하게 되어, 이 대책으로 민 씨의 세력하에 있는 관찰사를 두어 이를 억압
하였다. 민중은 점차 관헌에 대한 반항적 태도의 수위를 높여가 민심은 험악해졌
고 관헌들은 보복으로 이를 억압하여 세금을 가혹하게 걷고 재산을 빼앗았다.

그러나 너무도 좋은 때에 크리스트교가 구원의 손길을 뻗쳤다. 한국인이 크
리스트교 신자가 되면 관헌의 학대나 폭정을 모면할 수 있었다. 만일 관헌이 그
들을 압박하면 선교사들이 한국 관헌들에게 항의하였다. 한국 관헌들 역시 이
를 피하려는 입장이어서 정치적 이유로 크리스트교 신자가 매우 많았다.

그 후, 일한병합이 있고 나서도 평안남도 민중은 전통적으로 관헌에 반항하
는 풍습이 그치지 않았다. 특히 미국의 자유교육을 받은 사람 중에 반일 사상을
품고 있는 사람이 많았다는 점은 주목할 만한 점이다. 단속이 엄중해 해외로 도
망쳐 배일(排日, 반일) 활동을 하는 사람 중에 평안남도 출신이 상당히 많았다.

그러나 평안남도 민중 모두가 사상적으로 악화한 것은 아니었다. 그중에는
견실한 사상을 가진 선량한 사람들도 많았기 때문에 이런 사람들과 크게 손잡
고 이들을 선도하고, 이를 이용하여 더욱 교화에 힘쓰게 하였다. 동시에 불온한
사상을 품고 있는 사람들과 무릎을 맞대고 충분히 대화하여 다독이며, 지도하

고 노력하여 지방행정이 쇄신과 향상을 보게 됨과 동시에 도내가 매우 평온하고 명랑(明朗)한 상태가 유지되었다.

그러나, 1919년 3월에 일어난 만세 소요는, 힘껏 노력해 겨우 평온을 찾은 사상계에 일대 파란을 불러일으켰다. 그 원인으로 본국이나 조선에서는 오로지 데라우치 백작의 무단정치에 있다고 비난하고 있으나, 이와 같은 주장은 당시 조선 통치의 진상을 모르는 자의 망언이라 믿는다.

생각하면 데라우치 백작의 시대에는 일한협약의 결과 한국 군대가 해산되자 일부 폭도들이 무기를 지니고 도망쳐 비적이 되어 곳곳에서 폭동을 벌였다. 민심이 소란해져 아무것도 예상할 수 없는 상황에서, 데라우치 백작이 무단으로 단속을 강화한 것도 당시로서는 참으로 어쩔 수 없는 일이었다. 이것이 바로 무단정치라고 단정하는 것은 과한 일이다.

만세 소요는 원래 만주에 있는 불령선인의 책동으로 일어났다. 제1차 세계대전 후 파리강화회의에서 미국 대통령 윌슨이 주창한 민족자결주의의 환상을 좇아, 실현이 가능하다고 망언하며 민중을 사주하고 선동하여 소요를 불러일으킨 것이다. 물론 그 정도의 소요가 발생하는 것을 사전에 탐지하지 못한 경찰 당국에 다소의 실책이 없다고 말할 수 없으나, 어쨌건 당시의 세계정세에 자극받아 그것이 원인이 되어 발생한 시대사조의 부산물이었다.

물론 조선 전국에서 불타는 벌판의 불길같이 소요가 전파·확대되었다. 특히 평안남도는 불온한 사상의 배양지였고, 끊임없이 주동자와 상해임시정부 사이에 긴밀한 연락 상태가 유지되면서 살벌하고도 처참한 기운으로 가득하게 되어, 도청에 폭탄을 던지거나 경계 중인 경찰관이 곳곳에서 저격당하기도 했다. 사실 다이쇼 8~9년(1919~1920년)에 경찰관 희생자는 전국에서 평안남도가 가장 많았다.

그 당시에 지사의 목을 가져오면 1만 원의 현상금을 상해임시정부로부터 받을 수 있다는 소문이 퍼졌으므로, 나 역시 꽤 노림을 당했다. 어느 날 밤 목단대(牧丹臺)에서 자동차로 돌아온 일이 있었다. 그때가 어두운 밤이어서 누군가가 내가 타고 있을 것이라 오인하여 다른 자동차를 저격하였는데 운전사가 머리를 맞고 절명하였다. 나의 관사는 오래된 집으로 빈지문(비바람을 막기 위해 한짝식 끼웠다 떼었다 하게 만든 덧문)이 닫히지 않을 정도였기에 언제, 어떤 자가 난입할까, 실탄을 장전한 권총을 차고 돌발 사태에 늘 대비하였다.

당시 상해임시정부와 민중의 어떤 자 사이에 긴밀한 끈이 연결되어 있었다. 흉악범 체포에 전력을 다하였으나 범행 현장에서 연기와 같이 사라지곤 했다. 노력한 만큼 성과를 거두지 못하였다. 민중 중에는 미국의 원조로 조선의 독립을 달성할 수 있다고 믿는 자도 있었다. 세계정세에 어두운 이러한 사람들은 상해임시정부의 요청으로 비밀리에 독립자금을 제공하고 그들과 연락을 취하고 있는 자들이 많았다.

나는 구 도지사인 마츠나가(松永), 구도(工藤)의 밑에서 9년간 내무부장으로 재직한 후, 다이쇼 8년(1919년)에 지사가 되었으나, 소요의 진정을 위해 마음을 태우고, 몹시 염려하며 힘껏 노력하였다. 이때의 내무부장은 히라이 미츠오(平井三男) 군으로 웅변이 매우 뛰어난 사람이었다. 각지에서 강연회를 열고 세계정세를 설명해 그들의 잘못된 견해를 깨우쳐 사상의 전환을 꾀하였다. 그러나 청중인 조선인들은 "일본인 관리니까 그렇게 말하는 것이다."라며 곡해하는 방향이 많아, 사상에는 사상으로 맞대응하기 위하여 조선인 명망가에게 민중을 깨우치기로 했다.

때마침, 반일의 공기가 왕성한 평양 한가운데에서 '대동동지회'라는 친일 단체가 결성되어 크게 사회의 시선을 끌었다. 기자(箕子)의 자손이라 불리던 평양의 명문 출신에, 더구나 친일파인 선우균(鮮于均)이 이를 지도하였다. 크게 친일론을 고무하고 불량배의 획책이 잘못되었음을 힘있게 역설하여, 일본과 조선 융화에 중심을 두었기에 선우균 씨는 반대파로부터 크게 박해를 받았으나 날이 갈수록 동조자를 얻어 크게 친일 효과를 거둘 수 있었다.

당시 이곳에 있었던 참여관 박상준(朴相駿) 씨도 일본과 조선 융화에 크게 이바지하였다. 박 씨는 평남 출신이어서 예로부터 이곳에서 자행되었던 악정의 실례를 알고 있었기에 한국 정부 시대에 각 지역에서 있었던 관청의 백성 수탈 실례를 들어 현재 정치와 비교하는 방법으로 설득하였다. 조선인이 가혹한 세금과 재물 강탈에서 벗어나 자신의 생명과 재산을 지킬 수 있게 된 이유는 일한병합 때문이라고 역설하니 민중은 그의 말에 크게 감동하였다.

박상준 씨는 후에 황해도 지사가 되었고 지금은 중추원 참의로 있다. 그 밖에도 사회과장인 엄창(嚴昌) 씨 등도 민중을 진정시키는 데 크게 활약하였다. 이들의 노력이 있어 민중도 우리를 이해할 수 있게 되었다. 조선 전국을 통틀어 소요가 가장 격렬했던 우리 도가 제일 먼저 평온을 되찾은 것은 관민 유지가 협력한 결과라 생각한다.

당시 우리를 가장 곤란하게 만든 사람은 외국인 선교사들이었다. 물론 선교사들 모두가 나쁜 것은 아니었다. 그중에는 굉장한 인격을 갖춘 사람도 있고 우리 입장을 알아주는 사람도 있었다. 이들에게는 정치적 행동과 거리를 두고 종교 활동에만 전력해 달라고 요구하였다. 정치 운동에 몰두하는 선교사들은 가차 없이 단속하였다.

한 선교사가 자기 집의 지하실에 범인을 숨겨주었다가 범인 은닉죄로 체포되었다. 나는 도지사의 권한으로 그 선교사가 교장으로 있는 학교의 인가를 취소하였다. 과거에는 우리 관헌이 외국인 선교사를 소극적인 태도로 상당히 조심해 왔기에 조선인들은 선교사를 절대적인 사람으로 믿고, 선교사의 그늘에 들어가 있으면 관헌도 꼼짝할 수 없다고 망언하고 있었다. 외국인 측도 자신들이 그렇다며 생각하고 있었으나, 선교사의 체포는 조선인들에게 사대주의를 없애주고 사상 면에서 큰 효과를 나타내었다.

나는 1910년 평안남도에 부임한 이후 내무부장으로, 또한 지사로 13년 동안 재직하여, 지방의 개발에 힘쓰고, 교육의 보급, 산업의 진흥은 말할 것 없고, 여러 방면의 정치 쇄신을 꾀하고, 아울러 사상의 개선 등에 미력한 힘을 다하였다. 이렇게 온갖 정성으로 경영하였으나, 그것이 다다르지 못하는 것을 두려워하였다.

내가 처음 부임할 당시의 평안남도의 상황은 지금과 비교하면 전혀 비교되지 않을 정도여서 제반 시설이 아직 제 위치에 있지 못하고 불비, 부족의 상황에 있었다. 이를 도의 예산으로 살펴보아도 당시의 지방세 수입은 고작 10만 원에 불과하였으나, 지금은 세입 총액 5백만 원, 세수입은 170만 원에 이르게 되어, 얼마나 크나큰 발전을 이루어왔는지를 입증하고 있다. 그뿐 아니라, 도내 민중이 이같이 많은 액수를 충분히 부담할 수 있게 된 것은 도내 민중의 생활 향상과 재정적인 신장을 말해주는 것이다.

오랜 지방 장관의 생활을 마치고 다이쇼 12년(1923년) 3월에 이왕직 차관으로 옮겼다. 당시 장관은 민영기(閔泳綺) 씨였는데 그의 사후에 부하 동료였던 한창수(韓昌洙) 남작을 장관으로 추천하였다. 만 9년간 차관으로 근무한 후 1931년 현직에 올랐다. 그리하여 나는 일한병합 후 25년을 조선에서 보냈다. 앞에서 언급한 바와 같이 오랜 기간을 평안남도에서 지방관으로 근무했고 이어 이왕직에서 직을 받아 오늘에 이르고 있다. 그리고 미력하여 공헌도 하지 못했음에도 친임 대우를 받는 것은 하늘이 내리신 정말로 두터운 은혜이며 참으로 감격스럽기 그지없다. 앞으로 한층 노력하고 힘써, 일본과 조선 융화에 기여하여 천황 폐하의 성은의 일만분의 일이라도 갚을 각오이다.

28

협력하고 융합하여 복지를 도모하자[77]

이노우에 가쿠고로(井上角五郎) / 게이오 기주쿠(慶應義塾) 국민공학원 이사장[78]

내가 처음 조선에 간 것은 그 유명한 대원군 사변[79]이 있은 지 얼마 안 된 메

---

77 역주: 이 장만 "김슬옹 옮김(1998). 협력하고 융합하여 복지를 도모하자."라는 제목으로 한글학회 월간지
  인《한글새소식》308호(4월 호)에 소개한 바 있다. "김슬옹, 2018, 《한글혁명》, 살림터, 167-174쪽"에 '국
  한문 혼용 역사의 진실'을 위해 재수록했다.

78 역주: 원 책의 저자 소개는 다음과 같다.
  이노우에 가쿠고로 씨는 히로시마현(廣島縣) 사람이다. 이노우에 추부로(井上忠五郎) 씨의 동생으로
  안세(安定) 6년(1860년) 10월에 태어나, 메이지 22년(1889년) 분가해서 가정을 이루었다. 일찍부터 이름
  난 유학자 야마무로 구미후루(山室汲古) 선생에게 배우고, 그 후 범교성지관(範校誠之館)에 들어가 거
  기서 사범학교를 졸업하고 메이지 12년(1879년)에 게이오기주쿠(慶應義塾)에 들어가 영어학을 배웠다.
  졸업 후 후쿠자와(福澤) 옹에게 영특함을 인정받아 한국 정부 고문관으로 추천받았다. 날카로운 눈매를
  가진 그는 동아시아 대세를 알아채고 신속하게 한국 정부를 제국의 세력 아래 넣기 위해 노력하지만, 그
  웅대한 계획은 이루어지지 않았다. 그 후 미국으로 넘어가, 이민 사업에 노력하는 등 대부분 해외에서 활
  약하고 메이지 23년(1890년)에 제국 의회의 개설에 맞춰 중의원 의원에 선출되어, 달변으로 정계의 풍운
  을 질타하고 헌정을 위해 일한다. 다이쇼 3년(1914년) 그의 훈공에 의해 훈삼등(勳三等)에 오르고, 다이
  쇼 14년(1925년)에 사건의 공에 따라 욱일중수장(旭日中綬章)을 수여받았으며, 또 다년간 실업계에 진
  력을 다한 공로로 녹수포장(綠綬褒章)을 받는다. 지금은 정계를 떠나 게이오기주쿠(慶應義塾) 국민공
  학원 이사장에 취임해 있다.

79 역주: 8월 26일에 흥선대원군이 청으로 납치되었다.

이지 15년(1882년) 12월이었다. 그 무렵 조선에서는 민 씨(閔氏) 일파가 정권을 잡고, 크게 국가 정책의 개혁을 도모하기 위하여, 우리 군인을 불러들이고, 또한 우리 나라의 문물제도를 시찰하게 하여, 점차 혁신의 기운이 돌고 있었다. 그런데도 대원군 등의 수구파는 이것을 탐탁하게 여기지 않고, 오히려 크게 그 대책을 모색하게 하였으며, 마침내 메이지 15년(1882년) 7월, 폭도는 왕궁에 난입하여 중요한 직책의 사람들과 우리 사관을 죽이고, 게다가 우리 공사관을 불태우기에 이르렀다[80]. 그래서 당시의 공사인 하나후사 요시타다(花房義質)는 나가사키(長崎)로 돌아가 변고를 정부에 보고하였다. 이리하여 이 사변도 이른바 제물포조약으로 결말을 보게 되었다.

그래서 새로 다케조에 신이치로(竹添進一郞) 씨가 조선공사로서 부임하게 되고, 나는 이분과 같은 배로 그 곳에 건너가게 되었다. 나는 경성(京城, 서울)에 도착한 후에 정부에서 준 저동(苧洞)의 집에 들었다. 당시의 일본 공사관은 진고개(泥峴)에 있고, 다케조에 공사를 우두머리로 공사관원과 호위병 등을 포함하여 약 300명 정도의 일본인과 그 외 불과 십여 명의 일본 상인이 경성에 있었다. 실로 적적하고 쓸쓸한 상황이었다. 요전에 돌아가신 야마구치 타헤이(山口太兵衛) 씨 등도 그 무렵부터 조선에서 터를 닦기 시작했던 분이다.

그리고 대원군은 그 난 때문에 중국 정부에 잡혀가 보정부(保定府)에 감금되었다. 한편 중국에서는 위안스카이(袁世凱)와 진수당(陳樹棠),[81] 그 밖의 참모와 함께 3천 명 정도의 군대를 거느리고 경성에 주둔하고 있었고 그들은 조선이 중국의

---

80 역주: 군인들과 시민들이 불을 지른 것이 아니라 공격받은 공사 하나후사가 제 손으로 공사관에 불을 지른 것이다.

81 역주: 진수당(陳樹棠)은 중국 고위 관리로 1883년 9월 16일 총판조선상무위원(總辦朝鮮商務委員)으로 조선에 파견돼 한성에 상무위원공서(총영사관에 해당)를 설치하고 1885년 9월 23일에 귀국하였다. 진수당의 후임이 위안스카이였다.

속국이 되었다고 말하고 있었다. 중국 상인은 크게 기뻐하여 속속 찾아와서 종로 부근에는 중국 상점이 줄지어 늘어설 정도였다. 그런데도 우리 쪽은 불과 12명이라는 거의 보잘것없는 상태였다.

나는 조선 정부 아래에서 새롭게 신문 발행의 계획을 세워, 경성 남부의 저동(苧洞)[82]에 있던 어용저(御用邸)[83] 자리를 신문 공장으로 정하여 여기에 인쇄 기계와 그 밖의 것을 설치하고, 그 옆에 새로 지은 집에서 살았다. 그리하여 교육 사무를 관장하는 박문국(博文局)[84]이라는 관청을 설치하여 그 총재로는 외어문독변(外衙門督辨) 민영목(閔泳穆) 씨, 부총재로 한성판윤 김만식(金冕植=金晚植) 씨 등이 있었고, 나는 외어문(外衙門) 고문으로서 그것을 주재하고, 신문의 발행에 임하게 되었다.

먼저 여기서 발행되었던 것이 한자만을 쓴 한성순보이고, 그것에 대해서는 조선인 또는 중국인 중에서도 이러니저러니 비난이 있었는데, 호를 거듭함에 따라서 세간에서도 차츰 그 필요를 인식하게 되었다. 그러나 한층 일반에 보급하기 위해서는 한문체만이 아니라, 한문에 언문을 혼용하지 않으면 안 된다고 나는 뼈저리게 느꼈다.

언문은 예로부터 내려온(古來의) 조선의 문자인데, 중국 숭배 사상에 사로잡혀 상류 계층은 한문만을 쓰고, 언문은 이른바 하층민들만 썼다. 일찍이 조선에서 쓰던 《동몽선집(童蒙選集)》은 한문만으로 기술(記述)되어, 중국을 선진국으로

---

82 역주: 서울특별시 중구 저동 1가(명동성당 일대)와 저동 2가(중부경찰서 부근)

83 역주: 임금이나 황제가 하사한 집.

84 역주: 한국 최초의 근대식 인쇄소다. 신문 및 잡지 등을 편찬·인쇄하던 출판 기관으로 신문을 발행했다는 점에서는 한국 최초의 신문사이기도 하다. 1883년 10월 31일 한성순보의 발간을 시작했다. 1884년 갑신정변이 실패한 후 급진개화파의 주도로 설치된 박문국 역시 공격받아 건물과 인쇄 기계가 파괴되었고, 〈한성순보〉 발행 역시 중단되었다. 1885년(고종 22) 5월 통리교섭통상사무아문의 건의에 따라 박문국이 다시 설치되었고, 〈한성순보〉는 〈한성주보〉로 복간되었다.

숭배하고 자기 나라(조선)를 그 속국으로 여기며, 자기 나라(조선) 글자인 언문을 천대하여 어디까지나 중국을 존중하지 않으면 안 된다고 썼다.

이같이 《동몽선집》이 조선 사람들에게 심히 잘못된 생각을 품게 했기 때문에 그 후 일러전쟁을 거쳐 우리 나라가 한국에 통감부를 둔 지 얼마 안 됐을 무렵, 즉 일한병합 전에 한국 정부는 《동몽선집》을 읽는 것을 금지하는 명령을 내렸다. 그래서 귀족도 한문 외에 언문을 사용하게 되었다.

조선에는 언문 이외에 이문(吏文)[85]이라고 하여 정부의 사무 취급에 주로 쓰이고 있었던 문자가 있었다. 중인이라고 일컫는 무리가 중앙과 지방의 관청에 많이 있었는데, 이들은 관리도 아니고 노비라고는 할 수 없는 자들이었다. 이 중인 계급이 관청의 사무에 언제나 이두를 썼다. 이같이 당시에서는 한문, 이두, 언문이라는 세 갈래의 문자가 조선의 계급에 따라서 유통되고 있었다.

그래서 나는 조선의 언문으로 우리 나라의 가나(假名, 히라가나와 가타카나)가 섞인 문장과 비슷한 문체를 만들어 그것을 널리 조선 사람에게 사용하게 하여 우리 나라(일본)와 한국을 같은 문체의 국가 상태로 만들고 싶었다. 또 문명의 지식을 주어, 일본에서 옛날의 고루한 사상을 바꾸려 꾀했던 후쿠자와 유키치(福澤諭吉) 선생의 뜻을 받들어 한문에 언문을 섞은 문체로 신문을 발행하기로 하였다. 그것이 곧 한성주보이다.

조선에서 선조 이후의 정치사는 실질적으로는 당쟁사이고, 권력 투쟁사이다. 문관과 무관끼리 당을 만들고, 파를 이루어 서로 싸우고, 게다가 이것을 계속하며 또 스스로 여러 당파를 생기게 하여 격렬한 싸움이 반복되었다. 그런 당파 싸움 때문에 또는 국왕파, 왕비파가 되어 서로 싸우며 밀어내고, 또 어떤 사

---

85 역주: '이문'은 공문으로 쓰인 한문이다. 행정 문서이다 보니 일반 한문과는 달리 속어 등이 쓰인 실용적인 한문이다.

람은 중국과 손잡고, 또는 일본에 의존하는 자도 있는가 하면, 그 외에 다른 곳에 매달리는 자도 있는 각양각색의 당파를 생기게 했다. 여기에도 누구인가의 당이 있고, 거기에도 누구인가의 파가 있는 상태에서 국왕은 그 거취에 어려움이 있는 상황이었다.

특히 내가 갔을 무렵의 궁정에서는 국왕은 온종일 주무시다가, 오후 3시 무렵이 되어 눈을 뜨시고, 4시 무렵부터 입내(入內)라고 부르는 별입시(別入侍)란 자가 알현을 위해 들어오는 것이었다. 이 별입시는 국왕을 뵙고 다양한 의견을 말씀드리는 자이고, 이들 가운데는 상당한 식견을 가진 인물도 있는가 하면, 또 아첨만을 일삼는 아무런 포부도 없는 자도 있었으며, 여러 종류의 인물이 별입시의 자격으로 궁중에 출입하며 국왕에 대하여 각자가 생각하는 대로 말씀드렸었다.

아울러 당시의 국정은 국왕의 전제(專制)로 이루어졌던 관계로, 그 한 분의 생각에 따라서 제멋대로 방침이 정해졌다. 그런 까닭에 여러 명의 별입시를 대하므로 앞 사람에게 한 이야기와 다음 사람에게 한 이야기의 앞뒤가 맞지 않을 때가 적지 않아, 그 말씀을 들은 별입시는 마침내 외부에서 충돌을 부르는 결과가 되어 싸움이 끊이질 않았었다.

이같이 마음에 드셔야만 궁중에 불러들이시고, 그것에 기초하여 정치를 행하시므로 각종 병폐를 낳게 되고, 점점 그것이 심해지기 때문에, 우리 공사도 이것을 국왕에게 간언하고, 위안스카이도 또 별입시제도가 불가한 까닭을 말씀드렸다. 즉 국왕의 측근인 자가 현명한 자라면 정치는 개선되어 가겠으나, 여러 사람이 여러 가지를 말씀드린다는 것이 이미 나라를 어지럽히는 바탕이고, 이 별입시라는 것이 조선을 그르쳤다는 말을 할 수 있을 것이다.

조선의 귀족을 양반이라고 하는데, 양반 중에는 '사대부'라는 계급이 있었다. 이들은 어떤 나이에 이르면 관찰사라든가 군수라든가 하는 중요한 관직에 오르게 된다. 이 사대부 가문 이외의 자도 양반이라고는 일컫지만, 좋은 지위에 오를 수 있는 자는 아니더라도 '기인(其人)[86]'이라 부르는 계급이 아니면 영달은 불가능하였다.

앞에 언급한 '중인'은 지방청에서의 회계를 담당, 조세 징수를 맡았던 자이고, 현재 상당한 사람들은 중인 출신인 자가 다수이다. 그런데도 당시의 '기인', '중인'은 뛰어난 기술을 가진 자가 많았지만, 그들이 관직을 얻는 일은 극히 어려웠다. 그러므로 이러한 사람들은 당시의 정치를 칭송하지 못할 뿐 아니라, 이에 대하여 반항적인 마음을 품고 있었다. 여기에도 또 조선의 어지럽기 쉬운 원인이 숨어 있었다. 예컨대 송병준 씨와 같은 이는 뛰어난 중인 출신이었다.

한편, 귀족은 좋은 관직에 나가기 위한 등용문인 과거에 응해야 하는데, 무인은 활, 창, 검으로, 문인은 문장으로 이를 시험하였다. 급제하면 진사(進士)가 되어 크게 세력을 떨쳤다. 그리고 과거를 실시하기 위한 위원을 국왕이 선임하여 그들이 문제를 결정하였다. 이 시험에도 여러 폐해가 따라 미리 문제를 숙지하고 있는 사대부는 쉽게 진사가 될 수 있었다.

또는 가문이 좋은 무관의 자제가 활을 쏘는 경우는 과녁이 자연히 따라다니며 맞는 일도 있었다는 것이다. 그러므로 과거제도가 있어도 그것에 급제하는 일은 보통으로는 어려웠다. 또 실제로 과거의 문장 등은 상당히 어려웠다. 그것도 특수 계급 이외의 일반 사람은 이 과거에 응할 수가 없었기 때문에 불평과 불만을 품고 정치와 당시의 정부를 저주하는 결과에 빠지는 것이었다.

내가 박문국(博文局)에 있을 때, 주사(主事), 사사(司事)로서 수십 명의 조선 사람을 썼는데, 이 중에는 중인 계급 출신이 다수를 차지하고 있었다. 사실 이 중인

---

86 역주: 실용 물건들을 납품하는 직업.

271

계급 사람들은 다른 사람들과 비교하여 모든 점에서 뛰어났다. 그러므로 조선의 정치도 그것을 선도하고 개혁하여 그 고루한 병폐를 없애고 참신한 기를 살려 가면, 그 혁신의 열매를 거둘 수 있었을지도 모를텐데 결국 당파 싸움으로 일관하여 그 앞날을 그르치기에 이르렀다.

나는 조선에서 민중의 생활 상태를 시찰하고, 행정, 세제의 실제를 살피고, 또한 토지의 기름짐과 메마름 또는 교통의 편리함과 불편함을 보기 위해, 메이지 19년(1886년) 11월 15일에 경성에서 출발하여 경기, 충청, 전라, 경상의 각 도를 조선 말을 타고 시찰 여행을 다녀왔다.

험한 길과 눈보라에 시달리면서 지방 관청(地方官衙)의 상황을 조사하고, 게다가 끊임없이 신변의 위험을 무릅쓰고 마침내 그 목적을 달성할 수 있었다.

이 조사 서류는 그것을 두 갈래로 나누고, 하나를 행정세제조사서(行政稅制調査書)라 하고, 하나를 지방산업개발조사서(地方産業開發調査書)라 하여 그것을 국왕 전하께 올리고, 다시 이 행정세제조사서에는 애초의 내 견해를 추가하여 그것을 '조선개혁의견서(朝鮮改革意見書)'라고 제목을 붙여, 이노우에 가오루(井上馨) 자작[87]이 조선 정부의 고문으로서 부임할 때 그에게 보냈던 것이다. 내 의견은 대개 이 이노우에 씨가 인용하였다.

그리고 또 지방산업개발조사 가운데 물의 이용과 물대기에 관한 것만을 정리하여 이토 히로부미(伊藤博文) 공이 한국 통감으로 한국에 부임할 때도 마찬가지로 이것을 보냈다. 어쨌건, 경성에서 출발한 이래 한 해가 막 저물어 가는 12월 말일까지 약 40일간의 추운 겨울 여행은, 지금에도 역시나 추억 중 하나이다.

그로부터 50년이 되는 지금, 그때를 돌이켜 보면, 정말 꿈만 같다. 그 무렵의

---

87 역주: 1835~1915. 일본의 정치가로 1876년 전권대사로서 강화조약을 맺고, 1884년 임오군란 때 한성조약을 체결한 사람이다.

조선에 대한 감상으로서는 그저 변변치 못했을 따름이다. 길도 다리도 거의 없고, 물론 교통기관도 없었으며, 전보 한번 치고 싶어도 나가사키(長崎)까지 와야 했다. 경성, 인천에도 그러한 설비는 없었다. 도쿄-경성 간 여행에도 15일 정도가 있어야 하는 상태였고, 우선 요코하마(橫濱)로 와서 코베(神戶)까지 배로 가서, 여기서 또 갈아타고 세토나이카이(瀨戶內海)를 지나 나가사키에 가서, 거기서 또 배를 갈아타고 이즈가하라(嚴ヶ原)[88]에 기항(寄港)한 뒤 부산을 거쳐 인천으로 도착하게 된다.

인천에서 경성까지 기차가 없는 것은 물론이고, 가마를 타고 하루 걸려 가는 형편이었다. 게다가 '코베-나가사키, 나가사키-조선' 사이의 배는 일주일에 한 번 정도라 이렇게 머무르기 위해서는 며칠이 필요한 셈이었다. 당시는 그러한 불편을 견뎌야 할 뿐만 아니라, 일본이라는 나라가 조선으로서는 이해되지 않았기 때문에, 까딱하면 사대주의에 따라 중국에만 억눌리기 쉬워 상당한 고심을 거듭하고 있었다.

그런데 그 후, 일청, 러일의 두 전쟁에 승리하여 통감부가 설치되고, 메이지 43년(1910년)에 드디어 일한이 합방되어 조선 사람들도 한결같이 우리 천황의 은혜를 받아 문명의 혜택을 입게 되었던 것은 조선 민중에게 있어서 한없는 행복이다. 그때부터 역대 총감이 열심히 이룬 시설로 한층 조선을 문명으로 이끌고, 그 복지를 증진한 일은 참으로 위대하였다. 나는 옛날의 눈으로 조선의 진보 상황을 보고, 몹시 놀라며 감탄하였다. 바라건대 그들 동포를 위해 융합하고 협력하여, 그 바탕 위에 더욱 행복의 증진을 도모하게 되기를 바란다.

---

88 역주: 쓰시마에 있는 항구

29

이상향의 건설

구와하라 야츠시(桑原八司) / 전 조선총독부, 함경북도지사[89]

마술(馬術)의 연습에서 축산 계획으로

나는 일한병합의 다음 해인 1911년 2월 키우치 씨의 후임으로 데라우치 총독의 비서관으로 부임하였다. 그리고 1913년 말 함경북도 장관이 되어 5년간 재직하였다. 1918년 11월에는 충청남도지사로 옮겨 1년 남짓 재직한 후 퇴직하였다. 곧 조선 부임 후 9년을 조선에서 보낸 나로서는 그때를 회고하면 만감이 가슴을 쳐, 옛날을 그리워하는 정이 끊이지 않았다. 일한병합 25주년을 맞아 이렇게 당시의 추억을 되짚는 것도 온고지신이라 믿어 의심치 않는다.

---

89 역주: 원 책의 저자 소개는 다음과 같다.

구와하라 야츠시 씨는 메이지 2년(1869년) 4월 13일 기후현(岐阜縣) 안파치군(安八郡) 대한정(大垪町)에서 태어나 메이지 26년(1893년) 도쿄제국대학 정치과를 졸업하고 외교관이 되었다. 그 후 내무성으로 자리를 옮겨 가나가와현(神奈川縣) 참사관, 니가타현(新潟縣) 서기관, 히로시마현(廣島縣) 내무부장을 역임하고 휴직한다. 메이지 44년(1911년) 2월 조선총독부 비서과장에 임명되고, 다이쇼 2년(1913년) 11월 함경북도 장관이 되었다. 다이쇼 7년(1918년) 11월 충청남도지사에서 관직을 물러나 현재는 한가히 여생을 보내고 있다.

내가 처음 부임할 당시의 함경북도는 아직 교통편이 정비되어 있지 않았다. 교통기관은 아무것도 없었고 성진(城津)에 인력거 한 대가 고작이었다. 따라서 관내 순시 등에도 큰 불편을 겪었다. 그뿐 아니라 경비(警備)상으로도 급히 해야 할 점이라는 이유로 헌병대와 협력해 국경 방면의 도로를 보수하였으나, 이용할 교통기관이 없어 관내를 순시할 때 당혹스러웠다. 어쩔 수 없이 말은 타지 못하고 소를 타고 관내를 순시하려고 하였으나, 장관의 위신과 관계있는 일이라는 반대가 있어 이 계획은 중지하고, 자전거를 연습해 보았으나 이 역시 빨리 숙달할 수 없어 고민하고 있었다. 그런데 다행히도 도청 관리 중에 오오모모 나가하루(大桃長治)라는 예전에 기병학교 교관이었던 달인이 오오츠보류 마술(大坪流馬術, 일본의 고전 마술 유파 중 하나)을 가르치는데, 그에게 마술 연습을 권유받고 본격적으로 가르침을 받아, 승마회를 만들어 매일 연습하였다.

곧 마술에 숙달되어 관내 순시에 말을 이용하게 되었고 동시에 소, 말, 양, 닭 등 축산을 장려하는 정책을 펴게 되었다. 구체적인 방침으로는 소는 농가 1호에 3마리, 말은 1마리를 표준으로 하고 증식을 시도하였다. 그 결과 어느 부락은 농가 1호당 평균 4마리의 소를 사육하는 곳도 생겼다. 축산 열기가 본격적으로 타오른 것이다. 최근 우가키 총독이 함경북도를 '소의 지방'으로 만들려 한다는 소식을 들은 적이 있는데, 이 계획은 이미 내가 먼저 시작했다.

당시 나남 헌병대의 혼마(本間) 아무개라는 사람이 홋카이도의 종양장(種羊場)의 사정을 잘 알고 있어, 그에게 여러 가지 이야기를 듣고 국경 방면으로 두만강 연안에서 시험 삼아 양을 사육하기 시작했다. 이 당시 두만강 유역에는 조선인이 양, 산양 등을 사육하고 있어 양을 번식시키기에 적합한 땅이라고 생각했는데, 계획은 훌륭하게 맞아떨어져 현재 3천 마리 정도까지 늘어났다.

말은 각 군에 종마 1마리씩을 배포하고 웅기에 종마소를 설치했는데, 육군에서도 이에 착안해 새로운 정책을 펴기 시작하였다. 함경북도 전체의 마필(馬匹)을 조사한 결과, 웅기와 그 밖의 세 곳에 수천 정보의 넓은 땅에 종마장을 육군에서 설치하게 되었다. 말은 유사시 짐을 운반하거나 그 밖에 군사용으로 필요하였다. 따라서 종마소를 세워 평시에 그 개량을 꾀하는 것이 급하다고 총독부 당국을 설득하였다. 그러나 그런 문제는 국가적인 대문제이기 때문에 군부나 그 밖의 다른 기관의 방침이 결정될 때까지 기다리라는 응답이 왔다. 만일 동원령이라도 발령되면 매우 곤란한 문제가 생길 것이라고 나는 생각하였다. 특히 국경과 접하고 있는 함북은 위험성이 가장 크다고 주장하였다. 데라우치 총독도 동원령이란 말을 듣고는 하고 싶은 대로 하라고 말했기 때문에 나도 계획을 추진하게 되었다.

마필의 개량에 관해 나는 1918년 봄 하세가와 총독에게 의견서를 제출하였다. 총독은 이것을 총독부 장관회의에서 자문해 상당히 문제가 되었다. 총독이 스즈키 지부 장관에게 명령하여 웅기 종마소에 관한 예산은 도의 예산 속에 포함되었다. 조선의 말과 본국의 말을 교접시켜 말의 개량에 노력한 결과, 말 한 필이 170~180원에서 250원까지 올라서 조선인은 매우 기뻐하였다. 도립 종마소는 이런 과정을 거쳐 실현을 보게 되었다.

기민한 마필 징발 계획

그 후, 예의 정가둔사건[90] 때, 나남에 주둔하는 군대가 국경을 넘어 출병할지

---

90 역주: 鄭家屯事件, 1916년 8월 13일 중국 랴오닝성 정가둔에서 일한 간의 충돌 사건. 발단은 매약업 점원(일본인)과 중국 병사 사이의 사소한 논쟁이었으나, 주둔 일본군(1914년 8월부터 주재)이 관여하여, 일중 양군이 충돌, 일본 측 14명(그중 순찰 1) 중국 측 4명의 전사자를 냈다. 나카무라 사토루 관동도독은 증원부대(기병 2중대, 보병 1대대)를 파견하여 정가둔을 점령하고 사평가~정가둔 간 중국군 철수를 요구했으며, 두 곳 사이에 군용 전선을 가설했다. 오쿠마 시게노부 내각은 9월 2일 하야시 곤스케 공사로

도 모른다는 소식을 접하였다. 나는 도 사무관 3명에게 명령하여 이틀 만에 마필을 징발할 계획을 세웠다. 나남, 경성을 중심으로 5리 이내의 면사무소 소재지에서 징발하게 되었다. 도 사무관을 두세 갈래로 나누어 말을 잘 타는 사람 4~5명씩 붙여 명령이 떨어지면 곧 출동할 수 있는 준비를 해놓았다. 여단장의 명령을 받고 부여단장이 내게 와서 "가까운 시일 내에 동원이 있을지도 몰라 연락한다."라고 말했고, 나의 계획을 듣고는 눈물을 흘리며 기뻐하였다. 그러고는 "이런 계획을 알게 되었으니, 자세히 말할 필요는 없다."라고 하며 아무 말 않고 돌아간 적이 있다.

이 소요가 있었을 때, 도 참여관 아무개가 내게 "만일 사건이 확대되어 적병이 도내로 한 발자국이라도 들어오면 각오하시오."라고 말했다. 그런 비상시에 이런 말을 해줄 정도로 인정 깊은 사람이 있었다. 그러나 사건이 곧 진정되어, 나남에 주둔한 군대도 출병할 필요가 없어졌기에 웃고 넘어갈 사건으로 남게 되었다.

통치의 목표는 무엇인가?

이러한 여러 가지 체험을 겪은 내 생각으로는, 조선의 일은 조선 사정에 밝고 조선어를 아는 자를 관리로 두어야 가장 조선의 실정에 맞는 정책을 펴, 일본과 조선 융화의 열매를 거둘 수 있다는 사실을 통감하였다. 조선의 사정에 어두운 본국의 관리만으로는 아무런 실익도 거둘 수 없다. 내각이 바뀔 때마다 총독, 정무총감이 바뀌고 총독, 정무총감이 바뀔 때마다 하급 관리가 이동하는 것은 정치적인 면에서 바람직하지 못하다. 우리가 항상 우려하는 것은 조선의 정치는 조

하여 중국군 제28사단장의 징계, 남만주·동부 내몽골의 필요한 지점에 경찰관 주재 등을 중국 측에 요구하였다.

선에 있는 조선인의 복지를 위한 것인지, 아니면 본국의 정부와 의회를 위한 것인지라는 점이다. 즉, 매년의 예로 제국 의회의 개회가 시작되자마자 조선총독부 고관은 바로 본국에 모이게 되어, 정작 중요한 총독부 의자엔 먼지가 쌓이게 될 것이다. 즉, 부재중 사무는 그곳에 정체(停頓)를 가져오는 것은 물론이고, 수뇌부의 부재가 사무의 능률에 미치는 영향 또한 적지 않다고 생각하기 때문이다. 따라서 이런 겉치레에 어떤 제도상의 변혁을 가하고, 상하 일치하여 조선 통치에 전념하지 않으면, 한 단계 더 높은 치적을 거두기는 힘들 것이다.

언어를 통한 융화와 친선

언어를 통한 융화, 친목에 가장 효과적인 방법은 일본과 조선 간에 그치는 문제가 아니라 외국인도 같다. 조선 총독은 자주 외국인과 접하는 관계로, 외국어가 필요하다. 데라우치 백작은 프랑스어가 능숙하다. 때로 외국 선교사와 회식할 때도 통역 없이 직접 회화를 하기도 한다. 정무총감은 영어와 독일어에 능숙하다. 이처럼 위로는 총독부터 아래로는 하급 관리에 이르기까지 언어를 통한 친목은 각별한 면이 있다. 나 역시 시 한 수로 일본과 중국의 친선을 도모한 적이 있다.

그것은 내가 함북에 재임할 당시인 다이쇼 6년(1917년) 가을, '청진(淸津)-회령(會寧)' 간 철도가 완전히 개통되어 개통식이 있었을 때의 일이다. 청회선을 간도까지 연장하기 위하여 두만강에 다리를 놓는 문제로 중국 측에 불만이 있었으므로, 개통식에는 중국 측의 인사를 초대하여 이를 누그러트릴 필요가 있었다. 우선 내가 간도에 시찰 여행을 가서 중국 당국과 만나 개통식 초대의 뜻을 전하여 그 참여를 간청하였는데 상대의 흔쾌한 승낙을 얻었다. 나는 시 한 수를 헌시하여 그 감회를 나타냈는데, 나라는 다르지만 문자와 인종이 통한다는 격으로 그들이 매우 환영해 주었다. 그리고 개통식 당일에는 도윤(道尹)이 직접 출석하여 중국어로 축사를 하고, 식이 끝난 후에 함경북도청과 나남에 있는 군대를 시찰하고 돌아간 일이 있었다.

나는 간도에 갈 때마다 간도의 실정을 조사하였다. 도청의 부하 직원 3~4명을 대동하고 조사한 결과를 총독부에 보고하였다. 이 정보가 당시 간도에 관한 유일한 정보로 상당히 권위 있는 자료로 존중받았다. 나는 이 자료들을 세상에 알리려 도쿄의 경제 잡지에 연재하고 있었는데 연재 중 지진이 일어나 중단되었다. 참으로 유감스러운 일이었다.

하룻밤에 변하는 국경선의 비밀 무역

이런 관계로부터 일본과 중국의 친선이 촉진되었다. 나의 전임자인 호아시(帆足) 씨가 국경을 순시했을 때 권총 세례를 받았고, 그 밖의 사람들도 같은 위험을 만났으나, 내가 재임하던 때는 앞서 말한 사정으로 한 번도 그와 같은 위협을 받은 적이 없었다. 그러나 시대가 변해 만주국의 독립을 보게 된 오늘날에는 그러한 위험은 절대로 일어나지 않을 것이다.

또한 국경인 두만강 중앙에 있는 유다도(柳多島)는 조선과 중국이 서로 어느 쪽에 속하느냐로 상당히 싸움이 있었던 곳으로, 이 때문에 두만강 교량에 관해서 중국 측의 불만으로 실현할 수 없었다. 어느 날 집중호우가 내려 조선 측으로 모래가 밀려 들어왔다. 강둑에서 유다도까지 육지로 연결되었다. 따라서 조선 측에서는 유다도를 자기 영토라고 간주하고 교량 공사를 끝냈다. 그러나 다음번에는 홍수로 이와 반대되는 현상이 일어났다는 웃지 못할 이야기가 있다. 이런 종류의 문제가 현재까지 계속되고 있었다면 이것도 만주국의 출현으로 자연히 해소되었을 것이다. 그러나 당시로서는 상당한 문제였다.

또한 간도와 함경북도의 경제 관계에 대해 한마디 하자면, 간도에는 소금과 명태 같은 생선류가 없었으므로 함경북도 해안 사람이 소금과 생선을 말에 싣고 간도에 몰래 들어가 좁쌀과 물물교환하여 돌아왔다. 중국은 소금 수입을 금지하고 있었기 때문에, 대놓고 가져갈 수 없어서 밤을 타고 몰래 세관의 눈과 늑대 무리를 피해 두만강을 건넜다. 당시 비밀 무역은 한 번에 15~16원의 소득이 있었다고 한다.

국경을 순시하는 육군 대장

하세가와 총독이 함경북도를 순시할 때 나는 후루미 이즈시오(古海 嚴潮) 헌병 사령관과 함께 말을 타고 이를 수행하여, 경성에서 온성 방면의 국경을 시찰한 적이 있다. 이때, 총독이 말에 채찍을 가해 두만강 연안의 구릉을 달려 올라가 머나먼 반대편 기슭을 바라보며, 큰 소리로 "이곳은 포병 진지를 두기에 좋겠군." 하고 외치시는 것을 들은 나는, 하세가와 백작은 역시 총독이면서, 육군 대장이란 사실을 통감하였다.

하세가와 조선 총독이 나라를 살피러 두만강변을 다니며 종성을 지나자 말 위에서 시 두 구절을 짓고 후루미 소장에게 남은 두 구절(余補)을 이어 짓게 하였다.

經綸有策不知閑(桑原, 구와하라)

鞍馬賞春巡重關(古海. 후루미)

細雨霏霏邊塞晚　夢同間島老爺山(總督)

경륜과 계획이 있어도 여유가 없나니(구와하라).

말을 타고 봄을 즐기며(賞春) 중경을 순찰하누나(후루미)

가랑비가 부슬부슬 내리다 꿈에 간도 나리산을 품었나니(총독)

   隱城　途上
遙望隱城斜日幽　翠巒屏立畵圖浮(桑原)
靑楊叢裡一條白　方識潺湲溪水流(古海)

   은성으로 가는 도중에
멀리 은성 가는 길에　옆으로 내리쬐는 햇빛이 그윽하고,
푸른 산이 (병풍처럼) 우뚝 솟아 그림을 그린다.

푸른 수양버들 무리 속에서 흰 개울이 졸졸 흐르는 모습을 볼 수 있나니(桑原, 구와하라)
푸른 포플러 숲 속의 흰빛이 바야흐로 시냇물이 졸졸 흐름을 알겠노라(古海. 후루미)

전임자의 시설을 뒤집는 후임 지사

함경북도에서 충청남도로 옮긴 나는 우선 관내 실정을 살펴보았다. 이 지방
은 상당히 발전하여 본국의 행정과 큰 차이가 없을 정도였다. 내가 부임하기 전
박중양(朴重陽), 오하라 신조(小原新三), 가미바야시 게이타로(上林京太郎) 씨 3대(代)의
지사가 여러모로 열심히 노력한 결과로, 산업 7년 계획, 또는 10년 계획을 세워
도내 산업의 장려에 온 힘을 쏟아부은 것이다. 나는 후임자로서 전임자들의 시
책과 경영에 대해, 단지 모자라는 부분을 보완함으로 그 실현을 꾀하였으나, 내
가 전임한 뒤로는 후임자가 이 계획들을 모두 파괴하였다. 그런데 함경북도에서
도 역시 같은 현상이 일어났다. 함경북도 최초의 지사는 다케이 도모사다(武井友
貞) 씨였는데 그가 축산 계획을 세워 그 시책에 노력하였으나 후임자가 이를 폐

기하였다. 따라서 나는 부임 후 다시 축산 진흥 계획을 수립해 이를 실행하고, 또 도내 식량 부족을 염려하여 종래 중국, 간도로부터 좁쌀 공급을 요청했던 것을 자급자족을 위해 곡물 증산 7개년 계획을 세워, 이를 실현하기 위하여 노력을 많이 하였다.

전임자가 고심하여 경영한 각종의 계획 또는 시책을 후임자가 아무 가치도 없다는 듯 버리고 돌아보지 않는다면 조선의 발전은 불가능하다. 즉, 이런 측면에서 총독의 일관 주의 방침이 인정받기 어려워지는 것이다. 도지사 한 사람의 생각대로 전임자의 시책을 짓밟아 그 방침을 좌지우지한다면, 무엇으로 문화의 향상을 꾀하고, 산업, 교육 등 기타 제반 시책의 아름다운 효과를 거두어, 민중의 복지를 증진할 수 있는지, 정말로 의심하지 않을 수밖에 없다. 즉, 내가 생각하기에 조선의 정치는 본국의 정부나 제국 의회를 위해서만 행하느냐, 아니면 조선 사람들에 대한 이익을 위해 행하느냐고 말한 점은 또한 여기에 있다. "인심을 새롭게라든가, 갱신이라 말해도 조선인은 이를 비웃는다."라는 말을 들은 적이 있는데, 아무튼 조선에 임하는 위정자들의 맹렬한 반성이 필요한 중대 문제이다.

일본과 조선 융화의 길

내 체험에 의하면 조선인이건 선교사건 간에 친하게 접촉하면 자연스럽게 친밀함이 올라가 오해도 풀릴 뿐 아니라, 더욱 나아가 오히려 상대편에서 친하게 지내려 함을 알았다. 그 한두 가지의 예로 함경북도에서 근무하는 중에, 성진(城津)에 배일사상의 두목이라 주목되는 그리어슨[91]이란 선교사를 그의 보신학교(普信學校)에 가서 거리낌 없이 대화한 결과, 그의 태도가 매우 부드럽게 변해갔다.

---

91 역주: 캐나다 장로교 선교사인 로버트 그리어슨(Robert Gherson, 구례선, 具禮善).

그리하여 충청남도 부임 때 마중 나온 선교사를 며칠 후 취임 인사로 방문하니 그는 매우 기뻐하며 이후로도 계속해서 친밀한 관계를 계속했다. 원래 이 선교사는 상당한 지위에 있는 일본인의 방문이나 초대를 큰 명예로 생각하는 사람이었다. 내가 방문한 사실을 본국(캐나다)에 보고해 화제가 되었다고 한다. 그래서 데라우치 백작도 외국인 선교사를 초대해 자주 대화의 시간을 가졌는데, 이런 점에서 그들 사이에서 데라우치 백작의 평판이 아주 좋았다.

이것은 선교사들뿐 아니라 조선인도 같다. 함경북도 재임 중, 신년 연회에 면장과 도참사(道參事)를 초대하였는데, 그들은 매우 기뻐하며 한층 융화의 길로 매진하였고, 내가 함북을 떠날 때 조선인 40~50명이 따로 송별회를 열어주었다.

충청남도에 재임하는 중에 닭을 많이 길렀다. 이 닭을 공주 읍내의 조선인 유력자에게 20~30마리 주겠다고 하니 크게 기뻐하였다. 거의 외출도 하지 않던 부인이 하인과 하녀를 데리고 내가 사는 관사에 왔다. 관사 이곳저곳을 구경하고 난 후 부인 자신이 닭을 안고 돌아갔다. 이후 이 유력자 집안과는 매우 친밀한 관계가 되었고 본국으로 돌아가서도 이 관계는 계속되고 있다. 이것이 공주에서 만세 소요가 일어나지 않은 원인의 하나이다.

공주에서 만세 소요가 일어나지 않은 이유

이런 관계로 다이쇼 8년(1919년) 3월 만세 소요 때, 나의 재임지인 공주에서만 전혀 소요가 일어나지 않았다. 이것은 외국 선교사와 접촉하고, 조선인 유력자와의 융화가 자연스럽게 일어났던 것이 원인을 이루기는 하나, 내가 학생들에게 취한 방법도 분명히 효과적이었다.

당시에 나는 영문 잡지인 '리뷰 오브 리뷰즈(Review of Reviews,1890~1936, 영국)'를 구독하고 있었다. 이 잡지에 나와 있는 이른바 '민족자결주의'에 대하여, 미국 대통령 윌슨[92]이 미국 흑인들을 향해 수정헌법 15조[93]를 가르치는 만화를 농학교 학생들에게 설명해 주었다.

민족자결인지 뭔지를 주장하면서도 자국 아래에 있는 흑인은 어쩔 셈인지, 자국의 일은 뒤로 미루고 다른 것을 이래저래 말하는 것은 그 진의가 의심스럽다며, 나는 미국의 모순(흑인 차별)을 적시한 다음 민족자결주의가 부당한 이유를 설명하였는데, 농학교의 학생 모두는 내 의도를 이해하였다. 학생들은 "잘 알겠습니다. 우리 학교에서는 만세 소요를 일으키지 않겠습니다. 안심하세요."라고 분명히 내게 맹세했다. 조선 전국에서 만세 소요가 있었으나 공주만큼은 만세 소리 하나 없이 평온하게 지나갔다.

도청 이전에 관한 뒷수습

경성(鏡城)에 있던 함경북도청이 나남(羅南)으로 이전하는 문제가 발생하였다. 나남 역시 경성의 일부이기는 하지만 도청이 나남으로 이전하면 과거 경성이 누렸던 번영을 나남에게 뺏기며, 주민 생활에 미치는 영향이 중대하다는 이유에서 반대도 많았으나 당국의 방침이 결정된 이상, 나남 이전은 피할 수 없었다. 따라서 도청 이전으로 생활할 터전을 잃은 사람들을 어떠한 방법으로든 구제해 생활을 유지해 줄 필요가 있었다. 우리는 그들에게 양계, 양돈, 사과 재배 등을 장려하였다. 경성 읍내의 조선인들에게 닭과 돼지, 사과 묘목을 무상으로 나누어 주어 이들 사업을 담당하게 하였는데, 이에 따라 상당한 이익을 거두게 되자 매

---

92 역주: "사실 그는 미국 남부 출신으로서 뿌리 깊은 인종차별주의자였고, 그의 행정부는 정부 인사 정책에도 인종차별을 도입했다." 조슈아 키팅 / 오수원 번역(2019), 《보이지 않는 국가들》, 예문 아카이브

93 역주: 남북전쟁 후 성립된 3개의 헌법 수정 조항(재건 수정안 군) 중 하나이며, 시민에게 투표권을 부여할 때 그 시민의 인종, 피부색 또는 이전의 예속상태(노예)에 근거하여 부여를 거부하여서는 안 된다고 선언한 것이다.(1869년 2월 26일 상정, 1870년 2월 3일 비준)

우 만족하게 되어, 도청 이전 문제도 원만하게 해결되었다.

지난해 충청남도청이 공주에서 대전으로 옮겨지기로 함에 따라, 도청 이전은 공주의 사활이 걸린 문제여서 관계자들이 맹렬하게 반대하여, 각 지역에서 반대 운동을 계속해 제국 의회에서 문제가 되기도 하였다. 당시 반대 운동을 하기 위해 도내 유력자가 일본과 조선 대표로 왔을 때, 나는 만일 도청 이전이 어쩔 수 없는 일이라면, 함경북도의 예를 들어 어떤 특수시설을 공주에 유치해 달라고 하는 것이 좋겠다고 말했다. 그들은 만일 그렇다면 금강에 영구적인 다리를 세워 교통을 편리하게 만들고 싶다는 희망을 내비쳤다. 도청이 대전으로 이동함과 같이 지금은 그러한 소망도 달성되었다고 하는데, 참으로 바람직하고 기쁜 일이다.

기강 확립과 이상향의 건설

결국, 조선 통치의 열매를 거두기 위해서는 우선 일본과 조선의 융화에 의해야 한다는 것은 물론이다. 일본과 조선의 융화도 아무 생각 없이 소리만 내지르며, 게다가 갑갑하도록 겉껍데기뿐인 융화로는 진정한 효과를 거둘 수 없다. 서로 말을 통하여 마음에서부터 경계를 허무는 융화가 아니면 영구적인 것이 아니다. 이런 의미에서 조선에 있는 관리들은 조선어를 배울 필요가 있다. 게다가 관리가 잠깐 거쳐 가는 한시적인 직종에 있다고 하더라도 조선어를 배우면 조선의 모든 일에 대한 마음가짐이 달라지기 때문이다. 따라서 앞에서 말한 바와 같이 내각이 바뀔 때나 총독, 정무총감이 바뀔 때마다 직접 조선인과 접촉하는 관리를 함부로 파면하거나 경질하는 것은 일본과 조선의 융화를 위해서도, 통치 실적을 거두기 위해서도 크게 고려할 문제이다.

특히 조선에서 근무하는 관리는 기강 확립의 문제에 주의해야 한다. 기강이 이완되면 조선인의 모멸을 받기 때문이다. 관리의 기강 문제는 조선 통치에 중대한 영향을 미친다는 사실은 명료하다. 따라서 단호한 기강 확립 대책을 세워 이를 실행해 조선인의 신뢰를 높여가야 한다. 이를 통해 일본과 조선의 하나됨을 이룩해 조선인의 행복을 증진하는 이상향의 건설에 매진해야 할 것을 갈망한다.

30

눈을 떠가는 조선 민중에게

마츠이 시게루(松井茂) / 전 통감부 경무국장, 귀족원 의원, 법학박사[94]

성의를 갖고 일본과 조선 융화에 노력하자

일한병합 25주년을 맞이하여 이를 기념하기 위해 조선신문이 내게 뭔가 소감을 말해 달라고 하여, 이에 조선의 경찰에 관한 소감으로 이를 대신하려 한다. 두 말할 필요 없이 오늘날의 세계정세를 살펴보면 동양의 평화를 유지하는 것은 무엇보다도 시급하다. 특히 일본인과 조선인은 일한병합의 취지를 잘 이해하고 양

---

94 역주: 원 책의 저자 소개는 다음과 같다.

정삼위훈일등(正三位勳一等) 귀족원 의원 마츠이 시게루는 히로시마현(廣島縣) 사족(士族) 마츠이 유린(松井有隣) 씨의 장남으로, 게이오(慶應) 2년(1866년) 9월에 태어났다. 메이지 26년(1893년) 도쿄제국대학 법과대학을 졸업하고, 경시 겸 내무 서기관, 경시청 각부장, 경시총감 관방주사(官房主事)가 됐다. 한국 총감부 이사관, 한국 경무국장, 총감부 참사관을 지냈다. 그 후 본국으로 자리를 옮겨 시즈오카(靜岡), 아이치현(愛知縣) 지사, 경찰관 강습소장 겸 내무 경찰관 등을 역임하고, 후에 관직을 떠나 다이쇼 14년(1925년) 금계간기후(錦鷄間祇候)에 임명을 받았다. 이후 유럽과 미국에 파견되고, 메이지 43년(1910년) 법학박사 학위를 수여받는다. 그는 현재 우리 나라 경찰학의 봉두(奉斗)이며 또 실제 조선에서 경찰소방의 산증인이다. 오늘날 개선 정비를 보게 된 것도 그의 노력이 매우 크다고 하지 않을 수 없다.

자 간에 성의를 가지고 일본과 조선 융화의 결실을 거두기 위해 노력해야 한다.

생각건대 일한병합은 제국 존립의 기초 문제이며, 이를 따르지 않았다면 국가의 존립이 위험해지는 까닭에 자위의 차원에서 실행된 것이다. 그와 더불어 합병 전 조선의 실정을 보면 밖으로는 외국의 압박을, 안으로는 오랫동안 포악한 정치로 민중은 도탄에 빠져 괴로워하고 있었다.

그래서 메이지 천황은 한국의 황제와 열띤 의견을 나누시고 간담상조(肝膽相照, 서로 속마음을 터놓고 친하게 사귐)하시어 경사스러운 병합에 이른 것이며, 단연코 일본이 조선을 정복한 것은 절대 아니다. 이 근본 사상을 일반 민중에게 충분하고도 철저하게 이해시키는 것이 이 시기에 무엇보다도 중요하다.

나는 병합 전 4년간 조선에서 스스로 한국 경무국장이라는 중책을 맡아 반도 경찰을 위해 작은 힘을 바쳤다. 지금에 와서 과거를 돌아보면 실로 감개무량하다. 당시 통감이었던 이토 공작을 생각하면 가슴 아프다. 이토 공작은 오로지 한마음으로 일한병합을 위해 온갖 정성을 다한 인물이었고 기어이 하얼빈역 앞에서 흉탄에 쓰러졌으나 공의 지극한 정성은 일본인과 조선인의 마음에 남아 있다.

어느 외국인이 "한국인의 기질은 오랜 세월 동안 다른 나라의 압박에 익숙해 왔기 때문에 발칸반도와 같이 앞뒤를 재고 망설여 거의 믿고 따르는 것을 모르는 나머지, 한때를 때우기 위하여 아첨하는 말과 알랑거리는 태도에 빠지며, 허위의 말을 마음대로 놀리는 등, 아마도 세계에서 가장 신용을 두기 어려운 곳이라 생각하는데 각하는 이런 나라를 통치할 각오가 되어 있는가?"라는 질문을 하는 것에 대하여 이토 공작은, "나는 지성으로 한국인이 어린아이일 때부터 이를 가르칠 결심이다."라고 대답하니, 그 외국인도 마침내 할 말을 잃었다고 한다. 진실로 국가를 생각하는 이토 공작의 깊은 마음에는 누구나 느끼는 바가 있을 것이다.

나는 수년 전 경성에 놀러 와, 옛 지인인 전 중추원 참의(參議) 유맹(劉猛)[95] 군과 예전 일을 이야기하며, 서로 담소를 나누다 위(이토 공작)의 이야기를 나눌 때, "자네는 조선 사람 중에서 가장 의지가 강하고 신념을 굽히지 않는 인물이고, 야마카와 겐타로(山川 建太郞) 선생을 방불케 하는 점이 있는 사람이다."라고 했더니 그는 눈물을 흘리고 이를 소중히 여겼다. 나 역시 얼떨결에 함께 울며, 같이 일본과 조선 융화의 장래에 대하여 일본인과 조선인의 반성을 재촉한 적이 있다.

그리고 데라우치 백작이 총독의 임무에 열심히 매진한 점에 대하여 시간이 지남에 따라 조선인도 점점 이에 감격하여 지금도 추모하는 자가 적지 않다. 일한병합 25주년을 맞이하게 되니, 백작의 지극한 정성이 일본과 조선 융화에 얼마나 큰 영향을 미쳤는가를 상상할 수 있다.

내가 재임할 당시에는 대화가 통하는 조선 사람이 거의 없었다. 우리는 정말로 희생정신을 가지고 나라와 사회를 위해 힘써 일하며 정성을 다하였으나 수많은 박해를 받았고, 암살된 사람도 적지 않았다. 지금에 와서 생각하면 감개무량하다.

악습 교정과 공민교육의 철저

생각하면 25년의 세월이 꿈과 같이 흘러갔다. 조선에 눈에 띄는 문화 발전이 있다고는 해도, 정신 문제에서는 반성이 필요한 것도 적지 않다고 생각한다. 특히 청년 세대는 병합의 취지를 철저히 이해하고 용기를 갖고 미래를 위해 매진해야 한다. 만약 청년의 기상이 잘못되면 그들의 미래 또한 밝지 못하다. 다행스럽게 조선의 청년 사회도 활동 영역이 확대되고 있고, 근면하게 자기 직업에 충

---

95 역주: 1853년~1930년, 대한제국의 개화파 관료로 일제 강점기에는 조선총독부 중추원 참의를 지냈다.

실한 청년들이 늘어나고 있는 사실은 바람직한 현상이다. 그러나 조선의 오랜 인습 중에는 개선이 필요한 것도 많다. 예를 들어 종교심을 함양하는 것은 가장 시급하다고 생각한다.

그리고 악습으로는 축첩의 폐단이 있고, 또한 범죄 같은 것은 비교적 이를 부끄러워 않는 풍습이 있어, 특히 본국에서는 조선 사람 사이에 소매치기가 일어나는 것은 주지의 사실이다. 그 밖에 도로상의 취객, 곰방대의 사용, 흰옷, 조혼 등의 악습이 지금도 상존한다. 그뿐 아니라, 조선인은 노상에서 논쟁이나 싸움 등이 있는 경우에도 이를 방관하여 중재를 일부러 하지 않는 것 등은 공중도덕 정신이 없음을 말하는 것이다.

이를 교정할 실행력을 기르기 위해서는 국민 모두 경찰로 불릴 정도로 살아 있는 공민교육을 보급하는 것이 무엇보다 급하다. 우선 일상생활 속에서 실행할 방법을 찾고 일본과 조선인 모두 경찰과 공민 경찰의 관계에 철저할 필요가 있다.

이 점에서 이케다(池田) 현 경무국장이 홀로 경찰 방면뿐만 아니라 널리 교화의 입장에서 조선인의 기질 개선에 노력하고 있는 것은, 크게 나의 뜻을 받았기 때문이다.

또 조선인 중에 모든 방면에서 견실하고 철저한 인물을 길러내는 것이 시급한 문제 중의 하나이다. 경무국장인 아사리 사부로(淺利三郎) 군은 조선 재직 시 경찰서장에 조선인을 채용하려고 노력하였다. 실행상의 여러 문제로 아직 채용하지 못하고 있으나, 경찰서장 같은 관직은 하루빨리 조선인 중에서 채용하는 것이 바람직하다.

조선 경찰 발달의 연혁

현대 경찰에 대해서는 많은 사람이 알고 있기에, 이를 생략하며 한마디로 간단하게 조선 경찰의 연혁과 추이를 살펴보겠다. 일본 도쿠가와 시대의 '단속'이란 문자가 어떤 의미에선 '경찰'이란 명칭에 해당한다. 한국에서도 포도청 등에서는 '기형(譏詗, 남모르게 엿보는 것)'이란 명칭을 써 왔는데, '譏(기)'란 '엿보다(窺)'의 뜻이며, '詗(형)'이란 '살피다(察)'의 뜻이다. 또한 '기찰(譏察)' 또는 '형찰(詗察)'의 칭호도 있다. 마침내, 경찰관이 정찰을 수행하는 까닭에 이는 경찰권을 집행한다는 뜻이다.

조선의 고대 경찰에 관한 연혁은 여기서 그만하겠다. 메이지 38년(1905년) 1월에 한국 정부는 경찰 고문을 일본에서 초빙하였다. 고문 경찰의 시대가 시작되었으나, 이에 대해서는 맹렬한 반대가 있어 경성 등에서는 한국인 순사가 동맹 퇴직을 꾀하거나, 경무국장에 해당하는 경무사(警務使)가 사표를 내기도 하였다. 그러나 1905년경 우리 제국은 승전의 결과 점차 세력을 확대하고 있었으므로, 경무고문의 권한도 점차 확대되었다. 특히 궁중의 비리 숙청을 힘써 행하기도 하고 정치적 부패를 없애려 관리의 비행을 적발하여 교정시키기도 하였다. 그 밖에 다양한 분야에서 큰 공헌을 하였다.

헌병경찰제도에 대한 반박

메이지 40년(1907년) 7월에 체결된 일한협약으로 일한 양국의 경찰이 하나로 되어 나는 새로이 경무국장으로 취임하였다. 통감부 경무청장에게서 이사청(理事廳) 경찰관 사무를, 한국 경무 고문에게서 고문 경찰의 사무를 각각 인수하여, 사실상 한국 경찰의 실권을 잡은 것이나, 일한병합 전의 한국 정세는 결코 쉬운 상태가 아니었다.

나는 예전부터 경찰행정의 기초는 경찰을 내무행정 아래에 두고 민중을 본위로 할 필요가 있으며, 이집트의 예를 보아도 이는 명백하다고 믿고 있었다. 이토 공작 역시 1907년 일한협약을 체결할 당시에 일본 경찰을 한국 경찰에 편입시키는 방법을 택하여, 실권은 일본인이 잡고 한국 측과 가장 밀접한 관계를 맺도록, 일본인 경찰의 집행 기관도 한국 경찰기관에 합병한 것은 조직의 통일상 무엇보다도 시기적절한 조치였다.

메이지 43년(1910년) 3월, 대만에서도 고다마(兒玉) 총독은 비적의 소멸을 위해 군대의 힘을 빌려 맹렬한 토벌 작전을 벌였다. 이와 동시에 비적에게 투항을 권유하고, 귀순책을 써서 큰 효과를 거두었다. 구체적인 방법으로는 미리 정찰의 편의를 얻어 비적의 주소, 이름, 경력, 무기 등에 이르기까지 알아낼 수 있었으므로 이에 대한 적절한 조치 또한 쉬웠다.

이 경험을 통해 총독은 비적을 소탕하는 데에는 충실한 경찰력으로 하는 것이 적당하다고 하여, 경찰기관을 확장하고 헌병을 폐지하여 그 비용을 경찰 방면에 충당하게 되었다. 한국에서는 메이지 40년(1907년) 10월 7일의 우리 칙령 제323호 공포에 근거해 한국에 주둔하는 헌병의 수가 늘어났는데, 나는 무슨 이유인지 수상쩍었다. 예전에 이토 공작이 경찰 본래의 정신에 기초해 일한 경찰을 합병한 사실에 비추어, 헌병을 증강한 사실은 폭도의 토벌에 한하는 것이라 해석하고 있었는데, 그 후 아카시(赤石) 소장이 헌병대장의 임무를 띠고 부임하였고, 또한 자신에게는 한국 전체의 경찰권을 지휘할 사명이 있다는 듯한 해석을 주장하였다. 따라서 나는 헌병에 관한 전기(前記)의 제국 칙령은, 바로 한국에 이를 적용해야 할 것이 아닌 이유를 설명하고 그의 해석이 잘못되었음을 말했다.

그러나 본국의 조정에서 의논된 일로 법률론은 잠시 두고, 한번 결정된 이상 가능하다면 헌병과 경찰의 제휴를 기대하고 있었다. 그 후 한국의 총리대신에게서 이토 통감에게 한국 정부의 경찰권 집행에 관하여 제국 헌병대의 원조가 필요할 경우, 이에 응하게 하고 싶다는 문의가 있었기에 나는 경찰관과 헌병의 배치 장소는 달라야 한다고 주장하였다. 그러나 이런 나의 주장은 헌병 측의 동의를 받지 못하였다. 또 사무 분담에서 구별을 두어, 헌병은 폭도의 토벌에 종사하고 행정경찰과 사법경찰에 관해서는 경찰 관리가 담당한다는 주장 역시 헌병 측과 협의가 조율되지 못했다. 이토 공작은 경찰과 헌병과의 직무 권한 해결에 마음 아프게 걱정하고 계셔서, 어느 날 이토 공작은 관저로 나를 불러 헌병이 경찰을 지휘하는 문제에 관한 옳고 그름에 대해 내게 자문하셨기에 나는 경찰의 실정을 말한 다음 이론적으로 잘못된 근거를 지적하여 단호하게 반대하였다.

마침내 헌병 측의 의견은 헌병대장이 경찰 업무를 통일하는 데 필요한 경우에는 경찰관을 지휘해야 한다는 것이며, 또한 헌병장교가 경부(警部, 대한제국 때, 경무청을 독립시켜 고친 이름) 이하를 지휘하고, 준사관 이하는 순사를 지휘해야 한다는 주장이었다.

그래서 나는 이토 공작이 경성에서 출발하여, 귀국길에 오르신 후에 자작인 소네 아라스케(曾禰荒助) 부통감에게 한국의 치안 유지에 관하여 경찰과 주둔 헌병의 직무 분장(職掌)에 대해, 설령 각의의 결정이 있다고 해도 잘못된 근거를 변론했다. 나아가 이토 공작에게 사적인 서한을 보내어 "만일 헌병에게 경찰관을 지휘하도록 하시겠다면 한국의 치안 유지상 불가하다고 생각하며, 소관은 경관의 직에 있는 까닭에 함부로 이를 주장하는 것이 아니라, 요즘 치안 유지상 본인의 직책에 따라, 제가 목격한 소신에 대하여 이를 가만히 눈여겨보는 것은 심한 불충이라 믿어, 감히 이 말을 하는 까닭이오니, 원하옵건대 각하께서는 저의 참된 정성을 헤아려 주시기 바랍니다."라며 내 소신을 피력하였다.

민중 경찰의 자각을 간절히 바란다

한국 경찰의 내부 사정에는 당시 여러 가지 격론이 있었다. 나는 거리낌 없이 용감하고 씩씩하게 나아가며, 전력을 다해 경찰권을 확장하기 위해 작은 힘이나

마 최선을 다하여, 다행스럽게도 관민의 공감을 받아 난국을 감당할 수 있었던 것을 깊이 감사하고 있다.

그리하여 경찰과 헌병 사이의 직무상의 분쟁에 대한 나의 의견은 다행히도 이토 통감 및 후계자인 소네 통감이 받아들이기까지에 이르렀으나, 일한병합 전 소네 통감은 병으로 관직에서 물러나고, 데라우치 백작이 새로운 통감에 취임하였다. 따라서 나는 데라우치 백작에게 경찰 본위의 의견서를 제출하였으나, 데라우치 백작은 예전부터 헌병 본위였기 때문에 내 의견은 전혀 받아들여지지 않고 마침내 패배하였다. 데라우치 백작은 호의를 갖고 나의 유임을 권유하였으나 나는 이를 고사하고 귀경하였다.

잠시 후 헌병 본위의 제도가 실시되었다가 오래지 않아 경찰 본위의 제도가 부활하였다. 그 후 경성에 갔을 때, 내 체험을 근거로 경찰 본위의 제도로 바뀌었다고 하여 결코 거만하게 행동하지 않고, 겸양의 미덕을 발휘하여 경찰관은 헌병 출신자에게 크게 경의를 표하는 것으로 거국일치의 열매를 거둬들여야 한다고 경고하여 두었다.

현재도 조선의 치안 유지 문제는 매우 중요하다. 앞서 언급한 바와 같이 일반인들이 국민 경찰 수준이 되어야 할 정도로 교통, 위생, 범죄, 방공, 방화 풍속 기타 각종 방면의 경찰 사고가 날이 갈수록 점점 빈번해지고 있다. 본국에서도 지금 민중이 경찰[96] 수준으로 눈을 뜨고 있는 이때, 조선에서도 하루빨리 이 일에 눈을 떠 국민정신을 불러일으키는 데에 어떻게 일반 민중의 경각심을 흔들어 깨우는가가 분명히 상상 이상일 만큼 중요하다.

---

96 역주: 警察的, '警'은 사회에 범죄나 사고가 일어나지 않도록 경계하는 것이고, '察'은 범죄와 사고가 일어나는 것을 막기 위해 그것을 미리 아는 의미로, 국민을 범죄와 사고로부터 지키는 일로 '경찰'이라는 말이 만들어졌다.

이상 나는 경찰보국(警察報國)의 입장에서, 구구한 말을 늘어놓은 것이 아니라, 국방, 사법, 경찰, 이들 3자는 실로 국가의 흥망과 성쇠상에 고금동서의 산 역사가 증명하는 것이다. 그러므로 과거를 돌아보아 거꾸로 오늘의 경찰이 각성하기에 이르기까지의 사실의 일단을 말하는 것도, 마침내 옛것을 배워, 새로운 것을 배우는 것이 오늘날의 급선무라는 노파심에서, 조금이나마 이 글을 남기는 이유이다.

31. | 국제 관계에서 보는 조선 통치

이노우에 마사지(井上雅二) / 전 조선궁내부 서기관, 해외 흥업회사 사장[97]

올해는 일한병합 25주년을 맞는 해이다. 조선신문사가 조선산업박람회를 주최해 통치 25년을 기념하고 여러 사람에게 조선 통치의 과거, 현재, 미래에 대한

---

[97] 역주: 원 책의 저자 소개는 다음과 같다.

해외 흥업(興業), 페루 면화, 멕시코 산업의 각 사장으로서, 남아공사(南亞公司), 스마트라 흥업(興業)과 그 밖의 중역으로서, 우리 실업계에서 활약하는 이노우에 마사지(井上雅二) 씨는 일찍이 와세다(早稻田) 대학에서 공부하고, 후에 유럽으로 건너가, 유납백림대학(維納伯林大學, Humboldt-Universität zu Berlin)에서 식민 및 경제학을 전공하였다. 귀국 후 체신성(遞信省, 정보통신부)의 관리가 되고, 더욱이 한국 정부 재무관과 같은 궁내부(宮內府) 서기관 등을 역임했는데, 조선과는 가장 연고가 깊으며 반도에 관해서 가장 정통한 인사이다. 퇴임해서는 문필가가 되기도 하고, 또는 동아동문회(東亞同文會) 간사(幹事)나 해외이주조합연합회(海外移住組合聯合會), 일토협회(日土協會), 일묵협회(日墨協會), 일본난인협회(蘭印協會)의 이사가 되기도 하는 등, 우리 나라에서의 해외 일에 관해서는 거의 관계없는 것이 없을 정도로 해외 사정에는 가장 정통한, 이른바 국제인이다. 또한 중의원 의원으로도 당선되어 의정(議政) 단상에서 늘 해외 발전책을 강조하고, 저서에《개조도상(改造途上)의 세계》를 비롯해 여러 종류가 있다. 히데코(ひで子) 부인은 일본여자대학 교수 가정학부장(家政學部長)으로서 유명한 사람이다. 이노우에 씨는 수십 회나 세계를 둘러보았고, 그 해박한 식견과 심오한 학식을 담아《국제상(國際上)에서 본 조선 통치》를 썼다.

비판을 구하고 있어, 나에게도 의견을 써줄 것을 요청하였다. 한국에서 병합에 관한 사전 공작에 7년 동안 다소 연고가 있는 사람으로, 또한 오랫동안 우정을 나누어 온 마키야마(牧山) 사장의 요청을 소란을 떨며 거절할 수 없어, 소감을 두서없이 적어 그 책임을 다하도록 하겠다.

내가 일한병합을 안 것은 스페인 마드리드에 체류 중일 때였다고 기억한다. 나는 병합 준비가 끝난 메이지 43년(1910년) 봄, 경성을 떠난 지 얼마 안 되어 세계 식민지 시찰의 여행길에 올랐다. 미국을 거쳐 영국, 스코틀랜드 여행 중 글래스고의 호텔에서 조국의 푸른 하늘을 떠올리던 어느 날 밤이었다. 양국의 병합이 머지않았음을 예감하여, 가슴이 벅차오르는 감동으로 잠들 수 없어 주 한국군 참모장 아카시 겐지로(赤石元二郎) 소장에게 한시 한 수를 지어 보낸 적이 있다.

客窓今夜睡難成(객창금야수난성) 나그네 여행길에 오늘 밤 잠 이루기 어려우니
杯酒傾來感又成(배주경래감우성) 한 잔 술에 감정이 솟아오르네
聞說鷄林當有事(문설계림당유사) 들으니 한국에 중요한 사건이 있다 하니
權君容易勿行兵(권군용이물행병) 그대에게 권하노니 쉬이 병사를 일으키지 마오

즉, 양국의 병합은 천황 시대 이래의 현안으로 한국 국민이 우리 천왕의 통치 하에 평화와 행복을 누리는 것은 하늘의 뜻이다. 이는 약육강식의 사례와는 전혀 다른 부류에 속할 뿐 아니라, 이에 따라 우리 나라로 하여금 동아시아의 안정 세력이 되게 하고, 나아가 세계평화에 공헌하게 할 웅대한 국가 대계에 나서게 되었으므로, 무력을 사용하지 않고 웃으며 이야기하는 사이에 병합을 이루기를 원하였기 때문이다. 그것은 일한병합 1개월 전의 일이었는데, 나는 영국을 떠나

프랑스를 거쳐 스페인의 수도에 도착하여 예상대로 평온한 상태에서 병합이 성공한 사실을 알았다. 과거 3년 동안 한국 조정에서 일한 나로서는 한층 기뻤다. 당시로부터 손가락으로 세어보아 이미 25년이 흘렀다니 세월이 덧없이 빠름[98]에는 놀랄 뿐이다.

그 후 중국, 남양, 남미를 돌아다니느라 바빠서 오랫동안 그리워하던 조선을 방문할 여유가 없었다. 그런데 지난 쇼와 3년(1928년)에 남미에서 귀국할 때 유럽에서 시베리아, 만주를 거쳐 조선을 거쳤다. 쇼와 6년(1931년)에는 만주에서 돌아올 때 조선에 들어가, 약 20년 만에 경성에서 조선 북부를 거쳐 간도까지 여행하고 조선 남부지방 각지를 둘러보며 통치 성과가 크게 올랐음을 보고 기뻐 어쩔 줄 몰랐다.

먼 과거의 양국 관계는 잠시 접어두고, 이토 공작이 통감으로 한국에 부임하자마자 한국 측 고문으로 정책 개선의 중요한 역할을 담당하는 사람들을 불러 한바탕 훈시를 하였다. "일본의 이익은 미력하나, 천황 폐하의 대리인으로서 내가 이 문제를 담당하고 있다. 제군들은 인연이 있어 한국의 고문이 되었고 한국 정부의 녹을 받고 있다. 부디 제군들은 한국을 위해 열심히 일해야 한다. 나는 부임하기 전에 제국 주재 영국대사 맥도널드 씨를 만난 적이 있다. 그는 이집트 태수 로드 크로머(Evelyn Baring, 1st Earl of Cromer, 에벌린 베링, 영국의 이집트 총독) 경이 보낸 편지의 한 구절에 "오늘은 새로이 한국의 보호국으로서 그 정치의 개선을 담당하기까지 이르게 된 것에 대해, 일본으로서는 유사 이래 지금까지 경험하지 못한 새로운 대역(大役)을 맡게 되었다. 그런 까닭에 이를 담당하는 자는 일본에서 일류의 경세가로 하여야 한다."라는 부분이 있었다. 그래서 나는 결코 일본 일류

---

98 역주: 원어는 '구극(駒隙)'으로, 흰 망아지가 빨리 달리는 것을 문틈으로 본다는 뜻이며, 인생이나 세월이 덧없이 짧음을 이르는 말이다.

의 경세가로 임명된 자가 아니어도 세계의 여러 나라가 한국을 경영하는 것에 얼마나 주의를 기울이는지, 크로머 경의 이 한마디에서도 살필 수 있다. 크로머 경은 제군도 알다시피 일개 총영사라는 지위로 이집트 통치의 실권을 잡아, '이집트인의 이집트'를 표어로 좋은 성적을 거두어, 식민정치가로서 세계에 인정받기까지 이르렀다. 제군들도 한국에서 직을 받은 이상, '한국인의 한국'을 이념으로 삼아 진정으로 개선의 열매를 거두어야 한다."라고 강조하였다.

당시 나는 앨프리드 밀너(Alfred Milner) 경의 저서 《England in Egypt(이집트에서의 영국)》를 초역해 한국 재정 정리의 자료로 출판해 동료와 그 밖의 사람들에게 배부하였다. 이토 통감은 이 책을 보고 더욱 자세한 부분까지 상세하게 정치의 핵심에 대하여 우리들에게 설명해 준 것을 지금도 기억하고 있다. 일한병합의 성사는 말할 것도 없이 당시에 칙서를 국내외에 알리는 조서(御詔書)에 명백하게 밝혀진 것으로, 양국의 동심과 일체에 의하여 제국의 사명인 동아시아 안전 세력의 기초를 확립할 수 있음은 말할 필요도 없는 것이었다.

나는 소년 시절부터 선배들의 꽁무니[99]에 붙어, 일본의 강대함을 꾀함과 동시에 중국과 연결을 맺고 한국과 하나가 되어 아시아를 부흥시키는 것을 나의 뜻으로 하였다. 메이지 31년(1898년) 동아동문회(東亞同文會)가 발기되었을 때 창립 목적의 첫 번째는, 중국을 보전한다. - 당시 중국을 유럽 열강이 나누려 드는 형세에 비추어, 이를 보전한다. 둘째는 한국의 개선을 조성한다. - 한국의 정치 개선에 힘을 기울여 나라의 부강을 도모하고 서로 같은 마음으로 제휴하는 것이었다. 셋째는 이러한 목적을 달성시키기 위해 국론을 환기한다. 당시 세상의 풍조는 유럽과 미국을 아무 생각 없이 흉내 내고, 아시아를 생각하려는 것이 지극

---

99 역주: 원어는 '기미(驥尾)'로, '驥'는 천 리를 달리는 명마라는 뜻이므로 '驥尾'는 천리마의 꼬리라는 뜻으로, 다른 사람에게 의지하여 이름을 얻음을 비유적으로 이르는 말이다.(표준국어대사전)

히 적어, 우리 당의 지사들은 아시아를 부흥시키자는 주장 아래, 국론을 아시아로 향함에 있었다. 그래서 메이지 30년(1897년)에 중국을 방문하고 귀국길에 한국을 시찰하였다. 메이지 36년(1903년) 가을, 유럽 유학에서 돌아오는 길에 세 번째로 한국을 방문하였다. 곧 네 번째 한국을 방문해 메이지 43년(1910년) 봄까지 앞뒤로 7년 동안 한국의 사람이 되었고, 양국의 병합을 계기로 능력이 있는 사람들에게 뒤를 맡기고 반도를 떠나 남방 개척에 나섰다. 이리하여 우리들의 목적은 동아동문회의 창립 취지와 같이, 아시아 부흥의 제1단계로서 반도 경영의 선봉을 담당하는 것으로, 조선 통치의 방침도 이것으로 나와야 한다고 믿었다.

생각건대 과거 25년의 총독정치가 과연 이 근본 방침에 대하여 어느 정도의 기여가 있었을까? 조선의 산업은 발달하여 그 문화는 향상되었고, 생활은 안정되어 민중은 평화를 누리게 되었다. 특히, 최근 몇 년 동안에 민의가 두드러지게 좋아졌음은 나 자신이 직접 눈으로 살펴보아도, 거의 느껴지는 것이다. 크게 뜻을 만족시키는 것이나, 병합의 목적이 앞서 말한 바와 같이 원대한 것이기에, 이런 점에서 더욱 노력할 것을 희망한다. 양국은 진정한 의미에서 한집이 되어야 한다. 이토 공작이 예전에 "扶桑槿域一家春(부상근역일가춘, 해뜨는 동쪽 나라와 무궁화의 나라가 한집이 되어 봄을 맞음)"이라고 한 것을 사실로 나타나게 해야 한다. 이를 위해서는 반도(조선)의 동포들이 조서의 취지를 완전하게 따르도록 해야 할 필요가 있다.

나는 항상 이렇게 생각하고 있다. 일청전쟁은 중국이 포악하여 중국의 굴레에서 반도를 해방하기 위해서 또는 중국의 횡포를 응징하려 한다는 조그만 목적으로 싸운 것이 아니다. 일본이 아시아를 부흥시키고 세계의 안위를 맡을 주동 세력이 되기 위한 필연적인 결과로 양국의 병합을 전제로 한 싸움이었다고 보아야 한다.

더 생각하면 15세기 말의 바스쿠 다 가마가 동방을 발견한 것을 계기로 과학의 힘을 입어, 유럽 열강들은 아시아 정복의 길에 나섰다. 이른바 서세동점의 현상으로 인도가 먼저 멸망하고, 태평양 지역 역시 영국·프랑스·네덜란드의 영토가 되었다. 여세가 중국에까지 미쳐 아편전쟁을 계기로 중국은 열강의 각축장이 되어 분할의 비운을 맞으려 했다.

다행히 우리 나라는 지리상으로 동해에 치우쳐 있고, 국민 역시 용감하여 유신 개혁을 하고, 번(藩)을 폐지하고 중앙 통치를 위한 행정 개혁을 단행하여 천황제 정치로 부활했다. 유럽과 미국의 장점인 과학과 조직을 받아들여 군비와 산업에 거국적으로 일치하여 국운의 신장을 꾀하였기 때문에, 그 실력이 점차로 열강에 인정받을 정도가 되었다.

그리고 일청전쟁에서 서세동점의 세력을 얼마든지 저지할 기회를 포착하기까지 이르렀다. 전후에 곧바로 일어난 3국 간섭은 동아시아에서 일본 세력이 갑자기 일어나 잘되어 가는 것을 시기하여, 일본을 대륙의 일각에서 쫓아내, 서세동점을 계속하기 위한 책동에 지나지 않겠는가? 즉, 3국의 간섭은 우리 나라가 서세동점의 세력을 좌절시키려 한 것에 대한 그들의 반격이라 보아야 한다.

그 후에 얼마 안 되어 러시아가 만주를 점령하고 그 마수를 한반도에 뻗치려 하였으며, 우리 나라는 10년에 걸친 와신상담을 거쳐 일영동맹으로 형세를 유리하게 만들었고, 마침내 일러전쟁이 일어나, 우리는 그들의 큰 독수리(제정 러시아의 국장에 그려진 독수리)를 바이칼 서쪽까지 쫓아냈다. 이것이 서세동점 세력을 저지한 제2단계이다.

일본과 러시아가 전쟁을 선포하자마자 메이지 37년(1904년) 2월에 일한의정서를 조인하여 한국이 일본의 보호 아래에 편입되었다. 메이지 40년(1907년)에 신협약(정미7조약)을 맺어 양국의 관계는 한층 발전하였으며, 드디어 메이지 42년(1909년) 병합에 이르게 되었다.

병합 후, 21년이 지난 쇼와 6년(1931년)에 만주사변으로 만주국이 건국되고 이후 오늘에 이르는 4년에 불과한 시기에 우리 나라는 동아시아를 안정시킬 세력으로서의 실력을 세계에 인정받기에 이르렀다. 일한 양국이 한집으로 되는 필요성은 점점 국민의 깊은 이해와 각오를 불러일으킨다.

지금 유럽의 하늘과 땅을 살펴보면 지금도 전운이 암담하여, 평화가 오는 것을 쉽게 희망할 수 없을 것처럼 보인다. 유럽이 평화를 가져올 수 있는 능력이 없고, 오늘날과 같은 반목을 거듭해서는 그들의 앞날은 뻔하다. 사실 과거 수년 동안, 아시아 여러 나라는 놀라운 발전을 거듭하였으나, 이에 비해 유럽은 몰락의 길을 걷고 있는 것처럼 보인다.

예전에 제네바회의가 끝난 후에 영국의 로이드 조지(David Lloyd George)는 유럽 연맹을 주장했고 프랑스의 브리앙(Aristide Briand)은 유럽 연방을 제창하였다. 또 모친이 일본인인 오스트리아의 쿠텐호프 칼레르기(Richard Nikolaus Eijiro Graf von Coudenhove-Kalergi) 백작은 유럽 연합을 크게 외치고 있다. 러시아를 제외한 유럽은 면적이 중국에 미치지 못한다. 열몇 개의 크고 작은 나라가 서로 엉켜, 군비의 확장, 무역 장벽으로 서로 경쟁을 멈추지 않는 것에서 과거 4백 년 간에 걸쳐 세계의 패권을 쥐었던 유럽의 앞날을 충분히 예상할 수 있다.

그러나 앞에서 말한 바와 같이 유럽의 지식인들은 오랫동안 각 나라가 서로 충돌하는 어리석음을 깨달아 독일, 러시아처럼 의식이 있는 국가들의 국민은 그 나라가 만들어 낸 영웅으로 유럽의 통일을 보기에 이를지도 모른다. 나폴레옹식을 따르건 워싱턴식을 따르건, 그 형식이 어쨌건 간에 "유럽은 좋게 일치단결해야 한다."라는 표어가 실현되지 않음을 보장하지 못한다. 바꿔 말하면 현재와 같은 유럽의 분산된 힘으로, 이미 쇠락의 길로 향하는 아시아의 옛 세력을 유지하는 것은 불가능하다. 만약 유럽인들이 지금과 같이 추진한다면 동아시아에 있는 우리는 베개를 높여 편히 잘 수 있어도, 상상력과 발명의 힘, 과학의 힘을 사용하는 데에 민감한 그들이 언제까지나 지금처럼 형제끼리 다투고 있으리라 낙관할 수 없다. 유럽이 옛날과 같은 추진력을 회복해 장래에 없어져 갈 패권 탈환의 길에 나왔다면, 아시아의 위정자들은 쉽게 편히 잠을 잘 수 없기 때문이다. 신흥국가인 미국의 국력이 더욱 아시아를 향하여 집결하는 것은 피할 수 없다.

따라서 조선 통치는 한시라도 빨리, 폐단이 있다면 그 폐단을 제거하고, 통치의 큰 방침을 철저히 하여, 일본과 조선 하나 되기의 열매를 거두어야 한다. 이 방침에 배반하는 것을 모두 물리치고 큰 목적에 부합하는 여러 가지 공작을 펴야 한다.

나는 조선 문제와 오랜 기간 멀어져 있어서, 개개의 문제에 관해 구체적인 내용을 언급할 재료와 시간이 없다. 다만 앞에서 말한 바와 같이 양국 병합의 목적은 원대하고도 웅대한 이상의 실현이다. 아시아에 대한 우리 나라의 책임은 최근에 눈에 띄게 가중되어, 우리의 좋고 싫음을 떠나 아시아 및 중동 아시아의 안정된 세력으로서 실력에 충실해야 할 때를 맞이했다. 그러므로 일본인 또는 반도인이라는 점을 따지지 말고, 병합의 참된 뜻을 파악하여 조서의 취지대로 받들고, 처리가 곤란한 일을 잘 살펴서, 목적 달성에 힘써야 한다. 이상으로 통치의 근본 방침으로서 과거, 현재 및 장래에 걸쳐 이야기해야 할 말에 대하여 한마디 써서, 그 책임을 다하는 것으로 한다.

32

조선 청년은 실업계로 진출하라

미노베 슌키치(美濃部俊吉) / 전 조선은행 총재[100]

일한병합 때 나는 대장성(大藏省)[101]을 나와, 홋카이도 척식 은행에 재직 중이 었다. 통감인 소네(曾禰) 자작과는 이미 친하게 지내는 관계인 까닭에 조선 통치 에 관해 여러 가지 이야기를 들은 적이 있다. 당시, 당국 일부에는 일한병합이

---

100 역주: 원 책의 저자 소개는 다음과 같다.

효고현(兵庫縣) 사람인 미노베 히데요시(美濃部秀芳) 씨의 장남으로서, 메이지 2년(1869년) 12월에 태 어나, 메이지 37년(1904년)에 집안 가장을 상속한다. 메이지 26년(1893년) 제국대학의 법과대학 정치과 를 졸업하고, 농상무(農商務) 관리로 임명되어 상공국(商工局)에 근무하고, 뒤이어 같은 국(局)의 공무 (工務) 과장에 올랐다. 메이지 29년(1896년) 유럽에 출장을 명령받아 상공업을 시찰하고, 귀국 후 농상 무성(農商務省) 참사관(參事官)으로 임명된 이후로 농상무대신비서관(農商務大臣秘書官), 특허국심 사관(特許局審査官) 겸 서기관, 대장성이재국(大藏省理財局) 서기관 겸 대신비서관(大臣秘書官), 대 장서기관(大藏書記官) 등을 역임한다. 메이지 33년(1900년) 다시 유럽 출장 명령을 받는다. 메이지 36년 (1903년) 관직을 그만두고, 홋카이도 전기회사장(北海道電氣會社長)으로 옮기고, 수년 전 봉천(奉天) 거래소 이사장에 취임하여 그곳의 발전을 위해 노력하고 있다.

101 역주: 국가 예산, 세금의 세입과 세출, 조폐, 금융기관 등을 장악하고 있었다. 현재 재무성의 옛 이름이 며, 금융기관의 역할은 금융성으로 이관되었다.

시기상조라는 생각을 품고 있는 사람이 있었던 것은 사실이었고, 소네 자작 등도 같은 편이었다.

그러나 바르건 늦건 간에 일한 양국이 합하여 하나로 되는 것은 필시 몇 백 년의 숙명을 기다리고 있었다고 할 수 있을 것이다. 그런 필연적인 운명에 놓여 있다고 해도, 조선인 처지에서 한편으로는 독립을 잃어버렸다는 느낌이 드는 것은 피하기 어려우며, 어느 시기까지는 정말로 어쩔 수 없다.

그러나 실제로 조선에 대한 정치가 행해져 문화가 발전하고 생활 수준이 올라가, 행복이 증진된다면 무차별, 일시동인(평등)이라는 우리 황실의 고마운 취지는 자연스럽게 조선인 사이에서 이해될 것이다. 그렇다면 적어도 불순한 소요를 일으킬 생각을 품는 사람도 없어짐은 물론이고, 천황의 성덕을 구가하게 되는 것은 쉽게 상상할 수 있다.

병합이란 사실이 먼 역사적인 사실이 될 때쯤에는 일본과 조선이 혼연일체가 되어 융합화고 동화되어, 어떤 차별적인 관념을 그리워할 일은 아마도 생기지 않을 것이다. 그러나 이상에 도달하는 단계에서 약간의 동요 또는 불만이 있을 수 있는 것은 분명히 피할 수 없다.

다이쇼 8년(1919년) 만세 소요가 있고 얼마 되지 않은 즈음에, 나는 하라 다카시(原敬) 씨를 만났다. 이야기 중 우연히 조선 문제까지 화제로 떠올랐는데 그는 일본과 조선의 동화는 혼인을 장려해 민족을 혼합시키는 방법 외엔 대책이 없다고 하신 적이 있다. 이 방법도 일본과 조선 융합을 위해 취할 만한 한 방책일 것이다. 아울러 일본과 조선 양 민족은 지극히 가까운 관계에 있기에 유럽인 사이처럼 심하게 다르지 않음은 물론, 동화에 두드러진 가능성이 있는 것 또한 역사가 증명하고 있다.

언어가 다르다는 것 역시, 일본과 조선의 융합에 장애 중 하나라 해석할 수 있다. 물론 조선은 본국과는 언어가 다르나 근래 일본어가 많이 사용되어 조선에서는 거의 표준어와 다를 바가 없을 정도로 진보했다는 실정이다.

이렇게 인종이 다르다든가 언어가 다르다는 사실만을 보면 본국에서도 남쪽의 규슈(九州) 사람은 북쪽의 토호쿠(東北) 지방 사람과 분명히 다르며, 중국인도 역시 이와 같은 차이가 있을 것이다. 즉, 모두가 서로 다르다(三子三樣) 해도 같은 일본 민족, 일본 신민으로 융합되어 가는 과정에서 불합리함은 없다.

이를 외국의 예로 보아도 그 나라의 언어가 반드시 그 나라의 전체와 통하는 것은, 오히려 그 수가 적다고 말할 수 있다고 생각한다. 이를 영국의 경우로 본다면, 웨일스 지방과 스코틀랜드 지방의 언어는 전혀 다른 언어이나 영국의 일반 공통어는 영어이다. 스위스 역시 독일어를 쓰는 지역과 프랑스어를 쓰는 지역이 나뉘어 있지만, 공통언어는 독일어이다.

이런 점에서 보아도, 어떤 나라 일부를 이루는 지방과 모국 사이에 또는 언어를 달리하거나, 민족이 다른 예는 수도 없이 많으나, 언어와 민족이 달라 그 나라의 형성에 서로 반발하여 서로 받아들일 수 없는 관계에 있는 것은 아직 찾아내지 못했다.

말할 필요도 없으나, 일본과 조선과의 관계는 서로 간에 전혀 받아들일 수 없는 정도도 아니며. 민족도 상호 관계도 있고, 게다가 같은 문장을 쓰는 나라이고, 어떤 점에서 보면, 매우 융합하기 쉬운 조건과 소질들을 가진다. 즉, 일본과 조선의 통합, 융합은 유럽과 미국 제국 간의 동화와 비교되지 않을 정도로 유리한 상황에 있다. 따라서 일본과 조선의 동화라고 하는 것은 언어가 서로 다르거나 민족의 차이라 하는 것이 어떤 방해를 만드는 것이 아니라, 마지막에 일본과 조선 양자 간에 성의와 이해, 그 정신을 한데 묶어 혼을 결합해 주는 가장 큰 요인이다.

이전에 나는 조선의 어느 지방을 여행하여 빈약한 도시를 통과할 때 '대서소(오늘날 행정사, 법무사의 사무실)'라는 간판을 보았다. 일본의 새로운 제도를 조선인이 응용하여 이른바 '외진 마을'에 이르기까지 뿌리내리는 것을 생각하더라도, 일본과 조선인 사이에 차별이나 구별 없이 융화를 구현하는 것도 가까운 시일 내에 가능하다고 생각하였다.

다이쇼 8년(1919년) 만세 소요 당시 나는 조선에 있었다. 나는 조선 청년에게 "너희들이 소요를 일으키는 것은 가슴 속에 열등감이 있어, 오로지 일본에 대하여 불쾌하다는 감정 때문에 망령되게 행동하는 것이다. 그러나 열등한 민족이라 아무것도 못 하는 것이 아니므로, 우선 실력을 길러 일본인에 대한 열등감이 없어질 때까지 노력해야 한다. 그러면 너희들 마음에 잠재하는 열등감이 없어지고, 어디에 가도 지지 않는 '내선동등(內鮮同等, 일본과 조선은 같음)'이라 부르는 것이 되어, 일본인에 대해서도 압박감을 느끼지 않게 되면 그것으로 일탈을 꾀하는 망동도 없어지게 될 것이다.

그러므로 일본인에게 압박을 느끼고 갑갑함을 느끼는 등, 그런 잘못된 견해에 사로잡히지 말고, 시대 흐름의 면에서 세계정세를 통찰하여 크게 일본과 조선일체가 되어 세계를 활보할 필요가 있다."라고 설득하였다. 시대의 경과와 함께 사회 사정의 변천에 따라 조선 동포들도 각성하고 언젠가는 차별 없는 일본과 조선 융화의 길로 들어올 것이다.

조선 역사를 고찰하면, 약 2천 년을 통하여 완전한 독립국으로 존재한 예는 적고, 그 대부분이 내분과 예속의 역사였다. 즉 당나라 때에는 신라가 천자의 통치에 복종하여 속국이 되고, 원나라 때에 이르러서는 고려 또한 예속되어 왕의 폐위까지 원나라에 좌우되었고, 명나라와 청나라 때도 조선왕조는 반 속국의 상태였다.

이렇게 조선은 옛날부터 중국에 오랫동안 종속적인 관계에 속해 있었던 것은 지리적으로 어쩔 수 없는 상황이기도 하여 자연스럽게 익숙해진 것이다. 이러한 종속 관계는 정치적인 면에만 그치지 않고, 사상적으로도 또한 종속으로 일관하여, 문물제도는 모두 중국을 모범으로 하여 이를 모방하기만 했고, 받아들인 문물을 나름대로 소화하거나, 또는 독창적 특색을 만들어 내지 못하였다.

　　그리고 한편으로는 군주전제 하에서 정치의 부패가 심하여 군수, 관찰사 등은 가렴주구를 일삼았으며, 개인의 욕심을 꾀하여 민중을 도탄에 빠트렸다. 악정이 쌓여 민중의 힘은 위축되고 마비됨을 떨치지 못하며, 끊임없는 관청의 심한 착취는 근검과 저축의 기풍을 소모시켜, 겨우 입에 풀칠하는 것에 만족하고 자유와 행복은 도저히 바랄 수 없었던 것을 오늘날 상상할 수 있다.

　　그런 비참한 과거 역사를 회상하면 현재 조선의 상태는 낙원으로 되었다고 해도 좋은 상태이다. 따라서 구구한 감정에서 출발하는 망령된 행동의 불리한 점을 깨달아 조선이 이상향이 되도록 그 동포의 복지를 증진하기 위하여 노력해 왔다. 이렇게 일본과 조선의 이해를 깊게 하여 차별 없는 융화로 인도하는 것이, 당면한 중요하고도 긴급한 문제임을 널리 자각하기에 이르렀다는 것은 정말로 기뻐해야 할 현상이다.

　　그러므로 본국의 관민 역시 금도를 크게 하여, 일본과 조선의 차별을 두지 않고 뒤에서 따라오는 동포들을 부조하고 지도하는 의미에서 이들을 고용할 방도를 동원하여 그 생활의 안정을 가져다줄 것을 유념할 것을 갈망한다. 많은 조선인 중에는 자신이 친일파라고 주장하며 이를 내세워 장사하는 사람이 있는데 이런 종류의 사람은 주의해야 한다.

　　고루한 견해를 가지고 망동을 일으키는 사람 중에는, 오히려 꽤 성의가 있는 사람들이 있다. 그들이 잘못을 확 깨달아 뉘우쳐, 세상의 큰 흐름에 순응하게 하는 데 일본과 조선의 융합이 빠지면 안 되는 이유를 알게끔 유도하는 사람들에 대해서는 더욱 지도할 수 있도록 합당한 방법을 동원할 필요가 있다. 국가를 위해서도 그런 유용한 재목을 활용하는 것이 필요하다.

내가 조선에 있을 때 조선의 어린 학생들에게 "조선의 제군들이 학구열을 가지고 전문학교에 입학하는 것은 매우 좋은 것이나, 입학자 10명 중 7~8명은 그 목적이 법률 학교인데, 이는 크게 고려해야 할 문제다. 법률가나 정치가는 여러 가지 관계나 인맥이 있어 실력만으로는 되지 않는다. 그보다도 실업 분야로 진출하면 그 사람의 실력에 따라 앞날을 개척할 수 있다. 그러나 제군들은 어째서 그런 방향으로 나가려 하지 않는가?"라고 말한 적이 있다. 그런데 요즈음에 점점 실업 방면으로 진출하는 자가 나왔다는 것은 조선을 위해 기뻐해야 할 일로, 그런 경향에 있다는 것은 그들의 실력을 기르는 데 있어 가장 필요한 일이다. 이 점은 다음 세대를 짊어져야 할 청년을 교육하는 데 크게 주의해야 할 점이다.

그리고 본국에서도 이 부분의 일은 충분히 이해하여 조선 출신인 기술 분야의 사람들을 되도록 채용하도록 힘쓰고 싶다. 우리도 그런 것에 대해서는 항상 다소나마 힘을 쏟고 있지만 이보다 더한 이해를 간절히 바란다.

우리 나라에서도 메이지유신 후에 오오쿠보 도시미치[102] 선생 등은 기술가의 양성에 대하여 크게 힘을 써 청년들이 그 분야로 갈 수 있도록 지도하고 있다. 도라노몬(虎ノ門) 에 위치한 공부대학교(工部大學校, 현재의 도쿄대학교 공학부의 전신 중 하나)는 도시미치 선생이 힘을 쏟아 설립한 것으로, 선생은 이 분야의 선각자라 불려야

---

102 역주: 오오쿠보 도시미치(大久保甲東, 1830.9.26.~1878.5.14)는 264년 동안 일본을 통치해 온 도쿠가와막부를 무너뜨린 메이지유신을 이끌었던 주역으로, 기도 다카요시, 사이고 다카모리와 함께 '유신삼걸'로 불리며, 일본 근대화에 크게 공헌한 인물로 평가된다. 정한론(征韓論)을 주장한 사이고 다카모리 일파가 하야한 후에는 정부의 핵심 인물로서 토지 조세제도의 개혁, 식산 진흥책 등을 추진하였다. 1878년 암살로 사망했다.

할 것이다.

어쨌거나 조선 사람들은 모든 미련이나 감정을 버리고 본국과 협력하여 크게 실력의 양성을 위해 노력하는 것이 스스로를 행복하게 하는 유일한 방도(方途, 길)이다. 충심에서 그런 기분이 들 수 있는 것은 현재의 어린이가 자라 어른이 되어, 또는 1세대 뒤의 시대일지 그 시기는 모르겠으나, 반드시 그러할 날이 올 것을 믿어 의심하지 않는다.

시대의 추이는 급격하여, 만주사변의 돌발로 인하여 만주제국이 건설되고 일만(일본-만주)의 제휴는 우리 나라를 움직여 동아시아 대륙으로 진출시켰다. 그리하여 최근 수년 동안 눈부신 국제정세의 전개는 우리 조선으로 언제까지나 구습의 조선으로 더러운 꿈에 빠지는 것을 허락할 수 없음에 이르렀다.

즉 일만의 제휴는 그의 연장으로 선만(조선-만주)의 연결고리가 되어, 일본과 조선이 협력하여 만주국 개발을 담당할 사명을 짊어지고 언젠가 조선도 만주국 발전을 위해서는 중요한 역할을 해야 할 상황에 놓이게 되었다. 이 일본·만주의 제휴에 따른 우리 나라의 만주국 진출은 재만 조선인의 동향에 중대한 자극을 주어 일본과 조선의 융합에 크게 효과적이다.

만주에 있는 백수십만의 조선인 중에는 각종 불순분자가 있어 망동도 서슴지 않는다. 공산주의의 숭배자들도 있는데 그들은 주로 시베리아에 거주한다. 그들은 러시아에 귀화한 조선인의 2세로 태어나 보통 조선어는 말하지 못한다. 공산주의자와 다름없는 조선인들이 '간도-길림'의 밀림에 상당수가 있다.

이런 깊은 산 속에, 한 번 들어가면 길을 잃기 쉬운 곳에 부락을 만들어 화전을 일구고 사는 사람들이 있다. 이들은 많은 무기를 가지고 있고, 지극히 잔인한 행동을 하고 있다. 그들은 비적 중에서도 재물을 뺏는 것이 목적이 아니고, 그 성질이 전혀 달라서, 시베리아와 연락을 취하며 활동하고 있는데, 이런 흉악한 자들도 일본-만주군에게 토벌되어 가까운 시일 안에 평온을 되찾을 것이다.

나는 다이쇼 5년(1916년) 말에 조선은행 총재로 부임하였는데, 그 당시는 쌀 생산 장려가 시작되었던 때로 각종 농업 시책이 왕성하게 실행되는 것이 바람직 하였다. 우리는 가능한 한 많은 편의를 주었는데, 그 후 해당 업자의 노력과 총 독부의 장려, 토지개량 및 쌀 생산 늘리기 계획에 따라 점차 실적을 거두게 되 어, 당시 1천만 석 정도였던 쌀 생산이 현재는 2천만 석에 이를 정도로 두드러진 발전으로 조선의 쌀 정책은 대체로 큰 성공을 거두었다고 할 수 있을 것이다.

그런데 본국과의 쌀 수급의 관계가 공급과잉 상태가 되어 마침내 감산까지 논의하기에 이르러, 이어서는 외지 쌀을 통제하는 문제가 되었다. 조선을 개발 하는 데에 가장 중요한 정책 중 하나였던 쌀 생산 늘리기 계획은 중지되었고, 생 산을 억제하게 되었던 사실은 본국의 쌀 문제에 따른 조선의 큰 희생이다.

당시 쌀 생산 이외의 산업은 아직 발달하지 못하였으나 잠사업은 상당히 발 전한 상태여서, 이에 대해서는 진흥을 위해 편의를 제공하였다. 또 면작(綿作)의 앞날이 어찌 될지 불확실하였으나 오사카 취급소에서 다소 인정받아 장래성이 있다고 보았다. 양잠은 조선의 기후 풍토가 이에 적합해 농가의 부업으로 적절하 였다. 누에 종류와 뽕 밭을 개량한 결과 질이 좋아져 생산량도 매년 늘었다. 대 구를 중심으로 조선인 여공을 고용한 제사공장(製絲工場)이 3-4곳 있었다. 그 후 당국은 이를 장려해 다이쇼 14년(1925년)부터 15개년 계획을 세워 백만 석 생산 을 목표로 하였고, 이의 실현을 위하여 국고 보조를 이용했는데, 이미 60만 석 을 수확하는 수준까지 이르렀다.

한편 채당(採糖) 제조, 펄프 제조, 방적 사업과 같은 대규모 사업이 시작되어, 조선의 공업계도 점차 활기를 띠었다. 평남(平南), 황해도(黃海道)에서 사탕무(甜菜) 를 재배하고 평양에 제당 공장을 세워 제당 작업을 시작하였으나 경영난에 빠져 대일본 제당회사에 흡수되기에 이르렀다.

그리고 펄프 제조는 왕자제지(王子製紙) 계통의 회사가 신의주, 압록강 상류의 목재를 원료로 제조를 개시하였으나 결국 이것도 독립 경영에 실패하여, 현재 왕자제지와 합병해 사업을 계속하고 있다. 조선방적회사(朝鮮紡績會社)는 면포의 자급자족을 목표로 조선산 면화를 원료로 사용하는 공장으로, 다이쇼 6년(1917년) 부산에 건설되었다. 대규모 사업이었다. 이 회사는 지금도 조선 공업계에 상당한 공헌을 하고 있다.

최근 조선 내에서 특히 눈에 띄는 것은 옛날의 민둥산(禿山)이 푸르게 변한 사실이다. 내가 조선에 있을 때는 점점 푸른색이 나타나기 시작했지만 아직도 민둥산이 많았다. 당국의 노력으로 이 정도까지 회복된 것은 기쁜 일이다. 산을 완전히 정비하고 나면 다음은 하천 보수작업이다. 이 사업은 산을 녹화한 후에 해야 한다. 이 사업까지 마쳐야 국토의 보안(보통 수원의 함양, 토사의 붕괴 등 기타 재해의 방비, 생활 환경의 보전·형성 등, 특정의 공익 목적)이 완성되므로 상당한 세월과 경비가 필요한 사업이지만 해야만 하는 일이다.

나는 다이쇼 12년(1923년)에 퇴직하였다. 오랜만에 재작년 조선에 가서 발전상을 보았다. 그 후 사업 관계로 만주에 갈 때 조선을 통과하여 당시를 회상하곤 한다. 경성 등의 큰길 거리는 눈에 띄게 멋지나, 뒷골목은 아직 옛 모습 그대로이다. 그러나 일반 문화가 발전되었고 민중의 생활이 향상된 것은 놓칠 수 없는 사실이다.

만주국 개발과 발전을 위해 조선에서 이민을 보내, 만주를 개발시키려 조선만척식회사(朝鮮滿拓殖會社)가 곧 조직되어, 총독부는 이 회사에 광범한 감독권을 갖고 사업 수행에 노력한다는데, 이런 계획은 조선인들에겐 매우 기쁜 일이다. 가능한 한 많은 사람을 만주에 보내 개발을 도와주는 일은 조선과 만주 쌍방의 이익이 되는 일이며 당면 과제이기도 하다.

일한병합 후 25년이 지나, 통치의 사무국(局)을 담당한 사람들의 노력은 실로 위대한 업적을 만들어 냈다. 문화보급과 시설개선을 통하여 조선 동포에게 문명의 혜택을 받을 수 있도록 인도했기 때문이다. 그러나 일본과 조선 동화라는 이상의 실현까지는 한층 분투가 필요하다. 내가 항상 우려하는 것은 조선의 청년들이다. 곧 정치, 법률 방면만을 동경하지 말고, 견실한 생각을 가지고 실력을 양성할 필요가 있다. 그러한 의미에서, 많은 조선인 청년 제군이 종래의 방향을 바꾸어 실업계 방면에 진출해 자기의 뜻을 크게 펼치기를 간절히 바란다.

33

본국의 인재를 배치하라

기무라 유지(木村雄次) / 동양생명보험회사 사장, 후지흥업회사 중역회장[103]

나는 아직 통감부도 설치되지 않았던 메이지 37년(1904년)에, 제일은행[104]의 부산지점 지배인으로서 한국에 건너왔다. 당시는 철도가 경인선뿐으로, 경부선

---

[103] 역주: 원 책의 저자 소개는 다음과 같다.

구(舊) 시마(志摩) 조바(鳥羽)의 무사인 기무라 가즈호(木村一步) 씨의 장남으로서, 메이지 7년(1874년) 6월에 태어나, 메이지 43년(1910년)에 일가(一家)를 창립(創立)했다. 메이지 31년(1898년) 도쿄제국대학(東京帝國大學) 법과대학 정치과를 졸업하고, 곧바로 제일은행에 들어가며, 메이지 42년(1909년) 조선은행이 창립되자마자 같은 은행 이사에 오르게 되고, 다이쇼 6년(1917년) 본국 총지배인이 되어 유럽과 미국을를 시찰한다. 다이쇼 9년(1920년) 같은 은행 감사역(監査役)에 오르지만, 이를 그만두고, 현재 후지흥업회사(不二興業會社) 중역 회장을 비롯해, 여러 회사와 은행의 중역으로서 실업계에 중요한 인사이다.

[104] 역주: 제일은행(第一銀行) 전신인 제일국립은행(第一國立銀行)은 메이지 6년(1873년)에 시부자와 에이이치(澁澤栄一)가 창설한 일본에서 가장 오래된 은행으로 민간 자본에 의한 민간 경영의 주식회사이나, 국립은행 조례에 따라 발권 기능 등을 가지고 있었다. 이것은 국립은행 조례에 따른 영업 면허 기간 종료로 메이지 29년(1896년)에 일반은행으로 바뀌어 제일은행이 된다. 쇼와 18년(1943년) 태평양전쟁 전시하의 국책에 따라 미츠이은행(三井銀行)과 합병해 제국은행이 되나, 전후에 쇼와 23년(1948년)에 다시 분할하여 제일은행으로 재건되었다. 쇼와 46년(1971년)에 일본권업은행과 합병하여 제일권업은행으로 될 때까지 존속했다. 제일권업은행은 현재 미즈호은행으로 연결된다.

같은 것은 아직 부설되지 않았던 무렵이었고 물론 연락선도 없던 때였다. 오늘날, 그 당시와 비교해 보면 매우 놀라운 변화가 있으며, 이에 대단한 격세지감을 느낀다.

당시 한국에서의 화폐 정책은 매우 혼돈하여 은본위제는 이름뿐인 상태였고, 그 본위화폐(本位貨幣)의 주조(鑄造)는 아주 근소했다. 주조이익이 많은 백동화(白銅貨)를 남발하여 정부 재무의 보전책으로 하고, 또는 특허료를 징수하여 보조화(補助貨)인 백동화의 사적인 주조를 허가한 결과, 위조화폐가 유통되기에 이르렀다.

이미, 백동화에는 위조가 매우 많다는 점 때문에 지방에서는 엽전만 통용되고, 백동화가 전혀 유통되지 않는 일도 많았다. 이러한 상태였으므로, 화폐의 신용이 없고 물가의 변동이 매우 두드러졌기 때문에 메가타 타네타로[105] 재정 고문은 37년 10월에 취임하시자마자, 우선 이 화폐의 개혁에 착수하셨다.

이 화폐정리자금(貨幣整理資金)을 한국 정부는 제일은행에서 융통하고, 제일은행은 중앙은행의 역할을 인수하였다. 그리고 우리 나라와 같은 화폐제도를 설치하여 새로이 금, 은, 백동, 청동화(靑銅貨) 등을 주조 발행하고, 종래의 백동화를 되찾아 엽전의 정리를 단행하여, 통화의 신용을 높였으며, 거래의 안전을 도모하였다.

그 무렵 조선의 세관은 존 맥닐리 브라운[106]이라는 영국인이 주권을 쥐고 모

---

105 역주: 目賀田種太郎, 1853년~1926년, 일본의 정치가·관료, 법학자, 재판관, 변호사, 귀족원 의원, 국제 연맹 대사, 추밀 고문관, 남작, 센슈학교(專修學校, 현재 센슈대학)의 창시자 중 한 명이자 도쿄음악학교 (현 도쿄예술대학) 창설자 중 한 명이다.

106 역주: John Mcleavy Brown, 조선의 총세무사 겸 탁지부 고문. 1893년 8월에 중국 총세무사 로버트 하트(赫德, Robert Hart)의 추천으로 조선 총세무사로 임명되었다. 1893년 10월에 조선 총세무사로 부임하였으며, 1894년 이후에는 탁지부 고문을 겸직하였다. 1905년에 한국 총세무사직을 사임하고 물러

든 것을 관리하던 시대이며, 제일은행의 지지점(支支店)에서 이 세관의 돈을 취급하고 있던 관계로, 세관에 거두기 위해 특수한 수표를 발행하고 있었다. 하야시 공사(林公使) 시대에는 인천지점장이 은행권(銀行券)을 발행하고 있던 관계로 자주 예금이 인출되는 상황을 겪게 되자 오사카(大阪)에서 금화(金貨)를 보내 주어 그 난관을 타개했던 적도 있다.

메가타 남작이 한국 정부의 재정 고문으로 부임하시어 한국의 문란한 화폐 정리를 단행하는 데 임명되었다. 메이지 38년(1905년) 7월 이후 제일은행 한국 총 지점(總支店)은 한국중앙은행(韓國中央銀行)으로서 국고금을 취급하고, 태환권(兌換券) 발행의 특권을 부여받게 되었다. 그리고 한국 내의 일은 일일이 본국의 지시를 기다리는 일 없이 바로 한국 내에서 결정할 수 있도록 적당한 사람을 두고 일체를 처리하게 하는 것이 필요하였다.

이에, 제일은행 한국 총 지점을 경성에 두고, 이치하라 모리히로(市原盛宏) 씨를 지점장으로서 그 일을 맡게 하고, 국고금의 출납, 은행권 발행 및 영업의 삼부(三部)를 설치하고 부지배인을 두어 그들이 한국 각 지점을 통괄하게 되었다. 그 무렵 미시마 타로(三島太郎) 씨와 나는 그 부지배인으로서, 미시마(三島) 씨는 국고부장(國庫部長), 나는 영업부장의 임무를 맡았다.

애초에 제일은행이 처음으로 부산에 지점을 설치했던 것은 메이지 17년(1884년)의 일이다. 당시 은행장인 시부사와 에이이치(澁澤榮一, 제일은행의 창업자) 자작은 한국의 발달을 위해, 영리와 상관없이 한국에 도움을 주려는 일에 착수했다. 내가 부산에 부임한 당시의 경성은 교통 불편 때문에 오늘날만큼 발달하지 못했던 시기였고, 개항장인 인천을 중심으로 경성에는 제일은행 인천지점의 출장소가

났으며, 1913년에 런던 주재 중국영사관의 고문으로 임명되었다.

설치되어 있던 상태였다.

그 후 경성에 본점을 설치하게 되고, 부산, 대구, 마산, 목포, 군산, 인천, 진남포, 성진, 안동현(安東縣), 평양, 개성, 원산, 함흥 방면의 각 지점을 통합하여 한국의 정계와 일반을 위해 큰 공헌을 하였다. 그러나 이토 공작이 통감으로서 부임하시자마자, 한국은 독립국임에도 불구하고 일개 사립은행이 정부의 중앙금고로서 국고금을 취급하고 있는 것은 불합리하다는 이유에서 금융의 중추인 중앙은행의 설립이 계획되었다.

그 무렵, 제일은행 한국 총 지점이 발행했던 태환권(兌換券)은 1,200만 원 정도의 금액으로 올랐고, 한국의 개발 발전을 위해서 적지 않은 공헌을 하였다고 믿는다. 그런데 재정의 팽창과 발전에 따라, 메이지 42년(1909년) 10월에 한국은행이 설립되자 제일은행 한국 총 지점의 업무 및 종업원 모두를 한국은행이 이어받게 되어, 이치하라 모리히로(市原盛宏) 씨가 총재에 취임하고 나는 영업부장으로서 업무를 집행하게 되었다. 그리고 일한병합과 동시에 한국은행을 조선은행이라 개칭하여 오늘날까지 이르렀다. 이러한 관계에서 현재 조선은행의 건물은 제일은행의 건축물과 겹친다.

이렇게 시부사와(澁澤) 자작은 메이지 17년(1884년) 이후 조선의 재정은 물론, 정부에 대해서도 대단한 공로가 있었을 뿐 아니라, 경인선의 부설, 경부선의 완성, 또는 경성 시내 전차의 개통 등에 대해서도 그 공적을 무시할 수 없다.

또 조선농공은행(朝鮮農工銀行)은 메이지 39년(1906년)에 지방을 경색시키는 금융을 완화하고, 또는 산업개발을 위하여 자금을 공급하는 목적으로 설립되었으나, 아무래도 그 자금이 부족한 탓에 그 사명을 다하고 기능을 발휘하는 것이 곤란한 상태에서 그 대책도 역시 고려되기에 이르렀다.

그 목적을 충분히 달성하려면 분립 상태에 있는 각 농공은행(農工銀行)을 하나로 모아 합병하여 자본금을 늘리고, 농공은행 본래의 사명을 위해 활약할 필요가 있었다. 따라서 우리는 총독부에 대해 자주 진정서를 제출하고, 시대의 요구에 적응하기 위해 육행분립(六行分立)의 농공은행(農工銀行)을 통일해 일대은행(一大銀行)을 설립하여, 조선 재계에 크게 이바지하도록 할 것을 주장하였다.

이러한 경위로 인해 다이쇼 7년(1918년) 조선식산은행(朝鮮殖産銀行)이 설립되고, 자금흡수책으로서 장기채권을 발행하는 특권을 얻고 본국의 자금을 조선으로 불러들여 조선식산은행이 이루어졌다. 나는 이 식산은행의 설립위원으로서, 창립 사무에도 관계하며 동분서주하였다. 그리고 이 조선식산은행의 초대 은행장은 조선은행의 중역으로, 국고부장을 했던 미시마 타로(三島太郎) 씨가 그 자리에 취임하셨다.

현재 식산은행장인 아리가 미츠토요(有賀光豊) 씨는, 당시 총독부 재무과장의 직에 있었던 관계로, 우리가 이 식산은행의 설립을 보게 될 때까지 얼마나 노력했는가를 기억하고 계시리라 생각된다. 물론 조선 금융기관의 충실을 도모하기 위해서는 이외의 방면에서도 다소 미력을 다하였다.

지난날 농공은행이 설립된 뒤에도, 조선의 실정으로서는 도저히 그것만으로 금융을 완화하고 산업의 발전을 도모하는 것은 지극히 어렵기에, 농공은행 외의 농민이 이용할 만한 금융기관을 설립하는 것이 당면한 급무였다. 따라서 우리는 이러한 기관의 설치를 앞장서서 부르짖었고(唱道, 창도), 정부 역시 그 필요성을 인정하여, 메이지 40년(1907년)에는 금융조합이 조직되기에 이르렀다.

재정 고문으로서의 메가타 남작의 노력은 대단하여, 화폐제도의 정리, 농공은행, 금융조합 등 금융기관의 시책, 국유재산 조사, 제실채무(帝室債務) 정리를 단행하고, 그 밖의 모든 분야를 개선하셨던 것은 일일이 예시를 들 수 없을 정도이다. 성성, 평양의 수도 부설을 위해서는 흥업은행(興業銀行)에서 무리하게 사금을 공급시키고, 또는 평안남도 광양만(廣梁灣) 및 경기도 주안(朱安)에 염전을 설치하여 크게 제염(製鹽)을 장려하였다. 종래 중국에서의 수입을 방지하고, 크게 그 자급자족을 도모하도록 하는 계획을 세웠던 적도 있다.

좌우간에 메가타 남작, 이토 공작과 같은 사람들의 조선에 대한 치열한 경영은 대단하였다. 그 밖의 사람도 마찬가지로 이를 도와 마음을 애태우며 그 개발에 노력하셨던 결과, 오늘날의 밝고 공정한 조선이 출현했으므로 이를 이루기까지는 정말 필설로 다하기 어려운 역사가 남겨져 있다.

그런데 현재 중심을 이루고 있는 사람들이 이런 점들을 모르고 계신 듯한 기분이 드는 것은 매우 유감일 뿐 아니라, 때로는 조선의 역사를 무시하는 듯한 경향이 있다고 느껴진다. 극언하면, 현재의 정치는 자칫하면 과거의 사실을 무시해 버리는 듯한 경향이 있는 점은 큰 반성이 필요한 것이다. 이 일은 비단 관계(官界) 또는 재계를 통해서뿐만 아니라, 널리 일반 사회를 보고 특히 통감한다.

근래 조선 실업계에서 여러 회사가 발흥(勃興)하는 것은 참으로 기쁜 일이지만, 그 모든 회사가 총독부의 생각에 따라 인사를 결정하는 것보다는, 그 발전을 도모하기 위해서는 그에 관한 전문가를 맞아들이는 것이 우선 조건이며 필요하다. 바꿔 말하면, 실업계에서 자란 전문가를 들이는 것이 잊지 말아야 할 중요한 점일 것이다.

나는 결코 관리 또는 그 퇴임자를 배척하는 것은 아니지만, 언제나 그 업계에 경험이 적은 자를 그 지위에 있도록 하는 것은 크게 주의해야 할 일이다. 인재를 뽑을 때, 이런 점을 무시한다면, 조선 경제계의 발전을 크게 저해하는 바가 있음이 우려된다.

조선의 어떤 회사는 조선거주자가 아니면 중역이 되게 하지 않는다. 그러나, 조선에 연이 별로 없는 일본인이 그 회사의 중역이 되었으므로 이를 조선거주자로 취급하여, 그가 회사 일로 본국에서 조선으로 가는 경우, 부산에서부터 회사 소재지까지의 여비는 지급되나, 본국-부산 간의 여비는 나오지 않는다는 불합리한 이야기가 있다.

즉, 중역을 조선재주자로 제한하면 일본인이 그 회사의 주식을 아무리 많이 가지고 있어도 중역이 될 수는 없다. 이것은 매우 편파적인 처치이며, 이런 방침으로 나아가는 이상 전문가가 그 회사의 중역이 되고, 이를 도와 크게 발전시키는 일은 완전히 불가능하다.

한편, 조선에서 자란 사람들이 조선에 있는 회사를 위해 노력하도록 하는 것은 참으로 기뻐해야 할 일이나, 조선의 회사는 조선만으로 고립되고 좁은 지역에 한정되어, 본국 자본과 그 사업 경영상의 적절한 인재를 받아들이는 일 없이 문호를 폐쇄하고 이를 배제하는 등의 일은 신중히 고려해야 한다.

조선에서 각종 회사가 설립되는 경우, 중역을 임명할 때는 좌우간 관리를 낙하산식 인사로 그 자리에 앉히는 경향이 있다. 그러나, 본국에서의 그 방면 권위자를 추가하여 훌륭한 사람들을 중역으로 하는 일도 필요하다. 본국에는 인재가 풍부하므로 어떤 명목으로든 그 지위를 부여하여 지도하도록 하는 것이 조선의 산업개발 — 경제계의 발전 향상을 위해 긴요한 문제이다.

최근 일본과 조선 각지에서 본국 회사의 각종 지점 공장이 많이 설치되고 있는 것은 참으로 기쁜 일이다. 본국에서는 통제 문제를 외치는 때이니 조선에 지점 공장을 설치하는 것은 그 대책을 얻을 수 있는 것이므로 크게 환영할 만한 일이다. 그러나 조선의 공업 발전을 위해서는 동력을 염가로 공급시키는 것이 선결 조건이다. 그러므로 전력의 통제를 단행하는 것으로 각종 공업의 부흥을 꾀해야 한다.

이렇게 모든 점에서 생각해도 조선 산업계와 본국 경제계의 발달을 꾀하고 그 향상을 이루기 위해서는, 그릇된 견해를 물리쳐야 한다. 단순히 '조선'이라는 지세가 좁고 험한 천지에 몸을 움츠리지 않고, 일본과 조선을 하나 되기로 하여 차별적 편견을 품는 일이 없어야 한다. 따라서 상호 돕기 관점에서 본국 자본을 흡수하고, 우수한 일본의 인재를 알맞은 곳에 배치하여 이 업계의 큰 비약과 발전을 기할 것을 간절히 바란다.

34. | 관민이 하나되는 협력의 효과

스미이 다츠오(住井辰男) / 미츠이물산(三井物産) 참사(參事), 작업과장[107]

되돌아보면, 내가 처음으로 조선에 부임했던 것은 다이쇼 9년(1920년)의 가을이었다. 이후 미츠이물산(三井物産)의 경성 지점장으로 12년간 재직한 장기(근무)의 경우는 본사(本社)로서는 유례가 없을 정도였다. 이리하여 다이쇼 12년(1923년)에 추억이 많은 조선에서 본국으로 귀환했는데, 나는 재선(在鮮) 기간은 길지만 다만 나 자신의 영업 관계에만 몰두하여 조선 통치라든가, 또는 정치상의 문제 등에

---

107 역주: 원 책의 저자 소개는 다음과 같다.
　　미에현(三重縣) 사람인 스미이 데이노스케(住井貞之助) 씨의 차남으로, 메이지 14년(1881년) 1월에 태어나, 다이쇼 7년(1918년)에 일가(一家)를 창립한다. 메이지 30년(1897년) 미츠이물산회사(三井物産會社)에 들어가, 홍콩, 오사카의 각 지점에 근무하고, 다시 홍콩 지점장을 거쳐, 다이쇼 9년(1920년) 동(同) 경성 지점장으로서 조선에 체류했다. 사업에 정통하여 명성을 떨쳤고, 그 사이 조선무연탄회사(朝鮮無煙炭會社)와 동양제사회사(東洋製絲會社)의 중역, 동양제사(東洋製絲) 감사역(監査役)을 겸무(兼務)하였으며, 쇼와 7년(1932년) 미츠이물산(三井物産)의 참사사업과장(參事査業課長)으로서 본점(本店)에 영전(榮轉)하여 현재까지 근무한다. 다년간 조선의 사업에 종사한 만큼 조선 사정에 정통하고, 퇴선(退鮮) 후에도 항상 조선의 제문제(諸問題)에 다대한 관심을 가지고 있다.

관해서는 전혀 교섭이 없었기 때문에 그런 방면은 별도로 하고, 단순히 조선에 대한 내 소감의 일부(一端, 일단)를 말하려 한다.

다이쇼 9년(1920년), 내가 이전 임지(任地)였던 영국령 홍콩에서 정치적으로도 지리적으로도 전혀 상이했던 조선의 경성으로 전임을 명령받았을 때는, 모든 점에서 비교가 되지 않음은 물론 실제로 어처구니가 없는 곳에 왔다고 비관했을 정도였다. 정말이지 내가 부임할 당시에 조선의 산업 또는 무역 방면 등은 매우 빈약하고 유치해서 홍콩과는 도저히 비교되질 않았다.

그러나 부임한 후 점차로 내가 특별히 느꼈던 것은 조선은 마치 처녀지(處女地)와 같았고 아직 다 개발되지 않아, 장래 크게 발전할 여지가 있다는 생각이었다. 여기서 우선 내가 최초로 주목한 것은 채탄(採炭) 사업이었다. 그 무렵 조선의 석탄은 유연무연탄(有煙無煙炭)을 합쳐 450만 톤 정도의 산액(産額)뿐이었기 때문에 이 방면에서는 충분히 개발의 여지가 있다고 보고, 이에 대해 출자하여 더욱 이 업계의 발전을 도모하였다.

예를 들면 봉산 탄광(鳳山炭)과 같은 곳은 미츠이(三井)의 투자로 이를 경영하는 실정이다. 즉, 미츠이(三井)의 입장으로 자사가 탄광을 매수하여 이를 경영하지 않으나, 특별히 기술자를 본국에서 불러 충분한 조사를 이루게 한 후, 유망한 사업에 대해 투자하였다. 이리하여, 조선의 탄광 개발(炭山開發)에서 선수를 쓴 것은 미츠이(三井)였다.

다음으로 우리가 착수한 일은 양잠·제사업(養蠶製絲業)이었다. 조선에서의 양잠·제사업은 총독부의 지도와 장려로 소규모 기업가의 난립을 막고, 본국과 비교하여 꽤 조직적으로 되어 있었다. 즉, 본국에서는 소규모 조직에 의한 공장이 난립하여 있으므로, 대기업가와 대자본가의 대부분은 양잠·제사업과 관계를 맺지 않는다. 그런데, 조선은 이에 반해 매우 유망한 관계로, 미츠이(三井)는 자력으로 동양제사회사(東洋製絲會社)를 경영하는 상태이다.

이리하여 새로이 개발되어 가는 사업에 대해 많은 흥미를 느끼고, 조선의 산업도 점차 개발의 기운이 농후해지고, 일면 각자의 사업에 종사함과 동시에 산업개발 운동이 매우 활발해졌다. 더욱이 총독부가 열심이었던 지도 장려에 대하여 본국은 물론 대만과 그 밖에서 볼 수 없을 정도의 열의가 조선에서 보이는 것을 보면 조선의 산업개발상 대단한 효과가 있었던 것으로 생각한다.

더욱이 조선의 산업개발에서 참으로 유리했던 점은, 조선이 시대에 뒤처져 있었기 때문에 모든 방면이 아직 황폐해져 있지 않은 점이었다. 단지 황폐한 것은 산림뿐으로, 그 밖에는 마치 백지에 문자를 쓰는 듯한 상태로 새로운 시책을 근본부터 행하였다. 총독부와 민간업자가 계획하여 최근 5, 6년간 호경기의 물결을 타고 새로이 조선에서 여러 가지 것이 생겨나, 오늘날의 밝고 활기찬 성황을 나타내기에 이르렀다.

조선이 시대에 뒤처져 있었기에, 모든 것이 전혀 마수에 걸리지 않고 미개척지와 같은 상태 그대로 보존되어 온 점에서 오늘날 조선이 경제적으로 유익한 작용이 가능한 입장에 설 수 있다. 이러한 점에서 생각하면, 이 보존된 보물을 새로 개발하는 것은 일본과 조선 모두에 대단한 이익이며 국가적으로도 커다란 공헌을 가져올 것이라 믿는다.

그리고 오늘날 조선의 산업 발달은 비단 우리 본국에 유리할 뿐 아니라, 조선 자체로서도 매우 중대한 문제임은 물론이다. 나는 오늘날의 조선만큼 급격히 변화하고 두드러진 발달을 이루고 번영을 가져왔으며 세계적으로 경이로울 정도의 신속한 발전을 이룬 것은 유례없는 경우라 생각한다. 이를 내가 부임했던 다이쇼 9년(1920년) 당시로부터 생각하면, 완전히 금석지감(今昔之感)을 금할 수 없을 정도의 변화이다.

더욱이 조선이 한층 장래 발전의 여지가 있다고 생각하는 것은, 그 토지가 광대한 점과 인구가 상당히 많다는 것, 또 종래에는 천혜의 자원이 부족한 곳이라 일컬어지나 반드시 그렇지도 않고 천재지변이 비교적 적으므로, 그 개발상 충분한 여지가 있다고 믿어지는 점이다.

과거에 조선에서 가장 결핍되었던 것은 자본과 인물이었다고 생각한다. 그런데 근래에는 본국의 대자본가가 조선의 실제 가치의 진상을 알고 서로 활발히 경쟁하며, 조선에도 자본투자를 실행하는 상태이다. 그리고 이들 자본과 함께 새로운 사람들이 점차 조선에 이주하여 그 본거지를 조선에 두게 된 것 등은 종래의 탁상행정과 달라 매우 기뻐해야 할 현상이다.

그리고 실제로, 현재 노동문제 또는 사회문제로, 또는 지리적으로, 정치적으로, 그리고 조직적으로 막다른 곳에 다다른 본국에서, 새로운 땅을 구하는 기업가에게는 그 활약의 무대가 만주이든 북중국이든, 조선이든, 대만이든 또는 남양(南洋, 남중국)이든지가 될 것이다. 이 중에서 조선이 가장 적합한 지역으로서의 조건을 구비하고 있다고 생각한다. 이 일은 결코 내가 조선을 특별히 여겨 돕고자 한다는 편견에서만은 아닐 것이다.

사실, 조선에는 대단한 기세로 실뽑기 사업(방적사업), 전기업자 또는 광산업자 또는 화학 방면의 기업가가 막다른 곳에 다다른 본국에서 벗어나 활약을 개척하려 하므로 쇄도하는 상태이다. 즉 본국의 자본으로 조선의 개발을 맡는 것은 실로 기뻐해야 할 일이다. 나는 10여 년의 재임 중 조선의 산업을 위해 미력하나 공헌하려는 염려를 품으면서도, 결국 평소의 소원을 이룰 수 없었던 것에 참으로 유감을 금할 수 없다. 그러나, 오늘날에도 우리는 더욱 조선의 산업개발과 발전에 대해 많은 흥미와 기대를 품고, 항상 주목하고 있다.

내가 부임할 당시의 조선은 산업으로 유달리 각별하다 할 만한 것이 없고 단지 조선이라고 하면 인삼을 연상하는 정도였기 때문에, 우리 점포 또한 인삼 상점이라 불렸을 정도였다. 그러나 오늘날은 조선이라 하면 금광을 생각하고 쌀을 생각할 정도로 변화되었음과 동시에, 우리 점포 또한 시대의 추이에 순응하여 대단한 발전을 이루게 된 것이 오랫동안 그 임무를 맡았던 입장에서는 매우 감개무량한 일이다.

내가 부임했던 무렵은 미츠이물산(三井物産) 경성지점 소관에 속하는 조선 내 출장소로서는 인천 및 부산의 2개소뿐이었으므로, 내가 부임한 후에 주변 정세의 변화에 따라 군산, 청진, 평양, 안동현(縣)에 각 출장소를 설치하게 되었다. 특히 가장 필요한 일로서, 만주지점 관할에 속해 있었던 안동현 출장소를 따로 분리하여 이를 경성지점 소관으로 옮기는 것이 가장 필요하다고 여겨 이관을 단행하였다.

즉, 조선의 산업 발달에 순응시키기 위해 각 출장소를 설치하여, 경성지점만 중심으로 하지 않고 지방 중심주의에 따라 각 출장소를 중심으로 하여 크게 사업의 발전을 획책하였다. 이 출장소 설치를 맡거나 장래의 발전 여부를 우려하였던 분들은, 바로 계획을 중지하고 되돌아가게 된다면 오히려 출장소를 설치하지 않는 것이 현명한 방책이라고 하는 사람조차 있었다. 다행히도 이것은 모두 기우로 끝났고, 오늘날에 각 출장소 모두 상당한 업적을 올리게 된 것은 조선의 산업을 위해서도 얼마간의 업적을 남길 수 있었던 일이라 믿는다.

조선에 부임한 이후, 내가 가장 인상 깊었던 점은 관민일체(官民一體)의 밀접한 연계에 의한 노력이다. 즉, 위로부터 총독, 아래로는 한 명의 상인에 이르기까지, 일본과 조선 융화, 산업장려라는 모토(슬로건)를 향해 분투하는 그 열의와 노력이다. 나의 전임지인 영국령 및 프랑스령 또는 네덜란드령 식민지 등의 실제를 보고 온 것과는 전혀 비교되지 않을 정도로, 조선에서는 부드러운 관민의 융화와 열성을 느낄 수 있었다. 그것은 조선이 후진국이기 때문에 오랫동안 보존되고 축적되어 있었던 고마움이다. 그리고 지금 현저한 발전을 이루고 있는 조선을 더욱 향상, 발달시키려면 가장 새로운 제도건 방법이건 적용하는 것이 그 개발상 크게 효과가 있다.

35

궤도에 오를 때까지

우사미 가츠오(宇佐美勝夫) / 전 조선총독부 내무부장관, 전 만주국 고문[108]

메이지 43년(1910년) 5월, 데라우치(寺內) 백작이 한국의 통감에 취임하시자마자, 나는 통감부 참여관(參與官)이 되어 같은 해 6월 말일에 기우치 쥬시로(木內重四郎) 씨와 함께 부임 길에 올랐다. 그리고 도중에 춘범루(春帆樓)에서 술을 많이 마시며 앞날을 축복하고, 시모노세키(下關)에서 한국 정부로 가는 기선(汽船) 코사이

---

108 역주: 원 책의 저자 소개는 다음과 같다.

야마가타현(山形縣) 사족(士族) 우사미 쇼사쿠(宇佐美勝作) 씨의 차남으로, 메이지 2년(1869년) 5월에 태어나, 메이지 45년(1912년) 형(令兄)인 슌타로(駿太郎) 씨로부터 나와 일가(一家)를 이룬다. 메이지 29년(1896년) 제국대학 법과대학 정치과를 졸업하고, 내무속(內務屬), 도쿠시마현(德島縣) 교토부(京都府)의 각 참사관(參事官), 내무서기관(內務書記官), 내무성참사관(內務省參事官), 도야마현(富山縣) 지사(知事)를 역임했다. 메이지 43년(1910년) 통감부참여관(統監府參與官)으로 옮기고, 뒤이어 조선총독부 내무부장관이 되었다. 동제생원장(同濟生院長), 동토목국장(同土木局長)을 겸임하고, 다이쇼 8년(1919년) 용퇴(勇退)한다. 그 후 다이쇼 10년(1921년) 도쿄부 지사(東京府知事)에 임명되고, 다이쇼 14년(1925년) 상훈국총재(賞勳局總裁)로 옮긴다. 또 자원국장관(資源局長官)을 했는데, 만주제국(滿洲帝國) 창건(創建)에 즈음하여 인격과 수완이 기대되는 바가 많아 동국고문(同國顧問)으로 초빙되어 최근까지 신제국(新帝國)을 위해 진췌(盡悴)하고 있음은, 일반적으로 모두가 알고 있는(知悉한) 일일 것이다.

마루[109]에 승선하여, 다시 하기(萩一, 야마구치현[山口縣])에 기항(寄港)하고, 먼저 출발해서 그곳에 있었던 야마가타 이사부로(山縣伊三郞) 씨를 불러 해로(海路)로 인천을 향하였다. 당시 철도는 치안 유지상 유감스러운 점이 있어서 해로를 택했던 것으로 기억한다. 그런데 항해 중 맹렬한 폭풍우로 해상이 매우 거칠어지고 선중(船中)에 고기가 뛰어드는 상태였다. "흰 생선이 뛰어올라 배에 오르는 것은 길조다."라고 말했으나, 단 한 사람도 갑판에 나가는 자는 없었다. 이러한 항해를 계속하여, 7월 4일 인천항에 도착하였다.

그 당시는 나도 아직 젊었고 상당히 패기도 있었다. 내부차관(內部次官)으로서 교육, 민정(民政), 토목, 사회사업, 병원 등의 일을 담당하고 있던 때, 언젠가 경찰부장 회의에 내부에서 어떤 문제에 관한 자문안(諮問案)을 제출하였으나, 아카시(明石) 헌병사령관은 분개하여, "이런 자문안을 제출하는 것은 우리를 모욕하는 것이다. 경무총장인 헌병사령관은 이런 것에 대해 답신할 수 없다."라고 험악한 반응을 보였다. 나는 "무슨 말을 하는가? 이것은 통감이 자문하는 것이다. 이에 대해 의견을 말할 수 없다고 하는 것은 이상하지 않은가?"라고 맞받아치며 크게 다투었다. 그 자리에는 데라우치(寺內) 통감도, 야마가타(山縣) 부통감도 계시던 때였다. 그날 밤이 되자, 이 일에 관해 많은 사람이 내가 있는 곳으로 담판을 지으러 우르르 몰려왔다.

---

109 역주: 광제환(光濟丸), 대한제국의 등대 순시선으로 일본 가와사키조선(川崎造船) 고베조선소에서 1904년(광무 8) 11월 건조되어, '광제호'라 명명되었으나 한 달 후에 있었던 일한합병 후에 조선총독부 소속이 되면서 광제환(코사이마루)으로 개명된다. 1912년부터 24년까지 조선총독부 체신부(통신부) 소속으로서 인천항의 초계를 담당하고 무선 통신 업무 등에 사용되었다. 1925년 광제호는 조선우선주식회사(朝鮮郵船株式會社)에 팔려 화물여객선으로 원산-청진 노선에 취항하였으나 28년까지만 업무에 쓰였다. 1930년 일본 해군으로 이관된 광제호는 여객화물선으로 분류되어 진해와 일본 사세보 사이의 연락 임무에 쓰였다. 1945년 광복 이후 한반도에 거주하던 일본인들을 일본 본토로 수송하고 일본에 잔류하였다.

당시 내가 관장하고 있는 사무의 성질상 경찰과 밀접한 관계가 있었기 때문에, 경찰에게 가질 수 없는 불평이 내게로 왔다. 그리고 내가 이들을 대표하여 경찰 측과 여러 가지 담판을 지었다. 언젠가 있었던 일인데, 그 당시 경무총감인 모 육군 소장에 대해 내가 경찰의 욕을 했더니 그 사람이 사직하겠다고 말을 하여 상사로부터 꾸지람을 들었던 적이 있다.

최근 나는 통감부의 참여관임과 동시에, 일면 한국 정부의 초빙에 응해 전임자인 오카 기시치로(岡喜七郎) 씨의 뒤를 이어서 한국 정부의 내부차관을 겸임하고 있었는데, 일한병합 후에는 내무부 장관으로 옮겼다.

당시의 총독부 수뇌부를 보면, 총독 데라우치(寺內) 백작 밑에 정무총감인 야마가타 이사부로(山縣伊三郎), 총무부장관 아리요시 츄이치(有吉忠一), 도지부장관(度支部長官) 아라이 겐타로(荒井賢太郎), 농상공부장관(農商工部長官) 기우치 쥬시로(木內重四郎), 사법부장관 쿠라토미 유자부로(倉富勇三郎) 씨 등의 여러 분, 외국(外局)인 체신국장관 이케다 쥬자부로(池田十三郎) 경무총장 겸 헌병사령관 아카시 모토지로(明石元二郎), 철도국장관 오오야 콘페이(大屋權平), 토지조사국 부총재인 다와라 마고이치(俵孫一), 고등법원검사장 고쿠부 산가이(國分三亥) 씨 등 여러 분이 계셨는데, 키우치(木內) 씨가 퇴직한 후에 이시즈카 에이조(石塚英藏) 씨가 농상공부 장관이 되셨다.

지금에 와서 돌이켜 25년 전의 조선을 회고하여 이를 현재와 비교하면 훨씬 격세지감이 있다. 오늘날 조선의 도시는 점차 발달하고, 도로 교통의 편의도 열려 어떠한 군청 소재지에도 자동차가 통하지 못하는 곳은 없을 정도이지만, 25년 전 경성 등의 도로는 완전히 수선을 게을리하여 요철이 매우 심하고 거의 도로라 볼 수 없을 정도의 상태였다.

당시 내가 있던 관사는 서소문 밖에 있고, 총독부 소재의 왜성대(倭城臺)와는 상당히 떨어져 있던 관계로 착임 후 얼마 되지 않은 나는 인력거를 도쿄로부터 가져오게 하였다. 그렇게 새롭게 만든 인력거는 고무바퀴가 달린 것이었는데, 그 당시로서는 경성에서의 유일한 고무바퀴여서, 여러 사람의 시선을 끌 정도로 참으로 드물고 귀하였다.

마찬가지로 지방 도로도 너무나 나쁜 길이었고, 아직 교통 운반의 편의도 열리지 않았는데, 내가 기억하는 바에 의하면 당시 강원도 춘천의 쌀 가격은 인천 가격의 반값 이하였다. 즉, 이것은 춘천에서 쌀을 운반하는 데에는 상당한 운임이 필요하기 때문이었다. 때문에 데라우치(寺內) 총독은 조선의 개발은 우선 도로 뚫기 사업에 있다고 하여, 전 조선에 걸쳐 도로망을 보급하기 위해 토목 회의를 만드시고, 오로지 도로망 창설에 노력하셨다.

총독부 설치 후 아직 얼마 되지 않아 데라우치(寺內) 총독은 자동차 한 대를 사셨는데, 이것은 조선에서 자동차의 효시였다. 총독은 자주 지방 순시를 하셔서 그럴 때마다 우리가 자주 수행하였다. 그런데 이 한 대의 자동차에 총독과 우리 수행원 서너 명이 같이 탔기에 짐은 물론 휴대할 수 없고 달랑 칫솔 하나, 치약과 수건만을 지닌 채 입은 옷 그대로 4, 5일간씩이나 여행을 계속했던 적도 있다.

일찍이, 조령(鳥嶺)의 도로는 뚫려 있어서 경기도로부터 충청북도를 거쳐 조령(鳥嶺)의 새 도로를 시찰하고, 경상북도로 나가 경주에 숙박했던 적이 있다. 그 때는 아카시(明石) 경무총장 등과 함께 수행하고, 경주군 관아의 한방에 총장과 동숙하였다. 그런데 이 지방에서는 거의 먹을 만한 것이 없어 아카시 장군과 함께 술 한 잔을 기울였으나, 이른바, '술은 있으나 안주가 없는' 매우 썰렁한 형편이었다.

그런데 나는 방에 흰 국화가 장식된 것을 발견하고 그 꽃을 하나도 남김없이 뽑자, 아카시(明石) 장군은 깜짝 놀라 미친 것이 아니냐고 말씀하셨다. 내가 그 국화를 물로 씻고 거기에 간장을 넣고 다시 뜨거운 물을 부었더니 매우 향기 좋은 음식이 완성되었으므로 장군은 또 한번 놀라시며, "자네는 어떻게 이런 조리법을 알고 있는가?"라고 말씀하시면서 이 풍미 있는 별미 안주로 네댓 잔이나 마시셨다.

경주 시찰의 감상을 데라우치(寺內) 총독이 내게 써주셨는데 그것은 다음과 같은 한시 한 수였다.

千年勵業一朝空(천년려업일조공) 천년의 노력이 하루아침에 없어지니

殘壘古墳呼指中(잔루고분호지중) 유적 고분 손짓하네

衰盛榮枯非偶爾(쇠성영고비우이) 흥하고 쇠함이 우연한 것이 아니니

山河寂寞冷秋風(산하적막냉추풍) 산과 강 쉬어 가는 차가운 가을바람이로구나.

총독에게서 때때로 수행을 명받았는데 이런 부자유를 참았던 기억을 떠올리니 지금에 와서는 마치 꿈같은 이야기로 느껴진다.

일한병합 후, 1,300만 원을 천황께서 조선 각 도에 하사하시고, 이것으로 교육, 산업, 빈민구제 등의 자금에 충당하게 하셨다. 그 계획 및 주요 사항은 내무부에서 주관하게 되어 이것을 취급했는데, 당시에 1,300만 원이라는 돈은 막대한 것으로, 각 도의 인민이 매우 감격하였으나, 그중에 은사금(恩賜金)에 대한 감사를 전혀 느끼지 않고, 오히려 무척 의구심을 품었던 자도 적지 않았다. 그것은 왜 그런가 하면, 한국 시대에는 관찰사 또는 군수가 새로 임명되어 부임할 때는 상당한 선물인 토산물을 가지고 오나, 부임 후 가져온 선물의 몇십 배를 거두어 가는 것이 종래의 관례였다. 지금 일본 천황 폐하의 은사금이 있어도, 이후 이에

몇 배나 되는 착취의 고통을 당하지 않을까를 걱정하였기에 이 은사금에 대한 감사보다 오히려 공포심을 품었던 것이 민심이었다.

이에 관해 떠오르는 것은, 이 은사금이 각 방면으로 사용되어 교육, 산업 등에 대하여 공헌했던 바가 적지 않은데, 특히 오늘날 이 은사금 사업으로서 돋보이는 것은 전라남도의 김 사업이다. 당시 전라남도에서는 김을 산출하기는 하나 재래식 그대로 아무런 개량을 가하지 않았다. 때문에, 이 은사금 사업의 일단으로서, 본국에서 김 제조의 지도자를 초빙하여 그 개량 제법을 전하게 하였다. 이로써 점차 이 업계의 발달을 가져와 마침내 오늘날의 성황을 보기에 이르렀다. 현재 전라남도의 김 산출 금액은, 250만 원에 미치고 있다. 이것이 연장되어 경상남도 또는 황해도까지 이르러, 모두 김 개량에 착수하여 매우 좋은 성적을 올리고 있다는 것이다.

당시 조선 사람들은 총독부의 행정과 그 밖의 것에 관해, 어쨌든 의혹을 품고 있었다. 앞서 말한 은사금 하사에 관해 가졌던 것과 마찬가지로, 어떤 일에 대해서든 먼저 의심의 눈길로 임하였기 때문에, 당국의 방침을 철저하게 이행하는 것이 매우 곤란하였다. 당시 조선의 어업은 극히 유치하고, 어망과 같은 것은 거의 제대로 된 것이 없었다. 정말이지 딱하게 느껴졌다. 경상남도의 일본인 어업가는 조선인 어민에게 본국의 개량 어망을 기부하려고 하였으나, 조선인 어민은 아무리 권해도 이것을 받으려 하지 않았고, 아무리 설득해도 응하지 않았다. 그 이유는, "일본인이 이렇게 훌륭한 망(網)을 우리에게 무상으로 줄 리가 없다. 이것은, 반드시 준다고 말하고 그 망에 걸린 어류를 무상으로 가져가려는 게 틀림없다. 우리는 일하고 손해를 입을 테니 이런 것을 받는 것이 매우 괴롭다."라는 식이었다. 그러나 결코 그런 생각으로 주는 것은 아니었다. 조선인 어민의 처지를 가엾게 여겨, 호의로 주는 것이라는 공무원과 그 밖의 말로 타일러 간신히 이것을 받게 하였다는 뒷얘기도 있다. 그리고 그들은 그 결과 매우 많은 어획물을 얻었는데도 아무런 보수를 요구받지 않았으므로, 매우 이상히 여기면서도 감사의 뜻을 표하였다는 것이다.

이상, 한두 가지 예로 보아도 당시 조선인에 대해 행정을 철저히 하기 어려웠던 것이 분명하다. 기타 나무 심기 사업의 장려를 위해 각종 나무의 모종을 배포하고, 또는 양잠업 장려를 위해 뽕나무 모종을 배포하여 이것들을 심기를 권장하여도 민중은 좀처럼 이를 실행하지 않는다. 우리가 지방을 순시하면 그 배포했던 모종이 한 묶음씩 도로 옆에 버려져 있는 것을 본 적도 자주 있었다. 오늘날의 조선은 스스로 살아가기(자력갱생) 기풍이 활발하게 일어나고 있는 것을 듣는 때인데, 이러한 실례를 돌아보면 실로 금석지감을 금할 수 없다.

근래 듣는 바에 의하면 본국에서의 나환자에 대한 시설은, 위로는 황태후 폐하의 인자하신 장려와 아래로는 관민의 열성적인 노력에 따라 매우 성대하게 행해지고 있는데, 조선에도 본 사업과 똑같은 발전이 있다고 전해지는 것은 참으로 기쁜 일이다. 나는 조선 재직 당시, 제생원장(濟生院長)으로서 고아와 시각장애인, 청각장애인 교육 사업을 담당하는 한편, 일면 내무부장으로서 각 도의 자선병원 등의 사무를 관장했던 관계로 나병환자 구제 사무도 담당하였다. 그리고 소록도(小鹿島)에 나병원 설치 계획을 세웠다. 당시, 기독교 전도 회사에서 두세 군데 병원을 경영하고 있었으므로, 총독부에서의 나병원 설치 계획을 듣고 이 사업을 전도회사의 손에 맡기고 싶다는 요구를 신청했던 적이 있었다.

당시 총독부의 나병원 설치에 관한 비용은 원래부터 충분하지 않았던 관계로, 전도회사와 협력하든가, 또는 수용 환자를 예정 이상으로 입원시킬 수 있는가를 고려하여, 오히려 이 사업을 전도회사에 위임하고 회사의 지출금과 총독부의 지출금을 합쳐 사용하는 것을 이로운 계책으로 생각했다. 그래서 그 일을 전도 회사의 의사에게 전했다. 그랬더니 의사도 매우 기뻐하며 그 일을 그들의 선교사회에 의논하였다. 그러나 선교사 등은 소록도가 불편한 토지라는 이유에서 이를 부결하여 결국 위탁 계획은 실현되지 않고, 총독부의 손으로 소록도에 나병원을 설치하게 되었다.

그런데 소록도에 원래 살던 주민들이 병원을 설치하면 결코 안 된다는 진정을 내어, 그 설치의 실현에 관해 대단한 곤란에 빠졌다. 간신히 이 난관을 타개하여, 병원도 완성하고 마침내 환자를 수용하기에 이르렀지만, 환자는 모두 병원을 설치하는 것에 의혹을 품고 한 명도 소록도로 가는 것을 수긍하는 자가 없고, 모두 이를 피하는 상태였다. 이에 어쩔 수 없이 경찰관은 강제력을 행사하여 나환자를 업어서 병원에 입원시킬 정도였다. 그런데, 그 후 나병원의 효과가 점차 인정되어, 일전에 총독부가 소록도 병원의 확장을 위해 민간에 기부금을 모집하자, 의외로 좋은 성적을 올려 단기간에 백만 원 이상의 기금이 모였다고 하는데 이러한 일들도 정말로 시대의 변천을 말하는 것이다.

현재 총독부에서는 농촌이 스스로 살아남기를 활발히 장려하심과 동시에, 부지런히 힘써 행하기(근면 역행), 산업 진흥이라는 점에 크게 힘을 쏟으시는 것은 참으로 기쁜 일이다. 그리고 또 총독부 설치 후의 교육상의 시설에 관해서는 말할 만한 사항도 많이 있으나, 지금은 일일이 이것을 말할 수 있는 시간이 없다. 다만 그 한두 가지에 관해 이를 상기하면, 데라우치(寺內) 총독은 실업(實業)교육에 대해 매우 고심하여, 힘쓰고 실천하지 않는 헛된 논의를 배척하고, 농업학교의 시설은 물론 보통학교에도, 또 중등 정도의 학교에도 정규 과목으로 실업을 넣게 하셨다. 그러나 조선 민중의 생각은 일하지 않고도 먹고 살며, 힘써 노력하지 않아도 수입이 많은 인물을 양성하는 것이 교육이며, 실업교육과 같은 것은 진실한 교육이 아니라는 이른바 동양류의 교육 외에 다른 교육은 없다는 생각이었다.

일찍이 충청북도 청주에 있는 농업학교에 어떤 양반의 자제가 입학했는데, 자기 아들이 학교에서 무엇을 배우고 있는지 살펴보기 위해 자신의 하인을 학교로 보낸 적이 있다. 그 사용인이 학교에 가서 보니 자신의 어린 주인이 그 학교에서 밭을 갈고 비료를 손으로 만지는 것을 보고 정신이 나갈 정도로 놀라, "황공하오나 어린 주인에게 이런 백성이 하는 이런 일을 시키는 학교에 둘 수 없고, 양친이 이 실제를 아신다면 상당히 비탄에 잠기실 것이므로 빨리 학교에서 돌아오시라"라고 눈물을 흘리며 그 학생에게 학교를 떠날 것을 권한 사실도 있었다. 이처럼 당시 조선의 민중에게 교육을 이해시키는 것은 너무 힘든 일이었다.

그러나 데라우치(寺內) 총독은 이러한 오해에도 교육의 방침을 견지하여 이로써 조선 민중을 지도 교화시키는 일에 주력하셨으나, 예의 만세 소요 후 일시 고등보통학교 등의 과정에서 실업 실습을 폐지하기에 이르렀다. 그러나 그 후 다시 실업 실습에 더욱 힘을 쏟아 교육상 공리공론을 배제하고 근면 역행의 기풍이 융성하게 일어나고 있다는 것을 듣고, 시정 당초에 교육 장려가 쉽지 않았던 것을 회고하며 역대 관계 당국의 노력으로 오늘날의 성황을 보이기에 이른 것을 무척 기뻐하셨다.

나는 앞서 제생원(濟生院)의 일에 덧붙여 잠시 언급하였으나 이 제생원에 관해 실로 유쾌한 이야기가 있다. 그것은 전에도 서술한 대로 제생원에서는 고아를 양육하고 맹아(盲兒)를 교육하는데, 특히 맹아에게 안마술을 전수하는 일을 하였다. 종래 조선의 시각장애인은 어떠한 자기 직업이 없이 가족에게도 상당히 귀찮은 존재로 취급받으며 일생을 보낸 자가 많았다. 그러므로 이 안마 기술을 습득한 자는 우선 대부분 자혜의원의 안마사가 되고 후에 독립하여 안마업을 개업하는 사람도 있었다. 이 안마 개업자는 일본어에도 능통하고 또한 기술도 상당했으며, 또한 제생원에서 훈련받아 신체와 그 밖에도 청결하므로, 안마를 좋아하는 일본인에게 상당히 편리하여 이에 따라 충분히 그 생활을 유지할 수 있게 되었다.

지금까지 시각장애인이라는 이유로 폐인으로 있던 사람이 이렇게 독립하여 생계를 꾸려 가게 되었으므로, 그 가족의 기쁨은 말할 것도 없고 본인 자신에게 있어서는 거의 소생하였다는 생각으로 그 업무에 부지런하며 삶의 보람이 있는 생활을 보내는 기쁨을 얻은 것이다. 이러한 관계에서 우리가 지방을 순회할 때 그 지방에서 개업하고 있는 시각장애인은 나를 아버지라 부르며 여관을 방문해 오고, 또는 자기의 수입 또는 그 생활 모습을 있는 그대로 보고하며 상당히 기쁜 마음으로 우리를 환영하였다. 이러한 사람들의 이야기를 듣는 것은 여행 중에 하나의 커다란 기쁨이었다.

내가 조선에 와서 여기에 십수 년을 지낸 오늘날은, 제생원의 졸업자 수도 적지 않으리라 생각한다. '현재는 어떻게 하고 있을까?'라고 때때로 회고하기도 한다. 만주국은 건국 이래 날마다 발전하여 만주로 들어오는 일본인의 수는 더욱 증가하는 실정이다. 고로 이들 조선에 있는 안마업자는 분발하여 만주국의 도시로 향하여 성실하게 그 업무에 노력하는 것도 또한 그들을 위해 고려해야 할 문제라고 믿어 의심치 않는다.

25년 전을 회고하면 유쾌한 일과 불쾌한 일, 또는 성공한 일과 실패한 일 등 말로 하자면 셀 수도 없으나, 지난 일을 회고하는 것만으로는 조선을 위해서도 그다지 도움이 되지 않는다. 지금 이때의 조선은 오직 관청과 민간인 하나 되기, 스스로 살아남기 등으로 자원의 개발, 산업 융성, 질서 있는 교육 정책, 또는 민심에 신바람을 불러일으키는 것 등에 귀 기울여, 조선에 이러한 관련 정책이 궤도에 올라 날마다 그 성과를 올리는 것은 참으로 기쁘다. 나도 때가 있으면 조선에 가서 친밀하게 그 풍물을 접하고 그 진보한 실황을 보는 것을 즐기고 싶다.

36

만주국의 성립과 조선

미츠야 미야마츠(三矢宮松) / 제실임야국장관(帝室林野局長官), 전 조선총독부경무국장[110]

다이쇼 13년(1924년), 사이토(齊藤) 총독 당시에 내무성(内務省) 사회부장에서, 마루야마 츠루키치(丸山鶴吉) 씨가 경무국장을 퇴임한 후, 뒤를 이어 조선으로 부임하게 된 그 무렵의 정무총감은 시모오카 츄지(下岡忠治) 씨였다. 그는 조선 개발을 위하여 상당히 노력한 사람이었으나 불행하게도 재임 중에 병사하셨다. 다음 해

---

110 역주: 원 책의 저자 소개는 다음과 같다.
야마가타현(山形縣) 사람인 미츠야 고레아키(三矢惟顯) 씨의 셋째 아들로, 메이지 13년(1880년) 10월에 태어나, 메이지 29년(1896년) 친형(令兄) 시게마츠(重松) 씨로부터 독립하여 일가(一家)를 창립한다. 메이지 40년(1907년) 도쿄제국대학 법과대학 독법과(獨法科, 독일 법학과: 옮긴이)를 졸업하고, 같은 해 문관고등시험(文官高等試驗)에 합격, 메이지 42년(1909년) 기후현(岐阜縣) 사무관에 취임한 이후, 후쿠이현(福井縣) 사무관, 나라(奈良) 미에(三重) 미야기(宮城) 교토(京都) 각 부현(府縣)의 경찰부장, 후쿠이현(福井縣) 내무부장(內務部長) 등을 역임했다. 다이쇼 7년(1918년)에 휴직하여 다이쇼 9년(1920년) 경찰관 강습소 교수겸 내무성 참사관(參事官)에 임명됐다. 뒤이어 내무서기관, 내무성 참사관, 내무감찰관 등을 거쳐, 다이쇼 13년(1924년)에 조선총독부 경무국장이 되었고, 가장 청렴하다고 칭송받는다. 현재 제실임야국장관(林野局長官)이다. 전에 유럽과 미국 각 나라를 둘러보아 식견이 해박하고, 우리 반도 재임 중 만주와 이른바 삼시조약(三矢條約)을 체결한 것은 세상 사람들이 두루 아는 바일 것이다.

연말에 유아사 구라헤이(湯淺倉平) 씨가 새로이 시모오카 씨의 뒤를 이으셨다.

당시 국경 방면에는 비적의 출몰이 심하여 엄중한 경계의 눈을 피해 여러 차례 양민을 습격하고 약탈, 폭행을 마구 일삼는 상태이며, 동시에 조선에서는 이른바 민족주의 운동이 빈번히 암암리에 행해졌다. 게다가 각종 유언비어가 빈번하게 나돌아 세상이 어수선하고 인심 안정에 무척 소홀하여 이들을 단속함에는 극심한 주의와 상당한 노력이 필요하였다.

내가 부임하고 얼마 안 되어 조선 철도의 남만주철도회사에 대한 위임 경영을 해제하고, 총독부에 철도국을 설치함으로써 조선에 있는 국유 철도 경영, 건설, 개량 또는 운수 등의 업무를 행하고 병행하여 사설 철도 및 궤도의 감독에 관한 사무를 취급하게 된 것을 기억하고 있다.

이처럼 모든 분야에 힘을 쏟고, 누에고치 증산 계획 또는 쌀 생산 늘리기 계획 등을 수립하여 산업의 진흥에 획기적인 노력으로 그 개발에 힘껏 주력했다. 동시에 반도의 치안 유지를 담당하며 교육의 보급, 문화의 진전을 도모하고, 일억 조선인의 복지 증진에 노력하여 건강과 평안의 유지를 위하여 몸이 여위도록 마음과 힘을 다하여 애썼다. 역대 총감 모두 똑같이 이러한 방침을 채택했었을 것이나, 특히 문화정책을 표방한 사이토 총독인 만큼, 눈에 더 띄는 것처럼 느껴진다.

예전에 일본과 중국 사이에 만주사변이 발발한 결과, 만주가 독립하게 되어 오늘날에 만주국으로 건국됨으로 이른바 '왕도낙토(王道樂土, 나라를 잘 다스려 국민이 안정되고 즐거운 생활을 하는 곳)'를 실현하고, 모든 개혁을 단행하는 내용을 충실히 하여 각 방면에 개발, 발전을 도모하고 있다. 이렇게 발랄한 신흥의 기운이 국내에 충만하여 성심껏 건국 이상을 구현하기 위해 많이 노력하는 현 상황에서, 그 영향을 가장 많이 받는 것은 접경지인 조선이다.

만주국의 질서가 회복되고 상당한 기세로 나날이 발전을 계속하는 현상에 비추어, 가능한 한 많은 수의 조선인들이 적극적으로 만주로 진출하여 모든 방면에서 활동하고 만주국의 개척을 위해 분투하고 협력하는 것이 조선인 발전을 위한 매우 절실한 방책이다. 한편으로 만주국에서도 국토 개발상 크게 환영받을 수 있을 것이라고 생각한다.

옛날 만주에 거주하고 있던 부여 민족은 한족 때문에 만주를 뒤로하고 조선으로 이주해 살았다는 역사적 사실을 봐도 오늘날 그 고향인 만주의 개발에 참여하는 것은 매우 의의 깊은 일이다. 게다가 본국과 마찬가지로 해마다 증가하는 인구를 조절하는 방책 중 하나로, 넓고 아득한 토지로 인구가 희박한 만주국으로 이주하여 그곳을 개척하는 것은 그 어느 면에서 봐도 가장 합당한 방도라는 것을 믿어 의심치 않는다.

나는 이상으로 조선인이 만주로 진출하는 것을 적극적으로 장려하고, 이같이 더 많은 일본인이 조선으로 이주하여 그 개발을 위해 헌신적으로 노력하기를 간절히 바란다. 이들 다수의 일본인이 조선인과 하나로 된 사회를 이루어, 이 사회를 자극하고 향상하여 생활 수준을 높이고, 이 사회를 지도하고 개발하는 것에 힘써 온정을 가지고 그 동화를 기대하며, 조선인의 생활을 더욱 이상적으로 명랑하고 행복하게 만들기를 간절히 바란다. 일한합병의 취지가 바로 여기에 있다.

조선인에게는 나쁜 면만 본다면 비난받아야 할 여러 가지의 것과 예부터 전해온 나쁜 관습이 있으나, 이러한 결점만을 보고 조선인 전부가 그렇다고 단정하는 것은 매우 가혹한 일이다. 물론 나쁜 면은 차차 그것을 교정하고 개선할 필요가 있다는 것은 말할 필요도 없으나, 이와 함께 좋은 면은 그것을 더욱 장려하고 조장하여야 한다.

즉 조선인에게는 좋은 심성 덕에 수백 년의 포학한 정치를 참고 견딜 수 있었던 관계로 순종적이며, 7백 년 주자학의 교화로 어른을 공경하고 친척, 친구와 돈독하게 지내고, 용서하고 화합하며 예의 바르고 인정 있고 진실로 사랑하는 특성이 있다. 따라서 나쁜 면만 비난하거나 배척하지 말고, 선한 면을 보고 어디까지나 이 성질을 잃지 않도록 장려하며 이들의 아름다운 점을 더욱 발휘하도록 하는 것에 주력하고 싶은 것이다.

생각건대 조선인 중에도 상당히 우수한 인재가 적지 않다. 게다가 이들이 각 방면에 진출하여 크게 사회적으로 활동하고 있는 것은 참으로 기쁜 일이다. 또한 관리로서도 유능한 자가 있고 그 출세도 무척이나 빨라서 금방 상당한 지위를 차지하게 된다. 내가 있을 무렵, 경시(警視)로 경찰서에서 근무하던 자가 마침내 도의 참여관이 되고, 이후 얼마 안 되어 지사(知事)로 되는 입신과 출세가 두드러진 자도 있었다.

도참여관(道參與官)은 관제상에서 보면 지사의 자문에 응하고 또는 임시로 특명을 받아 사무에 복종하지만, 실제로 각 도에 있는 도정(道政)상의 모든 일에 관해 민중을 이해시켜야 하는 이른바 "윗사람의 뜻을 아랫사람에게 전달하기"를 맡은 관직이다. 관민의 의사소통을 위하여 대부분 활동하고 있음과 동시에, 민중의 요망 사항을 지사에게 전달해 이를 도정에 반영하는 "아랫사람의 뜻을 윗사람에게 전달하기"의 기관의 사명을 다하기 위해 상당한 활동을 하고, 일반 민중에 대한 철저한 총독정치를 도모하고 일본과 조선의 융합과 이해를 위해서 적지 않은 공적을 쌓고 있다. 이러한 기관의 활동에 따라 한층 일본과 조선 양자가 혼연일체가 되는 날이 하루빨리 오기를 간절히 바란다.

나는 조선 재임 당시 상당히 바빠서 각 지역의 시찰도 충분하지 않아, 그쪽 사회의 실상, 즉 정말로 쉽게 관찰할 수 없는 낌새까지는 접해 볼 수 없었다. 단,

메이지 26년(1893년)의 여름, 경성 지방에서 대홍수가 일어나 당시 한강의 물이 불어나 40척(13.3m)에 달하고, 뚝섬 일대의 땅이 전멸하여 사람과 가축의 사상이 심했던 일이 있었다. 그때의 정무총감인 시모오카 츄지(下岡忠治) 씨가 이재민 구제와 그 외의 뒷수습 조치에 관해 상당히 노력하셨다. 이때 무리하신 것이 아마 그의 임종을 빠르게 이르게 한 원인 중 하나였을 것이다.

이 큰 수해가 일어난 지 얼마 안 되어 나는 곧 한강 상류로 거슬러 올라가 수원(水源) 지방의 산속으로 헤쳐 들어가 보통 때는 쉽게 들어갈 수 없는 부근을 시찰한 일이 있었다. 조선의 산이 민둥산이라든가 황폐해 있다는 것은 평소 보고 들었으나 이 한강 입구 상류 부근에 있는 산의 황폐는 들은 것보다 훨씬 더 심하여, 필설로 모든 것을 표현하기 무척 어려운 것이었다.

나는 돌아온 뒤에 구체적으로 시모오카(下岡) 정무총감에게 보고하였다. 내 보고를 들으신 시모오카 씨는 예전 수해의 대참상에 비추어, 수해 방지 대책은 우선 산을 다스리는 데에 있다고 보았다. 이에 치산 계획을 더 세우도록 하고 식산국의 일부인 산림과를 폐지하고 산림부를 세워 산림 보호, 나무 심기 장려, 산지 보호 사업 실시, 그 외 모든 산 가꾸기(치산) 사업을 담당하게 함으로써 '치산 치수'의 근본 문제 해결에 주력하게 되었다.

종래 조선의 하천은 자연 방류에 맡겨져 거의 치수 시설이 행해지지 않았기 때문에 매년 호우가 있을 때마다 하수가 범람하여 도로 교량 등을 파괴하고, 경작지를 황폐하게 만들며, 농작물과 기타에 막대한 손해를 입혔다. 나아가 사람과 가축에게 심한 피해를 주고 민중을 도탄의 괴로움에 빠뜨리는 일이 여러 번 있었다. 이 재난을 방지하고 곤란을 제거하기 위해 치산 사업의 진행과 함께 치수 사업을 완비하여야 한다.

산을 다스리고 물을 다스린다는 것은 조선의 개발을 위해 해야 할 긴급한 일이며, 아무리 산업을 장려하고 도로 교통의 편익을 도모해도 그 근본을 바르게 하지 않으면 후에 파괴될 우려가 있다. 그러므로 우선 산을 잘 다스리는 것으로써 조선에 있는 수해 대부분의 발생이 방지되고, 수해 방지로 인해 산업상, 교통상 또는 위생상 등에 미치는 종래의 큰 손해가 반복되지 않게 되어 적극적 또는 소극적으로 조선이 받는 이익은 생각건대 상상 이상의 것이 될 것이다.

나는 가토 다카아키(加藤高明) 내각 당시에 조선으로 부임하여, 본국으로 돌아왔을 때 그에게 "조선의 통치는 실적을 올리기 위해서는 단순히 조선총독부의 노력만으로는 도저히 불가능하다. 그러기 위해서는 우선 첫 번째로 우리 국력이 왕성하지 않으면 안 되고, 두 번째는 만주가 우리 나라의 의사대로 평정 상태가 유지되지 않으면 안 된다. 그리고 세 번째는 총독정치가 선정을 해야 한다."라는 세 가지에 대해 의견을 피력한 적이 있다.

첫 번째, 조선의 통치는 우리 국력의 성쇠와 중대한 상관관계가 있다. 우리 국력이 안으로 충실하고 밖으로 충분한 위력의 발휘가 가능한 경우에 조선 민중에 미치는 이른바 '심리작용'은 심히 낙관적이다. 즉, 만주사변에서 시작하여 만주국의 독립을 계기로 열강의 질시와 반목을 부르고, 국제연맹에서는 선전 고투하여 끝내는 탈퇴를 걸고 적극적으로 그 주장을 관철하고, 연맹의 각국을 노려보며 위압하여 한 발도 양보하지 않는 우리 나라의 태도는 세계사에서 특필할 만한 실로 당당한 것이었다. 열강 또한 속수무책이었던 것은 강대국들 배후에서 충실하게 준비해 온 우리의 실력이 있기 때문이었다. 이 위기에 직면하여 조선 내 민중이 미동도 하지 않는 것 또한 같은 맥락이다.[111]

---

111 역주: 만주사변은 1931년에 일본 스스로 조작한 류탸오후 사건(柳條湖事件)을 빌미 삼은 일본군의 중국 둥베이(東北) 지방에 대한 침략 전쟁으로 이 전쟁 결과 괴뢰 정권으로 탄생한 것이 만주국(1932)이다. 이것이 난징 대학살 사건을 일으키는 중일 전쟁(1937)의 발단이 되었음에도 이 책의 일본 저자들은

그런데 세계대전 후 사상계의 혼란에 박차를 가한 민족자결주의는 조선 민중에게 잘못 전달되어 특히 어떤 대국의 원조를 명시하고 또는 암시시킨 것은 더욱 그 소용돌이를 크게 하기까지 이르렀다. 당시 우리 나라가 고배를 마신 원인이 조선 민중의 특성인 사대주의에 있다고 말하나, 한편으로는 우리 제국의 국력이 오늘날만큼 세계적으로 약진하지 않았음을 이유로 들어서 단적으로 설명할 수 있을 것이다. 즉 조선의 통치에 관하여 우리 국력의 흥망성쇠가 끼치는 영향의 여하를 상상할 수 있는 것이다.

두 번째 만주 문제는, 당시는 이른바 만주사변의 돌발 전으로 오늘날과는 만주 사정이 상당히 다르다. 장쭤린(張作霖) 정권하에서 그 치안이 유지되지 않아 비적이 너무 활개를 치고 불령분자가 국경을 넘어 조선 내로 침입하고 소요와 약탈이 여러 곳에서 발생하여 조선 내의 치안이 더욱 교란되는 사정이 있었다. 이들을 토벌하려 하면 만주로 도망가 숨어버리는 형편이므로, 만주는 비적의 요람이고 불량배의 소굴이었다.

이처럼 만주를 배경으로 조선의 치안이 심히 위협받고 조선 통치에 어두운 그림자를 던지고 있어, 이상적인 조선의 통치를 위해서는 만주에 있는 비적들의 제거를 단행하여 환경을 개선하는 것이 선결문제였다. 그러나, 당시는 장 정권이 그들을 비호하여 우리 나라의 손으로는 어떻게 하기 어려웠다. 그 후 만주사변이 발생함에 따라 만주국이 건설되고 우리 나라와 제휴하여 함께 동양의 평화

한결같이 만주사변과 만주국 건설을 정당화하고 있다. 문제는 당시 국제 정세는 이런 본질을 제대로 모른 채 우왕좌왕하듯 했다.

영국의 리튼을 단장으로 하는 조사단(Lytton Commission)이 1932년 10월 국제연맹에 제출한 보고서에서도 침략 전쟁임을 분명히 했다. 그러나 만주사변 직후에는 서구 강대국들은 자신들의 이해 관계에 따라 전반적으로 일본에 대해 타협적인 태도를 보였다. 1933년 2월에 이르러서야 국제연맹이 특별 총회에서 조사단의 보고서를 반영한 일본군 철수 등의 권고안을 제시한 것이다. 일본이 이런 권고안을 받아들일리 없었고, 기어코 난징 대학살 사건의 끔찍한 중일전쟁이 일어났다.

를 위해 전전하게 되고, 여기에 제거 작업이 행해져 그 결과 만주 국내 또는 불령분자가 안주할 수 없게 되었다. 이렇게 주변 상황이 조선 통치의 안전을 위해 상당히 기뻐할 만한 상태를 불러온 것은, 내가 조선에 재임했던 당시와 비교하면 일대 변화를 본 셈이다.

세 번째로, 아무리 우리의 국력이 신장하여 안팎으로 그 위력이 알려져 열강 앞에서 미동도 하지 않고 당당하게 국책 수행을 할 수 있게 되거나, 또는 만주 제국의 건설로 조선의 환경이 두드러지게 개선되어 불령분자의 국경 넘기, 약탈 등이 자취를 감추게 된다고 해도 그것만으로는 조선 통치에 그 실적을 올리고 민중의 복지를 증진할 수 있다고 단정할 수 없다. 여기에는 총독정치가 나라의 이익과 국민의 행복에 부합되는 것이어야 함은 물론이다.

말할 것도 없이 일한합병의 취지는 동양 영원의 평화를 유지하고 제국의 안전을 장래에 보장할 목적에 있다는 것이 메이지 대제(明治大帝)의 조서[112]에 분명히 나타나 있다. 게다가 "민중은 직접 짐이 편안히 위무하는 아래에서, 그 건강과 행복을 증진하게 할 산업 및 무역은 태평한 세상 아래에서 두드러진 발달을 보도록 할 것이다."라고 선언하시며, 조선 동포의 복지 증진을 염두에 두시고, 산업 무역의 발전에 깊은 생각을 베푸신 것은 참으로 황공하기 그지없다.

그러므로 역대 총독이 조선 통치에서, 모두 조선 동포의 개발에 힘쓰고 교육의 보급, 산업의 개발, 교통 운전의 편의를 도모하고, 또는 위생상 시설을 충실히 하고, 또는 사회적 구제사업에 주력하고 조선인의 행복 증진과 문화 향상을 향해 열의와 노력을 계속하고 있는 것은 시대의 흐름으로 보아, 총독의 경질로 결코 변경되어야 할 것은 아니다.

---

112 역주: 성소(聖詔)는 한국을 제국에 병합하는 '메이지 43년 8월 29일 조서'를 말한다.

특히 다이쇼 천황(大正天皇)이 다이쇼 8년(1919년), 총독부 관제 개정[113]에 대응하여 "짐이 그 민중을 사랑하고 어루만짐을 차별함 없이, 신민으로서 추호의 차이 없이 각자 그 살 곳을 얻어 모두 하나같이 크고 밝은 나의 은총을 누리게 할 것을 기대하노라."라고 말씀하신 것은 만대불변의 조선 통치의 방침을 명시한 것으로 조선 동포가 감읍할 수밖에 없다.

이 일한합병의 취지에서 온 근본정신에 따라 이른바 평등하게 하나되기의 광대무변한 성지를 받들고, 역대 총독 이하 모든 지위의 사람들도 서둘러서 못마땅한 것을 걱정하고, 분골쇄신으로 민중의 교화에 힘쓰고 그 발전 융성을 도모하였다. 오직 시대 흐름으로 또는 사회적 취향으로 위정자의 통치방침이 한결같지 않고 여러 가지 형태로 나타날지라도 민중의 행복 증진에 기초를 두고 그 근본정신은 일괄하여 변하지 않는 것이다.

게다가 만주제국의 건설 이후 변경을 위협하는 불령분자도 그 자취를 감추고, 그 방면에 뜻을 둔 자도 줄어드는 것이 보인다. 그렇다면 즉, 조선 내의 향상 발전책에만 주력하여 그 개발을 도모하고, 민중 생활의 향상을 향해 매진할 수 있을 것이다. 현 총독인 우가키(宇垣) 씨가 특히 산업의 진흥에 대해 진력하고 있는 것은 조선 융성을 위해 참으로 기뻐할 만한 일로 이리하여 다시 국력이 충실

---

113 역주: 1919년 8월 19일, 조선총독부관제 개정(칙령 제386호)을 공포하고, 20일부터 시행하였다. 총독 임용의 범위를 확장시키고 총독의 군 통수권을 병력 청구권으로 개정하는 한편, 헌병경찰제도를 폐지하고 보통경찰제도를 신설하는 것을 주 내용으로 하였으나, 일제는 군의 공백을 메우기 위해 경찰관을 대대적으로 증원하여, 패망할 때까지 식민지를 통치하는 전체 관리의 20% 선을 유지하고 있었다. 식민지 배정책의 변화에 따라 조선총독부 중앙 조직도 크게 바뀌었다. 종래의 내무부, 탁지부, 농상공부, 사법부를 내무국, 재무국, 식산국, 법무국의 4국으로 바꾸고, 내무부에 부속한 학무국을 총독 직속의 국으로 승격시켰으며, 경무국을 신설하였다. 또한 총독 관방의 총무국, 토목국, 철도국을 각각 서무부, 토목부, 철도부로 바꾸었다. 이에 따라 조선총독부 본부는 6국 3부제로 구성되었다. (출처: 〈역사네〉 국사편찬위원회)

해지고 조선 동포의 복리 증진도 점점 기대할 수 있게 될 것이다.

나는 예전부터 조선 통치 5백 년 계획설을 발표하여 때로는 사람들을 놀라게 한 일이 있다. 인정이 다르고 풍속이 다르고 언어가 다른 일한 두 민족을 혼연일체로 융합, 통일시키는 것은, 하루아침에 효과를 거두는 것이 지극히 어렵다. 무엇보다 순리를 따르지 않으면 안 된다. 우선 조선 동포의 교화를 도모하고 형제의 친분으로써 온정으로 접하여 마음에서 일본과 조선의 융합을 도모하는 것이 필요하다. 나는 조선을 떠난 지 이미 10년이 지났다. 합병 25주년을 맞이하여 조선에 있었던 당시를 회고하면, 오로지 조선 동포의 행복과 조선 내의 완벽한 융화를 생각한다.

37

만주국 개발과 조선의 사명

모리오카 지로(森岡二郞) / 전 조선총독부 경무국장, 전 토치기현 지사[114]

만주 제국의 개발과 접경지 조선

나는 쇼와 4년(1929년)부터 6년(1931년)까지 약 2년간 조선총독부 경무국장으로 근무한 적이 있는데, 쇼와 6년(1931년) 봄에 예의 만보산사건(萬寶山事件)이 발생하였다. 그것은 만주와 조선 농가의 미작차상사건[115]과 조선 농민(鮮農) 두목의 납

---

114 역주: 원 책의 저자 소개는 다음과 같다.

나라현(奈良縣) 모리오카 만페이(森岡萬平) 씨의 차남으로서, 메이지 19년(1886년) 5월에 태어나, 다이쇼 4년(1915년)에 일가(一家)를 이룬다. 메이지 44년(1911년) 도쿄제국대학 법과대학 독법과(獨法科)를 졸업하고, 문관고등시험에 합격하고, 효고현(兵庫縣) 경부(警部), 이사관, 사무관, 아오모리(青森) 가나가와(神奈川) 각 현(縣)의 경찰부장, 경시청(警視廳) 형사부장, 동관방주사(同官房主事), 교토부(京都府) 내무부장, 시마네(島根)·아오모리(青森) 이바라키(茨城)현 지사(知事)로서 취임했는데, 불과 2년도 채 지나지 않은 기간 동안 많은 치적이 있었다.

115 역주: 미작차상사건(米作差上事件)은 1931년 중국인 하오융더(郝永德)가 일본 측과 결탁해 창춘(長春)에 장농도전공사(長農稻田公司)를 설립하고, 4월 16일 이통강(伊通河) 동쪽 만보산 지역 삼성보(三性堡) 관황둔(官荒屯) 일대 토지를 해당 지주와 10년 조차(租借) 계약을 한 사건을 말한다. 계약에는 현(縣) 정부의 승인이 없으면 무효라는 규정이 있었지만, 하오융더는 현 정부의 승인을 받지 않고 이 토

치사건 및 수백 명의 중국 농민의 폭력에 의한 수로 공사의 파괴 사건[116] 등이 빈발한 것이다. 나는 이에 대한 해결책을 정부에 강요받고 있었으나 때마침 사이토(齊藤) 씨가 조선 총독을 퇴임하고 나도 동시에 관(官)을 떠나 사이토 씨와 함께 본국으로 물러났다.

그리하여 우리가 본국에 도착했을 때 평양, 기타 지역에서 조선인과 중국인(鮮支人) 간의 충돌 사건[117]이 발생하였다. 이 불상사가 곧 9월 18일에 유조구(柳條溝) 폭파를 도화선으로 이른바 만주사변이 발발하였다. 이처럼 유조구(柳條溝) 사건은 만주사변의 직접적인 원인이 되었고. 이른바 '만보산사건'은 그 간접적인 원인이 되었다. 그렇지만 그들 사건의 발생 전부터 나는 중국 측이 행하는 만주 거주 조선인에 대한 압박에 대하여 정부를 향해 그 조치를 간절히 바라고 있었다.

지를 한인 농민 이승훈(李昇薰) 등과 계약하고 한국인 농민 188명을 이주시켜 개척에 착수했다. 가장 먼저 관개수로 공사에 착수했는데, 공사로 인해 부근 다른 농민들의 토지에 피해를 입혀 문제가 되었다.

116 역주: 중국인 농민들은 반대 운동을 일으키고 현 정부와 창춘시 당국에 진정하여 공사를 중지시켰다. 그런데 이미 창춘 일본 영사관의 명령을 받은 경찰관이 현장에 와서 한인 농민을 보호하고 있었고, 중국인 농민의 반대를 억누르고 공사를 계속하게 했다. 이 문제를 두고 중국 측과 일본 측은 현지 조사단을 구성하고 협의를 시작했다. 중국인 농민과 관헌은 현 정부의 정식 허가를 받지 않았기 때문에 개간과 공사가 무효라고 항의했다. 그러나 일본 측에서는 경찰의 보호 아래 계속 한인 농민을 동원하여 농사와 수로 공사를 강행하도록 하였다. 7월 1일 불만이 쌓인 만보산 지역의 중국인 농민 300~400명은 약 2리 정도 진행된 수로 공사와 제방을 파괴하여 토지를 원래 상태로 복구시켰다. 이에 일본 경찰이 사격을 가하자 중국인 농민들이 대피했다. 7월 2일에도 중국인 농민들이 계속 수로를 매몰하여 토지를 복구시키려 하자, 일본 경찰과 중국인 농민, 한인 농민과 중국인 농민 사이에 일대 충돌이 발생했다.

117 역주: 일본 관동군은 창춘 영사관을 통해 조선일보 창춘 지국장 김이삼에게 허위 정보를 제공하여, 이에 〈조선일보〉는 7월 2일 호외로 만주 지역에서 중국인에 의해 조선 농민들이 막대한 피해를 입었다는 오보를 냈다. 이후 조선 내 신문들에 의해 이 사건이 왜곡 보도되자 국내에서는 중국인 배척 사건이 발생했다. 인천을 비롯하여 평양과 경성(서울), 부산 등 전국적으로 중국인 살해와 가옥 파괴, 재산 탈취가 발생했다. 당시 중국인 사망자는 127명, 부상자는 393명에 이르렀다. 이에 각 언론사와 사회단체 등이 진상 조사에 나선 결과 오보임을 확인하고, 유감의 뜻을 표하면서 7월 중순 이후 사태는 진정되었다. 조선총독부 당국은 이 사태를 방관하며 이용했다. 곧 일제는 중국과 조선 두 민족의 갈등을 일부러 조장했으며, 이 사건을 통해 만주 침략의 분위기를 조성하려고 하였다.

이보다 먼저 간도(間島)에서는 공비가 활개를 치고 재류 조선인을 살상, 약탈하는 실로 심한 일이 있어서, 차마 보다못해 외무성 경시관의 부족한 손을 보충하기 위해 함경북도에서 원조로 용정촌(龍井村)으로 백 명의 경찰관을 파견시킨 일이 있었다. 이렇게 만주의 공기는 상당히 험악하여 드디어 만주사변이 유발되었으나, 그때까지 만주는 참으로 일도 많고 탈도 많아 특히 간도를 중심으로 여러 문제가 발생[118]하고 간도에 머무르는 40만 조선인에 대한 압박은 참으로 말도 못 하게 심하였다.

처음 만주사변의 시초는 30년 후 우리 나라가 동양 평화를 위해 몇십만 백성과 거액의 경비를 희생하여 쟁취한 우리 권익의 옹호에 있던 것은 물론이나, 만주에 있는 조선인의 문제가 가장 중요한 원인의 하나였다. 따라서 만주에 훌륭한 독립된 제국이 건설되어 이른바 '왕도낙토(王道樂土)[119]의 국가'라고 일컬어지게 된 오늘날, 이 만주를 어떻게 활용하여 이용해야 하는가 하는 것이 조선에서는 가장 중요한 문제이다.

세간에 만주국의 성립 이후, 마치 조선을 경시하듯이 말하는 자가 있으나 이는 매우 잘못된 견해이다. 즉 이 만주국의 성립 후에 조선의 중요성은 더욱 가중되고 있다. 왜냐하면 이른바 '일본-만주' 경제블록이라는 것을 근래에 빈번히 외치고 있으나, 한편으로는 '조선-만주' 경제통제가 가장 중요한 일이고 또한 가장 실현되기 쉬운 문제이다. 즉 그것은 사람에게도 또한 재료에서도, 어디에서나 접경의 땅인 관계로 참으로 쉽게 가능한 것이고 앞으로 만주국 개발은 조선인의

---

118 역주: 그 이전에도 만주 지역에서 수전 개간을 둘러싼 충돌이 자주 일어났고, 중국인과 조선인 사이에 갈등이 다양하게 일어나, 중국인들이 조선인을 배척하거나 공격하는 일에 대한 보도는 1929년부터는 이미 자주 전해져서 새삼스러운 것도 아니었다.

119 역주: '왕도낙토'는 중국의 사자성어로 나라를 잘 다스려 백성이 안정되고 즐거운 생활을 하는 일을 이르는 말이다.

힘으로 매우 많은 것을 더하게 될 것이라고 믿어 의심치 않는다.

바꿔 말하면, 만주국이 독립국으로서 이른바 왕도낙토를 건설하고 이로써 동양의 평화를 확립하는 것에 대해서 조선은 가장 중요한 역할을 행할 것이다. 즉 만주국 개발 발전에 대해 접경지인 조선의 사명은 이것을 경시하기보다 더욱 그 중요성을 더하는 데에 크게 주목하는 것이 가치 있는 일이다. 그러므로 만주에 대한 문제의 중요한 열쇠를 쥔 조선은 한층 동아시아 평화의 중심이 된다는 각오로 이와 관련된 일을 진행하는 것이 필요하다.

사상 문제의 변천과 언론 단속의 너그러움과 엄격함

조선에서의 사상 문제는 내가 재임할 때 가장 고조에 달했다. 즉, 당시는 민족주의와 공산주의가 서로 뒤섞여, 거리낌 없이 함부로 날뛰어 다니기에 그 단속에 상당한 고심이 가중되었다. 또는 민족주의 단체인 신간회(新幹會)에 해산을 명하거나 공산주의의 단속을 가장 엄중하게 강행한 일도 있었으나, 만주사변 발발 후에 그들의 형세가 점차 변화하였다.

즉, 만주사변이 발생하여 만주제국의 성립을 보는 것과 동시에 이에 수반하는 여러 가지 귀찮은 문제가 발생하였다. 국제연맹에서 세계의 열강을 상대로 고군분투하며 정의를 부르짖고, 한 치의 굽힘 없이 연맹의 이탈을 걸고 그 주장을 관철하며, 열강의 위협에 미동도 하지 않았다. 정정당당하고 의연한 태도로써 세계를 대면한 우리 제국의 위풍 앞에서 조선의 민족주의 정도는 자연스럽게 해소되고 공산주의가 거의 쇠하여 보잘것없게 된 결과, 조선에 있는 사상 문제가 상당히 평정된 것은 가장 기뻐할 만한 현상이다. 사항이 이렇게까지 된 것이 결국은 민중의 자각과 총독정치에 대한 신뢰의 표현이나, 이것도 곧 만주사변을 하나의 계기로써 표면화하였다.

언론의 단속에 대해서는 관대함이나 엄함도 가장 주의해야 할 점이다. 쇼와 4년(1929년) 11월, 내가 부임했을 당시에는 마침 학생 운동이 가장 활발히 발생하고 있었으나, 나는 종래의 신문, 잡지 등의 게재금지사항을 부분적으로 해금하였다. 어쨌든 조선은 언론의 자유가 본국과 다르므로 되도록 그 자유를 인정하려고 신문에 대해서도 함부로 금지하지 않도록 하였다.

쇼와 5년(1930년) 여름, 함경남도의 어떤 군(郡)에서 폭동이 일어나 군역소(郡役所), 경찰서를 습격하여 경찰관에게 발포하여 10여 명을 죽인 사건이 있었다. 종래대로라면 신문에 게재를 금지할 사항이었으나 이미 표면화된 사건이기에 게재금지처분으로 잘못 전달될 염려가 있으므로 사건을 발표하였는데, 이 사건의 진상이 판명됨으로 인해 인심이 평정으로 돌아왔다. 종래는 자칫하면 게재금지 처분 때문에 진상을 처음부터 억측하여 유언비어가 빈번히 발생하고 더욱 인심을 자극하게 되었을 것이나 이 사건은 반대로 보도기관을 이용해 아무런 파문 없이 끝나게 되었다.

처음 함경북도에서 발생한 폭동 사건은 어떤 사상적 또는 계획적인 것이 아니라 삼림조합의 부과금 문제에서 발생한 단순한 사건이었다. 그러나 당시는 민족주의 사상이 왕성한 시대여서, 지방으로 파급되는 것을 우려하여 비밀주의를 취하고 보도기관에 게재 금지 처분을 할 경우, 각종 사상적인 선전이 빈번하게 활개를 치게 될 것이다. 이로 인해 세상이 어수선하여 오히려 질서를 어지럽힐 우려가 있어, 미리 선수를 쳐서 모든 사실을 신문에 발표하고 결국 공과를 얻을 수 있었다.

내가 재임할 당시를 보면, 조선에 있는 언론계에도 4, 5년 사이에 상당한 변천이 있던 것 같다. 경성만 해도 경성일보, 조선신문이라는 큰 신문사에서도 경성일보는 사장, 조선신문은 부사장의 경질이 있고, 그 외 언론기관에서도 각각 인사이동이 있는 듯하여 이를 조선 전국으로 보면 적지 않은 변화가 있다고 생각된다. 신문 사명의 중대함은 재차 언급할 것도 없이 본국, 외지(外地)를 불문하고 가장 중요시해야 할 것이다. 특히 조선에서는 각종 맥락에서 본국과는 다른 의미가 있어 언론기관은 상당한 힘을 가지고 있다. 고로 이 특수한 위력을 가진 언론기관이 그 본래의 사명을 돌아보아 올바르고 공평하고 또한 가장 진지하게 국가를 위해 공헌할 것을 간절히 바라는 바이다.

일본과 조선 융합의 첫 번째 의의

나는 조선 통치국의 관리가 본국에서 자주 전임되어 오는 것이나, 또는 그 관리가 조선어를 알아듣지 못하여 불편하다는 등의 비난이 있는 것은 대체로 장래의 이야기라 생각한다. 아무리 관리가 조선 사정에 어둡고 또한 조선어에 숙달되지 않아도 다정하고 동정심으로써 조선인을 대하는 것이 일본과 조선 융합의 첫 번째 의의라고 생각하는 것이다. 즉 성심으로써 조선인을 대하고, 깊은 동정으로 조선인을 위한다면 자연히 감격하는 감정으로 맞이하게 되어 일본과 조선 융화가 구현될 것이다. 그러므로 일본과 조선의 융화는 보는 관점에 따라서는 황허강의 백년하청(百年河淸)을 기다림과 같겠지만, 또한 어떻게 하느냐에 따라 매우 간단하게 실효를 얻을 수 있다.

그런데 일본과 조선 상호 간에 이해가 부족하고, 또는 감정에 틈이 발생하여 반일 투쟁을 하기에 이른 것은 그 원인을 돌아보면 참으로 미미하고 사악한 생각에서 선동되어 결국 거대해진 세력을 막을 수 없었기 때문이다. 이들은 신뢰와 동정이 빠진, 지극히 사소한 불화에서 출발하였다. 고로 일본과 조선 융화는 상호적이어서 이른바 상부상조의 관념을 가지고, 다정한 마음으로 서로 신뢰하고 녹아드는 것이 필요하다. 거기에 서로의 마음의 심금을 울리는 강력한 무언

가가 있을 것이다. 그러면 일본과 조선 융화를 꾀하지 않아도 그 열매를 거두기
에 이를 것이다.

38. | 우리 제국의 대륙 정책의 기초

가토 구메시로(加藤久米四郎) / 중의원 의원[120]

일한합병 후, 이제 25주년을 맞이하여 그 치적의 자취는 극히 진보하였으나 이를 일한 협의 체결 당시까지 거슬러 올라가 생각하면 감개무량한 점이 있다. 이에 대하여 총감과 총독 한 사람 한 사람의 치적을 예찬하기보다, 좀 더 높은 곳에서 크게 보면 우리 일본 제국의 대륙정책의 기초가 조선 통치로 확립되었다는 것을 기뻐해야 할 일이다.

단순히 일한합병에서 보면 정치적으로도 경제적으로도, 또는 지리적으로도 가치는 크지 않다고 말할 수 있을 것이다. 물론 평등의 성스러운 뜻과 본국 연장주의

---

120 역주: 원 책의 저자 소개는 다음과 같다.
　　미에현(三重縣) 사람, 가토 구메지(加藤久米治) 씨의 4남(四男)으로 메이지 17년(1884년) 6월에 태어나, 메이지 44년(1911년) 영형(令兄)인 이스케(伊助) 씨로부터 나와 일가(一家)를 창립한다. 메이지 40년(1907년) 일본대학(日本大學)을 졸업하고, 곧바로 동 대학 간사(幹事)가 되어 다년간 경영(經營)에 종사한다. 중의원 의원(衆議院議員)에 당선된 것이 수십 회이며, 정우회(政友會) 소속으로, 그동안 내무대신비서관(內務大臣秘書官), 내무참여관(內務參與官) 등을 역임하며 소임을 다하고 있다.

의 이상이 실현된 것은 매우 기쁜 일이나, 총괄해 보면 나는 그다지 기쁘지 않다.

돌아보면 메이지 37, 38년(1904, 5년) 일러전쟁 이후 조선에 대한 우리 정책이 확고부동하게 세워지고 그 결과로 통감정치, 총독정치가 완성되었다. 그 일의 전후에 오히려 그것을 계기로 멀리서 만주 문제가 발발하여 만 4개년 만에 만주국이라는 용감한 신생국가가, 재치 있고 사리 밝은 어린 황제를 받들어 우리 나라와 제휴하여 동양의 평화-우리 대륙 정책의 구현을 향해 경사스럽게 출발했다는 것은 바로 조선 통치 정책이 세운 당연한 수확임을 믿어 의심치 않는다.

이를 국제 관계와 순수이론의 관점에서, 정치적, 경제적, 사상적으로 요약하면 일만(日滿) 관계는 마치 조선 반도를 만주까지 늘렸다고 할 수 있는 상태여서, 적어도 만주를 목표로 하여 우리의 대만(對滿) 정책은 수립되고, 그것을 지도 정신으로 삼는 것이 제일 중요하다.

이상은 외관상으로 조선 통치를 조감(鳥瞰)하였으나, 사실 조선 내에서의 통치 성적은 상당히 눈에 띄는 부분이 있다. 그리고, 우가키(宇垣) 총독이 물심양면으로 꾸준히 통치의 대방침을 구현, 확립한 공적은 참으로 위대한 것이나, 우가키 총독 스스로 "나는 운이 좋아서, 은혜받은 역대 총독의 숱한 고심을 내가 수확한다."라고 말씀하시듯, 역대 당국자의 노력이 오늘날 그 열매를 맺었다고 할 수 있다.

그중에서도 특히 현재의 총독이 역대 총독보다도 그 시야를 넓게 하고, 우선 반도의 경제적 개발에 착안하여 조선인 각층의 생활 안정을 목표로 자유자재로 정책을 세운 것은 분명 대서특필할 가치가 있다.

특히 접경지인 만주국이 건국되자마자 통제 경제를 내세우고, 이로써 이상을 세우려 할 때, 조선에서는 자본주의 경제의 폐해를 억제하여 이를 시정하고, 적극적으로 본국의 자본가를 부른 것은, 분명 사물을 꿰뚫는 특별한 식견이었다.

게다가 본국에 있는 경제 기구와 서로 병행하여 이른바 '유무상통(有無相通, 있는 것과 없는 것을 서로 융통함)'한 경제블록의 조성을 말없이 실행하는 것으로 착착 그 대책을 모색해 온 것은 오늘날 더욱 조선을 번영의 경지로 이끄는 기초를 위해서일 것이다. 예를 들어 쌀에 대한 정책도 어느 정도 염려한 것이나 대체로 본국의 쌀 대책에 순응하였다. 이 밖에 수수, 소맥, 목화 등의 농산물에 대해서도 우리 본국의 경제 사정과 협력하는 정책을 아쉬워함 없이 채용했던 것이 조선에서 총독정치가 성공한 원인일 것이다.

나는 본국에 있는 농촌 정책에 대해 적지 않은 고심을 하고 있으나 조선의 농촌 정책은 마침 지금이 '안전하다'와 '위험하다'의 판별이 난, 이른바 분수령에 서 있었다. 아울러 총독부가 이론적인 농촌 정책을 버리고 실정에 입각한 농촌 정책을 세우고 있는 것에 커다란 경의를 표한다. 즉 조선에서는 본국 농촌에 있는 생산 유지 개선에 관한 농업단체[121]를 있는 그대로 수용하지 않고, 게다가 '산업조합 제일주의'의 사상도 받아들이지 않아, 먼저 각 면에 식산계(殖産係)를 세우고, 본국의 산업조합 및 이용조합의 장점을 채용하였다.

그리고 생산의 유지, 개선과 그 이용 및 농산물의 판매 사이에 원만한 유기적 연계를 유지하는 것은 확실히 탁월한 견해이다. 그러나 조선의 여기저기가 약간의 화폐 경제로 지배받는 현재 정세에서 보면, 혹여 잘못하면 본국처럼 '도움이 필요한 농촌'으로 피폐하게 될 것이다. 그리고 또한 조선 내 농촌의 공업화를 경솔하게 주장하는 사람들도 있으나, 나는 농촌 공업화를 실현하는 그때에는, 현재의 '조선농촌갱생계획'인 것은 계획 그 자체를 변경할 수밖에 없는 지경에 다다를 것임을 총독부 당국에 경고한다.

---

121 역주: 메이지 32년(1899년)의 농회법(農會法)에 의해 공인된 농업단체. 마을촌·군·부현과 계통적으로 설치된 것으로 '계통농회(系統農會)'라고도 불린다.

이처럼 조선 산업의 약진하는 발전을 이루기 위해서는 우가키(宇垣) 총독의 이른바 남쪽 면화 키우기와 북쪽 면양 기르기 정책의 실현과 해안선이 가장 긴 조선의 수산 사업의 완성이 필요하다. 북조선의 개발-조선 질소 사업만으로 만족해서는 안 된다-이 급선무이고 또한 농업적, 공업적으로 크게 지향하여, 더욱 다방면으로 계획을 수립하는 것이 필요하다.

게다가 만주의 목구멍으로서, 또는 두뇌로서 큰 사명을 다하기 위하여 더 큰 정치를 행하지 않으면, 다롄(大連)의 번영을 나진(羅津)으로 가져오는 계획도 아마 물거품으로 돌아갈 것이다. 그러므로 이러한 큰 사명을 완수하기 위해 만주, 북조선 및 북일본 삼자를 동일선에 두고 동해를 잔잔한 파도의 바다로 취급하는 정책이 필요하다.

즉, 그 설비로는 항구, 배 및 해항(海港) 연결 계통 운송의 완성, 관세 수륙(水陸) 연결 운임의 원거리 체감법(遞減法)을 들 수 있다.

생각건대 현재 조선 안의 우리 동포들이 일본 제국의 국민이라는 우월감을 품고, 만주-중국(滿支) 방면을 마음대로 행동하고 활보하는 것은 시대의 흐름이라 말 할 수 있으나, 서로의 융화를 위해서는 우려할 만하다. 게다가 만주 동북 지역에 흩어져 있는 이른바 '불령(不逞)[122]조선인'은 자신들이 그런 취급을 받는 것을 좋아하지 않는다. 그들은 이른바 공산화한 공산 도둑이므로 한마디라도 불령 조선인이라는 말을 내고 싶지 않은 것이다. 나는 조선에 많은 친구를 갖고 있지만, 그들과 공사(公私) 교제를 즐겁게 유지하는 관계로 조선인의 기분을 이해할 수 있다. 즉, 일본인과 더없이 융화하기 쉬운 특질을 가지고 있다는 점에서 나는 크게 장래를 기대하는 것이다.

---

122 역주: '불령'이란 "원한, 불만, 불평 따위를 품고서 어떠한 구속도 받지 아니하고 제 마음대로 행동함. 또는 그런 사람"을 뜻한다.

나는 이를 이상적으로 말하면, 조선을 본국과 똑같이 정치, 경제, 교육 또는 지방자치 등에서 본국연장주의를 실현하고 싶은 것이다. 특히 이상적으로 말하자면, 조선 동포는 국민의 2대 의무인 납세와 병역 의무를 부담하기에 이르기까지 모두 함께 노력하기를 희망한다. 그리고 또한 조선을 선거구로 하는 중의원(衆議院) 의원을 제국 의회에 보내, 일본과 조선의 협력, 크게는 제국의 이익을 위해 공헌할 만한 시기의 도래를 향해 서로 진력할 것을 희망한다. 하지만 나는 아무 조건 없이 지금 바로 중의원 의원 선거법을 조선에서 실행하도록 주장하지 않는다는 것을 특히 덧붙여 말한다. 거기에는 그들 자체의 조건과 시기가 있을 것이다.

이번에 총독부 정치 25주년 기념에 즈음해서 크고 작은 관리 또는 민간 공로자들을 널리 표창하는 행사가 있었는데, 조선 통치를 한 오늘이 있게 한 것은 현 총독의 정치에 관계한 자들만이 공로자는 아니다. 거기에는 많은 인재가 있었고, 다수의 희생이 결정체가 되어, 오늘날 조선 통치의 아름다운 과실이 열린 것이다. 공로자로 서훈받거나 표창받는 사람은 모두 현재 그 직책에 있거나, 또는 그 업에 대한 관여의 유무를 떠나, 동등하게 조선 통치에 대한 그 공적을 인정하고 일본과 조선 하나 되기의 행실을 했음을 우가키(宇垣) 총독을 위해서라도 나는 믿고 싶다.

요컨대 조선 통치는 종래와 같은 식민지 취급이나, 외지 취급 태도를 고쳐, 점차 본국과 같은 방침으로 임하는 것이 필요하고, 이는 잊으면 안 되는 중요 정책이다. 게다가 모든 정책은 또 이곳에서 사방으로 뻗칠 만한 것이고, 그것이 아마도 일한의 병합을 단행하여 조선 동포의 복지 건강과 안녕을 증진하고, 일시동인으로 동등하게 생활의 은택을 누리도록 하려는 우리 황실의 은혜라는 것을 깊게 믿고 의심하지 않는다.

39. | 동아시아에 방향을 보여주는 조선 문제

이쿠타 세자부로(生田淸三郎) / 전 조선총독부 내무국장, 다사도림강(多獅島臨江) 철도 사장[123]

나는 메이지 39년(1906년) 말, 처음으로 한국에 총독부가 설치되었을 즈음, 농상공부장관 기우치 쥬시로(木內重四郎) 씨를 따라 그 밑에서 근무를 명령받은 이래 24년을 조선과 관련된 일을 했다. 말하자면 '조선 통치사'는 처음부터 보았기 때문에, 각 시대를 돌아보면, 매우 재미있는 점이 있다.

---

123 역주: 원 책의 저자 소개는 다음과 같다.
　　도쿠시마현(德島縣) 사람으로, 메이지 17년(1884년)에 태어났다. 22세에 고문(高文) 및 변호사 시험에 합격하고, 메이지 40년(1907년) 통감부속(統監府屬)으로서 한국으로 왔다. 41년 한국 정부의 내무부 서기관, 농상공부 서기관이 되고, 다시 조선총독부 수산과장, 상공과장이 되어, 중국, 인도, 유럽, 미국 등을 둘러보고, 귀국 후 식산국(殖産局) 사무관 및 감찰관(監察官)에 임명되어, 칙임대우(勅任待遇)가 되었다. 다이쇼 11년(1922년) 10월 외사과장(外事課長)으로 옮기고, 다이쇼 12년(1923년) 2월 평안북도지사로 승진하였다. 당시 일본과 중국 국제 관계의 중요한 임무를 맡아 이것을 해결하고, 다이쇼 14년(1925년) 총독부 내무국장에 승진했으며, 중추원 서기관장(書記官長)을 겸했는데, 쇼와 4년 (1929년)에 공직에서 물러나 조선을 떠났다. 쇼와 10년(1935년) 다사도림강철도(多獅島臨江鐵道) 사장에 취임하여, 현재 사업을 번성하게 하는데 몰두해 있다. 여러 해 동안 반도의 행정식산(行政殖産) 사업에 몸과 마음이 지쳐 쓰러질 정도로 최선을 다한 만큼, 조선을 잘 이해하고 있다.

그리고 특히 크게 느낀 것은 그 당시, 한국은 합병하지 않으면 통치할 수 없다는 의견과 합병하지 않고도 궁극의 목적을 다할 수 있다는 의견이 있었는데, 그것은 부하들뿐 아니라 널리 그렇게 생각하고 있었다.

당시 키우치 씨 등은 일본과 한국을 병합하지 않고는 완전한 통치를 할 수 없다는 의견을 가지고 있었다. 그러나 이토 공작은 이른바 '비병합설(非倂合設)'을 주장했고, 총독부의 안에서도 일한병합의 가부에 대한 상당한 논의가 있었지만, 이토 공작은 인도적 통치론을 주장하였다.

이런 형식론은 어쨌거나, 실질적으로 모든 것에서 일본과 한국은 불가분의 관계가 되고, 연안 어업을 일본인에게 개방하고 또 광산, 황폐지의 개방, 그 외 토지 소유는 거류지 외 1리(里) 이내로 하는 규정을 연장, 전국적으로 확대하고 산에 관한 규정을 만들었다. 이리하여 경제적으로 일한(日韓)이 힘을 합쳐 한 덩어리가 되는 법령을 내놓은 것이다.

또 치안 분야를 보면, 메이지 40년(1907년) 여름에는 진영대(鎭營隊)를 해산하고, 계속하여 일어났던 이른바 '폭도'의 대토벌을 단행했으며 다음 해 41년(1908년)에는 반도(半島) 전부의 무기를 정부가 몰수한다는 치안 공작을 폈다.

형식상의 일한병합은 데라우치(寺內) 백작의 손으로 이루어진 것이지만, 실질적인 문제는 이토 공작 시절에 처리되었다. 그래서 이토 공작이 밝히신 것은 비병합설로 해석된 것이다. 그런데 메이지 40년(1907년) 여름에는, 헤이그밀사사건이 일어난 결과로 양위 문제가 일어났고, 일한(日韓) 신협약이 체결되어 종래 간접 지도의 지위에 있었던 일본인 관리를 직접 지도하는 위치로 올려놓게 되었다.

이렇게 이토 공작께서 실질적으로 일한을 한 덩어리로 만드신 것은 상당히 중대하고도 두드러진 사실이었는데 이 일에 대해 모르는 면도 있는 듯하다.

그때까지는 우리도 매우 일하기 어려웠다. 일본인은 고문으로 한국 정부에 초빙되어 있었고, 한국 정부가 사무를 보는 모습을 보면, 고의로 반대하거나 사무를 늦게 처리해서 우리를 매우 곤란하게 하였다. 물론 한국 정부의 중요 위치에 있는 사람으로서는 자기의 입장과 권리의 자유를 옹호하기 위해, 함부로 무리하지 않으려는 것으로 볼 수 있다. 그러나 이토 공작 때에는 밤 연회 등이 상당히 많았고, 관계(官界)의 풍기는 문란하다는 등의 비난하는 소리를 들었다. 그러나, 그 당시 본국의 상당한 분들이 중임을 맡고, 생명의 위험을 무릅쓰며, 자기 돈을 쓰면서 한국을 개발하는데 나섰다. 그런데 날씨는 나쁘고 위생 상태도 좋지 않아 어떠한 즐거움도 없는 사람들을, 연회를 자주 즐긴다든가, 술을 마신다의 이유들로 풍기가 문란하고, 기강이 해이하다며 비난하는 것은 당치 않은 일이다. 그때 사람들은 당시로는 드물게 보이는 높은 인격을 가진 사람들뿐이었다.

게다가 데라우치(寺內) 백작은 늘 부지런히 일하고 성의로 일관한 사람으로, 관료로서의 기강이 자연스럽게 들어있는 것은 사실이다. 오늘날 데라우치(寺內)의 총독정치에 대해 비판하는 사람도 있으나, 데라우치(寺內) 백작께서 지성 하나만으로 끊임없이 부하들을 독려하시며 통치에 임하셨던 것이 오늘날까지도 또렷한 기억으로 되살아난다.

그런데 데라우치(寺內) 백작의 정책을 보고 '무단정치'라고 말하며, 조선에 대한 잘못된 정책의 하나로 꼽는 사람이 있다. 당시 세계정세로 보아도 대세가 아닌데도 조선인 중의 어떤 자가 민족자결주의를 소리 높여 말하기만 하면, 남의 힘으로 그들의 목적이 달성되는 것으로 오해하고, 그 행동을 함부로, 감히 한 것이다.

그 사건 뒤 우리는 그러한 사람들을 향해 무엇이 잘못된 정치였는지 질문해 보았지만 즉시 대답하는 사람은 없었다. 그들의 망동이 남의 힘을 목적으로 했다는 것은 그 후에도 확실히 입증되었다. 그와 동시에 한편으로는, 정치의 선악

(善惡)보다는 조국의 현재 상황이 싫은 사람들의 이른바 '분풀이'였던 것이다.

대체로 데라우치(寺內) 총독의 정치는 조선의 잠자는 행정을 무리하게 흔들어 깨워, 의식의 풍요로움을 위하여 노력하고, 한편 경제적으로도 크게 조선을 개발하였다. 단지 그 당시의 헌병경찰제도 때문에, 또는 폭력이 횡행한(暴橫) 곳도 있어서, 민중들도 갑갑해하고 문관 측에서도 불만을 품었다. 오히려 민중은 겁을 먹고 기피하고 싫어하게 되었으나 그 소요가 그 원인만으로 일어난 것이 아님은 오늘날 누구라도 인정한다.

다만 그 당시를 뒤돌아보면, 매우 중요한 안건으로서, 게다가 평소 크게 경계해야 하는 것은 조선인을 대하는 일본인의 태도이다. 조선인에 대한 일본인의 입장은 항상 우월한 자였다는 점에서, 자연스럽게 교만한 것으로 조선인에게 해석되고, 동정심이 없는 듯이 보일 염려가 있었다.

그것은 그 당시만이 아니라 언제 어디서나 그러했고, 그 점은 본국 사람들이 크게 고려해야 할 중대한 문제였는데, 까딱하면 쉽게 잊히기 쉽다. 그러한 관계를 충분히 반성하고 경계해야 하는 일본과 조선 사이에서는 자연히 생각지도 않은 도랑이 생기게 되는 것은 크게 주의할 필요가 있다.

이 점에 대해서는 일본인 중 식자층은 충분히 이해하여 조선인을 접하는데, 낮은 층에 속한 사람 중에 조선인에 대하여 이따금 예를 잃은 행동을 하는 것은 유감스럽다. 그러한 것 때문에 공식 정책상에도 오해가 생길 때가 있다. 게다가 본국 사람들은 조선인에 대해 늘 민족 우열, 입장의 강약이라고 하는 차별적 관념을 염두에 두지 않고, 평범하게 무차별적인 취지에 따라 조선인을 접하는 것이 매우 필요하다.

그리고 조선인 측에서 보면 그 자주권을 잃었다는 것은 매우 불만스러운 것이다. 동시에 세계의 대세, 자국의 현상 등을 돌아보아, 대세 순응의 자각으로 총독정치에 협력하는 것이 가장 현명한 방침이다. 오늘날 일본의 국제적 지위를 이해하지 않고, 남의 힘에 의존하는 사상에서 벗어나지 못해, 무슨 일만 있다면 외국에 의뢰해서 어떤 일을 이룬다는 고루한 관념을 단단히 쥐고 있는 사람은, 현재는 거의 없을 것이다. 그래도 그릇된 견해에 묶인 사람이라면 크게 반성해야 할 것이다.

요점은 남의 힘에 의지하지 않고 자신을 만들어내는 것은, 발전의 기초를 이루는 것이다. 물론 조선 시설의 하나하나를 일본 자본에 의지하여 발전하고 만족할 수 있는 것과 같은, 외부 힘 의존주의에 찬성하는 쪽에서 말할 점도 있다.

결국, 조선 민족이 힘쓰고 노력하여, 야마토(大和, 일본) 민족에 한 걸음도 양보할 수 없을 정도로 자력으로 향상되어, 일본과 조선이 함께 손잡고 양 민족의 발전을 도모하기 위해 각 개인이 크게 각성하여 자력 분투를 이루어야 한다. 우가키(宇垣) 총독이 '자력갱생'이라는 것을 주장하고 장려하는 중인데, 이것은 매우 중요한 사항이다.

게다가, 자력으로 스스로 힘쓰고 노력하면 '타력(他力)'으로 동정하고, 구하지 않아도 거기에 힘을 합할 수 있게 된다. 그 점에 있어, 예전에는 앞뒤가 거꾸로 된 듯한 느낌이 든다.

그리고 이른바 '타력'은 그것을 크게 또는 적게 보아 여러 가지 의미로 해석되나, 내가 말하는 것은 국제적인 타력이다. 따라서 타력 중심으로 부탁해서는 안 될 일을 그 전에 돌아보고, 이후 실수가 없도록 마음을 확고히 하여, 크게 자력 발전에 힘써야 한다.

데라우치 백작 시대의 정치는 명칭은 없지만, 각 개인에게 타일러 방황을 깨우치게 하고 그들을 흔들어 각 개인의 경제적 진보를 도모함은, 바꿔 말하면 자력을 존중하는 것이었다. 조선에서 이러한 근본 사상이 확립되고, 민족으로서 우수하게 된다는 자력의 각오를 결정하여 일본과 조선의 협력에 크게 서로 손잡고 나가는 것은 어쩌면 당면한 급무이다.

지금 조선의 실제를 보면, 표면상으로는 잘 이해되는 것이 이따금 한쪽에서는 늘 정치적으로 반감을 보이거나, 또는 선의로 해석하지 않는 듯한 태도를 보인다. 솔직히 말하면 겉과 속이 있다는 것이 조선에서 확인되는 것인데, 이러한 것은 민중의 이익에도 불리하다.

데라우치 총독 시대에 종자를 주고 묘목(苗木)을 배포하여, 크게 산업개발의 정책을 시험해 본 것은, 보통 사람들에게 어쩌면 강제적이라는 감정을 품도록 만들었을 것이다. 그러나 그런 생각을 버리는 것은 상대의 기분을 전혀 이해하지 않는 것이라, 이른바 조선식으로, 화근이 두렵다는 경계를 품게 했을 것이다. 그렇지만, 그 시대에 협력해 나가고, 총독정치에 대해 절대적으로 신임하고, 함께 호응하여 정책을 펴 간다면 걱정보다는 빨리 약진하는 발전을 해나가는 것을 상상할 수 있다.

이러한 나의 견해는 일부 사람이 볼 때 말이 지나치다든가, 또는 민족에 대한 오해가 있다는 듯 이해될 수도 있겠으나, 어느 정도까지는 내 말이 사실에 해당한다고 믿는다. 조선 동포도 이 점에 대해서는 찬성해도 좋다고 생각한다. 아무리 매우 훌륭한 사람들이라 할지라도!

내가 과거를 회고하며 정말 유감스럽게 생각하는 것은 어디에도 있는 것이라고 말하면서 서로 없애려 하는 한 가지이다. 정말로 조선 민족을 하루라도 빨리 일등 민족으로 만들기 위해서는 조선 사람들도 또한 그 점에 대하여 스스로 깊은 반성이 필요하다. 그 경우에 때로는 자신에 찬 시대가 있었고, 또 실의에 찬 시대도 있었다 하더라도, 민족으로서 발전해야 하는 점에서 일본과 조선이 서로 손을 잡고 나아갈 필요가 있다.

그리고 이를 과거에 대하여 돌아보면, 데라우치(寺內) 총독 및 사이토(齋藤) 총독 시대에는 정치적으로 여러 가지 약진을 이루고 그 예산도 팽창했지만, 그 시대에는 정책이 전반적으로 골고루 미치고, 문화는 향상하고, 교육은 진보하고, 게다가 치안 유지는 점점 충실해졌다. 또 최근에는 우가키(宇垣) 총독의 정책과 부응해서 시대의 추이가 진보한 까닭이겠으나, 조선이 다른 방면에서 부러워할 만한 사회 상태를 이루어냈고, 자본가들도 사업 경영을 위해 나서서 투자하기를 희망하는 듯한 경향이 익숙해지고 있다.

그러면서도 조선 내에서 일부의 사람들은 본국의 투자를 좋아하지 않는 것 같은 경향이 있다. 혹자는 자원을 빼앗긴다든지 또는 착취한다고 이해하고 있으나, 최근에는 투자의 결과, 각 분야의 혜택에 미치게 되어, 이 경제적 발전이 자연히 민족 전체 번영을 가져오고, 공존공영이라는 것이 사실로 나타나고 있다. 이렇게 자본을 유치해서 사업에 활기를 띠는 것은 민족의 번영을 초래하는 것이다. 게다가 조선 동포 쪽에서 본다면 매우 불만족스럽게 생각되는 점도 많고, 정책상 간절히 희망하는 점도 많을 것이다. 이 희망의 실현에 대해서는 여러 가지 장애가 있다. 그래서 그 장애를 없애고, 가능한 한 빨리 그 희망을 실현할 기회를 얻도록 노력해야 한다. 그래서 조선 동포 자신도 그 점을 고려하고 자력으로 분발한다면 장애는 자연히 없어질 것이다.

조선 민족이 대화(大和, 일본) 민족과 서로 나란히 하고 형제처럼 나아갈 때 이런 여러 가지의 희망이 생긴다. 현재는 늘 순조롭게 진행되고 있고 양 민족이 서로 제휴하여 나가는 것은 기쁘다. 게다가 조선 문제는 이미 매듭지어지는 것같이 해결되는 것도 있을 것이다. 일한병합은 늘 일본과 조선 양 민족의 행복만이 아니라, 동아시아 전체에 대해서 방향을 암시해 주었고, 늘 큰 의의를 가져다준다.

40. | 만주 경영의 기둥이 되어라

히토미 지로(人見次郎) / 조선 무연탄 회사 상무이사[124]

일한병합 이후 25년 몇 개월이 지나, 첫 번째 총독 데라우치(寺內) 백작은 조선 통치의 기초를 놓으시고, 사이토(齋藤), 우가키(宇垣)로 이어지는 뛰어난 총독으로 정책, 경영에서 효과를 거두었다. 그래서 제도 문물은 그 모습이 날로 새로와지고, 게다가 근래 재계 호황의 흐름을 타고 조선에서 전혀 보이지 않았던 번영의 상황을 드러내기까지에 이르니, 조선에 오래된 연고가 있어 깊은 관심을 가지

---

[124] 역주: 원 책의 저자 소개는 다음과 같다.

교토부(京都府) 사람인 히토미 지로하치(人見次郎八) 씨의 차남으로서 메이지 12년(1879년) 12월에 태어나, 다이쇼 12년(1923년) 오이유타카(甥豊) 씨로부터 나와 일가(一家)를 이루었다. 메이지 37년(1904년), 도쿄제국대학 법과대학 영법과(英法科)를 졸업하고, 곧바로 농상무성속(農商務省屬)이 되고, 이후 특허국속(特許局屬), 중의원 서기관, 통감부 특허국 사무관, 조선총독부 서기관, 농상공부 식산국 상공과장, 조선총독부 사무관 겸 동 철도국 이사, 동양척식주식회사 이사, 동아권업회사(東亞勸業會社) 감사역 등을 역임했다. 쇼와 4년(1929년), 대만 총독부 총무장관에 임명되고 쇼와 6년(1931년)에 퇴임하였으나, 새로 조선무연탄회사 창립 상무이사로 업계에서 그 재빠른 솜씨를 빛낼 수 있게 되었다.

는 사람으로서는 매우 기쁜 일이다. 그러나 언젠가 반동이 세차게 몰아닥치는 것을 예상해야 하므로 오늘보다 그것에 대한 충분한 주의를 기울이면서 이 시기에 더욱 비약의 기초를 확립하기를 간절히 바란다.

기왕에 옛이야기를 더 하자면, 내가 처음 조선에 부임하였을 때가 메이지 39년(1906년)으로, 한국 시대부터 다이쇼 8년(1919년)까지 약 11년간이다. 그 기간에는 주로 산업 관계의 하위 관료 사무에 관계한 것에 지나지 않았고, 특별히 이렇다고 할 재미있는 정치담도 없었다. 또한 다소나마 듣고 알려줄 것이 있다고 해도, 이미 많은 선배와 알려진 사람들의 이야기로 메워져 있었다. 단지 오늘날 만주의 새로운 사태를 생각하고, 사소하지만 데라우치(寺內) 백작에 관한 추억을 기억함으로써 책임을 완수하는 것이다.

데라우치(寺內) 백작은 처음으로 조선에 부임한 총독이다. 나는 조선 통치의 바탕과 기초를 두고 밤낮으로 애쓰는 동안, 데라우치(寺內) 백작은 만주의 미래에 많은 관심을 가지고, 나는 대륙 경영은 조선을 근거로 해서 나가야 한다는 포부를 가지고 있었음은 분별 있는 사람이라면 능히 알고 있으리라 생각한다. 데라우치(寺內) 백작은 조선 총독으로 내각 총리에서 대신으로 자리를 옮기자마자 조선과 만주 통일 정책을 실현할 수 있게 되었다.

그러나 뭐라 해도 조선은 우리 나라의 영토이고, 만주는 외국이어서 정치제도상 그것을 실현하려고 해도, 두드러지게 곤란한 사정이 있었다. 따라서 우선 경제 방면보다 만주와 조선이 하나라는 사실을 들면서, 한편으로는 조선은행, 동양척식주식회사를 만주에 진출시키고, 한편으로는 관 소유의 철도를 남만주철도(南滿洲鐵道)회사에 위탁했다. 금융상에서는 조선은행을 조선과 만주의 중추기관으로 쓰고, 산업 분야에서는 동양척식주식회사가 조선·만주 개척을 위한 특종(特種) 회사의 사명을 띠었다. 또 조선과 만주를 하나로 하는 만주 철도를 통괄 경영하고 안동, 신의주를 통하는 화물에는 특혜관세를 만들어, 상호 재화(財貨) 교통을 쉽게 해서 길을 개척하고 조선·만주 통일책의 일단을 실시한 것은 누구나 알고 있는 것이다.

당시 내외 정세는 데라우치(寺內) 백작의 원대한 이상과 포부를 유효하게 운용하고 게다가 충실하게 발전시키기에 좋은 시기가 아니었다. 모두 시끌벅적한 정치의 번잡하고 시끄러운 것이라, 데라우치(寺內) 백작과 같이 정성이 지극하고 강직한 정치가가 오래도록 수상으로 있는 것을 허락하지 않아 사임하게 함과 동시에 후계 정부가 대만(對滿) 정책을 다르게 하고, 언제부터인가 데라우치(寺內) 백작의 의지도 꺾이는 것처럼 보였다.

그 후, 만주의 옛 군벌은 점점 우쭐해서 거만해지고 횡포는 극에 다다르며, 일본에 대한 항거를 마음대로하고 마침내 최근의 만주사변을 불러일으키게 되었다고 보는데, 그 후에 우리 나라와 한몸인 신 만주국의 출현을 보게 되었다. '데라우치(寺內) 백작이 살아 있었다면 형식은 과연 같은지 아닌지는 별개로 하고 오늘과 같은 열매가 조금 빨리 실현되지 않았을까?' 하는 여러 가지 상상도 해보았다. 어느 쪽이건 간에 데라우치 백작은 지하에서 오늘의 만주에 대해 회심의 미소를 지을 것으로 생각한다.

어쨌건 우리 나라는 지금 만주국과는 다른 확실한 동맹의 뜻으로 묶어 두 나라가 한 나라로 이해관계를 공유하는 사이가 있다. 경제적 의미에서뿐만 아니라, 모든 일만(日滿) 단결의 성과를 올려야만 하는 관계에 있으므로 향후 실적을 올리는 데에 조선의 입장은 매우 중요하여, 데라우치(寺內) 백작이 생각했던 것처럼 조선이 만주 경영의 근거지가 되고, 기둥이 되어야만 한다고 믿으며 거듭 조선의 발전에 기대하는 바이다.

41. │ 일본 만주를 대상으로 하는 조선 경제계의 진보

소노다 히로시(園田寬) / 전 조선총독부 평안남도 지사[125]

 총독정치가 반도에 시행된 지 벌써 25년, 시대 흐름이 발전함에 따라 조선의 시대상이 바뀐 것은 처음부터 당연하였다. 그 가운데서 특히 만주 건국의 위업이 달성되었기 때문에, 이때의 환경은 모두 조선에 유리했다. 늘 바라던 분위기 뒤에 은혜받은 좋은 조건의 바다에 노를 저어 가듯 조선은 발전된 길로 눈부신 진보를 계속했다. 인접지인 만주국(滿洲國)과 우리 나라의 힘찬 제휴는 민심의 안정과 치안 확보 위에 좋은 영향을 끼쳤음은 말할 필요도 없는 것이다. 다만 그로 인해 조선의 대중 사이에 국가 대계의 넓고 심오함을 강하게 인상을 주고, 나

---

125 역주: 원 책의 저자 소개는 다음과 같다.
   효고현(兵庫縣) 사람인 덴 테이키치(田艇吉) 씨의 셋째 아들로, 메이지 16년(1883년) 8월에 태어나, 메이지 43년(1910년) 종제(從弟) 소노다 미노루(園田稔) 씨의 집안 가장을 상속한다. 메이지 42년(1909년) 도쿄제국대학 법과대학 독법과(獨法科)를 졸업했다. 대장성(大藏省)에 들어가 전매국(專賣局) 서기가 되고, 문과고등시험에 합격하고, 이후 문부성 참사관, 척식국(拓殖局) 서기관(조사과장, 서무과장), 조선총독부 사무관(외사과장, 이재과장), 동 산림부장 등을 역임했다. 쇼와 4년(1929년) 평안남도지사가 되고, 쇼와 6년(1931년) 퇴임하였으나 여러 해 반도에서 근무한, 조선 사정에 정통한 인사이다.

아가 제국의 신민으로 참된 자각이 나타나게 한 것은 통치상 매우 중대한 의미를 가진 것이고, 놓치면 안 되는 현상이다.

그뿐 아니라, 조선의 경제 분야가 발전된 경지도 또한 두드러졌고, 그것을 획기적이라고 하기에는 과언이나, 적어도 비약적이었다는 것은 의심할 여지가 없으며 널리 안팎의 주목을 이끌었다. 처음부터 호조를 띠고 좋은 기회를 잡아 약진하고 있으나, 어쩌면 25년에 걸쳐서 가꾸고 길러 온 것이 조선 내 잠재력이 마치 용의 높은 지위를 얻은 것같이 표면에 드러난 것으로, 온고지신의 정신은 오늘날 절대 헛되지 않았다고 생각한다.

돌아보면, 병합 당시의 조선은 정말로 피폐함 그 자체여서 인심은 극도로 메마르고, 경제력은 두드러지게 고갈되었으며, 그 활동은 생산적이지도, 소비적이지도 않았고 몹시 미약했다. 그러므로 조선을 보는 눈에 비치는 것은 버려진 논, 황야, 그리고 민둥산과 많은 빈민으로 그 황폐함을 개선하는 것이 무엇보다도 급한 일이었다. 즉, 그것이 어느 정도 효과가 있었던 후가 아니었다면, 그 활동은 바랄 수 없는 일이었다. 이 점이 홋카이도(北海道), 사할린(樺太, 화태)과 같은 새로운 개척지 또는 대만(臺灣)과 같은 천혜(天惠)가 풍부한 지방의 척식(拓植)과는 방향이 크게 구별되는 것이었고, 몇몇 사람으로 급속하게 일의 공을 거두는 것은 기대하기 어려운 일이었다.

게다가 산업개발의 전제 조건을 이루는 통신, 운송, 항만 시설은 전혀 갖추어지지 않았고 인심이 동요하면 투자를 망설이며, 원활하지 않은 금융과 높은 금리는 자본가의 기업가 정신을 좌절시켰다. 그뿐만 아니라 일한병합 후 10년간은 관세를 그대로 두어야 하는 의무를 지고 그 통일이 이루어진 후에도, 여러 가지 이유로 상당히 광범위한 이입세[126]의 할인이 이를 대체하여 실행되었다. 이렇게 경제적 법제(法制)도 일반 법제와 같고 상당히 긴 세월을 들여 겨우 오늘날 정비된 것이다. 이렇게 정해진 법령은 본국과 공통점이 없는 것이 많았기 때문에, 공통법의 제정을 보기까지는 동일 성질의 법령에 대해서도 공법적 및 사법적인 법률상의 효과는 일본과 조선 두 지역 간에 서로 확인되지 않았고, 어떤 점에서는 국제사회의 것보다도 불편하였다.

그 외에도 회사령(社會令)[127]과 같은 옹색한 제도도 있어서, 본국 자본의 자유 진출을 방해하는 경향이 있고, 결국 본국 경제계의 공통화, 단일화조차도 쉽게 실현이 진행되지 않았다. 관념상 어쨌든 실제 문제로서는 정치적, 경제적으로도 본국과 조선을 바로 동일 수준으로 하는 것은 불가능했지만, 속히 이를 공통화하려는 동향과 그 특이성을 유지하려 노력한 운동이라든가, 여러 경우에서 다소나마 대립하고, 때로는 말썽을 불러일으켰다.

게다가 경제적 발전의 필연성에서 보면, 결국 일본과 조선 공통의 여지가 없는 것은 무엇이든 승인하면서도, 미숙하고 미력한 조선 경제계를 우월한 본국의 경제력과 연결하려는 것은, 본국 경제의 중압에 견딜 수 없다는 염려로 공통 단일화를 방해하는 듯한 정책, 바꿔 말하면 조선 경제의 특이성을 지지하는 제도가 비교적 그 후까지 지속되었다. 그 이해득실은 관점이 어떠하냐에 따라 나뉘

---

126 역주: 일본과 조선(外地) 사이의 물자 이동에 관한 세금.

127 역주: 1910년 12월 조선총독부가 공표한 회사 설립에 관한 제령(制令). '회사의 설립을 조선총독의 허가를 받아야 한다(제1조)'로 시작하는 회사령은 회사의 설립과 지점에 허가주의를 채택하였으며 '허가 조건을 위반할 시에 조선총독이 사업의 정지·금지 또는 회사의 해산을 명할 수 있을 것'(제5조)으로 제정되어 있는데, 이는 일본 본토의 '상법'의 회사편(회사의 자유설립주의를 규정)과 내용을 전혀 달리하고 있어서 필자는 "옹색하다"라고 한 것이다. 조선인들이 회사 설립에 많은 간섭과 방해를 받았고, 많은 일본의 재벌 회사들은 한반도 내에 지점을 설치하고 강력한 경제활동을 전개하였다.(출처 : '한국민족문화 대백과사전' 참조).

겠으나, 이러한 과정을 거쳐 조선에 있는 제도와 정책도 차차 정비되고, 교육의 보급에 따라 사람들의 지혜도 점점 나아지고 민중의 생활은 안정되어, 그 경제적 활동도 점점 볼만하게 되었다.

현재 조선에서는 산을 보아도, 밭을 보아도, 농촌 마을을 보아도, 개선된 흔적은 정말로 뚜렷했다. 정책 시행 초기에는 손을 쓸 수 없었던 황폐한 조선의 옛 모습은 오늘날 어디에서도 찾아볼 수 없다. 자연도 사람도 활기찬 장래성에 충만하다. 이런 것들을 요약해 보면 25년 동안의 고심에 대한 선물이며, 그동안 잠재적이지만 실력을 함양하고 활동의 기반을 가꾸어 왔다는 것은 말할 나위 없다. 이렇게 준비적인, 어쩌면 지하 공사와 같은 공작(工作)에 노력한 사람들의 공적은 잊을 수 없는 것이다.

만주국 건설에 따라, 일본과 만주 양국의 경제 블록을 한층 큰소리로 외치기에 이르렀다. 그러나 그것은 일부 사람들이 가상으로 정한 것이고, 고도의 블록은 실현의 가능성이 작았지만, 양국의 경제적인 제휴가 점차 긴밀함을 더해 온 것은 이미 많은 사례가 있다. 조선도 이 상황을 이용하여 조선과 만주의 경제적 연계를 긴밀하게 하고 거기에 힘을 기울이는 것은 시기적절한 조치이며, 반드시 성공으로 이끌고 싶었다.

이 문제는 예전부터의 해결이 안 된 안건으로 일본과 러시아 화해가 이루어진 후, 정치가들의 두뇌에서 떠오른 것이었는데, 강력하게 그것을 실현에 옮긴 것은 데라우치(寺內) 백작이 수상의 직을 맡았을 즈음이었다고 생각한다. 데라우치 백작의 포부였던 조선 통일은 정치적으로는 실현이 어려워 결국은 주로 경제적인 분야로 착수하였다. 그 주된 것은 첫째로 조선 철도의 경영을 만주 철도에 위탁한 것이었다.

당시 일부에서는 정부 출자로 조선 철도를 만주 철도에 양도하려 한다는 유력한 설도 있었고, 게다가 만주 철도는 그것을 희망한 흔적도 있었지만, 결국 경영 위탁에 그치고 말았다. 정부로서는 적어도 조선 철도를 만주 철도의 간선(幹線)이 아닌, 다롄(大連) 일원주의에 조선을 더해 이원주의로 하려 하였지만, 단지 경영 위탁만으로는 당사자인 만주 철도 자신이 그러한 '초회사적인 국가 본위'라는 기분으로 있을 수 없었던 것으로 보였다.

둘째로는, 조선은행이 만주의 금권발행업무(金券發行業務)를 병행하게 하였다. 이전의 그러한 요코하마 정금은행(正金銀行)[128]의 특권을, 조선은행에 이양하고 만주 국내에 지점을 증설했다. 계속해서 금권(金券, 중앙은행이 금 지급과의 교환을 보증한 지폐)을 발행하고, 영업에 모범을 보이며 거래소를 비롯한 금본위제 실행을 제창하고 만주국 경제계에 큰 파문을 일으켰다.

셋째로는, 동양척식회사가 만주 이외의 중국 북쪽으로 진출하고, 그로 인한 거액의 사업 자금으로 이권 획득과 개발에 맹진하였다.

넷째로는, 이른바 니시하라 차관[129]의 실현으로 주로 만주에서 광산, 철도, 삼림 등을 확보해서 거액의 자금을 중국에 융통했지만, 그 씀씀이에 대해서는 당시의 우리도 그 대담한 행동에 놀랄 정도였다.

그 외 조선인의 만주 이민을 적극적으로 보호하고 유도하기 위하여, 동아근업공사(東亞勤業公司)를 세우고, 간도(間島)에는 천도철도(天圖鐵道) 부설을 촉진하며, 또 영사(領事) 특별 임용제를 만들어 만철(滿鐵)과 총독부까지도 영사를 낼 수 있

---

128 역주: 일본의 특수은행이었다. 메이지 13년(1880년)에 개설된 국립은행 조례 준거 은행으로, 외환 시스템이 확립되지 않았던 당시 일본의 불이익을 경감하도록 현금으로 무역 결제를 하는 것이 주된 업무였다.

129 역주: 니시하라(西原借款) 차관은 1917~1918년에 단초서정권(段祺瑞政権)에 비정규로 대출한 차관이며, 데라우치 수상의 사설비서인 니시하라 가메쿠라(西原亀蔵)가 협상하여 이 이름이 되었다. 영국·프랑스·러시아의 열강은, 거액의 자금 원조를 몰래 한 일본에 불신감을 안았으며, 차관은 상환되지 않았다.

는 등 여러 가지 방책을 만들어 조선·만주 공존의 통일화에 힘을 다하였다. 이들은 경험은 많았지만, 시대의 운이 없었기 때문인지 미리 기대한 효과를 올리기 어려웠고, 그 후 몇 년도 되지 않아 경제계의 대 반동이 세차게 밀어닥치고 중국 측의 집요한 배일책(排日策)에 시달리며, 선은(鮮銀)과 동척(東拓)은 크게 타격을 입게 되었다. 한편으로 선철(鮮鐵) 위탁 경영도 모든 자리와 구역을 빼앗겨, 수년 후에 다시 옛날 모습으로 회복하였으나 국경 지방은 불령단(不逞團)과 비적의 침입으로 국제 항쟁에 신경을 더욱 애쓰는 모습이었다.

원래 조선과 만주 사이에는 무수한 교류가 있었으나 성공을 보게 된 것은 미츠야협정(三矢協定)정도였다. 경제적으로는 삼선(三線)[130]연결 특정 운임 제도도 어떤 나라의 항의로 굴복하였고, 육지 쪽 국경의 관세 단계별 줄이기 제도도 중국 측이 폐기하여, 조선 이민에 대한 압박은 점점 심해졌다. 그러다가 마침내 만보산(萬寶山) 사건이 야기되고, 만주사변의 발단이 되었다.

데라우치(寺內) 내각 당시 조선-만주 경제의 통일 정책은, 외관상으로는 조선 측의 만주 진출이 농후하게 묘사되어 있었다. 그러나 실질적으로 그것은 대만(對滿) 정책에서 산출된 것으로 그 관계에서 조선의 처지는 결국 얻을 것이 적은 것으로 끝났다. 그렇지만 여기에 씨를 뿌린 종자는 사라져 없어지지 않고 만주에서 시국의 빛을 받아 소생하고 발아한 것은 정말 기쁜 일이다.

돌아보면, 조선·만주 관계라고 말하지 않고, 또는 일본·조선 관계인 것을 묻지 않고 지난 25년 동안 각별하게 중요한 일들을 하지 않았던 조선이었다. 시대

---

130 **역주:** 여기서의 '삼선연락운임(三線連絡運賃)' 제도는 일본 내의 철도원선-조선철도선(경부·경의철도)-만철선(안봉선)을 통과하는 주요 화물의 운임을 일정 비율로 할인한다는 제도를 말한다. 이 제도의 성립 배경에는 일본~만주의 운수·교통로로서 황해~남만 3항(大連·旅順·營口)~만철본선의 해로보다 경부·경의선~안봉선의 육로를 중시하려는 일본정부와 조선총독부의 강력한 정책적 의지가 깔려 있다.

추이와는 관계없이, 지금 우리는 조선이 분명하면서도 중대한 역할을 해야 하는 시기를 만나게 되었다. 즉, 이 역할을 하기에 부족함이 없는 힘은 안에서 이미 충만해 있었다. 애초부터 경제적으로 뒤떨어져 있었던 지방은, 일단 힘을 키워 앞서간 다른 지방을 따라간다면 그 발전은 아주 빠르게 동일 수준에 가깝게 갈 것이다. 우리 나라에서 경제계의 개항 이래의 발자취, 특히 최근의 활약은 여러 나라를 놀라게 하는 공포의 원인이 되는 것도, 어찌 보면 뒤따라오는 자의 약진이요, 경제적으로 젊은 기운이며, 노쇠한 대국에서 보이는 인습과 적폐, 속박과 관계없이 발랄하게, 자유로이 비상하여 얻었기 때문이다.

조선 경제계는 본국에 대한 관계에서 위와 같은 경향이 존재할 수 있었다. 본국의 경제계는 종전의 자유경제 시대, 자본주의 전성시대에 그 기초를 세우고 그 발전과 팽창을 동등하게 이루고 있으나, 최근 국제적인 수준만큼 국내적인 경제 상황에서는 통제하기 어려운 고민이 두드러지게 나타나는 경우가 많다. 물론 영국과 미국 등에 비하면 쉬운 일이나, 상당히 복잡성을 가진 상업의 통제, 노사 조정, 농촌을 위험에서 지키는 것, 중소 공업 대책 등 지금의 중대한 문제는 무엇이든 도마에 올려놓고 한칼에 양단하는 식의 해결이 허락되지 않고, 움직이려 해도 일이 잘 진척되지 않는 경향인 것은, 사정의 복잡성을 여실히 나타내고 있다.

그런데도 조선에서는 이와 같은 사항도, 쉽게 처리되고 지극히 순조롭게 또는 비교적 간단하게 해결된다. 물론 그 후에도 이렇게 진행될 수 있는 것은 인정되었다. 예를 들면, 전력 통제와 같이 본국에서는 매우 어려운 일이 조선에서는 총독부의 의향대로 진행되고 있다. 게다가 쌀 통제나 누에고치의 생산, 실 만듦 처리와 같이 본국에서는 하기 어려운 일이 조선에서는 그리 어렵지 않았다. 농촌의 잘못을 바로잡는 문제는 본국에서는 중소 상공업과 대립 항쟁을 야기하고, 성가시고 매우 변하기 쉬우나, 조선 농촌의 문제는 농업 경제가 본국이 수준에 도달하기까지 발전의 여유가 있고, 그다지 절박하다고는 생각하지 않는다.

이상은 단지 12개를 제시한 것에 지나지 않지만 모든 일은 이 상태였다. 각별히 통제경제적인 시대에 들어가 보면, 조선에 대한 그때까지의 방법은 상당히 통제가 가미되어 있고 또 현재 경제 상태로는 새로운 통제를 가한다고 해도 그렇게 어려운 일이라고 판단되지 않는다.

게다가 만주국(滿洲國) 통제 경제의 그 내용이 점점 변화해 가는 것은, 원래 상당히 이상적이었고 국방 이외의 사정에서 어느 정도까지는 계획적이었다. 따라서 논의의 여지는 많았지만 어쩔 수 없이 실행함에 조선은 그러한 이론적 통제가 아닌 본국에서 시대의 변천에 따라 본국의 여건에 맞는 것만 통제를 실행해서, 자유방임에 대한 적당한 지도 감독 정도를 농후하게 한 것을 봐도 큰 차이는 없는 것 같다. 앞에서 얘기한 전력, 쌀, 누에고치의 생산, 실 만듦 이 외에 금융조합, 거래소, 보험, 신탁, 창고, 석탄 광업, 또는 석유업 등에 대해 행해지는 제도는 어느 정도 통제를 가미한 계통적 감독제도라고 할 만한 것으로, 일반적으로 오늘 시대에 비추어 볼 때 그 적정을 얻었다고 생각한다.

이리하여 조선은 지금 시대에 적응한 제도와 방침을 말할 수 있는 요충지에 자리하여 쌍방(일본과 만주)을 향해 그 발전력을 확대하기 쉬운 절호의 상태에 놓여 있다. 통치가 시작될 당시는 말할 필요도 없었다. 내가 부임했을 당시, 바꿔 말하면 다이쇼 11년(1922년)경에 조선 경제계는 초창기를 벗어나지 못하여, 치산치수, 물의 이용, 교통 정책은 아직 크게 진보하지 않았다. 가뭄에 시달려서 농사를 개량할 마음도 생기지 않고, 임금은 낮으나, 기술을 습득할 능력은 떨어지고, 원료가 있으나 그것을 반출할 교통편도 없었다. 생산해도 판로가 좁고, 공장을 지으려 해도 동력이 비싸고, 바퀴를 이용하는 것은 항구에 짐을 부리는 것이 불편하고, 서로 셈을 조작하고 기업 정신은 금리 때문에 억제되고, 이리하여 무수한 의의가 있는 산업 계획도 반드시 두세 가지의 불리한 조건으로 저지되고 쉬운 실현을 보기에 모자랐다. 총독부 보호 정책으로 온상에서 자란 약간의 사업도 보호 차원의 혜택으로 생존할 정도로, 달리 나란히 겨룰 만한 것이 없는 경제계에서 더 나아갈 수 없었다.

이에 관해서는 일일이 그것을 예시할 것 없이 일반적으로 그렇다고 말해도 과언이 아니다. 오늘, 여기서 기왕 회고해 본다면 매우 감개무량하다. 더군다나 정책 당시보다, 사실 조선의 창업 시대에 고군분투한 사람들에게는 현재 문화의 향상과 산업개발 과도기의 조선에 대해서는 격세지감을 느낄 수밖에 없을 것이다. 그렇다면 더욱 4반세기(25년) 후의 오늘의 조선에 사는 사람들이 어떠한 감개에 빠져 있을지 조선의 앞날을 촉망하고 축복하는 우리에게는 흥미로운 기대이다.

경제적 발전을 원한다

사쿠라이 고이치(櫻井小一) / 금강산전기철도 중역[131]

　나는 1907년 한국 정부의 고문인 메가타 남작을 따라 한국에 부임하였다. 당시 한국은 상태는 매우 혼란해서 궁중(宮中)과 부중(府中)의 다름은 없고, 또는 관리로서 직무를 집행하는 것에도 직무 분장 규정이라든가, 또는 분과 규정 등의 정함도 없이 거의 모든 사무를 손에 잡히는 대로 처리하는 상태였다.

　메가타 고문 시절에 궁중과 부중의 차이를 확연하게 하고, 각종 정책에 따라 현재 조선의 재무 계통에 관한 기초를 확립한 것은 그의 두드러진 공적이었다.

---

131 역주: 원 책의 저자 소개는 다음과 같다.
　사쿠라이 고헤이다(櫻井小平太) 씨의 장남으로, 메이지 14년(1881년) 12월 1일에 태어났다. 메이지 39년(1906년) 도쿄제국대학 법과대학을 졸업하고, 문관고등시험에 합격하여, 메이지 40년(1907년) 1월 대장성(大藏省) 전매국(專賣局)에 들어갔다. 같은 해 4월에 통감부 재정감사관으로서 한국으로 와서, 도지부(度支部) 이재관리(理財管理) 과장이 되고, 뒤이어 통감부 사무관, 관세국(關稅局) 서기관, 원산(元山) 재무감독국장(財務監督局長) 등을 역임했다. 메이지 43년(1910년) 10월 조선총독부 사무관으로 옮기고, 경기도 재무부장이 되고, 다이쇼 4년(1915년) 3월 인천 세관장(稅關長)이 되었으나, 그 후 공직에서 물러나 식산은행(殖産銀行) 이사가 되었다. 우리 조선 재계를 위해 애쓴 공로가 적지 않다.

곧 한국에서 화폐 정리를 단행하고 또 농행은행을 설립하였다. 또한 금융조합을 받아들이고 어음 조합을 만들어 고액 금융의 원활을 꾀하는 등, 각 분야에 대한 메가타 남작의 피땀 어린 노력에 대해서는 이미 선배들이 충분히 언급하였다고 생각한다. 그러므로 나는 여기서 그의 공적을 다시 언급하고 싶지는 않다.

나는 한국에 부임한 후 은행감리사무를 담당하였는데 당시 은행이라 부를 정도의 것은 대부분 작았고, 오직 경성에 근소하게 한성은행, 천일은행, 농행은행 등이 있을 뿐이었으며, 지방에는 농공은행 고작 몇 개가 있었으며 금융기관은 거의 없었다. 당시 일어난 일로서 아직 기억에 남아 있는 것은 수원에 있던 한성은행을 조사하기 위해 내가 출장을 갔을 때 폭도가 그 은행에 침입했다는 소식을 접하고 매우 놀란 일이다. 당시의 지방금융으로는 메가타 남작이 만든 금융조합을 조선 전국에서 세 곳에 설치하여 이를 통해 금융 상태를 원활하게 유지하려고 하였다. 그리고 동양협회 전문학교[132]의 졸업생들을 금융조합의 이사로 채용해 조선 전국에 배치하였다. 이들이 조합의 발전을 위해 많은 노력을 기울였다. 지금 이 조합의 수는 조선 전국에 6백 곳에 이를 정도로 놀랄 만한 발전을 이룩하였다.

금융조합 창설 당시 농촌에 대한 금융 상품으로는 장날과 다음 장날을 기한으로 하는 높은 이자율의 대부가 이루어져, 농민들은 몇 할이나 되는 이자를 착취당하는 상황인지라, 이에 대한 구제의 방법으로서 금융조합은 매우 효과적인 역할을 하였다. 그러나 조합원 모집은 매우 곤란하였다. 즉, 종래 가렴주구의

---

132 역주: 1907년 설립된 사립 동양협회 전문학교 경성분교가 1915년 동양협회 식민전문학교 경성분교로 개칭하였고, 1918년 동양협회 경성전문학교로 독립하였다. 1920년 조선총독부, 조선은행, 남만주철도 3자가 출자한 재단법인 소속의 사립 경성고등상업학교를 거쳐 1922년 조선총독부에 인수되어 관립 경성고등상업학교가 되었다. 1944년 경성경제전문학교가 되었으며, 해방 이후 1946년 서울대학교에 흡수되었다.

고통을 계속해서 받아온 조선의 민중은 일단 출자하면 다시 그 돈이 자기 것으로 되는 것이 아니라, 반드시 몰수될 것으로 우려하여, 쉽게 출자에 응하지 않았다.

이런 것들의 실례로 함경도 농공은행 창설 당시에 주식을 모집하였는데, 조선 사람들은 일단 출자하여도 이는 결코 자기 돈이 되지 않고, 일방적으로 뺏기기만 한다고 의심하여, 한 사람도 응모하지 않아, 하는 수 없이 각 면의 면장이 1인당 20~30전씩 모으고 많은 사람이 공동 출자함에 따라, 대표자 명의로 주식의 매입을 완료시켰다.

그 후 그 특수 주식에 대한 배당금을 지급해야 할 때, "나도 냈다", "나도 냈다"라고 하는 출자자들이 많이 나와 해결하는 데 매우 곤란을 겪었다. 만사가 이러한 상태였고, 모든 면에서 처리하는 데 많은 장애와 불편이 있었다. 이를 오늘날과 비교하면 너무나 큰 차이라 할지, 근소한 차이라 할지, 전혀 비교할 수 없는 모습이었다.

이러한 미개한 상태를 거쳐 역대 총독부 당국자들의 피나는 노력이 계속되어 교육의 대규모 보급을 통한 생활 수준(民度)의 향상을 꾀했으며, 사회 전반에 걸친 정책을 충실히 하여 산업의 발전에 힘을 쏟은 결과, 여러 분야에서 눈에 띄는 놀라운 진보와 발전을 이루게 됨은 완전히 경이로운 일이다. 아마도 한국 시대를 아는 사람들이 오늘날의 발전과 번영한 상황을 본다면 분명 감개무량하리라 생각한다.

메이지 43년(1910년) 일한병합 직후에 나는 경기도 재무부장이 되었다. 내무부에서는 산업의 장려와 민중의 힘을 함양시키는 데 노력하는 한편, 재무부에서는 징세 사무를 담당했는데 이는 매우 어려운 일이었다. 즉 예전의 조선시대에는 군수나 관찰사가 주색에 필요한 비용을 충당하는 것에 빠져 자기 배를 채우기 위하여 백성의 고혈을 빨아 도탄에 빠트린 선례가 있었기 때문에 비록 세금을 정당하게 부과해도 군아(郡衙)에서 이를 정상적으로 집행하기는 어려웠다. 게다가 민중에게 그다지 부담이 되는 세액도 아니었으나, 예산대로 거둬들이는 것은 매우 어려운 상황이었다.

그리고 다이쇼 4년(1915년) 경기도 재무부장에서 인천세관장으로 옮겼는데, 때마침 인천항의 건축 공사가 한창일 때였다. 축항(築港) 양식은 본국의 오오무타(大牟田三池港, 오오무타 미이케항은 1908년에 개항되었다. 후쿠오카현에 있으며, 파나마운하처럼 갑문식 독이 있다. 세계유산으로 등록됨)와 비슷한 모습이었으나 오오무타가 단문식이라면 인천은 복문식이었다. 갑문 안팎의 간만의 차는 22~23척으로 오오무타의 약 3배에 달하였다. 기술자들이 이상적으로 만든 로크(lock, 갑거[閘渠])식의 설계 또한, 선박 업자들에게는 입구가 좁아, 선박 출입이 불편하다는 비난을 받았다. 이런 반대를 무마하기 위해 입구를 넓혀 선박이 출입하기 쉽도록 여러 노력을 하였다. 또 "조선에서 유명한 인천항. 로크식 설계로 만들어졌다. 잔교(棧橋)의 등불은 쓸모없다. 만철의 광궤도 철도에 짐을 올려 옮겨 실으면 된다."라는 승선가를 만들어 유행시키기도 하였다. 현재 인천항에는 수많은 배가 끊임없이 출입하고 있는데 당시의 어려움을 생각하면 큰 변화이다.

하세가와 총독 시대였던 다이쇼 7년(1918년)에 종래 조선에 6개의 은행으로 분립된 상태에 있던 농공은행을 하나로 통합하였다. 자금이 적어 지방사업의 개발에 충분한 기능을 발휘하기 어려웠기 때문이다. 따라서 하나로 통합해 자본금을 증액하고 산업자금을 적극적으로 대출해 조선식산은행을 설립하기에 이르렀다.

그때 나는 식산은행에 이사(理事)로서 입사하였다. 현재 행장으로 일하는 아리가 미츠토요(有賀光豊) 씨도 당시 총독부 관세과장에서 나와 같은 이사의 자리로 옮긴 사람이다. 그 밖에 조선은행 쪽에서 미시마 타로(三島太郎), 나카무라 미츠요시(中村光吉) 두 사람이 이사로 취임했고 미시마 씨가 행장이 되었다. 나는 다이쇼 7년(1918년)부터 15년(1926년)까지 2기에 걸쳐 이사로 근무하였다. 은행 등 금융기관이 지극히 빈약했던 조선에 현재는 척식은행만 해도 본점과 지점을 합해 500여 개소가 설치되었고 금융조합은 600개소에 이른다. 놀랄 만한 발전이다. 또 이 외에도 조선 내에 본점이 있는 은행 역시 많아, 조선이 경제적으로 얼마나 발전했는지 충분히 살필 수 있다.

이들 금융기관을 민중이 이용하고, 경제적으로 힘이 될 수 없었던 부동산도 금융으로 이용하는 길이 열려 부동산을 자금화할 수 있는 것도 조선의 발전을 설명해 준다. 자금이 윤택해지자 각종 상공업 역시 활발해지는 현상은 매우 기쁜 일이다. 특히 만주국이 출현한 이래 조선 내의 민심도 안정되고 있다. 당연한 현상이기는 하나 민중이 자각하기 시작하였다는 증거이다. 민심의 안정 외에 각종 산업의 발달과 함께 호경기라는 시대적 흐름을 타고 금융 상태도 안정되었고 민중의 경제 사정도 좋아졌다. 내가 보는 견지에서 이렇게 좋은 환경에 있는 나라는 아마도 조선이 세계 제일이 아닌가 확신한다.

나는 현재 모리나가 제과회사(森永製菓會社)에서 일하고 있다. 우리 회사 제품이 조선으로 많이 팔려 나가고 있다는 점을 생각해 보아도 조선의 민중이 얼마나 경제적 여력이 있는가를 알 수 있다. 특히 작년에 내가 금강산을 탐사할 때 산간벽지에도 캐러멜이 판매되고 있는 상황을 목격하고 몹시 놀란 적이 있다. 민중의 구매력이 왕성하다는 사실은 경제적 여력이 있다는 실증이다. 돌아보면 일한병합 직전의 한국 정부 예산은 1,400만 원이었으나, 현재는 그 20배에 달하는 3억이나 된다. 매년 예산이 얼마나 빠른 속도록 팽창했는지 짐작할 수 있고 각 방면의 시설에 거액의 경비가 투자되었음을 알 수 있다. 조선의 개발을 위해 역대 위정자가 힘을 기울인 결과가 여실히 증명되는 것이다.

이처럼 역대 총독 이하 여러 사람이 조선 개발을 위해 노력해 오늘날의 발전을 이룩하였는데, 현재의 우가키 총독은 특히 사업개발에 전념하고 있다. 각종 시설의 경영에 힘을 기울이고 있는 사실은 조선 민중의 행복을 증진하기 위해 참으로 바람직하여 감격할 따름이다. 문제를 정확히 파악해 조선의 산업 발전을 추구해 조선의 경제적 발전을 더욱 진전시키길 희망한다.

이런 의미에서 나는 조선의 실업교육이 얼마나 시급한 일인지 통감하고 있다. 물론 지혜를 개발하고 생활 수준을 올리는 측면에서도 교육의 보급은 중요하나 아무런 판단 없이, 공리공론으로 끝나는 교육은 이제 불필요하다. 현실에 맞는 실업교육을 조선의 청년에게 폭넓게 시행하는 일은 조선과 조선의 동포를 더욱 향상시키고 발전되도록 하는 방법이 될 것이다.

43. | 본국의 자본을 활용하라

다카기 리쿠로(高木陸郎) / 츄니치 실업주식회사 부사장[133]

일한병합 후 25년이란 세월이 흘렀다. 반도의 민둥산이 푸르게 되었다는 것, 그것만으로도 보아도 단적으로 우리의 조선 통치 실적에 대한 상징이라 말할 수 있다. 조선왕조 5백 년 동안의 폭정이 필연적으로 불러온 일한병합은 부패하고 혼탁했던 양반 정치로 인하여 괴로움을 당하고, 수탈을 당하여 거의 생기가 없

---

133 역주: 원 책의 저자 소개는 다음과 같다.
니가타현(新潟縣) 사족(士族) 다카기 유구(惟矩) 씨의 사남(四男)으로, 메이지 13년(1880년) 10월에 태어나, 다이쇼 3년(1914년) 영형(令兄) 마키 히코(眞木彦) 씨로부터 나와 일가(一家)를 세운다. 이에 앞서 도쿄상공중학교(東京商工中學校)를 졸업하고, 미츠이물산회사(三井物産會社)에 들어간다. 메이지 32년(1899년) 동 회사 제1기 청수학생(淸國修學生)에 선발되어 도청(渡淸)하고, 북청사변(北淸事變)이 나자 육군 통역관으로 종사한다. 사변이 끝나 다시 미츠이물산회사로 돌아가서, 상해 및 한구(漢口)에 재근(在勤)한다. 메이지 43년(1910년) 한양철창대치철산평향탄광(漢陽鐵廠大治鐵山萍鄕炭鑛) 삼사(三社)의 합병이 이루어져 한치평매철창광유한공사(漢治萍煤鐵廠鑛有限公司)가 되자, 일본 상무대표로 오르게 되어 미츠이(三井)를 그만둔다. 다이쇼(大正) 2년 동공사(同公司) 일본 대리점으로서 동아통상회사(東亞通商會社)가 설립되자 사장이 되고, 다이쇼 11년(1922년) 이후 선발되어 일지합판중일(日支合辦中日實業會社) 일본측 대표인 부총재에 취임하는 한편, 여러 회사의 중역으로서 오늘날 실업계의 유력자이다.

었던 조선의 민중을 포학한 손에서 해방하고, 단번에 일본 국민으로 만듦으로써 문화의 혜택을 누릴 수 있게 된 것은 광대무변한 성덕의 선물이다.

원래 우리 나라와 조선은 상고시대에 스사노오(素戔嗚)가 조선 반도의 철을 구하러 배(浮寶, 우키다카라)를 타고 오고 갈 때(日本書紀神代上, 第8段 1書)인 고대에 이미 한 집안 관계였다. 즉, 일한병합은 신대(神代)의 복고이며 이렇게 역사적인 자연스러운 발전을 다시 오게끔 하기까지(=고대의 관계를 회복하기 위해) 메이지 시대 이래로 많은 어려운 문제에 봉착하여, 조선 동포의 복지와 동양 평화를 위해 20억이라는 거액과 10만의 생명을 희생해 국운을 걸고 조선을 병합하기에 이른 것이다.

곧 메이지 37년(1904년) 2월에 일한 양국 간에 한국의 독립 및 영토의 보존을 보증하고 정치의 개선에 관해 우리 나라의 충고를 받아들일 것, 또 제3국 침략이나 내란이 일어난 경우의 조치 등에 관한 중요 협정(한일의정서)이 맺어졌다. 같은 해 8월(제1차 한일협약)에는 재정과 외교 고문을 초빙하는 문제와 조약 체결에 관한 협정이 마무리된 결과, 고문정치가 시작되어 우리 나라는 한국을 지도하고 개발하는 데에 힘을 기울이게 되었다.

한편 일러 강화조약에서 러시아는 한국에서 우리 나라가 정치·군사·경제적 우월권을 갖는 것을 인정하였다. 영국도 일영동맹의 약관에 따라 같은 내용을 승인하였다. 따라서 우리 나라는 조선을 철저하게 보호·지도하기 위해 메이지 38년(1905년) 11월에 한국통감부를 설치하였다. 이토 공작이 통감으로 1906년 2월에 부임하였다.

순조롭게 시정개혁을 펼쳐가고 있을 때 헤이그밀사사건이 일어났다. 민심이 흔들리고 있다고 간파한 이토 공작은 일한 신협약을 체결하였다. 일본인 관리가 간접적으로만 지도하고 있던 내용을 적극적으로 전면에 나서서 직접 지도한다는 것이 이 협약의 주된 의도였다. 정치기구 전반에 걸쳐 대개혁이 단행되었다.

보호정치가 점차 실적을 거두고 있을 때인, 메이지 42년(1909년) 10월 26일 하얼빈역 앞에서 이토 공작이 흉탄을 맞고 절명하였다. 12월 22일에는 한국의 수상인 이완용 씨 역시 자객의 습격을 받았다. 정세가 점점 험악해져 안전을 보장하기 위해서는 일한병합 이 외에는 방법이 없었다. 당시 지식인 단체였던 일진회는 적극적으로 일한병합을 제창하기에 이르렀다. 이 단체는 한국의 여론을 주도하고 청원서를 제출하여 목적의 달성에 최선의 노력을 기울였다.

이와 같은 과정을 거쳐 제반 행정기관의 혁신, 교육의 보급, 산업의 발달, 위생 상태의 개선, 도로 교통의 정비, 그 밖의 시설을 개선하는 일에 역대 총독은 온갖 노력을 하였다. 천황 폐하의 높은 뜻을 받들어 조선 동포의 복지증진과 행복을 보장하려고 힘을 기울이고 있다. 나는 이미 40년 가까이 중국 문제를 다루어 왔기에 매년 몇 번은 일본과 중국 사이를 왕래하고 있다. 항상 다롄(대련) 방면의 관련 회사의 용무로 바빠 조선에 관하여는 충분한 시찰이나 연구를 못 했던 것을 유감스럽게 생각해 왔다. 그러나 만주사변의 결과로 출현한 만주국이 일본과 만주의 제휴에 근거해 놀라운 발전을 이룩하고 있는 오늘날 일본과 만주의 관계는 일본과 중국과의 관계에 영향을 미치고 있다. 또 일본과 조선의 관계는 일본과 만주의 관계에 영향을 미친다. 일본과 만주, 중국이 긴장 상태에 있는 것은 중대한 문제이다.

이러한 의미에서 이들 각국이 제휴하여 동아시아의 평화를 유지하고 자원개발, 산업발전을 추구하는 일은 매우 중요한 당면 과제의 하나이다. 조선총독부는 1936년 이후 15년 계획을 세워 조선인 이민 16만 호, 80만 명을 만주로 이주시켜 만주의 개발에 투입하고 있다. 자본금 3천만 원의 선만 척식 주식회사를 설립하기 위해 다음해 예산에 반영하고 실현하려는 점은 매우 기쁜 일이다. 나는 10여 년 전에 조선을 통과할 때 대홍수를 만나 기차가 불통이 되어 하는 수 없이 진남포에서 인천까지 배로 이동하였다. 그런데, 당시 인력거를 끄는 사람이 조선인이 아니라 중국인이어서 매우 놀랐다. 나는 조선인 노동자의 일이 중국인 노동력으로 잠식되고 있는 것은 아닌가 걱정되었다. 재작년에 역시 중국으로 가는 도중에 시모노세키 정거장에 연락선에서 흰옷을 입은 큰 무리가 도쿄행 열차에 오르는 모습을 보고 무슨 일인가 하여 눈을 크게 뜬 적이 있었다. 그러나, 이렇게 흰옷의 무리가 몰려들고 있는 것은 이때만은 아니고, 조선인 노동자들이 끊임없이 본국으로 몰려들고 있다는 사실을 내게 알려준 사람이 조선인이어서 나는 또다시 놀랐다.

본국에서도 실업은 심각한 사회문제였다. 대책에 골머리를 앓고 있는 현실에서 조선인의 본국 침입은 함께 망할(共倒) 우려가 있는 만큼 크게 생각해야 할 사실이기는 하나, 한편 10년 전과 비교해 보면 조선인의 발전상을 여실하게 보여준다. 이런 사태에 직면하여 그들의 활동무대를 만주라는 새 땅에서 구하도록 하는 대책은 그들을 위해서뿐만 아니라 만주의 개발을 위해서도 매우 기쁜 일이다.

만주국은 건국 이래로 우리 나라가 돕고, 철저히 지도하여 명실공히 완전한 독립국으로 육성되는 중이다. 그러나 만주에는 노동력이 부족하여 자력으로 발전을 도모하기는 불가능하다. 중국인 노동자의 이민을 1년에 44만 명으로 제한하는 정책을 펴고 있는 듯하나 만주국의 발전을 위해서는 그 두 배의 이민이 필요하다고 생각한다. 다행히도 조선에는 과잉 노동력이 있고, 공급상 어떤 곤란도 없는 것은 물론이다. 이미 간도와 같이 총인구의 약 8할(40만 명)을 차지하는 조선인이 농업에 종사하는 실정이다.

만주의 한 지역인 간도 지방처럼 광대한 영토에 걸쳐, 신흥 만주국의 개발에 노동력을 보충하는 의미에서 조선인이 북진하여 선한 이웃인 만주국에 협력하는 것이 가장 필요하며, 이는 일본과 조선과 만주를 통하는 공존과 공영에 큰 의의가 있는 방법이다.

조선의 산업은 조선왕조의 폐정에 화를 입어 위축되고 침체의 극에 있었으나, 일러전쟁 후 우리 나라의 지도를 도입함에 따라, 점차 식산흥업의 길이 개척되었다. 더욱이 일한병합 후 산업 발달에 힘을 기울여 민중의 복리를 증진하여 산업 기구의 확충, 본국 자본의 유치, 또는 지방에 각종 단체 설치 등으로 생산의 증진과 개발에 노력한 결과, 더욱 크나큰 발전을 이루게 된 것은 참으로 기쁜 일이다.

근래에 조선에서 이른바 '남면북양정책[134]'이라는 말을 자주 들으나, 단호하게 이를 실현하려는 용기가 빠진 탓인지 열매가 좀처럼 맺히지 않고 있다는 생각이 든다. 따라서 우가키 총독이 이의 실현을 위해 총력을 기울이고 있는 것은 조선을 위해서나 본국을 위해서나 매우 바람직한 정책의 하나라 할 수 있다.

조선의 기후와 풍토의 관계를 고려하여, 천혜를 이용하는 방법을 채택하여, 자급자족을 목표로 이북에서 면양의 사육을 장려하고 이남은 면화의 재배를 확대함은, 국가의 백년대계에 크게 의미있는 정책으로 그 앞길이 크게 기대된다.

그리고 더욱 주목해야 할 분야는 조선 광업의 놀라운 발전이다. 총독부에서 채광장려보조비를 지출하여 금 생산을 장려한 결과, 금 채굴 열기가 번져 각 지역에서 금광이 발견되고 있으며, 산출액은 점점 증가 경향에 있다고 하는데, 이는 분명히 조선에서 유망한 산업의 하나일 것이다.

그리고 철은 황해도, 강원도, 함경북도, 충청북도 등에 많고, 황해도 재령, 함경남도 이원 및 평안남도 개천에서는 이미 채굴 중이다. 함경북도 무산 부근에서 생산되는 철은 품질이나 생산량 면에서 만주보다 우수해 매우 유망하다.

또한 석탄은 각지에 매장되어 있으며 평안남북도에는 유명한 무연탄전이 많

---

134 역주: '남면북양'은 '남쪽 면화 키우기와 북쪽 면양 기르기'라는 말이다.

고, 평양 탄전, 덕천, 순천, 개천 탄전 등은 모두 유망하다. 이 밖에도 갈탄은 함경북도에 많이 매장되어 있으며, 이를 이용한 화력발전을 통해 동력을 낮은 가격으로 공급하면 산업의 발전에 큰 힘이 될 것이다. 최근 이 갈탄을 저온에서 액화시켜 석유 대용품으로 사용하는데 여기에는 국가 경제상 매우 중요한 의미가 있다.

이 외에도 알루미늄의 원료인 명반석, 마그네슘의 원료인 마그네사이트 등도 풍부하게 매장되어 있다. 이러한 천연자원을 본국의 자본을 투자해 개발하면 조선 산업계의 발전뿐만 아니라 우리 나라의 공업, 군사 또는 기타 방면에서 큰 이득이 되리라 생각한다.

돌아보면 일한병합 이래 우리 정부의 시설이나 민간 경영 등을 위해 조선에 유입된 자본은 막대한 양에 이른다. 동양의 영원한 평화를 위해 벌인 일청·일러 전쟁에서 치른 희생은 별도로 하고 조선의 개발에 직접 투자한 자본은 1932년도까지 행정비 3억 원, 군사비 3억 3천만 원에 이른다. 또 민간투자는 약 30억 원으로 합계 36억 원이란 거액이 조선의 발전에 투자되었다. 이로써 국민의 복지가 증진되었다.

늘 경제적인 대(大) 아시아 주의를 주장하는 나는, 일본과 만주와 중국의 블록경제를 실현하는 것에 유념하는 중이다. 이미 일본, 만주, 중국 3국은 정치적·경제적인 관점에서 생각하더라도 개개를 분리하여 약진하는 것을 시험해 보는 것은 큰 위험을 동반한다. 즉 서로 제휴하여 동아시아의 경제적 발전을 위해서 노력하면 큰 공존공영의 열매를 얻을 수 있을 것이다.

이런 의미로 풍부한 본국의 자본으로 조선의 자원을 개발하고, 개척에 힘써 경제적 발전을 거두는 일은 시급한 당면 과제이다. 나는 본국 자본가의 적극적인 조선 진출을 바람과 동시에 조선 내의 유력자 역시 이들과 서로 제휴해 국가적 견지에서 큰 목적의 달성에 매진하기를 바란다.

본국 관민의 이해를 바란다

와타나베 시노부(渡邊忍) / 조선총독부 농림국장, 동양척식주식회사 이사[135]

나는 1919년 가을 사이토 총독이 표방한 문화정치를 실현하기 위해 관제 개정 직후, 가나가와현 상공과장에서 충청북도 제1 부장으로 장헌식(張憲植) 지사의 밑으로 부임하였다. 장 씨는 도쿄제국대학 출신으로 인격도 훌륭하고 수완도 뛰어난 사람이었다. 그는 현재 중추원 참의로서 조선을 위해 열심히 일하고 계신다.

---

135 역주: 원 책의 저자 소개는 다음과 같다.

니가타현(新潟縣)의 재산가 와타나베 산자에몬(渡邊三佐衛門) 씨의 일문(一門) 선대(先代) 요시토시(善俊) 씨의 장남으로, 메이지 16년(1883년) 5월에 태어나, 다이쇼 5년(1916년) 집안 가장을 상속한다. 메이지 42년(1909년) 도쿄제국대학 법과대학 독법과(獨法科)를 졸업하고, 문관고등시험에 합격했다. 이후 와카야마현속(和歌山縣屬), 동(同) 히다카군장(日高郡長)으로 관계에 진출하고, 후쿠이현(福井縣) 이사관, 가나가와현(神奈川縣) 사무관을 역임했다. 다이쇼 8년(1919년) 조선총독부 사무관에 임명되고, 충청북도 황해도 평안남도 각 도(道) 내무부장, 전라남도지사를 역임했다. 쇼와 4년(1929년) 경기도지사, 쇼와 6년(1931년) 9월 조선총독부 식산국장 겸 산림부장에 임명되고, 쇼와 7년(1932년) 7월 농림국장으로 옮기고, 쇼와 10년(1935년) 2월 관계(官界)를 떠나 동양척식주식회사(東洋拓殖株式會社) 이사에 취임하여 오늘날에 이르렀으니 그의 수완이 기대된다.

내가 조선에 부임할 당시 조선의 모든 것이 낯설어 흥미를 갖고 여러 가지 것에 접근해 보았다. 당시는 만세 소요 직후여서 민심은 안정되지 않아 혼란한 상태였다. 따라서 장관이나 부장이 출장을 떠날 때 무장 경찰관이 호위할 정도였다. 사이토 총독은 이른바 문화정책을 표방하며 민심을 안정시키려 갖은 노력을 기울였으나, 한번 혼란에 빠진 인심은 쉽게 수그러들지 않았고, 다만 진정시키려 애를 썼다. 우리조차 이러한 상태만 계속되어 어느 시점부터는 평온함을 되찾을 수 있을까 생각했을 정도였다.

그 후 조선 내 인심도 점차 평온을 되찾았다. 오늘날 본국 이상으로 안정된 상태를 보인 것은 전혀 예상 밖의 것이라, 참으로 기뻤다. 이 일은 총독, 정무총감 이하 관계 부서의 노력에 의한 것임은 물론이나, 시대의 추이와 사회 정세의 변화가 큰 원인이라 말할 수 있다. 그리고 한 가지 놓치지 말아야 할 것은 조선 내의 인심을 오늘날과 같이 안정되게 이끈 것은 위에서 언급한 원인 외에 본국 관민의 원조가 적지 않았음을 잊어서는 안 된다.

총독, 정무총감을 비롯하여 통치를 담당하는 사람들이 아무리 공적을 거두어 일본과 조선의 융화를 꾀하여도 일본인들이 이에 대하여 인식하지 않는 것은 매우 유감이다. 또한 일본인들이 조선 동포에 대한 이해가 모자라 일부 기괴한 사람들의 말을 믿고 그것이 옳다고 오해하는 경우, 본국의 언론이나 그 밖의 주장들이 영향을 끼쳐 우리의 노력이 쓸데없는 일이 되는 경우가 많았다. 그러나 오늘날 일본과 조선 상호 간의 이해가 매우 깊어졌다는 사실은 매우 기쁜 일임이 틀림없다.

내가 부임할 당시의 충청북도는 조선 전국에서 비교적 평온한 상태이긴 하였으나 역시 민심은 왠지 안정감이 부족한 상태였다. 그러나 국경 방면이나 평양, 경성 지방처럼 폭탄, 권총(피스톨) 등에 의한 소란은 다행히도 일어나지 않았다. 2년 동안 재직하며 각 분야에 큰 노력을 기울였으나, 아무런 공적도 보지 못하고 1921년 황해도 내무부장으로 옮겼다. 당시 황해도지사는 박중양(朴重陽) 씨였고, 경찰부장은 안도 씨로 체구가 당당한 호걸 형의 사람이었다. 험악한 황해도 치안을 맡아 아무런 문제도 없이 임무를 완수해 냈다. 후에 경성 부윤을 거쳐 마지막으로 담당한 직책은 함경북도지사였다. 건강한 신체 조건을 가진 사람이었으나 오래 살지 못하고 죽었다. 건강을 유지해 관직에 있었더라면 요직을 맡을 만한 사람이었으나 애석한 일이다.

황해도에서 1년 반을 재직한 후 평안남도 내무부장에 부임하였다. 당시 시노다(篠田) 전 지사는 이왕직 차관으로 가고 있었다. 요네다(米田) 씨가 충청북도에서 그 후임을 맡았고, 나는 다시 요네다 씨 밑에서 일하게 되었다. 평안남도는 옛날부터 통치하기 어려운 땅이었다. 백성은 저항심이 강해 조선왕조 5백 년 동안 무관이나 문관으로 등용되지 못해 항상 천대받고 있었다.

특히 평안남도는 평양이란 대도시가 포함되어 있고, 크리스트교가 융성했기에 선교사 문제는 조선 통치상 미묘한 영향을 미치고 있었다. 그러나 사이토 총독의 선교사 정책은 큰 효과를 나타냈다. 우리가 부임하기 전에는 도지사 또는 당국자들이 선교사와 어떤 교섭도 하지 않았으나 우리가 부임한 후 그들의 오해도 풀려 태도가 변하고 있었다. 당국자들과의 사이도 융화되어 개인적인 모임에 서로를 초대할 정도로 발전하였다. 통치상으로도 효과가 많았다.

아울러 당시라 해도 간도 방면에서 잠입하여 무언가를 책동하려는 듯한 자들도 있어서 안전을 보장받기 힘든 상황이므로 경찰관은 각반에 총을 들고 도청 또는 관사 등을 경비해야 할 정도였다.

일한병합 직후 이 지방 사람들은 병합으로 서북지방 사람들의 천하가 되었다는 의미로 크게 병합을 기뻐하였으나, 결국 총독부의 인사를 보면 남조선 계통이 요직에 취임했고 그들은 무시당하는 경향이 있었으며, 이것이 계속되자 인심이 험악해졌다고 한다.

나는 평안남도에서 3년간 재직하고, 1925년 봄에 전라북도 지사로 전주에 부임하였다. 동시에 요네다 지사는 경기도지사로서 경성에 부임하였다. 전라북도는 전임 지사인 이스미 츄조(亥角仲藏)가 목축에 힘을 쏟아 놀라운 발전을 이룩한 곳이었다. 따라서 나는 전임 지사의 유업을 계승해 무난하게 이를 수행하였다.

예로부터 조선의 남부지방은 북부지방과 비교하여 소박한 인심, 온건한 기운이 감돌던 지역이었다. 당시는 일종의 유행병이 겉으로 드러나고 있던 시기였다. 전주고등보통학교에서 스트라이크 사건과 같은 불상사가 일어난 일은 지금 생각해도 참으로 유감이다. 그러나 이러한 유행병도 흔적도 없이 사라진 지금은 명랑한 기운이 조선 전국에 흘러넘치고 있다. 참으로 바람직하다.

전라북도는 예전에는 가뭄으로 유명한 곳이었다. 물이용 시설이 빈약해 비가 오면 풍년, 오지 않으면 흉년인 상태가 계속되었다. 농업 경영상 곤란한 점이 많아 물이용사업의 필요성을 통감하였다. 임익 물이용조합, 익옥 물이용조합, 동진 물이용조합과 같은 것이 설치되어 대규모 물이용사업이 완성되었다. 농사 개량이 착착 진행되어 시설의 완비는 조선에서 가장 완벽한 상태였다.

곧 임익 물이용조합은 1911년, 임옥 물이용조합은 1913년, 익옥 물이용조합은 1923년에 공사가 완성되었다. 동진 물이용조합 역시 전임 지사의 노력으로 실현을 보게 되었다. 그리고 수만 정보의 땅이 새로 개간되었는데 본국에서는 도저히 상상조차 할 수 없는 일이었다. 이 물이용사업의 완성으로 전라북도의 척박한 땅이 비옥한 땅으로 바뀌었다. 조선 농업개발에 있어 기념비적 사업이었다.

내가 재임할 당시 군산을 중심으로 하는 지역에서 생산된 쌀을 군산에서 본국으로 수출한 양이 1년에 150만 석에 달하였다. 조선 전국에서 수출하는 양의 약 4분의 1이 이곳에서 수출되었다. 이처럼 물이용·물대기 시설이 없어 척박하고 수확량이 적었던 조선의 농업개량을 목표로 솔선해서 피나는 노력 끝에 오늘날의 성공을 만들어 낸 이는 후지이 씨였다. 그는 단순히 전라북도 개발의 영웅만이 아니라 조선 농업개발에 있어 최고의 공로자였다.

내가 경기도지사로 재임할 때 만보산에서 조선농민박해사건이 발생하였다. 조선인들은 분개하여 경성에 사는 중국인을 습격하고 폭행을 일삼기에 이르렀다. 이 사건은 점차 악화되어 인천과 평양까지 확대되어 같은 사건이 야기되었다. 당시 경성에서는 조선인들이 중국인 거리를 포위하여 소요를 벌였기 때문에 전 경찰기관을 동원해 경계에 노력하였으나 다수의 사상자가 발생해 유감이었다.

그 후 나는 식산국장 겸 산림부장으로 총독부에 들어갔다. 1931년 관제 개혁으로 식산국과 산림부가 식산과 농림국으로 바뀌었다. 나는 농림국장이 되었다. 총독부에 근무하게 된 이후는 상사의 지휘에 따라서 일한 것에 불과해 특별히 이야기할만한 것이 없다.

돌아보면 총독부가 통치한 이래 치산치수 방면에서 역대 당국이 끊임없이 노력한 결과, 상당한 실적이 있었다. 착수한 이래로 심은 묘목의 수는 40~50억 개 이상이다. 최근에는 식수보다는 묘목을 키우는 일에 힘을 쏟는 실정이다.

조선에서 치산 정책은 이미 제1기를 넘어 제2기로 진입하고 있는 단계이다. 치산 정책은 앞으로 시설을 개선해 꾸준하게 실행하면 본국과 같은 수준까지 끌어올릴 수 있을 것이다. 조선의 산림행정에는 실적을 올리기 위해 근본적으로 고려해야 할 중요한 문제가 남았다.

어쨌건 조선 통치 이래 당국의 치산 계획이 상당한 실적을 올리고 있다는 점에서는 논란의 여지가 없다. 황폐했던 민둥산이 오늘날 푸른색을 띠게 된 사실은 누구나 인정하고 있다. 특히 만주에서 조선에 들어오면 압록강 하나만 건너면 완전히 푸른 산야가 펼쳐져 본국에 돌아온 듯한 느낌이 든다.

현 총독인 우가키 총독은 산업개발에 피땀 어린 노력을 하고 있다. 금 생산 1억 원 계획, 남면·북양 계획, 치산 사업, 쌀 통제의 문제, 농촌진흥운동, 자작농 계획 또는 농지령 제정 등이 총독과 정무총감의 지휘 아래 실행되었다. 이 중 오늘날까지 문제가 되는 것은 농촌진흥운동이다. 이 사업은 다른 계획과 달리 예산 확보로 끝날 문제가 아니다. 정신운동이어서 내 후임자에게 과중한 부담을 떠넘기는 결과가 되었다.

그러나 농촌진흥사업은 내가 총독부에 재직할 때 가장 중요한 사업이기도 하였다. 그리고 상사의 지휘 아래 점차 예상 이상의 효과를 거두고 있다. 향후 더욱 이 사업에 힘을 쏟아 큰 성과를 거두어 본국에 모범이 되기를 간절히 원한다.

농촌진흥운동은 물질적인 시설이나 제도상의 문제로 그치지 않는다. 우가키 총독이 언급한 '마음의 개혁'으로 정신적 요소를 기본으로 하는 운동이기 때문에 간단하게 설명하기 어려운 점이 있다.

총독부에 취임하여 금년 2월에 농림국장을 퇴직하기까지 약 16년을 조선에서 보냈다. 아무런 공적도 세우지 못해 아쉬운 마음이다. 그러나 일한병합 이후 25년이 지난 조선은 문화적으로 놀랄 만한 약진을 거듭했음은 물론 경제적으로 보아도 많은 발전을 이룩하였다. 이것은 역대 총독 이하 통치를 담당한 분들의 땀과 눈물의 결정이었음은 언급할 필요조차 없는 사실이다.

외지의 통치는 통치 당국의 활동만으로 실적을 거두기 어렵다. 본국의 관민이 새로운 동포에 대하여 가지는 인식이 매우 중요하다. 양자가 서로 이해하고 협력할 때 완전한 통치상의 효과를 거둘 수 있다. 오늘날 조선에 대한 본국 관민의 인식이 상당히 깊어지고 있다고 믿으나, 귀국 후 친척이나 친구들을 만나본 체험에 의하면 아직도 많은 편견이 남아 있음을 느낄 수 있었다. 일본과 조선 융화는 서로를 이해할 수 있을 때 가능하다. 따라서 본국에서도 한층 조선에 관한 인식을 높여 이해를 깊게 하는 것이, 조선 통치나 일본과 조선 융합에 필수불가결한 중요 사안이다.

45. | 외국 식민지와는 다른 우리의 조선 통치 정책

와다 슌(和田駿) / 남양흥발주식회사 중역, 금복철도주식회사 중역[136]

내가 학교를 졸업하던 해인 메이지 42년(1909년)에 나는 소네 자작이 한국 통감이었을 당시의 통감부 관리로서 이시즈카(石塚) 총무부장관 밑에서 감사부에 근무하게 되었다. 이 감사부는 후에 참사관실로 바뀐 관계로 나는 일한병합 후 총독부 비서과, 내무부, 철도국 총무과장으로 재직 중일 때도 참사관을 겸임하였다. 이렇게 10여 년 동안 관리로서 사무를 담당했을 뿐 어떤 공적도 남기지 못하였으나 조선에 관해서는 항상 관심과 애정을 품고 있다.

돌아보면 조선왕조 수백 년 동안 폭정에 시달리고 가렴주구에 눈물을 흘려

---

136 역주: 원 책의 저자 소개는 다음과 같다.
메이지 15년(1882년) 2월 24일, 와카야마현(和歌山縣)에서 태어나, 메이지 42년(1909년) 도쿄제국대학 법과대학을 졸업하고, 메이지 42년(1909년) 12월 통감부 총무부 관리에 취임했다. 그 후 조선총독부 비서과(秘書課) 동(同) 내무부를 거쳐, 철도국 참사관으로 옮기고, 다이쇼 5년(1916년) 12월, 철도국 총무과장에 승진했다. 큰 수완을 빛내며 적지 않은 공적을 남긴 후 조선을 떠나고, 현재 남양흥업주식회사, 금융철도주식회사 중역으로 실업계에서 활약하고 있다.

온 조선의 민중이 오늘날과 같은 행복을 누릴 수 있게 된 것은 생각하면 꿈같은 이야기일 것이다. 우선 메가타 고문이 재정적으로 지도·개발했고 이토 통감은 원대한 이상으로 통감 정치의 기초를 확립하고 각 방면의 정치에서 혁신을 단행하여 민중의 복지 증진이 실현되기 시작하였다. 데라우치 통감의 시대에 이르러 일한병합의 기운이 무르익고 동양의 영원한 평화를 보존하기 위해 일한의 양 민족은 하나가 되었다. 차별 없는 평등사회를 지향한 것은 조선 동포를 위해서도 행복한 일이었다.

이후 조선 통치를 담당한 역대 총독 이하 담당자들의 열성적인 노력과 본국 및 조선 유력자들의 원조로 제반 정책들은 날이 갈수록 더욱 충실해지며, 교육, 산업, 그리고 여러 방면에서 두드러진 발전을 이룩하고 있는 사실은 기쁘기 그지없다.

특히 최근 경제적으로 대단한 발전에 이르게 된 것은 실로 경이롭기까지 하다. 나는 사업관계로 남양(남중국) 각지를 자주 시찰하는데 이를 조선에 비교해 생각하면 감개무량하기까지 하다. 곧 영국, 프랑스, 네덜란드 등 세계 각국의 식민지민족에 대한 대우는 우리 나라가 조선에 취하고 있는 대우와 비교 고찰하면 하늘과 땅의 차이가 있어, 비교되지 않을 정도이다.

동양에 식민지를 가지는 각국이 식민지에 대해 어떤 방침으로 통치하는가 또는 식민지에 본래 살던 민족이 어떤 대우를 하는가 하면, 그들은 돈을 만드는 도구에 불과하다. 따라서 그들의 통치방침에 교육의 보급이라든가, 문화의 향상이라든가, 지식의 개발이라는 분야를 향하여 어떤 노력도 쏟지 않는 것은 물론, 이와는 정반대의 방침을 취한다.

흑인에게는 교육 수준이 높아지지 않도록 세심한 주의를 하고 있다. 가능하면 문화의 혜택을 제공하지 않고 지식수준을 낮은 수준에 묶어두는 것은 물론

의식주에 이르기까지 문명과의 접촉을 금지하고 있다. 내가 어느 호텔에 묵었을 때의 일이다. 우리 나라의 제국 호텔(帝國ホテル)보다 몇 배나 큰 호화로운 호텔이었는데, 이 호텔의 웨이터 등은 전부 맨발이었다. 나는 그들에게 신발을 신지 않는 이유를 물었다. 흑인이 신발을 신는 것은 금지되어 있다는 대답이 되돌아왔다.

노예해방을 소리높여 외치며 문명을 자랑하는 백인이 그들의 식민지에서 선주민족을 대하는 현실이 이와 같았다. 더욱이 우리 나라의 조선 통치에 대해 조그만 허점만 보이면 호시탐탐 기회를 노리는 나라들의 식민 통치의 방침이 이러한 수준이다. 모순으로 가득 찬 자가당착이라 아니 할 수 없다. 조선 동포들은 이 점을 깊이 생각해 볼 필요가 있다.

우리는 항상 조선이나 대만 등 외지 동포들을 진정으로 일본 민족으로 만들고 싶다. 어떻게든 그들을 동화, 융합시켜 하나의 민족으로 만들려는 방침에 따라 모든 노력을 계속하는 것을 보면, 외국의 식민지정책은 우리로서는 도저히 상상하기 어려운, 이해할 수 없는 정책이다. 외국이 식민지의 선주민족에 대해 차별적 대우를 일삼고도 아무런 거리낌이 없는 것은, 조선에 대해 무차별적인 태도로 지도 개발에 힘을 기울여 일본과 조선 양 민족의 융합을 바라는 우리 국민으로서는 실로 이해 못할 조치이다.

이를 요약하자면, 외국의 동양 식민지에 대한 차별적 대우와 우리가 조선 동포를 대하는 무차별적 태도를 비교하면 무엇이 올바른 것인가는 쉽게 알 수 있다. 그러나 이러한 문제에 관해 조선 동포들은 올바르게 이해하고 있는 것일까?

우리의 본국에서는 일본과 조선 일체라는 무차별주의에 근거하여 조선 동포의 건강과 복지 증진을 위해 온갖 어려움을 참고 최선의 노력을 다하고 있다. 가능한 한 시설을 개선하여 주고 개발하고 발전을 추구하고 있음에도 불구하고 조선에서는 불평불만의 소리를 듣거나 비난을 듣는 상황이다.

그러나 이와는 달리 외국에서는 동양의 식민지에 대해서는 어떤 희생도 감수하지 않는다. 앞에서 언급한 바와 같이 교육에 아무런 투자도 하지 않고 지식의 보급에는 어떤 관심도 없다. 차별적 대우로 민중을 우롱하면서도 인두세를 징수하고 조세를 부과해 착취하는 일에만 관심이 있다.

이런 측면에서 보면 우리 나라의 조선에 대한 통치 방침은 지나치게 조선 중심이었다. 바보스러울 정도이다. 이것이 우리 나라와 외국과의 근본적 차이다. 조선 통치를 위해 열심히 노력하면서도 원한을 살 이유는 없다. 선정을 비난하고 학대를 즐길 이유는 없다. 깊이 생각해 보면 현재의 조선 동포가 얼마나 행복한 경지에 놓여 있는지 알 수 있을 것이다.

우리의 체험에 의한 가장 좋은 예는 우리의 통치 아래 있는 조선 동포가 우리의 선정을 자각하지 못하고 있다는 점이다. 불평만 말하는 사람도 한 발자국만 조선을 벗어나면 외국 치하의 선주 민족들은 일본에 대해 큰 동경심을 갖고 우리를 크게 환영한다는 사실을 특히 주목해야 한다.

남양(南重國)에 있는 어느 지방에서는 외국인 여행자들에게는 엄중한 경계 태세로, 활에 화살을 메겨 사방을 둘러싸고 엄중하게 경계하나, 통역이 선주민에게 일본인이라 말하면 상황은 달라진다. 겨눈 화살을 거두고 마을 전체가 중심이 되어 환영해 주고 후하게 대접하며 작별 인사까지 정중하게 나눈다. 이웃 마을까지 호위해 안전을 지켜주기까지 한다.

우리 나라가 조선을 통치하기 위해 적지 않은 어려움을 겪고 노력하고 있음에도 불구하고 아직 이상적인 효과가 나타나고 있지 못한 현실에서 생각지도 않던 방면에서 그 영향이 나타나고 있다. 지성이면 감천이란 말에 적합한 현실이다. 우리 나라가 정성과 사랑으로 조선 민족을 포용하고 대만 민족을 보살핀 사실이 외국 식민지의 미개한 선주민족을 감동케 하였다.

사실 우리 일본 민족은 세계의 어떤 민족과 비교해도 눈물 많고 동정심 강한 민족이다. 이 사랑과 동정심이 일본을 세계적인 강대국으로 만드는 원동력이다. 이 점은 우리 일본 민족의 발전을 위하여 축복해야 할 점이다.

조선 동포들도 동양에 있는 외국 식민지 민족조차 일본을 존경하고 동경하고 있다는 사실을 돌아보아, 일본과 조선의 관계를 더욱 밀접하게 만들어 서로 융합하여, 대일본 민족으로 세계에 자랑할 발전을 이루기 위하여 노력하기를 간절하게 바라는 바이다.

46. | 합리적 관계를 확립하라

마츠야마 츠네지로(松山常次郎) / 중의원 의원[137]

다이쇼 4년(1915년) 이후로, 나는 조선과 다양한 관계를 맺고 있다. 조선 통치에 관해 항상 깊은 관심을 가지고, 조선 민중의 행복을 증진하기 위하여 미력이나마 노력해 온 사람 중의 하나이다. 물론 병합 후, 오늘에 이르기까지 역대 총독 이하 많은 사람의 노력과 본국 지식인의 가르침으로 현재와 같은 발전을 이룩한 것은 조선을 위해서도, 우리 제국을 위해서도 기쁜 일이다.

돌아보면 일한병합 이후 25년 동안 여러 분야에서 조선은 크나큰 발전을 계

---

137 역주: 원 책의 저자 소개는 다음과 같다.

와카야마현(和歌山縣) 사람, 마츠야마 츠네지(松山常治)의 장남으로, 메이지 17년(1884년) 3월에 태어나, 다이쇼 원년(元年)에 집안 가장을 상속했다. 도쿄제국대학 공과대학을 졸업하고, 미국으로 유학하여 토목공학을 연구했다. 도쿄부(東京府) 토목과장, 조선 천좌농장(川佐農場) 대정수리조합(大正水理組合) 각 기사장(技師長)에 취임하여, 조선 각지에서 개간 사업을 위해 크게 노력하고, 또 미야기현(宮城縣)에 단일경지정리조합(短壹耕地整理組合)을 설립하여 개간 사업에 종사했다. 중의원 의원에 당선된 일이 4회, 입헌 정우회(立憲政友會)에 속하여 의정 단상에서 크게 공적 성매매 폐지론을 주창하여 조선의 주목을 끌었던 것은 세인이 기억하는 바일 것이다.

속하였다. 치안 유지는 물론 교육, 산업, 도로, 교통, 위생 등의 제반 정책은 놀라운 성적을 올렸고, 이를 병합 전의 구한국과 비교하면 격세지감이 들 정도이다.

조선을 더욱 물질문명의 세계로 인도하고, 오늘 이상(以上)의 진보와 발전을 이루어 민중의 복지를 증진하고 문화 혜택을 주는 것은 폐하의 뜻(聖旨)을 받드는 일이며 일본 국민의 책무이기도 하다. 따라서 이를 유도하여 개발하고 일본과 조선 동화의 결실을 거두기 위해서는 그들에게 정신적 위안을 주고 장래에 대한 이상의 실현에 대해서도 협력하여야만 한다.

내가 조선에 대해 가지는 가장 깊은 인상 하나는, 참정권 문제의 해결에 관해서다. 지방자치 문제도 몇 차례의 과정을 거쳐 상당한 정도까지 진척되고 있으나 민중을 지방자치에 참여시켜 책임을 분담시키는 일은 해결되어야 하는 문제이다. 더욱이 결국에는 어느 시기가 되면 조선 민족에게 참정권을 부여하여 일본과 조선의 융화를 모색하는 일은 현명한 방법이 될 수도 있다.

그러나 조선의 민중에게 참정권을 부여하는 것에 관해서는 그 근본 문제나 시기, 방법 등에 대해서도 세간(世間)의 상당한 이견도 있다. 여러 논의도 알고 계실 것이나 어쨌든 일본과 조선의 공영에 중요 문제인 이상, 언젠가는 이 해결책을 제시해야 한다. 따라서 나는 후일을 준비하기 위해 모든 지식을 망라하여 본 문제를 좋게 처리할 적당한 연구를 추진할 필요가 있다고 믿는다. 만주사변의 결과로 만주 제국의 성립을 보게 되었으나, 일본과 만주 양국은 공수동맹(攻守同盟)을 맺어 상호부조 관계를 형성함으로 동양의 영원한 평화를 유지하려 한다. 만주국을 어떻게 처리하는가는 우리 일본 국민에게 중대한 과제이다. 그러나 만주 제국의 출현으로 조선은 이상한 영향을 받았음은 부정할 수 없는 사실이다.

게다가 이는 단지 조선의 민심에 양호한 정신적인 영향을 주었을 뿐 아니라, 실제로 조선 통치상의 장애물을 줄여서 치안 유지에도 많은 수확을 주었으며,

사상의 바로잡기에 끼치는 영향 역시 크고 많은 것이었다. 따라서 우리는 이 기회에 조선 통치에 관한 근본적인 대책을 확립하고 국가의 백년대계를 결정해야만 한다.

조선 통치에 관한 근본 대책으로는 다양한 의견과 논의가 있으나 그 귀착점은 결국 하나이다. 상세히 설명할 필요가 없어 결론부터 말하면 현재 안정 상태를 유지하고 있는 만주 제국이 설사 혼란 상태에 빠진다 해도 그때까지는 조선을 완전하게 우리 일본 제국의 일부로 동화시키는 일이 지극히 중요한 사안이다.

우리 일본과 조선처럼 발달의 정도가 지극히 가까운 민족이, 한쪽이 영원한 지배자가 되고, 다른 한쪽이 영원한 피지배자 상태로 지속되면 곤란한 문제가 생기게 되는 것을 도저히 피할 수 없다. 즉, 힘으로 찍어 누르고 압박하지 말고 더욱 합리적인 관계를 확립하는 일이 조선 통치상 가장 필요하다.

참정권 문제는 즉 여기서 출발하는 것이며, 메이지 천황이 일한병합을 단행하신 깊은 뜻도 이에 있다고 생각된다. 우리 국민은 무슨 일만 있으면 이 중대한 문제를 쉽게 잊는 것은 심히 유감스러운 일이다. 그러므로 이 문제의 중대성을 돌아보아 이보다 더, 의식적으로 국민이 이 문제를 고려하고 여기에 대한 적절한 해결책을 주는 것이 지극히 중요하다고 믿는다.

전에 나는 하야시(林) 전 육군 대신과 회견하면서 조선에서 징병제를 시행하는 문제에 관해 말했을 때, 그는 조선에서도 징병제도를 실시하는 것이 가능하다는 생각을 가지고 계신 듯했으나, 여러 면에서 걱정하고 있다는 것을 말씀하신 적이 있다. 조만간 징병제도가 실시되어 본국과 같이 병역의 의무를 지게 되리라 생각하나 이러한 문제가 해결되고 나면 자연스럽게 참정권 문제에도 영향을 미칠 것이다.

당면한 문제로 조선에서 쌀 문제의 해결을 어떻게 할 것인가 하는 점이 있다.

인구와 식량문제는 우리의 국가 정책상의 중대 안건의 하나로 이것의 해결은 위정자들이 매우 우려하는 문제이기도 하다. 이미 본국의 쌀 생산은 정체 상태에 빠져 장래 우리 나라의 식량 공급지로 조선을 지목해 증산을 꾀한 것은 당연한 조치였다.

이후 조선 당국은 농업을 장려해 물이용, 물대기 시설을 개량하고 개간·간척사업을 장려해 순조롭게 실적을 쌓아왔다. 다이쇼 14년(1925년)에는 수억이라는 거액을 투자해서 쌀 생산 늘리기 계획을 수립해 쌀 생산을 증가시키는 데 힘을 기울였다.

본국의 쌀 문제의 여파로 말미암아, 이 대사업도 일시적으로 중지해야 할 상태에 이른 것은 매우 유감스러운 일이다. 그러나 종래 몇 년간의 통계를 보면 본국에서 식량의 자급자족은 불가능하다. 이것은 누구도 부정할 수 없는 사실이다.

흉년이 들면 부족분은 조선이나 대만 등 외지에서 공급해야만 수요를 보충할 수 있다. 쇼와 8년(1933년)의 예로 들면 본국은 풍년으로 생산량은 7천만 석이나 되었다. 그러나 1932년에는 격감해 수확량은 5,200만 석에 그쳤다.

본국의 쌀 소비량은 7,200만 석이다. 수급 관계로 당연히 외지 쌀 수입으로 부족분을 보충해야 한다. 곧 재작년은 200만석, 작년에는 2,000만 석이나 부족해 조선이나 대만의 쌀을 공급함으로써 1,050만 석이 과잉 공급되어 마침내 쌀 문제에서 파문이 일게 되었다.

그러나 작년 1,002만 석의 부족액이 생겼기 때문에 조선이나 대만 쌀의 유입이 아직 불충분함을 알 수 있다. 이러한 측면에서 생각하면 조선의 쌀 생산 문제는 중요한 의미가 있다. 지금 생각해 보면 생산의 억제 정책 대신에 오히려 증산에 힘써야 한다고 생각한다.

조선에서 쌀 생산 늘리기 계획이나 개간 장려를 권장했던 시기는 본국의 부족분을 보충하기 위해서였다. 1~2년의 생산과잉만으로 미래의 쌀 정책을 결정하는 것은 어리석다. 따라서 조선에서는 쌀 생산 늘리기에 힘을 기울이고 과잉 생산된 쌀은 분말로 가공해 저장할 필요가 있다.

특히 우리 나라와 같이 인구가 빠르게 증가하고 있는 나라에서는 식량문제를 단기적인 문제로 취급할 수 없다. 단호한 결단을 내려 항구적인 대책을 확립할 필요가 있다. 국제 정세나 국방의 장래를 생각하면 충분한 식량을 저장하는 문제는 국가적인 대문제로 소홀하게 다룰 수 없는 것이다.

47

수입 초과 결제의 고심

다카히사 도시오(高久敏男) / 전 조선은행 이사[138]

나는 조선에 26년간 재임하였는데, 그중 총독정치 이전이 6년이고, 총독 치하에서는 20년을 재임했다. 그리고 이 기간 중에, 조선은행에 9년, 조선식산은행에 11년간 근무하여, 20년 동안은 은행 업무에만 종사하였다.

원래 은행에서 취급하는 업무는 법률로 정해져 있고 업무의 경영 방법도 이론상, 실제로 일정한 형식이 있어, 옛날이나 지금도 그다지 큰 차이는 없다. 그리고 은행 업무에 큰 변혁이 있었다는 말은 들어본 적이 없다. 따라서 당시를 회고해 오늘날의 사람들에게 흥미를 주는 문제를 찾아내는 것은 곤란하여, 하나, 둘

---

138 역주: 원 책의 저자 소개는 다음과 같다.

군마현(郡馬縣) 사람. 메이지 12년(1879년) 3월 9일에 태어나, 메이지 37년(1904년) 게이오기쥬쿠대학(慶應義塾大學) 이재과(理財科)를 졸업했다. 메이지 38년(1905년) 9월 한국정부에 초빙되어 재정 고문으로서 한국에 오고, 메이지 43년(1910년) 12월 조선은행(朝鮮銀行)으로 옮겼다. 다이쇼 5년(1916년) 동(同) 은행 조사국 제1과장이 되고, 동(同) 은행 사사(司事)가 되었으나, 그 후 같은 은행을 떠나 식산은행(殖産銀行)으로 옮겼다. 이후 승진하여 같은 은행 이사가 되어 견실한 수완을 나타내고, 임기가 차 수년 전에 조선을 떠났다.

추억 그대로 말하는 것으로 한다.

내가 조선은행에 재직할 당시, 조선의 대외무역(일본 본토 포함)은 거의 역조 상태여서 완전히 수입초과 상태였다. 그 결과 본토-조선 간 외환은 거의 지급 초과로 되어 이를 결제하기 위해 조선은행은 많은 어려움을 겪었다. 이런 경우, 조선의 중앙은행으로서 조선은행이 취할 방책은 금리를 인상하는 것이어야 한다. 이것은 이론상 당연한 대책으로 일본은 물론이고, 외국에서도 금리를 올려 수입초과에 대항하는 것은 중요 정책 수단의 하나이다.

그러나 조선에 대해서는 앞으로 경제개발에 모든 것을 크게 투자해야만 할 시점에서 금리를 올려 사업 수행을 저해하는 것은 쉬운 일이 아니었다. 이 문제를 등한시하면 정화준비(正貨準備, 지폐·은행권 등에 대해, 명목(名目) 가치와 소재(素材) 가치가 일치하는 본위 화폐 화폐의 준비)의 기초를 위태롭게 만들 가능성이 있는 '딜레마'를 만나, 궁여지책으로 조선은행이 생각해 낸 것이 만주 진출이었다.

당시 만주의 무역은 순조로워서 수출초과가 정상인 상태(常態)로 있었던 관계로 만주에 조선은행 지점을 증설하여, 이로써 은행권의 유통을 꾀하며 동시에 환어음을 매입해 조선의 대외 채무를 만주의 대외 채권으로 그 일부를 상환하려는 의도가 조선은행이 만주로 진출하려는 주된 목적이었다.

다이쇼 2년(1913년) 7월에는 봉천(奉天), 8월에는 다롄(大連), 9월에는 장춘(長春, 현재의 新京)에 지점을 설치해 빠르게 지점 개설을 확대해 나갔다. 이후 1914년부터 1918년까지 5년간 매년 새로운 지점을 증설하였다. 그 결과 현재 만주에는 20개의 지점이 개설되었다.

물론 이들 지점이 단순히 환어음의 매입만을 목적으로 한 것은 아니었고 여러 가지 원대한 포부도 갖고 있었다. 하지만 만주지점의 개설 이후부터 오늘까지 조선의 외환 결제에 큰 공헌을 한 것은 부정할 수 없다. 조선의 금리를 올리지 않고 비교적 저금리를 유지하며 20여 년 동안 조선의 경제적 발전을 도와온, 중앙은행으로서의 조선은행의 공적을 대서특필해야 한다.

종래에 총독부는 매우 고생하여 대장성 예금부에서 저리의 자금을 조선으로 빌려와, 조선 산업자금의 이자율 저하를 꾀한 적이 여러 차례 있었는데, 즉, 이는 총독부의 훌륭한 금융정책의 하나이나 동시에 총독부 산하에 있는 중앙은행이 앞에서 언급한 방법으로 조선에서 금리의 반등을 방어한 사실은 총독부로서도 자랑할 만한 일이라 생각한다. 조선은행이 만주로 진출한 결과 대성공을 거두었으나, 여기까지 이르기에는 조선은행 수뇌부를 비롯한 각 지점의 고심이 꽤 컸다는 것은 물론이다. 그리고 조선은행이 만주에서 환어음을 매입한다거나 대출해야 한다거나 하는 것도 선결해야 할 문제로, 조선은행권을 널리 만주에 유통할 필요가 있었다. 이를 위해서 만주의 화폐 사정을 자세하게 조사하고 금본위 거래(金健取引)의 보급에 노력하였다.

당시 나는 본점 조사실에 근무하고 있었다. 세 차례나 만주 출장의 명령을 받아, 통화 유통 상황을 조사하기도 했고 또는 금본위 문제에 관한 논문을 몇 번이나 써야 했던 기억이 지금도 난다. 생각해 보면, 말할 것 없이 20여 년 동안 숱한 우여곡절이 있었으나 현재 수천만 원의 조선은행권이 만주에 유통되는 것을 보니 놀랍기도 하고 기쁘기도 하다.

최근 만주국에서는 화폐제도도 통일 방침이 확정되어 자연스럽게 조선은행권의 정리가 문제시되는 듯하다. 이는 조선은행에게 큰 이해관계가 걸려 있는 문제이다. 신중한 연구가 진행되고 있으리라 믿으나, 조선 일반 특히 조선의 재계인은 이 문제에 커다란 관심을 가지고 이에 임하여 충분히 유리하게 해결되도록 조선은행에 성원을 보내야 할 의무가 있다.

지난 20여 년 동안, 조선의 외환 결제는 최후의 결제기관인 조선은행이 책임지고 노력해 온 이 외에 이를 보조해 주는 여러 가지 수단이 있었다. 곧 조선의 재정에 대한 본국의 보충금이라든가, 차입금이라든가, 공채라든가, 조선에서 사업을 벌이고 있는 본국 민간인들의 투자 등, 무역 외 자금의 지속적인 유입이 바로 그것이다.

나는 여기서 이것들을 일일이 해설하고 싶지는 않다. 다만, 내가 조선식산은행에서 근무한 관계로 식산은행이 채권을 발행해 본국에서 자금을 끌어들인 것만 언급하고자 한다. 조선식산은행은 다이쇼 7년(1918년)에 창립되었고 올해로 17주년이 되는데, 그동안 올해 6월까지 161회에 걸쳐 7억 4,800만 원의 채권을 발행하여 그중 4억 7,900만 원을 상환했으며 현재 2억 6,900만 원의 자금이 식산은행의 손을 거쳐 조선에 들어와 있다는 계산이 나온다. 물론 이 자금에 대하여는 이자를 지급해야 하나, 이것이 조선의 수입 초과에 대한 결제 자금으로 매우 큰 도움이 되었다.

더하여 채권 발행으로 조선에 들어온 자금이 조선의 산업을 발전시켜 생산물이 수출품으로 되어 조선에서 나간 수량은 매우 크다. 즉, 수출대금만으로도 조선의 외환 사정은 상당히 개선되었는데 이는 식산은행에서 많은 도움을 받은 것이다. 지난 20여 년 동안 대외 수지 면에서 조선은 많은 역경에 처하였다. 결제 은행인 조선은행의 적절한 대처와 관민들이 각 방면에서 조선의 개발을 위해 끌어들인 자금으로 난국을 극복해 왔다. 그뿐 아니라 현재는 수출입이 두드러지게 늘어 대외 수지가 근본적으로 개선되고 있다. 오랫동안 조선의 금융기관에 근무했고 이 점에 많은 관심을 가지는 사람으로서 기쁘기 그지없는 일이다.

48

반도 재계의 추억

무라타 도시히코(村田俊彦) / 척식대학 교수[139]

1903년 나는 일본 흥업은행 총재의 비서였다. 당시 외국 관계 업무는 비서가 담당하고 있어서 그해 겨울 은행 측과 중국과의 300만 원 대출 계약을 체결하

---

[139] 역주: 원 책의 저자 소개는 다음과 같다.

도쿄부(東京府) 사족(士族) 무라카 요시호(村田良穗) 씨의 장남으로, 메이지 4년(1871년) 8월에 히로시마(廣島)에서 태어났다. 소년 시절 도쿄로 가서 독력(獨力)으로 고학(苦學), 메이지 30년(1897년) 도쿄제국대학(東京帝國大學) 법과대학을 졸업하고, 다시 대학원에 들어가 화폐은행(貨幣銀行) 그 밖의 신용제도(信用制度)를 전공했다. 그뒤 대장성(大藏省)에 임용되어, 금융조사와 은행사무를 맡았다. 메이지 12년(1879년) 문관고등시험(文官高等試驗)에 합격하고, 대장시보(大藏試補)가 된다. 관직에 2년 있다가 물러나, 오사카(大阪) 무역상(貿易商) 히로오카상점(廣岡商店)의 조역(助役)이 되어 외국무역에 종사했다. 메이지 35년(1902년), 일본흥업은행(日本興業銀行)이 설립되자마자, 초빙되어 창립 사업에 간여(干與)하고, 창립과 동시에 비서역(秘書役)이 되고, 후에 영업 제2부장으로 옮기어, 신탁(信託) 사무를 관장(管掌)하는 한편, 한만관계사업(韓滿關係事業)의 부주임(副主任)이 되었다. 자주 청(淸國) 및 조선 각지를 순시(巡視)하고, 메이지 40년(1907년)에 유럽과 미국에 출장하여, 다시 메이지 43년(1910년) 영국 런던 주재원으로서 1년여 근무했다. 거기에서 재빠른 솜씨를 발휘하고, 일본의 이재가(理財家)로서 크게 명성을 떨쳤다. 귀국 후 이사에 영진(榮進)하고, 다이쇼 3년(1914년) 동양척식주식회사 이사가 되었으나, 오늘날 척식대학(拓殖大學) 교수로서 오로지 후진(後進) 학생의 교양(敎養)에 임하고 있다.

기 위해 이노우에 이사와 함께 중국 출장길을 떠났다.

모지항(門司港, 키타큐슈의 항만)을 떠나, 배로 출발한 후 몇 시간 만에 오른쪽의 푸른 산봉우리들을 본 선원이 내게 저곳이 조선이라고 가르쳐 주었다. 역사를 좋아하는 나는 조선의 산과 들에 빠져 저곳에 가서 잠시 놀아보고 싶다는 생각을 하며, 갑판의 난간에 몸을 기대고 있었다. 그때, 나이 지긋한 서양인이 내게 다가와 조선은 일본과 조선 그리고 세계평화를 위해 일본과 합방해야 한다고 말하였다. 나는 그의 말을 부정하고 보호국 정도가 적합하다고 대답하였다. 그 후, 여러 사건이 일어나 마침내 합방에 이르게 되었으나 돌아보면 일한의 합방은 그 서양인이 말한 대로 양자의 행복을 위한 토대였다. 지금 그때의 사실을 회고하면서 유감스럽게 생각하는 것은 그 서양인의 이름을 물어보지 못하였다는 것이다. 편의상 항목을 나누어 내 추억 속에 남아 있는 내용과 보고 들은 이야기도 집어넣도록 하겠다.

1. 농공업금융 최초의 계획

1) 메가타 고문의 계획: 조선 경제정책의 준비가 정돈된 것은, 누가 뭐라 해도 재정 고문인 메가타 씨의 선물이다. 하지만 근래에 메가타 씨의 이름조차 모르는 사람이 적지 않은데, 너무 지나친 건망증이다. 메가타 고문이 계획한 농공업 금융기관 조직은 각각 작은 마을에 금융조합을 설치하고 각 도에 농공은행을 설립해 모은행으로 일본은행을 이용하도록 만들 예정이었다. 이 금융조합 및 농공은행은 보통 사람이 모두 알고 있는 내용이기 때문에, 여기서는 이를 생략하고 일본 흥업은행과 이토 통감이 조선에 입성하는 모습에 관해 간략하게 언급하겠다.

2) 일본 흥업은행 및 이토 통감의 입성: 메가타 고문은 메이지 37년(1904년) 늦

가을에 부임한 이후, 여러 차례 흥업은행을 농공은행의 모은행으로 하는 일에 대하여, 대장성 당국 및 흥업은행의 소에다(添田) 총재와 협의하셨다. 다만, 농공은행은 당시 아직 창립되지 않았던 시점이었다. 이 과정에서 한국은 우리 나라의 보호국이 되었으며 이토 공작이 통감으로 결정되었기 때문에 메가타 씨는 일단 본국으로 돌아와 이토 공작과 협의하였고, 이토 공작도 대찬성하여 계획은 순조롭게 진행되었다.

새롭게 발행하기로 한 한국공채(1천만 원)를 흥업은행이 인수시키는 회의에 나서서 흥업은행과의 관계를 점점 밀접해지도록, 이토 공작의 조선 입성에 앞서 소에다 흥업은행 총재가 메가타 고문과 함께 와서 많은 종류의 것들을 시찰하였다. 대장성은 일을 신속하게 처리하기 위해 흥업은행이 조선에서 사업을 벌일 수 있도록 하는 칙령을 발포하였다. 소에다 총재는 잠시 도쿄를 떠나기 어려운 일이 발생하여, 출발은 이토 통감의 입성 후로 연기되었다. 나는 메가타 고문과 동행하여 총재를 대신해 조선을 조사, 연구하고 통감의 부임을 환영하는 임무를 맡았다. 메이지 39년(1906년) 초봄의 일이었다.

부산진으로 상륙하여 북행, 경성에 들어가 보니, 집의 구조, 거리의 점포, 관모(官帽)를 쓴 남자, 장옷을 쓴 부인, 개를 쫓는 아름다운 소매(茜袖)의 어린아이(垂髮) 등 풍물 모두가 나라 시대의 두루마리 그림을 펼치는 듯하여 매우 놀랐다. 그때의 예스럽고 아담한 날이 오늘 보는 모습과 같다고 말할 수 없다.

일본인 마을은 말할 것 없이 진고개(泥峴, 남산골)뿐이었으나 꽤 번화한 곳이었다. 메가타 고문은 연화봉에 살고 있었다. 나는 손탁호텔에 거주지를 정하려고 하였으나 방이 없어서 친구인 스즈키 기요시(鈴木穆) 군의 도움을 받아 아사히마치(旭町, 지금의 중구 회현동) 일대의 여관으로 낙착되었다. 그 후, 매일 경복궁 앞 오래된 건물 안에 있는 탁지부에 가서 한국 경제의 사정을 조사하였으나 탁지부에도 아직 자세한 조사 자료는 없었다. 흥업은행이 농행은행이나 물이용조합에 자본을 투자하게 되니 스즈키 씨와 함께 법률안을 만들라는 명령을 받았다. 이 법률안은 스즈키 씨가 정리하여 메가타 고문에게 넘겼고, 메가타 고문은 이것을 민영기(閔泳綺, 일제강점기 농상공부대신, 군부대신 서리, 이왕직 장관 등을 역임한 관료. 친일반민족행위자) 대신에게 보여주고, 관계 당국의 도장을 받으면 곧 법률이 되었다. 당시 총리대신은 박제순(朴濟純) 씨였고, 내부대신은 이완용 씨였다. 박 씨와 민 씨는 인정이 두터웠고 이 씨는 프랑스풍으로 머리를 손질한 단정한 신사였다. 민 씨의 이마에 모자를 썼던 하얀 흔적은 지금도 내 눈에 남아 있다.

이즈음 이토 통감이 경성에 부임하셨다. 나는 소에다 총재를 대신해 역에 나가 환영하였다. 또 외성대에 있는 관사까지 동행하였다. 이 관저는 지난해까지 총독 관저였고 일본공사관이 있던 자리였다. 문 안쪽에 오르막길 왼편에 조그만 가건물을 지어, 후루타니(古谷) 비서관이 그곳에 계셨다. 이토 통감이 최초로 참내(參內, 대궐에 들어가는 것. =입궐)한 날은 날씨 좋고 바람 없는 날이었으나, 내린 눈이 덜 녹아 햐얀 날이었다. 나는 남산 중턱에서 기병의 무리가 마차를 기다리며 정열하고 있는 사진을 찍었다. 이즈음 나베지마 나오미츠(鍋島直映) 씨(지금은 후작)도 이토 공작의 권유로 농장 경영 조사 등의 용무로 경성에 들어와 있었다. 나베지마 씨 가문과 조선과의 관계 역시 그 역사가 깊다. 나베지마 씨도 사진이 취미였다. 이토 통감이 부임한 후 소에다 총재도 경성에 와서 손탁호텔에 머물렀다. 그 후 통감, 고문, 총재 사이에 여러 가지 협의가 있었으며 경제정책에 대해 통감은 메가타 고문의 건의를 모두 흔쾌히 받아들이셨다. 이때 결정된 사항은 다음 세 가지였다.

1) 흥업은행은 농공은행에 대해 35만 원을 융통하며 그 형식은 채권 인수로 한다.

2) 흥업은행은 한국 정부의 공채 1천만 원을 인수하며 우선 5백만 원을 인수한다.

3) 흥업은행은 경성에 지점을 설치한다.

35만 원은 농공은행이 설립되었을 때 인수되었다. 이것이 농공은행 최초의 주요 자금이 되었다. 다음으로 한국공채는 제일은행의 희망도 있어, 제일은행과 함께 후반 500만 원을 인수하였다. 그리고 지점은 당시 종로에 있던 기와집 두 채 중 한 채를 사용해 설치했으며, 다카하시 산조(高橋燊三) 씨가 지점장으로 취임하였다. 이 건물은 지금도 남아 있을 것이다. 후에 많은 건물이 들어서 조그맣게 보일 것이다.

흥업은행의 일도 일단락되어 소에다 총재는 경성을 떠나게 되었다. 나도 총재를 수행해 귀국하였다. 조선에서 있었던 공적으로 소에다 총재는 한국 정부로부터 1등 훈장을, 나는 3등 훈장을 받았다. 모든 일이 순조롭게 진행되었으나, 지점의 그 후 일은 유감스럽게 끝났다. 탁지부로부터는 여러 가지 부동산담보 대출의 권유가 있었다. 그러나 당시 조선의 토지제도, 토지조사 및 담보에 관한 법률이 아직 정비되어 있지 않아 흥업은행 중역 회의에서 거부되었다.

한국공채의 문제가 화제가 되었을 때 이토 통감은 "흥업은행이 만약 외국은행보다 한국에 불리한 조건을 요구한다면 일본의 은행이란 이유로 이를 용서할 수 없다. 그때는 외국은행에서 빌린다."라고 말한 적이 있다. 통감은 성의를 가지고 한국을 위하여 계획하고 이것이 일본을 위하는 것으로 생각하고 계셨다. 이러한 이토 공작도 하얼빈역에서 불귀의 객이 되셨다. 오해 또한 심했던 모양으로 매우 슬프다!

공채 발행이 성립된 그다음 날의 일이었는데, 소에다 총재가 통감 초대 연회에서 늦게 돌아와 나에게 내일 아침 가네야마 서기관에게 천 원을 전하라고 명령

하였다. 이유를 물으니 그날 밤 연회에서 이토 통감의 기분이 매우 좋아 비파 연주자인 오타케(お竹)에게 치쿠젠 비파의 연주를 요구하고, 나스노 요이치(那須與市)나, 코스이 와타리(湖水渡り)라는 곡의 연주가 끝나자 종이와 붓을 가져오게 한 후, "금 1천 원을 오타케에게 하사하노라."라고 쓴 다음 소리 높여 읽었다고 한다. 기왕 줄 돈이라면 새 돈으로 주고 싶다는 것이었다. 그런 큰돈이 없었기에 다음 날 아침 제일은행 지점의 미시마(三島) 지점장 대리를 방문해 돈을 바꾸어 가네야마 쇼지(金山尚志) 군에게 전달하였다. 가네야마 군은 이런 방면의 비서이기도 했다.

당시 여러 공작은 온 힘을 기울여 나라에 충성하면서도, 장난기 많은 어린이와 같은 놀이를 하는 사람도 적지 않았다. 이토 공작과 고다마(兒玉) 장군같은 이들은 이에 해당하는 대표적인 인물이고, 시대의 흐름이 지금과는 매우 달라서 일반적으로 공기가 한가로웠다.

2. 동양척식주식회사

1) 기원: 동양척식주식회사 곧 '동척'이 실제 동양협회의 손으로 설립된 것은 사람들이 알고 있는 바와 같다. 미네 하치로(嶺八郎) 씨 등이 동인도회사를 모델로 해서 안을 내었기 때문에 처음에는 매우 거대한 계획하에 추진되었다. 그리고 점차 수정하면서 실행 계획으로 가다듬었다. 그 후, 마츠자키 쿠라노스케[140] 박사가 대폭 수정하여 이토 공작은 맹렬하게 반대하였다. 이토 공작이 반대한 주된 원인 중의 하나는 대규모 일본 이민을 보내게 되어 있기 때문이라고 한다. 분명히 그때 계획한 수가 매우 많았다. 노다 우타로[141] 옹(翁)은 창립 당시를 이렇

---

140 역주: 松崎蔵之助, 메이지 시대부터 다이쇼 시대에 걸친 일본의 경제학자이자 법학박사로 제국학사원상을 수상, 그 외 일본은행 설립위원, 동양탁식회사 창립위원을 지냈다.

141 역주: 野田卯太郎, 일본의 정치가, 실업가. 호는 다이카이(大塊). 중의원 의원, 체신대신, 상공대신 등을

게 회고하였다.

이토 공작이 "대규모 이민을 보내 어쩔 셈인가?"라고 말하며 씩씩대며 화를 내셨으므로, "당신은 무슨 말씀을 하고 계십니까? 그런 숫자 따위, 제가 그걸 믿고서 찬성하는 것은 아닙니다. 조선의 경지면적 ○○정보, 현재인구 ○○명, 1인당 경지면적 ○○정보(反, 토지 면적으로 1町의 10분의 1. 약 10아르(are))입니다. 당신도 통감이라면 그 정도는 알고 있을 겁니다. 계획은 사람이 전혀 없는 데서 사업을 하라고 써 놓았으나, 나는 처음부터 그런 것을 믿고 있는 게 아닙니다. 대체적인 사안이 좋다고 생각하기 때문입니다. 되지도 않는 쓸데없는 것을 고집하여 당신도 화를 내시기보다 큰 걸 보고 서둘러 찬성해 주시기를 바랍니다."라고 말하자, 공도 "그런가?"라고 말씀하시고 그 후로 일이 진행되었다.

소문으로 들은 바에 따르면 당시 가쓰라 공의 고생은 매우 커서, 마지막의 경우에는 이토 공작이 있는 곳을 찾아 헤매다, 끝내는 궁내성까지 쫓아가 엎드려 고개를 숙여 찬성표를 구하셨다고 한다.

2) 중역: 초대 총재는 우사가와(宇佐川) 씨였는데, 내가 금융부장 겸 이사로 취임했을 때는 총재는 요시하라 사부로(吉原三郎) 씨, 부총재는 노다 우타로 씨, 이사는 하야시 이치조(林市蔵), 이노우에 코사이(井上 孝哉) 씨 두 명(1명은 결원)이었다. 나는 흥업은행의 이사였으나 소에다 총재가 사직해 중역 전부가 사직서를 제출하고 모두 회사를 그만두었다. 나는 만주철도의 촉탁으로 중국을 시찰하는 중

맡았다. 후쿠오카현의 일개 평민에서 장관으로 오른 인물이다.

에 친구들이 만주철도 이사로 추천해 주었으나 이유가 있어 사양하였다. 상해를 여행하는 중, 동척 이사로 추천되었다는 전보를 받았다. 귀국 후 요시하라 총재의 전화를 받고 마침내 취임을 수락하였다. 이 당시 이와사 테이조(岩佐程藏) 씨는 동척 이사를 그만두고 흥업은행에 입사했고, 나는 흥업은행을 그만두고 이와사 씨의 후임으로 부임하였다. 보직 교체였다. 당시 동척에 대한 평판은 좋지 않았으나 부임해 보니 그런 평판은 거짓이었고 오해에 불과하였다. 중역들은 모두 성실하고 근면한 사람들이었다. 실례되는 일이라고 생각하나 당시 중역들에 대한 추억을 적어본다.

요시하라 총재는 사람들에게 오해를 사기도 하였으나 정말 훌륭한 분이었다. 차갑게 보이는 겉모습과는 달리 마음이 따뜻한 분이었다. 일의 처리는 지극히 공평하고도 사적인 일이 없었고, 법률에도 해박한 지식을 갖고 있었다. 그림이나 골동품에 조예가 깊었고 말을 아끼는 편이었다. 고결한 인품을 가진, 근래에 보기 힘든 분이라 생각한다. 중역이 총사직하고도 아프고 불편한 몸을 이끌고 마지막까지 참으며 경성에 계속 머무르셨으나, 이런 일들은 보통의 사람은 할 수 없다. 즉, 이는 엄숙한 책임감에서 나오는 것이다.

노다 부총재는 과연 큰 인물이었다. 곁에 있을 때보다 떠난 후에 시간이 지날수록 점점 그 크기를 알게 되었다. 지금까지 내가 모신 분 중 숫자 개념에서는 마츠오 시게요시(松尾臣善) 씨(당시 대장성 이재국장)가 가장 뛰어난 사람이었으나, 인간적인 면에서는 노다 씨가 으뜸이었다. 중역 모임에서 논쟁이 벌어져 정오가 되어도 결론이 나지 않을 때 등에는 돌연 벌떡 일어나 "배가 고프니 밥 한 그릇 먹고 온다."라고 말하고는 사라져 버린다. "중요한 회의니 잠시 참아 달라."라고 해도 "배가 고프면 아무 일도 할 수 없다."라고 뚱뚱한 배를 끌어안고 사라져버렸다. 난폭한 듯 보이나 실은 이로써 한숨 돌리고 긴장을 푸는 것이다. 요령이 좋았다고 생각한다.

또한 다이쇼 5년(1916년)경의 일이었다. 중역 최후의 결산기에 우리는 탈곡하지 않은 쌀(籾) 1석을 4원으로 계산하고 8푼의 배당을 하려는 것에 대해, 탁지부는 3원 50전으로 하고 배당률을 뚝 떨구라고 하여 서로 고집하며 좀처럼 양보하지 않았다. 만약 3원 50전으로 한다면 배당은 불가능하였다. 이때 노다 씨가 데라우치 총독과 일대일의 담판을 벌였다. 총독은 조금이라면 올려도 괜찮다고 말해서 승낙받았다. 그때 무엇을 말했는가 하면, "데라우치 씨, 이건 논쟁을 벌이자면 양쪽 모두 이유가 있습니다. 쌀의 예상 가격과 배당 문제는 분리하여 생각하는 것으로 합시다."라고 말하자 총독도 이에 동의하였다. 쌀값 문제에 대해 여러 가지를 담판하여 마침내 한 가마에 3원 70전으로 하기로 협정하였다. 그리고 배당은 논쟁 없이 자연스럽게 처음 생각했던 배당률로 낙착되었다.

또한 어느 때에는 쌀값의 하락을 막으려 조선호텔에 명하여 첫 접시에서부터 마지막 접시까지 쌀을 이용한 서양 요리를 만들게 하였다. 그리고 정계와 일반의 요인들을 초대해 시식회를 열었다. 노다 씨는 조선뿐만 아니라 본국의 신문사에까지 쌀이 장래 서양 요리의 중요한 재료가 될 것이라고 선전하도록 한 적도 있다. 요리계에 혁신을 일으켜 쌀의 수요를 늘리려는 의도가 없지는 않았지만, 이러한 새로운 발상으로 사람들이 돌아보고 생각하게 하여, 조금이라도 수요 저하의 추세를 막아보려 했다고 생각한다. 실제로 조선에서는 한때 쌀 수요의 저하를 방지했던 것은, 정말로 옛날 군사(제갈공명)의 모습을 회상하는 듯한 일이었다.

노다 씨는 단순한 책략가만은 아니다. 사람들과 만났을 때는 매우 친절하며, 반면에 숫자 같은 핵심들은 확실히 파악하고 계셨다. 남조선 지방을 시찰할 때의 일이었다. 총독부의 어떤 관리가 동척 소유의 토지는 모두 하전(下田, 수확이 좋지 않은 땅)이라며 이를 비난하자, 노다 씨는 "총독부에서 발행하는 조선요람은 믿어도 좋겠습니까?"라고 물었다. 우리는 이 문제를 피해 다른 사항을 말해야 한다고 생각하였는데, 어쨌건 그 책은 신뢰해야 하므로 그 관리는 그렇다고 답했다. 노다 씨는 "저 책을 보면 조선의 전지(田地)는 ○○정보(町步), 수확량은 ○석, 이 정보의 평균 생산량은 ○석 ○두 ○홉으로 되어 있습니다. 따라서 동척의 1정보당 생산량은 보고서에 있는 바와 같이 ○석입니다. 그렇다면 동척의 토지는 조선의 평균인 중전(中田)보다 훨씬 좋습니다."라고 정확한 숫자로 대답하였다. 관리는 아무 소리도 낼 수 없었다.

부총재는 동척의 중국, 특히 만주 진출에 대하여 열의를 가지고 계셨다. 만주에서 휴식을 취한 적이 있다. 당시, "여름 구름과 흥안령까지 한 구역"이라고 시 한 구절을 읊었다. 이 구절이 신문 기사에 발표되었을 때 당시 중국 관헌들은 신경을 곤두세웠다. 그 후에 항의하려고 중국인들이 찾아왔으나 내가 그들을 담당하였다. 노다 씨는 무문회(無門會)라는 수양단을 만들었다. 사람들을 묘심사(妙心寺) 별채에 모아 후지 선생의 강의를 듣게 하려는 의도였다. 이 역시 잊으면 안 되는 사건이었다. 후지 선생은 지금 묘심사 대학의 학장으로 있다. 학문과 덕을 겸비한 청빈한 스님이다.

하야시, 이노우에 두 사람은 지금도 활발하게 일하고 있다. 사람들이 알고 있듯 우수하고 개성이 있는 인물이다. 토지제도가 혼란했던 초창기나 쌀값 폭락으로 고통을 겪고 있을 때 하야시 씨는 이러한 문제들을 적절하게 처리하였다. 이민 문제가 오늘날과 같이 끝나 버렸다면 고민할 필요조차 없다. 그러나 당시에는 상상하기 어려울 정도로 고통을 겪었다. 이노우에 씨는 이민 문제를 주로 처리하였다. 당시 오사카에 사는 주주로, 동척회를 조직한 시마 도쿠조[142]라는 사

---

142 역주: 島德蔵, 일본의 실업가, 상장사, 일본 휘발유회장

람이 있었다. 동척회의 대표인 그는 배당을 늘리라고 강요하며 중역들을 괴롭혔다. 이노우에 씨는 이에 끈기 있게 맞서 이 문제를 해결하였다.

3) 업무: 내가 동척에 재직 중이던 1914~1915년에 쌀값이 폭락하여 소작농에게서 받은 32만석을 처리하는 데에 어려움을 겪을 정도였다. 과일 생산은 쌀 생산에 비하면 매우 적은 양이었으나 수확량이 풍부했다. 그러나 조선 일대가 과잉생산으로 가격이 심하게 내려가서 가능하면 동업자들이 괴롭지 않도록 이익은 포기하고 하얼빈에 위탁판매를 의뢰하였다. 그처럼 농업 불황의 시대였기 때문에 신규 대출은 거의 없었을 뿐 아니라, 현재 대출된 자금의 이자나 원금도 제대로 들어오지 않았다. 금융부 역시 많은 어려움에 부닥쳐 있었다.

이러한 상황에서도, 조선 또는 동척을 위해서 물이용조합만은 반드시 창설해야 한다고 생각하였다. 이때 만들어진 것이 포항물이용조합, 대정물이용조합(大井水利組合), 그리고 예로부터 숙원사업인 동진강 상류에 터널을 뚫어 전라북도의 평야에 물을 끌어들이는 사업이었다. 이 중에 대정수리조합 및 후지이 간타로(藤井寬太郞) 씨에 관해서는 자세하게 언급하고 싶다.

대정물이용조합은 내가 부임하자마자 후지이 씨가 찾아와 그 필요성을 누누이 강조한 조합이었다. 후지이 씨는 솔직하고 열정이 있는 사람이었다. 그의 계획은 적절한 듯이 보였으나 이에 대하여는 이견이 많아, 차근차근 조사하기로 하였다. 그런데 다이쇼 4년(1915년) 1월의 어느 추운 날, 가장 추울 때, 가장 추운 지방을 시찰하고 싶어 평안북도를 향해 경성을 떠났다. 그리고 폭설이 쏟아진 때여서 후지이 씨가 사업을 벌이고 있는 지역에는 가지 않을 예정이었으나, 후지이 씨의 열의에 감동해, 나는 사택을 나서기 전에 이번 여행의 일과 관련하여 후지이 씨에게는 봄에 찾아갈 것이라 알려 두었다. 기차가 막 출발하려고 할 찰나에 내가 탄 열차로 뛰어든 사람이 있었다. 보아하니 후지이 씨였다.

기차 안에서 옷매무새를 고치며 후지이 씨는 실례지만 내게 돈 ○원을 빌려 달라고 했다. 나는 순간적으로 놀랐으나, 그는 "무슨 일이 있어도 내 사업지를 보여주어야 한다, 이번 기회를 놓칠 수 없어 전화를 받자마자 옷을 들고 달려왔는데, 그만 지갑을 빠트린 것이다. 피현(枇峴)의 사무소에 가서 갚을 테니 기차 운임만 빌려 달라."라고 하였다. 그의 정열에 감탄해 마침내 취수구(물을 끌어들이는 시설)에서 이용하는 땅(蒙利地)까지 여기저기 끌려다녔다. 당연히 나는 즐거운 마음으로 그가 하자는 것에 응한 것이다. 당시 후지이 씨는 부상을 입은 직후였는데, 취수구로 가는 길에서 말을 타고 가다가 그 풍풍한 몸이 '쿵' 하고 낙마했다는 것이다. 최근 후지이 씨는 병을 앓고 있는데 당시 말에서 떨어진 것이 원인이라 한다.

다음 날 나는 후지이 씨와 함께 신의주에서 광차(鑛車, trolley train)에 탑승하여 눈 속을 뚫고 의주로 가서 가와가미(川上) 도장관(道長官)을 방문했는데, 그때의 한기는 뼈를 깎는 듯했고, 발가락이 얼어 뽑힐 것 같은 느낌은 지금도 생각하면 한편으로는 고통스러운 추억이기도 하고, 한편으로는 보람차서 잊을 수 없는 일이었다. 대정물이용조합에 대한 투자는 그 후 총독부에서 지시가 내려왔다. 회사 내에서도 여러 가지 조사를 하였다. 당시 근업은행조차 투자하지 못한 거금 120만 원의 대출이어서, 참고로 하기 위해 본국을 시찰하였다. 니가타현에서 구마모토까지 많은 물이용사업을 시찰하고 마침내 중역 회의의 의결을 거쳐 대출을 결정하였다. 최근 내가 들은 바에 따르면 이 사업은 성공을 거두었다고 한다. 당시 이 사업과 깊은 관계에 있던 나로서는 감개무량할 따름이다.

동척의 장래 사업에 관하여는 나도 중역들도 모두 깊이 생각하고 있었다. 그럼에도 근본적인 하나의 큰 고민이 있었다. 곧 동척은 일한병합 전에 창설된 것으로 논과 밭의 소유자가 그 목적이며 또한 그 경제의 주된 방침으로 되어 있으나, 일한병합 후 조선총독부가 동척의 목적을 인정하지 않으며, 회사의 경영 방침을 포기하라는 말을 듣게 되어 심히 곤란한 상황에 빠진 것이다.

한편으로 보면 총독부의 주장도 무리는 아니나, 동척도 회사이고, 게다가 정부의 지시에 따라 본래의 목적을 수행해 온 이상, 그리 가볍게 영업의 이익을 포기할 수는 없었다. 거기에서 고뇌가 생겨난 것이었고, 총재, 부총재, 이사들도 광산 경영 등 금후의 방침을 조사·연구하고 있었다. 나는 조선의 각 도를 시찰한 결과, 동척의 경영 방침으로 다음 세 가지를 주장하였다.

1. 총독부의 희망대로 바로 토지의 구입을 포기하면 그만큼 동척의 이익은 줄어들게 되어, 정부 또는 주주인 출자자에 대해 책임져야 하므로, 대신 이익이 될 수 있는 사업을 주어야 한다. 당시 거의 개발되지 않고 있던 함경북도 산림을 낮은 가격으로 구입하고 싶다. 그렇게 되면 동척은 제재(製材)와 함께 펄프 제조사업을 벌일 수 있다.

2. 나는 동척이 수력전기 경영에 참여할 필요가 있다고 생각한다. 현재 수력발전에 적당한 지역이 눈에 띄지 않으나 찾아보면 있을 것이다. 대동강 상류인 개천(价川)에 좋은 지역이 있다고 한다. 일단 조사에 착수하고 싶다.

3. 법률을 고쳐 달라 하여 만주로 진출해야 한다. 그리고 점차 범위를 확대해 만주 본부까지 진출해야 한다.

이 중에서 함경북도 산림 경영, 펄프 제조는 이른 시일에 조사하고 싶어, 다이쇼 천황 폐하가 즉위할 무렵에 우선 금융 방면의 조사를 하러 함경북도를 시찰할 당시 함경북도의 교통은 모두 광차를 사용하였다.

그리고 만주 진출의 문제는 총재 이하 중역 모두의 의견이었다. 특히 앞에서 언급한 노다 부총재는 열심히 이를 추진하였다. 당시 장쭤린의 밀사(일본인 3명)가 노다 부총재를 방문한 적이 있다. 장 씨와 힘을 합해 농업 경영을 해보자는 제의가 있었다. 밀사는 장 씨가 출자할 토지에 대하여 자세하게 기술한 자료를 전했다. 그 토지는 각 지방에 걸쳐 있었고 특히 금주(錦州) 지방이 많았다.

이 서류는 내가 보관하고 있었다. 총사직으로 사무 인수인계를 할 때 요시하라 총재의 명령을 받아 이시즈카 신임 총재 및 다카세 이사에게 전달하였다. 우리는 동척이 만주로 진출하게 된다면 장쭤린이 제안한 사업을 조사해 타당성이 있으면 실행하려 생각하고 있었다. 그러나 이후 이 사업에 관한 이야기는 들어본 적이 없다. 또한 우리는 조선에서도 채권을 발행할 수 있도록 청원하였다. 만일 만주에 진출하였다면 만주에서도 채권 발행을 할 생각이었다.

3. 동척과 척산은행 및 일본근업은행

앞에서 언급한 바와 같이 동척과 식산은행과 농공은행은 설립의 근원이 달라 연락할 일은 없었다. 그런데 이때 농공은행을 합하여 오늘날의 식산은행을 설립하려 하는데 스즈키 씨 등이 당시로서는 예상 밖으로 생각되는 일을 추진하고 있었다. 어느 날 나는 친구인 스즈키 씨를 방문하여 잡담을 나누었다. 그때 "이번 설립되는 농공은행과 합동하는 은행의 은행장은 바로 자네일세."라는 기묘한 이야기를 해서 이유를 물으니 그들의 생각이 밝혀졌다. 향후, 동척의 금융부장을 신 은행의 행장으로 취임시켜, 동척과 농공은행의 관계를 밀접하게 한다는 것이었다. 자금 조달 역시 농공은행의 채권으로는 신용이 없으므로, 동척의 사채로서 자금을 모집하고 이를 새로 설립되는 은행에 융통한다는 내용이었다. 묘안이기는 하였으나, 스즈키 씨가 뭘 말할까 생각하여 웃으며 깊게 생각하지 않았다. 솔직하게 말하면 이사에 불과한 내가 할 수 있는 일은 그리 많지 않았다. 또 나는 중국에 가서 일해보고 싶었다. 내 뜻을 전해 놓았으나 그 후로도 그러한 방침으로 착착 추진되었다.

그 후 얼마 되지 않아 나는 사직하여, 후임자인 다카세(高瀬) 씨가 새 은행의 행장이 되어야 하였으나, 그가 취임할 무렵에 동척은 본점을 도쿄로 옮기게 되어 행장으로 취임이 불가능하게 되었다. 이리하여 조선은행에서 업무를 직접 담당하지 않았던 미시마(三島) 씨가 행장에 취임하였다. 내가 경성을 떠난 후의 일은 스즈키 씨와 도쿄에서 만났을 때 전해 들었다.

이러한 과정을 통해 동척과 농공은행계는 특별한 연락없이 오늘에 이르렀다. 그러나 식산은행은 오늘날 상당한 성적을 거두고 있다. 대장성이 비난할 정도로 낮은 금리의 채권을 발행할 수 있는 신용을 쌓았다.

또한 동척과 근업은행 역시 어떤 관계도 없다. 오히려 근업은행이 조선 진출을 추진했던 적이 있다. 시무라(志村) 총재는 스스로 조선에 와서 총독부와 절충하기도 하고 우리 측에게도 자문하였으나 이루어진 일은 없다. 물론 될 일도 아니기 때문이었다.

그 밖에 말하고 싶은 내용이 매우 많다. 지론이었던 산수(山水)의 미화와 조금이나마 노력한 일은 말하고 싶지만, 지금은 하지 않겠다. 어쨌건, 그때의 시점에서 보면 조선의 변천과 진보는 실로 놀랄 만할 정도로 내가 조선에 있던 시절을 돌아보면 그 모든 것이 추억거리이며, 게다가 지나간 일들이 아득한 꿈과 같아 벌써 일한병합 25주년을 맞이하게 되었다. 나날이 조선의 문화가 향상되고 발전하여 산업과 기타 분야가 드디어 발달을 보게 되어, 조선 동포의 행복을 증진하는 것은 참으로 기쁜 일이다.

49. 경모하는 데라우치 백작

하기와라 히코조(萩原彦三) / 척무성(拓務省) 관리국장, 전 조선총독부 함경남도지사[143]

나는 1916년 6월 데라우치 총독 당시 학교를 졸업하고 얼마 되지 않아 조선 총독부 심의실에 근무하게 되었다. 그 후 나는 심의실에서 학무과장, 수신과장, 문서과장, 토지개량과장을 거쳐 함경남도지사가 되었다. 쇼와 10년(1935년)에 현직에 취임하였다.

조선의 제반 정책도 상당히 정비되어 문화의 향상과 함께 사회적, 사상적으

---

143 역주: 원 책의 저자 소개는 다음과 같다.

사이타마현(埼玉縣) 사람. 메이지 23년(1890년) 4월, 히데마사(英政) 씨의 사남(四男)으로 태어나, 다이쇼 14년(1925년), 친형인 사다시게(貞重) 씨로부터 나와 일가(一家)를 창립한다. 다이쇼 4년(1915년) 문관고등시험에 합격, 다이쇼 5년(1916년) 도쿄제국대학 법과대학 법률과를 졸업하고, 다이쇼 6년(1917년), 조선총독부 시보(試補)가 되었다. 다이쇼 7년(1918년), 참사관으로 임명되고, 다이쇼 12년(1923년) 동(同) 사무관이 되어, 학무과장 겸 종교과장을 맡았다. 이후 식산국(殖産局) 수산과장, 관방문서과장(官房文書課長), 심의실사무관, 토지개량과장을 역임했다. 쇼와 8년(1933년), 함경남도지사로 임명받고, 쇼와 10년(1935년), 척무성(拓務省) 감리국장으로 부임했다. 일전에 유럽과 미국을 시찰하였다. 20년간 조선에 머물러 반도에 관해서는 가장 정통한 인사이다.

로도 조선인이 활발히 활동할 수 있게 된 현실은 정말로 즐겁다. 나는 조선에서 대부분을 심의실에서 보냈기 때문에 특별히 말할 만한 이야기가 없다. 여러 가지 실제적인 정책과 경영에 관해서는 선배들의 재미있는 회고담이 있었다. 나는 이 점은 언급하고 싶지 않으나, 내 마음속에 깊이 남아 있는 분들에 대한 감상을 말하기로 한다.

조선 총독으로서 데라우치 백작에 관한 세간의 평가는 매우 다양하였다. 이른바 무단정치를 비난하는 목소리는 상당히 높았으나, 백작이 진지한 태도와 성의를 갖고 조선 통치에 임하셨던 것은, 주위 사람들은 물론 백작을 만나본 일본인과 조선인 모두 인정하는 사실이다. 백작의 위대한 인격과 조선 통치에 끼친 공적에 대하여 세월이 흘러감에 따라 세상의 인식이 깊어지고, 또 본국과 조선인 모두가 마음속으로 우러러 사모하는 정을 깊게 하고 있다.

데라우치 백작은 취임하자마자 매우 열심히, 지극히 친절하게 조선 민중을 위하여 힘쓰셨다는 것은, 남겨진 여러 가지를 종합해 보아도 오늘날 점점 그 느낌을 깊게 하는 것이다. 그리고 조선 통치에 대한 백작의 대방침은 한결같이 조선인을 위해 계획하여 그 복지 증진을 목적으로 하는 것이다. 시행 중인 여러 정책을 보아도 조선은, 조선이 가진 특수한 사정에 기초해 적합한 정책을 펴야 한다는 방침을 취하여, 그 특수한 사정에 근거해 통치의 근본을 정하였다. 교육 문제, 지방제도 문제 외에도 학술상의 문제, 산업 시책의 문제도 조선의 독특한 제도를 마련한 후에 실시하였다. 이것이 백작의 위대한 업적이다.

다만 그 추진 방식이 다소 급격했다는 시각은 있어도, 통치의 기본 방침만큼은 실로 훌륭하였다고 생각한다. 하지만 이에 대하여 일반 민중의 이해는 충분치 않았을 것이나, 어쨌건 그 당시는 지금만큼 데라우치 백작의 조선 통치에 관해 이해하고 있는 사람은 많지 않았던 모양이다. 그런데도 세월이 흘러감에 따라 백작의 참뜻에 대한 이해를 깊게 하고 백작을 향한 추모의 정이 점점 높아졌다.

당시 조선 통치에 관한 정책의 각 부문에서 데라우치 백작이 정한 여러 정책의 기초가 잘못됨이 없었던 것을, 오늘날 서로 비추어 생각하면 데라우치 백작이 훌륭했든, 또는 백작의 주위에 있던 사람들이 훌륭했든 간에 데라우치 백작의 조선 통치에 관한 대방침을 여실하게 표방하는 제반 계획이나 정책의 경영은 실로 대단하였다. 이 점에서 보더라도 단지 일개 무관인 자가 그 정도의 대계획, 대사업의 성과를 거두는 것은 도저히 어려운 일이다.

즉, 데라우치 백작의 시기에 정비된 지방제도, 재판·감옥제도, 산업제도, 하천 정리, 세제(稅制)의 정리, 고적과 유물의 보존사업 등은 모두 근본적인 기초를 확립하려는 대사업이었다. 특히 고적과 유물의 보존사업 등은 세계적으로도 널리 드러나 있다.

생각건대 이토 통감의 시기에 본국에서 다수의 인재를 모아 조선에 파견하였는데, 이분들이 데라우치 백작이 총독으로 취임했을 때 조선 통치를 도운 것이 데라우치 백작의 조선 통치가 성공한 한 원인이었을 것이다.

이렇게 데라우치 백작을 보좌하는 많은 인재가 있었고, 다른 한편으로 널리 내외의 학자나 실업가 등의 의견을 구하여 중지(衆智)를 모아, 실제 시책에 맞추어 계획을 세웠던 것이 분명 조선 통치에서 실수하지 않은 이유였을 것이다.

그 후 시대의 정세에 따라, 조선의 사정도 상당한 변화를 겪었기 때문에, 각 분야에서 시책의 방법 또는 완급의 정도가 어느 정도 변화하는 경우는 있더라도, 데라우치 총독의 시기에 정비된 근본적인 방침은 대체로 일관되어 움직임이 없었다.

세간의 평가는 백작이 단순한 무관에 불과하여 절대로 문치를 이해할 수 없는 인물처럼 전하여, 몇 년 후에 발생한 분규의 한 원인도 역시 통치의 방침을 세우지 못한 백작의 책임이라고 전가하는 사람도 있다. 그렇기는 하나, 다이쇼 8년 (1919년) 만세 소요 사건과 같은 불상사가 일어난 원인은 시국의 영향을 여러모로 받은 것이므로, 오히려 통치 관계자에게만 책임이 있다고 하는 것은 매우 가혹하다. 그러나 민중의 움직임에 민감한 사람들이 이러한 국면에 처하면, 미리 이런 움직임을 알고 적절한 대책을 세울 수도 있다. 그 상황에 있지도 않으면서 불상사의 발생을 두고, 바로 "데라우치 백작의 무단정치 악업에 대한 벌"이라 주장함은 사안에 대하여 한 면만 아는 혹평에 불과하다.

요컨대 정치는 항상 살아 약동하는 것이다. 따라서 잣대와 규정을 가지고 이를 다루려는 것은 완벽히 불가능하다. 그리고 정치는 한편으로 힘이다. 따라서 시대의 변천과 생활 수준의 높낮이를 고려해 시대의 흐름에 순응하며 생활 수준에 적합한 방침을 실천할 필요가 있다. 조선의 시책과 방침도 또한 이 과정을 단계적으로 밟고 있다. 후일의 관점으로 일한병합의 당시를 다루려는 것은, 심히 당치도 않은 일이다.

겉으로는 근엄하고 단정한 모습의 백작은 안으로 따뜻한 마음을 품고 매우 친절하고 정중하게 조선인을 접했다. 한결같이 조선인의 복리 증진에 뜻을 두어, 조선인의 편이 되고, 조선인을 위한 시책을 행하셔서, 오늘날 많은 조선인이 백작을 끊임없이 추모하고 있음은 바로 백작이 후대에 남긴 덕을 보여준다.

내가 조선에 재직할 때 상사로 모셨던 분 중에 가장 인상에 남은 사람은 오오츠카 츠네자부로(大塚常三郎) 씨이다. 오오츠카 씨는 일한병합 전에 내무성에서 조선으로 부임하여, 총독부에 근속하여 다이쇼 8년(1919년)에 내무국장이 되어, 14년(1925년)에는 마키노(牧野) 내대신(內大臣) 밑의 비서관장으로 본국으로 돌아갔다. 오오츠카 씨는 오랫동안 참사관으로서 총독부의 모든 계획을 입안하였다. 예민한 감각, 명석한 두뇌를 갖고 있었고 성격은 호방하고 마음이 활달하며 권세에 흔들리지 않으며 아첨을 싫어해 어찌 보면 입이 험한 분이었다. 게다가 매우 자기주장이 강한 분으로 아무리 세력이 있는 사람에게라도 철저하게 자신의 의견을 주장하여 굽히지 않는 기풍이 있어서, 오오츠카 씨에 대해 타협이 부족한 독불장군(狷介不羈)이라는 비난이 있었다. 그러나 그것은 자기 의사가 강한 사람의 본질을 정확하게 나타내는 것이다.

그뿐 아니라 감각이 뛰어나, 사안의 판단이 정확한 데다가, 사람의 마음을 꿰뚫어 보는 통찰력이 뛰어났던 점은 경탄할 정도였다. 당시 총독부에 재직하고 있었던 사람들을 촌철살인(寸鐵殺人)하듯 평가한 적이 있는데 지금 생각해 보면 하나하나 맞아떨어졌다. 오오츠카 씨의 두뇌의 비범함에는 지금도 놀라는 때가 많다.

오오츠카 씨는 상당히 오랫동안 총독부 참사관으로서 제도나 법령의 심의와 입안을 담당했던 관계로 오오츠카 씨의 손으로 만들어진 법령이 매우 많았다. 이들에 대하여 훗날에 와서 심히 곤란하다는 비난을 들은 적이 없었다. 지방제도와 같이 시대의 변천에 대응하는 내용도 대체로 형식이 갖춰져 있기에, 시대의 요구에 따라 단지 여기에 개선을 가하면 되는 것에 지나지 않았다. 일반적으로 법령의 심의나 입안을 담당하는 사람들은 자신이 만든 법령이 몇 년 만에 이른바 '조령모개(朝令暮改, 자주 뜯어고치는 짓)'가 되지 않도록 고민하는데, 거기에서 혜안과 달견을 가진 자와 평범한 자의 차이가 나는 것이다. 아마 오오츠카 씨가 만든 법령은 훗날 어떤 결점도 나타나지 않을 것이다. 현재 총독부 간부인 야시마(矢島) 농림국장이나 토미노(富永) 경기도지사 등은 그에게 직접 지도받은 전도유망한 자들이다.

오오츠카 씨는 그 호방한 성격만큼이나 성질과 행실에 여러 가지의 기행도 많고 일화도 많이 남겼다. 어떤 축하회에서 돌아오다가 대례복의 정장을 입은 채로 용산에 있는 술집 앞에서 서서 그릇째로 술을 마시다 예복을 술로 더럽혔다는 이야기는 너무나 유명한 일화 중의 하나이다. 생각하면 그 당시 그의 풍모가 생생하게 눈에 떠오른다. 아아, 그는 이미 고인이다.

50

고(故) 시모오카 정무총감을 추모함

이케다 히데오(池田秀雄) / 전 조선총독부 식산국장, 중의원 의원[144]

나는 시모오카 정무총감 밑에서 조선총독부 식산국장으로 일하였다. 시모오카 씨가 추천해 주었기 때문이다. 나와 그는 그 이전에는 친한 사이가 아니었다. 시모오카 씨가 내무차관이었을 때 내가 지방의 이사관으로 상경할 때 두 번 정도 본 정도였다.

내가 아키타현 지사로 되어 2개월 정도 지났을 때, 내각 서기관장에게서 편

---

144 역주: 원 책의 저자 소개는 다음과 같다.

사가현(佐賀縣) 사람인 이케다 데쓰(池田轍) 씨의 셋째 아들로 메이지 13년(1880년) 2월에 태어나, 다이쇼 7년(1918년) 친형 데쓰오(哲夫) 씨로부터 나와 일가를 창립한다. 메이지 42년(1909년), 도쿄제국대학 법과대학 영법과(英法科)를 졸업하고, 문관고등시험에 합격, 도쿄 아사히신문 정치부 기자였는데, 관계에 들어와 척식국(拓殖局) 서기관, 나가노(長野) 히로시마현(廣島縣) 이사관, 미야기현(宮城縣) 시학관(視學官), 기후현(岐阜縣) 경찰부장, 외무사무관(外務事務官) 겸 내무서기관, 미야기현(宮城縣) 내무부장, 아키타현(秋田縣) 지사(知事)에서 조선총독부 식산국장(殖産局長)을 역임하고, 한때 관계를 떠났으나, 쇼와 4년(1929년), 홋카이도(北海道) 장관이 된다. 퇴임 후 한때 경성일보 사장을 했고, 대의사(代議士. 국회의원 또는 중의원 의원. 옮긴이)에 당선되어 현재 민정당(民正黨) 소속의 빼어난 지도자로서 주목받고 있다.

지 한 통을 받았다. 시모오카 씨가 정무총감으로 조선에 건너가는데 조선으로 가 주었으면 한다는 갑작스러운 이야기였다. 그런데 그도 내게 두세 번 편지를 보내 조선에 와 달라고 하였다.

나는 그때마다 정중하게 거절하였으나, 편지로는 설명이 불충분하다고 생각하여 당시 시모오카 씨가 도쿄에 머무르고 있을 때 도쿄로 상경하여 그를 만나, 후의(厚意)에는 감사하나 갈 수 있는 입장이 아니라고 확실하게 조선 부임을 완곡하게 사양하였다. 그리고 그때, 시모오카 씨에게 내가 받을 지위라면 현재 총독부에 근무하는 친구가 있으니 그들이 좋을 것이라고 말하였다. 한두 명의 이름을 말하며, 이 사람들이 나보다 훨씬 적임자이니 채용해 달라고 추천하였다.

그때 시모오카 씨는 역시 나여야 한다는 말을, 돌아가려는 나를 붙잡고 현관까지 따라와서 반복하였다. 나는 현관 앞에서 "저는 오늘 밤 임지로 복귀하므로, 분명히 거절하겠습니다."라고 말하고 그의 집을 나와, 그길로 내무성으로 갔다. 현재의 궁내대신인 유아사(湯淺) 씨가 당시 내무차관이어서, 그와 만나 시모오카 씨와 있었던 일을 이야기하였는데, 유아사 씨도 내 의견에 찬성하였다. 지금 지방 장관의 이동은 매우 곤란하니 거절하길 잘하였다고 말해 주었다.

그때 나는 스루가다이(駿河臺)의 류메이칸(龍名館)에 숙소를 잡았는데. 오가와(小河) 비서관이 내 숙소로 와서, 시모오카 정무총감이 지금 한번 면회하고 싶어 하시니 저녁 6시에 고이시카와(小石川)의 가이라쿠엔(偕楽園)에서 함께 식사하자는 것이었다. 거절하는 것은 실례라 생각하여 귀임지로 향하는 기차 시간에 맞추어 약속을 정하고 그 장소에서 시모오카 씨와 저녁을 함께 하였다.

그때 시모오카 씨는 다시 조선에 와 달라고 열심히 설득하시며, 2년이라도 좋으니 와 달라고 말씀하기에 나는 "조선에 가게 된다면 2년이나 3년이란 생각은 갖고 있지 않습니다만, 오늘 아침에 말한 대로 거절하겠습니다."라는 뜻을 분명히 밝혔다. 그럼에도 시모오카 씨가 열심히 권유하시기에 나도 어쩔 수 없이 그에게 "저 역시 공직자여서 제가 독단으로 할 수는 없습니다. 내무성에서 저를 조선에 보낸다면 가겠습니다. 만일 내무성에서 가지 말라고 하면 갈 수 없습니다. 제 일신은 내무성에 맡겨두었습니다."라고 대답하였다.

당시 나의 마음속에는 당일 유아사 차관과 했던 이야기를 생각해도 내무성에서는 나를 조선으로 보내지 않으리라 생각하였고, 나 자신 역시 고작 2~3개월 일하고 아키타현을 떠나는 것은 현의 사람들에게 송구스러운 일이라 생각하였다. 시모오카 씨는 헤어질 때 "자네가 그 정도까지 사양하면 됐네. 그렇다면 와카츠키 내무대신을 반드시 설득하겠네."라고 말하며 웃었다.

나는 시모오카 씨와 헤어져 자리를 떴으나, 그의 정치가로서의 집착에는 감탄할 수밖에 없었다. 보잘것 없는 우리를 필요로 하는 것보다, 오히려 생각을 굳혔다면 끝까지 관철하려는 정치가로서 집착의 힘을 많이 가지고 계신다는 느낌을 시모오카 씨에게 느꼈다.

아키타현에 돌아와서 나는 시모오카 씨의 요청은 이미 끝났다고 생각하였다. 나의 거절로 모든 문제가 결말지어졌다고 생각해 버렸다. 그러나 현 의회를 개회하는 중 시모오카 씨가 보내는 전보로 나를 조선으로 발령한다는 통지를 받고 매우 놀랐다. 내 예상을 뒤집고 와카츠키 씨를 설득하고 관계되는 쪽을 움직여, 마침내 자신의 주장을 관철하는 정열에는 경탄할 뿐이었다.

나는 다이쇼 13년(1924년) 12월 조선으로 부임하는 도중, 부산에서 신문기자에게 조선의 산업은 쌀 생산 늘리기, 산 가꾸기 등이 제일 먼저 착수되어야 할 것으로 말하였다. 경성에 도착한 후, 사이토 총독, 시모오카 정무총감에게 인사차 갔다. 그 자리에서 시모오카 총감은 "자네 생각은 신문에서 보았는데 내 생각도 바로 그대로다. 그 생각으로 크게 힘쓰기를 바라네."라고 말해 주었다.

이리하여, 쌀 생산 늘리기 계획, 산 가꾸기, 산업조합법의 기안, 그 밖에 조선의 산업 진흥에 필요한 안건에 대하여 식산국의 각 과장과 국원이 계획, 입안하였다. 시모오카 정무총감은 두뇌가 명철하여 여러 사항들은 충분한 조사가 된 것이므로, 이들의 여러 조건에 대해서는 대체로 이의 없이 채택하였다.

이러한 안건은 조선에서 몇 년 전부터 논의되어 온 현안으로, 각 부와 국 사이에 복잡하고도 미묘한 관계가 있어 지금까지는 해결이 쉽지 않았다. 당시 총독부에는 한주에 2회 다과를 하며 이야기하는 '부국장 회의'라는 것이 있었다. 어느 날 나는 회의 석상에서 쌀 생산 증산 계획에 관해 내 견해를 말한 적이 있었다. 시모오카 총감은 총독 옆에서 담소하고 있다가 부국장 앞에서 내 얘기를 듣고 그대로 결정해 버렸다. 다른 현안을 계속해서 제시하면 시모오카 총감이 결정 방침을 통보하였다. 복잡한 현안도 해결 방침이 결정되어 일하기 쉬워졌다. 이 부국장 회의에서 종래 큰 현안이었던 쌀 생산 늘리기 계획 이하 여러 가지 문제가 결정을 보기까지의 경과는 매우 간단하였다. 시간으로 보면 1시간 만에 결정되는 것이다. 그 당시 나는 시모오카 총감의 결단력에 감탄하였다. 시모오카 씨의 정무총감 시대는 겨우 2년 정도에 불과하였으나, 당시 가장 필요했던 산업 정책의 기본적 개혁 방안이 한 번에 결정된 것이다. 당시 조선에서는 시모오카 씨를 근래에 보기 힘든 명총감으로 칭송하는 것은 이유가 있었다고 생각한다.

시모오카 씨가 처음 병이 났을 때 나는 우연하게도 그 장소에 있었다. 어느 날 본국에서 손님이 와서 만찬이 열렸고 나는 배석자로 참석하였다. 당시 그 자리에 있던 사람은 본국에서 온 야마시타(山下) 씨, 비서관 오가와 씨와 나를 포함한 네 명뿐이었다.

그다지 특별한 이야기도 없었고 다만 세상 돌아가는 이야기를 하다가 식사를 마쳤다. 화장실에 용무가 있었는지는 모르겠으나 시모오카 총감이 잠시 자리를 비웠다. 그리고 입구의 병풍 뒤에서 '쿵' 하는 소리가 나기에 모두 일어나 가 보니, 그가 엉덩방아를 찧으며 넘어져 있었다. 예상치 못한 일이어서 누구라 할 것 없이 모두가 놀랐는데, 오가와 비서관이 매우 걱정하여 의사의 진찰을 받도록 한 후 휴식을 취하도록 조치하였다.

다음 날 아침, 시모오카 총감의 상태를 전화로 물어보니 그다지 걱정할 일은 아니라고 했다. 우리가 만찬에 초대받은 날은 토요일 밤이었는데, 하루가 지난 월요일에 시모오카 총감은 정각에 총독부로 출근하였다. 그래서 내가 정무총감 실에 가서 살펴보니 그의 안색이 매우 창백하였으나 활기찬 어조로 별일 없다는 듯이 말했는데, 그때 나는 시모오카 총감이 참을성이 강하다는 사실을 뼈저리게 느꼈다.

이 사건이 있고서 얼마 안 되어 시모오카 총감은 당시 가장 교통이 불편했던 북조선 지방을 시찰하였다. 더운 햇살이 내리쬐는 여름에 각지를 빠짐없이 시찰해, 예전부터 착수하려 했던 북조선의 개발을 위해 가장 필요하다고 주목하던 북조선 철도의 부설 계획을 수립하고 결정하였다. 이 여행에서 몸이 많이 상한 듯했으나, 9월에 들어서는 쌀 생산 증산 계획, 철도 계획, 치수 계획, 항만 계획 또는 하천 개수 계획 등의 여러 안건을 정부와 협의하기 위해 도쿄에 왔다.

그러나 이때는 꽤 쇠약해진 상태였다. 시모오카 총감은 상경(上京)한 직후에 당시 대장대신(大藏大臣) 하마구치 오사치(濱口雄幸) 씨를 만나 밤늦게까지 오랫동안 여러 안건을 설명하고 열심히 관철하려 노력하였으나, 강인한 정신력의 소유자인 그도 과연 병에는 이기지 못하고 이후로는 병상에 눕게 되었다.

시모오카 총감은 조선 개발에 가장 중요한 여러 안을 실현하기 위해 병을 참아내며 정부 당국과 절충을 거듭하였다. 이 과정에서 병이 악화하여 마침내 병상에 눕게 된 까닭에 나는 소관 사무를 위해 상경하였다. 사이토 총독도 함께 상경하였다.

조선의 쌀 생산 증산 계획에 관하여 당시 여론은 그 필요성에 공감하여, 조선의 산업 정책상 중요한 문제로 인식하고 있을 때였으며, 당시 정부에서도 이 계획은 대체로 그다지 우여곡절을 겪지 않고 용인할 방침을 결정하고 있었다. 여기까지 이르게 된 것은 가토총리를 비롯하여 와카츠키 내상, 하마구치 장상, 그 밖에 시모오카 씨 친구들의 도움이 컸다. 병상에 있는 시모오카 총감에게 살아 있는 동안 안심할 수 있도록 배려해 준 덕택에 어려운 문제로 예상했던 쌀 생산 늘리기 계획은 예상 밖으로 쉽게 해결되었다. 그러나 그 밖의 안건은 정부 내 형세가 통과하기 어려운 분위기였다.

나는 사이토 총독에게 "내 문제는 거의 해결되었습니다. 다른 문제가 걱정이나 다행히도 일손이 비었기에 미력이나마 최선을 다하겠습니다."라고 말하고 여러 문제를 통과를 위해 동분서주하였다.

그런 와중에 불행히도 시모오카 총감은 다시 일어나지 못하고 사망하였다. 이 일 직후에 나는 사이토 총독의 정치적 수완에 감탄할 기회를 접할 수 있었다. 시모오카 총감의 장례식을 마치고 사이토 총독은 바로 가토 총리를 방문하였다. 이때 가토 총리는 사이토 총독이 정무총감 후임 문제로 방문하였다고 생각하여, 사이토 총독에게 "시모오카의 일은 정말 안타까운 일이었습니다. 후임자는 어찌하시겠습니까?"라고 물었다.

이에 대해 온후하던 사이토 총독은 엄연하게 "나는 그 문제 때문에 방문한 것이 아닙니다. 그의 일은 정말 안타깝지만, 정무총감의 후임은 하루 이틀을 다툴 정도로 급한 문제가 아닙니다. 시모오카는 2~3개월이나 병상에 있었기에 불편하였으나 그럭저럭 어떻게든 꾸려왔습니다. 아무리 우수한 정무총감이 와도, 그가 다뤄왔던 중요 예산안을 정부가 인정하지 않으면 방법이 없습니다. 그 안은 어떻게 해주실 건가요?"라고 말하며 바싹 밀어붙이자, 가토 수상도 이에 놀라, "그것은 하마구치와 잘 상담하여 나중에 답하겠습니다."라고 말하고, 그것으로 그날은 헤어졌다.

가토 총리는 바로 하마구치 대장 대신에게 전화를 걸어 "조선의 안은 인정해주지 않으면 사이토 총독이 사직할지도 몰라. 그렇게 되면 지금과 같은 정치 계절(정치적인 이벤트, 사건 사고가 많은 시기)에 쉽지 않은 큰일이 될 걸세."라고 말하였다 한다.

이러한 경위를 거쳐 쌀 생산 늘리기 이외의 여러 안건도 슬슬 해결되었다. 그때 나는 사이토 씨는 그 온후하고 독실한 사람이면서 그런 기략종횡(전략·작전을 사태의 상황에 맞추어 임기응변으로 잘 다루는 것)을 하는 사람이었나, 감탄할 수밖에 없었다.

지금 당시를 돌아보면 사이토 총독과 시모오카 정무총감은 어느 쪽이나 명총독, 명정무총감으로 불리는 수완으로, 나 역시 부하로서 마음먹은 대로 과감히 일을 추진할 수 있어 매우 행복하였다. 그리하여 나는 쇼와 3년(1928년) 3월까지, 3년 반 동안 조선의 개발을 위해 모든 노력을 다하였다.

당시를 되돌아보면 시모오카 정무총감의 얼굴이 지금도 눈앞에 아른거린다. 오늘날 정계에는 인물이 바닥났고, 게다가 전례가 없는 비상시국을 맞은 나라의 운명이 어렵고 어지러운 바로 이때 고인을 떠올리는 것은 어쩌면 당연한 일인지도 모른다.

51

조선과 나의 감상

니나가와 아라타(蜷川新) / 법학박사[145]

궁내청 당시의 회고

나는 메이지 41년(1908년) 연말에 처음으로 한국으로 건너가 그 당시 한국 정부의 재정 고문으로 도지부에 계시던 메가타 타네타로(目賀田種太郞) 씨 아래에서 일하고 그 후에 한국 궁내청에 옮겨 통감부나 조선총독부의 위탁으로서 만 5년을 조선에서 보냈다. 당시를 회고하면 몹시 재미있는 일도 있는데 그중 2~3개를 꺼내 감상을 말하고 싶다.

나는 궁내청에서 근무하게 되자 조선왕조가 소유한 여러 종류의 재산을 조

---

145 역주: 원 책의 저자 소개는 다음과 같다.
가나가와현(神奈川縣) 사람, 메이지 6년(1873년)에 태어나, 도쿄제국대학 불법과대학을 졸업하고, 메이지 41년(1908년) 12월, 당시 한국 정부의 재정 고문으로서 한국에 왔다. 그 후 한국 정부 궁내부(宮內府)로 옮기고, 다시 조선총독부 촉탁(囑託)이 되었으나, 다이쇼 1년에 사임하여 조선을 떠나 현재 고마자와대학(駒澤大學) 교수로서 청년 학도를 위해 오랫동안 연구하고 노력을 기울여 교양에 힘쓰고 있다.

사하는 일을 맡았는데, 언젠가는 궁내청의 더러운 화장실에서 많은 물을 담기 위하여 만들어진 지 오래된 녹쇠 단지를 발견하였다. 나는 꺼내서 쳐다봤는데도 그것이 무언가를 전혀 알 수가 없었다. 아무래도 그것이 색다른 것이므로 그것을 고물 감정의 명인에게 보여주었더니 그것은 솥처럼 생긴 옛날 해시계로, 물을 담는 그릇이었다. 즉 이것이 하나의 어떤 미술 또는 고고학상의 진귀한 발견이 되었음과 동시에, 아마도 왕가가 그 재산을 존중하지 않았음을 알 수가 있다. 메가타 씨가 언젠가 나에게 "재정 고문이 내각의 자리를 차지하는 것은, 분명 당당한 이유가 있을 것이라 사람들은 생각하겠지만 실은 조선의 대신이란 것은 술집 안에 모여 있는 술꾼 같은 것이다."라고 말씀하신 적이 있다. 그것과 이것을 종합해서 생각하면 당시의 상황을 잘 알게 해 주었다.

그 당시 내장원(內藏院) 이사(理事)로 궁내청에 들어가 내가 한국 관리에게서 궁내청의 현금 사무를 인계하였을 때 놀란 것은, 관리자에게서 4호 금고 안에 넣어 둔 십만 원 지폐를 나에게 인계한다는 것이었다. 그러나 나 혼자만으로 그러한 막대한 지폐를 도저히 계산할 수 없었다. 그래서 당시 제일은행 지점에 전화하여 현찰 십만 원을 맡길 테니 바로 받으러 와 달라고 부탁해 은행원 서너 명이 와서 하나하나 주의 깊게 계산해 주고 나서 비로소 한국 관리에게서 인계받은 적이 있다. 왜 이런 일이 있었느냐면 그 당시 한국인은 은행에 예금하는 것이 매우 위험한 일이라 생각해 이것을 금고 안에 감춰 두었다가 필요할 때마다 꺼내어 쓰고 있었다. 이 일은 당시의 사람들의 생각이 얼마나 낡았던가를 이야기하는 것이다.

조선왕조의 재산은 한국 국내 여러 곳에 아주 많이 산재했었다. 한국에서 눈에 띄는 것-토지, 삼림, 어업권, 금광, 기타-등은 모조리 왕가의 것으로 되어 있었다. 우리는 이러한 것을 국가로 옮기는 것에 노력하였다. 그중에도 토지에 관한 것을 여기에서 말하자면 그 당시는 물론 토지의 소유권을 입증하는 등기 방법도 없고, 또한 그 소유권을 명확히 하는 토지대장도 없었다. 그리고 나는 하나의 방법을 기안하여, 일반 인민에 대해 조선왕조에 속하는 토지의 임대를 허가하므로 희망자는 도면을 첨부하여 궁내청으로 신청하라는 방법을 채택했다. 그런데 내 계획이 맞아서 왕가의 토지를 좋게 빌리려는 욕심쟁이들이 많이 신청했기 때문에 궁내부 소속의 토지를 앉아서 확인할 수 있어 조사상 매우 편했던 적이 있다.

조선의 보고, 함경남북도

조선의 함경남북도가 우리 나라를 위해 아주 중요한 지위를 차지하게 된 것은 3~4년 이전의 일이다. 왜 이 지방이 이렇게 중요하게 되었느냐 하면, 여기에는 지형상 세계에는 없는 수력전기를 획득할 수 있고 30~40만 킬로와트의 발전력을 가지고 있기 때문이다. 그러기 때문에 공업지대로서 동양 제일의 발전성을 갖고 전 세계 중에서도 비교할 만한 곳이 없을 정도다. 이를 돌이켜 일한의 병합 당시와 함께 돌아보면 함경도 북조선 땅이 오늘날 보고로서 떠오르는 것은 생각지도 못하였다. 그리고 이 지방에서는 철, 석탄, 기타의 광산물이 풍부히 매장되어 있고, 특히 석탄은 갈탄이지만 그 매장량이 조선 반도에는 매우 많았다. 이 갈탄은 유분이 많아 이것을 저온 건류하면 중유를 대신하는 연료가 산출되어 파라핀, 금속, 베이클라이트(페놀수지) 등의 중유 제품을 얻을 수 있다.

더구나 함경남도에 매장되어 있는 마그네사이트 광 등은 원래 동양 최고를 자랑하는 만주산보다 그 품질이 우수하고 또 광량에서 이것을 능가하는 상황이다. 이 마그네사이트는 비행기 제작 또는 그 밖의 방면에서 장래에 빠질 수 없는 중요한 것이다.

이같이 북한은 풍부한 천연자원을 가지고 공업의 발전상에서 조건을 모두 갖추고 있다. 더군다나 함경남북도는 만주에 접해 직접 그 땅과 연락되고, 당시에 성진, 청진, 웅기 등의 함북에 있는 여러 항구는 모두 동해의 맞은편 해안에 위치해 일본과도 직접 연락을 유지할 수 있는 관계가 성립되고, 만주가 발달하면 필연적으로 조선 및 우리(일본)에게 그 영향을 미치게 될 것인데 공업지로서는 만주보다 북한 지방이 한층 더 중요한 지위를 차지한다고 말해야겠다. 그러므로 신흥 만주국의 앞에서 조선을 과거의 것이라 바라보지 않고 우리 나라를 자급자족할 수 있게 하는 새로운 영토로서 대하는 것이, 생각해 보면 당장 해야 하는 급무이다. 이상의 이유로 "이미 조선에서 하는 일은 끝났고 이제부터는 만주다."라는 요즘의 유행어는 정말로 실상은 무게가 없는, 몹시 경솔한 말이다.

더구나 함경남북도에는 양의 사육에 적당한 토지가 여러 곳에 있다는 것은 북해도에 있는 양 연구자가 분명히 말하는 점에서 봐도, 이 사업은 장래가 매우 유망하다. 생각건대 양의 사육을 장려하는 것은 양모를 자급하는 관계로, 국가적 견지에서 볼 때 정말로 빨리 해야 한다. 따라서 당국은 함북에 국립 종양장(種羊場)을 설치하고, 장려 품종을 정하여 민간 목장을 보호함과 동시에 농가가 부업으로 사육하는 것도 장려하고 있다. 즉 함경남북도는 이러한 의미에서도 우리 나라에서 가장 중요한 원료를 산출하는 지방이 될 것이다.

조선의 문제는 재검토가 필요하다

또한 다른 측면을 보면 조선의 기후 풍토는 면화를 재배하는 것에 적합한 관계로 정부 당국에서도 증산, 개량을 장려하여 쇼와 8년(1933년) 이후 20년에 걸친 계획을 세우고 그것을 착착 실시하고 있는 모양인데, 이 계획이 완성되면 50만의 작부면적(作付面積)이 개척되고 생산량 역시 6억 톤에 달할 수 있다고 한다.

즉 여기서 면화의 자급자족이라는 큰 문제도 자연스럽게 해결될 것이다.

우리 나라에서 원래 그 생산액이 적어, 국내 수요를 채울 수 없었던 철, 석탄, 양모, 석유, 경금속 등의 각종 산물을 이런 식으로 모두 조선에서 공급받을 수 있게 될 줄은 20년 전에는 물론 몰랐다. 다만, 쌀 생산의 증식을 꾀하는 것에만 상당한 노력을 기울였는데 오늘날에서는 그 결과, 본국의 쌀 생산을 넘어선다고 사람들이 말할 정도로 조선에서는 이미 쌀의 생산 문제는 그다지 중요하지 않은 경향이다. 불과 수년 이래로 쇠도 수억 톤, 석탄도 수억 톤, 마그네사이트도 수십억 톤이 나올 수 있고, 또한 알루미늄 원료도 남조선 지방에 넘쳐날 것이다. 또한 면화도 20개년 계획으로 6억 톤을 생산하고, 양모도 점차 산출되며, 중유나 경유는 갈탄에서 뽑을 수 있는 것이 분명해지면 조선만으로도 우리 나라의 자급자족은 그다지 우려할 지경은 아닐 것이다.

이러한 것을 감안해서 이 문제를 볼 때 금의 산출액이 1년당 2천만 엔, 또는 3천만 엔이라는 미미한 문제가 아니다. 더욱더 크고 광범위하면서도 근본적인 문제가 조선의 미래를 가로막고 있으며, 그것의 개발로 비로소 일본과 조선 공존공영의 실현을 거둘 수 있을 것이다. 일한이 병합된 지 이십수 년 만에 이러한 두드러진 업적을 알게 된 것이다. 물론 만주국 또는 만주 문제는 매우 중요한 것이지만 만주 문제에는 너무나 관심을 보이지 않고 다른 문제에도 관심을 두고 있어, 조선 개발에 관하여 검토하는 것은 진지하게 생각해야 하는 중요한 문제 중의 하나일 것이다.

세계적 공원으로서의 금강산

조선에는 금강산이라는 이름난 산이 있다. 그것은 일본에도 만주에도 중국에도 없는 위대한 산수(山水)이며, 유럽에도 미국에도 없는 명승지(名勝地)이다. 즉,

금강산 일대는 산 지방이고 당시에 바다에 접해 있어서, 이 부근에는 강도 있고 물도 있어 더욱 그 정취가 있는데, 이러한 일대의 수십만 리의 토지를 버리고 돌보지 않는 것은 매우 유감이다. 그래서 이것을 세계적인 대공원으로 만드는 것에 대해 서로가 노력했으면 하는 바이다. 그런데 여름에도 봄에도 또한 가을에도 겨울에도 이것을 유원지로 만드는 설비를 마련하면 세계에 대한 우리 일본의 자랑거리 중 하나가 될 것이다. 혹시 서울에서 철원 부근까지 자동차 도로를 만들어 사통팔달한 교통망을 만들면 유명한 옐로스톤 국립공원(미국과 캐나다의 국경에 있는 세계에서 유명한 자연공원)에도 뒤떨어지지 않는 정취가 있는 대공원이 만들어질 것이다.

우리 나라에서도 국립공원을 만들기 위해 각 방면에서 상당한 노력을 해 그러한 계획도 세워져 있어서 매우 좋았으나, 만주와 본국과의 중간에 있는 우리 (한국) 영토에서도 세계 최고의 공원을 만든다는 문명적 포부를 머지않아 실현하게 하고 싶다. 나는 이것에 관해 현 조선 총독에게 말씀드렸는데, "자네가 말한 것 같은 큰 국립공원을 만드는 계획은 아직 세운 사람이 아무도 없으므로 매우 흥미로우나, 그러려면 수백만 엔이 필요할 것이다. 따라서 경비 때문에 곤란하다."라고 대답하셨다. 그래도 병합 25주년 기념으로 온 국민의 힘으로 이 공원 계획을 실현하려 한다면 이것은 그다지 어려운 일이 아닌 듯싶다.

미국의 옐로스톤 국립공원에는 곰이나 흑곰 같은 맹수가 많이 있다. 관광객이 동물에게 빵을 주면 다가와서 아무런 해를 끼치지 않는다. 조선의 강원도에는 오늘날 표범도 있고 또한 호랑이도 있을지 모른다. 호랑이의 서식 지역은 함경남북도에서 만주 일부분에 걸쳐 있는데, 그곳은 강원도의 미개지이고 또한 아직 맹수도 있고 밀림도 있는 지역이다. 옛날 가토 기요마사(加籐淸正)는 조선에서 호랑이 사냥을 하였다는 것으로 유명했는데, 오늘날의 문명 일본인은 조선에 가서 호랑이나 표범에게 먹이를 주고 그 동물들을 길들일 수 있을 만큼 온화하고 또 문화적인 면을 보여주면 그것도 또한 매우 흥미 있으리라 생각할 수 있다.

조선인 북진 문제

이번 기회에 더욱더 다른 화제를 말하자면 조선인의 북진 문제에 대한 내 생각을 말해보고자 한다. 즉 그것은 간도 문제이다. 그러므로 만주국이 민족의 자유를 위해 독립한다면 간도라는 조선인이 개척한 한 지방은 조선인에게 독립시키는 것이 이론으로서는 맞는다고 생각한다. 단지 불행하게도 이것을 단행할 사람이 없고 이것을 도울 정부도, 부자도 없었다. 이렇게 함으로써 간도 독립이라는 목적이 이루어졌으면 하고, 조선인이 가지는 불평이라는 산꼭대기에 큰 굴뚝을 만들어준 것같이, 그들의 불평은 그것에서 발산되어서 조선에도 간도처럼 평화스러운 곳이 될 수 있을 것이라 생각한다. 오늘날에는 이미 늦은 일이다. 그런데 당면 문제로서는 내가 바라는 것은 조선인의 만주 북진 문제이다. 이를 통해 해마다 증가하는 조선의 인구를 조정시키는 것은 아마도 무엇보다 먼저 해야 하는 중대한 문제이다.

저 광대한 만주에 일본인을 살게 한다면 먼저 일본 국민인 조선인을 살게 하는 것이 순서이고, 동시에 경제적이며 합리적이라 생각한다. 만주사변 이후 이미 몇 년이 지난 오늘날에는 만주국에도 조선인이 상당히 들어가는 중인데, 애당초 먼저 조선인을 놓을 방침을 세웠으면 오늘날에서는 이미 백만 명에 가까운 또는 그 이상의 조선인 이민의 손으로 만주국은 개척되고 있었을 것이다. 돌이켜 보면 병합 당시 조선의 인구는 천만 명이라고 알고 있었는데 오늘날에는 이미 이천만 명에 달하였다. 이렇게 증가율이 큰 민족이 멀리 거슬러 올라가서 옛날에 그 영토였던 만주에서 활약하며 희망 있는 새 세상을 개척하는 것은 아마도 합리적일 것이다. 즉 만주국 개발의 사명을 완수하려는 이민 회사의 설립 계획을 듣는 것은 이러한 의미에서 매우 기뻐해야 하는 사실이다. 바라건대 이 목적을 달성하여 충분한 효과를 거두기를 강하게 바란다.

존경하는 데라우치 백작

생각하면 일한병합 이래, 과거 20여 년 동안 역대 총독들은 한결같이 조선 민중을 위한 복지를 증진하기 위해 또는 안정을 유지하기 위해 적지 않은 노력을 하였다. 그중에서도 이토 공작을 별도로 생각해도, 데라우치 백작이 사람들에게 가장 신뢰받고 계시는 것은 사실이다. 그가 일한병합이라는 대사업을 대담하게 단행할 당시에는 이것에 대해 반대한 사람도 많았는데 백작의 행동은 모두 성실하고, 조금이라도 자기 이익을 챙기려 하거나 자기의 이익 또는 평판이라는 것을 생각하지 않았다. 즉 그러한 점이 데라우치 백작의 정신을 말하지 않아도 사람의 마음에 통하는 것을 나타내고 있고, 오늘날에도 더욱 조선인에게 경모를 받는 이유이다. 물론 인심을 연결하기에는 진심이 있어야 한다는 것은 말할 필요도 없는 것이고 정치가로서 상당한 정략도 필요하나, 정략만으로 그 비중을 두는 자는 사람의 마음을 끌 수는 없을 것이다.

물론 데라우치 백작 이외의 총독도 모두 다 노련하고 숙달된 분들이고 모두 상당한 치적을 거두셨으나, 나의 사견(私見)으로는 데라우치 백작 다음으로 국민의 마음을 잇고, 크게 경론을 기울여 실적을 거둔 자는 현 총독인 우가키 씨이다. 물론 우가키 씨에 대해서는 상당히 비판한 자도 있는데 그것은 그 사람대로의 비평이고 이것을 후세에서 볼 때 우가키 씨가 조선을 자급자족의 토지로 만들기 위해 큰 방침을 정해, 착착 이것을 실행에 옮기고 있는 것은 참으로 명백한

사실이고, 이 점은 이토 공작도 또 데라우치 백작도 해낼 수 없었던 하나의 사실
이다. 작은 일로서는 총독부의 현관에서도 조선인을 사용하시고 조선의 거리에
있는 작고 지저분한 곳도 혼자서 시찰하셨다. 그런 성실한 생각을 하는 사람이
기에 조선 통치는 필연적으로 완비되어 드디어 점점 그 열매를 거둘 수 있을 것
이라 생각한다.

52

조선에 대한 회고

사와다 도요타케(澤田豊丈) / 전 경상북도지사[146]

　내가 처음 조선에 부임한 것은 일한병합의 이듬해 10월로, 총독부 부임 후 지방행정 시찰을 위해, 특히 조선 내에서도 벽지인 함경북도 방면을 선택해 가 보기로 하였다. 당시 조선에는 교통기관이 아직 발달하지 않았고, 경원선조차도 개통되지 않았으므로 함경북도 방면 여행은 경성에서 기차로 부산까지 가서 부산에서 오사카(大阪) 배 항로에 따라 원산, 청진을 거쳐 웅기(雄基)로 상륙하는 것이었다. 모든 교통기관이 편리해진 오늘날에 생각하면 참으로 불편하기 짝이 없었다.

---

146 역주: 원 책의 저자 소개는 다음과 같다.
　메이지 16년(1883년)에 오카야마현(岡山縣)에 태어났고, 이마이다(今井田) 정무총감의 영형(令兄)으로, 메이지 39년(1906년)에 사와다(澤田) 가(家)의 양자가 되었다. 메이지 40년(1907년)에 도쿄제국대학 독법과(獨法科)를 나와, 그해 고등문관에 합격하고, 도쿄부속(東京府屬)에 진출, 내무속(內務屬) 야마가타현(山形縣) 사무관을 거쳐, 총독부 서기관으로서 조선에 왔다. 감찰관, 경상남북도지사를 역임하고, 다이쇼 10년(1921년)에 퇴임하여 동척(東拓) 이사인 동시에 조선진흥(朝鮮振興), 토지개량, 조선비료 등의 각 회사 중역을 겸하고 있다.

나는 웅기(雄基)에서 두만강을 따라가서 온성(穩城)을 향하여 여정을 잡았다. 그때는 가는 곳마다 어쩐지 위험했기 때문에 헌병의 호위하에 여행을 계속하였다. 게다가 이렇다 할 탈것도 없었기 때문에 하는 수 없이 조선 말을 타고 매일 군(郡)과 면(面)으로 들러서는 그 지방의 상황을 시찰하고, 일본인 관리로부터 여러 보고를 들으면서 온성에서 회령(會寧)으로 향하였다. 그 방면도 오늘날에는 상당히 개발되었겠으나, 그 당시는 모든 것이 황량하여 문화의 혜택은 아직 멀리 미치지 못하였다.

그리고 회령, 청진 간 철도는 그 후 6년 정도 지나 개통된 정도였으므로 철도가 이용되지 못했던 것은 물론이다. 겨우 일로전쟁 당시 군용으로 만들어졌다는, 손으로 미는 광차가 있었다. 그래서 나는 이 광차를 이용해 회령에서 청진으로 나와 그 방면의 시찰을 마치고 다시 나남(羅南)으로 가고 멀리 성진(城津)으로 나와, 그곳에서 배편을 이용하여 부산으로 돌아왔다. 이러한 상황이었으므로 여행 중에도 이렇다 할 여관도 없어 조선인의 여관에 묵거나 헌병 숙소를 빌려 판자로 둘러싼 목욕탕에서 여행의 고생을 씻는, 오늘날 상상 이상의 어려운 여행을 계속하였다. 당시는 산 정상까지 화전(火田)이 있었고, 평지라고 하는 평지는 하천이 흘러서 황폐한 그대로 방치되어, 어느 곳이 하천이고 경지인지 구별되지 않을 정도였다.

당시는 면제(面制)가 시행된 지 얼마 되지 않을 때였다. 면사무소는 면장의 자택으로 충당하여 거기서 사무를 처리했고, 그 장부와 같은 것은 큰 장부라 제대로 갖추지 못하였다.

그 이후 문화의 발달에 따라 면제도 점차로 개정되고 따라서 면사무소도 여러모로 복잡해지는 동시에 한편으로는 또한 면의 모습도 아주 새로워졌다. 오늘날에는 군면(郡面) 모두 그 구역은 상당히 크나, 내가 시찰할 당시 군도, 면도 구역이 작은 곳이 많았고, 경성 부근의 군에 이르러서는 특히 심하였다. 그것은 옛날 양반에 대한 매관매직 때문이었다고 한다.

그런데 다이쇼 3년(1914년)에는 부(府), 군(郡), 면(面)의 대 통폐합이 행해져 군은 97을 줄여 220으로 하고, 여기에 지방제도 기초가 이루어진 것이며, 그 행정구획을 어느 정도까지 큰 것으로 하지 않으면 쓸데없이 비용을 소비하므로 지방행정을 개선하였다. 나는 당시 스스로 이 행정구획 변경의 중심에 해당하여 있던 관계로 대체로 그 이름을 기억해 두고 있을 정도였다. 다음으로 다이쇼 6년(1917년)에는 면제를 개정하여 면에 상담역이라고 할 만한 것을 설치해 다소 자치제의 모양을 갖추게 되었다. 이리하여 나는 다이쇼 8년(1919년)까지 계속하여 지방행정에 관여하였고, 오늘날에는 면의 사무나 시설들이 상당히 개선되고 또는 정비되기에 이른 것으로 생각한다.

나는 3·1 만세 소요가 있었던 다이쇼 8년(1919년) 말, 지방행정의 시찰을 위해 유럽 시찰 길에 올랐다. 나는 보통 사람들과는 여정을 달리하여 우선 인도(印度)로 들어가 제반 시설을 보고 그곳에서 유럽으로 향해 프랑스, 독일, 영국 그 외의 각 나라를 돌아 행정제도와 제반 시설의 시찰을 마치고 돌아오는 길에 미국을 거쳐 다이쇼 10년(1921년)에 조선으로 돌아왔다. 그리고 본부에 10여 년 재직하고 감찰관에서 경상남도지사로 옮겨 처음으로 지방으로 가게 되고, 사사키 토타로(佐佐木藤太郎) 씨의 뒤를 이어받아 부임하게 되었다. 진주(晋州)는 일찍이 감찰관으로서 약 15일 정도 체류한 적이 있을 때 중앙에서 멀리 떨어진 곳이었고 어쩐지 쓸쓸한 느낌이 들었던 곳이었으나, 정작 내가 사는 곳이 되어 "살게 되면 수도"라는 말과 같이 왠지 차분하게 정착하여 살 기분이 드는 곳이라고 생각했다. 이리하여 나는 다이쇼 12년(1923년) 3월 다시 경상북도로 전임되어 재직 3년인 15년(1926년) 4월에 물러나 동척(東拓)으로 들어갔다.

나는 조선 재직 중 여러 가지 위험에 직면해 폭탄 소요를 정확히 세 번 겪었다. 첫 번째는 남대문역전으로, 사이토(齊藤) 총독, 미즈노(水野) 정무총감의 마중에 참여하였다가, 마침 현장에서 우연히 겪은 것이었다. 두 번째는 총독부 내에 던져진 사건이었다. 당시 현장은 우리가 있었던 감찰관실 바로 옆이었다. 세 번째는 내가 총독부를 떠나 동척에 있을 때의 일이었다. 때는 쇼와 2년(1927년)의 연말인 27, 28일경이었다. 그날은 토요일로, 나는 그날 은행 집회에서 점심을 마치고 자동차로 돌아와서 뒤쪽 현관으로 들어가서 위층으로 올라갔는데, 사원이 "폭탄", "권총"이라고 하며 소란을 피우고 다녔다. 사정을 자세히 들었는데, 폭도는 동척 지점을 목표로 하여 폭탄을 던졌으나 그것이 불발하여 도주하려 계단을 내려갈 때, 아래층 식탁에서 점심을 마치고 계단을 올라오던 두 명과 우연히 마주쳐, 순간 머리에 권총을 쏘았다는 것이다. 그 가운데 한 사람은 확실히 사망한 것으로 기억한다. 이리하여 폭도는 옥외로 도망쳤으나 길 위에서 경찰관에게 체포되었다. 당일에 만약 내가 앞 현관으로 들어와 계단을 올라왔다면, 당연히 이 폭도와 마주쳤을 것이다. 이 경우에 어떤 비극이 발생했을까, 생각하면 섬뜩하다. 인간의 희비는 참으로 운명에 달려 있다는 것을 통감했다.

그리고 직접 내가 폭력을 당한 것은 다이쇼 3년(1914년)경 나는 총독부에서 북조선 함경남도 수해 시찰을 하고 돌아오는 길에 원산에서 어떤 사단장(師團長)과 함께 기차를 타고 이러저러한 잡담을 하는 중 승객 중 한 명이 갑자기 "목숨을 살리는 방법은 없는가?"라며 재차 물었다. 나는 어디가 아프냐고 물었지만, 그는 가방 속에서 한 통의 사령장을 꺼내 보이며, 우사미 가츠오(宇佐美勝夫) 씨의 소개장을 가지고 원산 자혜의원의 약제사로 부임 중에 병 때문에 귀경한다는 이야기였다. 이 자혜의원은 당시 내가 관장하는 지방과(課) 밑에 있던 관계로 특별히 군의관에게 부탁해서 약을 조제받아 그를 친절히 위로해 주었다. 그런데도 오직 그는 "목숨을 구할 방법은 없는가." 라는 말을 반복해 매우 뒤숭숭해 보였으므로 차장에게 말해 복계(福溪)에서 하차시키려 했으나, 아무래도 본인이 수긍하지 않았다. 그래서 하는 수 없이 그대로 내버려 두었는데, 의정부역에서 기차가 서로 비껴가기 위해 정차했고, 나는 플랫폼에 내려 그 주변을 걷다가 다시 기차 안으로 들어가 피로로 인하여 엎드려 있었을 때였다. 차장이 위험하다며 외치는 소리를 듣고 얼굴을 들었을 때, 그가 칼을 빼 들고 나에게 다가오고 있었고, 나는 돌격해 다가오는 그의 손을 잡고 차장을 불렀지만, 보고 있기만 할 뿐와 주지 않았다. 헌병이 있었지만 다가오지 않았다. 나의 눈앞에 위험이 닥쳐오고 있었다. 나는 좌석에 앉은 채로 일어서지 못했고, 폭도는 내 머리 위에서 덮칠 듯한 자세였다. 나는 맨손으로 그저 밑에서 이에 저항할 뿐, 참으로 위기일발이었다. 그리고 그가 힘주어 내리 찌른 검은 내 가랑이 사이의 좌석에 꽂혔다. 다행히도 상처는 없었으나 결국 머리에 칼을 찔려, 기차가 경성에 도착했을 때 총독부 의원에서 들것을 가지고 마중 나오는 등 큰 소란이 났다. 그러나 그 상처도 대단한 것이 아니어서 다행히 목숨을 구하였다. 이 폭도는 도쿄에서 회령으로 부임하는데, 그때 내연의 처를 입적시키지 않으면 그 아이가 사생아가 된다는 것을 매우 걱정한 결과 신경쇠약이 되어 있었다. 내가 자혜의원의 관계자인 것을 알고 잘못하면 면직될 우려가 있어 나에게 폭행을 가했던 것으로 추측한다.

53

조선 재임 중의 추억

나카노 다사부로(中野太三郎) / 전 함경남도지사, 전 동양척식주식회사 이사[147]

나는 초대 총감 이토 공작 시대인 메이지 41년(1908년) 2월에 처음으로 통감부 비서관실에 근무하게 되었다. 그때는 하세가와 요도시(長谷川好道子)가 군사령관으로, 아카시 겐지로(明石元二郎)가 경무총장, 츠루하라 사다키치(鶴原定吉) 씨가 총무장관이고, 메가타 다네타로(目賀田種太郎)가 한국 정부의 재정 고문에 있었다. 그리고 이들 외에 한국 측의 각부 차관으로 초빙되어 온 사람들로는 기우치 쥬시로(木內重四郎), 구라토미 유사부로(倉富勇三郎), 아라이 겐타로(荒井賢太郎), 다와라 마고

---

147 역주: 원 책의 저자 소개는 다음과 같다.
　후쿠오카현(福岡縣) 사족(士族) 와시로(和四郎) 씨의 차남으로서 메이지 13년(1880년) 12월에 태어나, 메이지 21년(1888년)에 집안 가장을 상속했다. 후에 도쿄대법과대학을 졸업하고, 관계에 들어가, 조선총독부 평안남도 경찰부장에서 함경남도지사로 옮겼다. 이를 최후로 관계를 떠나 동척이사(東拓理事)에 취임하고, 조선 사정에 정통한 수완과 역량을 기울여, 어려움이 많은 시대에 동척(東拓)의 업적 진전에 공헌한 바가 크다. 소정의 이사 임기를 끝낸 후 다시 중임(重任)하고, 동척 관계(東拓關係)의 여러 회사의 중역도 겸무하였다. 그러나 후에 일체의 중역을 사임하고 동도(東都. 동쪽에 있는 서울. 에도(江戶)·도쿄를 가리킴. 옮긴이 주)로 이주하였다.

이치(俵孫一), 오카 기시치로(岡喜七郎) 씨 등으로 갖추어졌다.

그때 매주 1회씩 열렸던 이른바 '대신 회의'라는 것은, 내무행정은 물론 재정 또는 외교 관계 등 관련 내용에 걸친 한국 통치상의 근본정신을 결정하는 것이었다. 그리고 이 회의에는 한국 각 대신은 말할 것도 없이 각 부의 차관도 여기에 출석해 의견을 교환하였고, 그 사이에 이토 총감이 큰 정치가의 포부와 경륜을 보임으로써 우리 관료는 그 이상으로 상당한 교훈을 받았다.

그리고 메이지 42년(1909년) 1월부터 2월에 걸쳐 이토 공작은 한국 황제를 수행하고 이른바 남북 순시를 단행하시고, 이로써 새로워진 정치기구를 지방 민중에게 알림과 동시에 민심이 돌아오도록 명시하였다. 때마침 엄동 극한의 무렵 이토 공작은 용케 노구를 이끌고 눈바람을 무릅쓰며 각 방면을 전부 순찰하셨던 것은 통치상 상당한 효과를 가져다주었다.

게다가 이토 공작은 민심의 추세에 관해서는 특히 주도면밀한 주의를 기울여 그것에 잘 대응하는 방책을 모색함과 동시에 또한 언론기관의 통제 등에 관해서도 상당한 노고를 기울였다. 고로 지방의 민중에 대해서도 상당히 친절한 태도로 대하시고 당시 일본인과 조선인 사이에서 일어난 어장 분쟁 사건에 대해서도 지방의 진정위원 10명과 몸소 회견하여 그 과정을 듣고 마침내 그것을 원만히 해결하신 적이 있었다.

고로 이토 공작의 동정과 이해 있는 조치에 대해, 관계 지방의 민중은 이에 매우 감격해 공의 덕을 칭송하게 되었다. 이러한 관계에서 공이 황제와 함께 남북 순행[148]을 가는 중 이들 민중은 우리 국기를 걸고 눈 속을 무릅쓰고 공을 마

---

148 역주: 일제강점기에 나온 《심상소학 일본역사 보충교재 교수참고서-1》에는 '남북순행'을 다음과 같이 풀이하고 있다. 한국어 번역은 국사편찬위원회 '우리역사넷'에 따른다. "새 황제는 일본에 대한 신뢰가 매우 깊어, 즉위한 후 얼마 지나지 않아 일본 정부와 다시 협약을 맺어, 〈7월 24일〉 한국 정부는 시정(施

중 나왔던 것은 지금까지 전해지는 미담의 하나이고, 공의 위대한 덕화(德化)가 어떻게 한국의 민심을 거두어 잡을 수 있었는가를 설명하는 것이다. 게다가 이 환영을 만나자마자 공은 즉시 열차를 세우고 단신 눈발 속에 차에서 내려 그들 군중에게, 한바탕 인사말을 하여 더욱 그들을 감격하게 하고 열광시키기에 이르렀다.

당시에 중대한 문제로서 우리가 직간접으로 사무에 종사했던 것은 이른바 간도(間島) 문제였다. 즉 간도가 청한(淸韓) 어디의 영토인가 하는 것은 오랫동안 두루 양국 간 계쟁(係爭)의 문제였으나, 그 근본적인 해결은 참으로 곤란하였다. 고로 장백산(長白山, 백두산)에 있는 정계비를 중심으로 하여 청-한 간의 경계를 명료화하고 간도 재류 한인을 다년간의 폭정의 손에서 구해 현안의 유리한 해결을 도모하기 위해 현 이왕직 장관 시노다 지사쿠(篠田治策) 박사와 구스노 도시나리(楠野俊成) 등이 그 제일선에 서서 분투하고 모든 활동을 하였다.

청나라에서도 이에 대항해 큰 병력을 간도에 파견하고 도무독판(島務督辦) 오정록(吳貞祿)을 임명해 우리 측과 절충하였으나 쉽게 의견의 일치를 보지 못하였다. 현지 간도에서 우리 파견원은 모두 고생을 겪으며 목적을 관철하기 위하여 노력하고 있을 무렵, 일청(日淸) 양국 정부 간 외교 담판으로 간도의 귀속을 명확히 하는 '간도에 관한 협약'이 체결되었다. 이것으로 수십 년에 걸친 현안이 해결되었으나, 당시 현지 파견원의 원통한 상황은 참으로 헤아리고도 남음이 있었다.

政) 개선에 관해 모두 통감의 지도를 받으며, 또한 통감이 추천하는 일본인을 한국 관리에 임명할 것을 약속하였다. 이것을 일한신협약(日韓新協約)이라고 한다. 이어서 유신(維新)이라는 두 글자를 국시(國是)로 삼아야 한다는 조서를 발표하고, 새로운 정치의 방침 6개 조항을 포고하였다. 〈11월 18일〉 메이지 42년에 새 황제는 이토 통감을 따라 남북을 두 차례 순행(巡幸)하여, 제1차 남쪽 순행은 1월 7일부터 13일까지, 제2차 북쪽 순행은 1월 27일부터 2월 3일까지 민정(民情)을 시찰하였다. 군주가 국내를 순행하는 것은 건국 초기 이래 아직까지 일찍이 없었다." (국사편찬위원회 우리역사넷)

나는 이 간도 문제로 매우 바빴고, 철야를 할 때도 자주 있었다. 당시 이 간도가 중국에 귀속하게 되어 후일에 조선 통치상의 화근을 잉태하였다고 하나 만주 제국의 출현으로 오늘날에는 그 어두운 구름도 없어지고 다수의 조선인이 계속 몰려들었다. 이리하여 일본과 만주의 제휴로 만주에 있는 막대한 자원의 개발을 볼 수 있게 된 것은 돌이켜 보면 참으로 감개무량하다.

메이지 42년(1909년) 12월 즉 이토 공작의 흉변이 있고 얼마 지나지 않았을 무렵 이사청(理事廳) 시대의 이사관으로 나는 평양에 전출하게 되었다. 그런데 이토 공작의 흉변으로 평양의 민심은 두드러지게 안정을 잃고, '사상혼란시대'가 나타나 연이어 일한합방을 겪기까지는 민심의 향방 등에 관해서 상당히 고심한 적이 있었다.

그 후 메이지 43년(1910년) 9월에 인천에서 처음으로 부제(府制)가 시행되자 나는 사무관으로 부임하게 되었다. 오늘날 번영의 기초를 이룬 인천의 축항(築港)도 그 당시에 계획되고 동시에 착수되었던 것이었다. 그리고 다음 해인 메이지 44년(1911년) 2월에는 진남포(鎭南浦) 부윤(府尹)이 되어 부임하였다. 그것은 진남포가 축항 공사에 착수한 지 얼마 되지 않아서였다.

이 진남포 재직 중 특히 내가 통감한 것은 이곳 사람들이 모두 공공심이 많고 참으로 관민이 일치되어 지방의 발전을 위해 노력하는 것이었다. 게다가 부협의회원(府協議會員)과 학교조합의원이라는 사람들이 각자 비용의 변상을 받지 않고, 다만 공공사업을 위해 봉사하였다는 것은 드물게 보이는 미행이었고, 당시의 오하라(小原) 지방국장이 모범부로 추천한 것 또한 뜻이 있었다고 생각한다.

이 진남포에는 메이지 40년(1907년) 이후 관민 합동의 다과회가 설치되어, 그것이 이어져 오늘날에 이르기까지 해마다 개최되고, 이로써 관민의 융화에 힘써 크게 향토 발전을 위해 공헌해 오고 있다. 그러므로 어느 토지인지 묻지 않고 신

개발 지역에서 그 지방의 개발 발전을 도모하는 데에는 관민 일체가 되어 공공을 위해 힘쓰는 것이 가장 필요하다. 이러한 의미에서 진남포의 민간 유지의 노력은 당시에 세상에서 찬사의 대상이었다.

나는 진남포에서 8년을 근무하고 다이쇼 7년(1918년), 대구부윤(大邱府尹)으로 부임하였으나 당시의 대구는 편창(片倉) 제사공장(製絲工場, 실공장), 그 외의 공장 등이 점차 설치되고 점점 대구부(大邱府)가 발전하여 팽창하고 있던 때였다. 그런데 다음 해 8년(1919년) 3월에는 돌풍처럼 일어난 만세 소요의 소용돌이가 전 조선을 풍미하고 예기할 수 없는 불상사가 곳곳에서 발발했으며, 이에 더하여 유언비어가 끊임없이 어지럽게 퍼져 민심은 점점 혼란해지고 모든 곳이 거의 수습하기 어려운 소란스러운 곳이 되어 버린 것이다.

그리고 사이토(齊藤) 자작(子爵)은 새로운 총독으로 임명되고, 크게 민심의 전환을 도모하여 일본과 조선 하나 되기의 천황 폐하 뜻을 받들어 이른바 '문화정책'을 철저하게 지향하였다. 그리하여 헌병경찰을 폐지하고 새로이 설치된 보통경찰제도 아래, 나는 다이쇼 8년(1919년) 8월에 평안남도 제3 부장의 임무를 맡게 되었다.

말할 것도 없이 당시 경찰의 임무는 어찌 되었건 간에 소동의 진정과 민심의 안정이라는 것이 당면한 주요 목적인 것은 물론이었다. 그렇지만 이러한 일반적인 사항 이 외에 가장 고심했던 점은 예수교도와 만세 소동의 관계, 즉 이 소동과 관련하여 종교 문제와 정치 문제를 분리하는 것에 관해 상당히 고심하였다.

생각건대 메이지 38, 39년경(1905, 1906년경)부터 서북(西北) 조선 오도(五道), 즉 황해도 함경남북도 및 평안남북도의 유력자가 평양을 중심으로 서로 모여 조선의 민심을 통일하고 조선 민족의 결속을 도모하기 위해 특히 예수교에 의한 종교학과를 설립하였다. 그리고 또한 교회를 짓고 예수교를 중심으로 조선의 민심을 통일하려던 때에 이른바 '독립 만세 소요'라는 정치 문제가 발발하였다.

그리하여 나는 이러한 종교적 정치 문제에 대해 종교는 종교 문제로 분리하고, 정치는 정치 문제로 이들을 분리하기 위해 이 문제를 다루는 데 적지 않은 노력을 다하였다. 종교적인 정치 관계도, 만세 소요의 진정됨과 동시에 종교는 종교로서 확연한 구별 하에 추진되어, 이 방면에서도 민심이 크게 안정된 것은 참으로 기뻐해야 할 현상이었다.

평안남도 재직 4년에, 나는 다이쇼 12년(1923년) 2월 함경북도지사로 부임하였다. 이 무렵은 현재 병상에 계시는 이이다 노부타로(飯田延太郎) 씨가 투먼(Tumen[圖們]) 철도의 부설을 위해 무척 노력하고 있을 때였다. 또한 이이다 씨가 본선을 길림(吉林)까지 연장하기 위하여 국가를 위해 분투하셨다. 게다가 한편으로는 청진의 축항 계획도 드디어 보수사업에 착수할 때였다.

이 이이다 씨의 활동과 청진 웅기의 축항 등을 모두 연결하고, 나아가 길회(吉會) 철도의 장래를 예상하면서 간도 개발, 무역의 발전이라는 측면에서 경제적으로 조선과 만주 전체가 힘을 합쳐 한 덩어리가 된다는 희망에 불타 마츠오 코사부로(松尾小三郎) 씨가 청진포(淸津浦)와 츠루가(鹽敎賀)를 연결하는 삼각 항로 문제에 대해 상당히 진력하셨다. 마츠오 씨는 이들 문제로 인하여 동해 중심론이라는 글을 쓸 정도로 숨은 공로자이다.

따라서 나는 북조선(北朝鮮) 연락 지방 공진회(共進會)의 개최를 계획하고 함경북도 간도 지방은 물론 후쿠이(福井), 교토(京都), 이시카와(石川), 돗토리(鳥取)의 동해 연안의 각 부현(府縣)을 돌아다니며 후원을 받고, 관민이 하나 되어 이를 실행하고, 지방의 개발을 위해 매우 노력했던 것을 오늘날 회고하면 뭐라 말할 수 없는 감격으로 가슴이 두근거린다.

이리하여 다이쇼 15년(1926년) 8월에는 이규원(李圭元) 씨의 뒤를 이어 함경남도

지사로 부임하였다. 당시는 노구치 준(野口遵) 씨를 사장으로 하는 조선질소회사
가 부전강(赴戰江)의 대계획을 세우고 흥남에 같은 회사의 대정(大正) 공장을 설치
하는 계획이 있었던 때였다. 따라서 큰 수력을 소화(消化)함으로 단지 질소 공장
이 설치될 뿐 아니라 그 수력을 소화하는 방법으로 각종 공장이 세워지고 있다.

그리하여 현재 장진강(長津江) 수력, 전기가 계획되어 그것이 회사 조직하에 올
해 11월경부터 발전될 예정이고, 이 전기를 평양, 경성, 신의주 등으로 끌어들여
이로써 전력의 통제가 완성된다. 그리고 서북(西北) 조선의 전기 통제 문제가 머지
않아 해결되었다. 이리하여 함남(咸南)의 보고가 열리게 됨을, 조선의 장래를 위
해 참으로 축하하는 바이다.

54

의기와 열정의 3년 반

나카라이 기요시(半井淸) / 내무성 사회국장관[149]

내가 조선으로 부임한 것은 다이쇼 8년(1919년) 가을이었다. 사이토(齊藤) 총독이 새로운 문화정책을 펴기 위하여 일본과 조선의 차별 없는 하나 됨을 표방하시며 조선에 부임한 지 얼마 안 되었을 때였다. 그리하여 나는 총독부 문서과장, 학무과장 또 종교과장 등의 업무를 맡고 약 3년 반을 조선 반도의 문화 발전을 위해 작은 힘이나마 바친 것이다.

---

149 역주: 원 책의 저자 소개는 다음과 같다.
오카야마현(岡山縣) 사람, 후쿠이 사부로(福井三郎) 씨의 장남으로서 메이지 21년(1888년) 3월에 태어나, 전(前) 이름인 세이고로(淸五郎)를 다이쇼 2년(1913년) 할머니 성을 따라 나카라이 기요시(半井淸)로 바꾸고 집안 가장을 상속한다. 다이쇼 2년(1913년) 도쿄제국대학 법과대학 독법과(獨法科)를 졸업하고, 곧바로 문관고등시험에 합격했다. 이후 오사카부속(大阪府屬), 오사카부(大阪府) 이시카와현(石川縣) 각 이사관을 거쳐, 조선총독부 사무관으로서 다이쇼 11년(1922년), 유럽과 미국으로 출장을 명받았다. 마침 워싱턴에서 개최 중이던 군비제한 회의에서 활약하다 귀국 후, 시가현(滋賀縣) 지사가 되고, 미야기현(宮城縣) 지사를 거쳐, 다시 쇼와 10년(1935년), 내무성 사회국장관(社會局長官)이 되어 현재에 이른다. 장래에 크게 촉망받는 인사이다.

오늘날 제도 개정 직후의 분주함이 극도에 달했던 그 당시의 일을 돌아보면, 가장 깊이 인상에 남은 것은 그 일대 변혁의 때에 조선총독부의 관리 모두가 실로 하나 되어 조선 통치를 위해 노력하려고 하는 비상한 결의를 하고 있었다는 것과 또한 그것을 실제로 완수하였다는 것이다.

이러한 일은 이론상으로 말하면 지나칠 정도로 당연하나, 그 당연한 일이 각 사무분장(事務分掌)이 다른 관공서에서는 참으로 행하기 어려운 것이다. 즉, 각 국(局)과 각 과(課)로 나누어 여러 가지의 사무를 처리하고 있는 관계로 그 각각이 자기 국과, 과의 일만 수행하려고 생각하기 쉬운 것이다.

당시 총독부에서 일을 맡아 조선을 위해 일하고 있었던 젊은 사람들은 누구나 할 것 없이 전부 주제넘게 자기 자신이 조선 통치의 대임을 짊어지고 있는 듯한 기분으로 참으로 진심으로, 또한 헌신적으로 분투하고 노력하였다.

나는 지금까지의 긴 관리 생활을 지금 회고해도, 그처럼 상하가 모두 실로 각 인원이 하나 되어 일했던 것은 아직 미처 경험하지 못하였다. 그 이유의 하나로는, 본국을 떠나 아득히 먼 조선의 땅으로 왔기 때문에 각자가 제휴하여 조선 통치를 위해 진력하고자 하는 자연적으로 단결하는 긴밀함 때문이었고, 또 한편 당시는 민심도 안정되어 있지 않았기 때문에 심히 긴장해서 일해야 하는 사정이 어쩌면 그렇게 만든 점도 있었을 것이다.

아무튼 관제는 개정되고, 새로운 제반 제도는 제정되어 이에 수반한 각종 정책을 급속히 시행하지 않으면 안 된다는 그 난국에 즈음하여, 발랄하고 청신(淸新)한 기풍에 가득 차 있는 젊은 관리가 조선을 짊어지고 일어서려는 관념 하에 힘을 다하여 그 일에 종사한 것은 참으로 유쾌하였다고 절실히 느낀다.

그리하여 내가 조선총독부에서 여러 가지 사무에 종사하고 여러 가지의 일을 한 것 중에서 오늘날 이를 회고하면, 제일 내 기억에 남는 것은 내가 종교과장으로 일 했던 것이다. 종교과의 모든 업무는 다른 방면에 비해 상당히 다른 내용을 가진 것으로, 내가 이 과장으로 취임한 처음에는 어떠한 업무를 하면 좋을지, 어떠한 방면에 주력해야 하는지 참으로 짐작이 가지 않았다.

원래 조선에서는 종교와 정치는 밀접한 관계를 맺고 특히 당시의 크리스트교는 조선 통치상 지나칠 수 없는 중요한 관계에 있어, 그러한 사항에 관해서는 꽤 연구하였다. 그리고 또한 이것에 대해서는 여러 가지 귀찮은 문제가 있어 상당히 고심했던 일도 많았다.

오늘날에 와서 이들 일을 돌이켜 보면, 거의 격세지감이 있으나, 그 당시 사정으로는 크리스트교와 관련된 학교에서 국경일의 의식 등에 관해서도 여러 가지의 매우 귀찮은 문제가 발생해 그 조처에 관해서는 적지 않은 노력과 신중한 조치가 모색되었다.

그리고 또 한편으로는 조선총독부가 크리스트교의 전도에 대해 상당한 압박을 가한다는 듯한 잘못된 풍설이 전해지고 있는 실정이었으므로, 나는 이들의 오해를 제거하고 한편 총독부로서 크리스트교에 대한 태도를 명확하게 하는 의미에서 조선의 통치와 크리스트교의 관계에 관해 역사적으로 종래의 경과를 조사했다. 그리고 참으로 조잡하였지만, 《조선 통치와 크리스트교》라는 제목의 소책자를 간행해 각지에 배포하고, 또 그것을 번역해 미국으로도 보내어, 이로써 우리의 참뜻을 일반에게 양해시키는 일에 힘썼다.

더구나 조선에는 크리스트교 외에 조선 고유의 종교로, 천도교 또는 시천교(侍天敎)[150]가 있었고, 이들은 각지에 다수의 신자를 두고 종교 유사 단체로 당시 사회에 상당한 노력을 기울이고 있었다. 따라서 이러한 방면에 대해서도 조선

---

150 역주: 1906년에 친일파 이용구가 창시한 종교

통치상에 상당한 고려를 기울일 필요가 있다는 것은 물론이다.

또한 당시는 예의 소요 사건 후였던 관계로 세상에 조선의 실정이 잘못 전해져 있었던 것이 많았을 뿐만 아니라 그 문화의 정도에 대해서도 심히 오해받고 있었던 터라, 각 분야의 이러한 오해 또는 편견을 떠나, 조선의 참된 모습을 보여주고 그 실정을 알리는 것이 이 경우에 매우 필요하였다.

그리하여 또한 조선에 이민을 유치하는 데 조선 치안의 유지 또는 문화의 향상에 관한 양해, 그 외 제반의 조선 사정을 명확하게 하는 것이 상당히 필요하였다. 이러한 이유로 문서 또는 활동사진(동영상)으로 조선의 실정을 각 방면으로 소개하기 위해 노력하였다.

즉 본국에 있는 대도시에 조선의 사정을 소개하는 강연회를 열고, 또는 외항선 선박 내에서 조선의 사정을 소개하는 영화(활동사진)를 상영하는 등, 여러 방법으로 내외 일반의 인식과 양해를 넓히는 데 힘을 다하였다. 이런 고난을 거쳐 온 당시를 회고하면 오늘날과 같이 조선의 민심이 안정되어 아무 걱정할 정세도 없고 또 조선의 실정이 내외에 잘 알려지게 되었다는 점에서 생각해 보면 참으로 금석지감을 금할 수 없다.

그 밖에 내가 총독부 학무국에 재직하는 중에 조선의 학제 개혁의 대사업이 시행되었기 때문에, 나도 그 사업의 일부와 관계를 맺고 조선 통치상 중요한 제도의 혁명에 대해서 상당히 크게 관심을 가졌다. 즉, 사이토 총독은 취임 당초에 표명한, 이른바 문화정책으로 사회 문화의 뿌리를 이루는 교육의 개선 쇄신에 대해 특히 중점을 두고 일본과 조선의 권위자들을 모아, 임시 교육 조사회를 설치하여 조선의 교육에 관한 근본적인 방침을 확립하려 하였다.

그리하여 그 답신에 따라 이에 신중한 검토를 더해 일본과 조선이 하나 되기를 원하시는 천황 폐하 뜻을 받들어 일본과 조선의 공통 정신에 따라 본국과 같은 제도 아래 조선 교육의 향상과 발전을 도모하였다. 그 내용에 대해서는 아마 다른 분들이 이미 상세하게 이야기했으리라 생각하므로 나는 이 점에 대해서는 삼가는 것으로 한다.

오직 이러한 교육 장려의 결과 조선에서 문화 방면이 상당한 세력을 가지고 진전해 온 것은 숨길 수 없는 사실이다. 당시의 조선인들이 사회적 추세에 힘입어 왕성한 향학심이 일어난 것을 보게 된 것과 총독부의 시설 장려가 서로 어울려 그 결과를 낳은 것은 조선 개발을 위해서는 참으로 기뻐할 만한 현상이었다. 그런데도 아메리카 합중국이 군비제한에 관한 회의로 인하여 다이쇼 10년(1921년) 11월에 워싱턴에 각국 대표자를 초청한 것은 조선인에게는 매우 좋은 기회를 부여한 것으로써, 각종 책략이 행해졌기 때문에 조선 내 민심이 매우 자극받고 선동되어 통치상에 미치는 영향이 있지 않을까 우려하였다.

그렇지만 조선 사정에 깊이 정통하지 않은 각국의 오해를 초래하고, 이어서 조선 통치상에 어떤 장애를 가져올 염려가 있음과 동시에 한편으로 그것이 또한 조선의 민심을 흔들어 사상적으로 우려되는 동향을 초래할 정세에 직면했다. 그러므로 가능한 한 조선 사정을 널리 알리거나 소개에 노력하고 이로써 각국의 양해를 얻는 것은 당시의 국내외 정세로 보아 소홀히 할 수 없는 중요한 문제였다.

당시 나는 마침 유럽과 미국 시찰의 사명을 띠고 순례하는 도중, 이 회의의 개최지인 워싱턴에서 같은 사명을 가지고 파견된 다른 사람들과 협력하고, 미력하나마 각 방면으로 조선의 실정, 교육의 보급, 문화의 향상, 산업의 진흥, 민심의 안정 등에 대해 전반적인 소개와 설명에 힘썼다. 이리하여 자칫 잘못되면, 우리의 조선 통치의 실제가 여러 가지로 잘못 전해져 각국이 맹신하게 될 우려가 있을 때, 그 진상에 어두운 사람들에게 우리 조선 통치에 관한 올바른 양해를 유도하기 위하여 다소나마 공헌할 수 있었던 것이다. 이러한 공을 반드시 우리 하급 관리의 공헌으로 돌릴 것은 아니나, 국가를 위해 경하해야 할 것이었다.

이상은 내가 총독부 근무 당시 직접 업무상의 관계가 있던 것이지만 오늘날 그 당시를 회고하여 추억의 일부를 서술하였다. 나의 조선 재직 기간은 겨우 3년 반에 지나지 않았다. 그러나 그 혁신의 기운이 한창 왕성한 중에 조선 통치라는 큰 무대에 서서, 비록 일개 말단의 관리로서 일했으나, 힘이 넘치는 의기와 타는 듯한 열정으로 조선을 위해, 조선인을 위해 노력을 바쳐 온 것은 참으로 일한 보람이 있었다고 생각한다.

오랫동안의 내 관리 생활을 돌이켜 보면 그 당시의 일이 가장 유쾌하게 느껴지는 것이고, 동시에 관리로서의 스스로의 수양을 위해서도 얻은 바가 매우 많았다는 것에 감사하고 있다.

55. 꿈과 같은 조선에서의 25여 년

스도 스나오(須藤素) / 전 경상남도지사[151]

내가 통감부 서기관 겸 한국 정부 탁지부(度支部) 재무감독국 사무관으로 대장성(大藏省) 이재국(理財局)에서 처음 한국으로 부임한 것은 메이지 41년(1908년)이었다. 당시의 탁지부(度支部) 장관은 아라이 겐타로(荒井賢太郎) 씨였다. 그 후 나는 평양, 광주 등을 거쳐 43년 초에 전주(全州)의 재무감독국장으로 부임하였는데, 이 세무감독국이라는 곳은 단순한 세무의 감독뿐만 아니라, 그 외에 금융조합과 농공은행(農工銀行)의 업무감독 등도 담당하였다.

내가 처음으로 한국에 건너왔을 당시에는 그 전해에 한국 황실의 호위 군대

---

151 역주: 원 책의 저자 소개는 다음과 같다.

후쿠시마현(福島縣) 스도 고이치(須藤耕一) 씨의 장남으로, 메이지 16년(1883년) 5월에 태어났다. 메이지 40년(1907년) 도쿄제국대학(東京帝國大學) 법과대학 독법과(獨法科) 졸업, 메이지 41년(1908년) 5월에 한국통감부 서기관에 임명되었다. 메이지 43년(1910년) 10월에 조선총독부 도사무관(道事務官)으로 옮기고, 전라남도 재무부장과 제2부장, 강원도 제1부장, 경기도 제1부장을 역임했다. 다이쇼 10년 2월 총독부 관방(官房) 토목부 토목과장으로, 쇼와 4년(1929년) 1월에 경상남도지사가 되고, 같은 해 11월에 퇴임하였다.

였던 진영대(鎭營隊)가 일한 신협약의 결과로 해산된 자들이 폭도가 되어, 지방의 농민을 선동해 각지에서 폭동을 일으키고 크게 소란을 피웠다.

메이지 40년(1907년) 10월에는 당시 아직 황태자이셨던 다이쇼 천황이 한국에 계몽을 베푸신 일이 있었고, 그때 호위를 위해 배치되었던 군대들도 그대로 잔류하여 각지에서 봉기한 폭도 토벌에 종사하였다. 경성, 평양, 대구 등에서는 내가 간 당시에도 군대가 배치되어 있었다. 특히 경성의 경우는 시중(市中)에 밀접한 곳까지 폭도가 내습, 출몰하는 상황이었다고 한다.

그리하여 평양(平壤), 의주(義州), 해주(海州) 방면에서도 폭도들이 각지에서 상당히 날뛰고 포학하기 그지없었기에, 대토벌이 행해져 간신히 평온해진 후에 나는 부임하였으나, 그래도 평안남북도라든가 황해도 주변의 오지는 도저히 혼자서 나다닐 수 없을 정도로 상당히 뒤숭숭하였다.

특히 전라남북도 방면은 폭도가 극도로 창궐한 지방이었고, 대토벌이 있었던 만큼 민심은 상당히 위축되어 표면은 평온하였으나, 대체로 여전히 매우 험악한 상황이던 당시에 징세 대부분은 토지세이고, 또는 역둔토(驛屯土)의 대부료(貸付料) 등도 있었으나 그것도 대단한 것은 아니었다.

그 후 나는 다이쇼 6년(1917년)에 강원도 내무부장으로 전임되고, 그곳에서 예의 만세 소요를 겪었다. 강원도는 처음에 그리 소란스럽지 않았으나, 마지막에는 몹시 맹렬하였다. 내가 이 도에 부임한 것은 이규완(李圭完) 지사 때였으나, 그 후 이 씨는 함경남도로 전출되고 그를 대신하여 원응상(元應常) 씨가 부임하였다.

강원도는 교통이 극히 불편하고 춘천에서 관내 출장을 할 경우, 해안부(海岸部) 방면으로 갈 때도 경성을 거쳐 우회해 가고, 또 산간부(山間部) 방면으로 출장할 때도 마찬가지로 경성으로 나와 그 지방으로 향한다고 하듯, 상당히 불편하였으나 오직 춘천-경성 간은 자동차로 이어져 있어, 이것만은 편리하였다.

내 재임 중에는 어업 방면에는 전혀 손을 대지 않았으나 해조류는 해안 지방 어느 곳에서나 채취할 수 있었다. 근래 광업의 번성 열기와 함께 본도 내에도 금, 철, 석탄 등 각종 중요 광물이 다량으로 매장되어 있음을 발견했다. 특히 석탄광은 무연탄으로 탄질도 좋고 그 매장량도 상당히 풍부하여 이 광업 방면의 천연 자원으로 강원도가 앞으로 크게 발전할 것이 예상되어 참으로 기쁘다.

나는 만세 소요 직후, 즉 다이쇼 8년(1919년) 5월에 경기도 내무부장으로 이동하였으나, 아무튼 당시는 그 소요의 여파를 받아 조선 내의 민심도 안정되지 않았고, 유언비어가 빈번히 나돌아 치안 유지에 관해서는 당국도 상당히 고심을 기울였다. 그리고 같은 해 8월에는 하세가와(長谷川) 총독이 사임함에 따라 사이토 자작이 이른바 문화정치를 표방하며 새로이 총독으로 임명되었다.

같은 해 9월 2일, 남대문역전에서 신임 총독에게 던진 폭탄은 조선 전국의 모두를 놀라게(驚倒) 하였다. 그 일은 너무나도 유명한 이야기이나 어쨌든 조선의 제도 전반을 혁신하고 문화 향상을 크게 기한다는 방침을 가지고, 자칫하면 종래에 비난의 과녁이 되어 왔던 헌병경찰제도를 폐지하고 보통경찰제도를 시행한다는 쉽지 않은 난국에 직면하고 있던 때여서, 당국자의 고심은 참으로 보통이 아니었다.

특히 경기도는 총독부 소재지인 경성이 관내에 있는 만큼, 반도의 중심으로 큰 책임이 있고, 치안 유지, 범죄 조사 경계는 물론 인심의 안정, 수습에 관해서도 적지 않은 노력을 요구받았다. 그런데도 계속 일어나는 음모와 책동에 대하여 당국은 불면불휴(不眠不休)로 활동하여 그 근원의 전멸에 주력하였다. 당시 상해, 만주 또는 시베리아 방면, 그 외에서 이른바 해외 불령분자가 조선 내의 동지와 서로 책동하고, 또는 양민을 협박하여 재물을 빼앗고 또는 권총과 폭탄 등으로 시위를 시도하며, 점차로 기울어가는 그들의 존재감을 드러냄으로써 민심의 동요를 꾀하려고 모든 방법을 모색한 것이다.

그러나 하늘의 운과 우리 당국의 엄중한 경계로 빈발하는 그들의 음모, 무서운 계획도 모조리 발견하여 검거하게 되었다. 이는 비록 당국자의 협력 일치 활동의 결과라고는 하나, 종종 위기에 처했을 때 이를 알아챌 수 있었던 것은, 참으로 사람의 힘 외에 하늘의 도우심을 믿지 않으려 해도 믿을 수밖에 없는 것이었다.

이처럼 온갖 수단을 다해 여러 가지 방법으로 조선의 치안을 교란하려는 데도 불구하고 우리 당국의 최선의 노력으로 민심이 점차 안정되고, 외부의 선동에 유혹받지 않고, 총독정치의 진의를 이해하여 문화의 촉진과 실력의 양성을 향해 크게 주력하게 된 것은 참으로 기쁘다.

이리하여 조선 내의 민심은 날이 가면서 더욱 진정되고 당국의 교육 보급, 산업 장려 정책에 호응하여 갑작스러운 향학심이 일어나고, 산업에 대한 혈기가 왕성하게 되어 종래 불령분자의 선전에 들떠 있던 민중도 점점 착실해지고 성실함을 되찾았다. 다이쇼 10년(1921년)에 나는 총독부 토목부장으로 본부로 전임되었다.

종래의 토목국이 관제 개정의 결과로 다른 서무 철도와 동시에 부(部)로 된 것이었으나, 한국 정부 시대는 물론 총독부가 되어서도 토목 방면에 대해서는 아직 충분한 시책이 갖추어져 있지 않았고, 산과 들은 황폐했으며 하천도 관리되지 않았다. 도로는 이름뿐이었고, 조선 내 각 도에 대한 치수 사업은 치산 사업과 함께 참으로 등한시할 수 없는 중요한 문제였다.

게다가 문화정책의 하나인 산업의 융성과 발달을 도모하기 위해서는, 또한 도로의 완성에 의지해야 한다. 한편 교통기관의 발달과 촉진의 의미에서도 마찬가지로 도로 신설이 필요하고 개수와 확장이 필요하다. 본국에서도 토목 사업은 상당히 곤란한 사정을 수반하고 있는데, 하물며 조선에서는 이름 그대로 황폐한 도로에 대한 정책을 만든다는 것은 확실히 쉽지 않은 어려운 일이다.

조선에 있는 산과 들은 풀 하나, 나무 하나도 완전히 **황폐**해져 그 유명한 민둥산이 된 이상, 이와 같은 볼품없음에 어울리는 듯한 하천이 과연 만족한 상태에 있을 리가 없는 것이다. 우선 산을 다스리고 나무를 심고 그것을 울창한 삼림으로 만드는 일은, 바로 하천을 정비하는 근원을 이루는 것이다.

그렇지만 어느 곳이 하천인지 경작지인지 모르는 상태로 방임해 두는 것은 단순한 물이용의 문제만이 아니다. 경작지를 황폐하게 하고 식산과 흥업의 면에서도 중대한 일이므로 있는 힘을 다하여 하천을 개수하고, 이로써 범람으로 인한 농경지의 황폐를 방지하고 또는 사람과 가축이 입는 참혹한 피해를 방지하는 것에 힘써야 한다.

나는 토목부장으로 약 4년을 근무하고, 다이쇼 4년(1915년)에 신의주 영림청장(營林廠長)으로 부임하였는데, 그 일은 주로 목재를 벌채하여 그것을 매각하는 일이었다. 그 무렵 압록강 유역과 두만강 유역과 조선 쪽에 아득한 옛날부터 사람이 들어간 적이 없는 원시림이 있고, 그 주된 나무는 전나무, 낙엽송 또는 활엽수 등이었다.

그리하여 오지에 있는 임산물을 실어 내는 삼림 철도의 부설에 노력하는 것으로 임산물의 반송을 주선하였다. 이 벌채한 목재는 영림청에서 그것을 뗏목으로 엮어 해빙되기를 기다려 뗏목으로 신의주로 운송하고, 그것을 각종 건축용 목재로 제재하여 일반 민간에 판매하였다.

그런데 압록강, 두만강 유역에 속하는 약 2백만 정보(町步)의 임야는 종래 영림청이 관리 경영을 해왔다. 그 외의 국유림 3백만 정보는 지방청이 그 보호와 단속을 하게 했으며, 그 외 140만 정보의 임야는 산림과 출장소가 관리하도록 하였다. 그러므로 그 사무의 집행상 영림청, 총독부 및 지방청 사이의 연락과 통일이 빠지어, 임야 정책상으로 적지 않은 불이익와 불편이 있어서, 다이쇼 15년(1926년)에 개혁을 단행하여 본부에 산림부가 설치되었다.

그리고 나는 같은 해에 경상북도지사로서 대구로 부임하게 되었다. 그리고 재임 3년, 쇼와 4년(1929년) 봄에는 경상남도로 전임해 같은 해 11월에 그 직에서 물러났는데, 경상북도는 원래 양반이 많은 지방으로 안동(安東)에는 유명한 이퇴계(李退溪)의 자손과 유서애(柳西厓)의 자손 등이 아주 많이 있었다.

이러한 양반의 대다수는 일한의 합방에 매우 반대하여 상당한 책동을 꾀한 일도 있었다. 이미 이러한 색채를 띠었기 때문에 다이쇼 8년(1919년) 만세 소요 후 상해(上海)에서 이른바 임시정부[152]라는 것을 설립한 자 중에는 이 양반의 자제가 참여하였다는 실정이며, 그들의 귀순자를 선도하는 데에 적지 않은 노력이 요구되었다.

돌아보면 조선에서 보낸 20여 년은 마치 꿈과 같다. 그동안 오로지 문서를 관리하는 관리로서, 사무에 몰두하며 별로 말할 만한 업적이 없다는 것은 부끄러운 일이다. 그 후 만주사변의 결과 만주 제국이 출현함에 따라, 우리 조선의 변경은 지난날처럼 불안과 참혹한 정치에서 벗어나, 이것이 조선 내의 치안에 미치는 영향은 무척 큰 것일 것이다. 현 우가키(宇垣) 총독은 이 시대의 세력의 파도를 타고 그 포부를 크게 행하고 경륜을 베풀 수 있는 처지인 것은 또한 시대의 총아(寵兒)라 불릴 만할 것이다.

---

152 역주: 원문은 '가정부(假政府)'라고 하였다.(이는 국제법 차원에서 적법한 정부로 인정받지 못한 사실상의 정부로 '임시 정부'하고 같은 말이다.)

변해 가는 조선의 모습

마츠무라 마츠모리(松村松盛) / 전 조선총독부 식산국장[153]

민심의 안정과 민의의 창달

내가 조선에 부임한 것은 다이쇼 8년(1919년) 3월 1일의 조선 독립 소요 사건 후인 같은 해 9월 초순에 첫 번째로 전라북도에 제3 부장으로 그 자리에 취임하였다. 그 후 계속하여 경찰, 교육, 산업 등의 행정 분야와 관련하여 쇼와 6년(1931

---

153 역주: 원 책의 저자 소개는 다음과 같다.

정5품(正五品) 훈3등(勳三等) 마츠무라 마츠모리(松村松盛) 씨는 메이지 19년(1886년) 1월 미야기현(宮城縣)에서 태어나, 도쿄제국대학 법과대학 영법과(英法科)를 졸업하고 미츠비시(三菱)에 들어갔으나, 다이쇼 3년(1914년), 관계(官界)로 옮겼다. 본국의 군장(郡長), 이사관, 시학관(視學官)을 거쳐 사이토(齊藤)가 조선 총독에 취임하여 부임했던 당시, 함께 조선에 들어와 도(道) 경찰부장 총독부 참사관을 역임했다. 다이쇼 13년(1924년), 총독 비서관이 되었는데 사이토 총독의 비서관으로서 명성이 높았다. 외유(外遊) 후, 이사과장(外事課長)이 된다. 우가키(宇垣) 총독임시대리(總督臨時代理) 당시 비서과장으로서도 신망을 모았는데, 나아가 토지개량부장, 식산국장(殖産局長)으로서 총독정치에 참여·기획하고, 또한 정신운동 방면에도 힘을 쏟았다. 특히 조선에서의 자애정신의 순수 윤리운동인 수양단(修養團)의 발달에도 몰두한 바 있었다. 천성이 근면한 사람인 데다 재능 있는 인사이고, 그 웅변은 당시의 반도 관계에 빛나는 존재였다.

년) 6월까지 3대 총독과 5대 정무총감 밑에서 일하였다. 이 기나긴 조선 재임 당시에 관여한 행정 면에서 여러 가지 일에 봉착하고 여러 가지의 체험을 거쳐왔기 때문에 여러 감상도 있고 추억도 있다. 그러나 갑작스러운 일이고 또한 발표를 꺼릴 일도 있었으므로, 이 행정 면에서 가장 인상 깊은 것을 두세 건, 아울러 내가 조선 행정의 체험상 특히 느낀 사항에 관해 사소하게나마 이야기하겠다. 첫째로 조선 독립 소요 직후에 민심이 나빠진 상태가 우선 그 하나이다.

이 조선 독립 소요로 인해 나빠진 조선 내의 민심을 안정시키기 위해 약 3개년의 세월을 소비하였다. 그리고 이 동안에 채택한 총독부 당국의 방침 및 시책 등에 관해서는 당시 여러모로 비평받고, 비난도 있었으나 10여 년이 지난 오늘에 이를 돌아보면, 총독부가 채택한 방책은 당시의 조선 내에서 일어난 각종 정세를 생각해도 어쩔 수 없는 일이고 최선의 것이었다고 생각한다.

독립 소요 뒤에 가장 시급했던 것은, 말할 것도 없이 조선 내의 치안 유지였다. 우리는 조선에 대한 깊은 지식도, 경험도 없이 얼결에 개입하여서 헌병경찰에서 보통경찰을 향한 과도기에 있었고, 민심의 동요도 가장 심한 때에 각종 불편을 참고 고생을 많이 하여 여러 가지의 귀한 체험을 쌓았다.

돌아보면, 조선의 치안상 위기일발이라고 할 만한 중대사의 경우에, 거의 예외 없이 응급 또는 적절한 조치를 모색할 수 있었던 것은, 참으로 하늘의 도우심이라 할 만한 것인지 또는 또 지성이면 감천이라고 할 수 있는 것인지, 어쨌든 그 실례를 들면 셀 수 없을 정도였다. 이 일은 당시 경찰 사무에 종사한 다수 동료 제군 모두가 동감했을 것으로 생각한다. 그러므로 그 당시에 흥미진진한 검찰 사건의 이야기는 그것을 다른 사람들에게 미루기로 한다.

이리하여 조선 내에 치안 유지의 공작을 추진함과 동시에 한편, 당시의 중앙 및 지방 정치상 민의를 창달시키기 위해 조선 민간 유지의 기탄없는 의견을 들고 실행해야 하는 것은 바로 그것을 시·정·면(市·町·面)에 시행했는데, 지방제도의 획기적인 개정과 확립이 대표적이다.

그리하여 더욱 철저하게 민의의 반영을 위하여 교육 또는 산업 등에 관한 관민 유력자의 조사회를 설립하였다. 제반 행정상의 근본적인 방침은 이 조사회의 조언을 받아 확립하고 중앙정부의 막대한 재정적 원조하에 각각 그것을 실제로 시정에 반영하였다.

교육열의 융성과 신 교육령

조선 교육의 쇄신에 즈음하여 나는 시바타(柴田) 학무국장 아래에서 유케 코타로(弓削幸太郎) 군의 뒤를 이어서 학무과장으로 종사했다. 이 때 임시 교육 조사위원회에 제출해야 하는 자문안(諮問案)의 작성 및 그 자문 답신 후의 법령 개폐, 제정 및 교육 시설의 신설, 확대 등에 관해 다년간의 관리 생활 중 가장 흥미 깊은 체험을 얻은 것이다. 당시 조선인의 사상은 민족적 경향이 눈에 띄게 짙었고, 그 독립 소요가 진정된 후에는 실력을 양성하여 이로써 장래에 대비한다는 느낌이 강했고, 따라서 우선 교육 보급에 범상치 않은 열성을 보인 것이다.

즉 도시와 농촌 구석구석까지 교육기관 증설을 주장하고, 취학아동이 증가한 것은 실로 놀랄 만할 정도였다. 예전에 소요 이전에는 면장, 경찰서장 등이 적극적으로 취학을 권유해도 입학 정원의 취학아동을 얻는 것은 매우 곤란하였다. 사건 후에는 크게 변하여 학교는 문전성시를 이루고, 이것이 선발에 즈음하여 여러 가지 희비극이 일어나는 상황이었다. 취학 열이 높았던 실례로, 심했던 것은 60세의 노파가 간절히 입학을 재촉하였다는 에피소드조차 있는 정도였다.

그리하여 아동 취학률의 증가와 함께 조선 지식 계급자는 교육 시설의 충실을 도모하기 위해 경찰에 대한 비용을 삭감하고, 그 돈을 교육 시설비로 돌리자고 주장할 정도였으며, 이런 열망이 있는 까닭에 교육에 대한 기부금쯤은 쉽게 모을 수 있었던 상태였다.

이리하여 조선 교육의 향상·진흥을 갈망한 나머지, 심하면 단번에 의무교육제를 실행하자거나, 일면일교(一面一校) 설립 등을 주장하는 자도 있었다. 그렇지만 당시 지방의 부담 능력은 그런 열망의 실현을 도저히 허락하지 않았다. 그러므로 우리는 점진주의를 택하고 급격한 교육비의 부담을 가능하면 억눌렀다.

교육 조사회에서는 여러 가지로 의논이 이루어졌으나, 앞의 교육 시설 문제 외에 주목할 만한 것은 아동에 대한 교육 용어를 조선어로 해야 한다는 문제 등은 일부 조사원이 가장 열심히 주장한 것이었다.

새로운 조선교육령 안은 다이쇼 11년(1922년) 2월, 다이쇼 천황이 섭정으로 최초의 추밀원(樞密院) 회의에 자문하시고, 섭정궁 전하의 어전에서 원안대로 승인된 것이었다. 그리하여 추밀원 회의에서 고(故) 호즈미 노부시게(穗積陳重) 박사는 조선교육령의 개정, 교육기관의 정비는 모두 매우 훌륭하나, 이것으로 장래 배출될 무수한 졸업생에게 각자 직업을 주고, 그 생활을 안정시키는 것에 관해 정부는 충분한 준비가 되어 있느냐 없느냐 하는 것을 질문하였다. 이 문제에 대해 그 당시의 수상 다카하시 고레키요(高橋是淸) 씨는 본건에 관해서는 정부에서도 또한 상당한 마음의 준비가 있다는 뜻으로 대답하였다.

일찍이 경성제국대학 설립의 경우, 내가 이 설립에 관한 업무를 위해 상경했을 때에 쿠보타(久保田) 추밀원 고문관에게 불려가, 동 대학의 설립에 관한 여러 가지의 이야기를 드렸을 때 그는 '조선에는 법과대학이 필요 없지 않은가, 오히려 그보다 농과대학 같은 것이 필요하지 않을까' 하는 것을 질문하였다. 당시 조선에는 사립대학 설치 운동이 상당히 맹렬하여 그 기부금의 모금도 시작하고 있을 뿐 아니라, 미국 선교사도 사립대학 설립 계획이 있었다. 게다가 이 대학들은 주로 법률, 정치, 경제 등의 연구를 목적으로 한 관계로 이때 만일 관립 법과대학을 설립하지 않았다면 조선에 있는 법률, 정치, 경제 등의 최고 교육은 사학(私學)에 맡겨야 하는 것으로 되어, 나는 당시 민족운동을 고려하여 매우 위험하다고 생각해야 하는 상황에 있다고 답하면서 양해를 얻은 일도 있다.

이리하여 한 걸음 한 걸음 신 교육령에 따른 교육 시설을 실현해 간 것이나 당시의 총독, 정무총감 등은 자치 운동으로 거칠어진 민족의 정서를 순화하기 위해 예술교육의 필요성을 인정하시고 미술, 음악 등의 교육 시설에 관한 입안을 명령하시었다. 따라서 각각의 교육기관 및 사회교육 시설 등을 입안한 것이었으나, 경비의 형편에서 그것이 실현된 것은 이들 중에서 간신히 조선 미술전람회뿐이었다.

그리하여 한편으로는 일반 민업의 계몽 시설로서 도서관, 강연, 강습, 강의 또는 영화, 그 외의 사회 교육적 시설에도 착수하고 더욱 민중의 교화에 노력하였다. 이것과 동시에 오랫동안 잠자고 있던 조선의 불교를 각성시켜 민중의 마음을 깨우치기 위해 30개의 본산(本山)을 통틀어 하나로 만들었다. 그리고 재단법인 중앙교무원을 설립하여 승려의 양성에 진력하고 또는 포교장의 설치를 도모하는 등 여러 가지 일들에 착수하였다. 그러나 이들은 상당히 매우 어려운 사업이었고 아직 그 실적을 거둘 단계에는 이르지 않은 것 같다.

사이토(齊藤) 총독의 압록강 순항

나의 총독 비서관 시절에는 여러 가지 재미있는 일도 있고 상당한 비화도 많이 있었다. 여러 형편상 그 발표가 불가능한 것도 있어서 이 일들에 대한 언급은 전부 생략하겠으나 다이쇼 12년(1923년)에 사이토 총독이 압록강을 순항하신 일, 마찬가지로 13년에 두만강을 건너 간도(間島)로 여행하신 일은 언급하련다. 따라서 그 당시에 있었던 대체적인 상황을 언급하겠다.

다이쇼 12년(1923년) 5월, 사이토 총독이 평안북도의 만포진(滿浦鎭)에서 압록강을 따라 내려가실 때는 국경 방면은 비적이 출몰하여 위험이 극에 달한 때였다. 따라서 총독의 하강에 관해서는 중국 관헌은 물론 여행지에 있는 우리 관헌에 대해서도 그것을 완전히 비밀로 하여 암행 여행을 단행했는데, 이때는 다행히 어떠한 사고 발생도 없었다.

다음 해 13년(1924년) 5월에 사이토 총독은 또한 함경남도의 혜산진(惠山鎭)에서 두만강을 내려갔는데 일행에는 마루야마(丸山) 경무국장, 모리야(守屋) 서무부장, 요네다(米田) 평안남도지사, 이쿠타(生田) 평안북도지사 및 함경남도지사 이규완(李圭完) 씨 등이 함께하여 버젓이 나난보(羅暖堡, 조선시대 함경도 삼수군에 설치한 군사시설)의 폭포를 무사히 건너고, 국경 경비 상황, 대안의 정세 또는 산업개발의 상태 등을 시찰했다. 또한 중국 관헌(官憲)을 회유하고 빈번한 위협으로 흉흉한 민심을 안정시키면서 강을 따라 내려갔다. 그러나 이번은 작년과 달리 대안(對岸)의 중국 관헌에도 총독의 통과를 미리 고지하였기에 맞은편도 외관상으로는 삼엄한 경계를 하는 것 같았으나 집안현(集安縣, 현재 길림성 지안시)에서 오백 척이나 되는 절벽 아래를 통과할 때, 십여 명의 조선 비적에게 한낮에 수십 발의 사격을 받는 사건을 겪게 되었다.

연일 여행으로 일행 모두가 피로해서 졸고 있을 때, 콩 볶는 듯한 총난사를 받아 갑작스러운 사태로 몹시 진지한 장면이 연출되었다. 사이토 총독은 남대문에서 있었던 폭탄 세례의 경우와 마찬가지로 봄바람이 매우 온화하게 부는 태도로 프로펠러 배의 작은 창에서 상체를 앞으로 내밀고 절벽 위를 바라보았으므로 마루야마 경무국장과 다케우치(竹內) 평안북도 경찰부장 등이 몸으로 총독을 감쌌다. 이때 총독은 "그들의 탄환은 절대로 맞지 않으니 좀 비켜주게."라고 말하고, 매우 태연하게 계셨던 것을 생각하면, 지금도 그 당시 총독의 모습이 눈앞에 어른거린다.

이리하여 이 난사에 대해 우리 배에서도 경비 경찰관이 그들을 향해 발포하여 응전했기 때문에 그들은 당황하여 어쩔 줄 몰라 하며 사방으로 흩어져 달아나고 말았다.

이 돌발 사건이 있었던 집안현(集安縣)의 지사를 작년 압록강을 따라 순항할 때에 우리가 초대하여 크게 대접했는데, 이러한 비적 습격 같은 사건이 관내에서 또다시 일어난 점에 대해서는 그 책임이 매우 중대하므로, 중국 당국에 대해 엄중히 교섭하여 그 처치를 촉구하였다. 그럼에도 책임자인 그를 처단하지 않을 뿐만 아니라 오히려 그를 다른 현으로 승진시킨다는, 극도로 불성실한 처치를 취했으므로 우리가 단호하게 그 부당성을 책하였고 마침내 그는 파면되었다. 오늘날 일만의 밀접한 관계에서 보면 이러한 일은 참으로 꿈같은 이야기이다.

그리하여 사이토 총독이 간도, 용정촌(龍井村)으로 건너갔던 일은 실로 모험적이고 오히려 난폭하기 그지없는 여행이었다고 생각한다.

그때 사이토 총독은 나카노(中野) 함경북도지사의 알선하에 배일 운동의 두목으로 간도(間島), 시베리아 방면을 유랑하던 아무개를 용정촌의 모 여관에서 만나 친절하게 그들의 속내를 듣고 또한 간절히 조선 통치의 정신을 설명하셨다. 이 총독의 온언후유(溫言厚諭)는 드디어 그들을 감복시키고 그 이전의 잘못을 다시금 후회하여 즉시 귀순을 맹세하고 돌아갔으나 당시 나는 옆방에서 그 결과가 어떻게 될지 염려하여 손에 땀을 쥐었다.

산업 진흥에 관한 제반 시책

사이토 총독이 일찍이 군축회의의 위임 권한으로 쥬네브에 파견된 사이 우가키(宇垣) 육군 대신이 조선 총독 대리로서 통치했을 때, 나는 비서관으로 일하였다. 그 사이 약 반년쯤 우가키(宇垣) 대장은 묵묵히 조선의 실정을 연구하시고 특히 인구의 약 8할을 차지한 빈농의 갱생에 관해 적절한 대책을 모색하는 준비에 전념한 것으로 생각된다.

그 후 야마나시(山梨) 총독 시대에는 초등교육의 보급 및 사회사업의 진흥 등에 관해 주력하였다. 이때 나는 토지개량부장의 명을 받고, 고(故) 시모오카(下岡) 정무총감의 유업을 실시하는 임무를 맡았다.

당시 인구 식량문제는 우리 나라에서 가장 중요한 문제였고, 이 문제 해결의 일단으로 조선 쌀 생산 늘리기 계획은 중앙정부의 막대한 재정적 원조를 얻음으로써 화려하게 시행되었다. 그런데도 최근 곡물 문제로 본 사업이 중지되기까지 한 것은 참으로 감개무량하다. 그러나 인구의 증가율과 식량의 공급 상태를 이리저리 종합하고 참고해 보면 여전히 우리 나라는 식량 부족의 정세이므로 조만간 한층 적절한 시책으로 애초에 세웠던 쌀 증산 계획을 완성할 것을 기대하고 있다.

이어서 제2차 사이토 총독의 밑에서 나는 식산국으로 옮겨 임업을 제외한 일반 산업 행정에 종사하게 되었으나, 당시는 불황의 절정이었고 조선의 자원 개발상 기본적으로 필요한 정책이라 할지라도 이것의 예산 편성은 곤란하였다.

따라서 산업의 적극적 진흥을 계획할 수 없었으나 오직 산업의 합리화 운동 즉 각종 산업 통제에 손을 댄 것이었다. 그리고 그중에 가장 두드러진 것의 하나는 쌀의 이출(移出) 통제였고, 농업 창고의 보급과 조선 쌀 창고 주식회사 설립에 의한 상업 창고의 통제는 이 시대의 산물이다. 그리고 또 하나는 정어리기름과 깻묵의 제조, 생산 및 판매의 통제이다. 즉 당시의 이와 같은 노력이 오늘날의 사업 발전의 기초를 구축하였다고 말할 수 있을 것이다.

이리하여 산업 방면에서 이거라고 할 대단한 적극적인 시책을 보지 못하였으나 조선에서의 60만 정보(町步)154의 개발 계획, 농업의 다각적인 경영의 일단으로써 보리, 대두 및 좁쌀 등의 대증산 계획, 알루미늄의 제련, 무연탄의 운송 개선 계획, 금 생산 진흥계획 등에 착수하였다. 그러나 금 수출의 금지, 공채(公債) 정책155 인정 안 하기, 극단적 불경기 또는 적자재정 등의 시기에는 민간업자의 의기가 가라앉고 본국 자본의 유도는 거의 불가능한 시대였기 때문에, 관헌에 있는 이와 같은 우리 계획과 또는 여러 시책이 화려한 꽃이 피고 열매 맺는 것을 보는 것은 참으로 불가능하였다.

그런데도 오늘날 만주국의 창업이 이루어지고 여기에 제국의 지도적 지위가 확립되어 조선의 민심도 안정되었다. 그뿐 아니라 인플레 경기에 수반하여 이른바 조선 경기의 출현을 보게 되고, 게다가 본국 자본의 진출이 눈부시고, 자원 개발의 제반 사업이 경기가 좋고 활발하게 전진하는 현재의 조선을 보면 참으로 금석지감에 할 말이 없는 지경이다.

조선 통치에 관한 소감의 일단

마지막으로 조선 통치에 관한 생각 일부를 서술하여 위촉받은 책임을 다하고자 한다.

1. 국책(國策)은 무겁게, 공명(功名)은 가벼이 여기라. 모름지기 국책을 수립하는 데에 가장 신중을 요함은 물론이다. 즉 국가 근본의 방책은 적어도 시대적 편의주의에 근거하고 또는 정실(情實)주의를 따르거나, 위정자의 공리주의로 결정되어

---

154 역주: 땅 넓이의 단위, 1정보는 3,000평으로 약 9,917.4㎡에 해당한다.

155 역주: 국가나 지방자치 단체가 세입 부족을 충당하기 위해 공채를 발행하는 정책.

서는 안 된다. 확고한 방침, 견고한 주의(主義)에 기인하여 결정되어야 하는 것이다. 고로 일단 수립되면 내각의 사정이나 총독의 형편에 의하거나 반동적으로 또는 감정적으로 경솔하게 고쳐서는 안 된다.

그런데도 담당자가 경질된 경우, 예전에 결정된 정책을 답습하는 것은 독창성이 없고 편협하다고 생각하여, 공리적 견지에서 이미 결정된 정책을 헌신짝처럼 버리고, 신정책의 수립에 따라 그 공명심을 만족시키려는 경향은 조령모개(朝令暮改)라는 비난을 면치 못하고 민심에 미치는 영향이 매우 큰 것으로 위정자가 크게 조심해야 할 것이다.

2. 조선 민심의 향배는 일본의 국제적 지위의 우열에 따라 영향을 크게 받는다. 즉 예전에 세계 대전 후 파리강화회의에서 윌슨 씨의 제창에 의한 민족자결주의를 잘못 인식한 일부 조선 민중은 이야말로 좋은 기회라고 망동을 계속하고, 또한 워싱턴에서의 해군 군비제한 회의 개최의 경우 일부 조선인은 각 나라의 사신들에게 왕성한 비약을 시도하고 열강 특히 아메리카의 지원으로 야망을 수행하려고 시도하였다. 어느 경우에도 일본 제국의 왕성한 위력 앞에서는 각 나라가 역시 어찌할 수 없으며, 그들의 기대는 한낱 꿈이 되어, 민심의 안정을 보기에 이르렀다.

그러나 조선 내에 있는 민심의 안정에 만족하고 미묘한 민족 심리의 변화에 대한 주의를 게을리하는 것은 조선 통치상에 더없이 위험하다. 고로 항상 엄정한 주의를 가지고 민심의 동향을 통찰하고 일본과 조선 융합과 동화의 실현에 노력하며, 민중 교화의 근본책을 수립하여 이로써 오류가 없도록 하여야 한다.

3. 조선의 자원개발은 본국 자본에 의지하는 바가 매우 큰 것은 물론이다. 그

런데도 그 투자 유도상 가장 필요한 기본적 조사를 소홀히 한 것이 많은 것은 매우 유감이다. 이런 현상을 가지고 임한다면 본국 자본으로 조선의 자원을 개발하는 것은 매우 곤란하다.

그러므로 한편 조선의 사정을 두루 고려한 시책과 함께, 조선의 자원개발상 필요한 기본적 조사에 빠른 착수를 갈망한다.

예를 들면 광물자원 같은 것에 관한 것을 보면 석탄을 제외하고는 하등 정확한 조사가 실행되고 있지 않은 실정이다. 고로 빠짐없이 제반에 걸쳐 조사하여 자본의 유도를 준비하도록 하고 이로써 자원을 개발하는 것은 조선에서 바로 지금 처리해야 할 중요한 문제이다.

그리고 만주와 몽골의 자원관(資源館)과 같은 기관이 없는 것은, 조선의 산업개발 면에서 이 또한 유감 중의 하나이다. 조선에서도 자주 이러한 기관의 설치 등으로 자원개발상의 적극적 대책을 모색하는 것은 생각건대 긴급하고 적절한 문제이다.

57. | 올바른 길에 눈을 뜨는 조선

시가 기요시(志賀潔) / 전 경성제국대학 총장, 의학박사[156]

내가 작년에 경성제국대학 총장직에서 물러나 본국으로 돌아온 후 매우 유쾌하게 생각하는 것은 조선 사람들이 동양주의에 눈을 떴다고 할까, 또는 세계

---

156 역주: 원 책의 저자 소개는 다음과 같다.

구(舊) 센다이(仙臺) 번사(藩士. 제후에 속하는 무사 : 옮긴이)인 사토 마고토(佐藤信) 씨의 셋째 아들로 메이지 3년(1870년) 12월에 태어나, 메이지 19년(1886년), 선대(先代) 쓰바사(翼) 씨의 양자가 되고, 메이지 44년(1911년), 집안 가장을 상속한다. 메이지 29년(1896년), 도쿄제국대학 의과대학 세균학과를 졸업하고, 곧바로 전염병 연구소 조수가 되었다. 메이지 30년(1897년), 임시검역국 사무관에 임명되고 이후 전염병 연구부장 겸 임시검역국 기사(技師), 혈청약원(血淸藥院) 기사, 전염병 연구소 기사 겸 경시청 기사 등을 역임했다. 지난 메이지 34년(1901년)부터 37년(1904년)까지 독일(獨逸)에 유학하고, 다이쇼 3년(1914년), 북리연구소(北里硏究所) 부장이 되어, 게이오기쥬쿠대학(慶應義塾大學) 의학부 교수를 겸했다. 다이쇼 9년(1920년), 조선총독부 의원장(醫院長) 겸 경성제국대학 교수에 임용되어, 쇼와 4년(1929년), 경성제국대학 총장이 되고, 쇼와 6년(1931년), 사임한 후 북리(北里) 연구소장이 되어 오늘에 이른다. 전에 메이지 38년 의학박사 학위를 수여받고, 또 비율빈(比律賓. '필리핀'의 한자음 표기: 옮긴이), 인도, 이태리(이탈리아), 영국 및 제네바 국제연맹 등에 출장을 명받고, 이보다 앞선 메이지 31년(1898년), 적리균(赤痢菌)의 발견으로 명성을 떨치고, 기타 화학적 요법 및 결핵면역 연구로 이 계통에서 중요한 역할을 하고 있다. 저서에《임상면역(臨床免疫) 및 전염병론(傳染病論)》이 있다.

적으로 시야가 넓어졌다고 할까, 우리 일본 국력을 인식한 데다가 세계적으로 이해하게 되고, 광대무변한 천황의 뜻을 받들어 그 은택을 입는 것을 자랑스럽게 여기는 데에 이른 것이다. 더욱 조선인들이 견실한 사상을 가지게 된 것은 일본 제국을 위해 매우 기쁜 일이다.

이러한 일의 더없이 가까운 표출로 원래 조선인들은 예를 들어 새해 축하 편지에서도 쇼와 몇 년이라고 적지 않고 오직 월일만을 쓰고 있었는데, 현재에 와서 연호와 월일을 쓰게 된 것은 참으로 두드러진 변화이다. 이 일은 외부에서 가르친 것이 아니라 자연스럽게 자각하고, 그 자각이 진보하여 이루어지게 된 것이다.

게다가 더욱 두드러진 현상의 하나로 종래 조선 신궁의 참배자는 아주 드물었고, 돌계단을 오르는 사람들은 대부분 참배자가 아니고 그저 구경하기 위한 사람이 상당수였으나 근래 이 조선 신궁의 참배자가 격증한 것은 이 또한 기쁜 일이다. 게다가 계산원 통계에 따르면 그 참배자의 반수 내지 3분의 2는 조선인들이었다고 한다. 즉 이것은 조선인들의 올바른 자각에서 비롯된 것이다. 이상 두 가지 점에서 보아도 조선 동포가 국가라는 것에 눈을 뜨고 일본 제국의 신민임을 자부하고 있다는 것을 알 수 있을 것이다.

내가 조선에 있을 때는 마치 사상계의 혼란 시대로 소·중·대학까지 그 와중에 있어 몹시 곤란한 정세에 직면해 있는 시대였다. 내가 관계해 있던 경성대학도 이러한 문제가 발생하였으나, 평소 이에 대한 지식도 없고 또한 경험도 없어 상당히 고심하였다. 그리하여 본국에 있는 대학생의 사상을 조사하고 일면 이러한 사상을 안고 있는 사람에 대한 처리를 연구하고 이로써 학생을 처리하기로 하였으나 다행히도 큰 문제를 일으키는 일 없이 끝난 것은 참으로 행운이었다.

오늘에서는 이와 같은 문제가 없어지고 이러한 일을 염두에 둘 필요가 없어진 것은 조선 각 곳의 분위기가 올바른 길을 향해 전진하고 일반인의 사상이 견실해지고 있다는 것을 말해 주는 것이다. 즉 그렇게 된 이유는 천황 폐하 한 분의 크고 존엄한 위세에 의한 것은 물론이나, 한편으로 우리 일본 제국의 실력의 위대함이 조선인 일반에게 인식되기까지 이르렀다는 것을 그 원인으로 여기는 것이다.

이에 관련하여 내가 평생 품고 있는 교육상의 개념 또는 희망은 국가에 대한 정신이 없는 교육은 일절 있을 수 없다는 것이다. 정신이 없는 교육은 하등 유익이 없고, 때에 따라서는 국가에 해를 끼치는 것이다. 최근 일본 정신이라는 것이 고조되어 교육상에도 일대 개혁을 이루려 하고 있는데, 이것은 매우 지당한 이야기이고 반드시 그렇게 되어야 할 사항이다.

이에 대해 여기서 대학 교육을 돌아보면, 대학이라고 해서 위에서 서술한 정신을 거스를 필요도 없고 또한 예외가 허락될 리도 없는 것이다. 만약 학문의 독립성을 딱딱하게 생각해서 국가 관념을 무시하는 것이 있다면 그것은 큰 잘못이다.

적어도 내가 종사하고 있는 의학에서 보면 학문의 연구는 자유이나 자유의 입장에서 연구한 결과는 언제나 올바른 것은 아니다. 또는 때에 따라 그 과반은 틀릴 때도 있다. 이 점을 극단적으로 말한다면 정말 올바른 학설은 10분의 1이나 2도 모르는 정도이다. 이러한 점에서 고찰해도 단지 학문은 신성하다는 것을 정면으로 내세운다면 여기에서 대단한 오류가 발생하지 않는다고 할 수 없다.

또한 다른 관점에서 고찰한다면, 메이지 원년(1868년)에 대학 교육을 받은 사람은 실로 수가 적은 형편이었고, 1년에 백 명이 안 되는 졸업생이 나왔다. 게다가 그것은 특수 계급의 사람들로 평생 학문 연구에 종사하고, 학자로 일생을 마친다고 하는 사람들만이라고 생각되었다.

그런데도 오늘날 대학 교육은 1년에 5, 6천 명 매년 졸업하는 실정이고, 게다가 오늘의 사회 정세로 보면 대학을 졸업하지 않은 사람은 거의 사람이 아니라고 할 정도이다. 즉 실제로 국가를 조직하고 있는 사람 또는 국가기관에 참가하고 있는 사람의 대부분이 대학 졸업자라고 해도 되는 상태이다.

이러한 점에서 보면 오늘날의 대학 교육은 고등 보통교육을 받고 있다고 해도 과언이 아닐 것이다. 바꿔 말하면 보통 사람에게 고등교육을 해주는 곳이다. 이러한 실정에서 보면 메이지 초년과 오늘날의 모습은 상당한 변화가 일어난 것이다. 만일 대학 교육이 고등 보통교육을 받은 보통 사람을 만든다는 교육이라면 국가로서 대학 교육에 대해 간섭할 필요가 있다. 즉 대학 교육을 단속하고 일정 방침을 희망하는 것이 필요하다.

대학 교육이 국가를 떠날 수 없음을 깊이 인식하고, 또한 고려해야 한다. 그러므로 대학 내의 사람들도 이러한 점을 충분히 고려하고 각성하여 선처해야 하는 것은 물론, 사회 일반에서도 이러한 이념을 인식하는 것이 현재의 교육 쇄신을 향해 큰 효과를 미치는 중요 문제이다.

조선에 있는 나환자 수용을 위해 소록도(小鹿島)에 상당히 훌륭한 격리 병사가 생겨 앞서 낙성식(落成式)이 거행되었는데, 현재는 3천 명의 환자를 수용할 수 있는 설비이고, 장래에 4천 명을 수용할 수 있는 계획이라는 것은 환자에게 있어 복음이며, 국가를 위해서도 기뻐할 만하였다.

무릇 조선에서 나병의 예방과 박멸이라는 것에 관하여, 사이토 전 총독이 상당히 열심히 힘을 쏟고, 불쌍한 환자를 수용하여 그들에게 위안을 주며, 아울러 민중의 보건 위생의 향상을 도모하기 위해 소록도 전부를 나병원의 부지로 하고 싶은 희망을 품고 그간의 계획을 추진하고 있었다. 그런데 드디어 때가 이르러 이케다(池田) 경무국장, 니시키(西龜) 위생과장이 열심히 노력하여 이 계획이 실현된 것이다.

그리고 이 계획에 대해 조선인들이 일제히 찬성하여 기부 신청을 하고, 마침내 예정액 이상의 기부액에 달하였다는 것은 참으로 쾌거이다. 이리하여 민관 일치로 연대의 목적을 달성하게 되고, 요양소장 스와(周防) 박사의 용의주도한 계획에 따라 동양 제일을 자랑하는 설비를 가지게 되었다.

이리하여 머지않아 십 년, 이십 년 후에는 반도에서 마침내 나환자를 절멸시킨 다는 커다란 희망에 대한 서광을 인정할 수 있게 된 것은, 조선의 공중위생 면에서 보면 매우 좋은 일이다. 생각건대 나병 예방이라는 것은 말하자면, 소극적인 위생사업이어서 그 목적을 달성하여 처음의 정상 상태를 회복하는 것이며, 이것이 적극적으로 국민 건강이 증진되거나 조선의 위생 상태가 향상되는 것은 아니다.

그러나 본 사업은 국가 위생 발전하기 위해 먼저 이루어져야 하는 것으로 참으로 어쩔 수 없는 것이다. 즉 우선 이로써 해로운 것을 제거하고 후에 건설적으로 국민의 건강을 증진한다는 과정을 밟아야 하는 것이고, 그렇지 않으면 국민 보건상의 좋은 결과를 얻을 수 없는 것이다.

그리고 나병에 대한 방책으로서 현재는 그저 환자를 격리하여 각 가정을 안정상태에 놓는 정도에 지나지 않기 때문에, 한발 더 나아가 나환자를 진료하도록 하고 이들을 모두 완치하는 방법은 아직 확립되어 있지 않다. 나는 예전에 내가 조선에 있는 동안 이미 십 년의 오랜 시간에 걸쳐 나환자 치료의 기초를 다지겠다는 생각을 가지고 현재에도 열심히 그 연구에 종사하고 있으나, 이것은 매우 곤란한 문제여서 지금도 아직 그 목적을 달성하지 못한 상태이다.

그러나 나는 이것을 일생의 사업으로서 헌신적으로 그 연구에 몰두하고 있다. 말하기 황공하오나 우리 황태후 폐하가 가엾은 나환자를 위해 매우 깊은 자혜(慈惠)를 베풀고 계시는 것에, 모든 국민이 감격하여 황송해 마지않는 바이다. 이러한 천황 폐하의 심경의 만분의 일이라도 보답해 드리고자 나는 밤낮 그 연구에 전심 노력하고 하루라도 빨리 목적이 관찰되는 것을 보기 원하는 바이다.

58

경찰제도의 확립

야마시타 겐이치(山下謙一) / 전 구마모토현(熊本縣) 지사[157]

　　반도(半島) 천지에 갑자기 일어난 소요 사건의 뒤를 이어 총독부 관제의 대개
혁을 단행하고, 시대 추세에 적응하는 문화적 시설을 보급함으로써 민중 복지
의 증진을 계획하고, 문화 향상을 기대한 사이토(齊藤) 총독은 미즈노(水野) 정무
총감을 비롯한 일행을 따라, 다이쇼 8년(1919년) 8월 말에 도쿄를 떠나 조선으로
부임하였다.

---

157 역주: 원 책의 저자 소개는 다음과 같다.
　　야마시타 겐이치(山下謙一) 씨는 사가현(佐賀縣) 사람인 야마시타 한자에몬(山下範左衛門) 씨의 장
　　남으로, 메이지 18년(1885년) 1월에 태어났다. 메이지 43년(1910년)에 도쿄제국대학 법과대학 독법과
　　(獨法科)를 졸업하고, 메이지 44년(1911년)에 문관고등시험에 합격하였다. 메이지 45년(1912년) 4월
　　지바현(千葉縣) 속관(屬官)이 되고, 다이쇼 원년(1912년) 9월 겸임 지바현 경시(警視)가 되었으며, 이
　　후 지바현 이치하라(市原) 군장(郡長), 이치바(印旛) 군장, 지바현 이사관, 경시청 이사관 등을 역임하
　　였다. 다이쇼 8년(1919년) 8월 조선총독부 사무관으로 전임함과 동시에 전라남도 경찰부장에 보임되
　　고, 다이쇼 10년(1921년) 8월 도쿠시마현(德島縣) 내무부장으로 전임한 후 승진을 거듭하여 구마모토
　　현(熊本縣) 지사가 되어 퇴관하였다.

나는 당시 경시청 이사관에서 전라남도 제3 부장으로 조선에 부임하게 되어 총독 일행과 행동을 같이하게 되었다. 나는 아카이케 아츠시(赤池濃), 니시무라 야스키치(西村保吉) 등 여러 사람과 함께 부산에서 먼저 떠났기 때문에, 9월 2일 남대문역 부근에서의 폭탄 소요 전날 경성에 도착했다. 거기서 상사로부터 훈시 받고 목숨을 다해 그 직책을 완수할 각오로 경찰제도의 확립을 정하고 치안 유지의 경무부장, 초대 제3 부장으로 광주(光州)로 향했고, 헌병 분대장인 경무부 장에게서 사무 인계를 받았다.

데라우치(寺內) 총독 시대부터 지금까지 비난의 표적이 되어 온 헌병경찰제도를 없애고, 아무튼 사이토 총독의 사명 중 하나인 문화정책 실현을 위해 보통경 찰제도를 시행하는 것은 매우 쉽지 않은 문제였고, 게다가 그 착수는 아무런 준 비도 없었다. 한편 조선 전역에 만연한 불온(不穩)한 공기로 치안 유지를 위한 경계 경비를 잠시도 함부로 하지 못하는 정세 아래에서 이 대변혁을 완성한다는 것은 분명히 어려운 일이다.

새로운 경찰제도가 제정되고, 헌병경찰을 대신하여 크게 그 기능을 발휘해야 만 하는 난국에서 그 중대 사명을 담당할 경찰관의 충원, 제복의 정비 등은 또 하나의 곤란한 일이었다. 이렇게 급한 충원이 필요한 경우, 경찰관의 훈육은 물론 복장과 생필품까지 똑같이, 재빠르게 정비하는 일은 매우 곤란한 일이었다.

따라서 당시 조선 경찰을 '백귀야행의 모습'[158]이었다고 평가함과 같이, 정말로 그 당시는 여러 가지 제복을 한 사람들이 많았다. 바꿔 말하면 원래의 경찰관, 보조 경찰관, 헌병 보조원, 거기에 본국 각 부(府) 현(縣)에서 선발된 경찰관과 새롭게 모집에 응한 사람들까지 여러 종류의 사람들이 모여 있었다.

---

158 역주: 온갖 잡귀가 밤에 나다닌다는 뜻으로, 괴상한 꼴을 하고 해괴한 짓을 하는 무리가 웅성거리며 돌 아다님을 이르는 말.

이렇게 어수선하고 무질서한 경관을 합쳐서 단합하게 하고, 치안 유지의 중책을 맡길 수 있을 때까지 쉬지 않고 끊임없는 노력을 기울였다. 그 후 제복이 정비되고 모자가 널리 퍼지며, 대검(帶劍)이 갖추어지자 복장이 일정하게 완성된 훌륭한 경찰관이 되었고, 새로운 경찰제도는 비로소 외형적으로 완비되었다.

때때로 세상에서는 형식주의가 배척되어야 할, 쓸데없이 형식에 얽매이기만 하여 실질과 동떨어져 외관에만 집착하는 것으로 이해되고 있으나, 나는 형식주의가 반드시 배척할 것이 아님을 이 경찰제도의 개정으로 통감했다. 즉, 그 형식이 정연하게 준비되면 결과적으로 그 내용도 정돈되고 그 정신 또한 긴장감에 이르는 것이다. 이같이 내용을 동반한 형식주의는 크게 존중되어야 한다.

당시 본국에서 온 우리 대부분은 조선 사정을 잘 몰랐지만, 조선 통치는 우리의 양어깨에 걸려있다는 자부(自負)와 기대로 모든 일에 임명되었다. 그것은 나뿐만이 아니라 일반적으로 그때의 사람들 누구나 그러한 의로운 기운과 각오를 가지고 활동하였다.

게다가 총독, 정무총감, 또는 국장 이하에 이르기까지 상하를 막론하고 매우 긴장하는 가운데, 모두 하나가 되어 분투해서 제도의 통일을 취한 것은, 분명 흔한 일은 아닐 것이다. 오늘 그 당시의 일을 회고하면 여러 가지 사건이 떠오르지만 그래도 좋은 느낌의 추억들이다.

당시는 소요 사건 이후에 차례로 일어난 음모, 또는 불상사의 단속과 조사, 치안 유지에 비중을 두고 고등경찰은 매우 바빴다. 북조선 방면은 사건의 단서가 그나마 많았으나 남조선 방면은 비교적 적어, 우리는 오히려 실력이 발휘되지 못함을 한탄할 정도였다. 그래서 회의석에서 조선에 보안 경찰이 필요한 이유를 크게 역설한 일도 있었다.

예를 들어 사이토 총독이 문화정책을 표방하고, 그런 방면으로 시책이 실현된다 해도 그때의 조선은 3월의 소요 사건 여파가 아직 모든 반도에 남아 있었고, 직전에는 남대문역 부근에서 폭탄 소요가 있는 등, 인심의 안정을 얻을 수 없을 뿐 아니라, 어떠한 큰 사건이 폭발하지 않을까 하는 큰 불안과 위기를 품은 정세에서는 무엇보다도 우선 치안 제일주의가 되어야 했다.

이런 기분 나쁜 상황 속에서, 자지 못하고 쉬지 못하는 것을 특별히 의도하지 않고, 용기와 노력으로 상당한 실적을 올린 것은 젊은 사람들이 그 상황에 있었기에 가능한 것이다. 노년의 사람이 똑같은 난국에 처해 그들이 했었던 만큼 과감한 일은 도저히 할 수 없을 것이라는 말을 듣는 경향이 있었으나, 지극히 맞는 말일 것이다. 물론 당시 총독 이하 수뇌부(首腦部)도 그 젊은 부장의 활약에 큰 기대를 건 것과 동시에 또 활동에도 많은 편의를 봐준 것이었다.

당시 제3 부장으로 모든 조선의 치안을 담당하고 일선에서 활약한 사람들의 얼굴을 보면, 경기도는 지바 료(千葉了), 충청북도는 야마구치 야스노리(山口安憲), 충청남도는 세키미즈 다케시(關水武), 전라북도는 마츠무라 마츠모리(松村松盛), 경상남도는 야기 린사쿠(八木林作), 경상북도는 신죠 유지로(新庄祐次郎), 황해도는 우마노 세이치(馬野精一), 강원도는 이시구로 히테이코(石黑英彦), 평안남도는 나카노 다사부로(中野太三郎), 평안북도는 모리우치 구마쿠라(森浦態蔣), 함경남도는 나가노 기요시(永野淸), 함경북도 도미키 이치지(富永一二)가 맡았고, 전라남도는 부족한 내가 그 자리를 맡았다.

그중, 평안남도, 평안북도, 함경남도, 함경북도 사람들을 빼고는 모두 새롭게 본국에서 부임한 한창 기운이 좋은 장사였다. 그런 사람들이 마음을 합해 경찰 제도의 일대 변혁을 완수하였다. 게다가 각종 개선 사항에서는 때때로 상사에게 의견을 자세하게 진술하고, 실현 방법을 희망한 것이 있는데 본부 수뇌부(首腦部)도 우리 의견에 찬성하는 마음을 나타냈고, 크게 개선에 노력하여 치안 유지를 위한 큰 공헌을 가져왔다.

바꿔 말하면, 첫 번째 제3 부장 회의 때는 각 도에 자동차를 항상 두어 단속 등에 사용하고, 또 경찰 전화를 설치해서 신속하게 그 연락을 도모하는 등, 각 종 시설 외에 관해 부장 측 요청이 수용되어서 경비 기관이 충실하게 되었다. 이 회의 때 제3 부장을 바꿔서 본국 동양 경찰부장으로 하는 진정이 나와 경찰부 장이라고 고쳐 부르게 된 것이다.

나는 제도 개정의 과도기에서 경찰제도의 확립과 충실에 힘을 쓰는 것 외에 는 아무런 공헌은 없었지만, 굳이 말하자면 다이쇼 10년(1921년) 여름 제주도에서 콜레라가 일어나 유행했고, 인구 이십만 중에서 약 1%가 콜레라에 걸린 일이 있 었다.

당시 제주도에는 도자혜(道慈惠)병원 분원이 있었고, 의사 두세 명 외에는 별 다른 위생 설비가 없어 연발하는 환자의 치료책을 세울 수가 없었다. 따라서 예 방주사의 약품을 부산, 경성 등에서 가져와 경관들이 그 주사를 놓는 상태였다. 게다가 경관이 검병(檢病)을 위해 호구조사를 하면 "당신들이 왔기 때문에 콜레 라가 유행하는 거요."라며 사람들은 노여워했고, 다수의 조선인은 경관을 바다 에 빠뜨리기도 하였다. 미신만 믿을 뿐 그 외의 위생 사상에 대해 전혀 지식이 없는 조선인을 대하는 것은 어떻게 손을 쓸 수가 없었다.

당시 위생 강화 회의를 열어 콜레라 예방 방법을 설명하고, 콜레라균의 매개 를 위해 파리의 위험을 설명해도 민중은 막무가내로 설명에 귀 기울이지 않았 다. 단지 그들은 이러한 나쁜 돌림병이 유행하는 것은 정치를 제대로 못 하기 때 문이라고 주장했고, 놀랄 만한 병독의 전파, 그 위험 예방 등에 아무런 이해 없 이 천재(天災), 굶주림 또는 설사 등을 모두 정치에 연결하여 그것을 비난하는 상 태였다.

게다가 병독의 전염을 믿지 않는 그들은 토사물(吐瀉物)을 과자 끝에 붙여서 먹어 보이며, 아무렇지 않다고 뽐내고 있는 모양에는 손을 쓸 수가 없었다. 그러나 좁은 실내에서 먹는 것에는 새까맣게 파리가 달라붙고, 그 옆에서 환자가 누워 있는 상황에서는 아무리 그들이 콜레라균의 전염을 부정해도 결국에는 온 가족이 죽는 것을 피할 수 없는 곳이 꽤 많았다.

이러한 상태에 있었기 때문에, 환자가 매일 몇백 명이나 증가하는 창궐이 극을 다하고 있어 총독부에 그 보고를 하지 않아도 될 정도로 확대되었다. 따라서 이 병독의 예방·박멸책은 큰 노력과 빈틈없는 주의를 필요로 한다. 나는 이 실제 문제에 직면해서 조선인에게 위생 사상 보급 향상의 필요를 특히 통감하였다.

내가 부임한 당시의 전라남도는 아직 도로 교통기관의 시설이 골고루 미치지 않았고, 경찰 순열(巡閱)을 위해 각 방면을 돌 때는 하천에 교량이 없으므로 배를 연결하여 자동차를 건너게 한 적도 있다. 이처럼 나는 상당히 무리라고 생각되는 방면까지 자동차를 타고 순시했기 때문에, 도로의 좋고 나쁨을 한눈에 알 수 있었고 가장 중요한 담당자를 대신하여 독려(督勵)할 만큼, 간접적으로 도로 개선의 촉진을 하였다.

이리하여 이스미(亥角) 지사 밑에서 전라남도 재임 2년 3개월을 마친 나는 다이쇼 10년(1921년)에 충청북도 내무부장으로 자리를 옮겼다. 경무국(警務局) 측에서는 내가 내무부장으로 자리를 옮긴 것을 좋아하지 않는 것 같았지만, 조선도 본국과 같이 경찰부장, 내무부장, 지사의 순서로 진급해야 한다고 하는 설도 있어, 우선 내가 제일 처음으로 경찰계에 미련을 남기며 내무부장 자리로 옮긴 것이다.

지금 와서 생각해 보면, 조선에서도 경찰부장에서 내무부장을 거쳐 다시 지사가 된 것은 본국과 똑같이 한 것이지만 그때는 제도 개정도 없었던 것이고 거기까지는 앞서 있지 않았다.

나는 충청북도에 부임해서 크게 지방행정 사무를 쇄신하고 개정을 도모하기 위해 사무 검열 제도를 설치하고, 본국에서의 군장(郡長) 경험을 바탕으로 지방행정의 진흥에 노력했으며 각 군 모두 그 사무 검열을 마쳤다. 당시 지방행정은 사이토 총독의 새로운 정치에 따라 준비해야 할 법령을 제정한 것이지만, 본국에 비하면 낡은 관습을 벗어나지 못하는 경향이 있었다.

바꿔 말하면 군을 다스리는 데 어느 정도 조직이 되고 그 권한도 정해져 있었지만, 군청 사무 확립은 정말로 불충분하였다. 그런 점에서는 큰 개선을 해야 했고, 충분하게 그 실질을 올리기에 힘썼다.

나는 요와타 진타로(米田甚太郎) 씨가 지사로 재임할 당시 부임했는데, 그 후 요와타(米田) 씨는 평남(平南)으로 자리를 옮겼고, 박중양(朴重陽) 씨가 요와타(米田)의 후임으로 부임하였다. 그런데 그 뒤 얼마 지나지 않아 다이쇼 12년(1923년) 5월경, 나는 오카야마현(岡山縣)의 내무부장으로 본국으로 돌아가게 되었고, 동시에 오카야마현 내무부장에서 오시마 하타케(大島破竹)가 내 후임으로 충북 내무부장으로 취임하였다.

나는 10여 년 만에 조선을 봤는데, 철도 연선(沿線, 선로를 따라 있는 땅)의 산은 그 당시의 민둥산과는 달리 푸르게 모습이 아주 새로워져 있는 것을 보며 남다른 감회에 젖었다. 게다가 전남 광주를 방문했을 때 나는 잘못 보았다고 느낄 정도로 발전한 모습에 몹시 놀랐다.

내가 재임할 당시는 인구 약 2만 명으로 작은 시골 마을을 연상시켰던 광주는 당시의 모습은 없고 도로와 건물이 들어선 인구 6만 명의 번화한 도시가 되어 있었다. 게다가 광주 시가를 사이에 두고 가네보(종방[鐘紡], 종연방적, 현재 Kanebo,ltd.)의 제사(製絲)공장과 제면(製綿)공장이 들어서고, 광주는 점차 상업 도시로 더욱 발전하였다.

경성 부근이라 하더라도, 영등포 주변에 걸쳐서 크고 작은 공장이 속속 설립되어, 말하자면 공업 조선의 풍경이었다. 내 재임 중에는 공업 발전 도움에 활력이 될 만한 석탄도 거의 없었기 때문에 조선 공업 발전은 상상할 수도 없는 일이었다. 그러나 오늘날에는 석탄 매장량이 무진장 있는 곳이 발견되었고, 각종 공업이 번성하게 되었는데, 이는 옛날과 감히 비교도 할 수 없는 일이다.

특히 만주 제국 출현 후의 조선은 본국보다도 훨씬 평온하였다. 예를 들면, 비적이 변두리에 출몰하는 일이 있어도 통치에 영향을 미치는 근본적인 것이 아니었다. 게다가 만주의 치안이 유지되고, 날로 평정이 오고 있는 오늘날에서는 조선 안의 치안을 위협하는 듯한 용서할 수 없는 도적떼가 있을 틈이 없어졌다. 점점 조선 안의 질서는 정비되고 각종 산업도 한층 진보되며 발달하는 것을 볼 때 그 기쁨은 참을 수 없을 정도였다.

지난날, 전(前) 전라남도지사였던 야지마 스기조(失島杉造) 씨를 만났을 때, 전라남도의 김 생산의 발전을 듣고 놀랐다. 내가 재임 중이었을 때는 그 정도의 진척은 없었지만, 그 후에 두드러진 진전을 보이고, 도쿄 방면에는 매우 많은 양이 다른 지역으로 옮겼다. 그 품질도 본국산(일본산)에 뒤지지 않으며, 그 생산량 또한 막대한 가격에 이른다고 한다. 이 대약진을 볼 때까지는 담당 사업자의 고심과 그것을 지도하고 장려한 도 당국의 노력 또한 쉬운 것이 아니었다. 게다가 양자가 오늘날의 성황을 보기에 이른 것은 나 혼자만의 전남 산업계에 대한 자랑이 아니라, 더 나아가 조선의 산업 발달상 크게 기염을 토한 것이라 하겠다.

59

개혁 당시의 경찰관 훈련과 교육

후루하시 다쿠시로(古橋卓四郎) / 전 조선총독부 함경북도지사[159]

나는 사이토(齊藤) 자작(子爵)이 그의 문화정책을 표방하고 조선 총독으로 부임한 다이쇼 8년(1919년) 9월 아이치현(愛知縣) 지방 과장에서 조선총독부 경찰관 강습소장(講習所長)으로 부임하였다. 그러나 나는 조선에 있는 몇 년 동안의 재직 중에는 단지 상사의 명령대로 행동했을 뿐, 어떠한 공적도 없고, 이렇다고 자랑할 만한 추억은 없다.

처음 내가 부임했을 당시는 헌병경찰제도에 따라 조선의 치안이 유지되고 있었다. 그런데, 관제 개정 결과 헌병경찰제도가 폐지되고 그 대신 보통경찰제도를

---

159 역주: 원 책의 저자 소개는 다음과 같다.

후루하시 다쿠시로(古橋卓四郎) 씨는 메이지 16년(1883년), 아이치현(愛知縣)에서 태어나 메이지 43년(1910년) 도쿄제국대학을 졸업하였다. 다이쇼 2년(1913년) 아이치현 속관(屬官)으로 출발하여 아이치현 경시, 동(同) 군장, 동(同) 이사관을 역임하고, 다이쇼 9년(1920년) 조선총독부 경찰관 강습소장이 되었으며, 지금의 강습소를 존재하게 한 대 은인이다. 감찰관, 충남·경북·강원 각 도 내무부장을 역임하고 함경북도지사로 승진하여 도치(道治)에 정진해 명성을 올리고 몇 년 전 퇴관하였다.

가진 과도기였기 때문에 조선에는 극히 소수의 경찰관이 배치되어 있었다. 따라서 새로운 경찰 조직의 진용을 가다듬고, 경찰관의 충원을 계획했으므로, 일시에 많은 경찰관이 증원되어 소요 인원의 대부분은 새롭게 모집하고 채용해야 하였다. 그런데 그들을 조선 내에서 보충하고, 또는 요원을 구하는 것은 급한 경우에는 매우 곤란하였다.

그래서 그 대책으로 어쩔 수 없이 본국 각 부(府)와 현(縣)에 인원을 배당하고, 이미 훈련을 거친 본국 경찰관을 조선으로 전용(轉用)하였으나, 그러한 정도로 인원을 충족시키기는 도저히 불가능하였다. 끊임없이 지망자를 모집하고 경찰관 강습소에서 경찰에 관련된 학술 및 그 실무에 관한 교습과 훈련을 통해 그들을 조선 전토(全土)에 보낸 것이었다.

경찰관 양성기관으로는, 종래 조선에도 경찰관 교습소가 있었다. 그것은 경무(警務) 총독부의 한 부분으로 극히 소규모였다. 그런데 많은 것을 가르쳐야 할 필요가 있어, 경찰관 교습소 조직을 개편하고 조선총독부 관리에 속하는 경찰 관리 교양 기관으로 독립시켰다. 그리고 본국의 경찰관과 경시청의 경찰관 연습소를 겸하는 것으로 고치고, 전임소장(專任所長) 밑에 교수, 조교수를 두고 순사 교습 훈련을 함과 동시에 한편으로 경찰 간부를 양성하는 기관으로 하였다.

누가 뭐라 해도, 이미 폐지된 헌병제도를 대신하는 경찰관은 하루라도 속히 충실해져야 하는 직무의 책임상, 신규로 모집된 경찰관의 육성에는 주야겸행(晝夜兼行)으로 노력하였다. 한 번에 오륙백 명이나 되는 많은 경찰관을 계속 양성하기 위해서는 부하들과 함께 말할 수 없을 정도의 눈물겨운 노력을 계속하였다. 당시의 관계자 일동은 직책의 중대함을 생각하는 것 이외에는 아무것도 생각할 수 없었다. 정말로 긴장하길 잘하고 직무를 열심히 하며, 필설로 표현할 수 없는 진지함을 가지고 분투하였다. 돌아보면 그때, 그 난국을 벗어날 수 있었던 것은,

참으로 상하 일치의 선물이었다. 그것과 동시에 또 한편으로는 그러한 급박한 상태에 직면해서 모든 정신을 집중시켜 그 훈련에 성공한 것도 매우 효과적이었다고 생각한다.

이 경찰관 강습소에 수용할 만한 신규 모집자가 차례로 조선으로 오면, 나는 그들이 경성에 도착하자마자 트렁크를 가지고 보따리를 든 여행자의 모습 그대로, 그들을 모아 달리도록 하였다. 그 새로운 경찰관 응모자는 본국 각처에서 조선의 꿈을 품고 먼 곳에서 기차에 흔들리고 뱃멀미해 가면서 드디어 목적지인 경성에 도착한 것인데, 지금 그들은 여독을 풀 겨를도, 숨 돌릴 틈도 없이 1~2시간을 뛰라는 소리를 듣고 놀란 눈으로 "아아." 하며 한숨을 내쉬는 자도 있고, "뭔데…?"라고 욕을 해가며, 바짓단을 걷어 올리고 왜나막신을 벗어 던지는 격앙된 모습으로 의지를 표현하는 자도 있었다.

나는 이런 사람들을 한 번 죽 훑어보고, 이번 조는 허약자로 모였다든가, 또는 건장한 사람이 많다든가 하여, 거기서 우선 대략 판단해 두고 뜀박질을 시킨다. 일본 옷을 입은 사람도 있고, 서양 옷을 입은 사람도 있다. 구두를 신은 사람, 왜나막신을 신은 사람, 그 복장이나 신는 신발에 따라 천차만별이었다. 이 무리에게 약 이삼십 분간 뜀박질을 시켰다. 처음부터 단념하는 사람이 있는가 하면, 도중에 잇달아 낙오하는 사람도 있고, 간신히 뒤에 따라붙은 자가 있고, 마지막까지 아무 일 없다는 듯 최선을 다하는 사람도 있었다. 나는 그런 것들을 하나하나 기록해 두었고 학급 편성에 참고하였다.

많은 응모자 중에는 경성에 도착해서 달렸다는 것만으로 지원을 단념하고 본국으로 돌아가는 사람도 생겼다. 그래서 나는 노력하는 사람은 노력하는 사람대로, 약한 사람은 약한 사람들대로 모아 자기 능력에 맞는 훈련을 시켰다. 그 많은 지망자 중 뛰어난 자는 군부대 출신자들이었다. 게다가 하사적임증(下士適任

證)의 소유자쯤 되면 더욱 우수하였다. 군부대 출신자들은 어려운 훈련이 필요 없었고, 단지 학과 방면의 교습과 경찰 정신을 주입하는 것으로 단기간의 특별 훈육을 한 후 각 방면 경찰서에 배치하였다. 정말로 그 당시의 노력은 쉬운 것이 아니었다. 밤낮없이 꽤 힘든 훈련을 거쳐 수료자를 배출해 내고, 또 새로운 자들을 전속력으로 교습시켜 내보내는 것을 되풀이하였다.

그렇게 해서 내보낸 사람의 성적을 생각해 보면 일반적으로 그 동작에서 다소 민첩하지 않더라도 성실하던 사람은 훌륭한 공적을 세우기도 하였다. 과묵하여 그다지 사람에게 인정받지 못한 사람이 국경 경비 등에서 의외라고 생각될 만큼 늠름한 태도로 유감없이 경찰관의 본분을 발휘하였다. 그러나 잔재주가 많은 사람은 어떤 일이 닥쳤을 때 전혀 아무 도움이 되지 않았다.

이같이 나는 경찰관 강습소에서 훈련을 맡은 사람으로 국경 방면 외의 여러 상황으로 목숨을 잃은 사람이 많았던 것에 대해, 그것이 직무 때문이라고 말하면서도 매우 안쓰러움을 감출 수 없다. 그러나 오늘의 조선이 있게 된 것은 선배의 노력도 있지만, 많은 순직자의 공로도 뺄 수 없다.

이 경찰관 훈육은 말할 것도 없이 매우 중대한 것이고 늘 조선뿐만 아니라 본국에서도 그 특수한 훈육 방침을 세우고, 늘 그 모색에 소홀히 하지 않았음을 요약해서 말한다. 돌이켜 보면 내가 그때 조선에서 그 직무를 맡은 것은 정말로 유쾌했다고 생각한다.

그것을 말하자면, 당시 미즈노(水野) 정무총감이 각 방면에 걸쳐 두루 살피고 각별하게 경찰 분야에 비중을 두었을 뿐 아니라, 아카이케(赤池), 마루야마(丸山) 등 경찰 국장 실무에 정통한 숙련자의 지도를 받들어 우리는 단지 말단으로 움직인 것에 지나지 않았다. 물론 그런 대개혁의 시기에는 큰일을 완수하기 위해 누군가가 그 본보기가 되어야 한다는 방침을 갖고 나는 온 정신을 모아 전력을 다하였다. 또한 동시에 격무(激務)에 복종하고, 불면불휴(不眠不休), 착실하고도 열성적으로 조선 치안 유지를 위해 공헌한 당시 부하들의 노력과 분투에 감사한다.

60

문화정치와 학제 개편

시바타 센자부로(柴田善三郎) / 전 조선총독부 학무국장, 귀족원 의원[160]

일시동인주의(一視同仁主義)의 학제 개혁

내가 조선에 온 것은 다이쇼 8년(1919년)으로, 하세가와(長谷川) 총독이 사아토 총독 대신 새로운 총독 및 미즈노(水野) 정무총감 이하, 아카이케(赤池) 군, 니시무라(西村) 군 같은 총독부의 새로운 간부와 함께, 가족 전원을 데리고 9월 2일에 경성에 도착했다.

---

160 역주: 원 책의 저자 소개는 다음과 같다.

종삼위 훈이등(從三位勳二等) 귀족원 위원 시바타 센자부로 씨는 시즈오카(靜岡) 사람이다. 사토 젠로쿠(佐藤善六) 씨의 삼남(三男)으로 메이지 10년(1877년) 11월에 태어나, 메이지 37년(1904년) 시바타 사헤이(柴田佐平) 씨의 양자가 되었다. 같은 해 도쿄제국대학 법과대학을 졸업하고 대학원에 진학, 문관고등시험에 합격하고 와카야마현(和歌山縣) 사무관, 에히메현(愛媛縣) 경찰부장, 홋카이도 척식(拓殖) 부장, 미야자키현(官崎縣) 오사카(大阪) 부(府) 각 내무부장을 거쳐 조선총독부 학무국장이 되고, 반도 문교에 다대한 공헌을 하였다. 그 후 본국으로 전출하여 미에(三重), 후쿠오카(福岡), 아이치(愛知) 각 현 지사를 거쳐 쇼와 4년(1929년) 오사카 부 지사가 되었다. 사이토(齊藤) 내각 때 내각 관장으로서 수완을 발휘한 것은 지금껏 세인의 기억에 새로운 바가 있다.

당시 문화정책을 표방한 사이토(齊藤) 총독은 행정 개혁 또는 조직 변경 등 여러 가지 방면에 걸쳐 손을 썼다. 즉 조직에서는 헌병경찰제도를 보통경찰제도로 바꾼 것이 가장 큰 문제였고 또 행정 개혁에서는 이른바 문화정치를 편다는 것을 널리 알렸으며, 가장 두드러진 것이 교육제도 개혁, 지방자치제도의 개정 등이다. 나는 그중에서 교육에 관한 분야를 담당하였다.

사이토 총독의 방침은 대체로 조선 교육제도를 일본 본국의 교육제도와 같게 하는 것이 그 근본 취지였다. 9월 2일에 남대문에 도착한 일행이 우선 폭탄 세례를 받고 일단 총독 관저에 도착하여 한숨을 돌렸던 일은 잊을 수가 없다. 거기서 간부가 모여 만찬을 함께 하고 술도 한잔하였다. 만찬 석상에서 총독은 나에게 이런 말을 하였다.

첫째, 일본인과 조선인 모두 하나라는 천황의 뜻에 따라 새로운 정치를 행하여야 한다. 일한병합 후 이미 10년, 구한국 시대와 비교하면 그 사이에 있었던 진보의 자취 그 자체가 명확하여 의심할 것이 없다. 그러므로 제반 시책은 사정이 허락하는 한 본국과 같거나, 가깝게 하는 것을 필요로 한다.

둘째, 조선 시정의 방침으로 이른바 문화정치를 새로운 정치의 특징으로 한다. 따라서 학교의 증설, 혹시 교육제도 개혁과 같은 것은 여기에 가장 주력하여야 한다. 당시 교육열은 특히 왕성했고 또 그 진보는 매우 확실한 것이었다. 그것에 비추어 교육제도는 또 사정이 허락하는 한 본국과 같이 나아간다는 방침 아래 새 당국이 책임을 지고, 빠르게 쇄신 개혁을 하라고 하는 이야기였다. 거기서 우리는 이 대방침 아래 학교 증설을 계획하고 제도 개혁에 착수하였다.

애초에 조선의 교육은 원래 서당(書堂) 교육이 그 근본이었다는 것은 말하지 않아도 누구나 아는 얘기다. 그보다 앞서 통감 정치 시대에도 학제는 정해져 있었지만, 그 실제적 시설 및 효과에서는 말할 필요도 없었다. 물론 통감부 시대에 근대 교육의 기초가 구축되었으나 조선의 실무에서 가장 일반적으로, 더욱 오늘날 교육 기초가 되는 제도를 세워 이를 시행한 것은 데라우치(寺內) 백작 시절에 시작되었다고 보아야 한다.

지금 다이쇼 8년(1919년)에 사이토 총독이 새로 부임했을 때의 상황을 보면, 당시 구시대(舊時代)의 서당은 천 개 남짓 있었고, 제대로 된 교육 시설로는 모든 관·공립에 속하는 학교로 보통학교가 대강 여섯 면(面)에 한 군데 정도, 중등(中等) 정도의 학교로는 조선인 교육의 고등보통학교가 남녀 합해서 여섯 군데나 일곱 군데 정도 있었고, 의학, 농학, 공학, 법률 등의 전문학교는 각각 한 군데씩 있었다. 그러나 데라우치 총독은 실무 교육에 중점을 두었기 때문에 각도에 농업학교를 세웠다.

이 외에 사립으로 가장 유력했던 것은 이른바 '미션스쿨'로, 각파(各派)가 설치한 보통학교 정도의 각종 학교는 그 수를 세면 대략 천 개에 가까웠다.

미션스쿨의 공죄(功罪)

다음으로 교육기관의 완비라는 방향에서, 학교의 증설 관계에서 말하면, 총독부가 최초로 손을 댄 것은 보통학교의 증설이었다. 다이쇼 9년(1920년) 이후 3년간을 그 기간으로 정하고 보통학교를 여섯 면(面)에 하나씩인 것을 세 면(面)에 하나씩으로 하는 것으로 하여, 당시 460여 곳이던 학교를 1,000개 가까이 계획하였으나 그것은 예정대로 실현되지 못했을 뿐 아니라, 토지에 따라 또는 2면(面)에 하나를 세우는 것으로 끝난 곳도 있었다.

더구나 고등보통학교도 각 도에 하나씩 세우는 것을 목표로 3년에 걸쳐 대강을 실현할 수 있었다.

학교 증설이라 하면 경비도 얼마 들지 않고 신경을 쓰지 않아도 되는 매우 쉬운 일로 생각하나, 그것은 사실 매우 어려운 일이다.

다이쇼 8년(1919년) 당시에 조선인에게 어느 정도 교육에 대한 부담이 있었는 가를 말하자면, 원래 생활 수준이 낮은 관계로 지방에 따라 제대로 교육비 부담 이 되지 않는 상태였다. 바꿔 말하면 보통학교를 위한 부담액은 한 집에 평균 4 전(錢) 6~7리(厘) 정도였고, 학교 증설에 따라 교육비가 늘어난다면 그것을 총독 부만 부담하는 것은 매우 곤란하고 지방도 부담해야 하는 상황에서, 학교 증설 문제는 오늘날 생각하는 것처럼 간단한 일이 아니었다.

들은 바에 의하면, 이 보통학교 증설을 단행하여 다이쇼 11년(1922년)부터 15 년(1926년)이 지난 오늘, 한 면(面)에 하나 이상 증설되었다는 것은 정말로 기적임 이 틀림없다.

예전에 데라우치(寺內) 총독이 실업교육을 장려한 것은 조선 실정에 가장 적 당한 방법이었다. 그 방책의 토대로 이미 실업학교는 각 도(道)에 하나씩이라는 시책이 있었기 때문에 나의 시절에는 경상북도에 하나를 세운 것 외에 다른 안 은 뒤로 밀렸으나, 원래부터 조선의 산업 발전이 아주 격차가 심한 오늘 실업교 육을 철저히 하는 것은 꼭 필요하다.

물어본 바에 따르면, 미션스쿨은 초등교육 방면에서 점차 그 수가 줄거나 공 립 보통학교로 변화하고 있었다. 그러나 나는 교육이나 정신 면에서 조선인에 대 하여 채찍을 가한 것은 미션 및 미션스쿨인 점에서 봐도, 일본 통치 전부터 이러 한 조선 개발의 공적은 인정하여야 한다고 생각하였다.

다음으로 총독부 또는 지방 공공단체 시설에 손 쓸 일이 늘어난 오늘날, 이 들이 모든 것이 필요하지 않다는 것은 매우 다행이나, 그 때문에 그들이 이미 이 룬 조선 문화에 공헌한 업적을 뺏을 수는 없다.

단지 일한병합 후에 조선에 대한 교육 방침은 우리 나라(일본)의 교육주의로 조선인을 교육한다는 것이었는데, 이런 변화의 참뜻을 이해하지 못한 조선인들이 여러가지 혼잡을 일으킨 점이 있었다. 그러나 시간의 경과와 함께 그들도 다시 총독정치의 참뜻을 이해하고 일본의 교육 주의에 따라 교육을 베푼다는 것에 기분이 풍족하게 된 것은 어쩌면 당연히 기뻐할 현상인지도 모른다.

조선 대학 예과(豫科)의 특이성

상교육제도(尙敎育制度) 문제에서 한마디 하자면, 조선 행정 교육제도는 주로 다이쇼 11년(1922년)에 개정한 제도로 대개 교육체계를 특수한 사정이 없는 한 본국과 같은 방침 아래 정해 놓은 것이다.

그중 하나는 대학의 제도 개정이고, 또 다른 하나는 예비 교육제도의 창설이었다. 조선의 대학 예과(豫科) 제도는 본국과는 전혀 느낌이 다른 것이다. 일본에서는 대학 아래에 고등학교가 있어서 중학 4년(年)부터 입학할 수 있었지만, 조선은 대학 밑에 수업 연한 2년의 예과를 두고 그 졸업자를 대학에 수용하였다.

무엇 때문에 이렇게 고등학교를 두지 않고 예과 제도를 택했는지 말하자면, 고등학교를 설치하면 일본과 조선의 구별이 없어지고 본국에 넘치는 취학 지망자들로 인해 고등학교가 대학과 함께 일본인으로 점령되면 모처럼 조선에 대학을 세운 취지가 몰각(沒却)되기 때문이다.

조선의 대학은 결코 조선인을 위해서만 세워진 것이 아니고, 조선인 및 조선에 머무는 일본인들에게 가능한 한 많은 입학 기회를 주기 위한 목적을 가지고 설립했던 것이기 때문에 말하자면 대학 부속의 예과 제도는 이 목적에 가장 적절하다고 생각하여 이 제도를 만든 것이었다.

게다가 예과 수업 연한을 고등학교의 3년제를 택하지 않고 2년으로 한 것은 이 예과 3년 동안에는 많은 어학을 배울 수 있으나, 오늘날 학문의 진보는 반드시 외국어 등에 주력할 필요는 없다고 생각했기 때문에 그것을 1년 단축해서 2년제로 하였다. 그러나 좀처럼 이상대로 되기 어려우므로 오늘날 일본인과 다름없이 개정된 것은 당시 실정에 속하는 제도를 마련한 것이다.

중등 교육기관인 고등보통학교는 대부분의 중학교와 비슷했는데, 다만 조선인(朝鮮人)을 위해 그들의 사정을 생각하고 어학 외에 다소 차이를 두었을 뿐이다.

초등교육인 보통학교는 원칙상 심상소학교(尋常小學校)와 마찬가지로 수업 연한을 6년으로 하였다. 그러나 거기에는 4년제 학교도 마련할 수 있는 것으로 하고, 한 군(郡)에 한 곳의 학교를 6년제로 하되 그 외에는 4년제로 하는 것을 생각하였다. 오늘날은 물론 이 이상 계속되리라 생각한다.

한층 더 조선인의 진보 정도를 본다면 일본과 조선을 구별하기 어려우나, 그것을 유치한 측면으로 보자면 수백 보의 차이가 있다. 그래서 실정에 따른 교육은 함부로 정도의 높음을 강요하지 않고, 낮고 높은 정도에 따라 행해야 했다. 그러나 조선에서 여러 가지 교육은 상당한 진보를 했고 일본인이 상상하는 대로 낮은 정도는 아니었다.

교육제도로는 보통교육은 중등교육까지 일본과 조선의 '별학주의(別學主義)'를 택하고, 전문교육 이상은 '공학주의(共學主義)'를 택하고 있었다.

거기에 관해서 여러 가지 의견이 있고, 일본과 조선의 공학주의를 인정하자는 말도 있었다. 그러나 언어(한국어·일본어) 외의 관계에서 보통교육은 별학(別學)이 편리하다고 하는 점에서 별학주의(別學主義)를 택했는데, 점점 진보하는 조선의 사정으로 공학주의(共學主義)가 되는 것이 어쩌면 장래의 일이 될지도 모른다.

이것을 요약하면 제도상에서는 특수한 사정이 없는 한 조선 내의 동등한 취지 아래 교육을 받게 되고 경성대학 같은 곳도 이미 많은 졸업생을 배출한 것은 조선 문화를 위해 기쁜 일이 아닐 수 없다.

조선 미술 전람회의 창설

조선인의 교육열이 어떻게 높아졌는가 하는 실례는 많이 있으나, 당시 조선을 떠나 멀리 본국에 유학한 사람들은 대강 2천 명 정도였다. 그들 대부분은 조선에 대학 시설이 없으므로 멀리 반도를 떠나 도쿄로 상경하여, 많은 금액의 학비를 지급해야 교육을 받을 수 있었다.

그런데 경성대학이 개학함에 따라 이러한 상태는 완화되리라 생각하나, 지금도 대중소(大中小)의 각 학교 재학생이 4천 명을 헤아린다는 것은 예상했던 것과 다르다.

요컨대, 지금과 같은 제도 아래 교육 시설을 진행하는 것은 매우 좋은 일이지만 인문 발달과 교육 시설 사이의 인과관계에 있어 서로 맞지 않는 점이 많기에 교육 시설을 만드는 것만으로는 교육 목적은 달성되지 않는다.

조선의 산과 들녘의 황폐에는 아무도 주의를 기울이지 않는데, 전체적으로 어딘지 메마른 것 같은 황량한 상태이다. 민가 생활 그 자체도 오랫동안의 자정에 고생하고 폐정(弊政)에 시달려, 암담하게 고갈된 생활에 황폐해져 있다. 과연 신라, 고려와 같은 옛날 문화의 현란한 모습이 나타나지 않았던 것이 아니라, 문화의 모든 것이 어딘지 모르게 시작되고 있는 것이 아닌가 하는 느낌을 받은 것이다.

따라서, 이 황량한 생활에 윤택함을 주고, 따뜻한 온기가 있는 부드러운 느낌을 품게 하는, 얼마간의 기획으로 문화를 심는 것은 당면한 중요한 문제였다. 조선 미술 전람회 계획은 이런 의미에서 제안된 것이었다.

즉, 역대 총독의 조선에 대한 노력에 따라, 각종 산업은 날이 갈수록 점점 발달하고, 교육제도도 확립되고, 치안은 갖춰졌으며, 교통편이 생겨나는 등 근대 문화의 혜택을 누릴 수 있게 되었다.

이 온화한 빛과 만나, 오랫동안 사람의 마음속에 깊이 잠겨 있는 무언가가 새로운 싹을 돋게 하는 것이 되었다. 총독부 당국은 재빠르게 이 기운을 잡아 미술 발달을 촉구하고 문화 신전에 도움이 될 만한 조선 미술 전람회의 개최를 하게 된 것이다.

다이쇼 11년(1922년) 1월에 이 조선 미술 전람회에 관한 규칙을 세워, 미즈노(水野) 정무총감을 원장으로 하고, 내가 원장 대리가 되어 동년 6월 1일부터 3주간 경성 상품 진열관에서 개최하였다. 당시 심사원으로서 본국에서 일본화(日本畫)의 가와이 교쿠도(河合玉堂), 서양화의 오카다 사부로스케(岡田三郎助) 등의 원조를 받아, 출품 점수 4백여 점, 입선 2백 점 정도라는 실적을 보였고, 게다가 회기 중(會期中)에 관람한 자가 삼만 명에 이르렀다고 추정된다.

내가 조선을 떠난 지 약 10년 정도 되었는데, 매년 출품되는 사진을 받아 보고 있다. 지금도 여전히 계속되고 있다고 여겨지는데, 당시를 지금의 그것에 비교해 보면 상당한 진보의 자취가 두드러지게 있을 것이다. 이러한 시책을 더욱 발전시키는 것으로 민중의 정신에 미치는 영향력이 크므로 조선 문화의 진전을 중시해야 한다. 바라건대 그 영원한 존속(영속, [永續])을 계속 원한다.

61

경성대학의 설립 경위

나가노 미키(長野 幹) / 전 조선총독부 학무국장, 전 아키다현(秋田縣) 지사[161]

열기 어려운 법제국(法制局)

나는 다이쇼 11년(1922년)에 야마나시현(山利縣) 지사에서 조선총독부 학무국
장으로 사이토(齊藤) 총독 밑으로 부임하게 되었다. 2년간의 근무 당시에 특정 기
한을 정해 조선에 대학을 열어 문화 향상을 도모해야 한다는 것을 미즈노(水野)
정무 총독 이름으로 발표하였다. 다만 재정상의 어려움으로 그 실현이 일 년 정

---

161 역주: 원 책의 저자 소개는 다음과 같다.
　　나가노 미키(長野 幹) 씨는 후쿠이현(福井縣) 사족(士族)인 오오키 도요시(大木豊志) 씨의 숙부로, 메
　　이지 10년(1877년) 1월에 태어나 선대 나가노 시게루(長野蕃) 씨의 양자가 되고, 31년 집안 가장을 상
　　속하였다. 일찍이 도쿄제국대학 법과대학에 입학하여 학업 우수로 메이지 36년(1903년) 동 대학을 졸
　　업, 같은 해 바로 문관고등시험에 급제하고, 이시카와(石川), 토야마(富山), 사가(佐賀) 각 현 사무관, 내
　　무서기관 겸 내무성 참사관 등을 역임하였다. 메이지 44년(1911년)에 유럽과 미국 각 나라를 시찰하고
　　귀국 후, 히로시마현(廣島縣) 내무부장에 임명되어 다이쇼 3년(1914년)에 후쿠오카(福岡縣) 내무부장
　　으로 전임하였다. 그 후 미에현(三重縣) 지사가 되고, 다이쇼 11년(1922년) 조선총독부 학무국장으로
　　전임, 다이쇼 13년(1924년) 퇴관하였다. 그러나 다시 기용되어 아키타현(秋田縣) 지사가 되었다.

도 늦어지자, 조선인은 시끌벅적하게 그 개설을 서둘러 줄 것을 요망하였다.

그래서 총독부에서도 이윽고 대학을 개설하는 방침으로 나아가게 되어 조선 대학에 관한 칙령안(勅令案)을 기안하여 법제국(法制局)에 제출하였다. 그러나 원래 법제국은 대만, 조선 또는 관동주(關東州)와 같은 곳에는 대학 설립을 인정하지 않는다고 하는 전통적인 방침을 갖고 있었던 관계로 우리가 제출한 칙령안은 쉽게 용인되지 않았다.

당시 사이토 총독은 문화정책을 모토로 교육 진흥을 도모해야 했던, 각종 학교를 증설하고 보급함과 동시에 대학을 설치함으로써 한층 더 지식을 개발하고, 인격 기르기에 이바지하려 부단히 노력하고 있었음에도, 법제국에서는 조선의 대학 설립은 시기상조라는 이유로 찬성하지 않았다.

그 결과, 법제국에서는 조선 대학 설치에 대해 반대 의견을 부쳐서 내각에 회부하는 형세였으나, 칙령안에 대해 법제국이 반대 의견을 부쳐 내각에 제출하는 예는 이전에 전혀 없었다. 당시 법제국의 의견은, 대학령(大學令)에 따라 훌륭한 대학이 만들어질 수 있다는 것이었는데, 우리의 계획은 관립(官立)이고 의학부나 법학부가 있는 종합대학인 이상, 그것을 제국 대학령에 따라 설치해야 할 것을 주장하였다.

호즈미(穗積) 박사의 찬성 연설과 본안(本案) 통과

이렇게 우여곡절을 지나 법제국과 절충한 결과, 결국 각의(閣議) 결정을 거쳐 대학관제안(大學官制案)은 추밀원(樞密院)의 어자구(御諮詢)가 되었는데, 그 정사위원회(精査委員會)에서도, 당시의 추밀원 의장 하마오(濱尾) 자작, 부의장 이치키(一木) 남작의 배려로 이것이 무사히 통과되어 본회의에 상정되었다. 이 추밀원의 본회의에서 처음 본안(本案)으로 찬성된 것은 호즈미 노부시게(穗積陳重) 박사 덕분이었다. 그 논지(論旨)는 1870년 독일이 알자스로렌을 병합했을 때, 독일 정부는 알자스로렌의 수도 스트라스부르에 대학을 설치해, 주민의 지식 진보, 문화 향상을 도모한다는 것을 표명하였다는 것이 이런 의미에서도 조선에 대학을 세우는 것은 지금시점에서 시기가 아직 이르기는커녕 오히려 너무 늦은 감이 든다. 원하는 것은 되도록 빨리, 의학부와 법학부만이 아니라 공학부, 이학부, 그 밖의 학부도 하루라도 빨리 완비되는 시기가 오는 것을 간절히 원한다는 열성적인 찬성 의견을 진술했다. 본안은 순조롭게 추밀원 본회의를 통과하여, 제국 대학령에 따라 경성대학이 설치되었고, 1913년 6월에 관계칙령(關係勅令)이 공포되었으며, 동시에 예과(豫科) 수업이 개시되고, 1915년 5월에 대학이 개학했다.

나는 대학에 관한 칙령안이 법제국에 부쳐질 당시부터 약 50일 동안 도쿄에 있으면서 본안 성립을 위한 관계 방면의 양해를 구하는 등, 모든 노력을 기울였는데, 이렇게 마침내 그 목적이 달성된 것은 정말로 흔쾌(欣快)한 일이었다. 이후 경성대학(京城大學)은 일본인과 조선인 구별 없이 공학 취지로 나가 지금은 이 대학에서 다수의 학사가 배출돼 각 방면에서 국가를 위해 진출하고 있는 것은 매우 기뻐할 만한 일이다.

해외에 미치는 좋은 영향

처음 우리가 경성대학 설치에 관한 칙령안을 법제국에 제출했지만, 법제국의 의향은 조선에 대학 설립을 허가하면 이어서 대만에서도 또는 관동주(關東州)[162]도 같은 요구를 할 것이고, 고로 조선에만 대학 설치를 허가할 수 없다는 방침인 것 같았다. 그래서 나는 조선에도 대만에도 또는 관동주에도 마찬가지로 대학

---

162 역주: 관동주는 랴오둥반도 남쪽에 설정된 조차지로 1898년부터 1945년까지 존속했다.

설치를 허가해야만 한다고 주장했는데, 결국 그 후에 이르러 조선뿐만이 아니라 대만에도 제국 대학령에 따라 대학이 세워지고, 또 관동주에도 대학 설치가 이루어진 것은 시대 흐름의 진보에 의한 필연적인 방향이다.

개학 전의 괜한 걱정과 결과의 기쁨

이러한 경위로 다이쇼 13년(1924년)부터 경성대학 예과(豫科)를 열었는데, 조선인 또는 조선 체류자의 자제가 거기에 입학하지 않으면, 모처럼의 목적을 달성할 수 없다는 것을 상당히 걱정했다. 그러나 입학시험 결과 그것은 완전히 기우에 그쳤다. 다수의 조선인 및 조선 체류자의 자제가 입학하였다는 것은 그 개설 목적에 부합하기에 매우 기뻐할 만한 현상이었다.

당초에 조선인 중에서는, 이 경성대학 및 그 예과는 조선인을 위한 시설인 관계로 조선인만을 이곳에 수용해야 한다는 희망이 많았다. 하지만 조선인만을 수용하는 대학으로 이름은 제국대라고는 하나, 그 수준이 낮아 졸업생 수준도 좋지 않았다. 따라서 그들 개인 개인의 장래를 고려해서 조선인과 조선 체류자의 자제를 함께 그곳에 수용하는 것으로 하였다. 그런데 개설 결과를 보면 의외로 다수의 조선인이 입학하게 되었고, 또 그중에는 매우 성적이 우수한 학생이 있었다.

이 경성대학에는 특히 예과라는 제도가 있었는데, 그 예과 졸업자는 대학 본과 입학의 우선권이 주어졌기 때문에, 본교 예과 과정을 밟지 않은 일본인은 쉽사리 대학 본과에 입학할 수 없었다. 그리고 또 이 예과의 수업 연한도 2년으로 해서, 특히 본국의 고등학교와 같게 하지 않고 특수한 것으로 하여, 본국에서 입학 희망자가 쇄도하는 것을 방지하고, 조선인 및 조선에 재류(在留) 중인 일본인 자제 입학자를 보호하는 방법을 취하였다. 그런데 지난해에 이 예과 수업 연한을 일본의 고등학교와 같이 3년으로 연장하였는데, 문화 향상에 따르는 예비교육 연한의 연장은 지극히 당연한 조치이나, 중요한 것은 입학 문제로, '조선인 및 조선에 거주하는 일본인 자제의 보호를 어떻게 해야 하는가'였다.

이퇴계(李退溪) 서원 참배

나는 조선에 대해서는 특별히 친근하게 느끼고 있다. 그리고 조선인 중에는 예의가 매우 바르고, 의리가 굳으며, 훌륭한 사람들이 다수 있다. 내가 조선에서 근무할 때에, 현재 재임 중이신 폐하(陛下) 성혼축전(成婚祝典)이 있었는데, 황실(皇室)에서는 국가 공로자에 대해 증위(贈位)의 분부가 있고, 조선에서도 선현선철(先賢先哲)에 대해 폐백(幣帛)을 드리는 것으로 되었다. 그래서 총독부의 각 국장이 폐백 공진사(供進使)로서 조선 안의 각지에 있는 서원에 참배하게 되어, 나는 다이쇼 13년(1924년) 2월 19일에 경상북도 안동군 도산면((陶山面)에 있는 퇴계 이황 선생의 서원에 참배하고, 폐백(幣帛)을 드리며 아래의 제문(祭文)을 낭독하였다.

다이쇼 13년(1924년) 갑자(甲子) 1월 26일 아(我) 황태자(皇太子) 전하(殿下)[163]

---

163 역주: 다음과 같이 한문으로 지은 것을 번역한 것이다.
嘉禮順成 國慶隆盛 欽惟聖天子 大降覃恩 率土含生 咸囿化育 聖心攸屬 尤重文教 特攷禮典 以祀先賢 乃於二月十九日 致語命于李退溪先生文純公之廟焉 後學長野幹 現以朝鮮總督府學務局長兼中樞書記官長奉使將事訖 謹綴蕪詞 以萬敬慕之誠 曰猗歟先生 天挺異資 髫髮勵志 即宗宣尼 啓發愼悱 早自得師 紬繹獸契民與齊 從少及老 自任寔多 至治是期 矢心摩他 難進易退 履貞不蹉 樂哉林樊 陶山之河 六條封事 十圖聖學 本書經術 籍手啓沃 爵祿如雲 中庸是擇 若裏炳炳千古道脈 講明微旨 爛漫天人 四端七情 疎源樂眞 德厚榮崇 精義入神 往聖是繼 遺澤尙新 赫赫帝國 誕敷明教 薄海內外 無思不效 先生學說 儒林是敦 惟余後進 粵自少日 景行仰止 心焉如一載瞻廟宇 光霽如靚 敢表聲意 敬獻罏盒 一炷心香 神理良愜 恭惟先生 鑑我誠洽

가례가 순조롭게 이루어져 나라의 경사가 융성하며, 성스러운 천자께서 큰 은혜를 내렸습니다.

땅을 거느려 생기를 머금고 모든 땅에서 만물이 자라니 성인의 마음이 이어져 더욱 문화와 교육을 중시하고 특히 예법을 헤아려 선현에 제사를 지냈습니다.

바로 2월 19일, 퇴계 선생 문순공의 사당에 제사를 지내도록 명이 내려왔습니다.

후학 장야간(長野幹)은 현재 조선총독부 학무국장 겸 중추서기관장으로 사령관직을 맡아 일하기에 이르렀습니다. 무질서한 말을 삼가서 온갖 경모의 정성을 다했습니다.

말하기를, 아아! 선생은 빼어난 남다른 자질을 타고났으며, 어려서 스스로 힘써 분발하여 곧 공자를 널리 알리는 데 으뜸이 되었습니다. 깨우치고 삼가며 애써서 일찍이 자득하여 스승이 되어 공부가 안 된 백성과 더불어 실마리를 찾으셨습니다.

젊어서부터 늙음에 이르기까지 스스로 책임져야 할 것이 참으로 많은데 다스림의 시기에 이르렀으니 다른 사람을 어루만져야 한다고 마음으로 맹세했습니다. 어렵게 나아가 쉽게 물러났지만 행함이 곧고 흔들리지 않았습니다. 좋습니다! 은거지가 도산(陶山)의 강가입니다.

《무진육조소(戊辰六條疏)》, 《만언봉사(萬言封事)》, 《성학십도(聖學十圖)》 본 책은 경전 관련 저술로 손수 지은 것입니다.

벼슬과 녹봉이 구름 같았으나 중용으로 옳게 분간하여 마치 안으로 천고의 도맥을 빛나게 하는 듯합니다. 어렴풋한 뜻을 분명하게 강독하니 만백성을 아름답게 하였습니다. 사단칠정이 근원을 터서 참된 것을 즐거워하니 덕이 두터워 영광스럽습니다. 선생은 뜻을 정밀하게 하여 심묘함에 들어가 성인이 간 길을 이었습니다. 남기신 은택을 새로이 높이 받들어 제국을 성대하게 하고, 밝은 가르침을 널리 펴서 나라 안팎에 두루 알려 생각에서 본받지 않음이 없게 해야 합니다.

선생의 학설은 유림에서 가르쳤습니다. 오직 여러 후진들은 스스로 젊었을 적에 그분의 높은 덕행을 우러르고 마음은 마치 그분의 사당에 내장을 넣어둔 듯 한결같이 하십시오. 선생의 인품을 보는 듯하여 감히 소리와 뜻을 드러냅니다. 경건하게 술과 정성스러운 마음을 바칩니다. 기쁘게 오직 선생을 공경하니 저는 정말로 흡족합니다.

퇴계 선생은 조선의 빼어난 석학이며, 임진전쟁 후에 두 번이나 영의정을 맡았던 사람으로 우리 나라에도 그에게 사숙(私淑, 직접 가르침을 받지는 않았으나 마음속으로 그 사람을 본받아서 도나 학문을 닦음.)하는 학자가 여럿 있었고, 그 유명한 모토다 나가자네(元田永孚) 선생과 같은 사람도 그중 한 사람이었다. 나의 부친도 선생 학파였으므로 내가 퇴계 선생 종향(從享)의 문묘(文廟)에 제문을 올렸기에, 그 자손이 이에 감격하여 내가 귀청(歸廳)한 후에 그쪽 사람들이 일부러 총독부에 와서 총독을 만나 안부를 여쭌 적이 있었다.

그런데 이씨 가문 당주(그 당시 집안 대표)의 숙부가 작년에 황태자 폐하 탄생(쇼와 9년, 1934년)에 축언(祝言)을 드리기 위해 처음으로 도쿄로 오셨는데, 내가 안동 도산 서원에서 참배한 지 10년 뒤에 갑작스럽게 나를 찾으시고는 "도쿄에 오면 반드시 만나 뵙고 싶다는 생각이 들어오게 되었으니, 부디 친척과 같이 생각해 달라."라며 매우 친근하게 말씀하셨다. 게다가 예전에 유시마세이도(湯島聖堂)[164]의

---

164 역주: 유시마세이도(탕도성당[湯島聖堂])는 겐로쿠 3년(1690년)에 막부의 5대 장군인 도쿠가와 츠나요시가 세운 공자묘(孔子廟)이며, 국가 지정 사적이다. 당시 관료 유학자였던 하야시 라잔(林羅山)의 저택에 간에이 9년(1632년)에 사숙과 함께 마련된 공자묘가 1690년에 지금(도쿄 분쿄 구)의 땅으로 옮겨진 것에서부터 시작된다. 사숙(私塾)은 간에이 9년(1797년)에 막부 직할의 쇼헤이자카 학문소(창평판 학문소[昌平坂學問所])로 재편되었고, 메이지 4년(1871년)의 개편으로 유학의 기능이 실질적으로 폐

낙성식이 있었을 때, 당주가 경성의 경학당 강사로 계신 관계로 이 식에 참례하기 위해 상경하셔서 그 참에 나를 만나고 싶다고 한 것이었는데, 애석하게도 부재중이라 그 기회를 얻지 못하여 정말로 유감이었다.

이와 같이 우리가 보기에는 평범한 할 일을 했음에 불과하나, 언제까지나 그 것을 잊지 못하는 깊은 감명을 받고 있고, 일부러 방문해 주는 것과 같이 매우 친밀한, 은의(恩義)에 감(感)하는 조선 사람들에 대해서 매우 친밀함과 그리움을 안고 있다. 나는 당시 또 퇴계 선생의 문묘에서 약 십 리 떨어진 곳의 서애 류성룡(柳西厓) 선생의 서원에 가서 제문을 올렸다. 서애 선생은 선조 시대의 총리대신이며, 왕의 신임이 매우 두터웠던 사람으로, 왕에게서 류 선생에게 내린 칙서(勅書)가 지금도 현존하고 있는 것을 보아도 그 신임이 두터웠음을 알 수 있다. 서애 선생은, 이미 3백몇십 년인가 전에 돌아가셨지만, 무장(저자의 오해로 보인다.)인 관계로, 문묘에는 모셔지지 않아서 폐백공진(幣帛供進)의 선택에서 빠진 것을 유감스럽게 여겨 특히나 내가 그 서원에 참배하였다.

지되었으나, 이후에 박물관, 사범대학 등이 설치되어 근대 교육의 발상지로 명맥을 유지하였다. 다이쇼 12년(1923년)에 관동대지진으로 일부만을 남기고 모두 소실되었다가 쇼와 10년(1935년)에 콘크리트 건물로 재건되었다. 본문의 '낙성식'은 1935년의 일이다.(일본의 유시마세이도 누리집 등 참조)
경학원은 메이지 44년(1911년) 9월에 옛 성균관의 조직을 변경한 것으로, 조선 총독의 감독에 속하였으며, 경학을 강구하고 풍속을 잘 교화하고 덕행으로 감화시키는 것을 목적으로 하였다(심상소학국사 보충교재 교수참고서-2, 우리역사넷)
유시마세이도가 식민지 조선 유림들에게 구체적으로 알려지게 된 계기는 1914년에 이곳을 방문했던 일제에 협력하는 경학원 유림의 기록에서 비롯되었다. 1920년대에 들어오면 식민지 조선의 유림들은 이곳을 본격적으로 참배하기 시작하였다. 특히 공자가 사망한 지 2,400주년이 되던 시기인 1922년에는 이곳의 방문이 절정에 이르렀다. 일본이 유교를 숭봉한다는 것을 잘 알지 못했던 조선의 지방 유림은 유시마세이도와 그 공간에서 열리는 행사를 보면서 일본이 근대화에 성공한 국가일 뿐만 아니라 유교도 발전한 나라로 인식하였다. 또한 이곳은 일제에 협력하는 유림들에게 자신의 친일 행위를 합리화하는 좋은 수단으로 기능하였다.

구관(舊慣)의 존중과 점진적 개선

나는 학무국장인 동시에 중추원(中樞院) 서기관장을 겸하고 있었다. 중추원(中樞院)은 원래, 주로 병합 당시의 공로자, 또는 관사(官史)로서 공적이 있는 사람들을 참의(參議)로 선임하는데 나중에 각 도에서 추천하는 참의(參義)의 수가 늘어나, 이로써 민심을 널리 알리는 데 이바지하게 되었다.

이 중추원의 자문 사항 중에 구관(舊慣) 및 제도에 속하는 사항이 있었는데 원래 조선은 동성(同姓) 결혼을 기피하고 혈통을 상당히 까다롭게 따지며, 양자(養子) 제도를 인정하지 않은 결과, 상속에서도 비극이 속출하는 형편이었다. 즉, 남자가 아니면 상속 상의 권리가 없기에, 직계의 여자라 해도 상속권이 없다. 따라서 다른 집으로 시집을 가게 되면, 호주(戶主)가 사망했을 경우, 지금까지 전연 알지 못하는 동족(同族)이 상속인으로 그 집에 들어와 여자는 다른 집(他家)에 내보내는데 어떠한 재산도 주지 않는다. 결국 가장 가까운 혈연관계도 아닌 사람이 그 집을 상속한다는, 본국에서 본다면 상당히 불합리한 제도를 감수할 수밖에 없었다.

단지 예로부터 전해지는 옛 관습(舊慣)은 어느 정도까지 그것을 존중해야 하는 것이기에, 우리 민법도 관습법을 인정하고 그에 준거(準據)한다. 그러나 그것도 공공의 질서에 반(反)하지 않는 한도 내의 것이며, 반드시 구습의 모든 것을 인정해야만 하는 것은 아니다. 시대의 추이에 따라, 생활 수준의 고저(高低)에 근거하여 권리를 옹호하고, 질서의 유지를 더욱 합리적으로 하는 것이 필요하다. 물론 조선의 제반 제도들을, 여러 사정상 불가능한 것이기는 하나, 점차 본국과 근접해 가는 것은, 분명 조선인의 복지 증진을 위해 소홀히 해서는 안 되는 중요한 문제이다.

62

최초의 조선 전문교육

시게타 간지로(重田勘次郎) / 전 경성법학전문학교 교장, 조선교육회 장학부장[165]

　　메이지 43년(1910년) 8월 19일, 일한병합이 공포됨과 동시에 행정 관련 사항
은 질서정연하게 집행되었으나, 조선의 교육은 특히 신중히 처리해야 했다. 그래
서 일 년 동안의 연구 기간을 두고, 이 기간 동안에 빠짐없이 연구, 조사한 끝에
메이지 44년(1911년) 10월 10일에 조선교육령이 공포되고, 같은 해 11월 1일부터
실시되었다.

---

165 역주: 원 책의 저자 소개는 다음과 같다.
　　시게타 간지로(重田勘次郎) 씨는 가가와현(香川縣) 사람으로, 메이지 38년(1905년)에 도쿄고등사범
학교를 졸업하고 메이지 39년(1906년) 아오모리현(青森縣) 제1 중학교 교사로 임명되어 메이지 42년
(1909년) 문관고등시험에 합격하고 같은 해 4월 도쿄부(東京府) 도시마(豊島)사범학교 교사에서 도쿄
부 시학(視學)에 임명되어 메이지 44년(1911년) 경성전수학교 교사로 임명되었다. 다이쇼 5년(1916년)
경성전수학교 교수로 승진하고, 다이쇼 12년(1923년)에 유럽과 미국 각 나라 및 인도에 출장을 명령받
았으며, 다이쇼 12년(1923년)에 사립학교 교원자격 인정위원으로 임명되었다. 같은 해 3월 제1 고등보
통학교장에 보하여, 쇼와 3년(1928년) 3월에 조선총독부 경성법학전문학교장으로 임하였다. 쇼와 6년
(1931년)에 퇴임하였으며, 현재 조선교육회 장학부장으로서 재도쿄조선인학생에 대한 지도 알선에 노
력하며 일본과 조선의 융화에 노력을 기울이고 계신다.

이 조선교육령은 조선인에게만 적용하는 것이고, 일본인 자제에게는 본국 교육령이 적용되지 않는 것이었다.[166] 따라서 이 교육령이 공포되기 이전에는 학교다운 학교가 매우 적어, 발령 후에 적극적으로 교육기관의 충실을 꾀하였다. 이당시에 초등교육 분야를 담당하게 된 사람들은 인적이 드문 벽지로 부임하여, 인정이나 풍속을 달리하는 조선의 아동을 위해 고생을 경험하게 되었다.

나는 메이지 44년(1911년) 11월 1일에 도쿄부(東京府, 1868~1943) 시학(視學, 지도 감독관)에서 지금의 경성법학전문학교 전신인 경성전수학교(京城專修學校)의 교감으로 부임하게 되었는데, 이때 교장 사무를 맡았던 총독부 학무국장 세키야 테이자부로(關屋貞三郞) 씨와 석진형(石鎭衡) 씨 등도 교수의 한 사람으로서 학교 발전에 크게 힘썼다.

애초에 경성전문학교의 전신은 법관 양성소라 불리며, 메이지 27년(1894년) 설립되었는데, 그것이 일한병합과 동시에 법학교로 개칭되어 일 년 후에, 즉, 교육령 공포와 동시에 경성전문학교로 고쳐진 것이었다. 또 법관 양성소 시절의 졸업생은, 법관 양성소 박사로 칭하였다.

그때쯤에, 조선에서 전문교육을 실시하는 시설로서는 권업모범장(勸業模範場)의 부속인 의학강습소 및 중앙 시험장 부속인 공업전습소(工業傳習所) 같은 것들

---

166 역주: 한국에 있던 일본인 학생들한테는 본국 교육령도 아니고 조선교육령도 아닌 제3의 교육령이 적용되었다. 조선교육령은 일본에 의하여 1911년 제정되었으며 1922년, 1938년, 1943년 세 차례에 걸쳐 주요 내용이 개정되었다. 일반적으로 1911년 제정령부터 1943년 개정령까지를 제1차 조선교육령에서 제4차 조선교육령까지로 구분하여 일컫는다. 이 글에서도 그러한 구분 방법으로 서술할 것이다. 1922년까지 재조선 일본인 교육제도는 1912년 3월부터 공포된 조선공립소학교관제를 비롯한 각종 공립학교 법령에 의하여 운영되었다. 강점 직후부터 1912년 3월 이전까지는 1909년 통감부가 제정한 소학교규칙과 학교조합령 등에 의하여 운영되었다. 소학교규칙은 1912년 조선공립소학교규칙이 제정됨에 따라서 폐지되었으며, 학교조합령은 일제강점기 내내 유지되면서 일본인 교육의 핵심 역할을 하였다.("조미은(2013). 조선교육령과 재조선 일본인 교육제도.《역사교육》125호. 역사교육연구회. 65-94쪽." 참조)

로, 조선교육령 공포 후에도 강습소 또는 전습소로서 전문적인 학업을 가르쳤으나, 당시 독립된 전문학교로는 이 경성전문학교 한 곳뿐이었다. 그리고 다이쇼 5년(1916년)이 되어 처음으로 수원농림전문학교, 경성의학전문학교 및 경성공업전문학교라는 명칭을 갖고 전문학교령에 따라 그 내용도 다소 고쳐졌다.

당시 조선의 중등교육은 관립인 고등보통학교밖에 없었다. 고등보통학교 졸업생이 아직 소수였는데 이러한 전문교육 시설이 세워졌다. 전문교육에 대한 준비교육이 충분히 이루어지지 않던 그때의 학생(생도) 모집은 상당히 광범위한 것이었기 때문에, 오늘날과 비교해 오히려 두뇌가 우수한 학생들이 모집되어 그 학업 성적도 매우 좋았던 것 같다.

나는 이 법학전문학교에서 수신(修身) 외에 헌법, 행정법, 국제법 등을 가르치며, 다이쇼 10년(1921년)까지 근속하였다. 당시 조선에 있는 조선 사람들에게, 아직 조선에는 헌법을 시행하면 안 된다는 견해를 가지는 사람도 있었으나, 나는 당연히 시행해야 한다는 생각으로 행정법을 계속 강의하였다. 나는 중학교, 전문학교를 통해 헌법을 강의한 것이 꼭 20년에 이른다.

다이쇼 7년(1918년) 4월에 나는 신설된 함흥고등보통학교의 교장으로 전임하였다. 생각하면 당시 이 학교의 학생 모집 구역은 제19사단의 관할구역보다 상당히 넓었다. 그런데 다음 해 8년에는 3·1 만세운동으로 몇 학교의 학생도 상당히 소란스러웠다. 이 소요는 제1차 세계대전 이후의 민족자결주의에 편승하여 일어난 것인데, 이 이래 조선에 있어 각 학교의 휴교 사태가 끊이질 않았다.

이것을 멀리 떨어진 본국에서 본다면, 아무래도 학교교육에 대한 불만이 있는 것처럼 생각되나, 결코 그런 것은 아니다. 이 학교 소요는 다분히 정치적 의미를 지니는 것으로, 넓게 말하면 세계의 대세를 충분히 이해하지 못하였다. 최근 우리 나라의 국제적 지위가 점점 확고함을 알게 된 것과 동시에, 접경지인 만주

제국의 출현과 우리 나라 사이의 밀접하고 불가분한 관계를 이해한 결과 등으로, 학교 소요가 무의미한 것을 자각한 것 같으며 지금은 거의 그 흔적이 없어진 것 같다.

다이쇼 11년(1922년)에 제2차 조선교육령 개정이 있었는데, 위로는 대학 교육에 관한 교육에서부터 아래로는 초등교육에 이르기까지 일본인에게 통하는 법령이 공포되어, 그것으로 일본인과 조선인의 공학이 가능하게 되었다. 단, 예외로 초등교육인 소학교와 보통학교, 중학교와 고등보통학교에서는 특별히 남녀 개별 학교를 허락하는 것으로 되었으나, 실업교육 전문학교, 대학 교육 및 사범 교육에 관해서는 어떤 학교에서도 남녀공학 제도를 채택하였다. 다음 해 12년(1923년)에 이 새로운 제도로 대학이 세워져, 이것으로 조선에도 처음으로 대학, 전문학교, 사범학교, 중등학교 및 초등학교라는 계통적 제도의 완성을 보게 된 것이다.

나는 다이쇼 11년(1922년)에 총독부 사무관 겸 시학관(視學官)으로 옮겨, 12년(1923년)부터 13년(1924년)에 걸쳐 유럽과 미국 및 영국령 인도에 관한 학사(學事) 시찰을 명령받았다. 이르는 곳마다 가능한 한 많은 학교를 참관하고, 그중에도 초등교육에는 특히나 중요성을 두어 무엇보다도 초등교육 시찰에 충실하였다.

그런데 내가 조선에 돌아왔을 당시에 우리 나라 초등교육을 보면 자유주의 교육의 고취 등으로 미국, 독일 등의 사립학교 또는 한 도시 등에서 이루어지는 지극히 특수한 교육을 찬양하고, 그중에는 거의 광란의 몸부림 같은 것도 있었다. 이것이 조선에도 전파되어 식자(識者) 사이에서 이것을 어떻게 취급해야 하는지 활발히 논의되고 있었다. 나는 그 직무와 관련된 동료와 함께 그것을 가라앉히는 것에 온 힘을 다하였다. 그런데 다행스럽게도 23년에 이 풍조가 진정되어 이를 기뻐하였다.

다이쇼 15년(1925년)에는 경성제일고등보통학교(경기고등학교) 교장으로 부임하였는데, 이 학교는 앞에서 말한 것과 같이 오랜 역사가 있는 곳으로, 원래 한성고등학교라고 불렸는데 조선의 유일한 중등학교로서 전 조선 반도에서 학생이 이곳으로 모여들었다. 또 한성사범고등학교(漢城師範高等學校)의 폐지 후에도 생도들을 이 학교에 수용했기 때문에, 조선 교육사를 조사하려는 사람은 우선 이 학교에 관해 알아보면, 병합 전의 교육 상황을 대체로 알 수 있다. 또, 조선의 중학교, 고등보통학교가 총독부립(總督府立)에서 도립(道立)으로 각 도에 이관(移管)된 것은 다이쇼 14년(1925년) 4월이다. 이제 일한병합 25주년을 맞이하여, 당시를 회고하니 나는 조선에 있을 때 거의 교육에만 종사하고, 아무런 공적도 올리지 못했지만, 그래도 우리가 배양한 인재가 오늘날 어떻게 사회에서 활동하고 어떠한 공헌을 해 왔는가를 생각할 때 가슴 깊이 유쾌함과 기쁨을 느낀다.

나는 쇼와 3년(1928년) 4월에 경성법학전문학교장으로 전임하였다. 돌아보면 나는 경성전문학교에 부임한 다음 해, 즉 메이지 45년(1912년) 봄, 교정 한구석에 엄지손가락 크기의 포플러 몇십 그루를 갖다 심었다. 그런데 풋볼 등으로 그 대부분이 말라 죽어서, 현재 남아 있는 것은 불과 몇 그루이다. 쇼와 4년(1929년) 봄, 이 포플러 크기를 재어 보았더니, 땅 가장자리에서 둘레 4척(尺) 5촌(寸)에서 5척 5촌 정도가 되어 있었다. 즉, 이것이 17년 동안에 포플러가 성장한 모습이다. 그런 후에 벌써 6년을 경과하고 있으니, 지금에서는 아마도 둘레가 6척 이상에 달했을 것이다.

포플러가 무심하게 성장하는 동안에도 이 학교에서 다수의 졸업생을 배출하였다. 그들은 당당히 공사를 위해 노력하며, 판검사가 되고, 재판소 서기, 변호사, 군수, 경시, 은행 회사원, 각종 사업의 경영에 종사했다. 조선의 민중을 위해 이들이 얼마나 많은 영향을 끊임없이 주었는지는 상상을 초월한다. 물론 이것은 단지 한 예에 지나지 않는 것으로, 모든 학교도 이와 같다. 원래 교육이란 것이 눈에 보이지 않는 것이라 하나, 눈에 보이지 않기는커녕 그 결과는 뚜렷했다.

나는 현재 조선 교육 장학부장(長學部長)으로 임명되어, 그 사무에 관여하고 있다. 조선교육회는 회장으로 정무총감을 두고, 그 장학부를 도쿄에 두어 본국에 있는 조선 학생 지도 사무를 취급하고 있다. 이 장학부는 한국 시대에 유학생 감독이 뒤를 이은 것으로, 최초에는 관비 유학생을 주로 감독하고 사비생(私費生)은 부수적이었는데, 오늘날에는 비용 지급 제도도 정비되어서, 사비생 즉 유학생 전부를 가능한 한 도와주고 있다.

조선 학생의 본국 유학생은 다이쇼 원년(1912년)에는 276명이었던 것이, 다이쇼 9년(1920년)에는 700명이 되고, 쇼와 원년(1926년)에는 3,000명 정도로 증가하였으며, 그것이 오늘날에는 4,500명이라고 하는 다수가 되었다. 이 숫자는 중학교에서 대학까지의 생도 가운데 장학부가 조사한 것으로 얻어진 것이므로, 더 놀랄 만한 다수의 학생이 있을 것이다.

그리고 장학부에서는 이 재학 중인 학생들에 대한 지도 외에 졸업생에 대한 취직 알선에 관해서도 상당한 노력을 하는데, 도저히 그들의 희망에 부합하는 직장을 얻지 못하는 것은 상당히 유감스러운 일이지만, 장학부는 크게 자중하여 그들이 원하는 직장의 개척에 힘쓰고 있다. 이러한 우리의 노력이 일본과 조선의 융화에 다소나마 공헌하는 것이 있다면 정말로 다행이다.

다케베 긴이치(武部欽一) / 전 조선총독부 학무국장, 전 문교성 보통학무국장[167]

오늘 도쿄의 각 신문 기사에 우가키(宇垣) 조선 총독이 상경하게 된 것과 관련하여, 총독이 차 안에서 담화한 내용이 보도되었다. 총독은 "장래 조선 통치의 방침으로 조선의 천연자원 개척과 마음 계발 정책을 단행할 것이다."라고 밝히셨다. 여기서 그 '마음 계발'이라고 하는 것은 조선의 2천만 민중 정신의 드높이기와 신앙의 향상을 도모하는 데에 있다고 설명하고 있었다.

말인즉슨 조선 통치의 방침으로서 가장 근본적인 것은 그 정신의 문제이자

---

167 역주: 원 책의 저자 소개는 다음과 같다.

다케베 긴이치(武部欽一) 씨는 도쿄부(東京府) 사족(士族) 다케베 나오마츠(武部直松) 씨의 장남으로, 메이지 14년(1881년) 4월에 태어나 다이쇼 9년(1920년)에 집안 가장을 이어받았다. 메이지 41년(1908년) 도쿄제국대학 법과대학을 졸업하고, 메이지 42년(1909년)에 야마구치현(山口縣) 사무관에 임명되었다. 메이지 44년(1911년)에 문부성 참사관으로 전임하고 다이쇼 4년(1915년)에 미국에 출장을 명받았으며, 다이쇼 11년(1922년) 문부성 종교국장으로 임명되었다. 그 후에 문부성 실업 학무국장이 되고 문부성 보통학국장으로 전임했으며 자원국 참여에 보하였다. 쇼와 4년(1929년)에 조선총독부 학무국장으로 내임하여 치적을 많이 이루었는데 쇼와 8년(1933년) 문부성 실업학무국장으로 전임되셨다.

사상의 문제이다. 그러므로 조선 총독이 그것에 관해 경륜을 발휘한다고 하는 것은 정말로 국가를 위해서 경축해 마지않으며, 전적으로 총독의 노력에 따라 처음 바랐던 목적이 달성되는 것을 진심으로 바란다.

나는 사이토(齊藤) 자작이 제2차 총독으로 취임하여, 고다마(兒玉) 백작이 정무총감으로 친히 임명되어 조선에 부임했는데, 쇼와 4년(1929년) 10월 하순에 부임하자마자, 그때부터 약 일주일 동안에 이른바 광주학생사변이 돌발하여 그것으로 동요되어 전 조선의 방방곡곡에서 학생 소요 사건이 발생하였다.

다행스럽게도 이 소요 사건도 총독 및 정무총감의 지도와 독려, 동료 및 부하 직원의 시기적절한 조치와 또 각계의 일반 전문가들의 편달과 원조에 따라 그것이 진정되기에 이르렀다. 하지만 이 분란, 소요 사건이 유래하게 된 원인과 또 진행하게 된 과정을 곰곰히 생각해 본 결과, 그 밑에 조선 학생이나 일반 민중의 사상이 중대한 원인을 제공하고 있다는 것을 알았다. 이 사건으로 고려하건대, 이러한 뒷수습 조치로서는 근본적으로 반도 민중의 사상 이끌기와 정신 드높이기에 관한 방책을 모색하는 것이 아주 위급한 임무인 것을 통감하였다.

그런데 사상 대책으로서 모색해야만 하는 방책은 여러 가지가 있는데, 교육상으로 실시할 만한 방책으로서 특히 긴요하고 적절하다고 생각한 것이 있었다. 반도에 있는 청년에게 근로를 중요하게 여기며 그것을 좋아하는 정신을 기르게하고, 착실하게 해서 강건한 기풍을 양성하는 것이 중요하다고 믿었다. 따라서나는 근로 교육주의를 솔선하여 주창함과 동시에 직업과를 두고, 또 보통학교졸업생 지도 시행을 장려하며, 근로 체험으로 품성을 갈고닦아 실제적인 지식의체득에 힘을 기울였다.

다행스럽게 반도 교육계와 일반 사회에서 이 방침이 이해되고 환영받게 되어, 반도에서 이 시설은 오히려 본국에 대해서도 모범을 보일 정도로 발전했다.

이렇게 반도 청년 학생의 사상을 이끌어 정신을 드높이는 데 있어 조금이나마 효과를 보기에 이른 것은 정말로 흔쾌해 마지않는 바이다.

그 후, 우가키(宇垣) 총독이 보통학교 졸업생 지도에 따라 농촌 살리기의 중요하고 근본적인 방책으로서 계속해서 적극적으로 장려할 것이라는 말을 전해 듣고, 참으로 감사와 경의를 올린다. 나는 조선 농촌이 정신적으로나 물질적으로 다시 살아나고 발전하는 데에 졸업생의 지도가 중대한 소임을 다하는 것으로 확신한다.

또한 나는 조선에 재직 당시 학생 소요 사건을 참작하여 종래 반도에서 교육의 지도와 감독에 임하는 사학기관에 중대한 결함이 있었으며 이 시학기관의 결함으로 교육에서 각종 유감스러운 사태가 발생하는 것을 막을 수 없다고 보았다. 그뿐 아니라, 다른 면에서 교육의 적정한 발전을 도모하기에는 다소 유감스러움을 인정하고, 시학기관의 충실을 도모하는 것이 매우 필요함을 믿었다. 따라서 각 도에 전임 시학관(視學官)의 유능한 관리를 두어 그것에 충실하게 하여 이로써 반도 교육의 지도 감독에 유감스러운 점을 없애는 것을 기하였다. 이리하여 이 시학관의 충실함은 현재 반도 교육에 공헌하는 효과를 분명히 가져왔다고 깊게 믿고 있다.

게다가 나는 조선의 보통학교 및 고등보통학교에서 교과서를 개정하는 것이 필요하며, 특히 교육의 실제화를 도모하고, 또 정신 드높이기를 이루기 위해서는 근본적으로 교과서 개정이 필요하다고 믿어 개정한 것이다. 총독부에서 새롭게 편찬한 이과 교과서와 같은 것은 실로 이전의 이과 교육이 형식적 지식 주입에 치우쳐져 있던 것을 근본적으로 고쳐, 생도의 실제 생활을 기본으로 한 실험과 실습을 중심으로 하는 이과 교육 방침에 따라 편찬된 것이다. 이는 우리 나라의 이전 교과서에 대해 획기적인 개정이고, 일본 교과서에 대해서도 신교육의 모범을 보이는 것이다.

　나는 조선에 있은 지 불과 1년 8개월로, 사이토 총독이 퇴임함과 동시에 조선 관료계를 떠났는데, 지금 당시를 뒤돌아보면 감격의 탄식을 억누를 수 없는 것이 있다. 이리하여 나는 조선을 떠났는데 지금도 여전히 항상 조선 동포의 복지 증진을 계속해서 바라고 있다.

　애초의 조선 통치의 이상 또는 그 근본적인 방침은 어떠한가? 교육도 또 통치의 한 작용이기에 조선 교육 방침도 자연히 통치의 근본적인 방침에 딱 맞아야만 하는 것이다. 이것을 유럽과 미국 각 나라의 식민지 통치 방침으로 보면, 그 주민에 대해서는 가능한 한 교육을 시키지 않고, 자각을 일으키는 기회를 적게 함으로써 통치하기 쉽게 하는 주의로 나갔다는 것은 역사가 보여주는 바이다. 이것을 유럽과 미국 각 나라와 그 식민지와의 관계에서 볼 때, 식민지는 단지 본국과 역사를 달리하고 인종과 종교를 달리하며, 언어와 풍속을 달리하는 것만이 아니다. 본국은 진보한 문화를 가지고 있으나, 반면에 식민지의 주민은 미개 또는 반 개화된 미개인이다. 그런데 우리 제국에서 조선의 지위는 완전히 그것과 그 모양을 달리한다. 물론 조선은 우리 나라의 식민지가 아니고, 우리 제국의 한 지역을 이루고 있기에, 그에 대해 우리 나라가 각종 문화정책을 시행하고 민중의 지식 향상을 도모해 문화를 끊임없이 발달시키고 있는 것은 그 유럽과 미국 식민지의 통치의 방침과는 전혀 그 취지를 달리한다.

　메이지 43년(1910년) 8월 29일, 한국 병합과 동시에 메이지 천황은 조서(詔書)를 널리 알리시어 "민중은 직접 짐이 편안히 위무(慰撫)하여 건강과 행복을 증진시키고, 산업 및 무역은 태평한 세상 아래에서 두드러지게 발달하게 할 것이다 (民衆ハ直接朕カ綏撫ノ下ニ立チテ其ノ康福ヲ增進スヘク產業及貿易ハ治平ノ下ニ顯著ナル發達ヲ見ルニ至ルヘシ)."라고 선언하시었다. 다이쇼 8년(1919년) 8월 19일 총독부 관제(官制) 개정에 즈음하여 다이쇼 천황은 "한국의 민중을 위하는 것을 평등하게, 짐의 신민으로서 터럭 하나의 차이 없이, 각기 어울리는 지위를 얻고 그 삶에 평등하게(其ノ民衆ヲ愛撫スルコト一視同仁朕カ臣民トシテ秋毫ノ差異アルコトナク各其ノ所ヲ得其ノ生ニ聊シ齊シク休明ノ澤ヲ享ケシメムコトヲ期セリ)"라고 선언하셨다. 즉 조선 통치의 근본적인 방침은 이러한 성스러운 조칙에 비추어 보면 분명하다. 따라서 이 근본적인 방침에 근거해서 적정한 방책을 찾아야 한다.

조선에 대한 실제 정치 방책으로서는 조선을 본국과 같이 평준화시킨다는 이상에 다다르기까지는 그곳을 특수 지역으로서 다루어야 한다는 주의와, 이상의 실현처럼 본국과 같이 취급해야 한다는 주의가 있다. 데라우치 마사타케(寺內正毅) 백작의 견해는 앞쪽이고, 하라 다카시(原敬) 씨의 의견은 뒤쪽이었던 것 같다. 나는 당시 하라(原) 수상이 정무총감 미즈노 렌타로(水野錬太郎) 씨에게 교부한 '조선 통치 의견서'를 그곳에서 읽어볼 기회를 얻었었는데, 그것은 일본과 조선 모두 같은 제도에 따라 행정, 사법, 경제, 재정, 교육, 군사 등 모든 것이 같아야 한다는 취지의 의견서였다. 이와 같이 두 사람은 조선 통치에 관한 의견이 서로 달랐기 때문에 구 조선교육령은 데라우치 백작의 특수 지역주의에 따라 규정되었고, 현행 조선 교육은 하라(原) 씨의 이른바 내지연장주의(內地延長主義)에 근거해서 제정되었다.

당시 사이토(齊藤) 총독이 발표한 유고(遺稿)에는 "일본과 조선 공통의 정신에 근거, 같은 제도 아래 시책의 완비를 꾀한다."라는 취지를 말하고 있다. 미즈노(水野) 정무총감도 "일본과 조선의 공통주의 정신에 근거해 계통적으로 본국과 같은 제도를 수립하며, 무릇 새로운 지역의 국민에 대하여 본국과 같은 교육제도를 베풂으로써 그 계발에 힘쓰도록 할 것이다. 각국이 아직 그 유례가 없었던 것이지만, 대개 이 일은 당연히 우리의 새로운 지역의 동포를 만족시키는 것일 뿐만 아니라 수많은 조선 통치에 대한 오해를 없애는 점도 있다."라고 조선에 대한 교육 방침을 명백하게 하고 있다.

앞에서도 말한 것과 같이, 외국 식민지에서는 그 주민을 교육하지 않는 방침을 실행하고 있으나, 우리 나라에서는 조선을 식민지로 보는 것이 아니라, 평등하게 사랑해야 한다는 성스러운 뜻을 받들고 있다. 따라서 일본과 조선 사이에 차별을 만들지 않으며, 조선인에게 교육을 베풀어 사회상, 정치상, 경제상 등의 지위를 향상하여, 일본인과 같이 평준화시키는 것이 시책의 주요 뜻이며 교육의 본뜻이다. 이 근본주의에서는 신구 교육령에 동등한 차이가 있는 것이 아니라, 단지 그 방법에 있어 다른 점이 있는 것뿐이다. 그런데 조선은 점차 산업, 경제, 문화, 생활 수준 모두 향상되어 발전을 계속하고 있으나 본국과 비교하여 항상 그 정도가 낮고, 사회적·정치적인 진보 또한 본국에 미치지 못하는 것은 물론이었다. 게다가 언어와 풍습을 달리하므로 일본과 조선이 완전하게 같은 교육제도에 따라 정책을 실행하는 것은 대체로 어려운 일인 것이다.

무릇 국가의 건전한 발달을 꾀하기 위해서는, 국민의 사상, 감정에서부터 언어, 풍습에 이르기까지 구별이나 차별이 없이 섞이는 것이 필요하였다. 고로 조선과 일본 간에도 양자가 하나 되어 동화하고, 일가가 되어 융합하는 것이 필요하다. 즉 진정한 동화는 그 민족이 같은 언어로 묶여, 같은 풍속과 습관을 갖고, 같은 사상과 감정을 품는 것이다. 특히 동일 국가의 국민이라는 견고한 의식을 가지고 그 문화도 같은 것이 되어야 비로소 완전히 일치되었다고 말할 수 있다.

고대의 우리 대화민족(大和民族)이 조선 반도로 온 조선인과 중국인을 우리 민족에게 동화시킨 것은 국사가 나타내는 것인데, 어느 정도까지 앞선 문화와 2천만에 가까운 민중이 있으며, 독립국을 이루고 있는 것을 병합 동화한 사실은 세계 역사에 그 예를 찾아볼 수 없다. 오랫동안 한 나라로서 존립한 오랜 역사를 갖고, 언어, 인정, 생활, 사상 등에 특수성을 가지는 점에서 동화를 어렵게 하는 수많은 사정이 있기는 하다. 그러나 최근 국어(일본어)가 급속한 기세로 보급되고, 조선인이 그 생활, 직업 또는 사교(社交) 등에서 일본인의 풍습을 배우는 경향이 눈에 띄는 점에서, 마지막으로 조선의 민중에게 본국의 민중과 같은 국민 의식을 가질 때까지 융합, 동화시키는 것이 매우 어려운 방책은 아니리라 생각한다. 그래도 시간을 두고 진행한다면, 반드시 이 이상이 실현되는 시기가 있을 것을 의심하지 않는다.

조선교육령에서는, 보통학교, 고등보통학교 및 여자고등보통학교에서는 일본 국민으로서의 성격을 양성하고, 국어(일본어)를 배워 익히는 것을 목적으로 하는 것을 규정하고 있다. 요컨대 교육으로 일본과 조선 동화를 하기 위한 것임이 틀림없으나, 조선인의 풍속이나 습관, 생활양식의 좋은 점까지 고치려는 것은 아니고, 그것은 존중하고 보존하는 것이 물론 필요하다. 이를 본국에 비추어 보아도, 풍속, 습관 또는 그 생활양식 등은 각 지방이 다르다고는 해도, 그렇다고 어떤 국가의 통일을 해치는 것은 아니다. 따라서 조선 특유의 풍속 등으로 선량한 것은 굳이 본국화(일본화)를 할 필요 없이, 오히려 존중하고 보존해야만 한다. 결국은 바르고 명랑한 정치를 행하고, 조선 민중이 일본 국민으로서의 의식과 긍지 위에 찬란한 광명을 바라게 하기 위한 끊임없는 노력이 필요하다.

64

조선 지방제도 개정과 지방분권

와다 쥰(和田純) / 전 경상남도지사[168]

나는 사법관으로서, 또 행정관으로서 조선에서는 전후를 통틀어 11년간 재직했고, 내 관직 생활의 절반에 가깝게 반도에서 보냈다. 최초로 나는 메이지 41년(1908년), 한국 정부에 초빙되어 평양 공소원(控訴院) 판사로 부임했는데, 그 당시 한국 정부에서는 군수, 관찰사인 자가 사법·행정·징세의 삼권을 쥐고 있었고, 그들이 인민을 재판했으며, 행정 사무를 담당하고 조세를 징수하는 권한을 가지고 있었다.

따라서 사법과 행정 간에 확실한 구별이 없고, 또 재판에도 준거할 만한 법

---

168 역주: 원 책의 저자 소개는 다음과 같다.

와다 쥰(和田純) 씨는 메이지 9년(1876년) 5월에 도쿄에서 태어나 쓰다 센(津田仙) 씨의 삼남(三男)으로 와다 겐키치(和田謙吉) 씨의 양자가 되었다. 메이지 15년(1882년) 도쿄전문학교를 졸업하고 같은 해 판검사 시험에 합격하여 한국 통감부 판사가 되고 평양 공소원 평양 복심법원, 해주(海州) 지방 법원 부장을 역임하였다. 본국으로 전임하여 고오치(高知), 와카야마(和歌山), 에히메(愛媛) 각 현 경찰부장, 내무부장 등을 거쳐 다시 조선으로 건너와, 마지막으로는 경상남도 지사가 되어 커다란 치적을 보였다. 퇴관 후에는 도쿄에서 유유자적하며 오직 관독서(管讀書)를 즐기고 있다.

률이 전혀 마련되어 있지 않아 완전히 멋대로 재판이 행해질 뿐 아니라, 모든 관리는 뇌물에 따라 움직이고 사사로운 정에 좌우되는 상황이어서 실로 그 나쁜 습관이 심각하였다.

이러한 실정이었기에 이 사법제도의 확립은 한국이 당면한 크고 급한 업무였다. 그래서 본국에서부터 관리를 초빙하여 예의 그 쇄신(刷新)을 주관하게 했다. 한편 공평한 재판으로 각자의 권리가 옹호된다는 관념을 일반 민중에게 철저히 심어줌과 동시에, 이것을 여실히 구현하여 민중이 당국을 신뢰할 수 있도록 노력하였다. 그 결과 여러 가지 소송이 쇄도하여 이른바 소송 남발을 초래할 우려는 있었지만, 점차 신제도가 어떠한 것인가를 민중에게 인식시킬 수 있게 되었다.

당시 소송의 대부분은, 원죄로 괴로워하는 자가 구제를 바라거나, 또는 권력자에게 뺏긴 재산의 회수를 청구하는 것과 같은 소송이 많았다. 전자는 별도로 하더라도, 후자에서는 여하튼 상당히 장기간을 경과한 것과 그 경위도 알지 못하는 사건이라는 점에서 볼 때 어쩐지 강제로 재산을 빼앗겼을 것이라는 생각이 들긴 하나, 정작 이것이라고 할 만한 확실한 증거도 없고, 특히 인적 증거에 이르러서는 정말로 모호한 것이어서 어디까지 믿어야 좋을지 모르는 상황이었다. 증거조사를 위해 증인을 불러 그가 본인이라 믿고 여러 가지를 취조하여 좀 더 추궁해 보면, 이 사람은 본인이 아니라 그 자식이거나, 그 형제들이거나 하여 법정에서 마치 본인인 양 꾸며 주장하는 경우가 자주 있었다. 따라서 소송의 결과는 증거불충분인 탓에 원고측의 패소로 끝나는 일이 많았다.

이렇게 극한 난맥에 이른 한국 시대의 사법 사무를 바르게 고치는 것을 맡았던 당시를 지금에 생각하면 정말로 감개무량하다. 오늘날의 정비된 총독부의 사법제도와 그 원활한 운용은 당시와 비교할 수도 없음은 물론이다.

메이지 43년(1910년) 일한병합과 함께 제도의 개정으로 공소원은 이심법원(履審法院)이 되었다.[169] 나는 계속 통감부 관리로 재직하다가 후에 해주 지방 법원부장을 거쳐, 다이쇼 3년(1914년) 6월에 고치현(高知縣) 경찰부장으로 부임할 때까지 만 6년 동안 조선의 사법사무에 종사하였다.

그 후, 나는 고치(高知)에서 와카야마(和歌山), 에히메(愛媛), 니이가타(新潟) 등 여러 현(縣)에서 지방관(地方官)으로 근무하고 다이쇼 12년(1923년)에 경상남도지사로 다시 조선에 부임했는데, 한국 시대를 보아 온 내게는 떨어져 있었던 이 10년간의 조선의 변천이란 완전히 격세지감이었다. 제도 정비는 물론, 교육·산업·교통, 그 밖의 관련 문화 시설은 착착 실시되고, 그 두드러진 진보 발달을 위해 역대 총독부 당국이 얼마나 국민 통치를 위해 힘을 쏟았는지 상상할 수 있다.

나는 도착하여 취임 후 총독정치에 대해 불평을 부르짖는 조선 청년들에게 이런 것을 설명하였는데, "작은 것을 얻으면 더 큰 것을 바라는 것은 인지상정(人之常情)이며, 현상에 만족하지 못하고 불평불만을 품는 것 역시 인정(人情)을 벗어날 수 없다. 그러나 나는 일한병합 전에 민중이 얼마나 나쁜 정치에 시달리고 비참한 상태에 침몰했었는지 직접 눈으로 보았는데, 우리 총독의 시책으로 한국의 지난날의 모습이 변하여 산업이 일어나고, 도로가 열려 교통기관이 발달하고, 교육제도가 정비되어 조선 민중은 모든 문화의 혜택을 입을 수 있었다. 그뿐 아니라, 여러 해의 포악한 정치로 극도로 궁핍한 지경에 빠진 조선인이 동등하게 신체와 생명의 자유를 보장받고 재산의 안정을 유지하여 오늘날에 그 회생을

---

169 역주: 고등법원 1개소: 경성, 控訴院 3개소: 경성·평양·대구, 지방재판소 8개소: 경성·공주·함흥·평양·해주·대구·진주·광주, 지방재판소 지부 12개소, 구재판소 68개소 등 92개소. 이와 같은 3심 4급의 사법 조직은 1912년에 고등법원·이심법원(履審法院)·지방법원 3심 3급제로 개정되었다.(3월 制令 제4호)

짐작하게 된 것은, 예전에 돌이켜 생각해 볼 때 한없이 행복한 일이며 깊이 감사할 일이라 느낀다. 물론, 오늘날 총독부의 정치가 반드시 완벽한 것이라고는 할 수 없겠지만, 이것은 점차 개선할 수 있는 것으로 단계를 밟아 나아가야 한다. 곧바로 이상향에 도달하는 것은 매우 어렵다. 그러나 악정(惡政)에 울었던 과거를 회상하면 현재의 불평불만은 오히려 부끄럽게 생각해야 한다."라고 나는 청년들에게 이러한 점을 순순히 타일렀다.

돌이켜 보면 일한병합 이후 25년, 무단정치는 문화정치로 바뀌었고, 이른바 개혁이 단행되고, 관련 시설도 잘 정비되었다. '일본과 조선 동화'의 커다란 기치 아래 목표를 위해 착착 나아가는 오늘날, 조선 민심의 큰 흐름과 실제 사정은 어떠한가. 이것은 적어도 조선 문제에 관심을 가진 자라면 가볍게 여길 수 없는 중요한 사항이다.

현재 조선 내 치안은 매우 평화롭고 안정되어 털끝만큼도 우려할 만한 양상을 보이지 않는 것은 국가를 위해 정말로 다행이다. 그러나 이면에 흐르는 민심의 경향은 어떠한가? 소리도, 형체도 없이 내부에 흐르는 사상(思想)은 과연 평화 그 자체일까. 표면적인 폭력으로 저항해 올 경우, 위력으로 이를 제한하는 것은 쉬우나, 점차 마음속에 품은 은근한 암류는 위력으로도 어쩔 도리가 도저히 없으므로, 위정자는 항상 민심의 향방을 눈여겨보고, 보이지 않는 분노와 폭동을 미리 살펴, 이를 정화하고 유도할 만한 적당한 방도를 모색할 필요가 있다. 즉, 국민 뜻의 발전과 인심의 전환을 꾀하는 것은 한마디로 사상 악화에 대한 안전밸브가 될 것이다.

원래 조선의 인심은 그 산하와 마찬가지로 매우 황폐해져 있었다. 취미와 감정 상태, 예술, 오락 등이 부족하고, 쓸데없이 물질을 동경하고 이해에 민감했다. 이 때문에 마음의 동요와 번민으로 괴로워하는 것은 압박과 착취라는 여러 해

동안의 폐정이 그 원인으로, 인심을 극도로 위축시키고 우울하게 만들었다.

이리하여 무산계급이 많은 조선 민중, 특히 회의와 근심과 번뇌로 괴로워하는 조선 청년에게 사회주의적 사상이 가장 가까워지기 쉬운 위안의 말이기 때문에 조선 학생의 대부분은 자연스럽게 사회주의적 경향을 띠게 된다. 졸업 후 취직에 뜻을 두지 않을 경우, 움직이기만 하면 말만 앞세우며 불평불만을 소리치고 사회를 저주하는 위험 분자가 되는 자가 있음은 정말 우려해야 할 현상이다. 일찍이 본국의 유학생이 조선으로 보내는 유일한 선물은 사회제도의 변혁과 현대사회에 대한 저주의 소리였다.

그런데 본국 전문학교 이상에서 정치, 법률, 경제 등을 공부하고 있는 많은 학생 중, 뜻을 지금 세상에서 얻지 못해 사회주의적 경향으로 내닫거나, 또는 갑작스러운 정치 변동을 생각하는 무리로 변하는 자가 있다면 정말로 큰일이다. 이런 의미에서, 총독부에서도 일찍부터 이를 염려하여 학생의 무모한 본국 유학을 금하고, 가능하면 실업 방면의 적절한 수학을 권장하고 졸업 후를 불안해하지 않도록 하고 있다. 나도 재직 중에는 항상 이 일을 권장하고 또 노력하여 학교 졸업생의 취직을 알선하였으나, 충분히 그 희망을 만족시킬 수 없었던 것은 지금도 매우 유감스럽게 생각한다.

애초 지방자치의 중요한 것은 민중에게 자치제에 참여하게 하고, 다 같이 그 책임을 분담하도록 하는 데 있었다. 이런 의미에서 나는 도지사 때부터 조선의 지방제도를 개정하여 점차 조선인에게 참정권을 부여해야 한다고 주장하였다. 따라서 도지사 회의 등의 경우 기회가 있을 때마다 이 주장을 말하였다. 우선 도평의 회원은 이를 선거제로 선출하고, 자문기관을 바꾸어 의결기관으로 하도록 주장하였다. 그러나 불행히도 공조해 주는 자가 적고 시기 상조론자가 많아 이 주장이 받아들여지지 않았던 것은 유감이다.

당시 도평의회(道評議會)가 자문기관이기도 했던 것은 부협의회(府協議會) 및 면협의회(面協議會)와 마찬가지였으나, 이 부협의회와 면협의회를 구성하는 협의회원은 부(府) 및 면(面)에서 선거로 선출되었다. 다만, 도 평의회원만은 도지사의 임명으로 그 자격을 획득한다. 즉, 도 평의회원의 선임에 관해서는 민중의 바람 또는 민의의 동향을 수용하는 바가 적었던 결과, 통치상에 미치는 영향을 등한시해서는 안 되기 때문에, 나는 지방제도의 개정을 단행하여 자문기관을 의결기관으로 만들고, 또 민의를 반영시켜야 한다고 주장하였다.

이리하여, 당시 공감을 얻지 못했던 조선 지방제도의 개정도 시대 흐름과 함께 필연적인 바람이 되었다. 당국 또한 이를 받아들여 지난 쇼와 5년(1930년)에 이 지방제도의 대개정을 행하고, 도회(都會), 부회(府會), 읍회(邑會)라는 의결기관을 설치하며 이를 구성하는 의원의 3분의 2는 선거로 선출하기로 하고, 쇼와 8년(1933년) 4월부터 이를 시행하게 되었다. 이는 비록 늦은 것이나, 조선 지방자치상으로는 일보 진전한 것이다. 이리하여 일반 민중에게 더욱 자치에 열중하게 하고, 민중의 자각과 지방의 상황이 그 바람을 충분히 수용한다면 간접선거제를 고쳐 근본적인 자치제도를 시행하여 민중을 더욱 널리 지방자치에 참여시키도록 하는 것은 가까운 장래에 대한 희망이다.

이 조선 지방제도의 개정과 함께, 더욱 등한시할 수 없는 한 가지는 지방분권의 문제이다. 과거 및 현재에도 조선 통치의 실제에서 보면 너무나 중앙집권주의에 치우친 경향이 있는 것은, 어쩌면 일면 오늘날까지 조선 내 여러 종류의 사정과 행정감독의 통일이라는 점에서 지방분권이라는 것이 일종의 이상론으로 사실상 행하기 어려운 실정에 있었다고도 할 수 있겠다.

그러나 병합 이후 이미 20여 년이 지났고, 민중도 우리의 통치 대방침을 양해하고 그 시책에 기쁜 마음으로 복종하고 있을 뿐만 아니라, 행정의 운용에서도 장기간 상당한 시련을 쌓고 있다. 이러한 때에 조선 통치상에서 중앙집권주의를 바꾸어 점차 지방분권주의로 이행하고, 또한 행정의 운용을 더욱 효과적으로 만들고 더욱 그 실적을 거둘 수 있을 만한 방도를 모색하는 것은 정말로 소홀히 해서는 안 되는 중요한 문제이다.

이른바 지방 분권의 바람은 본국에서도 여러 해에 걸친 시끄러운 문제였고, 정부는 시대에 응하여 여러 번 법제를 개선하여 점차 그 실현을 도모해 왔다. 하지만 쇼와 2년(1927년) 9월 다나카 내각은 이전에 주장해 온 중요 정책의 하나인 지방분권주의를 더욱 철저히 해 지방자치권의 확충을 이루기 위해, 내각에 행정제도심의회를 설치하고 개정 요강을 심의 결정하게 했다. 이에 근거해 지방제도 개정에 관한 제법률을 입안시켜, 제56 의회의 협찬을 얻어 쇼와 4년(1929년) 4월에 그것을 공포하였다.

이리하여 행해졌던, 이른바 자치권의 확충은 매우 광범위하였다. 적극적으로 자치권의 확장을 도모하거나, 또는 소극적으로 자치권을 보호하기 위한 개정을 하고, 또 자치 기관의 구성을 편의적이고 합리적으로 하고, 더불어 자치 사무의 내용과 집행을 합리적으로 하도록 만드는 일, 즉 각종 개폐를 단행하는 것과 같은 일은, 한마디로 보통선거 실시와 더불어 자치의 이상에 철저히 부합하려 하는 것이다.

지금 조선의 행정 운용의 실제를 보면, 많은 부분이 총독부의 권한으로 되어 있어 각 도지사의 실권이 미약하기에, 매사에 총독부의 지휘와 감독을 받아야만 하는 상태이다. 지방행정이 부진한 원인 중의 하나가 바로 이 점에 있음도 부정할 수 없는 사실이다.

조선의 행정구역으로서의 각 도(道)는 그 면적도 상당히 넓고 인구도 많아 본국의 대현(大縣)보다 크나, 거의 모든 행정사무를 총독부가 통제하고 있다. 도장관(道長官)인 지사가 현지의 상황에 따라 각종 시책을 추진하는 것이 필요한 경우, 또는 임기응변으로 여러 사무의 집행을 해야 할 경우도 그 권한에서 또한 그 책임에서 이를 실행할 수 없다.

예전에는 지방제도의 개정을 단행하여 지방자치의 한 단계 진전을 나타내고 마침내 민중 자치까지 기대하게 되었다. 그럼에도 지방적인 성질을 가진 행정사무조차 여전히 중앙집권주의식을 고집하여 이를 총독부에서 직접 통제하고 감독하는 것은 공연히 사무의 번잡을 초래하고 사무를 간단하고 빠르게 처리한다는 취지에 부합되지 않을 뿐만 아니라, 지방의 실정에 맞는 적절한 시책을 파악하는 것이 매우 곤란하다.

이런 의미에서 볼 때, 조선총독부가 큰 영단을 내려, 지방적 특성의 행정사무를 도지사에게 위임하는 것으로 바꾸고, 지방 행정청의 권한과 책임에 따라 관리, 집행시키도록 한다면 행정 운용상 훨씬 많은 실적을 거두고 지방 개발을 위해 공헌할 수 있음을 믿어 의심치 않는다.

이상 지방제도의 개정과 지방분권의 실현 외에 내가 간절히 바라는 것은 중추원의 개혁 활용이다. 현재의 중추원은 단순히 조선 총독에 대한 자문기관으로, 형식적으로 일 년에 몇 차례의 회의를 여는데 지나지 않는, 완전히 유명무실한 기관이다. 따라서 이 조직, 제도 및 운용의 개선을 도모하고, 관민 대표의 권위 있는 의사소통 기관으로 바꾸는 것은, 현 상황에서 조선 통치상의 중요사항 중 하나라 믿는다.

이상은 단순히 내 경험에서 얻은 매우 천박하고 비루한 의견의 하나이지만, 이러한 조선 통치는 세계에 대한 우리 나라의 커다란 시금석이므로, 시대 흐름에 따르는 민심의 동향을 깊이 살피고 이에 순응할 만한 최선의 방도를 모색하지 않을 경우, 앞으로 커다란 난관에 부딪칠지도 모른다.

나는 조선에 있는 중에 여러 문제에 직면하여 상당히 곤란한 경우를 만나거나 매우 골치 아픈 문제에도 봉착했는데, 그 가운데 내가 가장 감동을 깊게 받았던 것은 경상남도 도청의 부산 이전 문제였다. 되돌아보면 내가 경남에 부임하면서 최초로 느꼈던 인상은 도청의 위치가 너무도 치우쳐 있다는 점이었다.

부산은 지리적 관계에서 보아도 조선의 요충에 해당하고 교통기관이 곧바로 본국과 연접하여 편리하고 유리한 지역이다. 그럼에도 도(道)의 중심을 이뤄야 하는 도청 소재지인 진주(晋州)가 부산에서부터 반나절 이상의 먼 길을 가야 하는 벽지였다. 이렇게 불편한 지역에 도청이 위치하는 한, 지사로서 충분한 책무를 다하는 것은 실로 불가능한 일이었다.

다시 말해 부산에는 책임자인 지사도, 경찰부장도 없으므로 무슨 일이든 중요한 사건이 돌발할 경우, 총독부에서 직접 부윤(府尹) 또는 경찰부장에게 전화로 명령을 전해 이것을 처리하게 하고, 그 처분 후에야 겨우 지사에게 보고하는 상태였다. 전에 나는 이러한 실정 아래에서 과연 지사로서의 직책을 다할 수 있을지에 대하여 통감하고, 생각하였다.

이 도청의 이전에 관해서는 총독부에서도 여러 해 동안 같은 생각을 품어왔지만, 지극히 중대한 일인 데다, 그 결행에 따르는 인심의 동요가 우려되었으므로 불리하고 불편한 점을 참으면서까지 구태여 그 실현을 도모할 수 없었다.

그렇지만, 도청 이전이라는 것이 지사 중의 몇 명인가는 언젠가 이 난국에 서서 상당한 희생을 감수해야 한다. 주저하고 망설이면 결국 이전은 불가능하다. 요컨대 과감한 결단의 순간에 있다고 나는 굳은 결심을 하기에 이르렀다.

경상남도 도청의 부산 이전은 도내의 개발을 조장할 뿐 아니라, 이를 조선 통치상에서 보아도 중요 정책의 하나라고 생각하여, 나의 재임 중에 반드시 이전을 단행하고 싶다는 결의를 굳히고 착착 그 준비 공작을 진행해 왔다. 때마침 나는 시모오카(下岡) 정무총감(政務總監)을 만나, 이해득실을 설명하며 도청 이전의 단행을 요청하였다. 그 결과 시모오카 총감의 영단(英斷)으로 어려운 사업을 수행할 수 있게 된 것은 지금에 와 생각할 때 더욱 흐뭇하다.

다이쇼 13년(1924년) 12월 중순, 총독부 고시로 경상남도 도청 이전이 공표되었고, 다음 14년(1925년) 4월 1일에 부산부립병원(釜山府立病院) 터의 청사로 마침내 그 이전이 결행되었다. 그런데 도청 이전을 공표하자마자, 진주 민중은 이전 반대를 외치며 각종 시위 운동을 벌이고, 일본과 조선 당국을 상대로 반대 진정을 반복하며, 또 청원령(請願令)에 따른 청원서를 제출하는 등 맹렬한 운동을 계속하였다. 또 무수한 군중이 3일에 걸쳐 지사 관사를 포위하여 소요가 극에 달했는데, 당국자가 경계한 덕분에 아무런 분규 충돌도 일어나는 일 없이 평정 상태로 돌아갈 수 있었다.

당시 진주로서는 도청 이전으로 적지 않은 일시적 타격을 입었는데, 그것은 실로 동정할 만한 일이며, 또 진주 주민들이 그 이전에 반대해 이른바 반대 운동을 했던 것도 무리가 아니다. 그렇지만 총독부가 이미 이전에 관해 단호한 결의를 표명한 이상, 아무리 해도 어쩔 수 없는 일이다.

이리하여 도청 이전과 관계된 어떠한 불상사도 발생하지 않고 그 이전을 완료할 수 있었던 것은 한편으로는 총독부 당국의 많은 원조와 더불어, 부하 관료가 하나같이 협력하여 몸과 목숨을 다해 치안을 맡아 목적 수행을 쉽게 해주었기 때문이다.

미력한 나에게 이 도청 이전이라는 어려운 일을 단행할 수 있게 해준 것은 이렇게 양자의 원조에 힘입은 소중한 일임과 동시에, 다른 한편으로 부산의 관민이 시종 열성적으로 우리를 맞아주었던 일은 깊이 감사해 마지않는 바이다.

이리하여 11년 동안 한창 일할 젊은 시절을 조선에서 보냈던 나는 조선에 대해 깊은 관심과 두터운 동정심을 가지고 모든 문제에 대해 항상 주의를 기울여오고 있다. 특히 조선 내에는 친한 벗도 많고, 따라서 자연스레 깊은 친밀감을 가지고 있다. 이후에라도 만일 이 추억 많은 조선을 위해 내가 일할 수 있는 여지가 있다면 기쁘게 여생을 바치고픈 염원이다.

65

총독정치와 민의 드높이기(창달)

하리마 겐시로(張間源四郎) / 전 조선총독부 중추원 서기관장[170]

내가 처음 조선에 부임한 것은 다이쇼 8년(1919년) 6월로, 당시 나라현(奈良縣) 이사관(理事官)에서 총독부 참사관(參事官)으로 옮겼다. 그때는 통치 당시로부터 이미 10년이나 지났고, 거슬러 그 시대의 일은 여러 선생이 몸소 체험하시어, 조선을 오늘날 번영 단계에까지 이끌어 주신 것은 그들이 남겨준 귀중한 선물이라 생각한다.

생각건대, 일한병합 때의 데라우치 총독 이래, 각 시대의 조선 통치는 대체로 순조롭게 진행되었다고 생각된다.

---

170 역주: 원 책의 저자 소개는 다음과 같다.
하리마 겐시로(張間源四郎) 씨는 메이지 45년(1912년) 7월, 도쿄제국대학 법과대학을 졸업하고 다이쇼 3년(1914년) 9월 가가와(香川) 군장(郡長), 다이쇼 6년(1917년) 9월 나라현(奈良縣) 이사관, 다이쇼 8년(1919년) 6월 조선총독부 참사관, 다이쇼 11년(1922년) 8월 총독부 도사무관(道事務官)으로 임하여 충남, 평북, 전남의 각 도 내무부장을 역임하였다. 쇼와 3년(1928년) 총독부 사무관으로 전임하여 회계과장이 되고 4년(1929년) 12월 중원원 서기관 겸임 총독부 사무관이 되었으며, 쇼와 7년(1932년) 2월 퇴관하였다.

물론 총독이 바뀔 때마다 그 통치의 방침이 다소 다른 부분은 있었을 테지만, 한결같은 대방침은 아무런 변경이 없었다. 즉, 각 총독 시대의 각종 시책이나, 또는 개개의 사건을 자세히 음미하여 검토하면, 각 시대에서 각각의 특색도 있고 그 착안점이 다른 부분도 있으나, 그것도 그 시대의 조선 정세, 즉 시대상을 대상으로 고찰하면 이것은 모두 각 시대에 적용할 만한 시책이거나 색채였다는 것이 수긍된다.

통치 이래 만세 소요와 같은 대사변도, 물론 총독정치에 대한 불평, 불만의 탓도 있겠으나, 그 주요한 원인은 세계대전의 결말에 따른 베르사유 회의의 영향으로, 이른바 '시대의 산물'이라 할 수 있을 것이다. 이 만세 소요의 일면을 보고, 과거의 총독정치를 비난하며 무단정치의 여파라고 하는 것은 근시안적인 비평으로, 당시 세계 동향에 자극받은 조선인이 불평불만을 그 정도로 표현한 것은, 어떤 총독이 어떤 통치의 방침으로 정책을 실행했든지 간에, 병합 취지를 수행하는 이상, 결코 피할 수 없는 것이다.

따라서 나는 병합 이래 25년간의 조선 통치가 그 국면을 담당한 역대 총독이하 관계자 제위의 열성을 다한 지극한 노력으로, 나아가야 하는 궤도 위의 길을 왔다고 단언한다. 그 만세 소요 사건과 같은 일은 조선 통치의 이상 실현에 이르는 과정 가운데 작은 물결에 지나지 않는 것으로, 이상향을 건설하는 데에는 거의 문제시하지 않아도 될 정도의 일이다.

내가 총독부 참사관으로서 처음 조선 땅을 밟은 것은, 소요 사건 후 인심이 아직 진정되지 않고 백성이 안도하지 못하는 시대였다. 그리고 사이토(齋藤) 총독의 이른바 문화정치를 철저히 하기 위해 구제도를 고치거나 폐지하고, 신제도를 창설하려는 과도기에 있었으므로, 법령 심의를 필요로 할 만한 것들이 참사관실에 산적하게 된 상황이어서, 여름철 더운 날의 휴가까지 반납할 정도로 밤낮으로 힘써 이들 사무를 취급하는 상태였다.

나는 부임한 상황인 데다, 조선 내 사정이라든지 그 특수성을 지닌 법과 제도에는 전혀 지식도 경험도 없었다. 따라서 법령 심의를 맡고도 얼마 동안은 거의 암중모색(暗中摸索)의 형편이었고, 모름지기 급한 업무를 해야 할 때는 그 마음 고생이 심한 것이 보통 일이 아니었다. 다만, 당시의 수석참사관으로 명민하고 경험이 풍부한 데다 조선 사정에 정통한 오오츠카 츠네사부로(大塚常三郎) 씨가 계셔서 우리를 친절하고 자상하게 지도해 주신 덕에 무척 격려되었다. 민첩하지 못한 나도 그 뒤를 따라서 그저 가능한 노력을 다한 것에 지나지 않는다.

당시를 회고할 때마다, 오오츠카 씨의 풍모가 떠오르며 그 발랄한 생기와 후진 지도의 간절한 진정성에 대해 억누를 수 없는 추모와 깊은 감사를 금할 수 없다.

당시 법령을 만들고 없애는 것은 총독정치의 각 부문에 걸쳐 행해졌는데, 경찰제도의 개정은 물론, 교육·산업·교통·위생·재무 등의 각 분야에 대해, 병합 이래 10년간의 긴 세월에 걸친 시책 경영에 관해, 이를 한꺼번에 고쳐 세우려 했으므로 말할 것도 없는 엄청난 대사업이었다. 이 획기적인 대변혁의 수행을 맡으신, 총독을 위시한 각 수뇌부의 고심은 생각건대 역시 쉽지 않았을 것이라 상상한다. 하찮은 우리에 이르러서도, 사무적으로는 물론 정책적으로도 꽤 골치 아픈 사항이 많았다. 그리고, 이 여러 혁신 가운데, 우리가 가장 걱정했던 것은 지방제도의 개정이었다.

문화정책을 표방하신 사이토 총독이 행했던 조선의 여러 제도 개혁 중, 가장 세인의 주목을 이끌었던 것은 헌병제도 폐지와 경찰제도 수립이었다. 물론, 이것은 획기적인 대변혁이나, 오히려 시대 흐름에 맞춘 정책의 표현이고, 종래의 변칙적인 제도를 상도(常道)로 되돌렸다. 그러므로 경찰제도의 개정은 엄청난 대사업이며 대변혁이지만, 그에 비해 장래에 대한 걱정은 적었다.

그리고 교육제도의 개정을 보아도 이미 문화정책을 표방한 이상, 반도에서 학문과 예술 발전에 따르는 사회 문화의 근본적인 교육제도에 대혁신을 초래하는 것은 당연하며, 이런 사회적 정세에 따라 그 필연적인 요구에 근거를 두고 행해졌다. 다만 이에 대한 조선인의 걱정 또는 감정의 동향 같은 것이나 장래 학교 졸업생의 사회적 귀추 같은 것이 다소 문제가 되기는 했지만, 대체로 당연히 할 일이 해야 할 시기에 이루어졌다는 느낌이다.

그 밖의 산업 방면에서는, 쌀 생산 증가를 목적으로 하는 토지개량사업(다이쇼 9년)과 그 밖의 계획을 세우고, 또는 새로 수산시험장, 임업시험장 및 연료선광연구소(燃料選鑛研究所)의 설치, 치산치수(治山治水) 사업의 개시, 또는 산업조사위원회의 설치, 산업 전반에 걸친 조사 연구를 수행하였다. 또 산업개발에 대한 장래의 대방침(大方針)을 확립했다. 위생을 위해 총독부의원(總督府醫院) 및 도자혜의원(道慈惠醫院)의 확장 또는 증설, 도위생기술원(道衛生技術阮) 또는 공의(公醫)의 배치 증원 등에 의한 의료기관의 보급을 도모했다. 또한 중앙위생회(中央衛生會)를 설치함으로써 공중위생(公衆偉生)에 관한 자문기관이 되게 하는 등, 적지 않은 노력을 기울였다.

그리고 이를 재무 방면에서 보면, 일본과 조선 산업의 공동 발달에 이바지하기 위해 통일관세주의와 관계하여, 일본과 조선 간에 있는 관세 장벽을 없애고, 또는 담배 전매 제도를 창설하고, 문화시설 확충에 따르는 재원을 확보하게 되었다. 그 밖에 도로 교통 부문에서는 예의 도로의 축조 개수(改修)에 노력하고, 또는 평원선부설계획(平元線敷設計劃)을 세우고, 또는 사설 철도 보급을 도모하기 위해 그 보조와 장려에 힘쓰는 한편, 도시계획에 관한 조사에 착수하는 등 운수교통상의 새로운 판을 열고, 또 문화시설의 혜택을 입도록 하는 데 노력하였다.

이렇게 광범위에 걸친 여러 제도의 없애기와 만들기에 관해서는 관계 당국이 얼마나 애쓰고 노력했는지 필설로는 다 말할 수 없다. 그러나, 그것들은 모두 문화의 진전에 따를 수밖에 없는 자연스러운 요구이므로 대체로 장래에 대한 의심은 적었다.

그러나 지방제도 개정에 대해서는 그렇게 간단히 생각해서는 안 되었다. 당시 조선에서는 최하급 지방행정기관인 부(府) 및 면(面) 외에 교육 사무를 전담하는 학교조합 또는 공립보통학교비 또는 수리관개사무전리(水利灌漑事務專理)를 위한 물이용조합 제도가 설치되어 있었는데, 이 중 학교조합 및 물이용조합을 제외하고는 어느 것도 민의(民意)의 반영을 인정하는 것이 없었다. 즉, 면비(面費)라든가 또는 지방비(地方費)라든가 하는 공법(公法) 인적 존재는 이전부터 있었지만, 이것은 단순히 사업의 주체일 뿐, 그 사업을 하는 데 민의를 가미하는 일 같은 것은 없었다.

또, 부(府)에 협의회(協議會), 지정면(指定面)에 상담역(相談役)을 두고, 도(道), 부(府), 군(郡), 도(島)에 참사(參事)를 두고, 자문기관과 같은 일을 하게 하였으나, 이들은 모두 관선(官選)인 데다 그 수도 적었다. 민심을 널리 알리는 기관으로서 아직 충분한 몫을 다하지 못하였기 때문에 지방제도의 개정에 지방자치의 정신을 받아들여 비록 자문기관일지라도 부면협의회학교비(府面協議會學校費) 및 도평의회를 설치하였다.

그리고 이 부면협의회, 학교평의회, 또는 도평의회 등을 조직하는 협의회원이나 평의회원의 선임에서는, 그것이 설령 고도의 제한선거라 할지라도 이들 대부분을 민중의 직접 또는 간접 선거에 의한다는 준자치제도(準自治制度)를 제정하였다. 이것은 오늘날에 와서 보면 아무것도 아닌 듯하지만, 당시에는 조선은 물론 외지 일반(一般)에 미증유(未曾有)의 신제도(新制度)였고, 신총독정치 중에서 최대의 영단(英斷)이라 말할 수 있다.

이리하여, 조선 민중에 대한 이해를 수반한 통치의 방침에 따라 자치적 신제도는 정비되었고, 그 실제 운용에서 과연 이것이 좋은 결실을 볼지는 모두 조선의 민심 여하에 달려 있었다. 조선인 일반이 당국의 진의(眞意)를 양해하고 진실로 총독정치에 협력하려는 마음이라면 이 제도는 아무런 장애도 없이 성과를 거둘 수 있을 터였다. 그러나 조선인 가운데 혹시 만세 소요 당시의 마음으로 끝까지 총독정치에 반대하는 심리를 가진다면, 오히려 이 제도를 악용하고 온화한 수단을 이용해 지방행정을 혼란에 빠트리며, 또한 총독정치를 불신임한다는 의사 표명을 할 우려가 다분히 있었다.

만일 불행히도 이와 같은 사태에 직면하면 당국으로서는 단호히 신제도를 철회하지 않을 수 없게 되며, 모처럼의 문화정책을 시행할 방법이 없고, 더 나아가서는 당국의 책임 문제까지 발생하는 것과 같은 결과를 보게 될 상태였다. 따라서 조선 지방제도의 개정 시행은 실로 조선 민심의 시금석이며, 동시에 굳이 이 실시를 단행했던 총독부 당국의 일대 결심이 엿보이는 것이다.

나는 그 후 지방청에서 근무하게 되어 오랫동안 지방제도의 운용을 담당했는데, 그러는 동안 애초에 예측했던 대로 민족의식에 따른 운용상의 곤란한 일을 겪고 남몰래 고심한 적도 있었으나, 전 조선을 통해 대체로 원활히 시행되고 점차 실적을 거둘 수 있게 되었다. 쇼와 5년(1930년)에는 마침내 오늘날의 도제(道制), 부제(府制) 등의 지방자치단체가 설립되는 것을 볼 수 있게 되었고, 이는 조선을 위해 또 국가(일본)를 위해 기뻐하지 않을 수 없는 사실이다.

이상 말한 것처럼, 조선인도 지방행정에 관해서는 점차 국민의 뜻을 드높이는 것이 이루어지게 되었지만, 중앙행정에서는 병합 이래 25년이 지난 오늘날까지도 여전히 순수한 직할 정치이고, 국민의 뜻을 반영할 만한 아무런 기관도 없다. 나는 조선 지방제도의 개정 이래 오늘날까지의 경과와 그 실적에 비추어 본 조선의 현재 생활 수준에서 생각할 때, 총독정치에 관해서도 무엇인가 국민의 뜻을 받아들일 방책이 마땅히 모색되어야 한다고 생각한다.

총독부는 척무성(拓務省)이나 대장성(大藏省)의 간섭을 받기 때문에 민의를 듣는 일은 매우 번거롭기도 하고 또 필요 없다고 생각할지도 모르겠으나, 나는 그것과 이것은 서로 다른 문제라 생각한다. 설령 외지일지라도, 시종일관 관치(官治)에만 매달리는 것보다 정책에 관해 인민에게 협력받고 그 성적에 관해서도 책임을 느끼게 하는 것은 실로 진보된 정치 양식일 것이다.

그렇다면 총독정치에서 국민의 뜻을 달성하게 하는 방법은 어떻게 해야 할까. 그런 기관을 새롭게 설치하는 것도 어쩌면 불가능하지는 않겠지만, 나의 의견을 말하자면 현재 존재하는 중추원을 개조하여 이를 담당케 하는 것이 가장 지름길이라고 생각한다. 이를 종래의 총독정치를 개선하는 과정에서 보아도, 시설상 민의 반영 기관을 어떻게 해야 할까 하는 문제에 대해, 많은 사람이 중추원의 활용이 최적이라 생각하며 또 이의가 없을 것이라 고찰한다.

현재 중추원은 관제(官制)로는 총독의 자문기관이지만, 실제로의 기능은 매우 불완전하고 미약하다. 본원 설립의 근본 취지는 행정 시행 기관이라기보다는 오히려 병합 당시의 고관이나 또는 공로자를 우대하는 것에 있었다. 그런데 정책 시행 이미 25년, 애초의 목적은 대체로 다 했기 때문에 본원을 언제까지고 이대로 두어 아무런 새로운 기를 주입하지 않고 두는 것은 제도 본래의 취지에 합치된다고 말할 수 없다. 따라서 이를 개조하여, 국민의 뜻을 드높이는 기관으로 바꾸는 것이 가장 시의적절한 조치라고 믿는다.

그리고 중추원을 조선의 민의 창달 기관으로 하려면, 우선 첫째로 참의의 선임에 따르고 종래의 방침을 바꾸는 것과 함께 여기에 일본인을 넣어야 한다. 오늘날의 조선 사회는 말할 것도 없이 일본인과 조선인으로 성립되어 있다. 따라서 민의 반영 기관으로 하려면 역시 일본인과 조선인 양자로 이를 조직해야 마땅하다.

둘째로, 이른바 지방참의(地方參議)인 자는 이를 도지사 추천으로 하지 않고, 먼저 처음은 도의회원(道議會員)의 선거로 그 후보자를 정하는 것이 무난하리라 생각한다. 이미 민의 대표인 이상, 적어도 그 일부분은 선거에 기초를 두지 않으면 그 의미가 철저하지 않은 것이다.

셋째로, 그 권한은 자순(諮詢, 윗사람이 아랫사람에게 의견을 물어 의논함.) 기관으로 해도 좋으나, 그 자순에 관한 사항은 미리 대략이라도 규정해 두는 것이 필요하다. 오늘날처럼 어떤 일은 자순하고 또 어떤 일은 하지 않는 것이 당국의 마음대로여서는 중추원의 존재 의의가 너무 미약하다. 이 점에 관해서는 특히 위정자의 유의가 필요할 것이다.

그리고 자순에 대한 답신은 참의 개개의 의견이 아니라, 의결하여 원의(院議)로써 의사를 표시하는 것으로 하고, 또 답신 외에 그 의견을 건의안으로써 총독에게 제출하는 권한도 부여하는 것이 지당할 것이다.

이렇게 하는 것으로, 총독정치에 대한 온건하고 올바른 국민의 뜻을 드높이는 기관을 얻을 수 있고, 일면 중추원을 다시 바로잡는 효과를 올리는 것이 되어 일석이조로써 총독정치에 대해 민중 스스로 책임을 느낌과 동시에, 정책에 대한 일반의 신뢰도 결국 높아지게 될 것이라 믿는다.

66. | 사법관의 증원과 우대를 바란다

요코타 고로(橫田五郎) / 전 조선총독부 고등법원장[171]

나는 다이쇼 8년(1919년) 마침 병중에 조선총독부 법무국장으로 임명되었는데, 그 부임은 이듬해인 다이쇼 9년(1920년) 2월 11일로, 황제 즉위의 원년, 그 좋은 때에 처음으로 경성에 도착하였다. 때는 추위가 매우 심하여 눈에 띄는 모든 것의 황량한 광경이 절실히 느껴졌다. 그리고, 당시는 3·1 만세 소요 뒤인지라 조선 내는 사상계도 혼란스럽고 완전히 어떻게 해야 할지를 헤매는 상황이었다. 나는 조선에 관해서는 특별한 지식도 없었고, 따라서 큰 포부도 없었으며, 단지

---

171 역주: 원 책의 저자 소개는 다음과 같다.

요코타 고로(橫田五郎) 씨는 고(故) 남작(男爵) 요코타 구니오미(橫田國臣)의 영제(令弟)로, 메이지 2년(1869년) 10월에 태어나 다이쇼 5년(1916년)에 분가하여 일가를 창립하였다. 메이지 31년(1898년) 도쿄제국대학 법과대학 독법과(獨法科)를 졸업하고 사법관 시보(試補)가 되며, 이어 판사로 임하고 메이지 39년(1906년) 검사로 전임, 사법성 참사관을 겸하고 도쿄 공소원 검사에서 다시 판사로 전임하였다. 요코하마(橫濱) 지방 재판소장을 거쳐 다이쇼 8년(1919년) 7월 조선총독부 법무국장으로 조선으로 건너와 다이쇼 12년(1923년)에 고등법원장으로 영전, 반도 사법계의 장노로 영명(令名)이 있었으나 쇼와 7년(1932년) 1월 퇴관하여 조선을 떠났다.

3년 후면 본국으로 돌아간다고 생각하며 각종 시책(施設)을 매우 서둘렀다.

사이토(齊藤) 총독의 시설 근본 방침인 일본과 조선의 무차별, 하나 되기 주의에 근거해 조선의 태형을 폐지하게 되어, 280만 원이라는 예산을 받아 형무소를 증설, 개선하였다. 개성에 어린이 형무소를 설치한 것도 이때의 일이다. 그리고, 3개년 계획에 따라 해마다 1개소씩 지방법원을 신설하기도 하고, 신의주, 전주 및 청진의 순번으로 차례차례 설치하였다.

이리하여 나는 최초의 예산 기한인 3년을 법무국장으로서 재직하고, 다이쇼 12년(1923년) 4월 와타나베(渡邊) 고등법원장의 퇴임 후, 그 뒤를 이어받아 고등법원장직을 맡게 되었다. 그리고 쇼와 7년(1932년)의 퇴직에 이르기까지 10년의 긴 세월 동안 그 직책에 있었는데 굳이 그 감상을 말하자면, 조선은 사건은 많고 사람은 부족한 형태라서 이에 당면한 자는 거의 공부할 여지가 없을 정도로 분주하다는 것이다. 따라서 검찰사무(檢察事務)의 성적을 올릴 수 없는 것에 대해 민중의 불평과 비난이 있었다고 생각한다.

그러나 조선 재판소의 실정은 사법관의 수가 적고, 사건 수사 같은 것도 몸소 검사가 맡을 수 없으므로 경찰관에게 수사를 명하는 상황이다. 따라서 각종의 폐해가 생길 우려가 있는 것이 매우 유감이다. 말하자면 이것도 재판 검찰에 종사할 만한 판검사의 수가 부족한 데서 유래하였다. 즉, 인원의 부족은 사무의 정체를 초래하고, 신속함과 민활(敏活)함을 필요로 하는 범죄 수사상의 장애가 되며, 사직기관(司直機關)의 기능을 충분히 발휘할 수 없게 하는 흠이 있다. 사법에 직(職)을 두고 있는 자이든 아니든 간에, 이는 국가를 위해 우려되는 현상이다.

사실 조선의 재판 검찰에 종사하는 자는 그 인원이 부족한 탓에 매우 힘들다. 이에 반해, 그 대우는 매우 나쁘다. 본국의 재판소장, 검사정(檢事正)은 모두 칙임(勅任)이지만, 조선에서는 일부 사람만이 대우받는 상태이기 때문에 본국에서 인재를 구하는 일은 매우 어렵다.

조선의 사법 방면에서 당면한 중요 문제는, 재판 검찰에 종사할 만한 판검사의 수를 늘리는 것과 인물을 잘 뽑아야 하는 것이다. 판검사 수를 늘리는 것은 사건 처리의 신속을 위해 필요한데, 특히 검찰의 기능을 발휘할 수 있도록 하기 위해서는 검사(檢事)의 수를 증가시켜야 한다. 이것은 사법부로서는 이미 진부한 설이지만, 매우 중요한 문제이다.

물론, 검사의 수를 늘림과 동시에 판사의 수도 늘려야 한다. 판사 인원이 부족하므로 자칫하면 사무가 정체되곤 한다. 이것은 너무나 근로를 강요한 결과이기 때문에 가능한 한 그 수를 늘리고, 이 점의 완화를 도모하여, 좀 더 능률의 증진을 기하는 것이 필요하다.

따라서 재판 검찰에 종사할만한 인원의 증가를 도모하고 그 인물을 골라 뽑아, 이에 상당한 대우를 부여하고, 승진과 우대의 방도를 모색하는 것이 필요하다. 이를 본국과 비교하면 거의 문제가 되지 않을 정도이다. 따라서 이상적으로 말하면, 재근봉(在勤俸)을 폐하고, 우대의 방도가 모색되기를 바라지만, 이는 내외(內外) 각 분야에 영향을 끼치는 문제이고, 조선만이 단독으로 단행할 수 있는 것이 아니기 때문에 결국은 그 실현이 불가능하다.

이 가봉(加俸, 정한 봉급 외에 일정한 액수를 따로 더 줌. 또는 그런 봉급.) 문제에 관해서는, 일본과 조선 간에 차별 대우를 하는 것이니 조선 관리에게도 이것이 지급되어야 하는 거 아니냐는 소리를 듣는데, 조선의 관리라 할지라도 반드시 그 향리(鄕里)에서 봉직하는 자만이 아니라 남조선에서 북조선으로, 또 북조선인이 남조선에 취임한 자도 있을 것이다. 그렇다면 이런 사람에게 월급을 더 주고 주택료를 지급하라는 요구도 반드시 무리한 것은 아닐 터이다. 이에 대해 "일본인은 본국에 근무하면, 더 주는 월급도 없고 주택료도 없다. 조선의 조선인도 마찬가지이다."라는 것이 그 변명이다.

그러나 사실 조선인 지사(知事)는 일본인인 내무부장, 경찰부장에 비하면 봉급액도 많지 않고 지사로서의 체면 유지가 곤란할 때도 있는데, 조선인 군수(郡守)도 마찬가지의 입장이다. 물론 일본인과 조선인 사이에는 일상생활에 다소 차이가 있어도, 똑같이 국가의 관리인 이상은 점차 무리해서라도 내선무차별(內鮮無差別) 대우를 누리는 것에 노력해 주실 것을 바란다.

현재의 조선은 그 통치 소임을 맡으셨던 역대 총독부 이하 위정자의 노력으로 점점 개발 진전의 단계에 향하고 있는데 이는 참으로 기쁜 일이다. 또 일면, 문화의 발달에 따라 권리에 대한 사상도 점점 발달해 가는데, 조선인이 우리 동포로서 법률상의 모든 권리를 부여받아야 하는 것은 당연하며, 그들이 경제상의 발전을 이루는 것은 그들 자신에게 유익하고 아울러 본국을 이롭게 하는 것이기에 가능한 한 조선의 경제적 발전을 도모하는 것이 필요하다.

조선의 쌀 생산 늘리기 계획은 본국의 쌀 문제로 인해 결국 비운(悲運)에 빠진 듯하나, 본국도 조선과 대만(臺灣)에서 쌀의 이입(移入)이 없다면 필시 중대한 문제가 될 것이다. 현재, 풍작(豊作)이 들 때만을 생각하고, 흉년 때를 예상하거나 국가 유사시를 고려하는 일 없이 눈앞의 일만 생각하는 경향은 없는가?

일찍이 본국의 어떤 지방에서는 명주실이 싼 탓에 뽕나무를 벌채하고 대신 배추 재배에 힘을 쏟아, 처음에는 상당한 이익을 볼 수 있었으나 점점 생산과잉이 되어 값이 되지 않을 정도의 시세가 되었다. 이와 달리 명주실이 점차 높은 시세를 보이게 되자 사람들은 다시 방향을 전환해 뽕나무를 심는 상황이 된 적 있다.

이것은 단순히 하나의 일화에 지나지 않는 일로, 조선의 농업 정책상의 방침을 지시함에 어떤 중요성이 있는 것은 아니지만, 주로 농업을 생업으로 하는 조선에서는 이후 설령 다소의 파란이 있다고 해도, 농사의 진흥과 개선은 결코 등한시해서는 안 되는 일이다. 그와 동시에, 본국 자본을 조선에 흡수하여 경제적 발전을 크게 기도(企圖)하고, 이리하여 본국이 조선에 대한 밀접한 관심과 경제적 이해관계를 가지게 하고, 또 일본과 조선의 공존공영(共存共榮)을 지향해야 한다.

전매제도(專賣制度) 창설의 고심

이마무라 다케시(今村武志) / 화태청(사할린 관리청) 장관[172]

　　내가 처음으로 통감부에 부임했던 것은 메이지 41년(1908년) 10월이었다. 현재 척무차관(拓務次官)인 이리에 가이헤이(入江海平) 씨가, 나보다 좀 전에 그쪽으로 부임하셨던 것을 기억하고 있다. 이러한 과거를 돌이켜 보면, 이후 27년의 세월은 모두 꿈처럼 흘러간 듯한 기분이 든다. 일한병합 후 통감부가 총독부로 바뀌고도 나는 계속해서 총독부 인사국에 근무하고, 약 1년 정도 지나 우사미(宇佐美) 내무부장관 시절에 사무관으로서 지방행정 사무의 감찰을 담당하게 되었다.

---

172 역주: 원 책의 저자 소개는 다음과 같다.
　　이마무라 다케시(今村武志) 씨는 미야기현(宮城縣) 사람인 이마무라 쓰네사다(今村常貞) 씨의 장남으로, 메이지 13년(1880년) 1월에 태어나 메이지 37년(1904년)에 집안 가장을 상속하였다. 메이지 41년(1908년) 도쿄제국대학 법과대학을 졸업하고 총독부 촉탁(嘱託)을 거쳐 문관고등시험에 합격했으며, 메이지 42년(1909년) 이사청(理事廳) 부이사관으로 임명되었다. 이후 조선총독부 사무관, 경상남도 경기도 각 제2부장, 탁지부(度支部) 전매과장, 재무국 전매과장, 총독부 전매국 사무관 전매국 서무과장 및 사업과장, 황해도 지사, 총독부 식산국장, 내무국장 겸 중추원 서기관장이 되고 퇴관하였다. 그 후 조선을 떠나 현 사할린(화태[樺太]) 장관으로 위촉됐다.

당시의 지방국장(地方局長)은 오하라 신조(小原新三) 씨로, 나와 다나카 우조(田中卯三) 씨 두 사람이 오하라 씨 밑에서 지방 감찰에 종사했는데, 그 무렵의 도로는 거의 말로 표현할 수 없는 상태였다. 탈것이라고는 오늘날과 같은 자동차도 없고, 조선 말을 타고 시찰하러 온 상태로, 지금 와 생각해 보면 거의 상상도 못 할 지경이었다. 그 무렵 강원도 정선군에 감찰하러 나갔을 때, 마침 강원도 내무부장 일행이 군치(치안 상태)를 시찰하러 오셨는데, 여관이 없었던 탓에 군 관리 집에 숙소를 마련하셨던 적이 있으므로, 군(郡)의 서무 주임과 그 밖의 가족들이 총동원되어 이들을 접대하는 형편이었다.

다이쇼 3년(1914년) 7월, 경상남도 재무부장이 되고 다시 경기도 재무부장으로 옮긴 후, 총독부 재무국 전매과장(專賣課長)이 되어 본부에 들어가 전매에 관한 관련 준비를 정비하게 되었다. 그리하여 다이쇼 9년(1920년)경 중앙정부에 전매 법안을 제출하였으나 각의(閣議)에서 부결되는 운명에 처하게 되고, 그 두 번째로 하라 내각(原內閣) 당시 정부의 양해를 얻어 법안을 제국 의회에 제출해 간신히 통과하게 되었다.

그리고 관계된 직원의 수도 매우 부족했는데, 밤낮으로 노력을 쏟아 잎담배의 매수(買收), 또는 공장의 매수 등에 헌신적으로 진력하였기 때문에 중도에는 그로 인해 결국 병이 든 적조차 있을 정도였는데, 그런 노력으로 창설 당초부터 이 전매제도는 극히 순조롭게 진행되었다. 특히 매수에서는 상당히 큰 비용을 들여서 했지만, 다행히도 훗날 아무런 문제도 야기되지 않았던 점은 오늘에 이르러서도 관계자 모두에게 감사하는 바이다.

그런데, 전매제도 창설 후에는 예상했던 이상으로 회사시대(會社時代)의 제품이 다량이었던 탓에 예정된 매출도 나오지 않아, 장래의 업적에 관해 매우 우려하였으나, 오늘날에 와서는 당시의 예상 이상으로 이익률을 높이고 있음을 크게 기뻐하지 않을 수 없다. 이리하여 다년간 전매업에 종사하고, 다이쇼 14년(1925년)에 황해도지사가 되었고, 재직 2년 반이 지나 야마나시(山梨) 총독 시대인 쇼와 2년(1927년)에 식산국장(殖産局長)으로 옮기게 되었다.

그리고 이케다(池田) 전 국장 시대에 계획되어 있었던 박람회 사무를 계속하여 처리하게 되었는데, 다행히도 상사의 지도와 동료의 협력으로 큰 잘못 없이 할 수 있었다. 그리고 이쿠타(生田) 씨의 뒤를 이어 내무국장으로 임명되어 현재의 지방자치제 입안에 참여했는데, 당시 도평의회(道評議會)는 그때까지도 통역을 붙여야 하는 탓에, 도제(道制)를 뺀 나머지는 쇼와 7년(1932년)에 시설(施設)을 하게 되었다. 그 후 지방도 매우 발전하여 지난 9년(1934년)에는 도제가 시행되기에 이르렀는데, 이것은 조선의 지방행정상의 일보 진전을 의미하였다.

나는 메이지 41년(1908년)부터 쇼와 6년(1931년)까지 전후 23년간을 조선에서 봉직하면서 단지 일원에 끼어 있었을 뿐, 아무것도 공헌한 바가 없었던 것을 회상하면 부끄럽다. 그런데 총독부 통치 25주년을 맞이해 지난 과거를 회상하고 현재를 생각하면, 교육의 보급, 생활 수준의 향상은 말할 것도 없이, 도로 교통과 그 밖의 행정 제반 시설이 잘 정비되었고, 이를 옛날과 비교할 때 완전히 새로워진 감이 있다. 특히 근래 산업이 매우 두드러진 발달을 이루게 되었음은 조선 동포를 위해, 또 장차 국가를 위해 경축하지 않을 수 없다.

통치가 시작된 이래 불과 이십수 년에 지나지 않은 단기간에, 이 같은 조선의 향상과 발달을 보게 된 것은, 첫째 역대 총독 이하의 노력과 본국-조선의 이해가 있는 원조를 힘입었음을 생각하지 않을 수 없다. 이리하여 일시동인(一視同人)의 성지(聖旨)를 받들고, 또 현 우가키(宇垣) 총독의 시책에 대해 전 도민이 모두 이를 칭송하고 있음은, 국가를 위해 실로 기뻐해야 할 일이다.

나는 쇼와 6년(1931년) 사이토(齊藤) 총독의 사임과 동시에 조선을 떠나 그 후

화태청(樺太廳) 장관으로 봉직하고 있는데, 화태(樺太)의 현상과 비교해 보아도 조선이 제반 시설의 보급이 얼마나 잘되고 또 자원이 풍부한가를 알 수 있고, 이런 점에서 보아도 조선 동포는 매우 행복하다. 이상은 단순히 추억의 일부를 말한 것일 뿐이나, 이로써 부탁받은 글에 대한 책임을 다한다.

68. 매우 어려웠던 치산치수 사업

하라 시즈오(原靜雄) / 전 조선총독부 토목부장[173]

나는 다이쇼 9년(1920년) 4월에 아이치현(愛知縣) 토목과장에서 조선총독부 기사(技師)로 부임하고, 다음 10년(1921년) 2월에 토목부장이 되었다. 이 토목부장은 전에 모치지(持地) 토목국장이 체신국장으로 전직한 후, 우사미(宇佐美) 내무부장관이 이를 겸임하였다. 뒤이어 아카이케(赤池) 내무부장의 겸임이 되고, 그분이 경무국장(警務局長)으로 옮기신 후에는 니시무라(西村) 식산국장의 겸임이 되는 식으로 거의 겸임만 해왔는데, 나의 대(代)에 와서 처음으로 전임(專任) 토목부장을 두게 되었다.

---

173 역주: 원 책의 저자 소개는 다음과 같다.

하라 시즈오(原靜雄) 씨는 도쿄부(東京府) 사족(士族)인 하라 야스유키(原保之) 씨의 장남으로, 메이지 4년(1871년) 9월에 태어나 메이지 26년(1893년) 집안 가장을 상속하였다. 메이지 30년(1897년) 도쿄제국대학 공과대학을 졸업하고 메이지 31년(1898년) 내무성 토목 감독에서 기사로 임명되었다. 그 후 미에(三重), 아이치(愛知) 각 현 지사가 되고, 다이쇼 10년(1921년) 조선총독부 토목부장이 되었으며, 다이쇼 13년(1924년)에 본국으로 귀환하였으나, 그 후 요코하마(橫濱)의 항만 부장으로서 그 수완을 발휘하였다.

내가 부임했던 당시 이미 도로와 항만에 관해서는 각종 시설이 있었는데, 물론 오늘날과 같은 것은 아니었다. 우리 나라가 조선의 통치에 관계를 갖게 될 때까지는, 시가지의 이른바 '가로(街路)'라는 것이 존재하였으나, 우리 나라(일본)와 같이 국도, 지방도와 같은 것이 전혀 없었다. 도로에는 말이나 가마가 다니는 정도였는데, 통감부 시절이 되어 국내의 주요 지역 중 비교적 인구가 조밀한 지역에 본보기로 도로가 설치되었다.

그리고 일한병합 후 데라우치(寺內)·하세가와(長谷川) 두 총독 시대에는, 주로 군용도로가 만들어졌는데, 내가 재직 중에도 점차 사업을 확장하여 상당한 시설을 쌓았다. 그러나 그 무렵 조선은 세수입이 적었기 때문에 많은 금액의 예산으로 고치고 보수하는 것을 시작하는 것은 곤란하였다. 그래서 그 지방 노력의 기부, 즉 부역(賦役)으로 도로를 열고, 토지는 많은 지주(地主)의 기부에 힘입었다.

따라서 일등(一等) 도로의 4간(間. '間'은 길이 단위로 약 6척(尺). 옮긴이) 너비 정도의 탄탄한 도로가 각 방면에 생기고, 자동차 운전에 지극히 편리했기 때문에 지방에서는 자동차 운전이 매우 발달하기에 이르렀다. 내가 부임한 후, 도로 보수와 건설을 위해 토지의 기부도 가능한 한 받지 않게 되고 또 부역을 폐지하였는데, 이를 완전히 폐지하는 것은 토지의 발전을 막을 우려가 있으므로 적당히 이를 조절하고, 지방의 개발을 위해서 어떨 때는 토지의 기부도 받고, 어느 정도까지는 부역으로 도로 공사를 진행하였다.

즉, 시가지 공사와 같은 것은 토지도 매입하고 건조물(建造物)에 대한 이전료와 그 밖의 보상도 해주고, 이 지역에서 고충이 생기지 않을 정도로, 가능한 한 개인에게 피해가 미치지 않도록 고려하여 그 사업을 시행하였다. 그 무렵 조선에 도로는 상당히 보급되었으나, 하천에는 다리가 거의 없었다. 조선의 하천은 산속이 황폐한 탓에 호우 때는 홍수가 나지만, 평상시에는 전혀 물이 없었다.

따라서 각 하천의 강바닥을 이용한 여울 다리는 강바닥을 콘크리트로 포장하고 물줄기만 중앙에 만들어 두었다. 이는 당시의 경제상으로 생각해도, 또 생활 수준에 비추어 봐도, 실제 교통상으로 봐도, 조선의 실정에 적합한 시설이었다. 가장 경제적으로 다리를 놓으려면 나무다리 외에는 없다. 그런데 나무다리는 한 번 홍수가 나면 유실될 우려가 있고, 이를 다시 놓기까지 교통이 끊기는 상태가 된다. 그런데 여울 다리는 이러한 불편도 없고 낭비도 없으며 통행상 매우 편리하였다.

물론, 특별히 큰 하천이라 크고 긴 다리가 필요한 대동강이나 한강 등에는 상당히 견고한 다리가 요구됨은 말할 것도 없으나, 그렇지 않으면 종전의 불완전한 나무다리가 가설되어 있던 많은 하천은 모두 여울 다리로 고쳤다. 그러나 점차 지방도 발전하여 교통이 빈번해지게 되면 이런 방책을 변경하는 것은 물론이다. 그러나 그때까지는 여울 다리가 경제적인 시설이다.

조선에서는 당시 상세한 하천의 조사도 없었으며, 또한 하천도 완전히 원시적이고 제방도 없었기 때문에, 홍수가 범람하는 경우, 그 구역이 매우 넓어져 강폭을 측정하기 곤란하여 다리를 놓을 때는 역시 길게 놓아야 했다.

또 조선에서는 홍수의 유량 기록이 부족해 판단하는 데에 곤란을 느꼈다. 우리 본국의 하천은 메이지 7, 8년경에 조사를 시작해 오늘날까지의 60년간 기록이 있어서, 구역별 물의 양이 판명되고 있다. 그러나 조선에서는 병합 이후 그 조사에 착수했기 때문에 5년이나 8년의 조사로는 홍수 때의 유량을 판정할 수 없으며, 50년에 한 번, 100년에 한 번이라는 홍수도 있다.

이같이 물의 양과 물 높이가 판명되지 않는 조선에서 견고한 교량을 만드는 것은 크게 고려해야 할 일이기 때문에 자연 여울 다리 방식을 채용하였다. 게다가 여울 다리는 물에 대해 완전히 무저항이므로, 설령 홍수가 난다고 해도 절대

물의 흐름에 지장을 주지 않고 붕괴의 우려도 없다.

조선의 항만은 예전의 통감부 시절부터 제반 시설의 계획이 착수되어, 부산, 진남포, 인천 등에는 상당한 시설이 있었다. 이 항만 설비에 대한 계획상 필요한 풍향이나 바닷물의 높이 등은 단기간의 조사로 정확한 것을 얻을 수 있고, 또 그 설계도 만들기 쉽다.

조선의 개발을 위해서는 무역의 활성화가 필요하다. 이런 의미로 통감부 시절에 항만의 보수와 건축에 착수하고, 병합 후 이를 더욱 확장하여 다른 방면의 시설보다 항만 계획은 훨씬 빨리 정돈되기에 이르렀다. 부산, 인천, 진남포 등이 한 예이다.

내가 재직했을 때는 청진항(清津港)의 보수와 건설에 착수하였다. 당시에는 아직 주변 정세에 아무런 변화도 없었으므로, 나진(羅津)에 대해 대규모의 계획을 세울 필요 같은 것은 없었다.

그 무렵에는 청진(清津), 웅기(雄基)의 항만 시설에 착수했어도, 아직 나진은 철도도 없고 다만 그저 항만의 형태를 하고 있는 데 지나지 않았다. 그런데 만주사변의 결과, 길림(吉林)과 회령(會寧)을 연결하는 길회선(吉會線)의 종점을 나진에 두기로 한 군부(軍部)와 총독부 및 만주 철도의 삼자 간에 나라 정책이 일치되어, 이에 나진 중심이 되었다. 그리고 청진, 웅기를 그 보조항(補助港)으로 하고, 웅기로부터의 철도가 나진과 통한다.

조선의 도로는 원래는 내무부 소관이고 항만은 재무부의 소관이었는데, 내가 부임한 후 이 둘을 토목부의 소관으로 옮겼으나, 현재는 내무국 토목과 주관이 되었으며, 작은 항만은 국고 보조를 얻고 그 밖의 본 지역 행정구청에서 보수와 건축을 시행하고 있는 실상이다.

본국에서의 항만 시설을 살펴보면, 오사카항(大阪港)은 모두 시비(市費) 부담으로, 나고야항(名古屋港)은 현(縣)의 비용으로 시행하고, 요코하마항(横浜港)은 외국 무역에 관한 배를 대는 벽(안벽), 방파제, 배를 대는 시설물(잔교[棧橋]) 등을 내무성에서 시행했는데, 장래에는 직접 시(市)의 시행공사로 옮겨갈 것이다. 그리고 외국 무역에 관한 육상 설비, 상옥(上屋, 지붕만 있는 창고), 창고, 조명 장치, 치수(治水) 등의 시설은 대장성(大藏省)에서 시공한다.

치수 사업은 조선이 가장 늦고, 통감부 시절에는 전혀 착수할 수 없었으며, 총독부가 되고서야 하천 조사가 시작되고, 내가 부임한 후에 비교적 큰 각 하천을 고치는 설계를 하였다. 공채(公債) 사업으로서 제1기 하천의 개수안(改修案)을 세우고 그 예산을 요구하였으나, 그 후 경비의 절감, 이른바 '긴축시대'를 만나, 대장성(大藏省)의 사정(査定)에서 이를 인정받지 못하였다.

그 후, 치수공사가 총독부의 일대 사업으로서 행해지게 되었다. 한편 토지개간 등의 물이용사업도 많이 시행되었는데, 이 치수 사업의 완성 후에 물이용사업을 행하면 매우 편하지만, 도저히 그때까지 기다릴 수 없으므로 먼저 물이용사업을 행하였다. 즉, 전체 치수 계획이 아직 수립되지 않았어도, 물이용사업으로 부분적인 물둑(제방)을 만드는 것은 치수 사업상 각종 곤란과 지장이 생긴다.

이 치수 사업과 물이용사업과의 관계는 매우 번잡한 것으로, 높이와 너비 등 일관된 하천의 조사가 가능하지 않을 때는, 전체 치수 계획과 합치하지 않는 점이 있으나, 오늘날에는 치수 계획도 상당히 발전해 있으므로 이에 맞추어 시행하게 되면 물이용사업이 진보할 수 있다. 그렇지 않은 한 강폭의 여유를 넓게 둘 필요가 있지만, 그러면 토지의 면적이 좁아지고 그 경비를 필요로 하는 이익이 비교적 적게 될 것이다.

조선에서는 치수 사업이 가장 곤란하고 또한 필요하다. 본국과 같이 강에 제방을 축조하고, 이를 보호하며, 강폭을 좁혀 무리하면 물둑(제방) 붕괴를 초래할 우려가 있으므로, 이를 참고로 하여 완전한 설계가 얻어질 수 있는데, 조선과 같이 그대로 자연에 맡겨두고 흐르고 싶은 대로 흐르는 강을 개수할 때의 설계는 매우 곤란하였다. 그리고 오늘날에는 내가 재임할 때만큼 곤란한 일은 아니라고 생각하지만, 역시 치수에 관한 조사는 진행될 필요가 있다.

치산 사업은 치수 사업과 밀접한 관계가 있는 중요한 문제의 하나이다. 본국에서는 사방공사(砂防工事)가 치수를 목적으로 하여 내무성 소관이지만, 조선에서는 나의 재임 중에는 식산국(殖産局)에서 하고, 현재는 농림국에서 이를 시행하고 있다. 조선의 산은 거의 극도로 황폐해졌으므로 어느 정도 치수가 완성되어도 이 치산(治山)이 완성되지 않는 한 토사(土砂)가 붕괴하여 강을 덮게 되므로, 치수에 큰 지장과 곤란을 가져온다.

그리고 치산치수 사업은 둘 다 매우 밀접하여 뗄 수 없는 관계이기 때문에, 치산 사업이 완성되지 않은 중에 치수 사업을 착수하는 것 또한 도저히 그 효과를 올릴 수 없다는 극단적인 의론도 있었다. 그렇다고 해서 치수 사업을 치산 사업의 완성까지 미룰 수는 없으므로, 양 사업을 병행하여 진행하는 것 외에는 적당한 방책이 없다.

조선의 치산 사업은 근본적으로 이러한 점이 따르는 관계로, 도저히 하루아침에 그 결실을 얻기는 힘들다. 조선이라고 해서 결코 원래부터 민둥산만은 아니었다. 마침내 조선왕조 5백 년간의 폭정에 그렇게 되었을 것이다. 즉 관찰사 군수 등 대소관리(大小官吏)는, 가렴주구로 그 사리사욕을 채우는 것만 생각하여, 재산을 가진 백성은 죄없이 감옥에 투옥되고 그 생명을 위협받기에 이른다. 이리하여 착취당하고 박탈되어 남은 것이 없고, 겨우 입에 풀칠할 정도의 생활에 만족해야 했던 탓에, 재산을 쌓는 근검과 저축의 미풍은 자연히 없어지게 되었다. 산림 역시 나무를 함부로 베어 황폐해지고, 결국 나무 하나, 풀 하나에 이르기까지 베어지고 뜯겨져 극도로 나빠졌고, 마침내 붉은 흙과 민둥산의 조선이 나타나기에 이르렀다.

그리고 조선과 같이 유행병의 유행이 심한 곳에서는 그 예방상으로 보아도 상수도의 보급은 잊으면 안 될 중요한 문제이다. 경성이나 평양 등에는 이미 국비로 상수도가 부설되고, 위생상에 많은 도움이 되었지만, 이런 대도시 외 지방에서는 그 수질이 나쁘고, 티푸스, 이질 등의 감염 우려가 있으므로, 그 위험을 막기 위해서는 상수도의 보급을 꾀하는 것이 급무였다. 이에 지방의 소도읍(小都邑)에는 국고 보조로 간이수도 부설을 장려한 결과, 상수도는 각 방면에 상당히 널리 보급되어 전염병 예방을 위해서도 적지 않은 효과를 얻을 수 있었다고 생각한다.

또 도시의 장래 발전을 이루기 위해서는 도시계획에 근거한 시설이 필요하나, 당시 조선에는 이 방면의 법령이 아직 제정되어 있지 않았기 때문에 우선 법령 정비를 달성하기 위해 각종 연구를 달성하고, 도시계획령의 초안을 만들었지만, 총독부 안에 관계된 각 방면의 의견을 조급히 수렴하는 것은 매우 힘들었다. 따라서 이를 법령으로 공포하기까지의 진척에는 이르지 못하였다. 이런 관계로, 각 도시에 관해 도면상(圖面上)의 설계만은 상당히 만들어져 있었으나, 법규의 발령 전이었던 탓에 경성 등에는 다만 그 계획의 일부를 실행하는 데에 그치고, 완전한 계획 실현에는 아직 착수할 수 없었다.

69. | 조선 철도 이관(移管)의 공적

오가와 마사노리(小河正儀) / 척무성(拓務省) 서기관[174]

　나는 전에 관동청(關東廳) 참사관으로서 만주에 재직 중, 다이쇼 13년(1924년) 여름 사이토(齊藤) 총독 시절에 비서관으로서 조선에 들어왔다. 쇼와 4년(1929년) 가을까지 사이토, 우가키(宇垣) 임시 대리, 야마나시(山梨)의 세 총독을 섬기고, 정무총감은 시모오카 유아사(下岡湯淺), 이케가미(池上)의 여러 분이었고, 지금의 고다마 히데오(兒玉秀雄) 탁무성 장관(拓相)이 부임하시고 얼마 되지 않아 본국으로 옮기게 되었다. 나는 정무총감부의 비서를 하고 있었는데, 유아사 쿠라헤이(湯淺倉平) 씨가 정무총감을 사임하시고 나서, 약 1년간 해외 시찰을 위해 유럽과 미국

174　역주: 원 책의 저자 소개는 다음과 같다.
　오가와 마사노리(小河正儀) 씨는 오오이타현(大分縣) 사람인 고우야 이에쓰구(合屋家次) 씨의 삼남(三男)으로, 메이지 27년(1894년) 12월에 태어났다. 선대 겐이치(源一) 씨의 양자가 되어 다이쇼 5년(1916년) 집안 가장을 상속하였다. 다이쇼 7년(1918년) 도쿄제국대학 법과대학 영법과를 졸업하고, 와카야마현(和歌山縣) 속관(屬官)으로 임명되었다. 문관고등시험에 합격하고 내무 속관, 시즈오카현(靜岡縣) 경시, 관동청 사무관 겸 참사관, 관동청 경시를 거쳐 다이쇼 13년(1924년) 조선총독부 비서관, 조선총독부 사무관이 되었으며, 쇼와 4년(1929년) 척무(拓務) 서기관이 되었다.

을 순방하고 왔다. 따라서 조선 재직 기간도 짧고, 특별히 말할 만한 특수한 문제도 없다.

다만, 구한국 시대에 비해 일한병합 후인 오늘날, 얼마나 조선이 개발되고 발전하고 있는가, 이에 따라 조선 동포의 복지가 구시대에 비해 얼마나 증진되었는가를 느낄 수 있었다. 우선 그 예산을 통해 이를 비교, 대조하면 분명히 그 정세를 쉽게 알 수 있다.

즉, 구한국 시대 말기의 세입 세출 예산은 겨우 950만 원에 지나지 않았다. 일한병합 당시는 약 4,800만 원이며, 이후 조선의 각종 시설의 충실한 진전에 따라 여러 해 예산액도 증가하고, 쇼와 10년(1935년)도에는 2억 9천만 원, 즉 이미 3억에 가까운 방대한 예산을 편성할 수 있다는 것은, 얼마나 조선의 진보 발전이 눈부신 것인가를 상상할 수 있다.

이같이 조선이 특별한 발전을 이룬 것은, 얼핏 보면 시대가 나아가는 운이 그렇게 된 것은 물론이나, 역대 총독 이하 조선 통치의 소임을 맡으신 분들이 열심히 애쓰신 지도와 장려에 힘입은 것이 큰 점은 굳이 여러 말할 필요가 없다. 즉 통감 정치 시대 때 조선 정치의 폐단을 개선하는 일에 착수하고, 우선 그 개발을 펼치기 위한 기초를 만들고, 병합으로 이것이 한층 확대, 강화되었다.

최근에 현 우가키(宇垣) 총독은 물심양면으로 대단한 노력을 기울이시고, 형이상(形而上)의 문제로 이른바 '마음 바로잡기[175], 교육, 민치(民治), 농촌진흥'이라는 각 방면에 대한 운동을 일으켜 큰 효과를 올리고 계신다. 그리고 더욱이 물적 방면에서는 북양남면정책(北羊南棉政策), 사방대계획(砂防大計劃), 금 캐기 장려에

---

175 역주: 일본식 표현으로 '심전개발운동(心田開發運動)'이라고 한다. 일제는 1930년대 초반 조선인들을 충성스러운 황국신민으로 만들기 위해 조선 경제를 부흥시킨다는 미명으로 정신 계몽운동을 전개했다. 일종의 농촌 계몽 운동이자 정신 계몽운동이었다.

의한 금 생산 일억 원 계획, 전력 통제, 산업의 공업화 또는 공업조선의 건설 등, 산업의 장려와 진흥에 매우 힘을 쏟으시고, 그 효과 역시 매우 두드러진 것은 조선을 위해 실로 기쁜 일이다.

내 조선 재임 무렵에는 조선의 국유철도가 만주 철도로 위탁 경영을 하게 되었는데, 당시의 위임 경영료는 정확히 8백만 원으로 기억하고 있다. 그렇지만 만주 철도는 영업 부진으로 경영료의 지급이 매우 곤란하였다. 그런데 다이쇼 2년(1913년) 가을은 이 위임 경영 계약의 개정기였으므로, 만주 철도 측으로서는 조선 철도에 의한 수익이 7백만 원에 지나지 않는 탓에, 종래의 경영료 8백만 원으로 도저히 경영난을 피할 수 없으므로, 이를 4백만 원으로 감액받고 싶어했다.

이에 따라, 수뇌부의 협의에 기초하여, 산업의 발전을 꾀하기 위해 만주 철도에 위임했던 조선 내 국유철도를 총독부가 직접 경영하기로 하고, 새롭게 철도국을 설치하고 그 경영을 맡게 되었다. 그 초대 국장은, 지난날 만주 철도 이사이셨던 고무라 다쿠이치(大村卓一) 씨였다. 그래서 이듬해 예산에서는 그 수익을 8백만 원으로 편성하였으나 실제는 그 이상을 훨씬 넘으므로, 약 1천만 원 정도로 올렸던 것으로 기억한다.

이리하여 조선 철도의 경영에 관해서는, 매년 예상 이상의 성적을 올리고, 쇼와 10년(1935년)도의 예산에서는 약 20만 원의 이익을 편성할 수 있는 상태에 이르렀다. 즉, 조선 철도의 위임 경영을 폐지하고 총독부로 이관한 것은 대단한 식견이었다. 그 결과에 기초한 수익은 조선 내 관련 시설이 매우 충실해질 수 있는 적지 않은 원조가 되었다. 따라서 만약 그 당시에 조선 철도의 경영 이관을 단행하지 않았다면, 조선의 여러 시설도 실현 불가능한 점이 적지 않았다고 생각된다. 이런 의미에서 조선 이관 경영은 조선 개발 역사에 큰 공헌을 한 것이다.

70

조선의 전력 통제

야마우치 이헤이(山內伊平) / 전 금강산전기철도회사 전무[176]

나는 금강산전기철도의 사업 경영을 위해 약 17, 18년 전에 조선으로 건너와, 이후 10년 동안 그 땅에서 보냈다. 원래 금강산전기철도라는 것이 처음에는 산을 개간하고 동해[日本海]를 향해 물을 떨어뜨려 그 물을 경지의 관개에 이용하는 계획이었는데, 이것이 한번 바뀌어 그 수력을 이용해 수력전기를 일으키게 하고, 더욱 공업의 발전에 도움이 되도록 하는 계획을 세우고 다이쇼 6년(1917년)에

---

176 역주: 원 책의 저자 소개는 다음과 같다.

야마우치 이헤이(山內伊平) 씨는 도쿠시마현(德島縣) 사람으로, 메이지 13년(1880년) 8월에 태어나 다이쇼 9년(1920년) 5월 일가를 창립하였다. 메이지 36년(1903년) 삿포로(札幌) 농학교 토목과를 졸업하고 메이지 37년(1904년) 북미 합중국 주립 부르만 대학에 입학, 메이지 41년(1908년) 졸업, 이학 석사학위를 받고 귀국 후 도쿠시마 수력 전기, 시코쿠(四國) 수력 전기, 일영(日英) 수전(水電), 기소카와(木曾川) 전기(電氣), 각 회사에 관여한 후, 다이쇼 8년(1919년) 조선 금강산전기철도주식회사 감사역에 취임했다. 다이쇼 9년(1920년) 5월 조선으로 건너와 상무 이사가 되고 쇼와 4년(1929년) 사임하여 조선을 떠났다. 그리고 현재도 조선 송전, 삼착(三陟) 수전, 북선(北鮮) 전력, 시마다(島田) 제작소 각 취제역(取締役), 대전(大田) 전기 회사 감사역으로 우리 반도에서 관계 사업을 가지고 있는 만큼 조선을 위해 크게 진력하고 있는 인사이다.

허가받았으나, 그것은 그다지 대규모의 것은 아니었다.

그다음에도 또 바뀌어, 구메 다미노스케(久米民之助) 씨가 이 수력에 의한 발전을 이용하여 철도 부설 계획을 세우고, 이를 당시 하세가와(長谷川) 총독에게 상의했다. 총독부로서도 금강산철도를 부설할 의도를 가지고는 있지만 예산 관계로 실현 불가능했기 때문에, 구메(久米) 씨를 설득하고 달래 총독부 원조하에 그 부설 계획이 진행되었다.

금강산은 조선의 명산인 것은 물론이다. 게다가 단순히 조선뿐만 아니라 동양의 명산이고, 세계의 명산이기 때문에 이 명산에 대해 외국 관광객을 불러들이기 위해 각종 방법을 모색하고 시설을 설치하는 것은 가장 필요한 일이다. 특히 중국에 체류하고 있는 사람들 같은 경우는, 연중 짙푸른 산림이란 볼 수 없는 것이기 때문에 이런 사람들을 깊디깊은 금강산의 삼림지대로 끌어들이는 일은, 대단한 위안이며 화초를 보고 즐기는 일일 것이다.

나는 일찍이 도쿄에 유학 중인 외국인 유인책으로서, 경마장, 골프장 등의 각종 계획을 세웠으나, 아무래도 1년에 2만 명이나 3만 명의 관광객으로는 도저히 수지를 맞추기 힘들다. 몇십만이라는 인원이라야 비로소 그 유지가 될 터이나, 현재로는 다수의 관광객 수송력도 없고, 또 이를 수용할 만한 객실과 그 밖의 시설도 없어 참으로 유감스러운 바이다.

지난번에 고무라 다쿠이치(大村卓一) 씨가 철도국장이던 때에 나는 연락철도(連絡鐵道)의 시설 계획을 세웠으나, 그것을 위해서는 거액의 경비가 요구되어 그 실현은 곤란하였다. 그리고 한편으로 자동차로 실어 나르는 것도 고려되었으나 이것 역시 매우 어려운 문제였다. 생각건대 금강산은 결코 생산적이진 않으나 조선이라고 하면 금강산을 연상한다는 점이 있는 이상, 어떤 방법으로든 여행객을 불러들일 방법을 모색하고, 외화의 흡수에 더욱 힘을 기울이면, 각 분야가 이를 균등히 나눌 수 있을 것이다.

내가 처음으로 조선 땅을 밟았던 무렵은, 아직도 한국 정부 때의 습관이 남아 있는 것을 확연하게 느낄 수 있었다. 당시는 여러 해 쌓이고 쌓인 조선시대의 가렴주구로 피폐해진 결과, 착취당한 농촌의 경우는 도저히 부활의 여력이 없고, 궁핍하여 힘이 없음이 극에 달해 차마 볼 수 없는 비참한 상태였다. 농민의 경우는, 그 생활을 지탱하기 위해 1년 후의 수확을 목표로 하여 돈을 빌리는 상황이었다.

농촌 금융기관인 금융조합은 토지를 담보로 농민의 금융을 꾀한다고는 해도, 그 평가가 낮은 탓에 이용할 때 큰 혜택을 입을 수 없다. 그러므로 오랫동안 조선 내에 있던 일본인은 조선인들에 대해 고리대금을 행하여, 좁쌀 한 섬을 빌려주고 쌀 한 섬을 받는 것과 같은 실정이었다. 그 부담은 점점 더 가중되고, 그 피폐는 더욱 심해지는 형편이다. 이에 총독부에서는 그 구제에 관해 상당히 노력해 왔다.

그리고 농민 중에 자력으로 농경에 종사할 수 있는 자본력이 없는 자가 많고, 그 부락 부근만은 상당한 수확을 올릴 수 있지만 그 부락 외의 멀리까지 경제의 손을 뻗는 것은 거의 불가능한 상황이었다. 그런데 오늘날에 와서는 물이용조합이 발달하고, 농사가 개량되어 쌀 생산이 두드러지게 증식되고, 철도는 보급, 발달되었으며, 전기사업은 흥하여, 자연히 지방의 개발과 발전을 보기에 이르렀다.

나는 현재 조선에서 원산(元山) 및 대전(大田)의 전기사업과 관계하고 있는데, 본국에서 이 방면의 사업이 막다른 곳에 다다른 상태를 보고 그 연구에 기초하여 조선의 전력 통제 문제를 안건으로 계획을 세웠던 관계로, 이중 투자의 폐해를 벗어나 매우 이상적으로 진행되고 있다. 특히 이마이다(今井田) 정무총감이 이 방면에 걸쳐서는 매우 정통하므로, 더욱 순조로운 발달을 이뤄 오고 있다.

즉, 당국자 중 사업에 관한 이해를 하는 이가 없다면 경기가 좋아지는 발달을 보는 것은 어려우나, 조선의 전력 통제 문제는 다행히 당국의 이해가 있는 덕분에 매우 좋은 결과를 얻을 수 있다. 그리고 통제의 결과 전력의 공급이 더욱 저렴해졌다는 점은 필시 산업 발전의 커다란 원인이 된다. 즉 조선은 토지가 싸고, 원료가 싸고, 게다가 노동력이 싸고, 더욱이 동력(動力)이 싸다는 점에서 산업 진흥상의 모든 조건을 갖춘 것이다.

때문에, 이후로는 그 싼값의 토지를 이용하고, 풍부하고 싼값인 자원과 본국에 비해 낮은 품삯 및 전력 공급으로써, 조선의 산업 발달을 크게 촉진하기 위해 본국 자본가의 투자를 환영한다. 그래서 공업 조선의 건설에 노력하고, 특히 만주 관계의 전개를 생각하고 헤아려 정책을 마련하고, 일본과 만주 사이에 끼어 있는 특수한 지위를 이용하여 더욱 유리하게 이를 발전시켜야 하며, 각계(조야)의 협력을 간절히 바라는 상태이다.

조선의 철도사업은 이미 개발이 진전된 지방에 이를 부설하는 것이 아니라, 철도를 부설함으로써 지방을 발달시키려고 하는 것이며, 홋카이도(北海道)의 경우와 꼭 같은 전철을 밟고 있으므로 애초부터 이익을 얻는 일은 도저히 불가능하다. 이러한 관계로, 본국의 자본가는 조선의 철도사업에 대한 투자를 좋아하지 않는 경향이 있다.

조선에서는 치수 사업이 아직 완전하지 않으므로, 한번 큰비로 인해 홍수가 났을 경우, 도로와 교량이 파괴되어 교통상 심한 불편을 겪게 된다. 조선 지방철도의 경우는 국부적인 완성을 위해 이것을 복선으로 하지 않고, 복선화에 투자하는 경비를 단선인 상태 그대로 더 연장하는 것으로 일반 민중의 편의를 널리 제공하는 것이 가장 필요한 방도라고 믿는다.

그리고 우가키(宇垣) 현 총독은 금 생산 일억 원 계획에 따라 이것을 크게 장려하시고, 금광업의 개발 또는 금 산출의 증가를 꾀하기 위해 업자에 대한 탐광(探鑛) 보조비를 부여하며 더욱 이를 지도하고 장려하고 있으나, 그 후의 성적에 비추어 보면 분명 기대한 목적을 이룰 수 있을 것이다. 생각하면 본 사업과 같은 것은, 국가 경제상으로 매우 좋은 영향을 미치므로 조선을 위해, 또 장차 국가를 위해 참으로 기쁜 일이다.

조선의 농업은 역대 당국자의 지도와 장려에 힘입어 크게 개선되고 발달을 가져왔다. 예로부터 가뭄에 괴로워하고 농작물에 물대기의 편의가 부족하여 거의 수확이 전혀 없는 것과 같은 참상을 나타냈던 옛날과 달리, 물이용조합의 설립으로 이 참화를 벗어났다. 토지는 개량되어 쌀 생산량 역시 해를 거듭하면서 증가하게 되며, 활발히 본국으로 이입하여 마침내 본국에서 있었던 이른바 쌀 문제에 관한 분규의 소용돌이 속에 던져지게 되었다. 이런 실정에 비추어 보아, 조선의 물이용조합은 이후 이것을 확장하는 일 없이 현재의 것을 정리하고 비료 주기에 주의하면, 쌀의 생산액은 충분히 그 성적을 더 올릴 수 있을 것이다. 특히 밭을 남겨서 논으로 하는 경우, 크게 고려할 만한 사항일 것이다.

조선의 현상에 관해 개량을 바라는 점 두세 가지를 든다면, 우선 첫째로 난방 장치의 개선이다. 현재의 온돌을 어떻게 해서든 개선하여, 연료인 목재가 궁한 오늘날의 상태를 벗어나도록 하는 것이 당면한 문제일 것이다. 물론 온돌의 개량설은 이미 자주 들은 바가 있고 또 실제 문제로 취급됐으나, 지지부진하여 그 결실을 거두지 못한 것은 유감이다.

다음으로 집 구조는 두 번째 문제로, 우선 그 초가지붕을 개조하는 것이었다. 초가지붕에 쓰이는 짚을 멍석이나 새끼줄 만들기 등의 부업에 이용한다면 필시 상당한 수익을 볼 수 있을 것이다. 이에 현재의 초가지붕을 개량하고 이것을 반영구적인 무엇인가로 대용하게 한다면, 전 조선을 통틀어 짚의 이용량은 매우 클 것이다.

그리고 민족 심리로 특히 유의해야 할 것은 저축의 장려이다. 원래 조선 민족은 관리들의 부패에 괴로워하고 착취에 시달리고, 혹시라도 재산을 쌓으면 그 모든 것을 크고 작은 관리에게 착취당할 우려가 있었던 탓에 굳이 재산을 쌓지 않는 것이 습성이 되어, 저축하는 마음을 잃어버리고, 다만 그저 그날을 보내는 데 지나지 않는 상태에 있는 사람이 많았다. 그런데 일한병합 이래, 우리 통치하에서는 안심하고 재산을 모으는 일에 힘쓰고, 아무런 불안이나 위협 없이 착실히 재산을 쌓은 자가 있긴 하지만, 역시 그동안 쌓여온 풍습이 꽉 박혀 있어 없앨 수가 없다. 이 점에서 조선인은 중국인과 크게 그 정서를 달리한다. 병합 후 이제 25주년, 이 기회에 조선 동포의 저축심의 장려를 특히 바란다.

마지막으로, 종래 보통학교를 졸업했던 조선의 자제들은 군청과 그 밖의 관아에서 많이 쓰임을 받았다. 민중 대부분도 이를 바라고 관리가 되는 것만을 동경한 예로부터의 사상에서 벗어날 수 없는 경향이 오늘날에도 있다. 그래서 노동을 기피하고, 단지 책상에서 근무하는 것만을 명예로 여기는 잘못된 풍속이 있는 것은 이를 크게 바로잡아 그만두게 할 필요가 있을 것이다. 게다가 학교만 졸업하면 이것으로 힘써 일하지 않고도 먹고살 수 있다는 식의 그릇된 사상으로 인해, 근로에 임하는 것을 바라지 않고 나태한 풍습에 길들여지는 것은 조선의 발전과 향상을 위해서도 참으로 한심한 일이다.

71

산업개발은 일본과 조선의 협력

니시무라 야스키치(西村保吉) / 전 조선총독부 식산국장[177]

일본과 조선에 호응하라

다이쇼 8년(1919년) 8월 사이토(齋藤) 남작이 새롭게 조선 총독이 되고, 모든 문화에서 새 정치의 큰 깃발을 내세워 조선에 향했을 때, 나는 식산국장(植産局長)으로 부임하던 그날에 남대문역 근처에서 폭탄 세례를 받았던 무리 중의 한 사람이었다.

당시 조선의 산업은 본국 산업 사이에서 아무런 교류가 없었다. 물론 정책상의 연락이 없으면 거기에 종사하는 사람의 연락도 없고, 일본과 조선 각자의 생

---

177 역주: 원 책의 저자 소개는 다음과 같다.
　　니시무라 야스키치(西村保吉) 씨는 에히메현(愛媛縣) 사람으로, 게이오(慶應) 원년(1865년) 6월 가게노부(景信) 씨의 장남으로 태어났다. 메이지 34년(1901년) 문관고등시험에 합격하고 미야기현(宮城縣) 사무관, 야마구치(山口縣) 참사관 및 사무관, 나가노현(長野縣) 홋카이도청(北海道廳) 각 사무관, 히로시마(廣島), 아이치(愛知) 각 현(縣) 내무부장, 시마네(島根), 사이타마(埼玉) 각 현(縣) 지사 등을 역임하고 조선총독부 식산국장으로 명성이 있었다.

각과 방향으로 나가고, 개개인의 방침에 따라 그 시설을 소유하였다.

바꿔 말하면 산업 분야에 관련된 관리라고 하지만, 조선총독부 사람들은 일반적으로 일찍부터 고용하여 키우자는 식이어서, 총독부에서 성장하고 활동한 것 외에 본국 산업이 어떤지도 모른다. 본국의 관리 역시 조선의 산업을 이해하지 못하는 본국 연장주의(延長主義)이니, 이런 상태에서 '내선 동화(內鮮同化, 일본과 조선의 동화)'를 외치며 국가의 중요 문제인 산업 정책에 아무런 맥락의 통제 없이 대립 상태에 있는 것은 어쩌면 국가를 위해 매우 불리한 일이었다.

말하자면 나는 조선에 부임하기 전에 본국의 농상무성(農商務省) 관계 당국을 방문해서 각 국장과 긴밀하게 논의했다. 앞으로 일본과 조선의 산업은 반드시 공조·협조의 연락이 필요하고, 직무상 또는 인사에도 앞으로는 사정이 허락하는 한 협동적으로 나가는 것을 주장했다. 본국 측에서도 그에 대하여 크게 찬성하고, 향후의 제휴에 대해 솔직하게 의견을 교환한 것은 조선 산업상의 큰 수확 중 하나였다.

예를 들어, 임업시험장 또는 수산시험장 등을 설치하는 경우, 기사(技師)는 그것을 농림성(農林省)을 통하여 요구해서, 장래 농림성에 설치할 뿐 아니라 국립 시험장과 일본과 조선이 서로 호응해 나가는 것과 같은 방법을 채택하였다.

게다가 그 시험 항목에 대해서도 마찬가지로 연락하고 그 사무 분배에 대해서도 또 일본과 조선을 평등하게 하는 등 어디까지나 조선의 산업정책이 고립되는 것을 피하고, 쓸데없는 것을 없애, 일본과 조선의 접촉을 애썼다. 어쩌면 조선의 산업은 우리 나라의 한 지역에서 결코 조선만이 독립해서 그 개발과 진전을 계획하고 얻으려는 것은 아니었다. 그러므로 일본과 조선을 완전히 한 덩어리로 뭉치게 하기 위해서는 그 계획을 세우는 것이 필요하였다.

산업조사회(産業調査會)의 설치

그래서 나는 조선 산업의 개발의 근본적인 방침을 정하기 위해 다이쇼 9년 (1920년) 2월에 산업조사회를 설치하고 또 그 연구 조사에 착수하였다. 게다가 이 산업조사회는 꼭 일본과 조선이 서로 호응하여 그 조사를 진행해야 할 필요가 있어, 조선의 관계자만으로 조직하지 않았다. 그래서 본국 산업의 중추(中樞)와 협동하기 위해, 그 위원 인선에서는, 일본과 조선에서 각각 반수씩 선출하여 관민 합동 기관뿐 아니라, 위원 중에는 일본과 조선의 관련되는 관리, 또는 실업가, 또는 학자 중에서 전국적으로 대표자를 선출해서 조사회를 열었다. 그러므로 이 산업조사회에 제출할 만한 참고안이 나오기까지 각 관계자는 거의 1년에 가까운 날들을 들이고, 부하 몇백 명이 힘을 다함으로써 가능하게 되었다. 물론 조선에서는 아무런 통계에 근거할 만한 것이 없어, 어쩔 수 없이 각 분야에 걸쳐 재료 수집 및 기타의 활동에 크게 노력하였다.

그리고 위원은 조사회에 임할 때, 밤낮으로 매우 열심히 그 연구 조사에 몰두하고, 크고 작은 항목에 걸쳐 신중하게 고려하고 연구하여, 최선의 노력을 다해서 조선산업개발의 근본적인 방침을 승인하였다. 이리하여 종래 따로따로이던 일본과 조선의 산업을 종합하고 크게 전체를 보아, 조선 산업계에 규율과 질서를 가하게 되었다. 당시 조사 결과는 조선의 산업을 장려하는 데 근본적인 방침이 되었고, 오늘날 대체로 이 방침을 답습하도록 하였다.

이 산업조사회에서 연구 조사는 조선의 산업 진흥에 관한 큰 강목(綱目)만의 결정이고, 그것을 구체화하는 세목(細目)에서는 천차만별이었지만, 그것은 그들이 정하였다. 예를 들면 수산시험장은 해양 조사, 어족(魚族) 조사, 어선(漁船), 어구(漁具)에 관한 조사 또는 어류 판매 방법 연구 또는 그 저장 방법 연구 등을 해나가고, 이러한 개량과 발달에 이바지하는 것이다. 게다가 연료선광(燃料選鑛) 연구소에 대해 말하자면, 무연탄, 갈탄, 그 외의 광물에 대해 그 소재와 매장량 등을 조사하고, 또는 갈탄의 성질 등을 명료하게 하며, 연료 자원의 개발에 이바지함과 동시에 경제적 이용법의 시험 연구를 하고 있다. 임업시험장에서는 조선의 식물 지대를 연구하고 삼림식물의 종류와 그 분포 상태 조사를 하였다. 또 주요 나무종의 선정 또는 숲 가꾸기의 시험 조사에 힘을 쏟고, 아울러 씨앗 양성(養成)에 관한 연구를 해 나갔다.

나는 당시 시험장 직원들에 대해 그 직무 집행에 관해 일장 훈시를 시도하였다. 그 시험장이라는 것은 그 대학에 있는 학술상의 연구기관과는 다른 조선총독부라는 행정기관이 조선에서의 산업을 어떻게든 발전시키기 위한 연구기관이 되었다. 따라서 그 목적의 달성을 위해 신중한 태도로 그 직무에 종사하고 있는 시험장에서 행할 만한 시험 과목 연구는, 경중을 실수하지 않는 것, 또 그 시험은 철저하게 시행하는 두 가지 방침을 그르치지 않고 준수하고 그 직책을 다하고 분투해야 할 일을 말하였다.

조선 소나무 종묘 육성

나는 이 종묘의 양성에 얽힌 어떤 에피소드를 생각한다. 내가 처음 조선에 부임했을 당시에 숲조성업은 낙엽송(落葉松) 또는 포플러와 아카시아를 심기만 할 뿐, 본국에서의 삼나무와 편백과 마찬가지로, 조선에서 주요 목재가 되는 조선 소나무의 종묘를 양성하는 것은 거의 불가능한 것으로 보아 증식은 전혀 행하지 않았다. 그런데, 조선 내 각지에서 사찰 경내, 지방 유지 저택 또는 산악의 황폐한 길 등, 위치에 따라 조선의 지형이 조선 소나무의 성장에 적합한 것은 입증되었다. 그러나 종자를 발아하여 얻거나, 종묘를 얻어 성목(成木)으로 만들어 얻는 것에 대해서는, 종래에 그것이 전혀 불가능한 일이어서 늘 고심하고 연구했다.

그런데 시험장인 모(某) 씨가 강원도에서 그 조선 소나무의 종자 1석(一石, 1석은 180리터)을 가져와, 모래 사이에 섞어 한겨울을 나게 하고, 다음 해 봄에 그것을 체로 쳤는데 딱딱한 껍질을 가르고 종자가 발아했음을 발견했다. 우연한 그 사건으로 인하여, 귀중하고도 새로운 발견에 흥분한 시험장의 장은 곧 그 내용을 나에게 보고하였고, 그것이 각 도에 발표되어, 이에 현안이었던 조선 소나무의 종묘 양성이 가능하게 되었고, 숲 조성업자는 경쟁해서 그 숲 조성에 착수하게 되었다.

비료가 되는 기사(技師)의 짚신

내 취임 후, 제1회 농업 기술자 주임 회의를 열었을 때, 나는 본국 개량 쌀의 보급 정도 및 면화 재배와 보급에 대하여 질문하였다. 그때 제출된 통계는 모두 사실과 동떨어진 책상 위에서 만들어진 것이었다. 하지만 내가 원했던 것은 사실대로의 조사였다. 그때 어떤 사람이 "국장님, 정말 숫자를 내도 좋습니까?"라고 반문한 적이 있었다. 조선은 예전부터 시설의 성적을 감독 당국에 보고하기 직전에 여러 가지 관계에서 사실과 다른 통계를 가감(加減)해서 작성하여 상사에게 제출한다는 소문을 들은 적이 있었던 나는 실제로 이를 직면하게 되어 놀랄 수밖에 없었다. 말하자면 나는 원래부터 진실의 숫자를 보고하도록 명령했었다. 그 후 내가 어떤 도(道)에 시찰 갔을 때 그 지방의 어떤 제사가(製絲家)는 나에게 "요즘 겨우 통계가 사실대로 나와서 다소나마 실제로 좋아졌어요."라고 말한 적이 있다. 이리하여 점차 조선의 통계도 진실에 가깝게 되었다.

게다가 나는 농업 기술자가 모인 자리에서 사람들을 향해 "조선 농업 개발상, 아직 여러분이 모르는 비료가 있다."라고 말했을 때 그 자리에 모인 사람들은 이상하다는 얼굴을 하고 나를 주시하였다. 그것은 실제로 기사(技師)의 짚신이었다.

어쩌면 조선의 산업을 실제로 지도하고 장려하기 위해서는 직접 발로 실제를 답사할 필요가 있었다. 그래서 그것을 실행하려면 조선 농업은 버려두고 자연에 진보하는, 바꿔 말하면 화학비료보다도, 풋거름보다도 효과 있는, 이것보다 나은 비료는 없다고 나는 농업의 실제적인 지도를 장려하였다.

식료 문제와 농경지 개간

조선의 농업 주요 작물은 쌀이다. 이 조선 쌀은 식량으로는 맛이 좋지만, 아무래도 여러 해 동안 구한국 시대의 폭정 결과, 농가는 피폐하고, 토지는 황폐하고, 지력은 나빠져서, 그 생산상의 개량과 증식을 도모할 만한 자본과 설비가 부족하여 쌀 생산 금액이 적었다. 내가 부임하기 전부터 농업시험장을 설치하고 조선에 적합한 본국의 우량미를 들여와 크게 품종을 개량하고 또 쌀 생산 늘리기를 계획하였다. 그런데 조선은 가뭄이 많고 농작물은 빨갛게 되어 어느 것 하나 되지 않았다. 게다가 비가 계속되면 하천은 범람하고, 경작지는 황무지로 변해 거의 아무런 수확이 없었다. 바꿔 말하면, 조선의 농업 안정은 쌀 생산에 있고, 쌀 생산의 안정은 가뭄의 방지에 있다. 즉, 하늘에서 내린 비를 저수지에 모아 가뭄 때에 쓰는 용수로 하는 것은 정말 필요한 일이다.

조선의 강 대부분은 서쪽을 향해 흐르지만, 해마다 강이 산에서 흘러나와 토사(土砂)를 바다로 흘려보내, 조선의 해안은 매년 바닷가에서 멀리까지 물이 얕다. 이것은 꽤 넓은 구역까지 이르러 그것을 이용하는 일이 많으므로 그것을 간척하면, 이삼십만(萬) 정보(町步)의 농경지를 만드는 것은 그렇게 불가능한 일은 아니다. 말하자면 그들의 천연자원에 인공을 더하여 간척사업을 하면 쌀 외의 훌륭한 농경지를 얻을 수 있다. 그런데도 그것을 버리고 돌보지 않는 것은 조선의 산업 이익에 너무나 아쉬운 일이다.

본국에서는 철도 부설, 공장 증설 및 도로 개량, 또는 주택 건설 등, 인구 증가에 따라 농경지는 해마다 감소하기만 하는데 이를 통계로 표현하면 만(萬)을 단위로 감소하는 것이 될 것이다. 따라서 그만큼 내지의 미곡 생산액이 매년 감소하고 있다. 그런데도 본국의 인구는 80만에서 100만으로 증가한다. 여기서 해마다 풍흉의 차가 있다고 해도 쌀의 수용은 해마다 증가하고, 그 공급은 감소하여 여기서 수급 조절을 얻는 것은 곤란하다. 그러나 본국에서는 이미 그 이상의 경지가 개척될 여지는 없다.

본국의 쌀 생산 실정은 이미 그대로다. 그러므로 조선의 쌀 농사에서 아무런 불안 없이 일정량의 산출이 가능하다면, 본국의 식량 부족을 해결할 수 있다. 그런데 조선에서는 배수·관개 설비가 불완전했고, 그 목적 달성은 매우 곤란했지만, 다행히 조선 안에 간척 되지 않은 땅이 발견되었다. 그러므로 그 개간과 간척에 힘을 쏟고, 또 쌀 생산 늘리기를 도모하여, 본국의 식량문제 해결에 도움이 되는 것이 필요하다. 바꿔 말하자면, 국부 증진이라는 한쪽 의미에서 보면, 이 경우에 조선 토지개량은 문제가 발생한다.

그렇지만, 이 경지 개간 사업, 관개용수 사업은 그 수행에 관해서 아주 많은 자금이 있어야 했다. 그러므로 당국은 본 사업에 대해 사무적 원조와 기술적 원조, 재정적 원조를 주고 장려하여 조성하였다. 즉, 사무적인 장려로 사업 조합을 만들고, 조합장을 선임하고, 기술적 원조로 농민 및 기타 사업가에게 공사 설계 등의 기술적인 분야에서 조력하였다. 재정적 원조로 사업 자금을 위해 낮은 이자로 돈을 빌려주고 그 사업비의 일부를 정부에서 보조하였다. 이리하여 그 사업을 수행하는 데 적당한 원조를 받고 그 실현을 계획하는 것이 조선 토지개량 계획의 근본이었다.

게다가 사무적 원조나 기술적 원조 등이 설계는 정부가 한다든가 공사는 민간이 한다든가 하는, 말하자면 '방법론'이었고, 공사 시행자에 따라 달랐다. 그런데도 재정적 원조는 정도의 문제여서, 그 보조액이나 대출 금액도 어느 정도까지 해야 하는지가 문제가 되었다. 이 토지의 개량에 대해서는 이런 부분은 이렇게 개량하면 좋다고 하는 점에서, 조선 내 토지개량 기본 조사를 하였다. 그렇지만 그 실행 방법에 따라서는 각 사람의 생각에 따라 다른 것이었다. 바꿔 말하면 토지개량 회사가 필요한지에 대한 문제와 그 계획 내용에 따라 의논이 생긴다. 그 토지개량 계획은 시타오카(下岡) 정무총감 당시 개정된 것이었으나, 그 후 본국의 쌀 문제의 여파를 받아 토지개량 회사가 해산되고 쌀 증산 계획이 중지되는 등, 조선의 산업 진흥상에 매우 유감스러운 점도 있었다.

조선부업공진회 개최에 대한 고심

나는 산업을 장려하는 의미로, 경성에 조선부업공진회(朝鮮副業共進會)를 개최할 계획을 세웠는데, 당시 총독부로서는 여기에 관한 예산도 없고, 그 경비 마련 방법에 대해 크게 고민한 결과, 각 도지사와 연락을 취해 민간 유지의 기부금을 경비로 충당하는 것으로 하고, 각 도의 응원을 얻어 기부금 모집에 착수하였다. 그런데 상상외로 좋은 성적을 올리게 되자, 더욱 공진회(共進會) 개최 준비에 매달리게 되었다. 그런데 때마침 관동(關東) 지방 대지진을 만나, 조선인에 관한 유언비어가 나돌아 정말로 떠들썩하고 어수선한 모습 그대로였다. 그래서 각 도 상업회의소는 연합회를 열고 시국을 돌아볼 때, 공진회 개최를 중지할 것을 결의하고 총독부에 대해서도 공진회 개최 중지 방안 건의서 제출을 요구하려는 사태에 이르렀다.

나는 이미 공진회 개최를 나라 안팎에 선포하고, 기부금 모집에 착수했는데도 본국의 지진 재난 때문에 여러 가지 뜬소문이 나돈다는 이유로 지금 개최를 중지한다면, 조선 총독의 위신이 떨어지게 될 것이다. 그래서 개최를 공표해 가면서도 허둥대면 움츠러든다는 나쁜 인상을 민중에게 전하는 것은 장래 총독부 정책상의 큰 악영향을 가져온다는 이유로 나는 개최 단행을 주장하였다. 게다가 아리요시(有吉) 정무 총독 및 마루야마(丸山) 경무국장 등과 협의하고 사이토 총독에게 진언하여, 마침내 다이쇼 12년(1923년) 10월에 개최하게 되었다. 그런데 개최하자마자 상상 외로 많은 인기를 얻어 각 도에서 많은 구경꾼이 몰렸고, 하루에 7만 명 이상의 입장객이 왔으며, 회기 중 총 입장객은 100만 명을 넘는 대단한 성황을 이루었다.

당시 내가 특히 우려한 것은 이 공진회 개회에서는 개회식 당일 사이토 총독이 개회사를 읽어 주셔야 했고, 또 포상 수여식에도 총독이 참석하셔야 했다. 즉, 이 경우 만일의 사변이 일어나지 않기만을 기도하였다. 게다가 나 자신도 상당한 각오를 하고 이에 임했으나 걱정은 기우로 끝났고, 공진회 개최로 조선의 산업 발전에 큰 공헌을 가져온 것은 정말로 기쁜 일이었다.

72

조선의 사업이 빠르게 발전하기를 바란다

온다 고키치(恩田銅吉) / 전 조선우선주식회사 사장[178]

처음에 조선우선주식회사(朝鮮郵船株式會社)는 메이지 45년(1912년) 무렵에 당시 총독이었던 데라우치 백작이 당시 조선 내의 작은 배 회사를 합병하여 큰 회사를 만들어, 당시 일본우선회사(日本郵船會社)의 사장이었던 콘도 렌페이(近藤廉平) 씨에게 그 알선 방법을 의뢰하면서 비롯되었다. 그래서 일본은 우선회사의 대주주가 되고 비로소 조선우선주식회사라는 새로운 회사가 만들어졌다.

그리고 일본우선회사에서 임원을 선출해서 하라다 긴노스케(原田金之祐) 씨가 초대 사장이 되었다. 그 당시 조선우선주식회사의 규칙으로 사장은 조선 총독

---

178 역주: 원 책의 저자 소개는 다음과 같다.
온다 고키치(恩田銅吉) 씨는 여러 해 일본 유센(郵船)회사에서 승진을 거듭하여 이 회사의 주요 지점인 상해 지점장으로 근무하였다. 그 후 조선 유센회사의 전무이사에 취임하고 이어서 사장에 임명되었다. 당시 조선 해운계는 불황이 심각한 시대였으나 그의 숙달한 수단과 여러 해 쌓은 깊은 학식을 수시로 도처에 발휘하여 조선 유센회사로 하여금 난국을 잘 타개하게 하고, 동시에 조선 해운계에 기여한 바가 지대하였다. 또한 그는 경성 상공회의소 부회장으로 오직 해운만이 아니라 일반 상공업에 공헌한 바도 적지 않았다. 외유내강으로 포부를 실현하는 데 주력한 것은 그를 아는 사람은 모두 수긍하는 바이다.

이 추천한 것으로 기억한다. 그리하여 하라다(原田) 씨가 데라우치(寺內) 총독의 추천으로 사장이 되었는데, 하라다 씨는 71세의 고령이므로 그 뒤를 내가 인수했다. 나는 관동대지진 직후인 다이쇼 12년(1923년) 가을, 일본 일본우선회사 상해(上海) 지점에서 조선우선회사 전무이사로 처음 조선에 왔고, 13년(1924년) 봄에 사장으로 취임하였다.

이 조선우선주식회사는 조선 연안이 중심 항로였고, 이 조선 연안 외로는 즈푸(芝罘), 청도(靑島)로 가는 항로, 고베(神戶), 오사카(大阪)로 가는 항로 순이었다. 현재는 따로 조선기선회사(朝鮮汽船會社)라는 자회사(子會社)를 만들고, 조선우선회사가 과반의 주식으로 경영하고 있어, 조선의 연안 항로는 전부 이 회사가 운영하고 있다.

게다가 현재 조선 우선(郵船, 우편선) 항로의 주가 되는 것은 조선 동해안에서 오사카와 고베(阪神) 또는 도쿄로 가는 항로, 또는 조선 서해안에서 오사카와 고베 또는 도쿄로 오는 항로, 또 조선 동해안에서 혼슈(本州) 중에 동해안에 면한 지방인 니가타(新潟), 츠루가(敦賀), 사카다(酒田) 등의 항로와 조선 서해안에서 상해(上海)로 가는 항로 등이다. 게다가 최근에는 총독부의 명령에 따라 만주와 연결을 계획하고 있으므로, 나진(羅津), 청진(淸津)과 니가타 간의 항로를 개설하였다.

조선 우편선이 생기기까지 조선 연안에 항로를 가진 화물 및 선객(船客) 운송을 직업으로 한 사람들은 부산의 오이케 쥬스케(大池忠助), 원산의 요시다 히데지로(吉田秀次郎), 인천의 호리키리 다로(堀切太郎), 목포의 야마노 사키조(山野瀧三) 등이었다. 이들은 이미 한국 시절부터 이 일에 종사하고 있었다. 정부는 이 사업을 한층 장려하고 발전시키기 위해 이들에게 보조를 둔다 해도, 이러한 작은 동업자들이 분립된 상태로는 곤란하고, 이를 통일, 병합해서 큰 회사를 만들어야겠다는 희망으로 데라우치(寺內) 백작은 일본 우편선에 그 후원을 의뢰하였다.

조선 내에 철도가 아직 발달하지 않았을 당시, 경성에서 원산을 왕복하려면 경성에서 부산까지 기차를 타고, 부산에서 원산까지 선편을 이용하여 갈 수 있었던 시절에, 이 작은 선사(船會社)의 존재는 상당히 교통과 그 이외의 편익을 주었다. 그래서 회사가 커지고 또 자회사(子會社)를 만드는 것은 어쩌면 시대의 변천과 같은 것이다.

　　나는 조선 우편선을 대표하여 경성상업회의소와 관계한 적이 있는데 별로 할 말은 없다. 당시 와타나베 데이치로(渡邊定一郎)는 회장이었고, 나는 부회장이었다. 그 후에 와타나베 씨는 병으로 회장에서 물러났고 내가 일을 맡아 보았는데, 예로부터 조선에서는 상업회의소 회장은 정치 운동-예산 문제 및 그 외의 일로 총독부에서도 활동을 해야 했고, 또 도쿄에 가서 정부 당국 또는 정당(政黨)에까지 양해를 얻고, 여러모로 활동해야만 하였다. 매우 바쁜 위치였기 때문에 우리같이 다른 중요한 직무를 가지고 있는 사람에게는 도저히 상업회의소 임원으로 일하는 것은 어렵다고 생각되어 나는 임기 만료와 함께 물러났다.

　　그 이후 조선우선주식회사에서는 상업회의소 의원을 뽑지 않았다. 뽑으면 반드시 임원으로 추대하는 관계로 나는 회사뿐 아니라, 조선은행, 식산은행, 미츠이(三井) 주변에서도 이 상업회의소 의원을 뽑지 않았다. 그 당시 상업회의소 의원 선거는 1급, 2급으로 나뉘어 1급 유권자는 극히 소수에 그들 대부분이 은행 집회소의 회원(구락부 클럽원)이었고, 1급 투표의 3분의 2는 여기서 자유로웠기 때문에 만약 희망자가 있으면 누구라도 쉽게 나올 수 있었다. 그러나 모두 바빠서 나오려고 하지 않는 것 같았다. 그러나 2급 유권자는 그 수가 많아서 상당한 활동을 했었다.

　　이리하여 상업회의소의 임원은 아무런 공적도 없이 자리 채우기만 한다고 하여 그 후에는 사퇴했지만, 그 당시 규칙으로 선거에 의한 의원 당선자가 아니라도 조선 총독의 임명을 받아 특별 평의원인가 뭔가로 임명된 적이 있다. 이 특별 평의원은 회장, 부회장 외에 서너 개의 부장으로 이루어진 임원회에 출석할 수 있었다고 기억하는데, 당시 쿠기모토 토지로(釘本藤次郎) 씨 등은 온화한 노력가로 회의소를 위해 매우 열심히 힘을 쓰셨다.

나의 재임 당시에 사업 경영상 곤란을 느낀 것은 자금 관계였다. 그래서 200원(圓) 정도를 조선은행에서 융통해 쓴 일이 있으나, 이 자금을 본국에서 낮은 금리로 빌려야 하고 그것을 조선은행의 스즈키 시즈카(鈴木穆) 씨와 상의했을 때 스즈키 씨는, "부디 본국에서 빌려라. 그렇게 되면 그것만으로도 본국에서 싼 돈이 유입된다."라고 말하여 매우 찬성한 적도 있었다. 물론 총독부로서도 조선 개발을 위해 본국 자본가의 투자 경영을 환영하고 오늘날까지 거래 시에 편의를 주고 있다.

여기서 이야기하는 한 가지 사건은 우연한 기회에 내가 부임하자마자, 북선(北鮮) 어업에 다소 공헌한 일이다.

내가 조선우선주식회사 사장이 되어 책상 위에서 처리한 최초의 서류는 후슈마루(普州丸)라는 삼 사백 톤가량 되는 선박의 침몰 사건이었다. 이 배는 원산(元山)-성진(城津) 구간에서 침몰하여 승선한 선원과 승객이 다수 사망하였다. 그때 사체 수색을 위해 상당히 애를 쓰고 저인망(底引網)을 이용해서 바다 밑바닥을 훑을 때, 종래 조선에서는 그다지 얻을 수 없었던 정어리가 상당량 밧줄에 걸려들었다.

그때까지는 이따금 아주 조금 잡혔던 정어리가 조선에서 잡혔다는 사실을 대부분 사람은 알지 못하였다. 정말로 어법(漁法)이 유치했고 먼 바다에 나가 고기 잡는 것을 알지 못했으나, 그 이후 북조선 지역에서 계속해서 정어리가 잡히는 것을 시작으로, 삼사 년 만에 홋카이도를 능가하게 되었다. 종래는 정어리에서 짜내는 기름이나 그 부산물에서 나오는 찌꺼기가 홋카이도(北海道) 특산물의 하나가 되었지만, 이 후슈마루의 조난 사건이 단서가 되어 정어리 떼를 발견한 것이 조선의 산업계에 큰 공헌을 가져오게 된 것이다.

조선의 산업개발에 대해서는 역대 총독이 가장 힘을 쏟았기 때문에 각종 산업 발전이 매우 뚜렷했다. 일한병합 전, 가렴주구에 시달리고, 여러 해 동안 폐단이 많은 정치 때문에 민력(民力)이 고갈된, 산업적인 의미로 활발하지 않았던 당시를 돌이켜 보면 정말 격세감이 있을 뿐이다.

게다가 그 생산물에 이르러서는, 농산물 8억 3천만 엔(圓), 공산물 3억 천만 엔, 수산물 7,600만 엔, 임산물 5,500만 엔 또 광산물 3,500만 엔으로 합계 13억을 돌파하는 거액에 달한 것은 정말로 놀랄 일이었다. 더욱 운이 좋았던 추세는 점점 이의 발달을 붙들어, 조선의 자원 조사 결과 각종 공업이 갑자기 일어나 그 기획의 결실을 보게 되었다. 게다가 모든 조선 내에서 금광에 대한 열기는 총독부의 장려와 함께 점점 높아지고 본국 자본가가 여기에 창안하는 것도 많아졌다. 이들의 손으로 그 개발과 발전을 계획하게 되면 그 앞날은 매우 희망적일 것이다.

그 외에 철·석탄·흑연 등의 천연자원이 무진장 있는 것도 또한 본국 자본에서 이의 개발을 계획하고 조선 산업계의 일대 약진을 기대하며 희망하도록 만든다.

73

조선 농사에 대한 견해

가토 시게모토(加藤茂苞) / 도쿄제국대학 농과대학 교수, 농학박사[179]

수원(水原)의 권업모범장(勸業模範場)은 조선에서 상당히 오랜 역사가 있으며 조선 농사의 중심인 데다가 산업 진흥상 공헌하는 바가 매우 컸다. 초대 모범장인 혼다 코스케(本多幸介) 씨는 메이지 39년(1906년)경부터 다이쇼 10년(1921년) 무렵까지 오래 근무하며, 조선 농업의 개발상 커다란 공적을 남기셨다. 그리고 다이쇼 10년(1921년)에 규슈대학(九州大學)에 농학부가 신설됨과 동시에 학부장에 임명되어, 후쿠오카(福岡)로 전임(轉任)했으며, 다이쇼 12년(1923년) 경에는 제실임야국장

---

179 역주: 원 책의 저자 소개는 다음과 같다.
    가토 시게모토(加藤茂苞) 씨는 야마가타현(山形縣) 사족(士族)인 가토 진페이(加藤甚平) 씨의 장남으로서, 메이지 원년(1868년) 5월에 태어났다. 메이지 24년(1891년) 도쿄제국대학을 졸업하고 농사시험장 기사(技師), 농상무성(農商務省) 기사(技師), 기나이(畿內) 지장 기사(支場技師), 리쿠(陸羽) 지장을 역임하고 농학 박사가 되어 규슈제국대학(九州帝國大學) 교수, 동 대학 부속 농장장이 되었다. 다이쇼 15년(1926년) 3월에 수원(水原) 고등농림학교장, 조선 농사시험장장으로 조선으로 건너와, 쇼와 6년(1931년) 12월에 본국으로 옮겨, 교육하는 한편, 무엇보다 조선 농사의 개량에 뜻을 쏟은 독학 지사였다. 현재 도쿄제국대학 농과대학 교수로서 명성이 있다.

(帝室林野局長)이 되셨다.

권업모범장은 혼다 씨가 장장(場長)을 퇴임한 후에 하시모토 사고로(橋本左五郎) 씨가 그 뒤를 물려받았고, 그가 퇴임한 후 다이쿠하라 긴타로(大工原銀太郎) 씨가 3대 장장(場長)에 취임하셨다. 혼다 씨가 제실임야국장 전임 후에, 다이쿠하라 씨는 학부장 대리가 되었고, 그분이 권업모범장장(勸業模範場長)으로서 수원에 부임하자마자 나는 농학부장대리(農學部長代理)로 일하게 되었으나, 후에 다이쿠하라 씨가 규슈대학의 총장으로 부임하시면서 내가 모범장장(模範場長)으로서 조선에 온 것이다. 이렇게 혼다 씨를 비롯하여 다이쿠라 씨와 나, 세 사람 모두는 권업모범장과 규슈대학 양쪽 모두와 관계를 맺었다.

권업모범장은 주로 시험을 행한 곳으로, 모범을 보인다는 것이 아니라 재배든 비료든 어떤 방식이 좋은가 하는 시험을 필요로 하는 곳이기에, 상당히 긴 역사가 있고 그 개명(改名)을 원하지 않는 경향도 있었지만, 과감히 농사시험장으로 개칭(改稱)을 단행하였다. 그리고 각 도(道)에서도 종묘장(種苗場)이라는 명칭을 폐지하고 도립농사시험장(道立農事試驗場)으로 바꾸었다.

이 권업모범장장의 명칭 변경에 관해, 처음에 총독부 재무국 등에서는 혹시 이를 농사시험장이라고 하면 시험에 필요한 많은 경비를 지출해야 하지 않을까를 고려하게 한다는 견해가 있었다. 그러나 종래에도 권업모범장이라고는 칭했어도 주로 시험에 종사하고 있었던 관계로, 개칭하는 것이 명실상부했기 때문에 개칭해도 좋다고 결정하는 것이므로 개칭으로 인해 곤란한 일, 특히 많은 경비를 필요로 하지는 않는다는 것을 우리는 설명하였다.

예부터 조선에서는 농업이 국민 생산의 주된 것이고, 현재 인구의 8할이 농민이며, 그 생산물도 약 7~8할이 농산물이다. 이를 본국을 대상으로 보면 농민은 전 인구의 4할(割) 5분(分) 정도이다. 이런 점에서 보아도, 농업은 조선의 중점

(重點)임을 알 수 있으므로 총독부에서도 농업의 개선, 생산의 증식, 그 외의 산업 장려에 대해 적지 않은 노력을 쏟아온 실정이다.

특히 쌀의 품종 개선에 관해서는 상당히 힘을 쏟고 우량종의 보급을 꾀하여 왔다. 본국에서는 수확량이 많은 것을 재배하려는 경향이 있는데, 조선에서는 본국에서 많이 만들지 않는 우량 품종인 고쿠료미야코(곡량도) 등을 장려하였다. 이 곡량도(穀良都) 같은 품종은 술을 빚는 데에 적당하므로, 술을 빚기 위한 쌀로 본국에 매우 많이 이입되었다.

본국에서는 비료를 다량으로 주는 관계로, 곡량도 같이 키 큰 종류의 것은 필요 이상으로 자라기 때문에 쓰러질 우려가 있으므로, 될 수 있으면 키 작은 품종을 많이 재배하는 경향이 있다. 조선에서는 대체로 비료를 적게 쓰기에, 본국의 3분의 1에서 5분의 1 정도만 사용하는 상태이다. 보리농사 같은 것은 거름을 주는 일 없이는 다량의 수확이 곤란하다. 일본인 농장에서는 상당한 비료를 이용하지만, 빈민 계급에서는 그 사용량도 극히 적기 때문에 이것이 수확량에 영향을 끼쳐 본국의 반 또는 3분의 1의 수확을 올리는 형편이다.

특히 밭작물로서 우선 보리농사를 지어 소량의 비료를 주고, 수확 후에 콩을 재배하며 여기에는 전혀 비료를 주지 않지만, 콩의 양분으로서 공기 중의 질소가 흡수되고, 이로써 토지가 조금 비옥해지게 된다. 따라서 다음 해에 그 토지에서 조 농사를 지어도 전혀 비료를 주지 않는 것이 보통이나, 비료를 쓰게 되면 쓰지 않는 것보다는 수확에 큰 차이가 있다.

쌀·보리·조 등의 1단보(段步, 약 30평)당 생산량이 조선에서는 겨우 본국의 반 정도이나, 그 1단보당의 수확량을 본국과 같은 수준으로 얻을 수 있도록 노력하면 그 생산 금액은 현재의 배로 오르기 때문에, 조선의 농업은 장래가 매우 유망하다.

조는 만주에서 조선으로 해마다 이입되고, 한때는 250만 석이나 되었으나, 현재는 150만 석 정도이고, 조선인 중에는 이를 일상 먹거리로 하는 사람이 많아서 조선에서는 인구는 증가해도 인구 1인당 쌀의 소비량은 이에 비례해 증가하지는 않는다. 그리고 조의 수확량은 1단보 56두(斗) 정도이지만, 내가 재직하는 중에 조의 수확 장려를 위해 농사시험장에서 그 수확량을 심사하고 성적이 우량한 자에게 포상하였던 일이 있었는데, 당시의 최고 수확량은 1단보 4석 몇 두(斗)라는 다량의 것이었다. 물론 충분히 비료를 주고, 힘껏 그 재배에 노력한 것들이다.

이러한 점에서 생각하면, 조선에서도 조를 재배하는 방법을 연구하고 개선한다면 상당한 성적이 오를 수 있는 법이다. 이리하여, 조선 내에서 생산에 노력하여 크게 자급자족을 꾀하고, 만주에서의 이입을 방지하는 것이 매우 바람직하다. 그러나 소작인에게 자금이 없고 비료를 사들일 수 없는 것은, 이 생산 증식에 대한 한가지 장애가 된다.

언젠가 동양척식주식회사가 농민에게 비료를 빌려주어 생산의 증가를 크게 꾀하고 그 가을에 수확하는 것을 회수할 계획이었으나 결국 그것이 불가능으로 끝나고, 결국 동양척식주식회사는 7, 80만 원의 손해를 입게 된 적이 있다. 그러나 성실하게 농업에 종사한다면 적어도 비료비 정도의 지급에는 궁하지 않게 될 수 있지만, 다른 여러 가지 관계로부터 농민은 몹시 가난했고 끝내는 이런 결과가 되었다. 그리고 일면으로는, 옛날부터 비료 없이 농작을 해왔던 오랜 관습상, 별로 비료를 주지 않아도 수확을 올릴 수 있다는 관념이 그들의 머리에 남아 있는 것이 또한 생산 증가에 한 가지 걸림돌이 된다.

조선에서 쌀농사의 수확 확대를 기대할 수 없는 것은 주로 물의 이용과 물대기가 불편하다는 것이 그 첫 번째 원인이 되고 있다. 즉 물이용사업이 완성된 토지의 수확은 상당한 성적을 올리고 있는데도 불구하고, 물대기가 불가능하여 이른바 빗물로만 벼농사를 할 수 있는 논인 천수답은 해마다 매우 불안한 상태에 놓이게 만든다. 그런데 이 천수답은 내가 재임할 당시 조선의 논 면적 160만 정보(町步) 중 약 4분의 3, 즉 120만 정보 가까이 차지하고 있었고, 이것들은 전부 비가 내리기를 기다리며 비료를 주고 모내기를 하는 것이기 때문에 모내기 시기에 즈음하여 비가 없는 해는 수확 하나 없이 끝난다는 불안한 상태에 놓여 있다.

이 천수답에 관해 무척 곤란한 점은 지주 대 소작의 관계이다. 즉, 천수답은 자연의 물대기를 기대하는 것이므로, 만일 비가 내리지 않으면 수확 없이 끝나는 형편이라 지주는 전혀 소작료를 징수할 수 없는 관계로, 소작료로서 그해의 수확을 지주와 소작인이 이등분하는 식이 되고 있다. 본국에서는 수확이 아예 없을 걱정도 없고, 일정한 소작료를 지불하고 남은 돈은 소작인의 노력 상태에 따라 많은 금액을 자기 소유로 돌릴 수 있다. 조선에서는 수확이 없는 경우에 소작료를 부담시키지 않는 대신, 아무리 수확이 많은 경우라도 그 반을 지주에게 지급해야 한다. 이렇게 하면 일하는 보람이 없다고 느끼게 되어, 근면하게 노력하는 풍습을 잃어버리게 된다. 이러한 점에서도 조선에서의 물이용사업의 보급은 소홀히 할 수 없는 중요한 일이다.

조선에서는 6월 중에 모내기를 끝내는 것이 좋은데, 운 좋게 6월 하순에 비가 내릴 때도 있으나, 7월 10일에서 20일쯤까지 비가 없는 때도 있다. 이 무렵이 되어, 설령 비가 내린다고 해도 이미 모심기는 불가능하다. 이리하여 비가 내리기를 기다리며 논을 내어 두는 것보다는 메밀이나 조라도 파종하는 것이 좋다고 생각하지만, 언제 비가 내릴지 판단이 서지 않는 불안한 상태이므로, 만일 비가 내리면 모처럼의 모내기도 헛되이 끝나버리는 것과 같은 형편이다. 그리고 7월

20일이 지나면 비가 오지 않기 때문에 조를 파종해도 이때는 시기상 이미 늦고 수확을 올릴 수 없다. 이런 자연의 물대기를 위한 비를 기다리고 기다려 헤맨 결과, 결국 수확이 전혀 없는 비참한 사태를 맛보기에 이른다.

일찍이 일한병합 무렵에는, 조선 쌀이라 하면 흙과 돌 그 밖의 불순물이 섞여 그 품질이 조악했었다. 그러나 그 후 말려 고르기로 품질 개선을 거듭한 결과 오늘날에 이르러서는 품질이 매우 향상되었다. 일본 쌀을 훨씬 능가하는 것도 있고, 표면상으로는 일본 쌀이라 하나, 실은 조선 쌀을 사용하는 예도 있을 정도이다. 사실 맛으로는 일본 쌀을 누를 정도로 정평 있을 뿐 아니라, 그 가격도 최상의 조선 쌀은 일본 쌀보다 비싸다.

내가 재직할 때는 매년 2, 3월경 도립 시험장장(試驗場長)을 모아 다양한 협의를 거듭하였다. 도립시험장장들이 시험 통제로 서로 연락을 주고받아 더 나은 실행으로 이어가고 또는 각지를 순찰하여 실제 입장에 서서 지도와 장려를 해왔다. 물론, 본국의 진보 상황에 비하면, 조선의 농사는 아직 거기에 미치지 않을 정도로 멀고 훨씬 개량의 여지가 많다. 즉, 총독부 시험장 등의 간부는, 본국과 같은 시설에 관해 상당히 노력해 왔다. 하지만 실제로 일하는 사람들은 본국과 같은 활동을 꾀할 수 없을 뿐 아니라, 일면으로는 경제문제를 동반하므로 그 실적을 올리기가 어렵고 개선의 여지가 있다.

그러나 과거를 돌이켜 본다면 현재 조선의 농사는 그 참모습이 완전히 새롭게 되었다. 즉, 일한병합 당시의 쌀 수확량은 900만 석이었으나, 오늘날에는 평년작 1,067만 석을 얻을 수 있다. 그리고 이후로 토지개량 사업의 진보와 더불어 물대기와 물이용을 더 편리하게 만들어 더욱 생산의 증식을 도모할 수 있을 것이다.

쌀 문제는 국방의 문제와 밀접한 관련이 있다. 국방을 충실히 하기 위해서는 우선 식량의 안전이 첫째 조건이다. 세계전쟁 발발 전, 독일은 꽤 많은 식량을 준비해 왔지만, 결국 몇 해쯤 후에는 식량부족으로 고통스러워하고, 마침내 전패의 고난을 감수하게 될 수밖에 없는 처지에 이르렀다. 이후의 전쟁에서는 식량에 대한 충분한 준비와 축적 없이는 도저히 승산이 없을 듯하다. 이런 의미에서 보아도, 쌀 문제를 무시하고 우리 국방 계획을 논하는 것은 참으로 매우 어려운 일일 것이다. 여기에 쌀의 과잉 축적 문제가 생기며 그 관리 방안이 필요하게 된다.

요즈음 본국의 쌀 문제의 여파를 받아 조선·대만 등의 외국 쌀의 본국 이입이 상당히 문제가 되어 이른바 생산과잉의 문제를 낳았다. 또한 정부가 매입한 조선 쌀 가격에 관해 조선총독부에서 조선 쌀의 생산비를 조사하는데 그 조사가 엉성하고 조잡함이 있다는 듯한 말이 퍼졌으나, 이는 조선의 실정을 모르는 자의 말이다. 즉, 조선에서는 1단보(段步) 경작에 필요한 품삯은 싸고 토지에 대한 자본의 이자는 저율이나, 그 수확량으로는 본국에 비할 때 그 반에 지나지 않는다. 게다가 가뭄으로 심각한 흉작이 드는 해도 있으므로, 이런 것들의 평균을 산출하여 1석(石)당 생산비를 보면 필시 상당한 액수에 달할 것이다.

조선의 생산 증식을 도모하는 목적으로 그 물대기 물을 보급하기 위하여 총독부가 보조하여 물이용조합 설치를 장려해 왔다. 그러나 이 물이용조합에 가입하면 농민 측은 1단보당 5원, 10원이라는 조합비를 징수당하기 때문에, 농가에서는 이를 매우 기피하고 그 소유지를 싸게 매각해 도망가 버리는 자도 있는 상황이었다. 즉 구역 내의 농민은 강제적으로 그 조합에 가입하게 되어 있지만, 쌀값이 싸므로 쌀 생산분을 팔아도 도저히 그 조합 비용을 변상하기 어려운 경우가 생기므로 이런 결과를 초래하는 것이다.

그리고 이 물이용조합 중에는 매우 좋지 못한 조합이 있는데, 이런 조합의 공사가 불량하므로 비만 내려도 제방이 무너져 없어지는 일도 발생한다. 그러나 공사를 위해 너무 무리하면 그 비용이 더 들고, 1단보당 10원 정도의 경비가 요구되면 조합원인 농민으로서는 그 부담에 견딜 수 없게 된다. 더욱이 많은 수의 물이용조합 중에는 그 설계를 충분히 잘하는 조합도 있지만, 거의 불량조합이므로 곤란을 겪는 상태였다.

74

쌀 정책의 전환은?

가와사키 마츠고로(川崎末五郎) / 전 후쿠시마현 지사[180]

　나는 조선 재임 중에 경찰직에 있었다. 다이쇼 11년(1922년) 경무국(警務局) 부임 당시를 돌아보면, 만세 소요의 영향으로 사이토(齊藤) 총독이 문화정치를 크게 내세워 조선에 임하여 경찰제도의 대변혁을 단행하고, 크게 치안의 유지에 힘을

---

180 역주: 원 책의 저자 소개는 다음과 같다.

　가와사키 마츠고로(川崎末五郎) 씨는 교토부(京都府) 사람인 간다 츠치노스케(神田槌之助) 씨의 삼남(三男)으로, 메이지 25년(1892년) 2월에 태어났다. 그는 중의원(衆議院) 위원인 고(故) 가와사키 야스노케(川崎安之助) 씨의 양자가 되어 쇼와 5년(1930년), 집안 가장을 상속하였다. 일찍이 가고시마(鹿兒島) 고등농림학교 임학과를 졸업하고 아이치현(愛知縣) 토목 기사가 되어 관계(官界)에 나왔으나, 다시 다이쇼 5년(1916년) 교토제국대학 법과를 졸업하고 문관고등시험에 합격하였다. 경시청 경부(警部)에 임하여, 경찰청의 관계(官界)를 출발점으로 도쿄 부(府) 속관(屬官), 내무 속관, 후쿠시마현(福島縣) 소우마(相馬) 군장(郡長), 효고현(兵庫縣) 경시(警視), 대만 총독부 사무관 겸 동(同) 참사관, 경무국 보안과장 및 이사관이 되었다. 다이쇼 11년(1922년)에 조선총독부 사무관, 전북 경찰부장으로 전임하고 다이쇼 12년(1923년) 3월 함북 경찰부장, 다이쇼 14년(1925년) 6월, 본국으로 전임하여 내무 사무관, 동(同) 서기관, 경보국 도서과장, 효고현 서기관, 동(同) 학무부장, 내무서기관, 경보국 고등 과장을 역임하였다. 쇼와 5년(1930년)에 유럽과 미국으로 출장하고 귀국하여 쇼와 6년(1931년), 후쿠시마현 지사로 영전하였으나 지금은 관을 떠나 정계에서 활약하고 있다.

쏟았다. 그 결과, 조선 내 민심도 점차 고요하고 평온해져서 오늘날과 같은 질서가 유지되게 되었다. 다만 국경 방면에서는 아직 다소의 비적이 출몰하여 때때로 양민을 못살게 구는 상태였는데, 이런 것들도 차차 진압되는 상태였다.

다이쇼 8년(1919년)의 만세 소요는 어떤 면에서는 데라우치 백작의 무단정치가 그 하나의 원인을 이루었겠지만, 당시의 세계적 추세인 이른바 민족자결주의가 일부 불령(不逞)한 무리에게 좋지 않은 암시를 주어 그 소용돌이를 크게 만들었다. 그래서 총독의 경질로 문명정치의 표방을 철저히 꾀한 결과, 한편으로는 문화의 보급과 함께 치안 유지와 민심의 안정을 얻을 수 있게 되었다. 필시 소요 직전에 통치 소임을 맡으셨던 사이토 이하 관계 방면의 노력과 그 참담한 고심에 관해서는, 마음속 깊이 경의를 표한다.

나는 재직 중, 예리한 펜을 움직이는 공무원으로서 다만 상사의 명령대로 직무의 집행을 맡았으나, 경찰 사무 처리에서 그 단속과 같은 것은 본국의 국민 경찰로서, 즉 조선에서도 민중 경찰을 목표로 매우 자유로운 단속을 해왔다.

그런데 경찰 본래의 치안 유지에 노력하고 더욱 여력이 있으면 문화정책에 협조한다는 것은 참으로 좋은 일이지만, 여력이 없는데도 공연히 유행을 좇는 것은 치안 유지의 목적을 소홀히 하는 점이 생길 우려가 있어, 나는 경찰 본분을 지켜 소극적인 입장이었다. 재직 중 상사의 지도로 큰 실수 없이 그 직책을 다할 수 있었던 것은 참으로 다행스러웠다.

본국에 비하면 훨씬 생활 수준이 낮은 조선 민중의 지식을 높이고 그 문화를 높이기 위해서는, 단지 일시동인(一視同仁, 모두가 평등함)이라는 것만으로는 아무런 효과가 없다. 이것을 여실히 표현해야 비로소 결실이 이루어지고 그 혜택을 입는다. 즉 일시동인의 성지(聖旨)를 받들고, 실제로 일본과 조선의 차별 없이 그들의 행복 증진을 도모해야 한다.

게다가, 조선에 오랫동안 있는 경찰 방면의 사람 중에는 조선인들에게 조금도 웃어서는 안 된다는 사람도 있고, 또는 조선인의 호평을 얻기 위해 온정주의로서 임하는 자도 있었다. 내 입장은 시종일관 엄격히 대하는 것이나 일부러 민중에게 아첨하는 것, 둘 다 어쨌든 높이 평가하지 않는다.

중요한 것은 일본과 조선의 구별이나 사람에 따라 그 방침을 좌우하는 일 없이, 허심탄회하게 해야 할 일은 하고 하지 말아야 할 일은 하지 않는다는 주의로 나가야 한다. 상대에게 감사를 받으려고 무리하게 잘 대할 필요는 없다. 그렇다고 늘 차가운 눈초리로 그 단속을 엄중히 할 필요도 없다. 즉 이것이 본래의 무차별이고, 천황 폐하가 똑같이 사랑하는 '일시동인'이다.

예를 들면, 승합자동차를 출원할 때도 일본인이 동시에 출원하는 경우는, 이에 대해 내선 구별 없이 균등하게 천황 폐하의 적임자라 생각하여 출원자의 자산, 누가 먼저 출원했느냐의 관계, 또는 그 경력 등의 자연적인 구별로서 결정해야 한다. 특히 일본인이기 때문에 그 편의를 꾀하는 일은 불가하다.

조선, 대만 등의 외지에는 아무래도 본국에서 오는 이주자가 전혀 증가하지 않았다. 겨우 50만 명 정도로, 2천만 명에 대항하는 것은 도저히 불가능한 일이기 때문에 일본인이라는 것을 다소 참작한다고 하더라도 그것은 무리한 일이다. 그러한 행정처분으로 그들에게 지도적 위치를 부여하고 우선권을 준다 해도, 대세상 역시 어떻게 할 도리가 없게 될 것이다. 나는 이러한 의미와 이러한 방침에 따라 모든 일을 처리하였다.

한마디로 말하면, 대체로 중요한 당면 임무를 맡게 된 사람들이 일본과 조선의 차별적인 생각을 품고 있음을 자기의 행동으로 인해 조선 동포에게 들키게 된다면, 심각한 해(害)가 된다. 반대로, 또 조선인들에게 일부러 아첨을 떨 필요도 없다. 공평한 신념에 기초하여, 올바른 방법으로 내선무차별주의(內鮮無差別主義)를 따라야만 한다.

본국으로 오는 조선인은 근래 두드러지게 그 수가 증가하고, 도쿄, 오사카, 교토, 효고, 후쿠오카 등의 각 부현(府縣)은 물론, 거의 전국에 두루 있으니, 임금이 싼 조선인 노동자로 인하여 본국의 노동자가 압박받는 일이 심각하다. 그러나 문화 수준이 낮은 데에서 높은 방면을 향해 흘러 나가는 것은 어찌할 도리가 없는 것이므로, 이 문제에 관해서 일본과 조선 당국자들이 그 대책을 모색하고 있다고 믿는다.

그리고 또, 조선의 쌀 문제는 본국의 경우와 마찬가지로 매우 중요한 사항 중의 하나이다. 이후 총독부에서는 물이용과 물대기 시설의 개선으로 쌀 경작을 장려하고, 또는 개간 간척으로 농경지 확대에 힘쓰고, 매해 쌀 생산 증가 경향에 있었다. 그러나 인구 식량문제가 지식인들의 계도 사항이 되어, 조선에서도 본국(일본) 식량을 병합하기 위한 목적으로, 이른바 쌀 생산 증식 계획을 세우기에 이르렀다.

즉, 다이쇼 15년(1926년) 이후 14년 동안 35만 정보(町步)에 걸친 토지개량사업을 완성하고, 8백만 석의 쌀 증식을 꾀하려 하였다. 그러나 본국의 쌀 문제에 영향을 받아, 그 통제를 위해 쌀 생산 늘리기 계획에 의한 토지개량사업은 쇼와 9년(1934년) 이후에 중지되었다.

이 쌀 문제는 그 수량보다 오히려 가격의 문제로, 본국이 쌀의 이입으로 인한 영향을 받는다. 본국에서 이것을 통제하려고 하면 일본과 조선의 쌀을 같이 취급하지 않으면 곤란하다는 점에서 의견의 일치를 볼 수 없다.

무릇 조선의 산업정책은 일본과 조선이 서로 호응하여 그 방책을 수립하는 것이 필요하다. 그러려면 일본과 조선 상호 간에 연락을 취하고 협조를 이루어 일본과 조선이 힘을 합쳐 하나가 되고, 구구한 문제에 구애받지 않고 국가적 관점에서 그 대책을 모색해야 한다.

예를 들어, 조선에서는 쌀 생산을 농업의 근간으로 하여 인구의 약 8할이 농업에 종사하고 있다고는 하나, 쌀농사로 본국과 경쟁하여 대립하면 큰 불이익에서 벗어날 수 없다. 이 점은 국민과 함께 위정자의 매우 깊은 반성을 요하는 것이다. 즉 쌀농사를 대신하여 특용 농작물 장려에 힘을 쏟고, 막다른 곳에 다다른 쌀 생산 문제의 해결을 도모해야 한다. 그렇지 않는 한 쌀농사 종사자는 일본과 조선이 함께 무너질 위험이 있을 것이다.

면양(緬羊)의 사육, 면화 재배 등은 우가키(宇垣) 총독이 주창하고 있으나, 그것들은 본국에서는 부족하고 조선에서는 풍토와 땅 사정, 그 밖의 관계로부터 따질 때 그 사육과 재배에 적합하므로 이것들을 크게 장려하여 그 진흥 발전을 꾀하는 것은, 일본과 조선이 서로 통하므로 등한시할 수 없는 중요한 문제이다.

사견을 말하자면, 조선의 남쪽 지역은 예로부터 면화 생산지였다. 그러므로 현시점에서 일본과 조선의 쌀 문제를 구제하는 수단으로 이 지방에서 쌀농사를 대신하여 면화 재배를 크게 장려하고 이러한 특수 생산물을 크게 발전시키는 일은 한편으로는 쌀 문제의 타개책이 되고, 다른 면에서는 일본과 조선의 산업의 발전책이 되는, 이른바 일석이조를 얻을 수 있는 중요한 신산업정책이다.

현재 조선의 산림업은 연 생산액이 6천만 원으로 올랐다는 점에서 볼 때 치산 사업은 실적을 많이 거두고 있다고 헤아려지지만, 극도로 황폐한 조선의 임야를 회복하고 다시 살리는 것은 도저히 단시일에 이루어질 수 없다. 특히 북쪽 지역에서는 목재를 자르고 그 후에 나무를 심을 때까지의 단계에 아직 이르지 않은 상태였다.

또, 화전 단속은 철저히 하기 어려웠던 사정이 있었다. 조선 임야 정책의 암(癌)이라 불리는 꽤 많은 화전민들이 곳곳을 전전하면서 황폐하게 하며 돌아다니기 때문에 조선의 임야는 더욱 황폐해질 뿐이었다. 따라서 임야의 보호 경영을 위한 마음이 있는 이들은 그들을 단속하기를 간절히 바랐으나, 실제 조치하기에는 적당한 방책이 없었다. 하지만 압록강·두만강 유역 지대의 미개간지를 개척하여 꽤 많은 화전민들을 여기에 정착시키려는 계획이 있다는 말을 들으니 참으로 기쁜 일이다.

대지진 당시, 나는 전라북도 경찰부장으로 근무하고 있었다. 당시 조선이 본국의 소문에 동요되어 반동적으로 소요를 피우게 된다면 조선 통치상의 중대한 문제이고, 당시는 인심이 이상하게 초조해하는 시기라 어딘가에서 한 치라도 일이 생기면 반드시 벌집을 쑤신 듯한 분란의 사태가 발생할 우려가 있었다.

이렇게 우려할 만한 정세를 방지하기 위해, 나는 전후 1주간에 걸쳐 경찰을 총동원하여 밤낮으로 경계를 계속하였다. 그 무렵, 경찰 방면에서는 우리 신변을 염려하여 내 관사를 경계해 주었으나, 평소에 지사(知事)와 부장(部長)을 조선인들이 노리는 일이 있었다면 어찌할 도리가 없었다. 그러나 나는 그들로부터 원망을 샀던 기억이 없으므로 우리를 경계할 여력이 있으면 일반의 경계에 임하라고 말하며 이들을 되돌려보냈다.

우리는 평소 마음속에서 갈등하던 점이 없었으므로 굳이 두려워하는 바는 없었다. 즉, 조선인에 대해 모든 경우에서 그 행동과 행위로 민중 보호의 경찰로서는 정말로 무차별 대우를 하는 것이 매우 중요하다. 이런 일의 요령을 알고 있으면 어떤 상황에서도 그들의 원한을 살 기관이 될 우려는 없을 것이다.

다만, 경찰로서 가장 곤란한 것은, 조선인들은 그 풍속 습관과 언어가 다르고 민족적 심리를 같게 만들 수 없다는 점에서 그들이 무엇을 생각하고, 어떠한 심리를 가지는지 쉽게 살펴보기 어렵다는 것이다.

원죄의 수사와 그 밖의 조선인에 의한, 겉으로 드러나지 않는 작은 사변의 발생은, 아무리 민첩한 자라 해도 일본인 경찰관으로서는 미루어 헤아리기 어렵다. 이 점에서 조선인 순사가 활용되므로 조선인 경찰관이 이러한 방면에 크게 기능을 발휘한다면 참으로 의미 있는 일이나, 한편으로는 일반 민중에게서 자칫하면 반감을 사고 원망과 한탄을 일으키는 점이 있음에 대하여 큰 경계심이 있어야 할 것이다.

즉, 조선인 경찰관이 직무상 알 수 있었던 단서를 쥐고 이를 상사에게 보고하는 일 없이, 그 문제를 빌미로 여러 가지 수단으로 사리를 꾀하고, 또는 편파적인 조치를 하는 일도 없진 않았다. 다만 이러한 불법적이고 부당한 행위가 하나의 원인이 되어, 경찰 전체가 민중의 원망 대상이 되고, 또는 각종 오해가 발생하게 하는 점은 관의 기강을 바짝 단속하는 문제로도, 또 민심에 영향이 미친다는 점에서도, 특히 중시해야 할 문제의 하나라 생각하였다.

그 후 조선 내 정세에도 상당한 변화가 있었고, 특히 만주 제국의 출현이 조선과 본국의 관계를 더욱더 밀접하게 한 것은 부정할 수 없는 사실이다. 이전의 일본과 조선의 문제가 지금은 일본-만주-조선의 문제로서 발전하고, 특히 경제적으로는 일본-만주 간에 중대한 각종 문제가 가로놓임과 동시에 조선-만주 관계에서도 연락하고 협력을 필요로 할 만한 중요 문제가 존재하는 것은 물론이다.

그리고 한편 약 100만이라 불리는 만주 거주 조선인을 어떤 식으로 지도하고 개발해 나갈지는 소홀히 할 수 없는 당면한 주요 문제이다. 물론 만주 개발은 조선 이민 방법으로 행해질 수 있는 점이 많겠지만, 이러한 이민 실현과 함께 현재의 만주 거주 조선인의 보호와 교육에서 유감없는 방도가 모색되기를 간절히 바라는 바이다.

75

조선의 증산 계획을 부활시켜라

오오시마 마고시로(大志摩孫四郞) / 동양척식주식회사 이사[181]

동양척식주식회사(동척, 東拓)와 조선의 관계를 돌아보면, 조선은 동척의 발상지이고 현재 조선에 6만 정보(町步)의 토지를 가지고 각 방면에서 밀접한 관계를 맺고 이십여 년간에 걸쳐 조선 개발을 위해서 다소나마 공헌하고 있다. 최초 조선에 있는 동척의 수확으로는 쌀의 벼 30만 석 내외에 지나지 않았으나, 오늘날에서는 그것이 5천만 석씩이나 달하고 있다. 즉 이것은 토지개량과 농사개량에 주력한 결과로서의 실적이다.

다음으로 동척의 연관 회사와 그 금융 관계를 말하자면 총투자액은 9,500

---

181 역주: 원 책의 저자 소개는 다음과 같다.

오오시마 마고시로(大志摩孫四郞) 씨는 도쿄부(東京府) 다카노 겐로쿠(高野權六) 씨의 사남(四男)으로, 메이지 24년(1891년) 1월 24일에 태어나 오오시마 무네지로(大志摩宗次郞) 씨의 양자가 되었다. 다이쇼 7년(1918년)에 도쿄제대(東京帝大) 법과대학 정치과를 졸업하고, 조선은행에 취직하고 다이쇼 13년(1924년)에 동양척식회사로 전임하여 자금 주임, 자금과 차석(次席)에서 자금 과장으로 승진하고 동척 평양 지점장을 거쳐 후에 또 동척 경리과장이 되었다. 도쿄로 전임 후 도쿄 주재 이사로 승진하고, 민완을 크게 발휘하여 사무 발전에 진력하고 있다.

엔 정도로 농경지, 금융 관계 및 연관 회사로의 투자액은 1억 2,500만 엔 정도이다. 따라서 조선은 동척이 태어난 땅이며, 동척의 총투자액의 반을 차지하고 있다. 동척의 투자 방면을 보면, 조선, 남양(南洋, 남중국), 만주, 중국 및 남미(남아메리카) 등이나 이것으로 조선으로의 투자액이 얼마나 거액인지 미루어 살피기에 어려움이 없을 것이다.

동척과 조선 사이의 숫자적인 관계는 위와 같으나 이것을 수익적으로 보면, 동척 수익의 4분의 3이 조선에서 나오는 수익인 실정이다. 이것은 동척 간부의 노력에 힘입은 것이라 할지라도, 극단적으로 말하자면 조선 통치의 완비로 돌려야 할 것이다. 그러므로 장래에도 적극적으로 식산은행 등과 제휴하여 이것으로 조선의 금융에 대해서 미력을 다할 생각이다.

사업 방면에서는 앞으로 주력해야 할 것이 많이 있을 것이다. 석탄·금광 등의 광업과 전기사업 등의 방면에 대해서도 매우 적극적으로 나올 필요가 있다. 물론 현재 계획 중인 것은 말할 필요가 없으나, 장래 이 사업 방면에 대해서는 크게 노력해야 할 것이다. 특히 쌀에 대해서는 크게 고려해야 할 점이고, 조선의 산미 증식 계획은 반드시 부활시킬 필요가 있다.

본국에서의 쌀 수급 관계를 보면 연간 7천만 석의 소비량에 대해서 그 수확량은 5,500만~5,600만 석으로 차감하면 1,400만 석의 부족이 발생한다. 그리고 이 부족액은 조선과 대만의 과잉미 이입으로 보충하는 상태이고, 본국의 수학으로 그 수용을 충당할 수 있는 이른바 자급자족이라는 것은 도저히 매우 어려운 일이다.

우리 나라의 인구 증가 추세를 보면 매년 1백만 평 정도의 증가세를 보이는 형편이다. 그런데도 본국에 있는 쌀은 증수가 절대적으로 불가능한 이상, 이 증가하는 인구에 대한 식량문제를 어떻게 해결해야 할 것인가. 결국 그것을 조선과 대만 등 외지의 공급에 기대하지 않으면 안 될 필연적인 결과가 될 것이다. 그러므로 현재 상황에서 추산하면, 머지않아 쌀 부족의 외침을 듣기에 이를 것이다. 여기에 조선 산미 증산 계획이 중요한 사명을 띠고 부활해야 할 운명에 있다고 의심하지 않는 바이다.

조선은 본국에 비하면 훨씬 미개간지가 많고 개간 간척 여지가 있을 뿐만 아니라 개간지라 하더라도 더욱 개량을 가하여 크게 증식을 도모할 수 있는 여유가 있다. 한편 본국에서도 증산 계획 또한 반드시 불가능한 일은 아니나, 조선에서 시행하는 것이 더 쉬우며 효과적이다.

즉 본국은 어느 정도까지 이미 발달하여 있으므로 상당한 개량 비용이 필요하지만, 조선에서는 더욱 경제적으로 이것이 실현될 수 있으므로 제국 전체에서 보면 훨씬 그것이 이익이다. 고로 우리 나라 장래의 식량문제에 관해 조선이 얼마나 중요성을 가지고 있는가를 알 수 있을 것이다. 이러한 우리 나라 장래의 국가적인 식량문제의 해결이라는 커다란 견지에서 조선의 산미증식 계획은 반드시 조만간 부활해야 할 것임을 의심하지 않는다.

우리 본국에서도 각 방면에서 각종 지하 매장물이 발굴되고 있겠으나 조선에서의 광업은 근래 더욱 성하여 석탄·금·철은 물론 경금속의 원료가 다량으로 매장되어 있는 것은 국가를 위해 참으로 기쁜 일이다. 철은 그 매장량에서 본국을 훨씬 능가하나 단지 빈광 처리로 이것을 부광(富鑛)으로 할 필요가 있다. 이 처리법으로 점차 완성한다면 그 장래는 크게 볼 만한 것이 있을 것이다.

석탄은 풍부한 무연탄 및 갈탄이 매장되어 있고, 근래 이 갈탄을 원료로 석탄 액화 사업이 일어나는 상황이다. 그리고 금은 현 우가키(宇垣) 총독이 이른바 금 생산 일억 원 계획으로 크게 금 생산의 장려에 노력하고 있으므로 조선의 금 생산 사업은 상당한 기세로 발달하고 있다. 그 외 경금속인 알루미늄 원료로서 명반석(明礬石, 칼륨과 알루미늄의 함수 황산염으로, 화성암이 변질한 것. 칼륨 비료 제조에 사용) 또는 텅스텐, 몰리브덴 등이 본국 이상으로 풍부하게 매장되어 있다.

이 외에 마그네사이트, 중초석(重硝石) 등 본국에서 거의 산출되지 않는 광석류를 다량으로 가지고 있는 조선의 장래는 매우 유망하다. 즉 이런 점에서는 본국은 조선에 힘입은 바가 클 것이라고 말하지 않을 수 없다. 이러한 천혜가 풍부한 조선이 더욱 한층 본국과의 관계를 긴밀하게 하여 서로 융통하며 제휴하는 것은 우리 나라의 장래를 위해 참으로 바람직하다.

회고하면 과거 이십몇 년 전에는 우리 제국으로서는 조선도 국방 면에서 중요한 의의가 있다고 하나, 조선을 재정, 경제, 본국의 산업적인 견지에서 보면 오히려 매우 성가신 존재로, 계속 본국에서 지원금을 가져갔다. 그러나 25년 후의 오늘, 조선이 반대로 재정, 경제 및 산업적으로 없어서는 안 되는 중요성이 있게 된 것은 조선 그 자체로의 발전을 기뻐함과 동시에 우리 제국으로서도 매우 크게 축하해야 할 일이다.

76

조선의 자원을 개발하라

가모 마사오(加茂正雄) / 전 조선총독부 연료 채굴 연구소장, 도쿄제국대학 공과대학 교수, 공학박사[182]

조선은 본국보다 이른바 천연자원이 적다고 말하나, 그것은 매우 잘못된 것이다. 즉 조선에 있는 자원이 매우 빈약하다고 말했던 것은 결국 그 방면의 조사가 불충분했던 까닭이므로 앞으로 그 조사를 진행하여 연구한다면, 이들 천연자원이 반드시 빈약하다고 생각하지 않을 것이다. 즉 우리는 이런 의미에서 "조선은 이제부터다"라는 관점에서 조선의 산업개발과 발전에 노력해야 한다. 나는

---

182 역주: 원 책의 저자 소개는 다음과 같다.

가모 마사오(加茂正雄) 씨는 에히메현(愛媛縣) 사족(士族)인 가모 히로마사(加茂寬正) 씨의 삼남(三男)으로, 메이지 9년(1876년) 8월에 태어나 메이지 26년(1893년)에 생질이 되는 히로마로(甥寬譽) 씨의 집안에서 나뉘어 일가를 창립하였다. 메이지 31년(1898년)에 도쿄제국대학 공과대학 기계공학을 졸업하고, 동 대학 조교수가 되었다. 메이지 39년(1906년)에 선박용 기관학 연구를 위해 영국·미국·독일·프랑스로 유학하였다. 메이지 41년(1908년) 제국 철도 기사를 겸임하고 다이쇼 원년(1912년)에 귀국하여 도쿄제국대학 공과대학 교수가 되었다. 다이쇼 2년(1913년)에 공학박사 학위를 받고, 12년에 조선총독부 기사(技師), 및 연료선광(燃料選鑛) 연구소장을 겸하고, 다이쇼 13년(1924년)에 런던에서 개최된 제1회 세계동력회의에 일본 수석 대표로서 출석, 이후 4회 모두 연이어 출석하였다. 쇼와 4년(1929년), 도쿄에서 개최된 만국공업회의에 조직위원으로 추천되었다. 그 외 위생공업협회 회장, 공정회 이사장 등으로 추천되었다. 현재 기계학회 대표자, 미국 기계학회 명예회원으로서 사계에서 존중받고, 특히 우리 반도(半島) 산업개발에 가장 힘쓰는 인사이다.

예전에도 이러한 생각을 했고 또한 지금도 여전히 그렇다고 믿고 있다.

생각건대 조선에 있는 각종 천연자원 중에서 공업 자원으로 이용할 것은 절대로 적지 않다. 이 방면에 대한 조사가 아직 미흡했던 시대에, 곧바로 자원이 빈약하다고 단정하는 섣부른 계획도 이만저만이 아니다. 돌아보면 종래 광업 종사자로서 조선으로 건너간 사람은 결코 그 수가 적지 않다. 또한 실제 그 땅에서 광업에 종사한 사람도 상당히 많은 것이다. 그러나 이들 일반 사람들의 생각은 조선의 개발에 노력한다기보다는 차라리 중앙에서 경원시되었다고 생각하여, 2년이든 3년이든 몇 년간을 조선에서 적당히 그 자리를 넘기며 큰 잘못 없이 근무하면, 다시 본국으로 귀환할 수 있을 것으로 생각하며 일했던 사람이 대부분이라고 해도 과언이 아니다.

그뿐 아니라 가끔 새로운 광산을 발견하여 그것이 상당히 유망하다고 보고된 경우에도 본국인들은 자진해서 그것을 개발하려는 용기를 낸 자가 거의 없는 상태에 있었다고 생각한다. 현재 우리 나라의 어느 커다란 광업회사 이사가 조선에서 금광을 발견하여 그 경영을 하려고 한 경우에도 그 사람이 소속된 광업회사가 그에 대해 충분히 노력하려는 열의가 없어, 그 결과 이 금광은 오늘날 미국인의 손에 넘어갔다는 사실도 있다.

즉 우리 나라 사람이 조선에 있는 자원은 매우 빈약하다고 생각하고 있던 시대에, 외국인은 적극적인 방침을 채택하여 이른바 '프로스펙티브(prospective) 엔지니어'를 보내 조선의 자원을 조사하였다. 그리고 그 기술자가 유망한 광석을 발견하면 그 경영 내에서 대체적인 계획을 세워 그것을 본국(일본)으로 보고하는 것이다. 만약 그 본국에서 이 계획을 채용하게 되면 장래 그 경영에서 얻게 될 이익의 얼마쯤을 프로스펙티브 엔지니어에게 준다는 조건하에 우수한 기술자를 조선으로 보내고 있다. 그래서 그들은 프로스펙티브 엔지니어링을 자기 일로 삼아 광석을 찾고 탐광(探鑛)에 주력하고, 또한 발견한 그 광산 경영에도 진지한 계획을 세워 그 보고가 매우 신뢰할 만한 것이 됨과 동시에, 그 계획이 채용되면 엔지니어 본인은 더욱 자발적으로 다른 자원을 개발하는 데에 노력하였다.

그 결과 조선에 있는 자원은 외국인이 개발한 것이 많아서 이익도 대부분 외국으로 흡수되는 형태로 되어 있다. 일본인 및 일본 기술자는 가끔 조선에 가도 이른바 '고용인'의 기질로 일하는 상태로, 하루라도 빨리 본국으로 돌아오는 것만을 바라는 자가 많았다. 이미 이러한 태도로 조선으로 가서 내외인이 서로 다른 실정 아래에 동일 방면에 대해 노력해도 우리 나라 사람으로는 자원이 발견되는 것도 적어서 우리 나라가 얻는 것 또한 당연히 적을 수밖에 없다.

오늘날 유럽과 미국들이 조선에서 단물을 빨아가는 것은 완전히 그들의 노력의 결과이다. 우리 나라 사람이 그들과 같은 은택을 입지 못한 것은 오히려 우리의 노력이 아직 부족하기 때문이고, 현재에도 아직 조선에 있는 자원이 표면화되지 않은 것이 많을 것이라 미루어 살핀다.

이에 관한 일례를 들어보면, 다이쇼 13년(1924년), 내가 조선의 연료 연구소장으로 취임한 이래로 탄광 조사에 주력한 결과, 오늘날에서는 그 당시에 비하면 무연탄도, 장우갈탄(將又褐炭)도 그 매장량이 족히 두 배가 되는 것을 확인하였다. 그리고 또한 조선에는 아예 없다고 생각되었던 역청탄(瀝靑炭)마저 북조선 방면에서 발견되었다. 그 밖에 함경북도에서 3~4년 전에 발견된 마그네사이트 광산과 같은 것은 종래 세계 제일이라 불리던 만주 대석교(大石橋) 부근의 것에 비해 탐광 및 시험분석 결과, 질과 양에서 우량으로 보고되었다. 즉, 장래의 수요가 많이 늘어날 중요 경합금의 원료는 조선이 세계 제일의 위치에 있는 것을 매장하고 있다고 해도 된다.

또한 목포 부근의 가사도(加沙島)에 있는 명반석(Alunite) 같은 것은 스미토모(住

友)의 니이하마(新居濱) 제련소에서 제련되어 그 품질이 좋으며, 매장량이 많다는 점에서 우리 나라에 있는 금속 알루미늄을 제련할 가장 커다란 원료로, 알루미늄 공업계에서는 획기적인 기대를 나타내고 있다. 그 외 몰리브덴 및 니켈 광산 등 현재의 공업에 극히 중요한 자원이라 일컬을 만한 것이 근래에 차례차례 조선에서 발견됐다.

즉 조선은 결코 자원이 빈약한 토지라고 일컬어질 만한 곳이 아니라, 장래 더욱 유망한 지방이 될 만한 곳이라는 것을 믿어 의심치 않는다. 결국 조선의 자원은 그 조사를 자세히 하여 그로 발견된 자원개발을 향해서 크게 주력하는 것이 긴요하다. 다행히 조선은 노임도 저렴하고 토지도 고가가 아니고, 천연자원 또한 절대로 적지 않다. 다만 이에 더하여 모든 공업에 필요한 동력을 염가로 공급하는 것이 가능하다면 이에 대한 사업가의 투자도 점차 증가하고 조선을 개발하는 데 크게 공헌하고, 통치상의 실적을 올리는 것도 또한 결코 지나친 것은 아니다.

조선 각 지방에서 반드시 20억 톤을 밑돌지 않을 것이라고 상상될 정도로 깊고 험한 산에 많이 매장되어 있는 갈탄은 저온에 말린다면 족히 1할(10%) 이상의 석유 대용품을 뽑아낼 수 있고, 그 후에 남은 콜라이트(반성해탄, 半成骸炭)를 가루로 분쇄한다면 매우 양호한 증기 기관용 연료가 된다. 그러므로 대규모의 갈탄 건류 사업을 일으키고, 석유 대용품을 제조함과 동시에 생기는 콜라이트를 증기기관의 동력 발생에 충당하고, 조선 전국에 있는 주요 도시 또는 이등지(二等地)를 연결하는 송전 간선을 시설하고, 이 발생 동력을 전력으로 공급하는 방법을 모색한다면 한편으로 우리 나라에 있어 가장 필요하고 게다가 부족을 느끼고 있는 석유의 보급에 이바지할 수 있을 것이다. 이와 동시에 저렴한 동력을 조선 각지에 분배할 수 있고, 자원 개발은 물론 산업의 융성에 일대 공헌하며, 널리 조선인에게 일자리를 주어 그 생활을 안정시킬 수 있다. 이것이 조선 통치의 효과를 더욱 확대하는 방법임을 의심하지 않는다.

이와 같은 것은 결코 가공의 것은 아니다. 현재 조선 질소 회사에서 실시하고 있는 부전강(赴戰江)의 수력발전 사업 같은 것은 둘레가 190리에 이르는 인조 호수를 만들고, 부전령(赴戰嶺)을 관통하는 길이 27㎞ 즉, 70리나 되는 터널 공사를 시행하여 완성한 것으로 실로 세계에 자랑할만한 대공사 중의 하나이다. 그리고 또한 현 공사 진행 중인 장진강(長津江) 수력발전 공사에서도 필시 이에 못지않을 것으로 생각한다.

이들 실적에서 생각하면 우리 야마토(大和) 민족[183]의 사업으로서 갈탄을 이용하여 조선 전국에 전기를 보급하는 것은 그렇게 곤란한 일은 아니다.

---

183 역주: 야마토 민족 또는 대화(大化) 민족은 일본의 주류 민족을 의미한다.

77

금 생산 사업의 발전을 바란다

가타야마 시게오(片山繁雄) / 전 조선은행 이사, 전 조선 경남철도회사 사장[184]

회고하면 다이쇼 원년(1912년)경, 내가 유럽 여행길에 올랐을 때였다. 부산에서 철도로 조선을 통과하며 차창으로 처음 조선의 상황을 바라본 나는, 이 넓은 세계에 이만큼 황폐한 국가가 있을까 하는 상당히 비통한 느낌을 받았다. 때마침 독신자의 애처로움을 자아내는 으스스 추운 초봄이었으나 길가의 풍경을 보니 산은 민둥산으로 적토를 드러내고 논은 황폐하여 무인의 들처럼 이곳에서 무엇이 자랄까 생각할 정도로 극도로 황폐하고, 적막하고도 암담한 곳이었다.

그 후 나는 다이쇼 7년(1918년)에 조선은행 이사로 경성에 부임하게 되었는데,

---

184 역주: 원 책의 저자 소개는 다음과 같다.
가타야마 시게오(片山繁雄) 씨는 오카야마현(岡山縣) 사족(士族)인 가타야마 구마타로(片山熊太郎) 씨의 장남으로, 메이지 8년(1875년) 6월에 태어나 메이지 39년(1906년)에 집안을 상속한다. 메이지31년(1898년), 도쿄제국대학 법과대학을 졸업하고 이후 미츠이(三井)은행 지점장 및 외국과장, 조선은행 이사, 미츠이 신탁회사 부사장, 조선 경남철도회사 중역 회장으로 취임하고, 미츠이 합명회사의 임지 직원이 되었으며, 우리 조선의 실업계에 진력하신 공로는 적지 않다.

7년 전 조선에 대한 감상과 그 당시는 전혀 다른 것이었다. 산은 푸르고 전답도 경작되고 어딘가 모르게 활기가 넘치고 있는 느낌이 들고 상당한 변화를 볼 수 있었다. 이리하여 나는 조선은행에서 경남철도회사의 대표이사이자 회장으로 쇼와 3년(1928년)까지 재직한 관계로 전후 십여 년 동안 조선과 관계를 맺어 상당히 연고가 있었다.

따라서 '시모노세키-부산' 간의 관부(關釜) 연락선은 빈번하게 왕복하였으나 각별히 다이쇼 7, 8, 9년(1918, 1919, 1920년)경은 그 수도 매우 많았다. 그 후 도쿄에서 근무하게 되어 경성에서 발은 멀어지게 되었으나 그 이후에 갈 때마다 조선은 산을 보아도, 전답을 보아도 더욱 생기발랄하게 되어가고 있었다. 그 이래 10년 동안 조선의 산하를 접하지 않았으나 오늘날에는 한층 진전이 이루어졌으리라 생각한다.

조선에서는 역대 총독이 조선의 산업 진흥을 위해서 상당한 노력을 계속해 왔으나, 무엇보다도 초대 총독인 데라우치(寺內) 백작의 재임 시에 있었던 제반의 시책이 아마 조선 개발을 위한 초석이 되었다고 생각된다. 데라우치 총독은 우선 조선의 개발에는 산을 다스리고 물을 다스리지 않으면 안 된다는 방침으로, 치산치수(治山治水)의 기초를 확립시키고 그것을 위해 더욱 노력하셨다.

지금 조선의 산이 민둥산에서 아주 달라져 청색을 띠기에 이르러 본국의 쥬고쿠(中國, 일본 본토의 서쪽 끝 지방) 지방의 풍경과 거의 다르지 않은 느낌을 주게 된 것은 데라우치 총독의 유업인 식림(植林) 정책의 수확이다. 물론 그 후에 역대 당국이 치산치수를 중시하고 그것에 더욱 주력하여 그 결과 오늘날과 같이 산천이 매우 아름다워졌으나 거슬러 올라가면 그 기초는 데라우치 총독 시대에 구축된 것이다.

오늘날 본국에서는 교통기관으로 자동차 망이 상당한 힘을 가지고 발달하여, 산간벽지에까지 그 이용이 보급되어 가고 있으나, 돌아보면 널리 교통기관으로 자동차를 이용하는 것은 조선이 앞선다. 즉 조선에서는 철도의 발달이 늦었기 때문에 도로에 대해 철저히 적극적인 정책을 취하고, 그 당시로는 그 규모의 크기가 지나칠 정도의 계획을 세워 이로써 그 완성을 도모하였다.

이러한 관계에서 이른바 도로망이 충실했기 때문에 자동차 운전이 지극히 편리하여, 일본에서 포드 자동차[185]가 아직 일반적으로 널리 퍼지기 전에 조선에서는 이미 포드가 그 구석구석까지 사용되고 있었다. 즉 조선에서는 식림 정책과 도로 계획이 일찍부터 확립되었기 때문에 조선의 산업발달을 위해 근본적으로 이것이 도움이 되고 있다.

일한합병 때에 특히 통감한 것은 데라우치 백작의 치적이다. 백작은 총독 재직 당시는 무단정치라 칭하여 조선 사람들은 두려워하고 일본인에게는 이것이 압박하는 것처럼 해석되어 비평받고 독단으로 멋대로 압제 정치를 행하였다는 생각을 받았으나, 사실은 전적으로 이와는 달랐던 것이었다.

데라우치 백작의 조선 통치의 방침은 조선인을 위한 정치를 행하고 조선인의 복리 증진이라는 것을 항상 염두에 두셨기 때문에, 일본인 중 이권 찾기에 급급한 사람들에게 상당히 강경하게 그것을 거절하신 것이다. 이 때문에 이권을 바라다 얻을 수 없었던 일본인에게 원망을 사게 되어 그것이 과대하게 선전 유포된 점도 있는 듯하다. 그러나 이것은 조선인들에게는 상당한 이익이었다. 당시는 위압을 받은 느낌이었으나, 오늘에는 오히려 데라우치 총독이 상당한 인정을 베

---

185 역주: 일본인 사업가인 오리이(織居加一)와 조선인 자본가 이봉래가 힘을 합쳐 '오리이 자동차 회사'라는 최초의 운수회사를 설립하였다. 1914년 오리이 자동차 회사는 모두 9개 노선에 20대의 T형 포드를 투입해 영업을 시작했다. 자동차 수는 1915년 80여 대에서 1919년 200여 대, 1922년 800여 대로 증가했다. 이 중의 반 이상이 몰린 서울에서는 자동차와 인력거·마차·자전거·전차 등이 도로 위에서 뒤얽혀 큰 혼잡이 빚어졌고, 교통사고도 자주 발생했다.

풀었다는 것이 해를 거듭하면서 더욱 이해되고 있다.

어쨌든 조선에 대한 총독정치의 기초를 데라우치 백작의 재직 중에 견실하게 쌓아 올렸다는 것은 사실이다. 그 후의 하세가와(長谷川), 사이토(齊藤), 야마나시(山梨), 우가키(宇垣) 씨 등 역대 총독이 뜻을 산업에 두고 크게 그 개발을 위해 진력하셨으나, 그 기초적인 공작은 데라우치 백작 시대에 이뤄졌다는 것은 언제나 내 인상에 남아 있다.

오늘날 일본인의 일반적인 경향으로 조선에 대한 중요성의 인식이 부족한 것은 참으로 유감이다. 즉 조선이 우리 본국에 있어 얼마나 중요성을 가지고 있는가에 대해서는 일본인들이 그것을 깊이 의식하지 않는 경향이 있다. 조선의 군사상의 가치라는 문제는 잠시 제쳐 두고라도 경제상 조선의 가치를 많은 사람이 인정하지 않는 것은 이루 말할 수 없이 생각이 짧은 것이다.

조선의 쌀이 일본에 중요하다는 것은 말할 것도 없이 세간이 다 아는 사실이나, 그 외의 경제상의 중요성이 어디에 있는지는 일본인들의 인식이 매우 빠져 있다. 즉 조선은 그 기후상에서도, 토양의 관계를 봐도 일본에 있는 동북 지방 등에 비해 매우 천혜를 받고 있다.

그 기후는 대륙적이고 공기는 건조하며, 햇빛이 강렬한 점도 본국보다 혜택을 받고 농작물·과수·양잠 등 모든 것이 본국보다도 알맞은 조건을 구비하고 있다. 그러므로 이 천연의 우수한 조건을 이용한다면 조선의 발전은 매우 눈부실 것이다. 그리고 한편 총독정치로 선정이 베풀어졌기 때문에 이 천혜를 이용하고 활용하여 더욱 커다란 발전을 이루고 있다.

원래 조선은 조선왕조 오백 년의 폭정으로 가렴주구에 학대받은 인민은 참으로 애처로운 생활을 계속하고, 이러한 나쁜 정치에 시달린 결과 비굴하고 나태한 어떠한 쓸모도 없는 국민적 역사를 이룬 것이다. 이러한 다년간의 비정(枇

政)이 점점 가중되고 그로 인하여 천연의 좋은 조건이 거의 쓸모없게 된 것이다. 그러나 그것이 일한합병으로 선정이 베풀어지고 점차 회복되어 이로써 오늘의 상태까지 진전된 것이다.

일한합병으로 천연의 좋은 조건이 충분히 이용되고, 인민의 복리가 증진되고 있는 것은 2천 년의 옛날과 같다. 옛날 신공(神功) 황후가 삼한(三韓) 정벌에 나갈 때도 "서쪽에 나라가 있어, 금은을 비롯해 눈부신 갖가지 보물이 많으므로 내가 지금 그 나라를 끌어들이려 한다."라는 의미의 신의 계시를 받고 삼한 정벌을 하게 된 것이다. 이 신의 계시대로 당시 일본에는 아직 금이 없는 시대였으나 이미 조선에는 과다한 금은 따위의 귀한 재물이 있어, 이들의 채굴이 메이지 시대가 되어 비로소 완성된 것이다.

오늘날에도 조선에는 금은 등의 귀한 재물이 상당히 많이 존재해 있다. 현재 금값이 많이 올라 조선에서 금 생산 열풍이 불고 있으나, 이는 조선의 장래를 위해 가장 중요하다. 세계는 바야흐로 금 쟁탈전에 몰두하고 있다. 미국은 금의 평가절하를 행하고 오늘날 95억 달러의 금을 가지고 있으며, 프랑스는 예전에는 830억 프랑 정도를 가지고 있었으나 오늘날에는 7백 프랑으로 감소하였다. 그러나 이처럼 미국과 프랑스 양국이 세계에 있는 금의 과반을 차지한 상태이고, 그 외 소국인 네델란드·벨기에·스위스 등 또한 67억 엔의 금을 보유하고 있다. 그런데도 우리 일본은 세계 강국 중의 강국의 위치에 있으면서도 겨우 5억 엔에 못 미치는 정도의 액수에 지나지 않는다.

이를 쇼와 5년(1930년)에 금 금지 해제를 단행했을 때를 돌아보면, 당시 보유량은 10억 7천만 엔이었으나, 현재는 5억 엔에 못 미칠 정도로 감소했다. 그리고 쇼와 8년(1933년)에 금 매입을 시행하여 매입에 매우 주력하고 있으나 아직 충분히 이루어지지 않은 것이다. 즉 금의 충실이 일본 경제 정책상의 근본이라고 해야 하는 관계에 있으면서 아직 만족할 만한 경지에 다다르지 못하고 있다. 그것은 금 충실에 대한 국책이 아직 수립되지 않은 데에 원인이 있다.

오늘날 런던에 있는 세계 금 시세를 일본과 영국의 환율로 그 값을 표시하면 금 1돈쭝은 15엔에 상당하는 것이다. 그런데도 일본에 현재 매입된 시세는 11엔 58전으로 세계 시세보다 몇 엔의 격차가 있다. 이러한 관계로 우리 나라에서는 뜻대로 금의 충실이 이루어지고 있지 않다. 결국은 금의 매입 값을 인상하지 않으면 안 되게 될 것이다.

그리고 금 매입 시대의 인상이 실현된 날에는 이에 자극받아 조선의 금 산출액은 한층 더 증가세를 보일 것이다. 이렇게 하여 금 생산 사업의 융성과 함께, 한편 생활 정도가 낮은 조선인을 구제하고 직장이 없는 사람들에게 일자리를 주는 의미에서도 이들을 금 캐기와 광석 캐기의 노동자로 쓰는 것은 상당한 의의가 있다. 그러므로 될 수 있는 한 다수의 사람을 써서 다량의 금을 캐는 것이 필요하다.

이렇게 하여 금의 가치를 어느 정도까지 끌어올리게 되면 조선에 있는 금 생산 사업은 더욱 발달할 가능성이 있다. 생각건대, 금 산출의 가능성이 없는 토지에서는 그것을 획득하는 방도가 없지만 조선은 나라 전체가 금을 간직한 지질이고 천혜가 풍부하므로 이 천혜를 이용하는 것이 조선의 개발로도, 또한 본국에 대한 경제적 공헌으로도 참으로 중요한 사항이다.

조선의 산금 산업은 총독부에서도 매우 주력하고 있으나 한층 더 분발하여 금 제련소 등도 총독부의 감독 보조하에 두고 이로써 그 사업을 부추기고 발달시켜 되도록 많은 금을 조선에서 생산·수출하는 방책을 모색하는 것이 조선에서 가장 현명한 방책이다. 그것과 동시에 중앙정부에서도 오늘날과 같은 소극적인 정책을 모두 버리고 적극적인 정책으로 이에 임하여 일본의 산금 사업은 물론 조선의 금 생산 사업에 관해서도 그 분위기를 조성하는 것이 이 사업의 발전을 위해 필요불가결한 문제이다.

세계 금 생산액의 수위를 차지하는 남아프리카 트란스발(Transvaal)의 금광은 영국에서는 아주 굉장한 보고이다. 조선을 영국에서의 트란스발과 비교할 수 없음은 물론이나, 그 선동과 장려를 적절하게 한다면 오늘날 세인의 상상 이상의 효과를 거둘 수 있을 것이다. 나는 조선 산업의 장래에 대해서는 상당히 깊은 관심을 가지고 또한 커다란 희망을 기대하고 있다. 고로 더욱 그 개발과 발전을 간절히 바람과 동시에 특히 산금 사업의 전진을 기대하고 그 실현이 하루라도 빨리 이루어지기를 간절히 바라는 바이다.

78

획일적 행정의 배제

아다치 후사지로(安達房治郎) / 전 함경북도지사, 대만전력회사 중역[186]

조선에서 일한 내 근무의 대부분은 총독부 근무였으나, 마지막으로 함경북
도지사로 임명되어 거기에서 관사 생활 중 처음으로 지방관(地方官)으로서의 경험
을 하게 되었다. 내가 지방행정에 관여하게 되어 각종 문제에 부딪히고 또한 여
러 경험을 거쳐 온 것 중에서 특별히 내가 뼈저리게 느낀 것은, 조선의 문화 현상
을 고려할 때, 아직도 전 지역에 걸쳐 획일적인 행정을 실시할 수준이 아니라는
극히 중대한 문제였다.

---

186 역주: 원 책의 저자 소개는 다음과 같다.
　　아다치 후사지로(安達房治郎) 씨는 아이치현(愛知縣) 출신으로, 도쿄대 법과 졸업 후 관계(官界)에 들
　　어왔다. 총독부 식산국(殖産局) 상공과장으로 재임 당시 일찍이 조선의 상공 입국의 필요성을 제창하
　　며 조선은 장래 농업 제일주의에서 농상공이 함께 발전하지 않으면 안 된다는 것을 강조하였다. 따라서
　　상공과장 재임 중 시설을 경영한 바가 매우 많고, 오늘날의 상공업 발전의 기초는 그에 힘입은 바가 매
　　우 많다. 후에 함북 지사로 영전하고, 뽐낼만한 산업적 수완은 도처에 발휘되어 북조선 사업 개발에 기
　　여한 바가 매우 많았다. 조선을 떠난 후에는 대만 전기회사의 수뇌부로서 활동하고 있으나 언제나 조선
　　의 제반 문제에 대단한 관심을 가지고 있다.

바꿔 말하면, 조선에는 교육 방침이든 또는 경찰행정이든 어느 것이나 법률 규칙의 일변도로 너무나도 획일적으로 다루는 것은, 특히 국민을 다스리는 자로서 크게 성찰하고 고려해야 할 문제이다. 즉 교육제도의 운용이든 또는 경찰행정의 집행이든 그 지방의 상황 또는 생활 수준의 고저에 따라 이에 대응하는, 말하자면 임기응변의 조처를 하는 것이 가장 필요하다. 그런데도 그 임무를 수행할 행정관이 전혀 지방의 실정을 고려하지 않고, 또는 문화의 고저를 염두에 두지 않고 도시와 지방을 불문하고 아무 사항이나 모두 같이 다루거나 획일적으로 취급하는 것은 대단한 무리를 초래하게 된다. 그 결과, 한편에서는 아무런 실적을 올릴 수 없음은 물론, 오히려 우려할 만한 경향에 익숙해질 염려가 있다.

예를 들면, 이 문제를 초등교육 면에서 볼 때 중앙과 지방을 불문하고 양자를 같이 다루어 교육기관의 조직에서도 또는 학과 과정에서도 경성과 기타 도회지와 벽지인 북조선이 같은 조직에 기초하여, 같은 교과목을 택하고 그것으로 실효를 걷으려 노력하는 것이다.

또한 경성에는 고위직의 관리가 다수 있고 대 실업가 또는 신사와 일류 상인들이 매우 많이 거주하고 있는 관계로, 이런 사람들의 자제는 장래의 고등교육을 목표로 하여 나아간다. 따라서 경성의 초등교육은 훗날의 고등교육에 대한 기초교육을 목표로 하고 있다. 그러나 지방 초등교육의 근간은 대체로 그 지방의 견실한 국민을 양성하는 것을 목적으로 하는 까닭에 그 목적에서부터 이미 큰 차이가 있으므로 그 학과 과정에서 필연적으로 차이가 생기는 것은 당연하다.

특히 북조선 같은 곳은 일반적 문화가 아직 보급되어 있지 않고, 게다가 농민 중의 대다수는 자작농이며 아주 평화롭고 견실한 생활을 계속하고 있으므로, 그 자제들에 대한 교육 방침을 근면하고 성실한 농민을 양성하는 데 주안점을 두지 않으면 안 된다.

그런데도 도시와 벽지를 불문하고 획일적인 교육이 시행된 결과, 대체로 교육 내용이 향학열을 장려하는 경향에 있다. 따라서 졸업자 중 상급 학교로 입학하려는 희망자가 대다수이고 지방에 안주하여 부친의 가업을 계승하고 종사하려는 마음이 점차 희박해지고 있다. 그저 교육을 동경한다고 하는 풍조가 팽배하게 되어서 부모가 감당할 수 없는 경제적 부담이 가중된다. 자제들 자신도 교육을 받았으니 무리해서라도 상급 학교로의 입학을 희망하게 되어 순박한 미풍을 심하게 해치는 결과를 초래한다.

그런 까닭에 나는 당시의 야마나시(山梨) 총독에게 특별히 양해를 구하여 벽지 교육에 대해서 획일적인 방법을 과도하게 택하지 않고 어느 정도의 완화책을 지방 장관에게 위임하여 그것으로 지방의 실정에 적응하는 교육을 시행하고 싶다는 점을 청원하였다. 본인이 함경북도에 재임하는 중, 학교에 미개간지와 기타 경작지 3, 4정보(町步)를 부속시켜 정규적으로 편성되어 있는 체조 및 음악 시간에 담당 교사를 지도원으로 하여 농사 실습을 시행하고 양계와 양돈을 하게 했다. 학교교육 그 자체가 지방의 각 가정에 바로 도움이 되는 실제적인 교육을 시행했는데, 학부모들도 이를 매우 기뻐한 적이 있었다.

생각건대, 조선처럼 생활 수준, 경제력 등에 심한 차이가 있는 국민에 대하여, 독일식 획일주의로 임하는 것은 몹시 주의하지 않으면 안 될 일이다. 즉 도회지와 시골, 변두리의 교육 방침은 이를 동등하게 다루지 않고 거기에 약간의 융통성을 갖게 하여 경제력과 생활 방식이 다른 벽지에서는 그 가정에 순응하는 교육을 하는 것이 한편으로는 어쩌면 사상 악화에 대한 일종의 안전판이 될 수 있을 것이다. 그런데도 그 생활 수준과 재력 등에서 격차가 심한 국민에 대하여 획일적 행정을 실시함은, 거기에 대단한 폐해가 잉태된다는 점을 깊이 성찰하여 어디까지나 획일주의를 굳게 지킬 것이 아니라, 때와 장소에 따라 임기응변으로 교육하여 교육상의 효과를 낼 수 있도록 유의하여야 할 것이다. 그렇게 하면 조선의 개발과 그 문화의 발전에 대하여 많은 공헌을 초래할 수 있을 것을 믿고 의심치 않는 바이다.

또한 나는 이 획일주의의 다른 폐해에 관하여 두세 가지를 반성하고자 한다. 모름지기 교육의 진흥, 산업의 개발, 도로 교통기관의 정비와 함께 또한 위생 개념의 보급 및 시설의 확충도 반드시 소홀히 할 수 없는 문제이다. 그러나 조선의 생활 수준이 낮은 곳에는 사람과 소가 함께 자는 형편없는 생활을 하는 자도 있다. 그런데 이들에 대해 위생상 문제에서 경성 한복판에 위생 시설을 설치하는 것과 같은 태도를 보이고 임하는 것은 몹시 귀찮은 일이 될 뿐만 아니라 아무런 효과도 올릴 수 없을 것이다.

그리고 또한 의료기관이 불충분한 조선에서는 지방에 따라서는 3, 4개 촌에 의사 한 사람 정도밖에 없고 또한 민중 대부분은 거의 의사의 진료를 받지 못하는 상태이다. 그러나 사망한 경우는 법규상 반드시 의사의 사망진단서가 필요하다. 그러므로 생전에 의사의 진료를 받을 수 없는 자가 사망 후 강제적으로 의사의 진단을 받지 않으면 안 되는 것은 심한 모순이다.

물론 법령상으로 말할 것 같으면 매장이나 화장하는 경우, 의사의 진단이 필요함은 말할 필요조차 없으나 문화 수준이 낮고 가난한 자들 중에는 전혀 의사에게 가보지 못하고 사망하는 자가 다수 있다. 그런데 사망 후에 법령의 내용을 방패로 그들의 부담을 무겁게 하는 것은 크게 고려해야 할 문제이다.

이 문제에서 어떤 편법을 써서 이들을 경제적으로 구제하고 또는 번잡한 절차로부터 면하게 하려고 노년으로 사망하였다고 인정되는 자에게는 편리한 수단으로 의사의 진단서 없이 경찰관의 입회하에 장례를 치르게 하도록, 나는 경찰서장 회의때 이 방법에 관하여 협의를 거쳐, 이 취지를 실행하기로 하여 크게 민중의 편리를 도모하였다.

나는 함경북도에 부임 후 바로 중국 간도 시찰에 나섰는데 놀란 것은 간도 지방의 주민은 접경지인 함경북도에서 이주한 농민이 대부분이었다. 그런데 함경북도 농민의 다수는 자작농이고 내가 부임하던 때에도 소작농은 거의 없었으며, 농민 대다수는 3정보(町步) 정도의 토지를 소유한 자작농이었다. 그리고 이들은 생활하는 데에 아무런 부자유가 없었다.

그런데도 이들 함경북도 농민이 왜 마적의 소굴인 간도로 이주했느냐는 의문이 생겼다. 즉 모처럼 평화롭게 살 수 있는 함경북도를 버리고 위험천만한 땅에 이주한 이유에 관해 두세 명의 말에 따르면 다음과 같은데, 사실인지 아닌지 몰라도 이 또한 그들의 심리 상태의 일면을 말한다.

조선시대에는 왕의 정치가 전 조선 땅에 미치지 못하여 아무런 구속도 간섭도 없이 자유롭게 생활하고 있었는데, 일한이 합병되고 총독정치가 시행된 이후에 생활에 대한 간섭이 심해진 것이다. 즉, 제1은 징세이고 제2는 도로를 개수하는 부역이다. 이 밖에 경찰서와 면사무소 등이 각종 간섭을 했고, 아이들은 학교 입학을 권유받아 수업료를 내야 했으며, 모자, 신발 및 기타로 일 년에 상당한 부담을 지게 되었다. 또한 사망자가 생기면 의사의 진단서가 필요하게 되었다.

이러한 여러 가지 간섭이나 부담을 면하기 위해 조선을 떠나 간도로 이주했는데 가끔 마적에게 습격당하는 위험은 있으나, 아무 간섭도 없고 귀찮은 일도 없는 아주 자유로운 천지에 살 수 있는 것은 크게 기뻐할 일이라는 것이 함경북도에서 간도로 도피한 사람들의 해명이다. 물론, 이것이 그 이유의 전부는 아니나 변방 민심의 일부를 엿보아 알게 되는 데 족하여 이것을 가지고 위정자가 특히 고려하고 성찰해야 한다.

이를 요약하면 위에서 언급한 것은 단지 교육, 경찰 또는 위생 방면의 일부분에 지나지 않는다. 이를 여러 부분의 행정에 관하여 고찰하면 외면은 보기 좋으나 실적이 오르지 않는 이유는 바로 이 획일적 행정제도 그 자체에 의한 것이라는 것을 알 수 있다. 본국에서도 이미 획일적인 교육제도를 타파해야 한다고 외치는 소리를 오래전에 들은 적이 있다. 하물며 생활 수준이 낮은 조선에서 그 폐해가 심한 것은 확실히 의심할 여지가 없다.

그런고로 조선에서는 행정 운용상으로 특히 깊은 고려를 베풀어 획일주의를 배제하고, 지방 실정에 맞는 정책을 만드는 것으로 문화의 향상을 도모하여 산업개발을 이루는 일은 소홀히 할 수 없는 중대 문제이다.

79

조선인 인재의 배출을 바란다

야마구치 야스노리(山中安憲) / 전 이시카와현 지사, 미츠이(三井) 보은회 전무이사[187]

　예기치 않았던 만세 소요가 발발한 후에 이를 전환점으로 하여 조선 통치에 일대 쇄신을 할 사명을 짊어진 사이토(齊藤) 총독은 이른바 문화정치의 기치를 들고 다이쇼 8년(1919년) 8월에 조선에 부임하였으나 맨 먼저 남대문역 앞에서 폭탄 세례를 받고 부임 벽두의 여름을 장식하였다. 당시 나는 효고현(兵庫縣) 이사관에서 충청북도 제3 부장으로 부임하여 신경찰제도의 조직 또는 그 정착에 관해 적지 않은 노력을 하였다.

　내가 충청북도 취임 당시의 도(道) 수뇌부는 도지사 장헌식(張憲植), 내무부장

187　역주: 원 책의 저자 소개는 다음과 같다.
　　야마구치 야스노리(山口安憲) 씨는 도쿠시마현(德島縣) 사족(士族)인 야마구치 겐자부로(山口源三郎) 씨의 장남으로 메이지 20년 10월에 태어나 다이쇼 15년(1926년)에 집안 가장을 상속했다. 메이지 44년(1911년)에 문관고등시험에 합격하고, 다음 해 도쿄제대(東京帝大) 법과대학 독법과(獨法科)를 졸업했다. 같은 해 가가와현(香川縣) 시보(試補)가 되고, 이후 가가와현 효고현(兵庫縣) 조선총독부 관동청 각 사무관에 임하여 부흥국 서기관, 경리부 구매과장, 장관관방(長官官房)으로 근무했다. 부흥국 사회국 각 부장을 거쳐 쇼와 4년(1929년)에 가고시마(鹿兒島) 지사가 되고, 사임 후 실업계로 들어갔다.

사이토 레이조(齊藤禮三) 씨 등이 있었으나, 나중에 사이토 씨는 도지사가 되어 다른 곳으로 전출되었고, 와타나베 시노부(渡邊忍) 씨가 그 뒤를 이었다. 그리하여 종래 조선의 경찰제도는 대체로 통감부 시대에 제정되었는데, 그 후에 약간의 개정은 있었으나, 통수권자인 경무총장은 한국 주재 헌병사령관인 육군 장성을 그 자리에 앉히고 각 도의 헌병대장인 영관급 장교를 경무부장으로 했으며, 경찰관은 그의 지휘명령에 따라 조선의 치안 유지에 힘썼다.

그러나 이 헌병경찰제도를 시행한 지 이미 10년이 지났고, 그사이에 사회 정세는 굉장히 변화하였다. 민심의 추세를 고려하면 변칙적인 제도인 헌병경찰 조직을 보통경찰 조직으로 바꿀 필요성을 통감하였기에 다이쇼 8년(1919년) 9월에 관제 개정을 단행하여 새로이 경무국을 두어 각 도의 경무부장을 폐지하고 경찰부장을 두어 도지사에게 경찰권을 이관하기로 하였다.

이처럼 구제도를 폐하고 신제도를 보급하는 과도기에 근무했던 관계 당국의 고초는 참으로 컸다. 신제도에 따라 경찰관의 증원이 필요한데, 당장 그 요원을 보충하는 것은 몹시 어려웠다. 이들을 모집하고 교육하여 임무를 수행하게 해야 하는데, 이것만으로 요원을 충원해 나가는 것은 굉장히 어려운 일이다.

그리하여 이 급한 상황을 타개하기 위한 대책으로 본국에 있는 경찰관을 옮겨 채용하기, 헌병에서 전직을 희망하는 자의 채용, 본국의 각 부와 현에서 모집한 자들로 그럭저럭 요원을 충원하는 상태였다. 그렇기는 해도 일시에 다수 인원에게 지급할 복장이 부족했으므로 제복을 입은 자와 사복을 입은 자가 있었고, 칼도 길고 짧았으며, 모자도 색색인 몹시 우스꽝스러운 모습이었으나, 당사자들은 이러한 문제에 구애받지 않고 진지하게 열심히 신 경찰제도의 충실을 꾀했고 치안 유지에 힘썼다.

이 경찰제도의 개정은 사이토 총독 취임 이후, 가장 중대한 업적 중의 하나였다. 충청북도에서도 몹시 애를 태우고 마음을 써 신경찰제도의 기초를 굳혀 철저한 시행을 도모하기 위하여, 나는 관내를 순시하고 산골까지 조선 말을 타고 순회하였다. 그런데 이 도에서는 대체로 민심이 평온하고 아무런 중대 문제가 발생하지 않았던 것은 참으로 반가운 현상이었다.

도지사인 장헌식 씨도 관내 민심의 안정에 관하여 매우 노력하여 민중과의 의사소통을 크게 도모했고 일본과 조선의 융화에 힘을 써서, 도내(道內)는 차츰 평온을 되찾을 수 있었다. 그해 남조선 지방에 콜레라가 유행하여 심히 창궐하였고, 각지로 전파될 염려가 있어 관할구역 내 전염 방지를 위해 방역하는 데에 힘을 썼다. 병균 잠입의 경로가 되는 철도 여객의 검역은 물론, 역마다 감시자를 두어 검진, 소독했고 기타 모든 방법을 다하여 유감없이 방역했으므로 다행히도 관내에서는 콜레라가 번지지 않고 지나갔다.

내가 충청북도 재임 당시는 신경찰제도 수립 초였으며 경찰부장 관사도 없었으므로 나는 도지사 관사의 방 몇 칸을 빌려서 약 10개월을 보냈고, 다이쇼 9년 (1920년) 6월쯤 경무국 고등 경찰관으로 발령되어 본부에 전임하게 되었다. 전임자인 시라우에 다케요시(白上祐吉) 씨가 유럽과 미국으로 시찰하러 가게 되어 내가 후임자가 된 것이다. 그리하여 아카이케(赤池), 마루야마(丸山) 두 국장 밑에서, 만 3년 동안 고등경찰 업무에 종사하였다.

그런데 그 후의 정세는 시일의 경과와 더불어 점차 평온해져서 조선 내의 책동은 없어졌으나 외국, 즉 포염(浦鹽), 상해(上海), 천진(天津), 북경(北京), 봉천(奉天), 길림(吉林) 그리고 기타 만주의 각 장소가 음모 단체의 진원지여서, 사건 대부분을 이 지역에서 획책하고, 조선 내의 불령분자가 이에 호응하는 상태였다.

고로 이 조선 밖의 음모와 획책에 대하여 그 단속에 주력을 두어 꽤 고심하였으나, 국경 방면에서는 비적 불령분자들이 자주 국경을 넘어 약탈하고 폭행을 자행할 위험이 있었으므로 이 방면에 경관을 증원하여 경계를 엄중히 했고 불령분자의 도발 방지에 전력을 다하였다. 당시의 국경 강변 지방의 치안은 형세가 무질서하여 험악한 공기가 충만했고 한시도 경계를 늦출 수 없는 상태였다.

당시 국경 넘어 간도 방면, 국자가(局子街), 용정촌(龍井村), 두도구(頭道溝) 지방에서는 수십만 조선인 이주자의 대부분이 농업에 종사하여 생계를 유지하고 있었으며, 그 외 혼춘(琿春), 길림(吉林), 봉천(奉天), 안동(安東) 현(縣)에 걸쳐 있어, 만주 전체를 보면 약 백만의 조선인 이주민이 곳곳에서 활동하고 있었다. 그러나 이들 다수의 주민 안에는 가끔 불령분자가 잠입하여 양민을 협박하고 선동하여 상해(上海), 포염(浦鹽) 방면의 일당과 연락을 취하여 음모가 심했고 또는 조선 안으로 국경을 넘어, 침입하여 심한 폭행을 가하였다.

그런데 변경의 우리 경비 기관이 충실하게 됨과 더불어 불령분자에 대하여 주력한 결과로 간신히 평온 상태에 이르고 있는 때에 다이쇼 9년(1920년)에는 고위 혼춘(琿春) 방화 사건이라는 것이 발생하였다. 즉 불령(不逞) 조선인, 비적 등의 무리가 혼춘(琿春)에 쳐들어 와 우리 영사관과 기타 민가를 태우고, 일본인과 조선인들을 살상하고 재물을 약탈하며 심한 폭행을 했으므로 마침내 우리 나라에서 출병하게 되었으며 경찰관을 충분히 간도로 보내 경찰력을 확충했다. 불령분자의 토벌을 단행하여 간도 방면의 질서를 회복시켰기 때문에 이 방면에서 획책한 조선 내의 불온 계획은 거의 단절되기에 이르렀다.

그런데 압록강 방면의 불온 계획에 대해서는 중국 측에 자주 단속을 요청하였으나, 결과는 신통치 않았다. 봉천(奉天) 총영사인 아카즈카(赤塚) 씨도 장쭤린(張作霖)과 수차 교섭을 시도하였으나, 거의 단속의 실효를 볼 수 없었다.

지난번의 간도 사건에 대하여 조선군 사령관인 오오바 지로(大庭二郎) 대장이 중국 측과 교섭하였다. 나도 당시 오오바 대장을 수행하여 이 문제의 선후 처리에 관하여 장쭤린을 만났기에 교섭 상태를 알고 있었는데, 그는 불령분자의 단속에 관하여 아무런 성의도 표시하지 않았고 그로부터 단속하겠다는 언질을 받았어도 그 실행은 도저히 바랄 수 없는 상황이었다.

점차 조선 안에서 질서가 정연해지고 우리의 통치 방침이 조선인들 사이에서 철저해졌으므로, 그들을 선동하는 것도 효과가 없어지고, 다이쇼 10년(1921년) 하반기부터는 눈에 보이게 불령 계획과 기타 사건이 줄어들게 되었다. 함경북도 방면에서도 월경한 비적의 침입에 의한 약간의 피해는 있었으나 그것도 예전에 비하여 점차 그 수가 감소하였다.

이렇게 하여 경찰 측의 단속은 조선 내의 소수 불령분자만을 상대로 시행되었는데 위로는 총독 정무총감부터 아래로는 말단 관리에 이르기까지 신제도에 관하여 조선인의 이해를 얻는 데 힘을 다했고 일본과 조선 융화를 기하였다. 그리하여 사이토 총독의 덕망으로 조선 내의 민심은 점점 안정을 찾게 되었다. 독립을 꿈꾸는 젊은 과격 사상자조차 사이토 총독을 한 번 만나 그 온화한 모습을 접한 후에는 총독에 대해서는 말 한마디도 안 하는 정도였다. 즉 이는 사이토 총독의 덕망 덕분이었다.

조선 내에서의 치안이 유지되고 민심이 점점 안정됨과 동시에 교육·산업·토목·교통 등 각종 문화적 시설이 크게 발달하는 추세를 보이게 된 것은 참으로 주목할 만하였다. 고로 지난번에 데라우치 총독으로 인해 계획되었던 조선 내에서의 자급자족주의에 따른 조선 재정의 독립을 도모하려고 하던 방침을 변경하여 본국 정부에서 보조금을 얻어다가 그 원조로 한층 적극적으로 여러 시설 설치를 장려하였다.

즉 교육령을 개정하여 본국의 교육과 거의 똑같이 하였고, 학교 증설을 도모했으며, 교육의 보급에 주력했다. 또한 쌀 증산 계획, 치산치수 사업, 또는 수산업·임업 소득 증대에 관한 적절한 시설에 착수했고 상공업의 장려, 광업 자원의 개발 노력 등 산업의 진흥과 발전을 꾀하여 점차 도로 교통기관을 완전히 갖추는 등의 큰 노력을 기울였다.

그리고 지방제도의 개정은 민의의 반영을 위해 매우 신경을 쓴 것이다. 즉 지금까지는 부 협의회, 면 상담역 또는 부, 군, 도 및 도 참사가 있어서 자문기관 같은 체제를 갖추고 있었으나, 이들은 모두 관선인 데다 그 수도 적어서 도저히 민의를 자유롭게 펼치는 기관으로서 실적을 올릴 수 없었다. 그러나 시대 추세의 진전에 따라 도 및 부, 면의 자문기관인 도 평의회와 부, 면 협의회를 설치하여 예산 및 기타에 관하여 자문하게 되어 적어도 지금까지의 제도와 비교하여 민의 창달을 위해 한 걸음 전진시킨 것이었다.

당시 조선의 지방행정은 아직도 발달 과정에 있어서 본국의 제도 그 자체를 곧바로 옮겨와 조선에서 시행하는 것은 불가능하였으나, 이 자문기관을 미래에 의결기관으로 하고, 관선은 민선으로 하는 것으로 한층 더 민의를 지방행정에 반영시키는 것이 이상적이었다. 하지만 이를 실현하기 위한 1단계로 당시의 형편으로는 상당히 결단적인 개정을 단행하였다.

그 후 다시 쇼와 6년(1931년)의 개정을 거쳐 현재의 지방제도로 되었으나, 모든 것은 당시의 정신이 일관되어 그것이 확충된 것에 지나지 않은 것이다.

나는 다이쇼 12년(1923년) 4월 유럽과 미국 시찰길에 올라 다음 해 4월에 조선으로 돌아온 후 감찰관으로 전임되어, 지방행정을 감찰하는 업무에 임명되었다.

이 감찰관을 둔 취지는 제도 개정 후의 지방 사무 업무량이 격증하여 복잡해졌고, 그리하여 지방 장관이 지방 실정에 적응한 정책을 펼 수 있도록 하기 위함이었다. 따라서 정책이 과연 생활 수준에 맞는 것인지, 또는 민중의 복지를 증진하는 면에서 실적을 올릴 수 있는지를 감독, 감시함과 동시에 시정 방침을 철저히 하기 위해 중앙과 지방의 연락을 밀접하게 하고 아울러 민심의 기미를 사찰하게 하는 데에 있었다.

나는 감찰관으로서 각 도의 행정을 시찰하고 군의 치적을 조사하며 경찰의 업무 상태를 살폈는데 당시의 도 업무는 비교적 잘 정비되어 있어서 본국의 것과 거의 같은 상태였다. 도 행정이 이미 궤도에 올라 상당한 실적을 내게 되면 그 아래의 군, 부, 면 각 기관도 각각의 기능을 발휘하게 된다. 따라서 본부의 통치 방침을 실행하여 총독 통치를 철저하게 하는 데에 노력하여 그 결과 민심이 더욱 안정된 것은 문화 촉진 면에서 높이 축하할 일이었다.

생각건대, 다이쇼 8년(1919년)에 있었던 만세 소요의 발발은 당시의 국제간의 미묘한 동향과 세계대전 후의 유럽의 시국 수습책을 가져와 조선에 파급시키려고 한 해외 재류 조선인의 책동이 원인이었던 것은 명백한 사실이다. 이제 와 많은 말이 필요하지 않은 바이나 어쨌든 조선 통치에 대한 민중의 불평과 불만에 관해 자세하게 그 근원을 통찰하여 이에 대응하는 적당한 대책의 모색이 필요한 것은 물론이다. 이런 의미에서 조선 2천만 동포에게 골고루 문화의 혜택을 받게 하기 위해, 사이토 총독이 이른바 '문화정치'를 시행하였다.

그리하여 조선 내의 치안이 유지되고 민심도 안정되면 민중이 바라는 소망은 실질적인 것이 되어 조선의 자치가 요구되거나 실력 양성이라는 것들을 주장하게 된다. 따라서 교육의 보급, 산업 진흥을 차례로 발전시켜야 한다고 하면서 앞날에 큰 변화를 보게 된 것이다.

조선은 우리 국토의 일부이며 결코 식민지가 아니지만, 외국에 대한 정책 면에서 보면 유럽과 미국 각 나라의 식민지 통치의 방침과 우리 나라의 조선에 대한 것과 전연 그 방침이 다르다. 이에 교육을 시행하지 않고 자각심이 생기는 기회를 적게 하며 통치하기 쉬운 주의를 채택하는 것은 유럽과 미국 제국의 식민지 정책이다. 그렇지만, 우리의 조선 통치의 방침은 이와는 전혀 그 취지를 달리하여 교육을 권장하고 산업을 일으키고 민중의 복리 증진을 도모하고 모든 사람을 차별 없이 평등하게 대하는 정책으로 임하는 것은 세계 역사상 그 유례를 볼 수 없다.

물론 우리의 동포로서 조선 사람들을 대우할 때는 이 모든 사람을 평등하게 대한다는 천황 폐하의 뜻을 받들어 평등·무차별의 태도로 임하고 있다. 이 점은 유럽과 미국 것과 비교하면 우리 국민처럼 무차별 대우를 하는 나라는 거의 없다고 해도 과언이 아니다. 전에는 일본과 조선의 차별 대우라고 하는 것을 이러쿵저러쿵 논의하는 자가 조선인 가운데 일부 있었으나, 오늘날 그러한 문제는 완전한 오해에서 나오는 것이며, 좋은 면에서의 차별 대우는 있어도 나쁜 면에서의 차별 대우는 절대 없다.

즉 일본인 관리는 고등문관시험을 거치지 않으면 높은 관직에 취임할 수 없다. 그러나 조선 사람들은 이 시험을 거치지 않은 자도 특별 임용을 통하여 도지사, 내무부장, 참여관 등으로 등용하는 길을 열어 놓고 있는 것은 좋은 면에서의 차별 대우이며, 이에 대하여 이론을 제기할 여지가 없음을 믿는다. 각 도의 군수 역시 마찬가지이다.

본국에도 특별임용제도가 있어도 이것은 일정한 자격을 갖춘 자를 임용하는 경우이며, 굉장히 엄격한 제한하에 무자격자가 일약 꽤 높은 관직에 취임하는 경우는 조선처럼 현재 조직에서는 광범위하지 않다. 이런 의미로 '차별 대우'에 따라 오히려 은혜를 입고 있다.

그러나 요즈음 조선 사람들도 매해 고등문관시험에 합격하는 자가 점점 많아진 것은 참으로 축하할 만한 경향이다. 조선 내에서의 교육의 보급은 이러한 인재를 더욱 계속 배출시켜서 본국인들과 어깨를 나란히 해도 추호도 손색이 없는 정도로까지 수준을 높여 조선과 조선인의 복리 증진을 목표로 하기를 간절히 바란다.

80

일본과 조선 융화의 실현

후쿠지마 미치마사(副島道正) / 백작[188]

나는 작년 1월 유럽을 여행할 때 로마에서 큰 병에 걸려, 치료가 끝나고 귀국

할 수 있었으나 그 후 4개월에 걸쳐 의사의 경고로 면회를 사절하고 독서와 집

필은 엄히 금지되었다. 이러한 상태에 있었으므로 조선의 통치 25주년을 기념하

---

188 역주: 원 책의 저자 소개는 다음과 같다.

유신의 원훈(元勳)인 후쿠지마 다네오미(副島種臣) 백작의 차남으로, 메이지 4년(1871년) 10월 14일 도쿄에서 태어났다. 메이지 21년(1888년) 6월에 학습원을 졸업하고 단신 영국으로 도항하여 케임브리지 대학에 입학하여 정치과를 졸업하고, 예술 학사학위를 받았다. 그로부터 유럽 각국을 돌아다니다 메이지 27년(1894년)에 귀국하여, 메이지 28년(1895년) 3월에 동궁(東宮)을 가까이 보필하다가 같은 해 8월 식부관(式部官)으로 전임하였으나 사임한 후 메이지 31년(1898년)에 학습원 대학부 교수가 되었다. 메이지 34년(1901년)에 와세다대학 강사가 되어 해박한 학식으로 제자 양성에 주력하였다. 메이지 38년(1905년)에 엄친(嚴親) 다네오미(種臣)가 돌아가시자 세습적인 백작 종 4종(從四從)을 수여받았다. 메이지 39년(1906년)에 실업계로 들어가 수력발전사업 등에 노력한 바가 있고, 다이쇼 7년(1918년)에 귀족원 의원으로 당선되었으며, 다이쇼 13년(1924년) 8월, 경성일보 사장으로서 조선으로 건너와 우리 반도 언론계에 주력하였다. 쇼와 2년(1927년) 12월, 경성일보 사장을 사임하고 조선을 떠나 그후 국제 올림픽 위원이 되었다. 현재 대일본 농구협회장, 체육협회 고문으로서 우리 스포츠계의 공로자이며 또한 도오메이(東明) 화재해상보험 중역으로 실업계에서 웅비하고 있다.

여 총독부와 경성일보사(京城日報社)로부터 이에 관한 기고를 특별히 부탁받았으나 의사의 만류로 결국 그 부탁을 받아들일 수 없었다.

그리하여 간신히 회복의 길에 들어섰으나 아직도 글을 쓰는 것은 절대로 금지당한 상태이다. 그러나 귀사에서 간청하므로 병후 요양 중의 한가함을 틈타 간단하게 느낀 바를 서술하기로 한다.

조선 통치에 관하여 나는 항상 깊은 관심이 있다. 이미 40년 전에 내가 영국 유학 중 유명한 매콜리(Thomas Babington Macaulay)가 인도에 관하여 저술한 책을 읽은 적이 있다. 거기에서는 "이민족을 동화시키는 것은 아주 불가능한 일이지만, 만일 영국이 인도에 선정을 베풀고 교육 보급을 도모하여 그 결과로 인도인의 의식이 향상되어 마침내 자치제를 희망하게 되는 시기가 온다고 하면 이는 영국의 자랑이라 해야 할 것이다."라고 기술하고 있었다.

조선 통치에 관하여는 내가 경성일보 사장 당시에 조선에서 조만간에 자치제가 시행될 것이라는 글을 써서 귀지(貴紙)의 공격을 받은 적도 있었으나 조선에서는 교육이 점점 보급되고 있을 뿐만 아니라 문화 발달과 함께 일반 민중의 지식도 날이 갈수록 점차 향상되고 있다. 그러므로 생활 수준 면에서도 지식 면에서도 날로 발달하여 이미 과거에 비할 수 없을 정도로까지 진보되면서, 조선에서 자치제를 시행할 필요가 있다고 주장하는 조선인들의 의견을 가끔 듣게 되었다.

돌이켜 보면 다이쇼 8년(1919년)에 본인이 영국과 미국을 여행할 당시에는 일본에 대한 조선인의 감정이 매우 악화된 시기였다. 이러한 관계로 미국에서는 조선인 동정회(同情會) 같은 것이 몇 개 존재하고 있어서 우리의 조선 통치에 관한 악선전이 끊임없이 행해지고 있었다. 또한 한편으로는 영국에서도 유력 인사들이 모여서 조선인 동정회라는 것을 만든다는 상황이었고, 그 회원 중에는 내가 아는 사람이 세 명이나 가입해 있어서 골고루 그 보고를 접할 수 있었다. 당시에는 참으로 괘씸하기 짝이 없는 행동이라 생각했다.

특히 그 동정회가 각 방면으로 모금하여 이것을 상해에 있는 이승만(李承晩)에게 보냈다고 하는 이야기를 들었을 때는 나도 몹시 분개하지 않을 수 없었다. 그러나 조선도 통치 이후 25년을 경과하여 그 사이 데라우치(寺內), 사이토(齊藤), 우가키(宇垣) 등 명총독이 통치한 결과 이에 민심도 매우 안정되었다. 재작년에 내가 유럽과 미국을 여행할 때는 모두가 우리 나라의 조선 통치 실적을 칭찬해 줄 정도였다. 즉 마코레가 말한 이른바 이민족의 동화는 불가능하나, 일본과 조선 융화는 이미 실현되었고, 점점 융화의 정도는 높아져 가는 실정이다.

근래 나는 스포츠에 깊은 관심을 갖게 되었고 최근에 올림픽 관계로 유럽에 갔는데, 스포츠는 국제 친선에 크게 공헌하며, 한편으로는 스포츠를 통하여 일본과 조선 융화에도 지대한 공헌을 하는 것은 의심의 여지가 없는 사실이다. 내가 회장직을 맡고 있는 대일본 농구협회의 경우 최근 2, 3년 사이에 보성전문학교를 비롯하여 2, 3개의 조선인 팀을 도쿄에 초빙한 적이 있는데 조선인 선수는 농구 기량이 크게 발달했을 뿐만 아니라 스포츠맨 정신에서 어떤 국민에 비해서도 손색이 없는 것을 확신하게 되었다.

확실히 일본인과 조선인 사이에서 행해지는 운동 경기는 두 민족의 친선에 크게 이바지한다고 확신하는 바이다. 귀사의 사장인 마키야마 코조(牧山耕藏) 씨의 자제도 명선수로서 농구를 위해 크게 힘쓰고 있는 것은 실로 경하할 일이라 생각한다.

또한 조선총독부 통치 이후 역대 총독의 통치에 관하여 나의 소감을 말한다면 초대 총독인 데라우치는 실로 명총독이었으며, 매우 곤란한 시대에 은혜와 위엄을 차례차례 다하여 조선인을 힘써 선도하였다. 그런데 세상 사람들 중 데라우치 총독은 무단정치였다고 비난하는 자가 있기는 해도, 내가 잘 알고 있는 조선에 있는 지도급 인사들, 게다가 일찍이 배일파의 비난을 받은 사람들까지도 데라우치 총독은 조선인을 참으로 동정한, 명총독이라고 하는 것을 인정하여 그 덕을 추모하고 있는 형편이다. 그러므로 그 시대에 그와 같은 정세에 직면하여 어쩔 수 없이 데라우치 총독이 무단정치를 하였다고 생각하는 것이다.

하세가와(長谷川) 총독으로 말할 것 같으면 유감스러운 점이 없는 것은 아니다. 사이토 총독은 다이쇼 8년(1919년)의 독립 만세 소요 직후에 부임하여 매우 악화된 조선 사람의 민심을 선정을 베풀어 잘 완화시켰고, 교육의 보급 발달에 힘쓰고, 산업 진흥을 도모하고 마치 조선의 민심처럼 황폐되어 있었던 민둥산도 차츰 녹화되어 갔으며, 조선 반도의 민중도 생기를 띠게 된 것이다. 그래서 다수의 조선인 중에는 사이토 총독을 보면 마치 인자한 부친과 같은 느낌을 품고 있는 사람마저 적지 않은 것이다.

야마나시(山梨) 총독의 통치는 우리 나라의 조선 통치상 오욕이었다고 생각된다. 그리하여 그 뒤를 이어 사이토 총독은 다시 5대 총독으로 임명되었는데 그 재직 중에 과거의 총독 시대의 각종 시설의 완비를 도모하여 더욱더 조선 민중이 기꺼이 복종하였고 일본과 융합하게 된 것이다.

그리하여 우가키 총독이 부임하자 어떤 이는 우가키 씨는 중앙 정계로의 야심을 버리지 못하고 언젠가는 총리직에 임명될 것이라 믿는 자가 있어, 한때 우가키 총독의 통치에 대하여 의구심을 갖는 자도 있었다. 사실은 이와 전혀 달랐으며, 우가키 씨가 조선 통치를 필생의 업으로 여기고 전력을 다하고 있음은 세상 사람들이 널리 알고 있다.

돌아보면 사이토 총독도 실로 명총독이었으나 미즈노(水野), 아리요시(有吉), 시타오카(下岡), 유아사(湯淺), 고마다(兒玉) 씨와 같은 정무총감이 금상첨화와 같은 도움이 되어 조선 통치의 대성공을 이루게 되었다. 그리고 현 우가키 총독의 아내인 이마이다(今井田) 씨도 명정무총감이나 오늘날의 조선 통치는 그 9할까지는 우가키 총독 자신의 두뇌에서 나오고 있는 것은 이 또한 조선 통치에 관심이 있는 사람들이 한결같이 인정하는 바이다. 이 명총독 밑에 명총감을 둔 이상, 생각건대 조선 통치는 진정으로 앞길이 밝을 수밖에 없는 정세이다.

특히 만주사변 이후 과거에는 배일 경향에 있었던 조선 사람들도 일본의 위대한 참모습을 알게 되고, 이제 도저히 희망이 없는 독립심을 버리고 일본과 조선의 공존과 공영을 생각하게 된 것은 조선 통치의 장래를 위해 참으로 기뻐할 현상이다. 그리하여 만주국도 일본과 만주의 제휴로 언젠가는 낙토가 될 것인즉, 중국도 또한 우리 제국을 신뢰하게 될 것은 동양의 평화를 위해 매우 기뻐해야 할 일이다.

조선은 물론 아메리카 및 중국에 대하여 이와 같은 결과를 가져오게 된 원인 중 그 하나는 천황 폐하의 은덕의 결과임과 동시에, 또 다른 하나는 우리 일본 국민이 참으로 세계에서 으뜸가는 민족이기 때문이다. 나는 과거 15년 동안 여섯 차례 세계 일주를 했으며, 이로써 해외 정세를 고려하면 더욱더 우리 일본 국민의 위대함을 통감하는 바이다.

81

일본과 조선의 융화는 통혼으로

이이오 도지로(飯尾藤次郎) / 전 이와테현 지사[189]

나는 조선에서 재임 기간이 짧아, 특별히 내세워 이야기할 거리가 없는 것이 유감이다. 그러나 다만 총독부 통치 25주년을 맞이하여 그동안 조선이 매우 두드러진 발전을 이루었고 교육과 산업 방면에서 비약적인 개발과 진전을 보았을 뿐 아니라 기타 각 방면에서 시설이 확충되어, 눈부시게 문화가 향상된 것이 실로 경이롭다는 말을 종종 듣게 되어 참으로 기쁘다.

말할 것도 없이 조선인은 조선시대에서는 이른바 가렴주구에 시달려 위정자의 횡포와 압제에 고생하고 인민의 생활은 참으로 비참한 상태에 있었다. 이와

---

189 **역주:** 원 책의 저자 소개는 다음과 같다.

이이오 도지로(飯尾藤次郎) 씨는 에히메현(愛媛縣) 사람인 이이오 도헤이(飯尾東平) 씨의 삼남(三男)으로, 메이지 8년(1875년) 2월에 태어나 메이지 36년(1903년)에 도쿄제국대학 법과대학을 졸업했다. 이후 기후(岐阜) 지방 겸, 동(同) 구재판소(區裁判所) 검사, 오사카부(大阪府) 경시(警視), 고치현(高知縣) 사무관, 니가타현 경찰부장, 도야마(富山), 미야기(宮城) 각 현 내무부장 등을 역임했다. 다이쇼 12년(1923년) 2월 평북 지사로 임하여 다이쇼 13년(1924년) 12월까지 1년 반을 하고 퇴관하여 조선을 떠나, 그 후 이와테현 지사가 되었다.

같은 폐습이 여러 해 쌓여서 마침내 일종의 기풍을 이루어 근면 노력하는 미풍이 어느새 사라지고 나태와 무위도식하는 무리만을 배출하는 사회적인 정세가 보편화된 것이다.

백성은 꼭 나태하다고는 할 수 없고 근면하고 힘있게 산업에 진력한다고 해도 부지런히 일하고 고생해서 얻은 것은 전부 관부(官府)가 착취했다. 다만 간신히 입에 풀칠할 수밖에 없는 극심한 궁핍에 허덕이고 있었던 대다수 주민들은 자기들이 일해서 얻은 땀의 결정이 헛되이 관리의 사욕을 채우는 데 지나지 않음을 알고, 애써 생산하고 재산을 모으는 노력을 어리석게 생각하여 놀고먹는 습성을 갖게 되었다. 산과 들은 황폐해지고 있고, 재산을 늘리지도 아니하여 피폐와 곤란한 괴로움이 극에 이르렀다.

그런데 보호조약의 체결로 통감부가 설치되어 여러 분야의 정책 혁신에 힘써서 산업의 진흥, 교육의 보급, 재정의 확립을 도모하고 여러 시설의 개선에 온 힘을 쏟았다. 따라서 치안을 유지하고 여러 해에 걸친 잘못된 정치를 근본적으로 쇄신하여 민중의 복지를 증진하기 위해서는 일한 두 나라의 합병으로 크게 개발 혁신을 도모하는 것만이 유일하였다.

그리하여 민중의 평안, 안녕의 유지와 증진 그리고 영원한 동양 평화를 위해 일한합병이 이루어졌는데 이것은 내외의 자연적 정세가 이러한 결과를 가져온 것이며, 일본과 조선 공존공영을 위하여는 매우 축하할 현상이다. 그 후 20년간 역대 총독을 비롯하여 적어도 조선 통치에 종사한 사람들은 몸을 사리지 않고 자기 직책에 충실했으며, 여러 행정의 개선 정비에 힘썼다. 이러한 곤란을 무릅쓰고 문화를 보급하여 오늘날이 있게 한 노력은 쉬운 일이 아니다.

즉, 각 시대의 많은 사람의 노력과 정신적, 물질적 내지 존엄한 생명을 바친 희생으로 조선의 오늘날의 성과를 얻게 된 것이다. 일찍이 황량함과 궁핍의 극에 있었던 조선이 이러한 두드러진 발전을 이룩한 것은, 만민 평등의 은혜가 넓고 두터운 천황 폐하의 마음을 받들어 일본과 조선의 정계와 일반의 합심과 협력으로 이루어진 것은 물론이나, 현 총독의 산업개발에 대한 비상한 노력 또한 크게 박차를 가하고 있었기 때문이다.

그리고 지난 만주사변이 발생한 결과, 드디어 만주 제국의 출현을 보게 되었고 국제적으로도 미증(未曾)의 파란을 일으켜 드디어 우리 제국은 결연히 국제 연맹을 이탈하였다. 따라서 고립적으로 명예를 유지하면서 의연하게 주장하는 바를 굽히지 않고 열강의 위협에 굴하지 않으며, 어디까지나 만주 제국의 육성 발전에 진력하여 오늘날에 이른 것은, 명백하게 우리 국력의 충실한 신장을 가리키는 것이다. 이 사실은 다만 세계에 대한 중대한 문제를 던진 것일 뿐만 아니라 조선 통치 문제에도 큰 영향을 미쳤고, 조선 동포에게 참된 우리의 국력을 인식시켰으며, 국제적인 실력을 확인시킨 것은 조선 내 민심의 안정을 위해 참으로 큰 수확이 되었으며 매우 기뻐할 현상이다.

나는 지난번 만세 소요 이후, 아직도 세상 물정(物情)이 시끄러워 안정되지 않았던 다이쇼 8년(1919년) 10월 1일에 구마모토현(熊本縣) 내무부장에서 평안북도 지사로 부임했는데 그때는 하세가와(長谷川) 총독의 뒤를 이어 사이토 총독이 문화정책을 높이 외치며 조선에 부임한 때이다. 정책의 방침으로 제반 제도의 혁신, 신 시설의 설치로 생활 수준의 향상을 도모하고 일본과 조선 융화를 철저케 하려고 하였다.

특히 당시 혼돈했던 치안 유지의 난국에 대응하는 경찰제도를 근본적으로 고쳐서 자칫하면 비난의 표적이었던 종래의 헌병경찰제도를 폐지하고 보통경찰제도를 확립하는 것은 참으로 어려운 일이었다. 특히 조선 내 정세가 치안 유지 면에서는 하루도 늦출 수 없는 급박한 사정 아래서 신경찰제도를 유감없이 잘 시행하게 된 것은, 오로지 관계 당국자의 분발과 노력에 따른 것이다.

당시 상해 방면에 근거지를 둔 불령분자 일당의 조선 내 잠입, 기타 책동에 대한 경계 진압 등에 관한 고초는 정말로 참담한 것이었으며, 당시의 경무국장 아카치 아츠시(赤地濃) 씨가 울면서 본국의 유력 인사에게 그 사정을 호소한 적이 있었다. 완전히 그런 분위기 밖에 있는 본국 사람들의 처지에서 보면 너무나도 신경질적이 아니냐는 말을 들을 정도였으나 실지로 치안 유지에 노력했고 경계 경비에 임했던 사람들의 고초는 필설로 다할 수 없었다.

게다가 인적이 드문 변경을 지키고 여름의 뜨거움과 겨울의 추위 속에서 고통을 당하면서 직책을 지키고 때로는 잠입하는 비적의 습격을 막으면서 악전고투 끝에 국경의 이슬로 사라지듯 비참한 최후를 마친 자도 적지 않다. 이와 같은 눈물겨운 노력과 거룩한 희생으로 조선의 치안은 유지되었다. 당시 국경을 경비하면서 몸소 고생을 겪고 부하와 함께 노고를 같이한 사람에 현 이와테현의 지사 이시쿠로 히데히코(石黒英彦) 씨가 있다.

내가 평안북도 부임 당시의 제2 내무부장은 하타 슈사쿠(奉秀作) 씨이고, 제3 경찰부장은 모리우라 구마조(森浦熊藏) 씨였는데 이 모리우라 부장의 사망 이후에 이시쿠로 히데히코 씨가 강원도(江原道) 제3 부장에서 전임해 와서 모리우라 씨의 뒤를 이었다. 그는 평안북도 경찰부장이 되어 직접 치안 공작을 담당하면서 열심히 부하를 독려하여 불령분자들이 날뛰는 것을 진압하는 데에 진력한 공적은 참으로 지대하다.

그 당시는 참으로 끊임없이 사건이 빈발하는 상태였다. 지금 돌이켜 보면 나와 같은 조잡한 머리로는 하나하나 구체적 사실을 열거할 수 없을 정도로 많은 사건이 발생했다. 물론 오늘날에 와서도 그 전모를 발표하기가 망설여지는 성질의 문제도 적지 않았다. 종래의 헌병경찰을 대신하는 신경찰제도가 수립되었다고는 하나, 아직 초기 단계여서 경비를 하는 데 각종 난관에 봉착한 상태였기에, 관계 당국의 힘들고 고되어 마음 애태우는 일은 실로 상상 밖의 것이었다.

생각건대, 세계대전의 결말을 내기 위해 미국 대통령 윌슨이 제창한 민족자결주의라는 것을 잘못 이해한 일부 과격분자의 선전·선동에 놀아나 그것을 실현 가능성이 있는 것처럼 맹신한 일부 사람들이 모든 망동과 광태를 감행한 것은 세계적 정세에 대한 인식 부족의 수치라고는 하지만 일본과 조선 융화와 제휴의 면에서 실로 섭섭하기 짝이 없는 것이었다.

내가 조선에 취임할 당시, 보통학교 아동들의 결석자가 매우 많은 점에 의문을 가지고 직원에게 그 이유를 물어보았는데, 그날이 마침 길일이라 결혼식이 있어서 결석자가 많았다고 하는 것이었다. 그 후 조혼도 금지되어 점차 그러한 폐풍도 개선되고 있었고, 교육의 보급에 따라서 한편으로 일본어(국어)를 할 수 있는 조선 동포가 점점 많아지고 있는 것은 이 또한 기뻐할 일이다.

내가 부임한 다이쇼 8년(1919년)경은 아직 일본어가 보급되지 않았으므로 모두 벙어리가 여행하는 것과 같아서 통역이 없으면 일을 할 수 없었다. 물론 조선어를 할 줄 알면 국어를 쓰지 않고 통역 없이 모든 일을 처리할 수 있으나 아무튼 조선어에 숙달되어 있지 않아서 통역을 통하여 절충하고 회담할 수밖에 없었다. 그러므로 쓸데없이 시간만을 낭비하고 능률을 올릴 수 없는 상태였다.

언어불통은 업무 처리 능률을 올릴 수 없는 불편함뿐만 아니라 가끔 의사소통이 안 되는 결점이 있다. 고로 업무 처리 능률을 올리고 완전한 의사소통을 꾀하며 이로써 일본과 조선의 융화에 이바지하기 위해서는 스스로 조선어를 할 줄 알아야 한다. 특히 경찰관에게 언어 불통은 직무 집행상 매우 장애가 되는 것으로, 범죄 수사 등에는 반드시 조선어가 필요하다.

조선에서의 재판도 역시 통역 재판이어서 사법관 스스로가 조선어로 조사하고 심리, 재판하는 일은 거의 없으며, 일본어를 이해하는 자와도 통역을 통하여 심문한다는 실정이었다. 사법관 자신이 조선어로 관계자를 취조할 때는 상당히 깊이 있게 심문을 할 수 있고, 사건의 진상을 파악할 기회가 있는데도 불구하고 통역 재판을 하면 형식에 빠진 응답을 반복할 뿐으로 진실을 파악하는 데 바로 한 발짝 앞에서 이를 놓치는 애석함이 있는데 이 또한 어쩔 수 없다.

지금까지 사법관이 열심히 공평하게 직무를 수행했으므로 통역 재판으로도 큰 잘못이 생기지 않았으나 인지의 발달과 함께 범죄도 점점 교묘하고 복잡해 가는 경향이다. 그러므로 조선에서 사법관은 가능한 한 통역 재판을 폐지하고 조선어로 재판을 진행함으로써 진실에 근거하여 판결하는 것이 필요하다.

이같이 조선에서는 모든 경우에서 조선어를 이해하지 못하면 적지 않게 불리하고 불편하기 때문에 실질적인 일본과 조선의 융화도 언어를 통하여 이루어져야 할 것이다. 총독부에서도 관리에게 조선어를 크게 장려하고 있으나, 한편 조선인에게도 일본어를 장려하고 보급을 도모함과 동시에 일본인에게도 한층 더 조선어를 장려하는 것은 일본과 조선의 관계를 더욱 긴밀하게 만든다.

나는 일본과 조선의 관계를 더 밀접하게 하기 위해서는 앞에서 말한 바와 같이 언어를 통한 융화를 꾀하는 것 외에 일본과 조선 간의 결혼 정책으로 하는 것이 가장 효과적임을 믿는다. 물론 결혼은 법률이나 기타의 힘으로 강제하기는 어려운 것이지만, 자연스러운 이해에 바탕을 둔 일본과 조선 사이에 결혼을 장려하는 것은 백 가지 의견보다 일본과 조선의 관계를 강력하게 그리고 영원히 밀접하게 하고 분리되지 않는 융화를 가져온다.

본국에서도 지금까지의 경험으로 볼 때, 피의 결합이 융합과 동화에 얼마나 효과가 있는지는 상상하기 어렵지 않다. 실제로 많은 분이 이를 실현하고 있을 뿐만 아니라 황송하게도 우리 황실에서도 자진하여 본을 보이고 계신 것은 참으

로 황공하기 이를 데 없다.[190]

교육이 보급된 이후 조선에서도 준수한 청년들이 배출되고 있다고 믿고 있다. 그리하여 우선 이러한 청년들과 본토의 상당한 가정의 여식과의 결혼을 장려하여 점차 확산하고 본토 청년에 대해서도 조선 여자와의 결혼을 권장함과 동시에 조선에 있는 청년 관리들이 솔선하여 이를 행함으로써 일본과 조선의 융합에 공헌할 것을 간절히 바란다.

---

190 역주: 영친왕 이은과 일본인으로 영친 왕비였던 이방자(李方子, 1901~1989)와의 결혼을 말한다.

82. 일본과 조선 생활 경제의 생명선

마츠오 고자부로(松尾小三郎) / 고베상사 감사역(神戸商事監査役)[191]

　　내가 태어난 고향은 오이타현(大分縣)의 오오노(大野)강 하구에 있는 츠루사키(鶴崎) 항구이며, 선조 대대로 영주인 호소카와(細川) 공의 선박 부서에 속해 있었다. 옛날 호소카와 공이 고쿠라(小倉) 영주에서 구마모토(熊本) 영주로 책봉된 후로는 이 츠루사키항이 호소카와 가문 선박 부서의 근거지가 되었고, 여기에서부터 호소카와 공은 에도(江戶, 현재의 도쿄)로 회사에 나가기 위하여 출발하였다. 이러한 상황에서 당시 상당히 번창했었던 츠루사키항도 메이지유신 후 여러 가지 사정으로 쇠퇴하여 나의 선배나 부형들이 이 점을 우려하던 것을 나도 자연스럽게 알고 있었다. 내가 몇 년 전부터 주장해 온 '두만강론'도 요컨대 이 오오노강에서

---

191 역주: 마츠오 고자부로(松尾小三郎)에 대한 저자 소개는 원저에서 무슨 이유에서인지 모르지만 빠져 있다. 마츠오 고자부로는 1873년 오이타현(大分県)에서 태어났다. 동경고등상선, 일본우선, 만철대련 해무국장을 역임하고, 다이쇼 2년(1913년) 남만주기선 주식회사의 이사로 취임하였다. 이후 일본해사 조합의 상무이사로 재임하였다. 저서에 《해양관》(海洋觀, 1902), 《고독적자각일본해중심론》(孤独的 自覚日本海中心論, 1922)과 《일본해중심론》(日本海中心論, 1942)이 있다.

출발한다.

이 논리는 나의 일관된 사명이다. 따라서 이 논리가 조선에도 미치고 만주에도 미치게 된다. 이러한 사항들을 오늘날 과학적인 표현으로 말하자면, 결국 교통과 생활 경제로 귀착이 된다. 생각하면 수상 운송은 인간 생활 속에서 경제와 가장 관련된 것이어서, 밑으로 원시인에서 위로 최고 문화 생활자에 이르기까지, 인간의 생활에 일관되게 매우 중요한 교통기관이다.

내가 지금까지 60여 년 동안 해온 연구를 종합하면, 가장 경제적인 수상 운송에 의한 교통기관을 망각한 자는 반드시 흥망이 있으나, 수송 운송에 의존한 자는 절대로 흥망이 없다. 예를 들면 철도라든가 궤도라든가 하는 것은 때로는 철거될 운명이나, 수상 운송을 이용하는 자는 예로부터 쇠퇴한 자가 없다. 이런 면에서 인간 생활 경제의 관점에서 보면, 두만강은 조선 및 만주에서 가장 중대한 영향을 끼친다.

그리하여 특히 조선 측의 생활 경제를 고찰하면 조선에는 국책으로 둘 뿐이다. 즉, "조선 반도의 인구와 식량 문제를 어떻게 할 것인가?"라는 것과 또 다른 하나는 "주변국 관계에서 섬나라인 일본의 인구·식량 문제가 조선에 어떠한 영향을 가지는가? 이에 어떻게 대처하는가?"라는 이 두 문제가 조선의 중대 문제이다. 이 생활 경제를 교통 면에서 연구하면 결국 조선 자체의 인구·식량 문제와 본국의 인구·식량 문제를 두만강으로 해결할 수밖에 없다고 단정하게 된다.

그 이유는 조선은 그 배후에 만주와 몽골 그리고 시베리아라는 대 생산지를 가지고 있는 관계로 여기에 조선이 문제를 해결할 생명선을 가져야 한다. 여기에 직접 모국의 문제를 해결하는 생명선을 만드는 것이 확실히 조선의 평화를 유지하는 유일한 방책이며, 이 밖에는 어떠한 적당한 방법은 없다. 즉 이에는 만주-몽골에 대한 관계와 본국에 대한 관계 둘이 있다.

우선 만주와 몽골 생산지의 관계는, 인간의 생활, 경제가 예로부터 하천을 이용하고 있고, 송화강(松花江) 300리 사이에 있는 이른바 페토나(페트나 | 백도납, 伯都納)[192]에서 하바롭스크 사이에 만주와 몽골의 물자가 모두 집중하는 상황에 있다. 게다가 이 300리 사이에 모이는 만주와 몽골의 물자는 모두 강을 따라 두만강에 집중된다. 즉 서쪽에서는 송화강의 지류, 중앙에서는 모란강(牡丹江), 동쪽에서는 우수리강을 따라 만주와 몽골의 풍부한 물자가 두만강 유역으로 모인다.

위 세 개의 계통인 송화강 연안에서의 형세가, 이전 발해 왕국 시대에도 대도시가 번영한 오늘날의 동쪽에서 하바롭스크, 중앙의 삼성(三姓), 서쪽으로 페토나가 결국 모란강 유역에 떨어져 오는 기점이다. 즉 동(東) 우수리강을 거슬러 올라가서 혼춘강(琿春江)을 내려와 두만강과 합류하고, 중앙은 모란강을 거슬러 올라가서 우하강을 내려가 두만강과 합류한다. 그리하여 서쪽에서는 페트나에서부터는 송화강을 거슬러 올라가 포이합통강(布爾哈通江)을 따라 두만강과 합류한다. 이렇게 하여 발해 왕국은 두만강을 기점으로 처음 우리 일본으로 접근하였다.

동(東) 만주 방면에서 두만강을 이용한 발해 왕국만이 일찍이 큰 나라를 이루었다. 최근 세상 사람들은 만주와 몽골 또는 중국에 관하여 말이 많으나, 우

---

192 역주: 페트나(伯都納)는 현재 북쪽의 '부여(扶餘)'를 말한다. 청나라 '강희~건륭' 연대, 곧 17세기 후반에서 18세기 전반에 걸쳐 중국 동북부 각지에 새롭게 도시가 설치되었다. 시베리아에서 확대되어 온 제정 러시아 세력을 막기 위한 강희제의 북만 원정이 직접적인 계기가 되었다. 그리하여 중국 동북부 각지에 군사 거점을 마련하게 됨과 동시에 군사 물자가 식량을 반송하기 위해서 랴오허강(遼河江)이나 송화강(松花江)의 수운 등 교통, 운수 체계를 정비하였다. 이처럼 청의 옛 땅인 '성경(盛京)'을 비롯하여 카이위안(開原), 지린(吉林), 페트나(伯都納), 치치하얼(齊齊哈爾), 삼성(三姓) 등의 도시가 주로 대강변에 건설된 것은 여름에는 배를 이용해 수운, 겨울에는 말 썰매를 이용해 빙상 수송에 편리하기 때문이다. 이리하여 한족 상인, 장인, 짐꾼 등이 모여 군사적인 성격 외에 상업적 기능을 높여 갔다.(양의신(2016). 공간경제학의 시점에서 본 명·청 대의 중국 동복부의 경제개발. 히로시마 경제대학 경제연구논문집 39권 1, 2호. 참조.)

리 나라 옛 역사에 비추어 보면 이 발해 왕국과의 관계 외에 일본의 생활 경제와 관계를 맺은 나라가 어디에 있었을까? 오직 두만강을 이용한 발해 왕국만이 우리 나라와의 생활 경제에서 깊은 관계를 맺은 것을 보아, 만주와 몽골의 생산물을 가장 유효하게 개발하고 이용하는 방법은 단 하나, 발해 왕국 시대의 고사를 배우는 수밖에 없다고 단언한다.

돌이켜보면 우리 본국 및 조선으로서는 만주와 몽골 대륙의 물자를 두만강 유역으로 실어내 직접 이것을 각지로 나누는 것 외에 최선의 방책을 발견할 수 없다. 특히, 조선으로서는 섬나라인 본국의 인구·식량 문제를 조선을 경유하지 않고 직접 두만강 하구에서 해결하는 것은, 생각하면 조선 통치상의 문제 해결 중의 하나일 것이다. 즉 조선 측으로서도 자기의 생명선인 인구·식량 문제를 해결할 방법 및 본국의 인구·식량 문제를 해결해 주어야 하는 반도의 사명이 다만 이 두만강을 이용하는 문제에 달려 있다고 말할 수 있다.

이런 사실에 근거하여 고찰해 보아도 현재 간도는 북조선인의 생활 경제의 연장이 아닌가? 또한 옛날 발해에서 우리 일본에 왕래한 사실 및 현재 우리 나라 각 현의 어선이 서수라(西水羅)[193] 어항에 몰려 있다는 사실은 조선 및 본국의 생명선이 이를 기점으로 하여 옛날 발해 왕국의 역사를 재현하고 있는 증거가 아닐까? 그런데도 아직도 이 문제를 해결하는 데에 깊은 주의를 베풀지 않는 것이 오늘날의 사상 및 생활상 문제의 정체 원인이 아닐까?

이러한 관점에서 보면 무슨 이유로 간도 지역의 마족이나 비적을 소탕하는 일을 먼저 하지 않았는지, 또한 생활 경제에 요구되는 생명선 기점의 구축을 옛 역사와 오늘날의 민중적 사실로 소홀히 하여 만주와 몽고의 서쪽 또는 남쪽에

---

193 역주: 함경북도 경흥군 노서면, 현 나진 선봉시 서수라리에 있는 항구로, 두만강 어귀의 남서쪽 바닷가에 있다.

서 이 중요 지점으로 비적을 몰아붙였는지는 우리 같은 연구자에게는 굉장히 유감스러운 일이다.

이러한 오늘날의 상태를 그대로 두고, 만주-몽골 대 중국의 정책을 제정하려고 해도 우리의 이른바 생명선의 기점을 조속히 완성하는 것은 불가능하다. 그리하여 농어촌과 같은 실제 문제는 이 잘못된 정책 때문에 한층 더 심해질 것이다.

우리의 이 주장은 민족의 실제 생활에 기점을 두는 것이며, 또한 우리의 선조가 원시시대부터 교통기관이었던 수운(水運)의 편리함을 강조하여 쌓아 올린, 역사와 전통이 있는 공동생활의 강화에 근거를 둔다. 그 이유는 우리의 선조 때부터 수운으로 인생 출발의 기점을 이 향토에 둔 것이고, 이것이 끈질기게 발달한 곳에 가족주의가 철저해지며, 전통과 역사가 처음으로 존중된다.

이 향토를 무시하는 신개척주의에 의해 생겨난 토지는 결국 역사도, 전통도, 존중되는 인연도 없다. 다만 생존하는 것만이 목적인 인간의 행동이라고밖에 생각되지 않는다. 이것은 개인주의에 입각한 문화에서는 당연한지 모르겠으나, 향토의 나무 하나, 돌 하나마저 선조의 역사를 말하는, 전통이 드러나는 심오한 동양 문화와는 매우 알맞지 않다. 우리는 이 향토 강조 주의의 생명선을 원하는가? 또는 향락적인 유럽과 미국식의, 새로운 말로 바꿔 말하자면, 자본주의적인 생명선을 바라는가? 이것이 우리가 오늘날 크게 반성해야 할 문제일 것이다.

동양 문화의 가장 정수인 가족주의로 생명선을 구축하려고 하는 것이라면 역사와 사실에 따라 우리의 생명선의 기점을 두만강 변에 완성하는 것 외에는 방법이 없다. 특히, 조선은 우리 본국과 함께 가족주의에 철저해 있다. 이것을 지금까지의 생활 경제에서 중요한 지위를 점하고 있었던 수운 교통 측면에서 고찰하였다면 사정과 지리, 기타 여러 가지 상황을 모두 통일하여 한결같이 생명선을 구축한다는 것은 곤란할 것이다.

그 이유는 조선 반도와 우리 섬나라인 본국의 향토는 결코 대륙 평야의 촌락이 아니라는 것이다. 서로 다르며, 게다가 바꿀 수 없다는 견해가 있다. 따라서 대륙의 방식인 힘으로만 통일하는 것은 예로부터 불가능하다. 이러한 우리 반도국 및 섬나라의 특징은 그들의 향토의 특징에 입각한, '완전한 생활'을 최대 요건으로 하고 있다. 적어도 경제에서는 이것이 가장 필요하였다. 그리고 이들을 중앙에 통일시키는 것은 옛날의 오사카(大阪)에 있었던 창고가 딸린 주택 외에 적당한 방법은 없는 것이다.

즉 향토의 특징에 입각한 분업 생산물을 오사카에 집중시킨 창고가 딸린 주택이야말로 실로 일본의 생활 경제를 가장 교묘하게 구축한 것으로 생각한다. 그리하여 앞으로의 우리 요구는 이 창고부 저택 제도를 두만강 변에 건설하는 것 외에 국책의 중대사는 없을 터이다. 이 점을 잊고 어디에 우리 일본의 국책이 존재할 수 있을까? 이 점에서 우리는 오늘날의 대만 정책에 관해 크나큰 의혹을 품지 않을 수 없는 것이다.

마지막으로 오늘날 일본과 조선이 경제적 및 사상적으로 벽에 부딪힌 것은, 반도 및 섬나라인 본국의 특수한 상황에 근거하여 우리의 선조가 쌓아 올린 향토 특징까지 무시한 것에 기인한 것이다. 따라서 비대한 중앙집권으로 생활 경제의 기초를 파괴하고 있는 것을 우리는 매우 유감으로 생각한다. 그리고 전통을 존중하라, 역사의 긍지를 느끼라고 외치고 있으면서 오늘날의 자치제도는 과연 이를 조장하는 처지에 있는지 없는지, 오히려 유럽 문명에 있는 대륙의 촌락들처럼 획일적으로 이를 시행하여 전통도 역사도 무시하는 곳에 즉 일대 국난이 일어나고 있는 것은 아닌가.

참고로 한번 생각해 보기 바란다. 북쪽에는 곰 가죽을 입고, 작업바지(몸뻬)를 입고 곰 그대로의 생활을 해야 하는 곳이 있지 않은가. 또한 남쪽에는 벌거숭이인 채 원숭이처럼 생활해야 하는 인민이 있다. 이 원숭이와 곰을 자연스럽게, 생긴 대로 자유롭게 발달시켜 중앙으로 통일하는 것에 '일본 문화'가 있지 않은가? 그런데도 원숭이의 사고방식으로 곰을 일방적으로 밀어붙이고, 곰의 사고방식으로 원숭이를 다스리는 것 같은 미숙한 관리들의 식견으로 중앙집권적인 권력만으로 정치를 하는 곳에 일대 결함이 있는 것은 아닐까? 조선에는 호랑이가 있고 이리도 있다. 그러나 장백산 너머 북쪽에 있는 곰을 조선에서는 볼 수 없다고 한다. 이 차이만을 생각하는 곳에 처음으로 가족주의, 향토주의의 존귀함이 있는 것이 아닌가.

이러한 연구 관점에 근거하여 과거 십수 년간 홀로 민중과 싸우면서 측량하고, 계획하며, 설계도 하였다. 그리하여 두만강 운하, 만포 축항, 서수라 중앙 어항을 선택하여 오늘날까지도 아직 연구 노력을 계속하고 있다. 나는 결코 예언자는 아니나, 내가 주장하는 이러한 사안이 상당한 의의가 있게 되어 우선 연구를 시작하게 되는 시대가 되지 않으면 우리 나라 국책의 확정 같은 것은 도저히 불가능한 것이라고 믿는 바이다. 매우 대담한 이야기이나 이것만은 여기에 첨언하겠다.

83

재계 공황⑽닉⑾ 당시의 회고

이노우치 이사무(井內勇) / 전 조선은행 이사[194]

나는 다이쇼 5년(1916년) 12월 말경 하코다테(函館) 세관장에서 조선은행의 한 행원으로 조선에 부임했다. 아무래도 조선은 처음이라 몇 년 동안은 특별한 일 없이 거의 정신없이 지냈는데 다이쇼 7, 8년(1918~1919년) 무렵, '시베리아 출병'으로 본국에서 여러 사단 병력이 하얼빈, 봉천(奉天) 그리고 포염(浦鹽) 방면을 근거지로 파병되었다. 당시의 대장대신(大將大臣)은 가츠다 슈케이(藤田主計) 씨였는데 이미 우리 나라가 출병한 이상, 이들 군대에 식량, 땔감 기타 일용 필수품인 '물자'를 공급해야 하는데, 그것을 어떻게 사들이냐는 문제가 발생하였다.

그런데 이 물자를 사들일 상대방은 러시아인과 중국인이기 때문에 대금 지

---

194 역주: 이노우치 이사무(井內勇)에 대한 저자 소개는 원저에서 무슨 이유에서인지 모르지만 빠져 있다. 이
노우치 이사무는 메이지 12년(1879년), 동경부토족인 이노우치 간이치의 장남으로 태어나, 메이지 31년
(1898년)에 집안을 상속하였다. 메이지 38년(1905년)에 동경제국대학 법과대학 프랑스법학과를 졸업하
여 조선은행(주)의 이사가 되었다. (나고야대학 대학원 법학연구과, "인사흥신록 데이터베이스" 참조)

급 방법에서 몹시 곤란에 봉착하였다. 지난 일러전쟁 때, 군대는 은표(銀票)를 발행하였으나 이번에는 금본위(金本位) 군표(軍票)를 발행하여 물자 구매 시에 이 군표도 지급했는데, 중국인 및 러시아 상인은 일본 정부가 발행한 이 군표의 수취를 거절하고 중국 화폐 또는 러시아 루블이 아니면 받지 않아, 물자를 사들일 수 없는 상태가 되어 다른 대책을 찾아야 했다.

그리하여 하는 수 없이 우리 군표를 중국 화폐나 러시아 루블로 바꾸어서 사용하게 되었다. 즉 이에 군표의 시세가 형성되어 믿음직스럽지 못한 환전상이 마치 우후죽순처럼 생겨났다. 이들은 우리 군표에 매우 부당한 시세를 적용하여 싸게 평가하고, 이로써 자기들의 배를 불리게 되었다. 그렇다고 하여 군대가 이들을 상대로 하여 시비를 거는 것은 도저히 불가능하여 시베리아에 출병한 군대 비용의 출납을 조선은행이 맡게 되었다.

이 출납 사무에 따라 중국과 러시아 화폐의 교환 업무도 조선은행이 인수하여 각처에서의 조표 시가를 조사하여, 가능한 한 유리하게 이를 매각하여 군에 넘기면 군은 이 돈으로 군사 비용을 충당하기로 하였다. 이를 위해 조선은행은 포염과 하얼빈 방면에 특파원을 파견하여 이들 중요 업무를 오류 없이 수행하게 되었다.

나는 하얼빈을 중심으로 하여 파견되었는데 당시, 지금의 아라키 사다오(荒木貞夫) 대장이 대좌로 하얼빈 특무 기관으로 주재하고 있어서 여러 가지로 신세 진 것을 기억하고 있다. 당시 하얼빈에는 조선 사람들도 다수 있었고, 여러 가지 문제도 있었던 것 같다. 그리고 그 후 나는 다렌(大連) 지점장이 되어 다이쇼 12년(1923년)에 이사가 되어 다시 경성으로 돌아왔다.

지금 와서 생각하면 당시 통감하고 있었던 것은 조선에 대한 일반의 인식이 부족했고, 조선을 경시하고 있었다는 것이다. 이 점에 관하여는 당시에 분개도

하고 통탄한 적이 여러 번 있었다. 그런데 경시받던 조선이 오늘날 생산 4억, 무역액 10억을 헤아리게 된 것은 실로 격세지감이 있다.

내가 조선에 부임했을 당시는 조선도 참으로 빈약해서 일반에게 경시받는 것도 무리가 아니었다. 당시의 조선은 빈약의 대명사처럼 생각되어 '조선=빈약'이라는 상태였다. 그러나 역대 총독의 시정 방침이 적절했고, 세상 사람들이 조선을 경시하는 동안, 어떻게든 조선인의 힘을 키워 훌륭한 사람이 되도록 지도하려는 관민 일치된 노력의 결과로 오늘날에 이르렀으니 오늘날 조선의 발전은 참으로 이들의 노고와 협력의 선물일 것이다.

지난번에 본국 금융계에 대공황이 일어나, 은행은 급히 지급을 정지하고 휴업자가 속출하는 상황이 벌어졌을 때 이것이 조선에도 파급될 염려가 있었다. 그리하여 중앙은행인 조선은행은 이에 어떻게 대처할 것인가에 관하여 오전 5시부터 협의를 계속하였다. 만일 본국 재계 공황이 조선 전토에 불통으로 튀어 각 지의 금융기관이 휴업하고 지급을 정지하면 단지 금융계만의 문제로도 중대할 뿐만 아니라 이어서 민심이 악화하는 것을 염려하지 않을 수 없었다.

그리하여 이 같은 특수한 사회 정세를 고려하여, 결국 조선을 신중히 처리하여 물심양면으로 악영향을 끼치는 것은 피하기로 결의하고, 총독부 당국과도 충분히 협조를 하여 모라토리엄(지급유예)을 시행하게 되었다. 그리하여 그 기간 만료 전일이 되었는데, 각처에서 만일 모라토리엄 기간 만료와 동시에 본국처럼 업무를 개시하였을 때 개시 후에도 민중이 불안감을 품고 각 은행에서 모두가 예금 환급을 청구하면 곤란하다는 염려가 있어 이에 대하여 뭔가 고려해 달라고 하는 요구가 조선은행에 제출되었다.

그것은 조선은행이 평소 각 은행에 자금을 융통해 주고 있으나, 그 이상으로 자금 융통의 길을 열어놓아 달라는 요구였다. 그리하여 그중 극단적인 인사는 중앙은행이 이러한 난국에는 무제한으로 각 은행에 자금을 융통하라고까지 다그치는 것이었다. 그것도 내일 오전 9시부터 은행 문을 여느냐 마느냐 하는 절박한 상황을 오후에 토의하게 되었기 때문에 매우 당황하였다.

그런데 본국의 각 은행이 문을 여는데도 조선의 은행만 문을 열지 않을 수는 없었고, 조선은행으로서도 적극적으로 지원한다고 해도 무담보, 무제한으로 대출할 수는 없다. 제공할 담보가 있으면 그에 따라 1천만 원이든 2천만 원이든 융통해 주어, 비록 담보는 관대하게 평가한다고 해도 담보로 조선은행이 자금을 지원하기로 하여 각 은행도 그날 안에 절차를 마치고 조선은행에서 자금을 가지고 돌아간 것이다.

이리하여 이 정도면 문제없다고 생각하여 문을 연 결과, 일반 예금자에게도 은행이 그만한 준비가 되어 있는 것이 홍보되었는지 조선은 평온무사하게 끝날 수 있었다. 그런데 만주 방면에서는 일시에 예금을 찾아가는 소요가 일어나 곤란을 겪은 것 같았다. 이처럼 민중에게 아무런 손해도 끼치지 않고 수습할 수 있었을 뿐만 아니라 한편 본국과 만주 등의 일대 혼란에도 아랑곳하지 않고 조선만이 미동도 하지 않은 것은 물심양면으로 큰 공헌을 했기 때문이라고 믿어진다.

그 후 총독부의 명령에 따라 지방의 약소한 은행을 합병하여 조직을 강화하기 위해 대구와 부산 방면의 작은 은행을 정리 합병하여 그 기초를 공고케 하였다.

생각해 보면, 국력이 세계적으로 발전해 가기 위해서는 먼저 충실한 실력이 필요하다. 실력의 충실을 도모하지 않고 아무 생각 없이 발전, 발전만을 외치면 세인의 귀에는 듣기 좋을지 모르나, 그것은 공포탄일 뿐이며 실력이 충실하지 않으면 국가 발전은 바라기 어렵다.

일찍이 나는 본국의 정계와 대중이 만주 문제에 관심을 크게 갖지만, 조선 문제에는 아무런 관심이 없는 것을 분개한 적이 있다. 조선은 합병으로 일심동

체가 되었는데, 이를 경시하여 중요한 조선의 개발과 발전을 두 번째, 세 번째로 생각하는 것이 큰 불만이었다. 그러나 오늘날에 와서는 조선도 모든 방면에서 크게 발전하여 대만, 관동주(關東州) 그리고 사할린 등은 조선의 발밑에도 미치지 못할 정도가 되었기 때문에 비로소 나도 가슴이 후련하게 되었다.

그러나 조선은 지금까지를 '건설 시대'로 하고 이후로는 점점 더 이것을 발전시키는 데 노력할 필요가 있다. 특히 현 우가키(宇垣) 총독의 '남쪽 면화 키우기'와 '북쪽 면양 기르기 정책'이 성공하기를 마음속 깊이 기원한다. 외국이 탐내는 물자를 조선 내에서 생산하는 것을, 비록 몇십 년 걸리더라도 크게 이를 장려하여 성공시킬 것을 간절히 바라는 것이다.

조선에서는 관민이 일치하여 협력을 매우 많이 하고 있는데, 다만 한 가지 염려스러운 것은 교육 문제이다. 본국에서도 크게 고려할 사안이지만 조선에서도 졸렬한 교육 방침 때문에 부모는 먹는 둥 마는 둥 하는 상태에 놓여 있어도 아이들을 학교에 보냈는데, 졸업 후에도 2년, 3년 놀고먹는 것은 국가에 대한 큰 손실이고 그야말로 몇억, 몇십억 엔의 손해이다.

그러므로 조선의 교육 문제는 충분히 고려할 필요가 있다. 그저 공리공론에 빠져서 본국의 전철을 밟지 않도록 주의해야 한다. 교육 문제는 열심히 진지하게 대처하도록 하여 일개 관료에게 이를 맡기지 말고 총독 자신이 진두지휘하기를 바란다. 본국에서도 총리대신 자신이 왜 문교 행정을 지휘하지 않는지, 국가 구성의 중대한 임무에 취임할 청년의 교육은 결코 여가의 일로 취급하거나 경솔하게 다룰 것이 아니다. 이 교육 문제가 안전하게 처리되어 가면 조선은 훌륭해질 것이다.

식산흥업(殖産興業) 문제에서는 조선도 25년의 노고의 결과가 나타나고 있는데 한편 교육 문제를 완전무결한 것으로 하고 싶다. 이 문제가 완성되면 조선은 모국을 위해 매우 중요한 위치를 갖게 될 것이다. 교육이란 눈에 보이지 않고 화려하지 않다. 타인이 보지 않는 곳에서의 고생이다. 총독 자신이 진두지휘하여 교육의 혁신과 개선을 도모하고 크게 국가를 위해 형편에 따라, 힘써줄 것을 간절히 바라는 바이다.

84

재계 공황 당시의 고충

스즈키 시마키치(鈴木島吉) / 전 조선은행 총재[195]

쇼와 2년(1927년)에 한 은행에서 한꺼번에 예금을 인출하는 소요가 발단이 되어 거의 전국으로 퍼져 기어코 미증유의 재계 대공황[196]이 일어났다. 대만은행과 스즈키(鈴木) 상점의 도산 등이 거듭되어 파산의 참상이 겉으로 나타나기까지

역주: 스즈키 시마키치(鈴木島吉)에 대한 저자 소개는 원저에서 무슨 이유에서인지 모르지만 빠져 있다. 스즈키 시마키치는 메이지 시대의 은행가이다. 게이오 2년(1866년) 시즈오카현에서 스즈키 류조(鈴木瀧藏)의 장남으로 출생하여, 메이지 42년(1909년)에 집안을 상속하였다. 메이지 22년(1899년)에 게이오 대학을 졸업하고, 요코하마정금은행에 입사하여 상해지점장, 다이쇼 6년(1917년)에 부행장을 거쳐 조선은행 총재로 되었다. 이후 일본흥업은행의 다섯 번째 총재가 되어 금융공황에 대처하였다. 쇼와 18년(1943년), 78세로 사망. (나고야대학 대학원 법학연구과, "인사흥신록 데이터베이스" 참조)

196 역주: 제1차 와카츠키 레이지로(若槻礼次郎) 내각이 지진 재해 어음 처리에 착수했을 때, 의회의 토론에서 대만은행의 불량대출이 폭로되어, 이것을 계기로 스즈키 상점과 은행 등의 도산이 계속되었다. 와카츠키 내각은 대만은행 구제의 긴급 칙령안이 추밀원에서 부결되었으므로 모두 사직하고, 대신 다나카 기이치(田中義一) 내각이 일본은행에서 비상 대출을 함과 동시에 긴급 칙령으로 3주간의 지불 유예령(모라토리엄)을 명령하여 수습했다.

로 이른 것은, 현재 신문 지상을 떠들썩하게 하는 이른바 테이진사건[197]을 통해서 세인의 기억에 되살아난 것이다. 이러한 재계의 혼란을 방지하고 안정을 꾀하기 위하여 정부는 구제책을 마련하기로 결정하고 대만은행에 대해서는 2억 엔, 본국의 여러 은행에 대해서는 5억 엔을 한도로 일본은행이 융자하도록 하고 정부는 그 손실을 보상하기로 하여, 이로써 본국 및 대만의 금융계를 구제하기로 하였다.

이러한 본국 대공황의 여파는 또 조선과 만주 지역에까지 미치게 되어, 본국과 똑같이 재계의 공황을 일으켜 두 지역의 모든 금융기관이 심각한 난국에 직면하기에 이르렀다. 그러나 조선에서는 은행의 파산도 그다지 없었고 또한 중앙정부로부터 어떤 특별한 원조 없이 이 난관을 벗어날 수 있었던 것은 말할 것 없이 조선의 금융기관의 내실이 본국 또는 대만의 그것과 비교해서 견실하였다는 것으로 조선은 그 신용상 당연히 기뻐해야 할 일이었다.

그런데 그 후에 재계가 혼란한 때에 즈음해서 대만은행은 2억 엔의 국가 보조를 받고, 본국 또한 5억 엔의 구제를 받고 있었다. 반면에 조선은 어떠한 국가 보조도 청하지 않고 고심해서 경영함으로써 자력으로 그 난관을 돌파했다. 그런데 그 결함을 보전하고 이를 정리해야 하는 것은 오히려 손해를 보았다고 하는 것 같은 빈정대는 말을 함부로 하는 자도 있었지만, 이는 참으로 천박한 견해이며 생각이 짧은 것도 이만저만이 아니라 하겠다.

이미 본국에서도 그와 같은 금융계의 공황이 벌어지고, 대만에서도 같은 대혼란이 일어났음에도 오직 조선에서는 아무런 국가 원조 없이 자력으로 이를 수

---

197 역주: 제인사건(帝人事件)은 제국인견회사의 주식 매매를 둘러싼 부패 사건이다. 쇼와 9년(1934년)의 제65회 의회에서 정부 공격의 빌미가 되어, 사이토 미노루 내각은 전원 사직하였으나, 모두 무죄로 풀려났다.

습하고 처리할 수 있었다. 조선 민중에게 우리 일본의 금융기관이 얼마나 견실하고, 철두철미해서 신뢰하기에 충분했던가를 새로 따라오게 된 해외 동포에게 보여줄 수 있었던 것은 우리 일본의 신용을 위해서 크게 기뻐해야 할 일이었다.

그 당시 조선은행이 일반인에게서 얼마나 신용을 얻고 있었는가를 보여주는 한 예로서 기술해 보면, 폐점한 대만은행에서 인출된 돈이 우리 조선은행의 예금으로 들어오는 실정이었다. 그리고 대만은행의 휴업에 즈음하여 동업자의 불행을 앞에 두고 여기만 느긋한 태도로 나가는 것은 분별이 없다고 여겨서 특별히 시간 외 근무 등을 했는데, 그러면 오히려 은행의 내용에 관하여 일반 사람들로부터 오해받을 염려가 있으니 정시에 마감하라는 주의를 외부로부터 받은 일도 있었다.

또한 본국의 금융계 대공황은 그 여파가 조선과 같이 만주에도 파급되어 본국에서와 마찬가지로 은행 예금을 일시에 찾는 소요가 일어나려고 해서 매우 전전긍긍한 바가 있었다. 그러나 조선은행이 그들 은행에 자금을 융통해 주어, 일시적인 인출에 대응케 함으로써 특히 의회의 문제가 되지 않고도 구제 목적을 달성할 수 있었다.

그리고 본국 은행의 구제를 위해서 정부는 5억 엔을 한도로 일본은행에 특별 융자를 해주는 것으로 정리했다. 10년간의 정리 기간, 즉 쇼와 12년(1937년)까지 그 모두를 정산하여 그 정리액이 5억 엔을 초과하면 5억 엔만을 국가가 일본은행에 보상하고, 초과하는 금액은 일본은행의 손실로 귀착되나, 만약 그 정리액이 5억 엔을 초과하지 않을 때는 그 차액은 즉시 일본은행의 이익이 된다.

만약 조선에서도 그 당시 사태를 방관하는 것으로 소요가 폭발하여 경제계에 혼란이 초래되었다면 국가가 조선의 금융기관을 구제하고 정리해 주었을 것이다. 물론 조선 금융계에도 어떤 결함이 있었음을 동업자는 모두 알고 있었으나, 일반 민중에게는 전혀 알려지지 않았다.

그러므로 은행에서 한번 예금 일시 인출 소요가 일어나면, 민중에게 대단한 우려와 정신적인 타격을 주게 되어 영원히 조선에서 우리 금융기관을 절대로 신용할 수 없다는 나쁜 인상을 그들의 뇌리에 새기게 되었을 것이다. 그렇게 되면 신용 회복은 지극히 어려운 일이 되어 얻는 것은 적고 잃은 것이 많아, 금융기관의 장래에 유감스럽기 이를 데 없다고 하겠다. 그러나 그러한 일이 없이 사태를 수습하고 더구나 정부의 구제 없이 각자가 막대한 손실을 보지 않고 방지할 수 있었음은 조선 금융계의 장래를 위해서, 또 장차 국가를 위해서 매우 다행스러웠음을 통감하게 된다.

그 후 조선 산업계도 한층 신흥 추세로 나아가고, 각 분야가 함께 활기를 띠게 되었다. 특히 만주 문제 발생 후에는 조선의 사업도 훨씬 더 박차가 가해져 번영에 이르려 하고 있다. 조선 동포 또한 일본(모국)에 대한 신뢰도를 매우 높여 홀연히 융화하는 정세를 전개하기에 이르게 되었다. 이것은 역대 총독을 위시한 일본과 조선의 정계와 일반 관계자의 부단한 노력에 의함은 물론이다. 한편 그 신뢰도를 높인 것은 재계의 대공황에 직면하여 조선 동포에 대해서 어떠한 손실도 입히지 않고, 또한 정신적으로도 불안과 두려움을 갖지 않도록 한 점도 일익을 담당하였다고 믿는 바이다. 그 당시 나는 조선은행에 재직하는 중에 이 혼란을 맞이하였는데, 미력이나마 힘을 다하여 신용 유지에 노력했다. 오늘날 이를 돌아보면 참으로 감개무량하다.

85. 황폐가 극에 달했던 조선

아라카와 고로(荒川五郎) / 중의원 의원[198]

돌아보면 우리 나라는 메이지유신 이래 매우 다사다난하였다. 그 주된 원인
은 대체로 조선 문제와 관련이 있다. 즉 진구황후(神功皇后, 고대 일본의 전설적인 황후), 호
타이코(豊太閤, 도요토미 헤데요시의 존칭) 등의 아주 옛날은 제쳐놓고, 메이지유신(명치유신)
이후 강화도사건(1876년), 메이지 15년(1882년)의 임오군란, 메이지 17년(1884년)의
갑신정변, 메이지 27~28년(1894~1895년)의 청일전쟁, 메이지 37~38년(1904~1905년)

---

198 역주: 원 책의 저자 소개는 다음과 같다.

아라카와 고로(荒川五郎) 씨는 히로시마현(廣島縣) 사람인 아라카와 류우스케(荒川柳介) 씨의 다섯
째 아들로, 게이오(慶應) 원년(1865년) 6월에 태어나 메이지 33년(1900년)에 일가를 창립하였다. 메이
지 26년(1893년)에 일본 법률학교를 졸업하고 일본 대학 사무장 겸 교무주임, 쥬고쿠(中國, 일본 본토
의 서쪽 끝 지방. 역자 주) 신문 주사(主事), 히로시마현 가정여학교장, 통속(通俗) 교육조사위원회 위
원, 체신성성 부참정관으로 임명되었다. 일본 대학 전국사립학교협회 이사장 등에 추천되었고, 주로 교
육사업에 종사하였다. 메이지 37년(1904년) 이래 중의원 의원으로 히로시마현에서 선출되어 매회 당선
되고 현재 민정당(民政黨) 고문이다. 그는 《조선사정》의 저자인 만큼 반도 사정에 가장 잘 이해하고 항
상 조선을 위해 진력하고 있다.

의 러일전쟁 등의 특별한 사건과 같이 모두 그 원인은 조선 문제이다. 이로 말미암아 우리 나라는 바쁘기 그지없고, 따라서 국민의 부담도 더욱더 증대하기에 이르렀다.

이러한 점에서 보면 조선은 항상 우리 나라에 화를 입히는 것으로 이해되고 있으나 이러한 빈번한 문제로 말미암아 우리 나라가 이에 자극받고, 충동을 받아 부단한 진보와 발전을 이룩하였다. 이러한 의미에서 보면 우리 나라는 조선 문제를 발단으로 오늘날과 같은 국제적으로도 우월한 지위를 획득하게 된 것이다.

이같이 우리 나라와 조선은 점점 떨어질 수 없는 관계에 있게 되었고, 이 밀접하고도 떨어질 수 없는 관계를 여실히 표현한 것이 곧 통감 정치였다. 그런데 당시에서는 조선에 관한 서적으로는 대부분 상류 계급 사람들에 관계되는 것뿐으로, 조선 전반에 걸쳐서 모든 것을 인식시켜 주는 것이 적었다. 그렇지만 그렇게 밀접한 관계를 갖게 된 우리 나라로서는 조선의 국정을 확실하게 인식하는 것이 가장 중요하고 긴급한 사항이었다.

그래서 나는 조선 전반을 우리 나라에 소개할 중대한 목적을 가지고 메이지 38년 봄에 조선 시찰 여행길에 오르기로 하였는데 조선에서 어떻게 조선을 시찰할 것인가가 당면한 문제였고, 그 시찰의 순서 방법에 관해서 충분한 고려가 필요하였다. 그야말로 그 당시의 조선에 관해서는 경성이라든가 상층 계급에 관한 사항은 대체로 분명하나, 하층에 관한 사항에 관해서는 거의 우리 나라 사람에게 알려지지 않았다.

그러므로 나는 먼저 시찰 기간을 90일로 예정했다. 그중 60일을 일반 하층 쪽을 시찰할 일정으로, 20일은 중류층을, 그리고 상류층의 시찰에 나머지 10일을 할당하면, 조선의 실상을 각 방면에 걸쳐서 널리 이해할 수 있을 것이라는 생각으로 시찰길에 올랐다.

시찰 내용은 매우 다양해서 기이한 이야기와 진귀한 소문도 있고, 자연의 산천초목에서부터 국민의 생활 상태와 산업, 교통 상황 기타에 걸쳐서 골고루 견문하였다. 이 시찰 결과를 바탕으로 이토 통감 앞으로 내가 조선 통치 문제에 관해서 올렸는데, 이토 공작이 기꺼이 그 건의를 받아들인 것은 매우 기쁜 일이었고, 아울러 사람을 포용하는 데 인색함이 없는 공작의 큰 도량에 탄복을 금치 못하였다.

그 당시 조선에는 이른바 화전민이 많았고 산을 불태워서 그 자리에 메밀을 심는 상황이었다. 따라서 조선에는 첫째, 산다운 산이 없었다. 그리고 하천도 없고 도로도 없었다. 만약에 비가 오면 범람하는 하천물이 도로를 쓸어버리고 논밭을 잠기게 해서 온통 강변의 모래 자갈밭처럼 만들어 하천, 도로, 논밭의 구별을 못 하도록 해버린다. 이와 같은 황폐를 거듭해 온 조선이 그 근본을 다스리지 않고 과연 산업의 발달을 바랄 수 있겠는가. 말을 하지 않아도 명백하였다.

따라서 나는 이토 공작에게 이렇게 보고했다. 조선의 현재 상황은 산도 없고, 하천도 없고, 논밭도 없다. 그렇다면 조선이란 어디에 있는지 의심치 않을 수가 없다. 이를 오늘의 상태대로 방치한다면 그 벌거숭이산은 점차 붕괴해서 흘러내려가 버리고, 먼 장래에는 조선 전 국토가 모조리 사막으로 변할 우려가 있다. 그러므로 조선 통치의 핵심은 우선 먼저 치산(治山)에 있다. 산을 다스리지 않아 산림이 황폐하고 논밭이 황폐하면 따라서 사람도 황폐하게 되는 것은 참말로 당연한 이치이다. 이런 점에서 조선을 황폐해지는 참상에서 구제하고 복구하려면 첫째가 치산이다. 다시 말하면 산을 다스림으로써 물이 다스려지고, 논밭도 범람 때문에 황무지가 되는 재앙을 면하게 되어 농경지의 기능을 발휘해서 생산 증가를 보게 되며, 따라서 민심을 황폐로부터 구하여 안정시킬 수 있으리라는 것을 거리낌 없이 모두 말하였다.

둘째는 인천항 축조의 문제였다. 내가 한국 시찰 당시에는 마침 인천항을 수축(修築)하고 있을 때였고 그 당시 한국의 외부에 대한 통상은 부산, 인천 그리고 원산이 주축이었다. 그리하여 인천은 중국에 대한 현관이었고, 원산은 러시아에 대한 것이었고, 부산은 우리 나라에 대한 중요한 통로 노릇을 하였다. 그러므로 이 세 시설에 관해서는 그 완급과 경중을 자세히 살펴봄이 필요하다.

그런데 지금은 인천항의 수축에 노력하고 있으니 마침내 인천은 수도 경성과 가깝기 때문이었을 것이나, 인천의 항구는 조수의 간만 차가 심하여 항구로서 큰 기대를 할 수 없을 뿐만 아니라 인천은 중국에 대한 문호이다. 그러므로 인천을 주로 하고 나머지를 종으로 함은 모순 또한 이만저만이 아니다. 한국은 현재 통감 정치로 우리 나라가 통치하는 상황에 있다. 그렇다면 한국의 땅은 되도록 우리 나라에 근접시키지 않으면 안 된다.

원래 천연의 땅과 바다를 지리적으로 가깝게 하는 것은 곤란하나 사람의 지혜와 힘으로 이를 시간상으로 가깝게 하는 것은 쉬웠다. 다시 말하면 부산의 항구를 크게 개축하여 출입과 오르고 내림을 신속 편리하게 하여, 철도 또는 부산-시모노세키 연락선의 개선을 도모하는 것은 참으로 지금의 급선무이다. 그런데 지금 우리 나라가 한국을 통치하고 있어도 중국에 면하고 있는 인천항의 축조를 우선으로 하여 여기에 큰 힘을 기울이고 있으나, 우리 나라와의 중요한 통로를 이루는 부산의 중요성을 등한시하고 있음은 국책상의 큰 잘못이며 실로 유감스럽기 그지없다고 두 항목에 걸쳐 이토 공작에게 간언하였다.

그런데도 이토 공작이 나의 주장을 경청해 주신 것은 다행이었다. 이리하여 나는 한국을 시찰한 결과를 널리 일반 세인에게 알려, 한국의 사정에 밝게 하는 것은 국책 상의 좋은 사항이라 생각하고 이것을 간추려 《최근 한국 사정》이라고 하는 책자로 발행하였다. 이 책은 다시 각 방면에서 많이 읽혔다. 나는 이 책을 오타와라(小田原, 일본 가나가와현 남서부에 있는 도시명. 옮긴이 주)에 계신 야마가타 아리토모(山縣有朋) 공작에게 가져가 보여 드렸는데, 공작은 매우 칭찬하시며 그 자리에서 "기방관풍(箕邦觀風)"이라는 네 글자를 제목으로 붓글씨를 쓰시어 "야마가타 간세츠(山縣合雪) 제목을 쓰다"라고 서명하신 일이 있었다.

현재 우시고메 키타마치(牛込北町, 도쿄 신주쿠의 지명)에 한가롭게 계시는 육군 중장 사카키바라 쇼조(榊原昇造) 씨는 당시의 육군의 한국통이어서 그 무렵 한국에 관심 있는 사람들이 사방에서 각종 질문을 중장에게 하는 실정이라 그 응답에 몹시 쫓기는 형편이었다. 이 사카키바라 중장이 내가 펴낸《최근 한국 사정》을 한번 읽고 매우 감탄하셨다. 각 분야의 질문에 대답하기 위해 책에 해당하는 곳을 접어서 표시하여 내 저서를 질의자에게 보내어 답변에 갈음하였다고 한다. 그리고 보낸 책이 2백여 권에 이르렀다고 하니, 사카키바라 중장이 당시 한국통으로서 각 방면에서 얼마나 주목받았을지는 짐작하기에 충분할 것이다.

일찍이 이 사카키바라 중장이 히로시마(廣島)의 예비사단장으로 부임했을 때 히로시마 출신의 호랑이 장군으로 불리는 사토 마사시(佐藤正) 씨에게 "이곳에 아라카와 고로(荒川五郎)라는 사람이 있는가?"라는 질문을 하기에, 사토 장군이 "아라카와와 나는 친한 사이다."라고 대답했는데, 꼭 소개해 달라고 하기에 그래서 나는 사토 장군의 저택에서 만찬을 함께 했다. 그때 사카키바라 중장에게서 위의 이야기를 들었다.

이러한 점에서 보아도 사카키바라 중장이 나의 한국 시찰의 결과로 이루어진《최근 한국 사정》을 얼마나 신뢰하시고 공감하셨는지를 알 수 있다. 그 이후 나는 항상 한국에 관해서 많은 관심을 가졌고, 몇 년 전에 우치다 료헤(內田郎平), 후쿠시마 요시카즈(副島義一) 씨 일행과 함께 동광회(東光會)를 만들었다. 이희간(李喜侃) 씨 등도 이에 참가하여 나는 그 회의 간사가 되어 일본과 한국 사이를 자주 왕래하며 한국의 복지 증진을 도모했고, 일본 제국 의회에서도 한국 문제를 크게 논하였다.

그리하여 현재 나는 내선융화협회(內鮮融化協會)[199]의 총재로, 동시에 조선 학생의 모임인 동창회(東昌會)의 고문으로서 할 수 있는 데까지 조선 동포를 위해서 일하고 있다. 이런 관계로 조선 사람들이 나의 자그마한 공적을 기리려, 여러 사람의 손으로 만들어진 이른바 만인갓(萬人笠)을 보내기로 하고 이와 함께 의관도 보냈는데, 나는 만인갓 대신에 만인의 시문첩(詩文帖)으로 해줄 것을 희망하였다. 나의 하찮은 노력에 대해 표창을 받는 것이 매우 부끄럽기 짝이 없었기 때문이다.

쇼와 9년(1934년) 11월에 가시라야마 미츠루(頭山滿), 스기야마 시게마루(杉山茂丸), 우치다 료헤(內田良平) 씨 등의 발기에 따라 메이지 신궁(神宮) 앞쪽 참배 길에 설치된 일한합방기념탑은 동양의 영원한 평화를 유지하고, 조선 동포의 복지와 강녕을 증진하고 유지할 획기적 대사업인 일한합방의 단행을 기념하며, 메이지 천황의 유업을 찬양함과 더불어 합방 당시에 공헌했던 일한 동지의 공로를 후세에까지 전하려 하는 것이다. 일본인으로는 이토, 야마가타, 가쓰라의 3공작 및 데라우치(寺內) 백작, 고무라(小村) 후작, 아카시(明石) 남작을 비롯해서 60명의 이름이 새겨져 탑 속에 보관되는데, 불초 소생의 이름도 이 속에 끼어 있음을 돌아보면 참으로 부끄럽고 창피하다.

이제 조선 각지를 돌아보니 산은 푸르고 도로는 개통되고 전원은 개발되어서 옛 모습이 완전히 바뀌어 날로 새로와지니 토지는 그 가치가 증대하고 산업은 크게 발달하였다. 이로써 조선 동포도 당시 한국 황제 폐하의 나라를 구하는 길은 이 한길뿐이라고 하여, 그 결과 일한합병이 이루어졌다. 그들이 오늘에 이

---

199 역주: 일본과 조선의 융화를 도모하는 협회.

르는 발자취를 돌이켜 보고 결국은 메이지 천황 폐하의 넓고 큰 은혜에 감읍하게 될 것임을 상상할 수 있다. 이제 조선 통치 25주년을 맞이하면서 여기서 지난 일을 돌이켜 생각하면 참으로 감개무량하다.

86. 재정 파탄 지경에 이른 한국 정부

사사키 후지타로(佐佐木藤太郎) / 전 경상남도지사[200]

    나는 메이지 41년(1908년) 4월에 대장성(大藏省) 계통의 센다이(仙臺) 세무감독국장으로 한국으로 불려가 당시 탁지부(度支府) 차관으로 계셨던 아라이 겐다로(荒井賢太郎) 씨 밑에 재직하여 주계국(主計局) 예산 결산 과장으로 처음 부임하였다. 그 당시에는 아직도 뒤숭숭하고 불안한 분위기여서, 일요일 같은 때 동대문 밖에 놀러 갔다가 폭도들에게 당하는 등의 사건이 일어나던 평온하지 못한 시대였

---

200 역주: 원 책의 저자 소개는 다음과 같다.
    사사키 후지타로(佐佐木藤太郎) 씨는 야마구치현(山口縣) 사람인 사사키 이소우에몬(佐佐木磯右衛門) 씨의 차남으로, 게이오(慶應) 3년(1867년) 4월에 태어나 메이지 12년(1879년) 1월에 집안 가장을 상속했다. 메이지 27년(1894년) 메이지 법률학교를 졸업하고, 문관고등시험에 합격했다. 대장성 시보(試補), 마츠야마(松山), 센다이(仙臺) 각 세무 감독 국장을 역임하고, 메이지 41년(1894년)에 한국 정부에 초빙되어 한국으로 건너와 탁지부(度支部) 서기관, 통감부 서기관, 임시재산정리국 서무과장, 토지조사국 서기관 겸 조사부장 등을 거쳤다. 일한합병 후 조선총독부로 와서, 임시토지조사국 서기관에 임용 됐다. 다이쇼 2년(1913년) 2월 경상남도지사가 되어 치적을 보였다. 관에서 사임한 후 야인이 되어서도 반도에 관해 항상 마음을 두었다.

다. 그리하여 나의 주관 사무인 예산 결산이라는 것 역시 나에게는 처음이었지만, 위로는 유능한 아라이 씨가 있고 밑으로는 노련한 사무관이 있어 그들의 지도 원조로 근근하게 직책을 다할 수 있었다.

돌아보면 메이지 43년(1910년) 일한합병 당시의 한국 정부의 세입세출 예산은 총액 1,400만 엔으로, 지금 생각하면 참으로 미미하였다. 그러나 이 융희(隆熙) 2년도(메이지 43년, 1910년)[201]의 예산 편성에 관해서는 재원 난으로 큰 곤란에 빠졌다. 즉 관련 시설과 각종 사업을 시행하고자 하는 각 부의 요구는 있어도 그 지출에 충당할 재원이 부족하고 예산 염출(捻出) 방법에 많은 고생을 했었다. 그 결과 교통 중심지인 역의 경비를 위한 땅(역토)과 지방 관청 유지를 위한 땅(둔토)의 국유지 매각하고 이를 재원으로 해서 각 부의 요구에 응할 수밖에 없어 이 방침을 시행하려고 했으나, 시기상조라는 이유로 실현되지 못하였다. 따라서 간신히 150만 엔 정도의 재원을 마련해 겨우 융희 2년도의 예산 편성을 끝냈다.

이러한 실정이었기에 이 예산 편성 당시에 어쩌면 국책으로서 일한합병이라는 문제가 있었다고 해도 이를 재정적 관점에서 보면 이미 한국은 벽에 부딪혀 있었다. 머지않아 재정상의 파탄을 초래할 위기에 직면해 독립 유지는 지극히 곤란하다는 결론에 다다르고 있었다.

나는 한국 정부의 예산 편성 문제 때문에 도쿄 출장 중에 대장성에서 예산을 편성하기 때문에 일한합병이 가까워졌음을 알게 되었다. 그때는 소네(曾禰) 통감 시절이었는데, 나는 조선에 돌아온 후, 위암으로 녹천정(綠泉亭)에서 요양하고 계시는 소네 통감을 만나 "도쿄에서는 합병을 단행할 것 같습니다."라고 말했는데, "바보 같은 소리 마라. 아직 시기가 아니야."라고 말씀하신 일이 있었다.

---

201 역주: 융희는 조선의 마지막 임금 순종 때의 연호로, 융희 2년은 1908년이고 메이지 43년은 1910년이다. 필자의 착각으로 보인다.

생각건대, 소네 통감은 당시 중국과의 사이에 관동주(關東州)를 빌리는 기한인 25년이 곧 만기가 되려고 하는 시기였기에, 그것부터 우선 해결하지 않으면 일한합병은 어렵다는 생각이었던 것 같았다.

나는 예산 결산 과장인 동시에 임시 재산정리국의 총무과장을 겸무하고 있어서(국장은 아라이 전 문부차관이 겸임) 궁중 재산과 국유재산의 정리에 임했는데, 궁중의 채무는 복잡하기 이를 데 없고 그 채무의 원인 등에 관해서는 차마 말할 수 없는 정실에 의한 폐단을 수반하는 것으로, 매우 복잡하고 성가신 원인이 있었다.

그뿐만이 아니라 부동산, 특히 토지는 조선왕조의 왕가에 남기는 재산과 그렇지 아니한 재산을 어떻게 구별할 것인가에 매우 고심하며 마음을 썼다. 그래서 이토 공작을 찾아 이 점에 관해 사정을 말하여 공의 의견을 타진하였는데, 공은 국유로 이것을 보유해야 함은 물론이나 어느 정도의 재산은 조선왕조의 것으로 남김이 당연하다고 한 적이 있어, 이 방침에 따라 추진하였으나 결국 이들 문제를 채무 정리 위원회가 결정하였다.

매우 어려웠던 토지조사사업 수행

전에 메가타(目賀田) 고문이 장래 일을 고려해서 참모 본부로부터 토지 측량에 정통한 사람을 불러오기도 하고, 대만의 토지조사 업무에 종사한 경험자를 한국 정부가 채용하여 장래 한국의 토지 정리를 담당하기 위한 기술원 또는 사무원을 양성해 왔다. 그래서 이들 토지조사에 종사할 사람을 포함해서 임시재산정리국은 인원이 2백 명 이상이나 되었다.

한국에서의 토지조사는 반드시 이를 실행해야 한다는 방침을 세웠으나 여기에 필요한 경비 관계로 실현은 불가능했다. 그리하여 일한 합병 직전에 와서 결국 1,200만 엔의 예산으로 실행에 임하기로 되었는데 합병 당시의 총독부 1년의 총예산이 1,300만 엔으로 이것과 거의 같은 비용을 지출해서 이 조사 업무를 수행하는 것은 매우 곤란하였다.

그런데 임시재산정리국은 융희 2년(메이지 43년, 1910년)[202] 2월에 그 사업을 완료하게 되어, 만약 이 토지조사사업을 시행하지 않을 때는 토지조사에 종사시킬 목적에 따라 양성한 숙련된 사람들을 해고하게 되므로, 드디어 이 토지조사의 대사업을 단행하게 된 것이다. 그리하여 이에 관한 법률의 제정과 예산이 결정되고 토지조사국에 관한 직제도 마련되어 다와라 마고이치(俵孫一) 씨와 같은 유능한 사람이 부총재로 이에 관여하시게 되어 착착 그 사업을 진행하였다.

이 토지조사에 관한 사업은 한국 시대에 입안, 계획된 것으로서, 한국을 위해서 한국민의 이익을 위해서 시작한 것이지 결코 일본 정부를 위해서 이것을 계획하고 실행하는 것이 아니라는 것을 널리 조선인에게 알렸다. 그리하여 나는 메이지 43년(1910년) 2월에 대만 토지조사의 실적을 조사하기 위해 대만 출장 명령을 받아 1개월가량 그곳에 머물러 조사하였다. 물론 이 조선의 토지조사 수행에 임해서는 단지 대만뿐만 아니라 영국·프랑스 등의 토지조사사업도 조사해서 자료로 삼았다.

이 조선에서의 토지조사사업에 관해서 특히 이야기하고 싶은 것은 그 당시 상당히 주력했던 바인 조선의 토지조사에 관한 과거 역사의 조사이다. 이 토지조사에 관한 역사의 조사는 토지조사에 대한 민중의 의혹 또는 민중의 동요를 막기 위해서는 상당히 도움이 되었다. 즉 이 토지조사사업은 조선에서는 과거 여러 번 계획하여 착수되었지만 단지 겨우 각 도의 일부분 정도에 시행했을 뿐이며, 항상 도중에 중지하여 아직 한 번도 완성되지 못한 상태여서 나는 그 원인

---

202 역주: 융희는 조선의 마지막 임금 순종 때의 연호로, 융희 2년은 1908년이고 메이지 43년은 1910년이다. 필자의 착각으로 보인다.

이 어디에 있는지를 연구하였다.

이들 사항에 관해서 여러 가지 조사를 하였으나, 조선에서의 토지조사는 우리 나라의 이른바 '검사'와 마찬가지로 관련 관리가 조사를 위한 출장 등의 여비와 그 접대비 등은 모조리 현지 부담으로 하였다. 심하면 이들 관리에게 선물도 주어야 하는 실정으로 이 때문에 불평이 넘쳐나 끝내 그 목적을 달성할 수 없었다. 그리고 또 한편으로는 이 조사 결과 상당한 세금을 부담해야 한다는 기우도 있어, 이런저런 반대로 인해서 종래의 조사가 완성되지 못하였다.

따라서 우선 이들의 최대 원인을 제거하여 민중에게 토지조사의 목적을 이해시키는 데에 힘을 다하였다. 즉 토지조사에 관해서는 지주의 부담을 없애기 위해서 상당한 주의를 기울여 신고 용지에 이르기까지 이것을 관급(官給)으로 하고, 단지 토지 안내역으로서 지주 대표의 입회 비용만 지주의 부담이 되었을 뿐이었다. 그와 같은 세심한 주의와 동시에 한편으로는 팸플릿을 만들어 이번 토지조사는 종래의 토지조사 방법과는 다르므로 절대로 지주에게 부담을 끼치지 않았다. 이 조사는 각 지주의 소유권을 확인하고 각자의 경제상 기초를 정하는 것이라는 것을 말하고, 장날을 이용하고 또 학교, 기타에 민중을 모아서 이 취지의 설명에 힘을 들였다. 이 조선 토지조사의 대사업이 이렇다 할 반대 없이 그 성과를 올릴 수 있었던 원인은 바로 이렇게 노력한 결과이다.

그렇게 해서 이 토지조사 완성의 효과는 매우 커, 이에 따라서 토지의 높고 낮음을 나타내는 지형도가 완성되었기에 토지를 개간할 때라든가 수력전기의 물 자원을 찾을 때와 같은 경우에 일부러 현장까지 출장을 갈 필요도 없이 이 도면으로 일체가 판명되기에 이르렀다. 그뿐만 아니라 은행에서 토지를 담보로 대출할 때에는 소유권의 명시로 간단히 하여 또한 위험 없이 가능하게 되었다.

조선에서의 최초의 부역(賦役) 도로

　나는 2년가량 이 토지조사국 사무에 종사하고 다이쇼 2년(1913년) 2월에 경상남도지사로 부임하게 되어 그 후 8년 11개월 동안의 긴 세월을 진주 땅에서 지냈다. 내가 지사로서 재직 중에 역점을 둔 중요 문제는 당시 매우 불편을 느꼈던 도로를 고치는 문제였다. 조선에서의 부역 도로-이것은 내가 일찍이 토지조사상의 업적 조사를 위해 대만에 출장 중에 그곳에서 실시되는 제도를 채택해서 이를 조선으로 옮긴 것이다.

　내가 경상남도에 부임했을 당시, 경남지방은 가장 책상물림 지식과 지혜가 발달한 곳이었으므로, 부역에 의한 도로 고치기와 같은 거친 일은 할 수가 없다고 하여 손을 대지 않았다. 도청 소재지인 진주에서 관내 순시를 나갈 때, 첫날은 목적지까지의 여행길이고, 군(郡) 시찰을 한 다음 날 군에서 군으로의 여행을 계속하는 불편한 상태인 데다, 교통수단이라고는 조선 말을 타거나 가마를 타는 것 이외는 없었다.

　그래서 나는 지방 개발을 시도하기 위해서는 우선 도로 고치기와 교통기관 발달이 첫째 조건이라 생각했다. 우선 첫 착수로 도로 고치기에 역점을 두기로 하여 여러 곳에서 도내의 유지를 모아 강연하고 부역 도로의 개통에 관해서 이를 장려하였다. 물론 도로를 새로 내고 고치는 것은 관(官)의 비용으로 지출해야 원칙이겠으나 한계가 있는 예산으로 이에 충당하고 사통팔달의 도로를 계획해서 만들고 고치는 것을 해나가기란 도저히 불가능한 일이었다. 그러므로 민중의 노력 봉사에 의한 이른바 부역으로 공공기관인 도로를 고치고 보수하는 것은 민중에게 직접 재정 부담을 주지 않고 그 목적을 달성할 수 있는, 일종의 편법이다.

　요즘 이 도로 부역 폐지를 부르짖고 있는 실정이지만 여기에는 여러 가지 사정이 있으리라고 이해된다. 어쨌든 생활 수준이 낮고 또한 부담할 능력도 부족했던 20여 년 전에는 이 편법에 따르는 편이 가장 쉽게 그 성과를 올릴 수 있었다. 더구나 민중은 별로 고통을 느끼지 않았다. 그렇지만 내가 이 부역 도로를 만드는 데 이 관념을 민중에게 철저히 주입하기 위해서는 상당한 노력을 기울였다. 앞서도 말했듯이 여러 곳에 유지를 모아 그 석상에서 나는 토지 발전을 위해서 도로 개통이 필요한 까닭을 설명했다. 그중에는 "도로를 만드는 것은 관찰사라도 지나가는 것이겠지."라고 말하는 자도 있었으나 나는 절대로 그러한 의미에서 도로를 개수하는 것이 아니라, 먼저 혈관을 소통시켜서 마을을 부유하게 하려는 것이며, 토지를 위하여, 그리고 나아가 민중을 위해서는 도로를 계획해서 만들 필요가 있음을 차근차근 4시간에 걸쳐 설득한 일도 있었다.

부역은 물론 노력 봉사이지만, 자산 상황에 따라 스스로 부역에 나서지 않는 대신에 얼마간의 부담을 하고 그 돈을 부역에 임한 사람에게 분배하였다. 그러므로 부역자는 매우 좋아하면서 그 업무를 분담하였다. 이런 방법으로 관내 각지의 도로를 계획, 개통, 개수하여 교통 편의를 도모하고 이를 장려하는 데에 크게 힘을 쓴 결과, 널리 관내에 보급되어 부역 도로를 완성해 전체 길이가 448km에 이르고, 예전에 말을 타고 다니던 불편한 땅이 내가 관직에서 물러나 진주를 떠날 때는 자동차가 달릴 수 있는 탄탄한 도로로 변하게 되었다.

완강하게 불응했던 출병 요구 독촉

다이쇼 8년(1919년) 3월에 바로 그 만세 소요가 각지에서 일어나 그 후 하세가와 총독이 물러나고 사이토 총독이 새로 임명되어 이른바 문화정치를 내세웠다. 미즈노(水野) 정무총감 이하 시바타(柴田), 니시무라(西村), 아카이케(赤池) 등의 각 국장과 함께 조선 부임 길에 올랐을 때, 경상남도 경찰부장은 경질되어 아직 신임자가 부임하기 전으로, 경비에 관해서는 내가 직접 그 임무를 맡았다.

당시는 유언비어가 끊임없이 퍼지고 세상이 어수선하며 인심도 매우 불안정해서 조선 내에는 가는 곳마다 험악한 공기가 가득 차 있었다. 그리고 당시의 부산은 총독의 도착을 앞두고 매우 긴장하여 경성의 폐업 운동을 비롯한 각종 정보가 빈번하게 전해졌다. 그래서 군사령부 참모로부터 조속히 군 병력의 출동을 요구하라는 내용이 전달되었으나, 경성은 그렇다고 해도 부산에서는 구체적인 불온 사실이 없는 이상 이에 응해서 병력의 출동을 요구하기 어려웠다.

정 필요하다면 조선군이 출동하는 것이 좋겠다고 말했더니, 부산은 수비대 관할 구역인 관계로 군에서는 병력이 출동하기가 어렵고, 만일 출동하지 않고 사태가 일어나면 당신이 그 책임을 질 것이냐고 트집 잡는 질문을 받았다. 그런데 다행스럽게도 수비대장이 내가 잘 아는 사람이었던 관계로 수비대의 직권으로 출동하는 것으로 되었으나, 나에게는 또 다른 주문이 있었다. "총독이 통과하는 부두에서 대지(大池) 여관까지는 요란스럽게 군인을 내세워서는 곤란합니다. 아무쪼록 복병으로 배치해 주시고, 다만 부산에서 부산진까지는 착검한 상태로 행군해 주십시오."라고 하는 희망 사항을 덧붙여 군 병력 배치를 끝내고 마침내 무사히 대임(大任)을 마칠 수 있었다.

나는 그날 청도역(淸道驛)까지 사이토 총독을 배웅하고 마산으로 돌아와 인임 야기(入本) 경찰부장과 '망월(望月)'이라는 음식점에서 만찬을 함께 하고 있을 때 경성에서 일어난 폭탄 소요의 흉변 정보를 들었다. 지금 되돌아보면 나는 부산에서의 책임이 중요하고 컸음을 통감하였다.

사토 미츠타카(佐藤潤象) / 전 조선철도 중역, 전 중의원[203]

　나는 메이지 27년(1894년) 11월에 처음 한국에 왔다. 이는 한국에서 어떤 국가 적 사업을 계획하기 위해서였다. 이를 위하여 히고(肥後, 현재 일본의 구마모토현)와 타이 슈(對州, 현재 일본의 나가사키현 쓰시마섬)가 연합하고, 아끼고 존경하는 벗인 사사 도모후 사(佐佐友房), 구니토모 시게아키(國友重章) 씨 등과 협의하였다. 그 결과 구마모토(熊 本)에서는 나와 시부타니 가토지(澁谷加藤次)가, 다이슈에서는 가와모토 다츠(川本

---

203 역주: 원 책의 저자 소개는 다음과 같다.
　사토 미츠타카(佐藤潤象) 씨는 구마모토현(熊本縣) 사람인 사토 규고(佐藤求五) 씨의 장남으로서, 분 큐(文久) 2년(1862년) 8월에 태어나 메이지 24년(1891년)에 집안 가장을 상속하였다. 일찍이 사가현 (佐賀縣) 속관(屬官)에 임하여, 이후 구마모토현 속관(屬官), 농상무관보 및 임무관을 역임하였다. 메 이지 27년(1894년) 12월, 한국 정부의 초청에 응해 농상공부에서 근무하고, 그만둔 후 부산(釜山) 매축 공사의 필요를 인정, 고(故) 오쿠라 기하치로(大倉喜八郞) 씨 등과 협의하여 부산 매축 회사를 창립하 여 사무 중역이 되어, 공사를 준공하고 메이지 40년(1907년), 고(故) 우타구치 겐가쿠(牢田口元學) 씨 등과 함께 조선가스전기회사를 세우고 전무이사로 추천되었다. 그 후, 조선에 있는 사설 철도회사를 합 병하여 조선철도회사가 되자, 상무이사로 추천되고, 후에 그만두었으나 예전에 중의원 의원으로 당선된 일도 있었다.

達), 오오타 도오루(多田通) 씨 두 명이 함께 한국으로 건너가서 당시의 한국 주재 공사인 이노우에 가오루(井上馨) 씨에게 그 목적을 밝히고 상담했다. 그런데 이노우에 공사는 한국에서는 사업을 경영할 시기가 아니고 아직은 시기상조라고 했다, 지금은 한국을 도와야 할 때이므로 일본에서 관리 경험이 있으니, 우선 한국 정부의 고문이 되면 어떠냐는 이야기였다.

나는 본국에서 농상무성의 산림 담당관으로서 산림 관련 서장 등의 직에 있었고, 정년으로 관에서 사직한 관계로 이노우에 공사 밑에서 2년 계약으로 한국 정부의 농상공부에 초빙되었다. 그때가 메이지 28년(1895년) 6월로, 내가 34세 때였다. 그 당시 교토에서 산업박람회가 개최되었는데 우리 국정을 알리기 위해서 한국의 관민 중에서 주된 인물들을 파견해서 일본을 견학시켰으면 한다고 이노우에 공사께서 말씀하셨다. 그것은 지극히 필요한 일이었으므로 농상공부와 국장 및 민간의 학자, 실업가 등 10여 명을 인솔해서 전부 한복에 소변기를 휴대시켜 본국에 보내서 각지에서 대단한 환영을 받았던 일이 있었다.

농상공부에서 내가 맡은 일은 제주도의 산림 조사였다. 왕실의 재산을 불리면 왕비가 매우 기뻐할 일이기에 제주도의 산림을 시찰해서 이익이 있으면 이를 왕실 재산으로 편입할 방침으로 농상공부 하세룡(河世龍) 씨 외 여러 명을 동반하여 군함을 타고 제주도에 건너가 약 한 달 동안 한라산을 조사하였다. 이 섬은 아직 교통편이 없고 체재 중에는 매우 불편한 일뿐이었으며, 밤에는 함께 데려갈 목수에게 임시 건물을 지어, 산속에서 자면서 조사를 진행했을 정도였다.

제주도는 길이 10마일, 폭 20마일인 섬으로 산림의 숲 형상은 미야자키현(宮崎縣)의 키리시마(霧島) 산 근처의 숲 형상과 같았고, 산림 사업으로는 표고버섯 재배에 적합했다. 이처럼 우리가 제주도를 조사하는 중에 경성에서는 공사도 이노우에 씨가 미우라(三浦) 씨와 바뀌었다. 또 이른바 왕비 사건(민비 시해 사건)이 돌발하여, 미우라 공사를 비롯한 아다치 겐조(安達謙藏), 구니토모 시게아키(國友重章), 히라야마 이와히코(平山岩彦), 사사 마사유키(佐佐正之), 시부타니 가토지(澁谷加藤次) 등 모두가 그와 관련이 있다 하여 한국에서 추방 명을 받았다. 그 내용을 우리는 제주에서 인천에 도착해서야 처음 듣게 되어 놀랐다.

경성에 돌아와 보니 세상이 어수선하고 매우 험악한 공기로 가득 차 있었다. 나도 제주도에 가지 않고 경성에 있었으면 틀림없이 이 왕비 사건에 연루되었을 것이라 생각하였다. 나의 권총과 칼 등도 이들이 사용했을 정도이니 연루되었음이 틀림없었을 것이다. 이리하여 당시의 공사관에는 스기무라 와타루(杉村濬), 히오키 스스무(日置益), 구니와케 쇼타로(國分象太郞) 씨 등의 서기관이 있었고, 그 밖의 명사로는 우치다 사다쓰치(內田定槌) 씨도 계셨다.

이러한 소요로 나의 제주도 조사는 이제 별로 소용이 없게 되었다. 하지만 나는 아직 계약 기간 중이었으므로 조용히 여행을 계속하고 있었다. 한편 우리 정부는 민비 사건의 관계자로 혐의가 있는 사람들을 히로시마(廣島)의 감옥에 가두어 크게 공평한 태도를 보였기에, 타국의 사람들에게 "그 사태는 미우라 공사와 일행이 독단으로 이를 결행한 것으로, 정부와의 사이에는 아무런 관계가 없다"는 생각이 들도록 하였다.

그런데 재판의 결과 이들에게 책임이 없는 것으로 되었다. 그래서 한국은 일본이 부정하게 일을 꾸민 것이라 해석하여 한국 내의 일본 세력을 배제하고 국왕이 러시아 공사관 내에 들어가 러시아 측이 크게 술책을 써서 김홍집 내각을 쓰러뜨리고 일본당을 죽여 그 세력을 반도로부터 구축하려고 하였다. 이같이 해서 러시아는 착착 한국에 그 나래를 펴기에 이르렀다.

한편 나는 그 후 자주 일본과의 사이를 왕래했던 관계로 일한 연락의 중요한 통로 구실을 하는 부산 땅이 너무 좁다고 생각했다. 당시의 우리 거류지 같은 곳은 이미 거의 집을 지을 여지가 없을 정도로 되어, 안전한 부두라든가 창고 등을 마련해서 바다와 육지의 연락을 도모하는 것은 어려운 일이었다. 그리하여 부산항의 일부 매립 공사를 시행하여 앞으로의 발전에 대비하는 것은 참으로 긴급한 일대 사업이었다.

이러한 뜻에서 나는 구니모토 시게아키(國本茂明) 씨와 부산 매립에 관한 협의를 거쳐 다카시마 요시미츠(高島義恭) 씨와 함께 이 사업에 착수하기 위하여 목적지인 북쪽 해변 일대를 대강 측정한 결과, 매축공사의 실행이 그리 어렵지 않다는 것이 판명되어 그 준비를 착착 진행하기로 했다.

그런데 메이지 32년(1899년) 당시에 한국에서 사업을 경영할 때는 우선 우리 정부의 동의를 얻어야 해서 우리는 당시의 외무대신 아오키 슈조(青木周三) 씨, 우치다(內田) 정무국장, 마츠무라(松村) 통상국장 등을 두루 찾아 우리의 의견을 소상히 진술하고 동의를 얻었다. 그와 동시에, 한편으로는 이 매축공사에는 부산 거류민의 승인을 얻는 것이 필요하였다. 따라서 나와 다카시마 씨는 기사를 동반해서 부산에 와서 매축 예정 해면의 실측을 하게 함과 동시에, 한편으로는 거류민의 승인을 얻기 위한 교섭을 시작하였다.

그런데 동해 측면은 당시 경부철도 부설에 필요한 장소라는 관계로 거류민 측의 승인을 얻는 것은 곤란하였다. 따라서 부산 거류민의 승인을 얻으려면, 경부철도회사와 교섭하는 것이 선결문제가 되어 메이지 33년(1900년) 1월에 나와 다카시마 씨는 당시 경부철도창립위원장 시부사와(澁澤) 자작(子爵)을 찾아가 부산 매출 계획의 개요를 설명하여 동의를 구하고, 나아가서 위원 오오쿠라 기하치로(大倉喜八郎), 오오에 다카(大江卓), 다케우치 고(竹內綱) 세 사람과 면접해서 같은 양해를 얻고자 하였다.

그런데 이들도 대체로 개인적으로는 다른 생각이 없었는데, 창립의원회의 결과는 이 매축 계획 장소가 경부선 시설 때문에 필요한 장소이며, 우리의 매축 사업은 실현될 전망이 도저히 없으므로, 오히려 중지함이 옳다는 뜻에서 거절당하였다. 그뿐만 아니라 한국 정부는 칙령으로 경부철도회사 외에 부산항 일대의 토지에 대한 매축공사는 일체 외국인에게 허가하지 않는다는 뜻을 공포하였다. 이리하여 부산항 매축 사업은 내외의 반대를 만나 그 기획에 커다란 지장이 생겨 한때는 거의 절망 상태에 빠졌다.

그런데 당시 외무대신 아오키 슈조 씨의 부산 거류민회에 대한 알선과 함께, 친구 스기야마 시게마루(杉山茂丸) 씨의 노력이 있었다. 한편 경부철도 측과 창립위원장인 시부사와 백작과 매축 완료 시에는 4천 평을, 부산 정거장 부지로서 매축에 드는 실비로 경부철도회사에서 적절하게 매축할 것 등의 계약을 체결했다. 다른 한편 부산 거류민 총대 오오타 히데지로(太田秀次郎), 거류민 회의장 후루후지 쇼이치로(古藤昇一郎) 씨와의 사이에는 평당 12엔의 비율로 매립지 6천 평을 거류민에게 인도한다는 계약을 맺어, 그렇게 어려웠던 문제도 이로써 해결되기에 이르렀다.

그렇지만 더 남은 난관은 매축에 관한 한국 정부의 허가를 받는 것이었다. 메이지 33년(1900년) 1월에 허가를 신청해서 8월에 부산 거류민 및 경부철도 측과의 교섭이 성립되었기에 우리는 하야시(林) 공사, 야마자(山座), 구니와케(國分) 양 서기관의 힘을 입어 하루라도 빨리 허가가 나오기를 기대하고 있었다. 그러나 한국에서 타국인의 기업은 매우 어려웠지만 우리 공사 측의 노력과 총세무사(總稅務司) 브라운 씨의 헌신적인 원조로 메이지 32년(1899년) 12월 8일 자로 한국 정부의 인허를 얻기에 이르렀다.

막상 간신히 허가는 얻었으나, 마침 일본 경제계가 어려운 처지를 맞이하여 도저히 해외 투자는 허용할 수 없었기에 수십만 엔이 소요되는 매축 사업은 자금 조달이 매우 곤란하였다. 그런데 허가 기간인 메이지 35년(1902년) 7월 말일까지 기공하지 않으면 모처럼 고심 끝에 얻은 매축 권리는 완전히 소멸하여 말로 표현할 수 없을 정도로 했던 고생도 헛수고로 돌아가는 진퇴양난의 궁지에 부닥쳤다.

그러나 다행히도 자금난으로 착수 불능이 되어 완전히 권리 포기가 불가피한 처지에 빠져 있던 이 사업도 오오쿠라 씨의 원조를 받아 소생하여 부산매축 주식회사가 설립되고, 오오쿠라 씨를 사장으로 하여, 중역 이사에는 나와 다카시마 씨가 맡아 그해 7월 29일에 매축 기공식을 거행하였다. 그것은 한국 정부로부터 허가받은 기공 기간이 지나기 불과 이틀 전의 일이었기에 오늘날 이것을 돌이켜 생각하면 등에서 식은땀이 흐르는 것을 느낄 정도였다.

그리하여 공사는 순조롭게 진행되어 메이지 37년(1904년) 12월 말일에는 제1기 공사로 약 33,000평의 토지 매립을 완성하였다. 이어 제2기 공사에 착수하였는데, 17,000여 평의 매립 예정 수면을 부두 및 공동 하역장에 충당하기 위하여 공사에 착수하지 않은 수면을 한국 정부에 반환하라며, 그 당시 부산부(釜山府) 이사관 마츠이 시게루(松井茂) 씨가 나에게 공사 중지 명령을 말로 전했다.

한국 정부의 엄명을 접한 우리 매축 회사 관계자는 매우 놀라 그 뒷수습 대책을 모색하게 되었고 수차례에 걸쳐서 당국자와 절충을 거듭하면서 끝까지 기득권을 주장하였다. 그리하여 다시 스기야마 시게마루 씨의 의협적인 원조를 받게 되어 쌍방이 타협 양보해야 한다는 식의 의견과 같은 메가타 고문의 수정안으로 간신히 허가가 나게 되었다. 따라서 매립 시공 구역은 7,500평으로 줄어들었기에 부산 거류민단에 제공할 매립지 2,700평은 민단이 결국 권리를 포기하여, 메이지 41년(1908년) 8월에 공사의 준공을 보게 되었다. 즉 제 1기, 제 2기의 양 매축 면적을 합산하면 41,300여 평에 이르렀다.

이 해면의 매립 완성에 따라 유럽과 아시아의 대관문의 시설이 충실하게 되어 부산의 면모가 거의 일신되기에 이르렀다. 그리하여 부산 매축공사가 완성을 볼 때쯤에 자본금 3백만 엔으로 부산가스전기주식회사를 창립하였고, 그 당시 부산, 동래 간에 있었던 협궤철도 같은 것을 회사가 매수하여 이에 가스·전기·전차 사업을 경영하게 되었다. 그리하여 한편 나는 조선에서는 사설 철도의 부설이 시급한 일임을 통감하여 메이지 44년(1911년) 7월에 협궤철도의 부설을 출원해서 그 후 몇 년 동안 회사 창립으로 동분서주하며, 무타구치 겐가쿠(牟田口元學) 씨와 함께 크게 노력한 보람이 있어, 다이쇼 5년(1916년)에 조선경편철도회사를 설립하여 본사를 대구에 두기로 하였다.

그리하여 우선 제1기 공사로서 대구를 기점으로 해서 경주에 이르고 다시 포항을 거쳐서 울산에 이르는 선과 조치원에서 청주를 거쳐서 충주에 이르는 충북선 부설 출원을 허가받고 착착 공사를 진행하여 다이쇼 7년(1918년)에는 그 일부가 개통되는 것을 보았다. 그리하여 사업의 진행과 함께 자본금도 1,200만 엔으로 증액해서 회사명도 조선중앙철도주식회사라고 개칭하고, 사장 무타구치 겐가쿠 씨 아래에서 나는 전무이사로 사업의 경영을 맡았다. 그런데 당시 조선에서 사설 철도는 작은 회사들이 분립(分立)된 상태였고, 토지개발의 제일 조건인 교통기관 보급을 위한 사업의 확장, 새로운 노선의 연장, 부설 등에 드는 자금의 흡수는 쉽지 않은 상황에 있었다. 그래서 감독관청인 총독부도 소 회사들을 합쳐 하나로 만들어 공고해진 기초 아래, 조선 철도망의 완성을 꾀하여 교통과 산업에 이바지하는 것은 당시의 중요 사항으로, 이른바 사설철도 통합을 알선한 결과, 기회 운이 크게 촉진되기에 이르렀다.

이리하여 조선중앙철도(朝鮮中央鐵道), 서강척식철도(西江拓殖鐵道), 서선식산철도(西鮮殖産鐵道), 남조선철도(南朝鮮鐵道), 조선삼업철도(朝鮮森業鐵道) 등의 사설 철도회사가 크게 통합하여 조선철도회사로 되었고, 노무라 류타로(野村龍太郎) 씨가 사장, 내가 전무로 본사 업무를 맡았으며, 스즈키 도라히코(鈴水寅彦) 씨가 도쿄 지점을 통괄하게 되었다. 이 통합에 따른 사무 인계는 마침 다이쇼 12년(1923년) 9월 1일의 관동대지진(關東大地震) 당일이었던 것이 지금까지도 분명히 기억에 남는다.

이리하여 같은 해 12월에는 오오카와 헤이사부로(大川平三郎) 씨가 조선철도회사 사장에 취임하기로 되어 나도 동시에 그 자리를 그만두어 귀국했다. 다이쇼 13년(1924년) 기요우라(淸浦) 내각 당시 구마모토에서 중의원 의원으로 선출되어 중앙 정계의 사람이 된 적도 있으나, 현재는 모든 관계를 끊고 유유자적의 경지를 즐긴다. 하지만 아직도 조선 문제에 관해서는 항상 큰 관심을 두고 진심으로 조선의 발전과 조선 동포의 행복을 염원하고 있다.

88

무인 들판을 개척한 목포 개항

히사미즈 사부로(久水三郎) / 전 조선총독부 외사과장[204]

오늘 여기서 조선을 회고해 본다면 무척이나 먼 옛날 같은 감이 느껴진다. 즉 나는 메이지 15년(1882년)부터 25년까지 약 11년, 그 후 메이지 30년(1897년)부터 33년(1900년)까지 4년 동안을 한국에서 지냈고, 그 뒤 해외로 나가 일러전쟁 후 한국이 우리 보호국이 되어 통감부(統監府)가 설치되자 당시 미국에서 근무 중이

---

[204] 역주: 원 책의 저자 소개는 다음과 같다.

히사미즈 사부로(久水三郎) 씨는 아오모리현(靑森縣) 사람으로 안세이(安政) 4년(1856년) 6월 19일에 태어났다. 메이지 4년(1871년), 공진생(貢進生) 후보 번비(藩費) 유학생이 되고, 이어서 훗카이도 개척(開拓) 관비생(官費生) 외무성 외교 견습생이 되었다. 메이지 15년(1882년) 경성 근무를 명받아 메이지 16년(1883년) 영사 대리가 되어 인천으로 전임하고 메이지18년 경성 겸무가 되고 이어서 원산(元山), 청지부(淸國芝罘) 영사 대리를 역임하였다. 메이지 26년(1893년) 2등 영사에 임하고 메이지 31년(1898년) 1등 영사가 되어, 목포, 호주 타운스빌, 싱가포르에서 역임하고, 말레이시아 반도, 인도, 아프리카, 구라파(유럽) 각국을 시찰하였다. 메이지 35년(1902년) 시애틀로 전임하여 북미합중국 및 영국, 캐나다 등 각지를 시찰하고, 메이지 41년(1908년) 통감부 이사관으로서 세 번 내한, 대구 원산에서 역임했다. 메이지 43년(1910년) 10월, 조선총독부에 전임되어 인천 부윤(府尹)이 되고, 다이쇼 5년(1916년), 조선총독부 사무관에 임하여 외사과장(外事課長)이 되었다. 다이쇼 8년(1919년) 8월, 관을 사임하고 조선을 떠났으나 조선과 가장 오랜 관계를 가지고 있는 인사인 만큼 우리 반도를 이해하는 인사이다.

던 나에게 전근 명령이 나서 세 번째 한국에 가게 되었다. 그리하여 일한합병 후 총독부에 근무하여 그 만세 소요(3.1절 만세운동) 때문에 하세가와(長谷川) 총독의 사임과 함께 퇴직하였다.

메이지 15년(1882년)의 한국 사건(임오군란)의 뒷수습 처리에 관해, 하나후사 요시카타(花房義質) 공사가 담판이 순조롭지 못해 귀국할 결심을 굳혀 인천으로 가서 막 떠나려 할 때 중국의 마건충(馬建忠)이라는 사람이 급히 인천에 와서 하나후사 공사와 회견했다. 25시간 귀국을 연기하기로 해 중국 측이 한국 정부와 우리 쪽 사이를 주선해서 이른바 제물포조약이란 것이 체결되어 50만 엔의 손해배상 지불, 사죄 사절을 우리 나라에 특파할 것, 우리 공사관 호위를 위해 2개 중대 병력을 경성에 주재시킬 것 등으로 간신히 마무리되었다.

메이지 17년(1884년)의 다케조에(竹添) 공사 시대에 김옥균(金玉均) 등의 국정 개혁파가 독립망을 조직하여 중국에 의지하려는 사대당 수령(두목)을 죽이고 국왕을 받들어 천하를 호령하려고 우리 다케조에 공사에게 지원을 요청하였다. 위안스카이(袁世凱)가 급변(急變)을 듣고 왕성(王城)으로 들어가려 해 여기서 일본과 중국이 충돌하였다. 그리하여 다케조에 공사는 인천으로 물러가서 정부에 이것을 보고하였다. 따라서 이노우에(井上) 외무대신이 전권 사절로 한국으로 가서 경성 조약이 체결된 것이다.

메이지 18년(1885년)에 나는 인천 영사인 고바야시 다다카즈(小林端一) 씨 밑에서 서기생으로 근무하면서 우편 국장 및 판사보(判事補)를 겸무하고 있었다. 그리하여 고바야시 씨가 전근한 이후에 나는 약 2년 동안 영사 대리를 맡았다. 그러는 동안, 스즈키 아치토비(鈴木充美) 씨가 영사로 오고 홍콩으로 전임되어, 하야시 곤스케(林權助) 씨가 부영사로 메이지 22년(1889년) 무렵에 인천에 오시게 되었다.

그 후 한국에서는 민비가 세력을 펴서 대원군과의 사이에 싸움이 되풀이되어 러시아 공사 이외의 말을 듣지 않는 상태에서, 이를 방임하면 한국은 어쩌면 러시아의 보호국이 될 우려가 있고, 돌이킬 수 없는 결과를 초래하게 되리라고 생각했다. 그러한 불확실한 정세가 마침내 민비 사건이란 것을 일으키게 되었다.

민비의 의견이 한국의 궁궐을 좌지우지한 일로는 인천 개항 문제 같은 것이 있다. 즉 인천 개항에 관하여 국왕은 물론, 정부 당국의 대신을 비롯해 거의 모두가 반대하였다. 그런데 민비는 인천이 경성과 가까워서 구태여 걱정할 필요가 없다고 하며 솔선해서 개항 단행을 주장해 그것이 실현되었으나, 민비 사건 후 러시아의 세력은 한때 실추되어 러시아 공사도 끝내 경질되게 되었다.

일청전쟁 당시에 나는 중국 지부에서 근무해서 경성에서는 서기관인 고무라 주타로(小村壽太郎) 씨가 대리 공사를 맡고 있었다. 메이지 25년(1892년)부터 30년(1897년)까지는 나는 중국 근무 때문에 직접 한국과 관계를 갖지 않았으므로 그 동안의 한국 사정은 모른다. 일청 간의 국교 단절에 따라 일시 중국에서 철수했지만, 평화 회복 후에 다시 중국에 부임하였다.

메이지 30년(1897년)에 목포가 개항하게 되어 내가 일등 영사로 목포 근무 명령을 받아 목포 개항 일을 맡았다. 그 당시의 목포는 농가가 겨우 10호 정도밖에 없고 그 밖에는 거의 아무것도 없는 황량한 땅이었다. 그곳에 천막을 쳐 기거하는 상태였는데 오늘날과 비교해 보면 참으로 금석지감을 금치 못하는 바이다.

따라서 가옥 건축에 필요한 건축 재료 모두를 받침돌까지도 일본에서 수송해 오고, 노무에 종사하는 목수 또는 인부 등 백 명가량을 이끌고 쌀과 기타 식료품은 물론 목재, 건축 도구를 가득 싣고 바닷길로 목포에 들어갔다. 그리하여 영사관의 위치를 정하여 건설에 착수하고 또한 거류지의 경계를 정하여 공동외 구역을 설정하는 등 거의 무인도의 개척 경영과 흡사한 상태였다.

그 당시에 한국 주재 우리 공사는 가토 마사오(加藤增雄) 씨였는데 메이지 32

년(1899년)경에 하야시 곤스케 씨로 바뀌었던 것으로 기억하고 있다. 이리하여 나는 메이지 30년(1897년)부터 동(同) 33년(1900년)까지의 4년 동안 최초의 영사로서 목포 개발에 힘을 쏟고 그 후 싱가폴·호주·북아메리카 방면으로 전근하여 메이지 40년(1907년)까지 미국에서 근무하고 통감부 설치 후 앞에 기술한 바와 같이 한국으로 전근 명령이 나서 대구 부(府) 이사관으로 부임하였다.

당시 이사관을 둔 곳은 경성, 진남포, 평양, 인천, 원산, 대구, 부산, 목포 8개 소였고, 이 이사관은 한국에서 지방관을 감독하고 아울러 외교 사항을 취급하였다. 따라서 사무 성질상 대부분이 외무성 쪽에서 임용되어 주임관(奏任官, 메이지 헌법 아래 고등관 3등에서 9등까지. 옮긴이)인 이사관이 칙임관(勅任官, 메이지 헌법하에 천황 명으로 임명된 고등과 1, 2등)인 도장관(道長官)을 감독하게 되는 기현상이었다.

그 후 나는 대구에서 원산으로 전임되고 원산 재임 중에 일한합병이 이루어져 인천 부윤(府尹)이 되었다. 원래 인천에는 각국의 영사가 재임하여, 외국과 관련된 사무가 매우 많은 곳으로, 거류지라든가 외국인 묘지 등도 있었다. 그리하여 종래에는 거류지 회가 있어 각국의 영사가 협의해서 일종의 규칙을 마련하여 거류지 행정을 하였다.

그러나 일한합병 후에 인천 부윤이 직접 행정을 맡게 되어 먼저 외국인 거류지를 폐지하고 종래에 거류지 회가 책임을 지고 시행했던 각종 사무 권한이 부윤의 손으로 옮겨져 여러 사항에 관해서 설정되었던 규칙의 장점을 채택하고 단점을 보완해서 일정한 규율 밑에서 모든 행정을 인천 부에서 집행하기로 하였다. 따라서 각국 영사도 계속 재임하였으나 그것은 다만 각국 거류민의 보호에 임할 뿐이고 행정 사무에 관해서는 전혀 관여하지 않았다.

그리하여 나는 다이쇼 5년(1916년)에 총독부 외사과장으로 전임하였으나 재임한 지 4년도 못 되어 하세가와 총독의 사임과 함께 그 직을 물러나게 되었다.

돌이켜 보면 경성은 원래부터 공사관 소재지였던 관계로 외국인에 대한 부담 때문에 단속을 엄하게 할 수 없었기에 외국 공사와 같은 이들 중에는 마구 뽐내며 제멋대로 행동하는 이가 꽤 많았다.

그러나 이제 와 이런 행동에 대하여 갑자기 엄하게 단속하기에는 곤란하므로 가능한 한 그들의 기분이 상하지 않도록 배려하였다. 외국인 선교사 같은 이들도 종전에는 뽐낼 대로 뽐내고 무엇이든 그들의 마음대로 된다고 생각했었다.

그런데 일한합병과 동시에 이러한 일들은 고쳐져야 했지만, 위압적으로 자기 뜻을 밀어붙이려고 했기에 내가 대구 이사관 재직 당시에 선교사와 말썽을 일으켰던 일이 있었다. 그러므로 그 당시에는 외무 영역 출신 외의 이사관은 직무 집행상 많은 곤란이 따르는 상태였다.

메이지 15년(1882년) 이후의 한국 정부 시대, 이토 통감 시대, 그리고 일한합병의 데라우치(寺內) 총독 시대 및 하세가와 총독에 이르기까지를 두루 살펴 돌아보면, 그 변천 상태는 실로 필설로는 표현할 수 없을 정도이다. 이토 통감은 보호 정치를 철저히 하여 이미 오늘에 이르는 초석을 당시에 설치하였다. 그리하여 데라우치 백작에 이르러 일한합병을 단행하여 더욱더 그 기초를 튼튼히 해서 식목의 장려, 도로의 개통 그리고 교육의 보급을 도모하여 오로지 조선 민중의 행복 증진에 진력하였다. 데라우치 총독은 매우 근엄하고 이른바 까다로운 사람이었으나 겉으로는 막연하고 헤아릴 수 없는 듯하면서도 치밀하게 생각하는 매우 용의주도한 사람이었다.

그 후 역대의 총독은 이러한 이토 통감, 데라우치 총독 시대에 세워진 조선 통치 경영에 관한 대방침에 따라 그 유업을 지키고 키워서 이를 확대하고 발달시켜 오늘에 이르렀다. 그간의 당국의 피나는 노력과 열성으로 이룬 정치에 관해서는 실로 없앨 수 없는 많은 공적이 남겨져 그 수가 헤아릴 수 없을 정도일 것이다. 이같이 해서 많은 사람의 노력과 분투의 결정으로 찬연한 오늘의 조선 문화가 쌓아 올려진 것이다.

재작년 나는 목포 개항 35주년 축하 행사를 맞이하여 꼭 참석해 달라고 초대받아 오랜만에 목포 땅을 밟았다. 목포도 오늘날에는 몰라볼 정도의 발전을 이루게 된 것을 보니 무척 기쁘다. 더구나 세월이 가고 사물이 변한 오늘, 개항 당시부터의 사람이 5~6인 있었던 것은 참으로 반갑게 느껴졌다.

목포 주민의 열렬한 환대를 받아, 도쿄에서의 유유자적한 생활을 벗어난 탓에 끝내 며칠 못 가서 병으로 드러눕게 된 것은 매우 유감스러운 일이었다. 하지만 나의 인천 영사 시절은 경성 영사를 겸임하고 있었던 관계로 경성에 전염병 병원을 만들고, 또 우물을 파는 등 각종 위생 시설을 구축하고 단속 규칙을 마련하는 등의 일들을 영사인 내 손으로만 처리했다. 이러한 옛이야기를 듣기 위해 목포에서 경성에 들르도록 하라는 우가키 총독 말씀이 있었으나, 병상에 누운 지 한 달이나 되어 끝내 이루지 못했다.

작년 인천 개항 50년 기념 축제를 맞이했을 때도 이를 기념하기 위한 인천사 편찬에 관해서 멀리서 위원들이 상경해 일주일 정도 체재하여 나를 찾아왔기에 기억나는 대로 알려주었다. 이와 같이 나는 조선과는 길고 깊은 여러 관계를 맺은 사람으로, 항상 조선에 대해서는 커다란 관심을 두고 있다. 이러한 의미에서 일한합병 25주년의 오늘에서 조선의 대단한 발전을 기뻐함과 함께 나아가 더욱 개발되고 민중의 건강과 안녕이 증진되기를 바라는 바이다.

89

쌀 증산 계획을 수행하기 바란다

오카와 헤사부로(大川平三郎) / 조선철도주식회사 사장[205]

조선과 만주 사이의 경계를 이루고 있는 그 유명한 압록강은 상류에서부터 2천 수백 리라는 길이이기 때문에 상류 지방에서 뗏목으로 목재를 운반하는 데에도 신의주에 도착하기까지는 2년 남짓이나 걸리는 상태였다. 그러므로 압록강 연안 삼림지대의 목재를 벌채해서 이것을 하류에 모으는 것은 매우 어려운 일이었다. 그래서 압록강을 이용해서 뗏목으로 운반하는 것 외의 반출 방법이 있으

---

205 역주: 원 책의 저자 소개는 다음과 같다.

오카와 헤사부로(大川平三郎) 씨는 옛날 가와고에(川越) 번사(藩士)인 오오카와 슈지(大川修二) 씨의 차남으로, 분큐(文久) 원년(1861년) 10월 1일 태어나 메이지 10년(1877년)에 선대 에이스케(榮助) 씨의 양자가 되고 18년(1885년) 3월에 집안 가장을 상속하였다. 일찍이 일본과 중국의 학문을 익혀 미국으로 유학하고 실업에 종사하며 뛰어난 재능을 넓히고자 밤낮으로 힘써 노력하며 경영했다. 스스로 유럽과 미국 각 나라의 실업 시찰을 위해 전후 7회 도항하여 그곳의 실상을 자세히 조사하고 분류하여 우리 실업계를 위해 유익한 참고 자료를 가져와 발전을 도모한 결과, 드디어 성과를 인정 받아 우리 실업계에서 확고부동한 일인자가 되었다. 특히 본국 제지계(製紙界)에 진력한 노력이 적지 않고 쇼와 3년(1928년), 귀족원 의원이 되었다. 우리 반도와 관계있는 사업의 중요한 것은 조선철도주식회사, 압록강제지주식회사 등으로 우리 나라에 관계된 사업은 일일이 셀 수 없을 정도이다.

면 참으로 편리할 것이다.

그리하여 제지 원료의 목재를 얻기 위해서 이 압록강의 뗏목에 의지하지 않고 다른 방법으로 실어 내는 것을 연구한 끝에 함흥(咸興)에서 오지로 들어가 벌채하는 것이 가장 가까운 길이라고 생각해서 황초령(黃草嶺) 아래에 철도를 부설해 목재 운반에 사용하기로 하였다. 이것이 바로 조선 삼림 철도였다. 하지만 경비 측면에서 본다면, 이 철도에 의존하여 목재를 반출하는 것도 싼 가격으로(염가에) 끝날 수 없는 상황이었다.

한편 연해주(沿海州)에는 목재가 상당히 많았는데 제정 러시아 시대에는 벌채가 매우 곤란하였다. 그런 관계로 조선에서 제지 원료인 목재를 얻을 생각으로 착수했지만 러시아혁명 때문에 제정러시아는 몰락하고 레닌 정부가 출범했기에 이와 교섭을 거듭한 결과 연해주에서 이 목재 벌채에 착수하기로 하여 조선에서의 벌목 사업은 일시 중시하기로 하였다.

그런데 그 당시 조선에서는 교통기관의 발달이 크게 촉진되고 철도망의 보급을 목적으로 하는 사설 철도회사가 연이어 설립되어 각 회사가 모두 사업 계획의 실현에 노력하였으나, 어느 것이나 자금이 빈약하여 대규모 사업의 경영은 매우 곤란한 상태에 있었다. 따라서 각 사설 철도회사를 합병해서 그 자본을 증대시키고 사업의 확장 개량을 크게 도모함으로써 지방개발 발전에 이바지토록 하는 것이 매우 긴요하였다.

그와 함께, 한편, 총독부가 교통기관을 더욱 발달시키기 위하여 이를 보조하면 소자본의 회사에 대해서는 보조금을 줄 수 없는 실정에 있었기 때문에 각 회사를 통합해서 대형 회사로 만들어 보조율을 증가시키고 또한 보조의 연한을 연장해서 철도망의 보급을 크게 도모하는 것도 마침내 긴요한 일이었다. 이런 의미에서 사설 철도의 대통합이 계획되어 다이쇼 12년(1923년)에는 양강척식철도(兩江拓殖鐵道), 조선삼림철도(朝鮮森林鐵道), 서선식산철도(西鮮殖産鐵道), 조선산업철도(朝鮮産業鐵道) 및 남조선철도(南朝鮮鐵道)의 5개 회사를 조선중앙철도회사에 합병하고 이를 조선철도주식회사라 개칭하여 노무라 류타로(野村龍太郎) 씨가 사장이 되고, 사토 미츠타카(佐藤潤象) 씨가 전무이사로 되어 크게 진용을 정비함으로써 사업의 경영을 맡게 되었다.

이리하여 그해 12월에 내가 이 조선철도주식회사 사장 자리를 맡게 되어 조선의 개발을 위해서 미력을 다하였으나, 이 사설 철도의 합병 문제에 관해서는 각 회사의 주주 간에 상당한 의견 차이가 생겨 분규를 보기에 이르렀다. 즉 사설 철도 6사의 통합으로 대회사를 만들어 자본을 증액하게 되면 주주는 당연히 주식 출자금을 내야 하므로 대주주의 부담이 매우 커지게 되는 것이었다. 그러므로 주주 중에는 통합에 반대하여 현상 유지를 주장하는 자도 있었다.

그런데 당시의 정무총감 아리요시 다타카즈(有吉忠一) 씨와 그 외 여러분의 노력으로 반도 발전을 위해 교통기관의 충실한 보급을 도모해야 한다는 대승적 적극 정책 아래에 마침내 이 대통합이 이루어지게 된 것은 조선을 위해서 참으로 기뻐해야 할 일대 영단이었다. 각 회사의 통합에 관해서는 물론 각자의 이해관계도 있고, 또한 그 입장을 달리하는 자도 있으므로 일사불란한 통제를 유지하기란 매우 어려운 일이지만, 다행스럽게도 총독부 당국의 지도 알선과 당사자들의 이해로 이 결과를 낳게 된 것이다.

조선의 사설 철도회사의 매해 영업 연도의 이익금이 그 철도의 경영에 드는 납입 자본 금액에 대하여 연 8%의 비율에 달하지 않을 때는 회사 설립일로부터 15년간 그 부족액을 총독부로부터 보급받도록 조선 사설철도보조법에 정해져 있었다. 만약 회사에 2%의 이익밖에 없을 때는 총독부가 이에 6%의 보조를 주고 주주에 대하여 8%를 배당한다는 방법으로 이 보조 기간 내에 독립 자영책을 모색함과 동시에 한편으로는 투자자인 주주를 옹호하였다.

그러나 조선 철도는 그 후의 영업 상태가 그다지 좋지 않았고, 자연스러운 수입 증대로 업적이 오르는 것도 아니었기 때문에 15년 안에 홀로 설 수 있게 된다는 것은 이상적인 목표였을 뿐, 그 기간이 헛되이 지나버리는 상태였다. 그렇게 해서 이 조선 철도에 투자된 자본금은 4,500만 엔이라는 금액에 이르고 그 막대한 자금이 유용되어, 이후 조선 철도도 점차 활기를 나타내게 되어 차츰 쓸모 있게 되어가는 실정이다.

그런데 교통기관인 합승 자동차의 발달에 따라서 이것이 각 방면에 보급되어 자연히 철도와 이 합승 자동차가 경쟁을 일으키는 경향이 생기기에 이르렀다. 따라서 이 현상을 완화하고 양자의 영업이 잘돼 나갈 수 있게 적당한 방책을 모색하지 않으면 안 되게 된 결과, 합승 자동차 영업을 겸하게 되어 현재는 약 800대의 자동차를 보유하게 되었다.

이같이 해서 조선 철도를 중심으로 합승 자동차 영업도 더욱 발달하여 조선의 교통기관으로서 민중에게 많은 편익을 제공하는 상태이고, 게다가 이 자동차 영업도 상당한 성적을 올림과 함께 철도 방면의 업적도 역시 매우 순조롭게 쌓여가 어느 것이나 적자를 내지 않고, 유지 및 경영을 할 수 있는 것은 매우 좋은 일이다. 그리고 사회 정세의 발전과 함께 조선에서의 교통기관의 이용도 점점 더 늘고 여기에 한층 더 두드러진 발전을 보기에 이르러 생활 수준의 향상과 산업의 개발상 마침내 지대한 공헌을 할 수 있으리라고 믿는 바이다.

조선은 본디 농업 본위의 나라이지만 시대의 추세에 따라 점차 공업 방면의 발흥을 보게 되리라는 것은 어쩌면 자연의 추세일 것이다. 최근 지방에서 공업 발전이 크게 촉진되고 있는 것은 분명히 이 분야를 말하고 있다. 즉 조선 내에 있는 풍부한 각종 자원의 개발을 위해, 또는 그 자원을 활용해서 각종 사업의 진흥을 도모하기 위하여 투자 경영을 하는 이가 점점 더 증가해서 반도 산업계는 해를 거듭함에 따라 활기를 나타내기에 이르렀다.

특히 종래에는 별로 중요시되지 않았던 북조선 지방이 대단한 기세로 개발되고 있는 것은 참으로 주목할 만하다고 하겠다. 노구치 유키(野口遵) 군이 경영하는 조선질소비료주식회사 같은 곳은 그야말로 세계적 대공장으로서, 함남 부전령(赴戰嶺)의 고원에 구멍을 뚫고 압록강에 흐르는 부전강(赴戰江)의 물을 막아 대저수지를 만든다. 그리고 이 공장은 그 물을 동해에 흐르는 성천강(城川江)에 낙하시켜, 그 낙차를 이용해 수력전기를 일으키고 이 전기를 그 공장용으로 공급함과 동시에 잔여 전력은 각 방면에 배급해서 북선의 공업 발전을 크게 도모하려고 하는 계획을 세우고 있다.

이러한 동력의 염가 공급은 필연적으로 각종 공업의 발흥을 촉진하게 되고 그와 동시에 싼 임금, 풍부한 자원은 확실히 공업 발달의 필요조건이다. 이들 조건을 갖추는 조선의 산업계는 참으로 전도양양한 바가 있다. 더구나 도문(圖們)과 장춘(長春)을 잇는 경도선(京圖線)의 전면 개통에 따라 북조선 비장은 만주하고 매우 밀접한 관계를 강화하기에 이르러 나진(羅津), 청진(淸津), 웅기(雄基)의 여러 항(港)을 통해서 우리 일본의 동해에 면한 지방과 만주가 최단 거리로 연결된 것은 만주 개발을 위해서 또한 조선의 발전상 매우 중대한 결과를 가져오게 할 것이다.

조선총독부는 통치 업무를 시작한 때부터 농사의 장려에 힘을 기울이고 토지개량, 물이용사업의 시설로 크게 쌀 생산량의 증가를 도모하여 농촌 경제 진흥을 기약함과 아울러 본국의 인구·식량 문제 해결에 대한 안전판(安全弁)으로 삼으려 하였다. 즉 다이쇼 9년(1920년)에는 15년에 걸친 장기 사업으로서 쌀 생산 늘리기 계획을 세워 다시 다이쇼 15년(1926년)에는 이것을 수정해서 이후 14년간에 35만 정보(町步)의 토지개량 사업을 시행해 쌀의 대폭적 증산을 도모하기 위해서 열심히 노력하였다.

그런데 본국의 이른바 쌀 문제라는 매우 미묘한 정책 문제의 발생으로 이와 지대한 관계에 있는 조선 쌀 생산 늘리기 계획은 아직 사업이 반밖에 이루어지지 않은 상태에서 부득이 중단되게 된 것은 매우 유감스럽다. 일본 본토에서 기왕에 식량인 쌀의 자급자족이 어려우면 그 부족량은 어딘가에 보급을 요청해야 한다. 특히 최근까지 입만 열면 조선 농사의 장려를 부르짖고 산미(産米) 증식을 강조한 자가 본국의 정책 문제에 휘말려 다년간의 계획이며, 조선의 발전을 위해 중대한 관계가 있는 산미 증식 문제를 집어던져 버리고 돌보지도 않음은 매우 짧은 생각이라 하겠다.

조선에서의 쌀 생산 계획은 수립 당시에 일본과 조선의 수급 관계, 그리고 기타에 걸쳐서 일어날 수 있는 각종 문제도 충분히 고려하고 연구한 결과 작성되었을 것이다. 특히 단기간의 소액 경비에 의한 계획이라면 모르겠으나 막대한 비용과 십수 년간에 걸친 일대 사업 계획이 경솔하고 간단하게 입안되는 것은 아니다. 그런데도 이 국가적 대사업을 정책 문제의 와중에 끌어들여 끝내 그 목적을 달성할 수 없게 한 것은 국가 영원의 대책으로 볼 때 확실히 크게 잘못되었다고 하겠다.

이러한 의미에서 나는 조선의 쌀 생산 늘리기 계획은 단순히 일부 국민의 이해를 초월하는 매우 중요하고도 심각한 것으로서, 우리 나라의 인구·식량 문제를 해결할 항구성(恒久性)을 가지고 있다고 생각한다. 그러므로 제각기 다른 구구한 작은 문제에 구애됨 없이, 어디까지나 애초 계획의 수행을 위해 조선에서는 큰 노력을 해야 할 필요가 있다. 이렇게 함으로써 우리 나라의 식량 문제는 비로소 안전하고도 확고한 해답을 얻게 되고 아울러 조선의 장래도 매우 유망하게 될 것이다.

90

조선 사과를 맛있게 먹으면서

야마가타 이소오(山縣五十雄) / 전 서울프레스 사장[206]

경성에 있는 한 친구가 보내준 향기 높고 단맛이 풍부한 사과를 맛있게 먹으면서, 그 친구의 두터운 우정에 감사하며, 거의 4반세기 전의 조선을 회고하니 감개무량하다. 내가 서울프레스(신문)를 경영하기 위해 경성에 간 것이 메이지 40년(1907년) 3월 봄이었다. 내가 탄 열차가 남대문역에 도착한 것은 밤 8시경으로 그 당시 경성의 밤은 참으로 어두웠다.

일본인이 모여 사는 진고개(현재의 충무로)조차도 거리에는 가로등이라는 건 없고, 겨우 가게에서 새어 나오는 불빛이 길을 비출 뿐이었으며 통행인도 많지 않

---

206 역주: 원 책의 저자 소개는 다음과 같다.
야마가타 이소오(山縣五十雄) 씨는 도쿄제국대학 영문과를 졸업하고 만조보(萬朝報) 기자로서 조고계(操觚界)에 첫발을 내딛었다. 이후 크게 정진하여 메이지 42년(1909년) 3월, 즈모토 모토사다(頭本元貞) 씨가 경영하는 조선 유일의 영문 신문 서울프레스를 계승하고 사장이 되어 조선으로 건너와 조선에 거주하는 외국인에게 우리 제국의 방침을 설명하여 계몽하고, 회사 개발을 위해 진력하신 공로가 적지 않았다. 다이쇼 12년(1923년)에 사장을 사임하고 조선을 떠났으나, 항상 우리 반도를 위해 진력하는 인사이다.

앉다. 하물며 조선인 쪽 구역에는 한 점의 불빛도 보이지 않는다고 해도 과언이 아니고, 문자 그대로 아주 캄캄했으며, 지나가는 사람은 거의 없어 죽은 듯이 쓸쓸한 가운데에 이따금 멀리서 개 짖는 소리가 들렸다. 그것이 한층 더 쓸쓸함을 더해서 마음이 우울해졌다.

길이 좁고 나빠서 인력거는 흔들렸다. 어둡고 쓸쓸한 가운데 여관으로 향해 가는 나는 뭐가 좋아서 화려한 도쿄의 신문계를 떠나, 하필이면 이같이 싫은 곳에 왔는가 하고 후회해 보기도 하고 불안해하기도 하였다. 네온 빛이 반짝거리는 지금의 경성의 밤밖에 모르는 사람들에게는 그 당시의 내 기분을 도저히 상상할 수 없을 것이다.

그 당시 경성에는 정신적인 즐거움은 거의 없었다. 도서관도 없고 강연회와 음악회가 개최된 일도 없고 좋은 연주를 볼 수 있는 기회도 없었다. 성격이 괴팍한 내게는 함께 이야기할 마음 맞는 친구도 없고 경성에서 20~30만 리 밖으로 나가면 아직도 떼로 몰려다니는 도적들이 출몰하는 위험하고 뒤숭숭한 시대였으므로 하이킹은 시도해 볼 수도 없었다. 그렇다고 그 당시 많은 사람에게 유일한 낙이었던 요릿집 출입은 내가 좋아하지 않는 것이었으므로 자기(내) 일에 힘쓰는 것과 도쿄에서 가져온 좋아하는 책을 읽는 것으로 근근이 애타는 심정을 달래고 있었다.

그럭저럭 지내는 동안에 우연히 좋은 심심풀이 오락거리를 발견하였다. 그해 가을 어느 날, 서울프레스 사의 사원 두세 명과 함께 뚝섬으로 소풍을 갔을 때 그곳에 설치되어 있던 권업모범지소(勸業模範支所)를 참관하였다. 그곳은 지금도 존재하고 있는지 아닌지는 모르겠으나 그 당시의 조선에는 전혀 없었던 과수 재배와 원예를 실물 교육으로 반도에 보급하는 것을 목적으로 설립된 것으로 지소장은 구지메 구니가쿠(久次米邦樂)라는, 해당 분야의 이론과 경험이 풍부한 우수한 기사(技師)였다.

구지메 씨는 우리를 안내해서 가지가 휘도록 열리는 사과와 배를 보여주며 차근차근 잘 알아듣도록 과수 재배 사업이 조선의 풍토에 적합한 까닭을 설명하고 가까운 장래에 조선산 과일, 특히 사과가 본국산 사과를 누를 때가 올 것을 확신을 가지고 예언하였다.

"사과 한 개를 원가 2전(錢) 또는 그 이하로 팔아도 이익이 남으니, 조선에서 비싼 운임을 들여 도쿄로 보내도 아오모리(青森) 사과와 경쟁해서 질 일은 없습니다."라고 한 구지메 씨의 말은 아직도 내 귓속에 남아 있다.

나는 매우 흥미를 느껴, 과수 재배를 나 자신이 해볼 결심을 하였다. 그래서 다음 해 봄에 뚝섬에서 동양척식주식회사의 땅 3정보(町步) 정도를 빌려 사과와 배 재배를 시작하였다. 이 일에 적잖게 자금이 들었다. 나는 생활비의 나머지 대부분을 쏟아 넣게 되었다. 그것을 내가 조선에 있는 동안 8년간 계속했으니 이에 투자한 자금은 내게는 상당한 금액이었다.

그런데 성적은 어땠을까? 실질적으로 말하면 실패였다. 몇 년 후에는 수확은 상당하였으나 모처럼 많이 결실한 과수가 매년 여름 거르지 않고 뚝섬을 덮치는 한강의 범람 때문에 뿌리째 떠내려가 버리는 일이 자주 있었다. 마지막에는 대홍수 때문에 내 과수는 전부 휩쓸려 가고 집까지 파괴되어 마침내 이를 포기하지 않을 수 없게 되었다. 그렇게 해서 나는 과수원에서 거두어들인 것이 한 푼도 없었고, 이에 쏟아부은 돈은 1년에 적어도 2천 엔 이상이었으므로 결국 2, 3만 엔의 손해를 보았다.

하지만 정신적으로 나는 큰 이익을 얻었다. 나는 거의 모든 휴일을 과수원에서 보내고, 그럼으로써 대자연과 친해지고 육체의 건강에도 많은 이득이 있었다. 과수원에서 맑고 깨끗한 즐거움을 충분히 맛봄으로써 조선에서의 생활이 예전만큼 싫지 않았다. 손해를 본 금액은 적지는 않으나 어차피 가난뱅이 기질인 내 몸에는 붙지 않을 돈이다. 대부분 사람이 그랬듯이 요릿집 출입에 돈을 쓴 것보다는 적어도 주색(酒色) 때문에 건강이나 가정 평화를 해치지 않은 것만으로도 큰 이익을 얻은 셈이다.

조선산 사과는 참으로 맛있다. 얼마나 향기가 좋은가. 얼마나 고상한 맛인가. 조선 사과는 이제 본국의 사과를 시장에서 쫓아내고 있으며, 머지않아 조선 사과가 독점하게 될 것이다.

이렇게까지 조선의 과수 재배 사업을 번성하게 한 구지메 씨의 공적은 실로 위대한 바가 있다. 조선은 깊이 감사함으로 길이길이 구지메 씨의 이름을 기억해야 한다.

[부록 1] 일본 연호 표[207]

1. 고메이 천황(재위 1846년 3월 10일~1867년 1월 30일)

가. 가에이 시대(嘉永時代)

가에이	원년	2년	3년	4년	5년	6년	7년
서기	1848년	1849년	1850년	1851년	1852년	1853년	1854년
간지	무신	기유	경술	신해	임자	계축	갑인

나. 안세이 시대(安政時代)

안세이	원년	2년	3년	4년	5년	6년	7년
서기	1854년	1855년	1856년	1857년	1858년	1859년	1860년
간지	갑인	을묘	병진	정사	무오	기미	경신

다. 만엔 시대(万延(萬延)時代)

만엔	원년	2년
서기	1860년	1861년

라. 분큐 시대(文久時代)

분큐	원년	2년	3년	4년
서기	1861년	1862년	1863년	1864년
간지	신유	임술	계해	갑자

마. 겐지 시대(元治時代)

겐지	원년	2년
서기	1864년	1865년
간지	갑자	을축

---

207 원 책에는 없지만, 한국 독자들에게는 매우 요긴한 자료라 싣는다.

바. 게이오 시대(慶應時代)

게이오	원년	2년	3년	4년
서기	1865년	1866년	1867년	1868년
간지	을축	병인	정묘	무진

2. 메이지 시대(明治時代)

– 메이지 천황(재위 1867년 2월 13일~1912년 7월 30일)

＊메이지유신 이후 일세일원제(一世一元制) 시행으로 이하 연호들은 모두 한 천황에 한 연호만을 지정하고 있음

메이지	원년	2년	3년	4년	5년	6년	7년	8년	9년	10년
서기 (西紀)	1868년	1869년	1870년	1871년	1872년	1873년	1874년	1875년	1876년	1877년
간지 (干支)	무진 (戊辰)	기사 (己巳)	경오 (庚午)	신미 (辛未)	임신 (壬申)	계유 (癸酉)	갑술 (甲戌)	을해 (乙亥)	병자 (丙子)	정축 (丁丑)
메이지	11년	12년	13년	14년	15년	16년	17년	18년	19년	20년
서기 (西紀)	1878년	1879년	1880년	1881년	1882년	1883년	1884년	1885년	1886년	1887년
간지 (干支)	무인 (戊寅)	기묘 (己卯)	경진 (庚辰)	신사 (辛巳)	임오 (壬午)	계미 (癸未)	갑신 (甲申)	을유 (乙酉)	병술 (丙戌)	정해 (丁亥)
메이지	21년	22년	23년	24년	25년	26년	27년	28년	29년	30년
서기 (西紀)	1888년	1889년	1890년	1891년	1892년	1893년	1894년	1895년	1896년	1897년
간지 (干支)	무자 (戊子)	기축 (己丑)	경인 (庚寅)	신묘 (辛卯)	임진 (壬辰)	계사 (癸巳)	갑오 (甲午)	을미 (乙未)	병신 (丙申)	정유 (丁酉)
메이지	31년	32년	33년	34년	35년	36년	37년	38년	39년	40년
서기 (西紀)	1898년	1899년	1900년	1901년	1902년	1903년	1904년	1905년	1906년	1907년
간지 (干支)	무술 (戊戌)	기해 (己亥)	경자 (庚子)	신축 (辛丑)	임인 (壬寅)	계묘 (癸卯)	갑진 (甲辰)	을사 (乙巳)	병오 (丙午)	정미 (丁未)
메이지	41년	42년	43년	44년	45년					
서기 (西紀)	1908년	1909년	1910년	1911년	1912년					
간지 (干支)	무신 (戊申)	기유 (己酉)	경술 (庚戌)	신해 (辛亥)	임자 (壬子)					

3. 다이쇼 시대(大正時代)

– 다이쇼 천황(재위 1912년 7월 30일~1926년 12월 25일)

다이쇼	원년	2년	3년	4년	5년	6년	7년	8년	9년	10년
서기 (西紀)	1912년	1913년	1914년	1915년	1916년	1917년	1918년	1919년	1920년	1921년
간지 (干支)	임자 (壬子)	계축 (癸丑)	갑인 (甲寅)	을묘 (乙卯)	병진 (丙辰)	정사 (丁巳)	무오 (戊午)	기미 (己未)	경신 (庚申)	신유 (辛酉)
다이쇼	11년	12년	13년	14년	15년					
서기 (西紀)	1922년	1923년	1924년	1925년	1926년					
간지 (干支)	임술 (壬戌)	계해 (癸亥)	갑자 (甲子)	을축 (乙丑)	병인 (丙寅)					

4. 쇼와 시대(昭和時代)

– 쇼와 천왕(재위 1926년 12월 25일~1989년 1월 7일)

쇼와	원년	2년	3년	4년	5년	6년	7년	8년	9년	10년
서기(西紀)	1926년	1927년	1928년	1929년	1930년	1931년	1932년	1933년	1934년	1935년
간지(干支)	병인(丙寅)	정묘(丁卯)	무진(戊辰)	기사(己巳)	경오(庚午)	신미(辛未)	임신(壬申)	계유(癸酉)	갑술(甲戌)	을해(乙亥)
쇼와	11년	12년	13년	14년	15년	16년	17년	18년	19년	20년
서기(西紀)	1936년	1937년	1938년	1939년	1940년	1941년	1942년	1943년	1944년	1945년
간지(干支)	병자(丙子)	정축(丁丑)	무인(戊寅)	기묘(己卯)	경진(庚辰)	신사(辛巳)	임오(壬午)	계미(癸未)	갑신(甲申)	을유(乙酉)
쇼와	21년	22년	23년	24년	25년	26년	27년	28년	29년	30년
서기(西紀)	1946년	1947년	1948년	1949년	1950년	1951년	1952년	1953년	1954년	1955년
간지(干支)	병술(丙戌)	정해(丁亥)	무자(戊子)	기축(己丑)	경인(庚寅)	신묘(辛卯)	임진(壬辰)	계사(癸巳)	갑오(甲午)	을미(乙未)
쇼와	31년	32년	33년	34년	35년	36년	37년	38년	39년	40년
서기(西紀)	1956년	1957년	1958년	1959년	1960년	1961년	1962년	1963년	1964년	1965년
간지(干支)	병신(丙申)	정유(丁酉)	무술(戊戌)	기해(己亥)	경자(庚子)	신축(辛丑)	임인(壬寅)	계묘(癸卯)	갑진(甲辰)	을사(乙巳)
쇼와	41년	42년	43년	44년	45년	46년	47년	48년	49년	50년
서기(西紀)	1966년	1967년	1968년	1969년	1970년	1971년	1972년	1973년	1974년	1975년
간지(干支)	병오(丙午)	정미(丁未)	무신(戊申)	기유(己酉)	경술(庚戌)	신해(辛亥)	임자(壬子)	계축(癸丑)	갑인(甲寅)	을묘(乙卯)
쇼와	51년	52년	53년	54년	55년	56년	57년	58년	59년	60년
서기(西紀)	1976년	1977년	1978년	1979년	1980년	1981년	1982년	1983년	1984년	1985년
간지(干支)	병진(丙辰)	정사(丁巳)	무오(戊午)	기미(己未)	경신(庚申)	신유(辛酉)	임술(壬戌)	계해(癸亥)	갑자(甲子)	을축(乙丑)
쇼와	61년	62년	63년	64년						
서기(西紀)	1986년	1987년	1988년	1989년						
간지(干支)	병인(丙寅)	정묘(丁卯)	무진(戊辰)	기사(己巳)						

[부록 2] 일본 측 연표: 일조관계연표(日朝関係年表)

* 사토 마코토, 고미 후미히코, 다카스기 도시히코(2017)의 《詳説日本史研究》, 山川出版社(《상세하게 설명하는 일본사 연구》, 야마카와 출판사)와 일본 위키백과 참조

연도	일본 연호	월	朝鮮史	번역문
1894	M27	3월	甲午農民戦争(東学党の乱)	갑오농민전쟁(동학당의 난)
		7월 25일	日清戦争勃発	일청전쟁(청일전쟁) 발발
1895	M28	4월 17일	下関条約(清は朝鮮の独立を許可)	시모노세키조약(청은 조선의 독립을 허가)
		10월 8일	閔妃殺害事件(公使館守備隊による閔妃殺害)	민비 살해 사건(공사관 수비대에 의한 민비 살해)
1897	M30	10월 12일	朝鮮、国号を大韓帝国(韓国)と改称	조선, 국호를 대한제국(한국)으로 개칭
1904	M37	2월 8일	日露戦争勃発(〜05)	러일전쟁 발발(~05)
			日韓議定書調印(日本は事実上必要な土地の収用など、便宜供与を約する)	한일의정서 조인 (일본은 사실상 필요한 토지를 수용하는 등의, 편의 공여를 약속한다.)
		8월 22일	第1次日韓協約調印(日本政府推薦の財政・外交顧問の設置)	제1차 한일협약 조인(일본 정부 추천의 재정 · 외교 고문의 설치)
1905	M38	5월 28일	京釜鉄道開通式	경부철도 개통식
		7월 29일	桂・タフト協定(米が日本の韓国保護国化を承認)	가쓰라 · 태프트 협정(미국이 일본의 한국보호국화를 승인)
		8월 12일	第2次日英同盟協約(英が日本の韓国保護国化を承認)	제2차 일영동맹 협약(영국이 일본의 한국보호국화를 승인)
		9월 5일	ポーツマス条約(露が韓国に対する日本の指導・保護・監理を承認)	포츠머스조약(러시아가 한국에 대한 일본의 지도 · 보호 · 감리를 승인)
		11월 17일	第2次日韓協約(日本が外交権を掌握して韓国を保護国化)	제2차 한일협약(일본이 외교권을 장악하고 한국을 보호국화)
		11월 22일	漢城に統監府を設置	한성에 통감부 설치 발표
1906	M39	2월 1일	統監府開庁(初代統監: 伊藤博文)	통감부 개청, 업무 개시(초대 통감: 이토 히로부미)
		8월	義兵運動が本格化	의병운동이 본격화

연도	일본 연호	월	朝鮮史	번역문
1907	M40	6월 25일	ハーグ密使事件(韓国皇帝高宗の退位、純宗の即位)	헤이그밀사사건(한국 황제 고종의 퇴위, 순종의 즉위)
		7월 20일	高宗退位、純宗即位.翌年にかけて日本軍は反日義勇軍1万4千人との1774回の戦闘を行った.	고종 퇴위, 순종 즉위. 다음 해까지 일본군은 의병 14,000명과 1,774회 전투함
		8월 1일	第3次日韓協約(内政権を接収し韓国軍隊を解散),義兵運動が本格化	제3차 한일협약(내정권을 접수하고 한국군대를 해산), 의병운동본격화
1908	M41	12월 18일	東洋拓殖会社(東拓)設立	동양척식주식회사(동척) 설립
1909	M42	7월 6일	韓国併合を閣議決定	한국 병합을 각의에서 결정
		10월 26일	伊藤博文暗殺事件(安重根がハルビン駅頭で殺害)	이토 히로부미 암살 사건(안중근이 하얼빈역에서 살해)
		12월 4일	韓国の一進会より「韓日合邦を要求する声明書」の上奏文が提出される	한국 일진회에서 한일합병상주문 제출
1910	M43	3월 14일	韓国併合(韓国併合条約調印)大韓帝国(韓国)を朝鮮と改称	한국병합(한국병합조약 조인). 대한제국(한국)을 조선으로 개칭
		6월 30일	憲兵警察制度発足	헌병경찰제도 발족
		8월 22일	韓国併合ニ関スル条約(日韓併合条約)調印	한국병합에 관한 조약(한일병합조약) 조인
		8월 29일	朝鮮総督府の設置(初代朝鮮総督:寺内正毅)	조선총독부 설치(초대 조선 총독: 데라우치 마사타케)
1911	M44	4월 17일	土地収用例制定.	토지수용령 제정
		8월 23일	第一次朝鮮教育令.国語を日本語にする.	제1차 조선교육령. 국어를 일본어로 함.
1912	M45	1월 1일	標準時を韓国標準時から日本標準時に変更	표준시를 한국 표준시에서 일본 표준시로 변경
		4월 1일	普通学校用諺文綴字法が確定	보통학교용 언문철자법 확정
1914	T3	3월 1일	地方行政区画改正(府・郡・面制)	지방 행정구획 개정(부・군・면제)

연도	일본연호	월	朝鮮史	번역문
1919	T8	1월 21일	高宗死去	고종 사망
		3월 1일	三・一独立運動(パゴダ公園で独立宣言)	3・1독립운동(파고다 공원에서 독립선언)
		8월 12일	斎藤実、第3代総督に就任	사이토 마코토, 제3대 총독으로 취임
		8월 20일	憲兵警察制度廃止	헌병경찰제도 폐지
		9월 2일	斎藤朝鮮総督暗殺未遂事件(姜宇奎による南大門駅前広場爆破事件)	사이토 조선 총독 암살 미수 사건(강우규에 의한 남대문역 앞 광장 폭파 사건)
		10월 5일	金性洙、京城紡織株式会社設立	김성수, 경성방직주식회사(현재의 경방) 설립
1920	T9	3월 5일	朝鮮日報創刊	조선일보 창간
		4월 1일	東亜日報創刊	동아일보 창간
		12월 27일	総督府、産米増産計画立案	총독부, 산미 증산 계획 입안
1923	T12	9월 1일	関東大震災(関東全域で「朝鮮人狩り」)	관동대지진(관동 전역에서 '조선인 사냥')
1925	T14	4월 12일	治安維持法を朝鮮・台湾・樺太に公布、5月施行・朝鮮神宮の創建	치안유지법을 조선・대만・사할린에 공포, 5월 시행・조선신궁 창건
1926		4월 1일	京城帝国大学開設	경성제국대학 개설
1927	S2	2월 16일	社団法人京城放送局、ラジオ放送開始	사단법인 경성방송국, 라디오 방송 개시
		5월 2일	朝鮮窒素株式会社設立	조선질소주식회사 설립
1929	S4	11월 3일	光州学生事件(－1930年3月)	광주학생사건(1930년 3월까지)
1930	S5	5월 30일	間島5・30事件	간도 5・30 사건
		해당연도	この年 - 諺文綴字法制定	언문 철자법 제정
1931	S6	7월 2일	万宝山事件	만보산 사건
		9월 18일	満州事変勃発	만주사변 발발
1932	S7	1월 8일	愛国団員・李奉昌、東京で天皇暗殺未遂事件(桜田門事件)	애국단원・이봉창 도쿄에서 천황암살미수사건(사쿠라다몬 사건)
		4월 29일	愛国団員・尹奉吉、上海爆弾テロ事件(上海天長節爆弾事件)	애국단원・윤봉길 상하이폭탄테러사건(상해천장절폭탄사건)

연도	일본 연호	월	朝鮮史	번역문
1936	S11	8월 9일	孫基禎、ベルリンオリンピックマラソン で優勝	손기정, 베를린올림픽 마라톤에서 우승
1937	S12	7월 7일	日中戦争勃発	중일전쟁 발발
		10월 2일	「皇国臣民ノ誓詞」制定.	「황국신민의 맹세」 제정
1938	S13	2월 26일	陸軍特別志願令公布	육군특별지원령 공포
		3월 4일	朝鮮教育令改正、朝鮮語の授業必須 から外す	조선교육령 개정, 조선어 수업 필수에서 제외
1940	S15	2월 11일	創氏改名実施	창씨개명 실시
1941	S16	3월 31일	国民学校規定改正、朝鮮語の授業廃 止	국민학교 규정 개정, 조선어 수업 폐지
		12월 8일	太平洋戦争勃発	태평양전쟁 발발
1942	S17	10월 1일	朝鮮語学会事件	조선어학회 사건
1944	S19	4월 1일	第1回徴兵検査開始	제1회 징병검사 개시
		8월 23일	女子挺身隊勤労令公布	여자 정신대 근로령 공포
1945	S20	8월 9일	ソ連対日参戦、豆満江を越える.	소련 대일 참전, 두만강을 넘다
		8월 15일	日本政府、ポツダム宣言受諾.呂運 亨、朝鮮建国準備委員会結成	일본 정부, 포츠담선언 수락
		8월 21일	ソ連軍、平壌進駐	소련군, 평양진주
		8월 25일	アメリカ軍、仁川上陸	미군, 인천 상륙
		9월 6일	呂運亨らは朝鮮人民共和国の樹立を 宣言	여운형 등은 조선인민공화국의 수립을 선언
		9월 7일	アメリカ極東軍司令部、朝鮮における 軍政を宣言 (即時独立否認)	미국 극동군 사령부, 조선의 군정을 선언(즉시 독립은 부인)
		9월 9일	総督府、降伏文書に調印	총독부, 항복문서에 조인

조선 통치의 회고와 비판

초판인쇄	2023년 6월 26일
초판발행	2023년 7월 25일
지은이	이노우에 등 90인
옮긴이	신한준 · 김슬옹
발행인	조현수
펴낸곳	도서출판 가온누리
기획	조용재
마케팅	최관호 · 최문섭
교열 · 교정	이승득 · 정혜인
주소	경기도 고양시 일산동구 장백로 8
	넥스빌오피스텔 704호
전화	031-925-5366~7
팩스	031-925-5368
이메일	provence70@naver.com
등록번호	제396-2022-000130호
등록	2022년 8월 17일

정가 58,000원
ISBN 979-11-982026-1-1 (03910)

파본은 구입처나 본사에서 교환해드립니다.